G. Pedrotti
Lilly Umiker
G. Schenk
K. Thun
M. Widler
J. Pedrossi
H. Schatzmann
Hedy Jegen
Rickli L.
G. Umiker
H. Umiker
Konzelmann
M. Konzelmann
Werner Braunschweiler
Erwin Schaffner
Gertrud Schaffner
H. Cattaneo
Helen Haller
R. Haller
E. Hubler
Ernst Widmer
H. Rohr
Müller
Marie Meyer
H. Zimmermann
G. Zimmermann
Olga
Willi
Katja Frei
H. Anglikner
H. Mattenberger
Renold
H. Jenchi
R. Jordi
M. Müller
W. Widmer
G. Wehrli
Richinger
Berlinger

DORFCHRONIK

HAUSEN 2000

Hausen AG, 19. Juni 2003

Gemeinde Hausen
5212 Hausen AG

Aargau total – Seniorenausfahrt 2003

200 Jahre Aargau

Gemeinde Hausen bei Brugg

DORFCHRONIK
HAUSEN 2000

Autoren:

Martin Schüle

Christin Osterwalder

Foto-Reproduktionen: Lore Berner-Tschanz, Gary Kammerhuber und Franz Maier

ISBN 3-85545-850-2

Herausgeber und Verlag: Gemeinde Hausen AG
Druck: buag Grafisches Unternehmen AG, Baden-Dättwil
Gestaltung: Paul Bieger, Brugg

Umschlag Frontseite: Stefanie Gautschi
Umschlag Rückseite: Daniel Beyeler
Vorsatz vorn: Dominik Hatzi, Silvia Krummenacher
Vorsatz hinten: Jasmine Rauber, Philipp Jäggi

Hausen AG 1999

Vorwort

Hausen stand nie im Rampenlicht der Geschichte. Zwar ist unser Dorf älter als die Eidgenossenschaft, weil es – als kleine Siedlung – schon im Jahr 1254 urkundlich erwähnt wurde. Aber es kann sich nicht mit grossen historischen Federn schmücken. Hier hat keine Schlacht stattgefunden. Wir haben auch noch nie einen Bundesrat oder einen Nationalrat oder einen Regierungsrat feiern können. Trotzdem ist die Spurensuche ergiebig und lohnend. Denn Hausen liegt in einer Gegend, in der uns Zeugnisse von Besiedlung und Kultur über die Dauer von 2000 Jahren vor Augen geführt werden.
So ist bis heute die unterirdische Leitung intakt geblieben, durch die das römische Legionslager Vindonissa Wasser aus dem Hausertälchen bezog – ein seltenes Beispiel noch funktionierender antiker Baukunst in der Schweiz. Im Mittelalter gehörte Hausen zum Umfeld der Habsburg, zum engsten Einzugsbereich des Stammschlosses des einst mächtigsten europäischen Adelsgeschlechtes. Später unterstand es dem Kloster Königsfelden, dann war es bernisches Untertanengebiet, bis es schliesslich 1803 im neuen Kanton Aargau als eine von über 230 Gemeinden die Autonomie erlangte.
Über Jahrhunderte blieb Hausen ein kleines, typisches Strassendorf. Das änderte sich nach dem Zweiten Weltkrieg. Im neuen Industriedreieck Baden–Brugg–Birrfeld erlebte unsere Gemeinde wegen ihrer guten Wohnlage einen rasanten Aufschwung. Die Bevölkerung verdreifachte sich in der zweiten Jahrhunderthälfte. Hausen wurde für viele Neuzugezogene zum Zuhause, ganz nach dem Sinn des Gemeindewappens, das ein Haus darstellt und Gefühle von Wohnen und Häuslichkeit weckt.
Die Verwurzelung mit dem Wohnort wird dadurch gefördert, dass man mehr über dessen Wurzeln weiss. Diesem Zweck dient die neue, vorliegende Ortsgeschichte in hervorragender Weise. Sie schildert die Vergangenheit und Gegenwart unserer Gemeinde, sie offenbart uns das Leben, die Freuden und Sorgen einer Dorfgemeinschaft über Jahrhunderte hinweg und sie führt uns den Wandel des Ortsbildes vor Augen. Diese sorgfältige Dokumentation erhält ihren zusätzlichen Reiz dadurch, dass sie durch Interviews mit Dorfbewohnern, mit Zeitzeugen eines jüngeren Kapitels Dorfgeschichte, abgerundet wird.
Ich beglückwünsche das Autorenteam Martin Schüle und Christin Osterwalder zum gelungenen Werk. Ihnen und den weiteren Mitwirkenden, namentlich der Fotografin Lore Berner-Tschanz und der neugebildeten Kulturkommission unserer Gemeinde, danke ich herzlich für die grosse Arbeit.
5212 Hausen, im Dezember 1999 *Max Härdi, Gemeindeammann*

Luftaufnahme von Hausen 1961. Blick von Nordwesten gegen das Birrfeld. Am untern Bildrand, rechts von der Bildmitte, der berüchtigte Joggi-Rank: Ecke Holzgasse-Tannhübelstrasse. Über dem Neuquartier in der Bildmitte sind die ersten Mehrfamilienhäuser an der Südbahnstrasse im Stück knapp fertig gebaut. An der Hauptstrasse stehen noch einige der inzwischen abgerissenen Häuser: links neben dem heutigen Gemeindehaus das Meyer-Haus (s'Egloffe, oder: Schaffner-Drülüters) (heute Meyerschulhaus), weiter rechts, gegenüber dem Rössli, das Schärer-Haus und das Widmer-Haus mit Bäckerei-Vorbau. Weiter Richtung Birrfeld erkennt man neben der alten Metzgerei (heute Blumen-Umiker) den langen, strassenparallelen First des Amme-Schnyder-Hauses (heute Huser Forum) und gegenüber, mit dem First quer zur Hauptstrasse, das Hubeli-Senn-Haus (heute Huser Hof). Bei der Abzweigung der Mülacher- und Hochrütistrasse ist das Schatzmann-Messerschmied Haus und südlich davon – an der Stelle der heutigen Grünanlage – das kleine «Haus mit den blauen Läden» zu sehen. Das Haus Bossard (Hochrütistr.3) steht bereits, dahinter, etwa an der Stelle des heutigen Hauses Unt.Parkstrasse 9, ist das Haus des Süessmättlers (Familie Rohr) zu erkennen. Im Eitenbergwald klaffen drei Steinbruchlöcher, die auf die Zementfabrik und ihre Aktivitäten um 1930 zurückgehen. Eig. L.Berner.

Inhaltsverzeichnis

Hausen im Bannkreis der Landesgeschichte

Einleitung

1. Schön isch gläge eusers Dorf: rächts de Haschperg, linggs Lindhof,
und zo sine Füess, dasch glatt, di bekannt Prophetestadt.
Refrain: Frogt me mi, i seitis eim: z Huse bini gärn deheim (bis)
2. Osse, wenn'd wotsch s Dorf verlo, wirsch vom Birrfäld gfange gno,
goldig Ächer, grüene Chlee, chasch sogar d Schneebärge gseh. (Refrain)
3. D Husemer sind gmüetlich Lüt und au fründlech, s brucht si nüt.
Laufsch s Dorf uf, tönts: «Guetenobe», oder: «Mach ä bald Fyrobe» (Refrain)
4. D Holzgass ab und s Döchsli us, suber ischs vor jedem Hus,
baue wird im Dorf, im Fäld, d Husemer händ schinbar Gäld (Refrain)
5. Schön isch d Geget, guet wär d Luft ohni halt – de Süessbachduft;
doch mehr sind en zeeche Schlag, gschafft und buret wird alltag (Refrain)

So besang 1958 in dieser, ihr stets eigenen, positiven Lebenseinstellung die «Husemer Lehrgotte» Klara Bopp-Schaffner im Huserlied ihr Heimatdorf, wie es sich zu jener Zeit – noch fast als «heile Welt» – zeigte, nicht ohne dabei den kleinen Hinweis auf ein damals herrschendes Problem, *de Süessbachduft,* zu vergessen.
Bedeutend nüchterner fiel dagegen die Betrachtung durch den Geologen und ehemaligen Brugger Bezirkslehrer Dr. Walter Hauser in seinem «Flug über unsere Landschaft»[22] aus: ... *Da erscheint als erstes der Eitenberg. Wie ein abgebröckelter Backenzahn wirkt er, mit seinen oben abgebrochenen Schichtenköpfen, die sich aber in einer Landschaft umsehen dürfen, die ihresgleichen sucht: Im Rücken die eiszeitliche Schotterebene des Birrfeldes, zur Linken das tote Tal von Hausen, das seine Entstehung einem ehemaligen Lauf der Reuss verdankt...*

Mit der auf den ersten Blick eher makaber scheinenden Schilderung hatte er so unrecht nicht. Wenn sich auch die Geologen nicht immer einig waren, ob es seinerzeit Aare oder Reuss gewesen sei, die ihren Einfluss auf die Gestaltung des Tales ausgeübt hatte, etwas war klar: der Süssbach konnte es nicht gewesen sein. Da in der Zwischenzeit das dafür verantwortliche Gewässer einen andern Weg eingeschlagen hat, gilt das Tal geologisch als «tot». Hier drin liegt nun, keine fünfhundert Meter breit, dafür aber über zwei Kilometer lang, das Dorf Hausen. Ein Dorf «ohne Geschichte», umgeben von geschichtsträchtiger Landschaft: im Westen auf dem Wülpelsberg das Stammschloss der Habsburger, in deren ehemaligem Eigen Hausen

liegt, im Norden die Prophetenstadt Brugg und Windisch mit seinem römischen Legionslager und seiner an einen Königsmord erinnernden Klosterkirche, im Süden schliesslich das Birrfeld, früher Kornkammer, wo seinerzeit kein geringerer als Heinrich Pestalozzi gewirkt hatte (übrigens auch in Hausens Osten, in Mülligen), heute mit seiner in wenigen Jahrzehnten entstandenen Industrielandschaft. Dazwischen nun eingeklemmt ein Dorf wie tausend andere. Aber ist es wirklich *so ohne Geschichte?* Besitzt es nicht eher *seine eigene Geschichte,* die zwar nie Schlagzeilen gemacht hat, in den Geschichtsbüchern keine Seiten einnimmt, höchstens mal den Bruchteil einer Zeile und auch dies mehr aus Zufall denn aus Notwendigkeit. Dieser *Geschichte* soll nun in der Folge etwas nachgegangen werden. Der Entschluss wird bestärkt durch die Tatsache, dass schon früher Wissenswertes aufgeschrieben wurde, was wertvolle Grundlagen ergibt:
Aus dem frühen 19. Jahrhundert besteht eine «Gemeindechronik» – sie liegt im Gemeindearchiv aufbewahrt –, die der damalige Gemeindeammann, der in der stürmischen Zeit zwischen 1798 und 1827 die Geschicke der Gemeinde leitete, zusammen mit seinem Gemeindeschreiber verfasst hatte:

Merkwürdige Begebenheiten, Gemeind- und Gemeinderäthliche Beschlüsse und Erkanntnisse, welche sich seit dem 1. Jenner 1797 in unserem Vaterland und insbesondere aber in der Gemeinde Hausen, Bezirks Brugg, zugetragen; niedergeschrieben von Johannes Schaffner, Gemeindeammann, und im Jahre 1823 verneuert und mit mehreren wahrhaften Zusätzen vermehrt durch Johannes Meyer, Gemeindeschreiber.

In seinem Vorbericht zu den Ergänzungen fuhr der Gemeindeschreiber fort:

Da mehrere würdige Gemeindsbürger von Hausen die Bücher und Schriften des Herrn Ammann Joh. Schaffner eingesehen, und ihre Wünsche geäussert haben, als möchten solche durchgehends neuerdings zusammengetragen, und zu Protocoll genommen werden; damit gegenwärtiges und zukünftiges Menschengeschlecht, auch gehörig einsehen könne, welche Veränderungen und Vorfallenheiten in Unserm Vaterland und auch der Gemeinde Hausen, seit jener angeführten bedeuttungsvollen Zeit, zugetragen hebe.

Diesem zweckmässigen Wunsche habe Ich nun gerne entsprochen, und mich bemüht, solches durch mehrere wahre Zusätze zu erheitern, so viel meine mangelhaften Kenntnisse es im Stande waren. (Gemeindeschreiber Joh. Meyer)

Als weitere Fundgrube hat sich Samuel Wetzels Pfarrbericht aus dem Jahr 1764 erwiesen. In dieser *Beantwortung der in dem Hochoberkeitlichen Cahier anbefohlenen Fragepuncten die Kirchgemeinde Windisch betreffend* finden sich Hinweise, die sich direkt oder indirekt auf Hausen beziehen.[72]
Und schliesslich ging, im Zusammenhang mit der Feier «700 Jahre Hausen bei Brugg», Jakob Schaffner, eben als Gemeindeammann zurückgetreten, daran, eine Chronik über sein Dorf zu verfassen, die anlässlich der Schulhauseinweihung 1957 veröffentlicht wurde. Die Ergebnisse seiner Nachforschungen und Berichte über «Selbsterlebtes» werden hier übernommen und nötigenfalls ergänzt. Ebenso der Grossteil der dort eingefügten oben erwähnten «alten Chronik», vervollständigt durch J. Kellers Arbeit *Aus der Gemeindechronik von Hausen,* erschienen in den Brugger Neujahrsblättern von 1899.[28]
Bei einem solchen Werk kommt man um Zitate nicht herum, wobei die wortwörtlichen *kursiv* geschrieben und im angefügten Quellenverzeichnis belegt sind. Dabei darf nicht vergessen werden, dass es sich hier nicht um ein «Geschichtswerk» im wahrsten Sinne des Wortes handelt. Deshalb wurde in vielen Fällen auf sog. Sekundärliteratur zurückgegriffen und diese als solche übernommen, ohne deren Wahrheitsgehalt bis ins letzte zu überprüfen.
Unwillkürlich tritt da die Frage auf: Wie weit dauert eigentlich *Geschichte?* Im vorliegenden Fall wird die Chronik bis in die Gegenwart ergänzt. Um den Persönlichkeitsschutz zu wahren, werden grundsätzlich, mit wenigen Ausnahmen, keine Namen genannt. Dabei kann nicht verhindert werden, dass einem der oder das eine oder andere plötzlich bekannt vorkommt. Dem ist sicher ein gewisser Reiz nicht abzusprechen, um so mehr als man sich so bewusst werden kann, dass ja ein jeder selber ein Teil davon ist, da er hier wohnt und folglich *Dorfgeschehen* miterlebt, vielleicht sogar mitgestaltet, um plötzlich inne zu werden, dass daraus *Dorfgeschichte* entstanden ist. Sollten bei Ihnen, liebe Leserin, lieber Leser, solche «Aha-Erlebnisse» eintreten, so hat dieses Buch bereits einen Teil seiner Aufgabe erfüllt.

Hausens frühe Geschichte

Schriftliche Dokumente (13. bis 18. Jahrhundert) – Etwas «Habsburgische Familiengeschichte» – Hausen wird an das Kloster Königsfelden gebunden – Hinweise aus dem Urbar von Königsfelden – Archäologische Hinweise – Der Mann-Lehen-Brief von 1774.

«Wie alt bist Du eigentlich?» – «Wie lange arbeitest Du schon an dieser Stelle?» – «Seit wann seid Ihr schon verheiratet?» Die Frage nach dem Alter scheint bei den Menschen eine wichtige Rolle zu spielen. Dabei handelt es sich in den meisten Fällen nicht etwa um pure Neugierde, sondern um ein Mittel, um sein Gegenüber besser einschätzen zu können. Dieses Bedürfnis nach einem Eingliedern in die Geschichte, wenn man es so ausdrücken darf – man zeigt es gegenüber vielem, das einem täglich begegnet –, beschränkt sich nicht nur auf Lebewesen und ist auch nicht einem einzelnen vorbehalten, sondern lässt sich allgemein beobachten: Wenn man sich umblickt, stösst man fast jeden Tag irgendwo auf ein Fest oder eine sog. Feier, wo ein Jubiläum begangen wird, vom Familienfest, Geschäftsjubiläum bis zur Jahrhundertfeier eines jeden Ortes, Kantons, ja sogar der Eidgenossenschaft. Es macht beinahe den Eindruck, als brauche man dies so zu einer Art Selbstbestätigung.

Auch Hausen macht hier keine Ausnahme. 1954 konnten stolze 700 Jahre gefeiert werden. Wie man auf dieses Datum gekommen ist, sei im folgenden dargestellt:

Will man versuchen, die frühesten Spuren eines Dorfes ausfindig zu machen, so bieten sich grundsätzlich zwei Möglichkeiten: Entweder man sucht nach Geschriebenem (meistens handelt es sich um Urkunden) oder man forscht, ob eventuell der Boden ein Geheimnis preisgeben kann, wobei nicht vergessen werden darf, dass Funde wohl viel aussagen können, sie zeitlich genau einzuordnen dagegen oft schwierig ist, besonders dann, wenn vergleichbare Werte, wie Gebrauchsgegenstände, Münzen oder Grabsteinfunde mit Inschriften, die datierbar wären, fehlen. Suchen wir deshalb zuerst, was in den alten Urkunden zu finden ist. (Diese werden, der Verständlichkeit halber, hier leicht «verdeutscht» wiedergegeben.)

Das älteste Dokument, worin Hausen – zusammen mit andern Gemeinden des Eigenamtes – zum erstenmal erwähnt wird, spricht von einer Loslösung verpfändeter Eigengüter:

1254 *Laufenburg – vor 1. apr.*

Gräfin Gertrud von Habsburg übergibt zu ihrem und ihres verstorbenen Gemahls, Grafen Rudolf (III.) von H. (Habsburg) Seelenheil mit Zustimmung ihrer Söhne Gottfried, Rudolf, Otto und Eberhard dem Kontur (minister) Gottfried und den Deutschordensbrüdern der Provinz Elsass und Burgund ihre Eigengüter zu Altenburg, Obernburg, Hausen, Birrhard und Birrenlauf, die von ihrem verstorbenen Gatten verpfändet worden waren und vom Deutschorden ausgelöst werden sollen. Zeugen: Bruder Burkart v. Bern, Rudolf Leutpriester zu Laufenburg, Heinrich Priester von Mettau, die Ritter Berthold v. Gösgen, Berthold v. Gutenberg, Berthold der Schenke, Ulrich v. Kienberg, Burkart v. Billstein, Konread v. Wüöflingen, Heinrich v. Ostrach, Friedrich von Homburg (Honberg), Peregrin v. Villigen, Konrad v. Eschikon.

(aus: Regesta Habsburgica, bearbeitet von Harold Steinecker in Wien 1904)

Um die Übersicht nicht zu verlieren, sei hier ein wenig Familiengeschichte eingeflochten:

Rudolf II., Graf im Aar- und Zürichgau, starb 1232. Er hinterliess zwei Söhne, Albrecht IV. (Vater des späteren «König Rudolf von Habsburg») und Rudolf III. Es kam zu einer Teilung der habsburgischen Besitzungen. Albrecht erhielt als Erstgeborener den Titel «Graf von Habsburg» und somit auch den wichtigeren Anteil des Erbes, sein Bruder musste sich mit dem Rest begnügen. Da dessen Frau Gertrud, eine geborene Regensburgerin (= Regensberg), Ländereien im Nordosten des Aargaus mit in die Ehe gebracht hatte, schien deshalb verständlich, dass er das Schwergewicht seiner Bemühungen nach Nordosten verlegte. Dies um so mehr, als nach dem frühen Tode Albrechts – er starb 1239/40 auf der Fahrt ins Heilige Land – sein Sohn Rudolf (als «Graf» war er «Rudolf IV.» – als späterer König aber «Rudolf I.», was oft zu Verwechslungen führt) voll am Ausbau seiner Hausmacht war. Da ihn die Erbbestimmungen seines Grossvaters nicht besonders beeindruckten und sein Onkel, der «Laufenburger» Rudolf, seinerseits 1249 starb, darf angenommen werden, dass er die oben genannten Eigenämter Güter schon bald «erwarb». Es ist nämlich die einzige Urkunde Hausen betreffend, bei der die «Laufenburger» in Erscheinung treten. Auch von den Deutschrittern hört man im Eigenamt nichts mehr.
Was die Datierung betrifft, so muss die Urkunde ganz zu Beginn des Jahres 1254 ausgestellt worden sein, da der dritte Sohn, Otto, in der Urkunde

erwähnt, Anfang 1254 starb. Auf Wunsch Gertruds siegelte (später) ihr Sohn Gottfried als neuer Ältester, da kurz vorher ebenfalls der erstgeborene, Werner V., gestorben war.[81] Die oben erwähnten Güter waren an die Ritter von Liebegg verpfändet gewesen. Diese erklärten am 16. Juni 1254 in der Kirche zu Zofingen, dass sie für ihre Pfandsumme befriedigt worden waren.[31] Verpfändungen waren seit eh und je keine Seltenheit, besonders nicht bei den Habsburgern. Ihre ewige Geldknappheit war beinahe sprichwörtlich. Doch wussten sie jeweilen durch kluge «Heiratspolitik» alles wieder einzurenken.
In Urkunden des 14. Jahrhunderts ist wiederholt vom *Hof ze Husen* die Rede. So auch im Lehensbrief, der am 16. Oktober 1313 in Windisch verfasst wurde:

Her Walther, Dekan von Windisch, urkundet, dass er Peter dem Meyer von Husen, zu Lehen gegeben habe:
den Hof ze Husen, auf welchem letzterer wohnt und den Her Walther von Dietmar von Hagbech gekauft hatte. Derselbe gehörte ehedem denen von Kienberg. Von diesem Hofe sind jährlich an das Kloster Königsfelden zu entrichten:
9 M. (Mütt) *Rogg, 2 M. Kern, 2 Mlt.* (Malter) *Haber, 2 Schweine a 1 Pf., 100 Eier, 2 Herbsthühner, 1 Fastnachtshuhn.*

Unter den Zeugen figuriert u. a. ein *Rudolf Meyer von Husen.*
Während der ganzen Gründungszeit des Klosters amtete Dekan Walther (mit seinem ganzen Namen: Walther Bullin von Brugg) als Geistlicher an der Kirche Windisch. Von Haus aus vermögend, schenkte er den Frauen des Klosters Königsfelden ein Haus zu Brugg, das er entweder geerbt oder angekauft hatte. Zu besonderem Dank machte er sich aber die Nonnen verpflichtet durch Schenkung dieses *Hofes ze Husen,* den er am Gallustag mit der Bedingung auslieh, jährlich *dem Convente 9 Mütt Roggen, 2 Mütt Kernen, 2 Malter Hafer, 2 Schweine à 1 Pfund*(?)*, 11 Eier, 2 Herbsthühner und ein Fastnachtshuhn abzuliefern.* Um welche Summe er den Hof gekauft hatte, ist nicht bekannt. Im Urbar von 1303 ist dieser nicht erwähnt, obschon Habsburg die sog. «niedere Gerichtsbarkeit» ausübte. Er gehörte zu jener Zeit einem Vasallen, Herrn Dietmar von Hagberg, der Eitenberg dagegen den «Truchsessen von Habsburg».[31]
Neues geschichtliches Zwischenspiel: 1306 hatte König Albrecht seinen rebellierenden Neffen, Johann, als Herzog von Österreich anerkannt. Ein

Jahr später übertrug er ihm die Ausübung der landherrlichen Rechte im Eigenamt. Nach dem Königsmord (1308) fielen alle Rechte wieder an die Familie Albrechts zurück.[31] Wie und wann während dieser dem Mord folgenden Wirren Dekan Walter den «Hof ze Husen» erworben hat, ist nicht mehr feststellbar. Welcher Wert ihm dagegen beigemessen wurde, ergibt sich aus einer späteren Urkunde (4. Juli 1340), wo die Herzogin Elisabeth von Lothringen, die Schwester der Königin Agnes, nach dem Tode des Dekans vermutlich, den Hof um 70 M. S. löste und dann für Jahrzeitstiftung für sich wieder ans Kloster übergab.

1315 muss es zu einem Neuankauf in Hausen gekommen sein. Das Dokument enthält einige interessante Details:

1315 Montag nach Allerheiligen
Kl. Königsfelden
Baden 3. Nov.
Lüpold, Herzog von Oestreich und Steyer, Herr von Krain, der March und zu Portenowe, Graf von Habsburg und Kyburg urkundet, dass er der Aebtissin und dem Clarissenconv. ze Kungsvelt (Königsfelden) *vergünstigt habe, 10 Gült von solchem Gut zu kaufen, das sein Lehen ist, und setzt sich in den Besitz desselben. Um den Betrag der vorgen. Summe haben sie von den Vasallen Eckried Hartmann, Johann und Peter, Truchsessen* (Hofbeamte) *von Habspurch, und von Johannes von Münsingen 5 M. Gülte gekauft und es liesen dieselben an dem Hofe und dem Eigen zu Linde, und an dem Holze, das am sog. Eitenberg gelegen ist, an dem Zehnten zu Schafhusen* (Schafisheim), *in dem Kirchspiel von Stiefen* (Staufen). *Für 3 M. Gült liegen 24 Stück auf dem Hof zu Husen und 6 Stück auf dem Hof zu Mülinen... Die andere Gült liegt auf dem Hof zu Husen... Her Walther der Dekan von Windisch, und das vorg. Kloster hatten dieselben von Johannes von Kienberch und dessen Brüderen, sowie ihrem Bruderssohn und von Johann Bullin von Brugg gekauft.*

Modern ausgedrückt «ratifiziert» Herzog Leopold I. die «Geschäfte» seiner Schwester. Diese, es handelt sich um die früh verwitwete Königin Agnes von Ungarn, hatte nach dem Tode ihrer Mutter (Königin Elisabeth, die Klostergründerin starb 1312) die Betreuung Königsfeldens übernommen. Ihr war es zu verdanken, dass das Kloster bald zum reichsten des Bistums Konstanz werden sollte.

Interessant ist auch das Datum. Mitten in den Vorbereitungen zu seinem (nicht besonders seriös geplanten) Rachefeldzug gegen die aufmüpfigen

Innerschweizer – der ihm am 15. November am Morgarten schwer misslang – fand er noch Zeit, Familienangelegenheiten zu erledigen.
Dann aber taucht, neben der zweimaligen Erwähnung des *Hofes zu Husen,* zum erstenmal der Name *Eitenberg* auf, von dem im Kapitel «Flurnamen» noch die Rede sein wird.
In einer Urkunde, datiert vom 10. Mai 1327, stand *in dem dorf ze Husen.*[31/60]
Hier wurde erstmals nicht nur ein Hof, sondern ein «Dorf» erwähnt, was jedoch über die damalige Grösse nichts aussagen will.
Im Laufe der Zeit müssen sich die Güter, die das Kloster in Hausen besass, vermehrt haben, denn am 14. Oktober 1352 löste Königin Agnes von Margarethe, Witwe des Albrecht, und Anna, Tochter des Rudolf von Winterberg, die seinerzeit von Herzog Leopold I. an Albrecht und Rudolf um 10 M. S. versetzten Güter in Windisch und Hausen. Sie betrafen in Hausen:

Peter des Meier's Gut
das Gut des Ratgeb
und das des Heini Zimmermann... also bereits 3 Höfe.
(Gleiche Namen stiften oft Verwirrung: Bei den hier erwähnten Albrecht und Rudolf handelt es sich um *keine* Habsburger, sondern um sog. «Vasallen».)

Rein urkundenmässig scheint der Fall klar: Das älteste schriftliche Zeugnis stammt aus dem Jahre 1254; seit dieser Zeit gab es einen «Hof ze Husen». Ob es sich dabei um einen einzelnen Hof oder um mehrere handelte, kann nicht mit Sicherheit festgestellt werden.

Wie aber steht es nun mit den Funden, die man auf Gemeindegebiet gemacht hat?... Hier gibt uns die Archäologie folgende Auskünfte:[27]
Maueräcker/Büntli: Grossraum um (Koordinaten:) 658.000/257.540: römische Baureste/Fundamente von einem römischen Gebäude; *wohl von einem römischen Gutshof, was bei uns erfahrungsgemäss grossflächige Anlagen sind mit einem Herrenhaus (sog. Villa), Gesindehäusern und Oekonomiebauten...*
J. Heierli berichtet 1898:[23] *In den «Maueräckern» lagen früher viele Mauern in der Erde. Die Funde sind zerstreut, eine Lampenkette liegt im Schweiz. Landesmuseum. Auch beim Bau der Eisenbahn* (Südbahneinschnitt) *fand man römische Ziegel und einen Mühlstein. 1898 deckte die Antiq. Gesellschaft Brugg ein römisches Gebäude mit mehreren Gemächern ab.* (Das hätte einen stolzen «Hof ze Husen» ergeben!)

Im Jahre 1861 fand ein Bauer beim Fällen eines Baumes einen etwa zehn Zentimeter grossen Topf, der 340 Münzen enthielt. Bevor diese verkauft wurden, konnten 230 davon bestimmt werden. Sie stammten aus einer Zeitspanne zwischen 276 (Kaiser Probus) und 341 (Constantinus) nach Christus. Wahrscheinlich wurde der Münzschatz um 350 nach Christus vergraben, also während der unruhigen Zeiten der Machtergreifung durch Magnentius.[21] Ob dieser Münzschatz von einem Bewohner oder einem Fremden vergraben wurde, kann natürlich nicht festgestellt werden.
Weitere Funde aus römischer Zeit wurden im Gebiet der Reichhold-Chemie (römischer Strassenkörper), Gässlimatt (Steinpackung einer römischen Wegbefestigung evtl. Furt) und in den Gegenden Sooremattstrasse/Lindhofstrasse und Sunnhalden/Hölzli gemacht.
Aber es geht zeitlich noch weiter zurück: Ebenfalls aus dem Büntenfeld liegt eine sehr alte, unsicher zu lokalisierende Fundmeldung vor: Gräber mit Beigaben der jüngeren Eisenzeit (keltisch), wohl zu einer Gräbergruppe oder einem Gräberfeld gehörend: Ring aus blauem Glas, eine Bronzekette, deren Glieder aus kleinen massiven Ringlein bestehen, sowie eine Bronzekette mit Anhängern.[60]
Ja sogar ein Prachtsexemplar von Stosszahn eines Mammuts wäre zu erwähnen, das anlässlich der Aushebung des Südbahngrabens zum Vorschein kam und im Aarg. Naturmuseum zu bewundern ist.[22.1] Da es aber aus der letzten Zwischeneiszeit stammt, ergibt uns das auch keinen weiteren geschichtlichen Aufschluss...
Prunkstück, nicht nur für den Archäologen, ist und bleibt aber die heute noch intakte römische Leitung, die vom sog. «Neuquartier» – in den fünfziger Jahren als erstes, neues Quartier entstanden – ins Gebiet des ehemaligen Legionslagers führt und, ununterbrochen in Betrieb, auch für Hausen von schicksalshafter Bedeutung war (siehe Kapitel «Grundwasser»).
Dies alles zeigt uns, dass rein von den Funden her gut 1000 Jahre früher «Leben» und «Besitznahme von Grund und Boden» auf dem heutigen Gemeindegebiet feststellbar sind, nur fehlt die Möglichkeit, diese Funde aufs Jahr genau zu datieren, was nun wiederum im exakten 20. Jahrhundert absolute Notwendigkeit ist, um eine Zentenarfeier begehen zu können. Hausen muss deshalb darauf verzichten, sich römischen Ursprungs zu rühmen, auch wenn schon, wahrscheinlich ohne sich dessen bewusst zu sein, von Anfang an eine römische Wasserleitung unter den Häusern durchführte...

Doch nun zurück zu den schriftlichen Zeugen:
Wie bereits erwähnt, wurde Hausen zu Beginn des 14. Jahrhunderts an das Kloster Königsfelden gebunden. Dieses stieg bald zur wichtigsten habsburgischen Stellung im Eigenamt auf. Die Entwicklung fand 1397 durch die Überlassung des ganzen Amtes, d. h. der Verwaltung und Gerichtsbarkeit an das Kloster, ihren Abschluss. 1415 ging die Landeshoheit an Bern über. In bernischer Zeit bildete das Eigenamt einen besonders einträglichen Teil des Staatsgutes (Kornkammer!). Eine interne Änderung ergab sich 1584 durch die Schaffung der Pfarrei Birr, wodurch der Südteil des Eigenamtes abgetrennt wurde.
Im Urbar von Königsfelden sind 1432 erstmal fünf, im Zehntenrodel von 1452/57 sieben Namen von zehntenpflichtigen Landbesitzern aufgeführt. Unter den aufgeführten elf Namen (Urbar 1614) kommt ein Jochum Meyer vor, der, im Vergleich zu den andern, jährlich am meisten abzuliefern hatte. Die andern zehn hiessen: Heine Schaffner, Hanns Thalheim, Hanns Schwander, Peter Schuhmacher, Martin Rohr, Martin Schatzmann, Michel Brombach, Hanns Engels Erben, Hanns Thale und Hanns Engeler. All diese Leute waren sog. Lehensmänner des Klosters Königsfelden.
Laut Urbar des Amtes Eygen von 1682 traf Bern in der Zuteilung von Grund und Boden eine Neuordnung, indem die Gemeinden in Liegenschaftsbezirke eingeteilt wurden. Hausen zählte deren sechs. Über jeden Bezirk wurde ein sog. «Trager» gesetzt, dessen Pflicht es war, für gewissenhafte Abgabe an die Bezugsberechtigten besorgt zu sein. Der Mehrertrag eines Bezirks fiel dem Trager als Lohn zu. Die damaligen Trager hiessen: Uli Michael Hartmann, Ueli Huber, Michael Schaffner, Hans Heinrich Meyer, Hanns Im Hoff und Hans Schaffner.
Dieses Urbar gibt erstmals genauere Auskunft über Grösse und Art der Anbauflächen. Diese zergliedern sich in Mattland, Ackerland, Rebland, Holz und Gestrüpp. Für das Mattland wird mit «Mannwerk» (= 32 Aren) gerechnet, für den andern Boden mit Jucharten (mit verschiedenen Grössen: Ackerland zu 36, Rebland zu 28 und Holzland zu 40 Aren):

51.75	Mannwerk Mattland	1 656 Aren
255.75	Jucharten Ackerland	9 207 Aren
17.00	Jucharten Rebland	476 Aren
24.00	Jucharten Holz	960 Aren
Totale Anbaufläche		12 299 Aren

Diese vorgenommene Einteilung der Gemeinde hatte bis zu Ende der Berner Herrschaft Bestand. Dies bestätigen die Mann-Lehen-Briefe. Deren Inhalt führt uns gleichzeitig die Abhängigkeit des Lehensmannes von den Oberen Herren vor Augen. Ein aus dem Jahre 1774 stammender Brief sei hier als Beispiel zitiert:

WIR Schultheiss und Rath der Stadt und RESPUBLIK Bern, thun kund hiemit: Dass Wir, aus Kraft Unser Stadt habender Rechten und Gewalten, zu einem bewährten Mann-Lehen hingeliehen haben; Leihen auch hiemit und in Kraft diss Unserem Lieben und Getreüwen Ullrich Widmer von Hausen für ihn und als Treger seines Bruders Daniel Widmer von allda, ein Vierling Reben im Mühlacker im Hausener dritten Bezirk, Zur Ehebrunnen Zelg, zwischen David Schmid und Fridli Hartmann liegend, unden an Bernhard Dahli und oben an den Treger stossend. So Erblich an Jhne gefallen und heut dato gebührend empfangen hatt.
Dieses Lehen nun inzuhaben, zu nutzen und zu niessen, nach Mann-Lehen und Land-Recht, darbey Wir ihne auch schützen und schirmen wollen; Der dann hingegen auch gelobt und versprochen, von dieses Lehens wegen, Uns gehorsam und gewärtig zu seyn, und alles dasjenige zu thun und zu leisten, was einem getreuen Lehen-Mann wohl anstehet.
Ohne Gefehrd, in Krafft diss Mann-Lehen-Briefs, welcher mit Unser Stadt Secret-Insigel verwahrt, und gegeben ist den 16. May 1774.[60]

Diese Lehensabhängigkeit fand erst mit der grossen Umwälzung zu Beginn des 19. Jahrhunderts ein Ende, wobei die sog. Zehntenablösung noch während Jahren grosse finanzielle Belastungen brachte (siehe Kapitel «Zehnten»).
Soweit der Kurzüberblick über Hausens Geschichte. Er zeigt uns, dass nichts Weltbewegendes in Hausen geschehen ist. Nichtsdestotrotz aber lohnt es sich, der «kleinen Geschichte» nachzugehen, ist diese doch immer auch ein Spiegel der Zeit.

Hausen am Anfang und am Ende des 20. Jahrhunderts.
– Luftaufnahme von Hausen um 1923. Foto W. Mittelholzer. Eig. Gemeindekanzlei Hausen.
– Luftaufnahme von Hausen 1996 (Umschlagbild Gemeinde-Broschüre 1998).

Wie unsere Altvordern den Untergang der Alten Eidgenossenschaft erlebten

«Augenzeugenbericht» – «antirevolutionäre Elemente» im «Rössli» – Auch in Hausen wurde ein Freiheitsbaum errichtet – Vielen waren die «Kaiserlichen» lieber als die Franzosen – Die Helvetische Republik in Nöten – Gemeindevorsteher – «Munizibalität» – Gemeinderat – Neue Organisation

Über die Französische Revolution und deren Folgen für das Schicksal der Eidgenossenschaft gibt es sicher mehr als genügend kompetente Abhandlungen. Wie aber hat sich dies aus der Sicht des «kleinen Mannes» abgespielt? Die in der Einleitung erwähnte Chronik des Johannes Schaffner, Gemeindeammann, gibt uns darüber, wenn auch oft mehr stichwortartig, beredt Auskunft:[46]

Vor der schweizerischen Staatsumwälzung im Jahre 1798 stand der Aargau unter der Regierung des Standes Bern. Das ganze Land wurde durch Landvögte, das Eigenamt durch einen Hofmeister, der seinen Wohnsitz in Königsfelden hatte, regiert. Diese Regierungsglieder wurden immer aus einichen Geschlechtern, die sich die Adelichen nannten, aus der Stadt Bern gesetzt, auch haben sie solches sich untereinander erblich gemacht.
Nachdem in Frankreich eine allgemeine Refulution ausgebrochen, drang dessen Macht in die Schweiz unhaltbar vor.

1798 Merz 3: Zogen dessen Heere in die Stadt Bern ein, und somit hörte die Regierung von Bern auf. Die Landvögte und Hofmeister wurden ihrer Stellen entsetzt, und die Schweiz löste sich in einen helvetischen Freistatt auf, wovon Aarau selbst eine Zeitlang Hauptort und Wohnsitz der höchst regierenden Gewalten war.

Zwischenbemerkung: Was *nicht* in der Chronik steht:
1798 scheint das «Rössli» in Hausen geheimer Treffpunkt «antirevolutionärer» Elemente gewesen zu sein. Jakob Emanuel Feer, Regierungsstatthalter des Kantons Aargau, schreibt in einem Brief am 27. April 1798 an das Direktorium: *Seit dem die kleinen Kantone und die Freien Aemter bis zu dem Punkt fanatisiert worden, dass sie im Ernst beschlossen haben gegen die fränkische Republik Krieg zu führen, so hat die Betriebsamkeit der Volksaufwiegler sich auch seit einigen Tagen mit neuer Thätigkeit in verschiedenen Dorfschaften der Distrikte Brugg, Kulm und Lenzburg geäussert. Folgende Facten sind mir glaubwürdig*

bescheinigt zur Notiz gekommen: ... Ein anderer Felix Rauber, genannt Provisor (Verwalter?) *von Windisch ein äusserst erbitterter Feind der Revolution, den ich schon ein paar mal wegen ähnlichen Unvorsichtigkeiten oder Bosheiten, da er immer falsche Gerüchte in den Wirtshäusern verbreitet, gewarnet habe, hat wieder vor ein paar Tagen in dem Wirtshaus zu Hausen die Landleute gegen die Constitution einzunehmen gesucht, mit den Worten es seye eine Spitzbuben Constitution – dass sich viele geäussert haben sie wollen lieber catholisch werden als die Constitution anzunehmen, da ich diese Gegenden und Personen äusserst gut kenne...*[33]

Wenn auch in Hausen Stimmen *gegen* die neue Verfassung laut geworden waren, so war der Anbruch der neuen Zeit trotzdem gebührend gefeiert worden, wie man indirekt aus einem *Gemeinds-Beschluss* aus dem Jahre 1800 entnehmen kann:[60]

1800 d. 2ten Jenner ist an der gehaltenen Gemeind durch ein einhäliges Mehr erkent, es sollen diejenigen fünfzig Gulden wo die Gemeind von dem Schulgeld genommen und bey der Aufrichtung des Freyheitsbaum gebrucht worden von dem Reisgält ersetzt werden. Bescheint Josef Widmer Ns. der Gemeind.

Es darf hier nicht vergessen werden, dass der Aargau während dieser Zeit der Umwälzung von französischen Truppen besetzt war und die Bevölkerung darunter stark zu leiden hatte: *Am tollsten trieb es das zahlreiche Weibervolk, welches sie mitbrachten; unsere guten Aargauer wussten ob ihrer frechen Begehrlichkeit sich schier nicht zu fassen. «Lieber drei Soldaten, als ein Weib ins Quartier!» hiess es.*[28] Die Tatsache, dass die neuen Beamten alle zur «Franzosenpartei» gehörten, vermehrte die Spannungen. Der oben zitierte Regierungsstatthalter Feer schärfte den Behörden ein, *ja die Kokarde ständig zu tragen und keinen Bürger einzuvernehmen, der bloss in Wams und Kappe erscheine: auch müsse jedermann zur besseren Wahrung der Autorität mit Rock und Hut und Nationalfarben darauf sich präsentieren.*[28] Kein Wunder, dass man schliesslich die Franzosen als Grund allen Übels hielt. Viele Leute machten keinen Hehl daraus, dass ihnen die Kaiserlichen (Österreicher) lieber wären als die Franzosen. Führten dann diese etwa österreichische Kriegsgefangene durchs Land, so war man jedem, der ausreissen wollte, behilflich und zeigte auch Verstecke in Feld und Wald. Allerorten mussten Leute bestraft werden wegen *ungebührlichen Redens wider die Franzosen. Sogar der gute Munizipalratpräsident* (Schaffner) *von Hausen war vor Schmähreden nicht sicher.*[28]

Der Chronist fährt weiter:[46]

1802 *In diesem Jahr kündeten mehrere Kantone der Regierung des helvetischen Freistaates ihren Gehorsam auf, und im Herbstmonat dieses Jahres brach ein allgemeiner Bürgerkrieg aus. Die höchsten Behörden retteten sich durch die Flucht, aus der Stadt Bern nach Lausanne im Kanton Wadtland. Durch ein französisches Machtgebot wurde dieser Aufstand gestillt.*

Die Helvetische Republik zeigte sich nicht in der Lage, sich eine dauerhafte Verfassung zu geben. Aus diesem Grund griff Napoleon erneut ein, und zwar auf seine eigene Weise: Im Sommer 1802 zog er seine Truppen aus der Schweiz ab (siehe auch Kapitel «Hausen und die weite Welt»), offiziell «aus Achtung für die Unabhängigkeit». Dabei wusste er genau, dass sich die neue Regierung ohne französische Truppenunterstützung auf die Länge nicht werde halten können, was auch bald eintrat: Kaum waren die Soldaten aus dem Land, erhoben sich die Gegner der Helvetik. Die verschiedenen politischen Strömungen machten sich im «Aargau» besonders bemerkbar. Dieser bestand ja 1802 aus drei Teilen: dem französischen Protektorat Fricktal, dem Kanton Aargau (ehemaliger Berner Aargau) und dem Kanton Baden. Im Bad Schinznach trafen sich berntreue Verschwörer, in den Badener Bädern die Gegner der unitarischen Aarauerpartei. Das Landvolk wurde aufgewiegelt, und es kam bald zu Kriegen – zwar mehr Plünderungen gleichend –, die unter dem Namen *Stecklikrieg* und *Zwetschgenkrieg* in die Geschichte eingingen. Der letztere wies eindeutig antisemitische Züge auf: 800 Mann fielen in die Judendörfer Endingen und Lengnau (nur in diesen Dörfern durften die Juden wohnen) ein und bereicherten sich ungestraft am Hab und Gut ihrer Opfer.[64] Nun wurde die allgemeine Entwaffnung befohlen.

Am 12. Herbstmonat 1802 wurde sie in Hausen vollzogen. Fünfundzwanzig Bürger erklärten, sie seien völlig wehrlos; 46, darunter auch unser Gewährsmann Johannes Schaffner, zwei Hauptleute und ein Oberlieutenant, lieferten ab, was sie hatten: 44 Gewehre, 7 Säbel, 17 Patrontaschen, 7 Koppel. Kein einziges Stück kehrte wieder in die Gemeinde zurück. Tiefer konnte die Eidgenossenschaft nicht mehr fallen. Mit den Waffen in der Hand hatten die Franzosen ihr das Geschenk der Freiheit gebracht; jetzt war unser Volk in gänzliche Ohnmacht gesunken und erharrte sehnsüchtig die letzte Gabe von dorther, die es sich zu geben unvermögend gewesen: eine Verfassung.[28]

Und wieder trat Napoleon in Erscheinung:[33]

1803 *Da der bemeldte Bürgerkrieg sich gestillet hatte, wurden Abgeordnete aller Kantone nach Paris berufen (bei den 60 Abgeordneten befanden sich 9 aus dem Aargau, unter ihnen Stapfer), woselbst sie dort die entzweiten Wünsche aussprachen. Hier gewährleistete Napoleon Bonaparte, als damaliges Oberhaupt der Franzosen, und stellte die Schweiz in der Selbstherrlichkeit von 19 engverflochtenen Kantonen her.*
Hier wurde das Aargau, die Landschaft Baden, die Freienämter und das Frickthal, zu einem freien selbständigen Kanton und Mitglied des neuen schweizerischen Bundesvereins gemacht.

Die Zeit zwischen 1803 und 1813 ging als Zeit der «Mediation» (Vermittlung) in die Geschichte ein. Die Mediationsakte vom 19. Februar 1803, die Napoleon den Abgeordneten aushändigte, ist gleichzeitig die «Geburtsurkunde» des Kantons Aargau: Ein Musterbeispiel für eine Entscheidung am grünen Tisch, ohne sich um die Situation «vor Ort» zu kümmern. Mit einem Federstrich wurden vier während Jahrhunderten voneinander getrennte und eine eigene Entwicklung aufweisende Gebiete vereinigt! Dem Auf- und Niedergang des napoleonischen Grossreiches folgte der Wiener Kongress mit seinen Folgen:

1814 *Nachdem die verbündeten Hohen Mächte, Russland, Oestreich und Preussen, den Beherrscher Frankreichs durch ihre siegreichen Waffen gezwungen haben, seine Weltherrschaft niederzulegen, wurde ihre Garantie der schweizerischen Eidgenossenschaft aufs Neue zugesichert, und derselben als neue Mitglieder zugesellt die Kantone Genf, Neuenburg und Wallis. Und nun wurde die Schweiz in 22 Kantone, wornach der Zusicherung der sämtlichen Hohen Monarchen, unterm 7. August 1815 in Zürich von sämtlichen Hohen Ehrengesandten der 22 Kantone, nach der Väter Sitte, der neue Schweizerbund beschworen wurde.*[46]

Bevor es aber soweit war, hatte der junge Aargau noch einige Stürme zu überstehen. Mitten im europäischen Krieg erhob die Berner Regierung im Dezember 1813 wieder Anspruch auf ihr vormaliges Gebiet im Aargau. Nachdem sich der Streit zu Beginn des Jahres 1814 verschärfte, erneuerte der Grosse Rat am 4. Juli 1814 dem Kleinen Rat die Vollmacht, die er ihm bereits am 30. Dezember des Vorjahres ausgestellt hatte: *...zu Behauptung unserer Freiheit, Sicherheit und Unabhängigkeit alle erforderlichen Mittel zu ergrei-*

fen... Nachdem Bern die Nachricht verbreiten liess, «die Bürger würden lieber unter Bern zurückkehren», verfasste jeder der fünf betroffenen Bezirke des ehemaligen «Berner Aargaus» eine Zuschrift an die Regierung. Die Zuschrift aus dem Bezirk Brugg trägt das Datum vom 1. August 1814:

An den Tit. Kleinen Rath des Kantons Aargau.
Hochgeachte Herren!
Die unterschriebenen Bürger des Bezirks Brugg nehmen die Freyheit, Hochdenselben folgende Vorstellung in schuldiger Ehrerbietung einzureichen:
Durch Hochdero Publikation vom 18.ten July und durch öffentliche Blätter mussten die Einwohner des alten Aargaus mit Schmerz entnehmen, wie die diesmalige Regierung von Bern noch immer Rechte auf diesen Theil des Cantons Aargau zu besitzen behauptet; wie sie diese Ansprüche auf die Treue und Anhänglichkeit der Aargauer zu gründen sich erkühnt, und wie wesentlich durch das Benehmen dieser Berner-Regierung die Eintracht im Schweizerischen Vaterlande gefährdet ist...
Die Exponenten glauben sich verpflichtet, den gerechten Unwillen, welchen jene in den Bernerschen Akten enthaltenen beleidigenden Äusserungen in der Brust jedes redlichen Aargauers erzeugen, aussprechen und jene Äusserungen nicht nur mit Worten als unwahrhaft erklären – sondern durch Handlungen widerlegen zu sollen... Viele Bürger des Aargaus sind durch die bestehenden liberalen Gesetze wegen ihres Alters und wegen Amtsverhältnissen vom Militärdienst befreit. Viele dieser Bürger haben aber noch die Kraft und den festen Willen, zur Vertheidigung ihres Vaterlandes – und zur Rettung ihrer von den Bernern gekränkten Ehre Gut und Blut aufzuopfern... In diesem Stil geht es weiter. Der Brief ist am Ende von sämtlichen Gemeindevorstehern unterschrieben worden. Für Hausen war dies *Ammann Schaffner* (der Verfasser der alten Chronik). Nun, es kam nicht zum Krieg. Bern und der Aargau sandten ihre Sachwalter an den Wiener Kongress (für den Aargau war es der Brugger Albrecht Rengger). Der Rechtsstreit endete mit einem vollständigen Sieg des Aargaus.[24.1]
Ein weiteres eindrückliche Bild jener unruhigen Zeit gibt uns die Aufstellung der Gemeindevorsteher, die in der Chronik vollständig aufgeführt sind. Beinahe jedes Jahr kam es zu «von oben befohlenen» Neuwahlen, einmal, 1802, sogar zwei innert 33 Tagen:

Gemeindevorsteher:
Im Jahr 1768 wurde Johannes Rauber von Hausen, von Herrn Hofmeister in Königsfelden, als Vorgesetzter, oder erster Vorsteher der Gemeinde Hausen ernannt.

Nachdem Johannes Rauber diesem Amt 25 Jahre getreulich vorgestanden hatte, begehrte derselbe im Jahr 1793 von dem Herrn Hofmeister in Königsfelden seine Entlassung, welche ihm in Ehren ertheilt wurde, und an dessen Stelle Joseph Widmer ernennt, der in seinem Amt verblieben bis den 23ten Apprill 1798.

An dieser Stelle folgt in der Chronik ein Hinweis auf eine Vergabung, die verdient, hier wiedergegeben zu werden, wenn sie auch den geschichtlichen Lauf der «Gemeindevorsteherwahlen» unterbricht:

Johannes Rauber, obbemeldt, starb 1796 und verordnete bey seinen Lebzeiten:
«Es soll nach seinem, und seiner Ehefrau Anna Rauber Gott gefälligen Absterben, von seiner Hinterlassenschaft, zu Gunsten der künftigen Vorsteher der Gemeinde Hausen, ein Legat zukommen von Einhundert Gulden.
Dieses Kapital soll aber niemals verkürzt, sondern an Zins stehen bleiben, und nur der Zins davon, alle 2 Jahre am 2. Jenner, den Vorgesetzten der Gemeinde Hausen, zu einem fröhlichen Angedenken an ihn, zu einem Trunk verwendt werden.»

Dieser testamentarischen Verfügung wurde 15 Jahre später Folge geleistet:

1811 *Merz 31: Zahlte Johann Meyer, Uhlis von Hausen und dessen Gebrüdere, als Erben des Vergabers, dem Joh. Schaffner Ammann, dieses Legat mit L. 150 aus, welches er sogleich an Zins gestellt hat.*
Soweit diese Vergabung.

Bey der ehemaligen Regierung des Standes Bern wurden zur Verwaltung der Gemeindeangelegenheiten in jeder Gemeinde ein Dorfvogt eingesetzt.

1797 *Jenner 2: Wurde Johannes Schaffner* (unser Chronist) *auf 2 Jahre erwählt, da aber im Jahr 1798 die schweizerische Staatsumwälzung erfolgte, so musste laut der damaligen Gesetzen eine neue Gemeindevorsteherschaft organisiert werden, von 3 Mitgliedern unter dem Namen Munizibalität.*

1798 *Aprill 23: Wurde an der Gemeindeversammlung durch ein allgemeines Stimmenmehr erwählt: a) Johannes Schaffner als Präsident*
b) Heinrich Schatzmann, Hans Jöris, als 1. Mitglied
c) Jakob Schaffner, Küfer 2. Mitglied
d) Friedrich Widmer, Tannhübler, 3. Mitglied

Es ist erstaunlich, mit welcher Selbstverständlichkeit dies aufgeschrieben wurde, brachte doch die Staatsumwälzung nichts weniger als die Befreiung von jahrhundertelangem Untertanentum und die Schaffung von eigenständigen Gemeinden mit frei wählbaren Behörden und einem allgemeinen Stimm- und Wahlrecht an der ebenfalls neu ins Leben gerufenen Gemeindeversammlung.

1799 *Merz 5: Musste die Munizibalität wieder neu gewählt werden, und bey Versammlung der ganzen Gemeinde, im Beysein eines Agenten* (erster Rückschritt?) *wurden durch Mehrheit der Stimmen gewählt:*
a) Johannes Schaffner als Präsident
b) Jakob Müller, Gross, 1. Mitglied
c) Jakob Schatzmann, Uechen, 2. Mitglied
Der Ammann bleibt, die Mitglieder werden ausgewechselt.

1800 *May 3: Wurden wieder neu gewählt durch Stimmenmehr:*
Johannes Schaffner, Präsident
Heinrich Schatzmann, Hans Jöris, 1. Mitglied
Hans Jakob Hartmann, Lienis, 2. Mitglied
Der Ammann bleibt, ein ehemaliges Mitglied kehrt zurück.

1802 *Herbstmonat 12: Brach der schon gemeldete Bürgerkrieg aus. Das Volk forderte die alte Regierung wieder. Da übernahm Jakob Schaffner, Küfer, von Hausen das Vorsteher-Amt der Gemeinde; aber nicht länger darin verblieben als bis 15. Weinmonat 1802. Weil durch das französische Machtgebott dieser Volksaufstand gestillt und französische Truppen die Schweiz überzogen.*
Weinmonat 15: Wurde Johannes Schaffner, Präsident, und Heinrich Schatzmann und Hansjakob Hartmann, Lienis, wieder in ihr Amt eingesetzt.
Da durch den erwähnten Bürgerkrieg die helvetische Regierung in der Schweiz aufgehoben, und durch den am 19. Hornung 1803 in Paris unterzeichnete Vermittlungs-Akte die Schweiz in ihrer Selbstherrlichkeit zu 19 Kantone hergestellt, und der Aargau (in seiner heutigen Form) *als ein unbedingtes Mitglied derselben einverleibt wurde, so wurden durch die Obrichkeitlichen aargauischen Verordnungen die Gemeinde ausgefordert, ihren Vorsteher aus ihrer Mitte zu wählen unter dem Titel Gemeinderath.*
Dieser soll bestehen aus einem Gemeindeammann und mehreren Mitgliedern eines Gemeinderathes, doch durfte die Zahl derselben nicht unter 3 und nicht über 7 bestehen.

1803 *Augustmonat 18: Wurde der Gemeinderath auf aargauischem Fuss organisiert, und durch ein absolutes Stimmenmehr von der ganzen Gemeindsversammlung, wurden erwählt:*

a) Johannes Schaffner, zum Gemeindeammann
b) Heinrich Schatzmann, Hans Jöris, 1. Gemeinderath
c) Friedrich Widmer, Tannhübler, 2. Gemeinderath

Nach all den Wirren finden wir wieder dieselben Männer wie in der ersten Behörde von 1798, mit Ausnahme von Jakob Schaffner, Küfer, dem (wahrscheinlich) das 33tägige Vorsteheramt während des Bürgerkrieges zum Verhängnis wurde.

1804 *Christmonat 26: Kam der Gemeindeammann Schaffner, nach der gesetzlich bestimmten Zeit in Austritt, wurde aber gleichen Tags von der versammelten Gemeinde aufs neue, durch Mehrheit der Stimmen, seines Amts, als Gemeindeammann wieder bestätigt.*

Neue Organisation
1815 *Christmonat 22: Wurde durch den Grossen Rath des Kantons Aargau allgemein zum Gesetz erhoben, dass mit Ende dieses Jahres die Dauer der sämtlichen Gemeinderäthen zu Ende gelaufen sey und müssen alle aufs Neue gewählt werden, und zwar auf folgende Weise: es soll alle 4 Jahre ein Drittel der Gemeinderäthe im Kanton in Austritt kommen, und wieder von den Gemeinden erneuert werden die auszutretenden Mitglieder seien aber wieder wählbar.*

1816 *Merz 30: Wurde diese Organisation in der Gemeinde Hausen bey versammelter Gemeinde im Beysein und Mitwirkung des Herrn Friedensrichter Joh. Rüegger von Mülligen* (durchgeführt).
Da wurde durch ein absolut geheimes Stimmenmehr gewählt:
Auf 12 Jahr: Johannes Schaffner, Ammann
8 Jahr: Daniel Widmer, Gemeinderath
4 Jahr: Hans Jakob Dahli, Gemeinderath

Es wurden ferner gewählt:
a) Martin Meyer, als Gemeindeschreiber
b) Isaak Dahli, als Gemeindeweibel

Haus Schaffner, genannt Amme Schnyders. Blick von Süden. Foto am Jugendfest etwa 1920. Eig. M. Burri-Widmer.

Da aber Martin Meyer Schulmeister und Gemeindescheiber, im Jahr 1817 von einer schweren Krankheit befallen wurde, so wurde dessen Bruder Joh. Meyer, Uhlis, eine Zeit dieses Amts bestätiget. Im Oktober 1817 legte derselbe dieses Amt ab, und wurde erwählt Johannes Meyer, der Unterschullehrer.

1827 *Merz 31: Hat Hr. Ammann Schaffner seine Entlassung begehrt und sie erhalten. An dessen Stelle wurde zum Gemeindeammann erwählt Johann Friedrich Ryniker, Rössliwirth.*

Bei diesem Gemeindeammann Johannes Schaffner muss es sich um eine ganz besondere Persönlichkeit gehandelt haben: Er wurde am 2. Januar 1797, also noch zur Zeit der Berner Herrschaft, zum Dorfvogt ernannt, beim Umsturz gesetzeshalber abgesetzt, aber gleich wieder als Ammann gewählt und blieb – mit Ausnahme des «Interregnums» des Jakob Schaffner, das aber nur 33 Tage dauerte - bei verschiedenen Zusammensetzungen der

Das im Januar 1991 eröffnete Huser Forum (Hauptstrasse 50). Foto März 1999, H. Fischer.

Gemeindebehörde bis zum 31. März 1827, als er selber seine Entlassung begehrte, Oberhaupt der Gemeinde Hausen. Während ringsherum «Köpfe fielen», die Alte Eidgenossenschaft unterging, die Helvetik von Bürgerkrieg und Mediation – 1803 Gründung des Kantons Aargau – und diese wieder, nach dem Wiener Kongress, von der sog. Restauration abgelöst wurde, regierte in Hausen ein und derselbe Mann. Ja, wie man aus den Akten ersehen kann, regierte er nicht nur, er wusste auch die sich aufdrängenden Neuerungen an Hausemer Verhältnisse anzupassen. Es ist fast zu bedauern, dass neben der von ihm selbst verfassten Chronik, worin er selber selten im Rampenlicht erscheint, keine zeitgenössische Lebensbeschreibung vorliegt.

Volksgärung im Aargau 1830

Aus der Sicht des «Augenzeugen» Gemeindeschreiber Joh. Meyer – Wie sehen es die Historiker 170 Jahre später.

In der alten Chronik nimmt dieses Kapitel einen gewichtigen Teil ein. Er sei in der Folge ungekürzt wiedergegeben:

Nachdem im Juli 1830 in der Stadt Paris ausgebrochener Volksaufstand und der Entsetzung König Karls 10. (Charles X.) *in Frankreich, entstand in der ganzen Eidgenossenschaft nach und nach beim Volk der allgemeine Wunsch nach Verfassungsverbesserungen; zu solchen Zweck versammelten sich im Herbstmonat im Löwenwirthshaus zu Lenzburg 36 aargauische Männer, um zur Abfassung einer Bittschrift, welche sie dem Kleinen Rath zuhandem Grossen Rath übermachten mit der Bitte, eine Revision der Staatsverfassung anzuordnen; wobei auf Verminderung des Personals des Kleinen Rathes und des Appellationsgericht von 13 auf 9 angetragen wurde; das Wahlkollegium soll abgeschafft; das Militärwesen namentlich die Instruktionszeit vermindert; der Strassenbau soll die Regierung übernehmen und deren Kosten verhältnismässig auf die Gemeinden vertheilen; Abkürzung der Prozesse; Abschaffung der Schuldenbotte u.d.g*

Es wurde verlangt, dass der Grosse Rath sich ausserordentlich versammeln soll, und über die Wünsche des Volkes absprече.

Als der Kleine Rath mit der Zusammenberufung des Grossen Raths ein wenig zauderte, und auf den 17ten Wintermonat 1830 im ganzen Kanton zur Wiederbesetzung der Mitglieder des Grossen Rath, und andern Kandidaten, die Kreisversammlungen anordnete, so wurde am 31ten Weinmonat eine Volksversammlung nach Wollenschweil zusammenberufen, wo über 4000 Menschen auf einer Wiese daselbst sich einfanden.

Da wurde von einichen Herrn von Lenzburg, Aarau, Wollenschweil, Merischwand und dem Volk die Bittschreiben um Abänderung der Kantonsverfassung vorgelesen und die Gründe dabey angezeigt. Das Volk stimmte mit lautem Jubel den Vorträgen bei.

Am 17ten wurde der Wahltag in den Kreisen abgehalten; aber viele Kreise wählten gar nicht, und einiche nur ein direktes Mitglied.

Darauf wurde das Volk von der Regierung aufs Neue aufgefordert ihre Wahlen zu vollenden nach dem bestehenden Gesetz, und schrieben den Tag zur Wahlversammlung auf Donstag d. 25ten November.

Vom 21ten Wintermonat bis den 24ten wurden beinahe in allen Städt und Dörfern Freyheitsbäume aufgerichtet, und dabey beschlossen, die kommende neue vom Volk

gewünschte Verfassung im Fall mit Gewalt zu erkämpfen, wozu die Bezirke Muri und Bremgarten sich besonders rüsteten.
Am 26ten Wintermonat wurde der Grosse Rath ausserordentlich zusammenberufen, wobey eine Verfassungsrevision beschlossen wurde. Ein Mitglied des Grossen Raths, Fischer von Merischwand, drang auf augenblickliche Entsprechung der vom Volk gemachten Wünsche, welches aber von den übrigen Mitgliedern verneint, und zum Abschluss einer Kantonalverfassung einen Zeitraum von 3 Monaten festsetzen.
Sonntags den 5ten Christmonat sammelte aber Herr Grossrath Fischer von Merischwand sämtliche waffenfähige Mannschaft aus den Bezirken Muri und Bremgarten, und aus den meisten übrigen Bezirken, besonders Lenzburg schloss sich an diese Bezirke an, und zog mit den Waffen Montag den 6ten Abend in Aarau ein.
Darauf wurde vom Volk in den Kreisen ein Verfassungsrath aus jedem Kreis 3 Mitglieder gewählt, welche für den Kanton Aargau eine neue Staatsverfassung entwerfen mussten, welche dem Volk in den Kreisen zur Annahme oder Verwerfung vorgelegt wurde
Die neue Staats-Verfassung stellte den Grossen Rath auf 200 Mitglieder fest. Den Kleinen Rath und das Obergericht jeden auf 9 Mitglieder.
Die Bezirks-Oberamtmänner durften nicht zugleich Präsident des Bezirksgerichts sein.
Der Präsident des Kleinen Rathes musste den Titel Landammann führen.
Zur Volksgährung erliess der Oberamtmann des Bezirks Brugg unterm 8. Dezember 1830 an sämtliche Gemeinderäthe des Kreises Windisch ein Rundschreiben folgenden Inhalts:

«Wohlgeehrte Herren!
Da die Nachricht von dem Gewaltstreich, den sich vorgestern eine verblendete verführte Masse Volks gegen die bestehende gesetzliche Ordnung erlaubt hat, indem sie nach Aarau gestürmt ist, leicht bei vielen die irrige Meinung erwecken dürfte, als sei damit jede gesetzliche Ordnung in unserem Kanton aufgehoben, und alle verfassungsmässigen Behörden ausser Wirksamkeit gesetzt, so soll ich Euch laut Auftrag der Hohen Regierung auffordern, mit ungeschwächtem Eifer unserer amtlichen Pflicht obzuliegen, damit die öffentliche Ordnung so wenig als möglich gestört und der regelmässige Gang der Geschäfte nicht unterbrochen werde.
Ich mache Euch bei diesem Anlasse neuerdings auf das Dekret des Grossen Rathes vom 2tem Christmonat mit Vollziehungs-Verordnung vom 4ten Christmonat aufmerksam, deren Bestimmungen am besten geeignet sind, die Verblendeten zur

Besinung zu bringen und die Aufwiegler auf die nothwendigen Folgen ihres frevelhaften Treibens aufmerksam zu machen.
Ich erwarte von Euerem Pflichteifer, dass ihr dieser Weisung gewissenhaft nachkommen, Euere amtlichen Verrichtungen ordentlich besorgen, die öffentliche Ruhe und Ordnung in Eueren Gemeinden handhaben, und mir von jedem Ruhestörenden Unternehmen unverzüglich Kenntnis geben werdet.
Gott mit Euch!

Der Oberamtmann:
gez. Feer»

Mit der Wiedergabe dieses Schreibens endet der Bericht unseres «Augenzeugen». Seine Ausführlichkeit erweckt beinahe den Anschein, als wenn er selber dabei beteiligt gewesen wäre, obschon er dies mit keinem Wort erwähnt. Wenn er sich auch um einen objektiven Ton bemüht, so ist doch unschwer festzustellen, welcher Seite seine Sympathie galt. Die vielen Einzelheiten, die er aufgeschrieben hat, lassen uns beinahe vergessen, dass dieser Bericht vor 170 Jahren geschrieben worden war, wo es noch keine «Telekommunikation» gab, d. h. Nachrichtenübermittlung brauchte seine Zeit.
Es lohnt sich, obige Beschreibung mit der Sicht der heutigen Historiker zu vergleichen. Wie sehen nun diese, 170 Jahre später, die unter dem Begriff «Freiämtersturm» in die Geschichte eingegangene «Volksgärung»? Wir zitieren zusammenfassend:[45/64]
Es ist die Zeit der sog. *Restauration,* wo versucht wird, gesellschaftlich und politisch «frühere Verhältnisse» wieder herzustellen. Diesen «Konstitutionellen» standen nun die «Liberalen» in Opposition gegenüber. Noch einmal sollte das Zeichen zum Aufruhr von Paris her kommen. Am 26. Juli 1830 fanden dort Neuwahlen statt, die von der Opposition gewonnen wurden. Daraufhin hob der König kurzerhand die Pressefreiheit auf und änderte das Wahlrecht. Das war das Zeichen zur Revolution.
...Bereits hatte die Opposition in Zürich, Luzern, im Tessin und in der Waadt Erfolge errungen, als 1830 die Pariser *Julirevolution* ausbrach und in der Schweiz eine landesweite Bewegung beschleunigte. Zu diesem Zeitpunkt geschah im Aargau noch nichts, was damit zusammenhängen mag, dass die Zustände hier weniger schlimm waren als anderswo...
...Erst am 12. September 1830 fand im «Löwen» zu Lenzburg eine Versammlung statt, die der dortige Stadtammann und einige Gesinnungs-

Holzgasse, die zusammengebauten Häuser 7–11. Links anschliessend die alte Post (Holzgasse 5). Foto 1999, L. Berner.

freunde einberufen hatten ... Die Versammlung gab sich betont massvoll und gesetzestreu. Eine vorher entworfene Bittschrift wurde offenbar nicht ohne Widerspruch und nur mit verschiedenen mildernden Korrekturen gutgeheissen ...
... Der Kleine Rat hatte durchaus Verständnis für dieses Anliegen, eilte jedoch nicht, die ihm eingereichte Bittschrift an den Grossen Rat weiterzuleiten ...
... Mit behördlicher Billigung veranstalteten die Männer des Lenzburger Vereins am 7. November unter freiem Himmel in der Nähe des Dorfes Wohlenschwil eine Volksversammlung, die von drei- bis viertausend Leuten besucht wurde ...
... Hier nun entglitt den Gemässigten die Kontrolle. Das Volk wollte keine neue Verfassung, sondern eine materielle Besserstellung und eine Befreiung von der Vorherrschaft von Aarau. Der offene Aufruhr liess sich nicht mehr vermeiden. Etliche Wahlkreise verweigerten die Durchführung der

Grossratswahlen vom 17. November; vielerorts wurden Anhänger der Regierung bedroht und belästigt. In den Bezirken Bremgarten, Lenzburg, Baden und Aarau waren plötzlich Freiheitsbäume zu sehen, die mit der helvetischen Trikolore geschmückt waren... Weniger als alle andern Aargauer fühlten sich die Freiämter dem Kanton verbunden, dem sie 1803 gegen ihren Willen zugeschlagen worden waren... Eine 1830 im ganzen Aargau schlecht ausgefallene Ernte war nicht dazu angetan, die Stimmung zu verbessern. Unter der Führung des Merenschwander «Schwanen»-Wirts und Grossrats Johann Heinrich Fischer zogen am 6. Dezember zwischen 5000 und 6000 straff geführte Männer, die mehrheitlich aus den beiden Freiämter Bezirken stammten, gegen Aarau.
Die Regierung reagierte sehr spät, weil sie einerseits die Gefahr unterschätzte, anderseits Blutvergiessen verhindern wollte... Der Freiämtersturm überrannte Lenzburg ohne Blutvergiessen und nahm Aarau kampflos ein. Die Aufständischen bemächtigten sich des Zeughauses und umstellten zu Hunderten das Regierungsgebäude. Der Grosse Rat akzeptierte am 10. Dezember die Forderung, ohne Eingriffe von seiner Seite das Volk über den Verfassungsentwurf einer unabhängigen Kommission abstimmen zu lassen. Am folgenden Tag löste Fischer den Landsturm auf. Die *Regeneration* begann auch im Aargau
(Die Übereinstimmung zwischen Augenzeuge und modernem Historiker ist verblüffend.)
... Der Aargau wurde nun recht eigentlich zu einer Repräsentativ-Demokratie, in welcher das Volk zwar die höchste Gewalt besitzt, sie aber auf seine Vertreter überträgt. Er, ehemaliges Untertanenland der Eidgenossenschaft, war es auch, der einen festeren gesamtschweizerischen Zusammenhang wünschte. Es ist nicht von ungefähr, dass nach dem Eidgenössischen Schützenverein 1832 auch der Eidgenössische Turnverein und 1842 der Eidgenössische Sängerverein in Aarau gegründet wurden.[61]

Hausen und die weite Welt, oder «Militärisches»

Hausemer Bürger in fremden Diensten – Rekrutenkammer und Kompanierödel – Der Werber Schaffner von Hausen – Ein Hausemer Deserteur kehrt «wohlbehalten» von der Galeerenstrafe zurück – Das Los der Kriegsgefangenschaft – «Reisgeld» – Fremde Kriegsheere in Hausen: Französische/österreichische Truppen – «Reckersitionsfuhren» – Eidgenössische Feldzüge – Einquartierungen in Hausen

Hausemer Bürger in den Söldnerheeren des 18. Jahrhunderts:[52/53]
Aus der allgemeinen Schweizergeschichte dürfte bekannt sein, dass Schweizer Söldner während Jahrhunderten im Ausland sehr begehrt waren. Wenn nun auch die Eidgenossenschaft nach dem Debakel von Marignano (1515) und namentlich nach der Neutralitätserklärung im Westfälischen Frieden von 1648 offiziell keine Truppen mehr ins Ausland schickte, so blieb das *Reislaufen* vorerst noch lange eine Lieblingsbeschäftigung abenteuerlustiger Jünglinge sowie eine nicht zu unterschätzende Einnahmequelle der (offiziell privaten) Armeebesitzer. Mit den Jahren verlor das Ganze an Reiz, der Bedarf an, grob ausgedrückt, Kanonenfutter nahm jedoch stets zu, was zu neuen Werbemethoden führte, welche nicht immer als «korrekt» bezeichnet werden konnten. Nachdem nun 1672 ein Soldregiment für Frankreich und 1676 zwei Regimenter für die Niederlande von bernischen Offizieren gegründet wurden, kam es 1684 zur Bildung der bernischen Rekrutenkammer, einer von der Regierung gewählten achtköpfigen Kommission, deren Hauptaufgabe in der Behandlung aller die Werbung und Söldner berührenden Anliegen bestand. Die Verhandlungen wurden sorgfältig protokolliert, so dass mit den 41 Protokollbänden viel Wissen vorhanden ist. Die einzige Einschränkung mag die Tatsache sein, dass in erster Linie Streitigkeiten und sonstige eher negative Seiten zur Sprache kamen. Eine weitere wichtige Aufgabe war die regelmässige Kontrolle der sog. Kompanierödel, die ein Verzeichnis aller Kompanieangehörigen mit allen Mutationen umfasste.
Wie schon erwähnt, waren die Werbemethoden alles andere als stubenrein. Man muss davon ausgehen, dass sicher mehr als die Hälfte der Angeworbenen auf irgendeine Art überlistet wurden, sei es durch freizügig ausgeschenkten sog. Werberwein oder Versprechungen: Das sog. Handgeld wurde immer höher und überstieg nicht selten 20 Taler. Dabei wurde verschwie-

gen, dass sämtliche Auslagen: Handgeld, Engagierwein, Verpflegung unterwegs zur Truppe, Uniform und Waffen(!) den Geworbenen als Schulden aufgelistet und dann vom Sold abgezogen wurden. Es war deshalb nicht verwunderlich, dass die Enttäuschung gross war und eine nicht geringe Anzahl versuchte, sich durch Desertion dem Dienst zu entziehen. Dies konnte je nach Fall böse Folgen haben, von Kerker bis Galeerenstrafe.
Von den 64 Hausemer Bürgern, die im Laufe des 18. Jahrhunderts in den bernischen Regimentern im Ausland Dienst taten, finden wir 23 in Frankreich (davon zwei in der Schweizergarde in Paris), 16 in Sardinien und 25 in den Niederlanden.
Was die Dauer des Dienstes betraf, so schwankt sie von zwei Monaten (Johannes Meyer, 1763, desertiert) bis 16 Jahre 11 Monate (Daniel Schmid, Korporal, 1766–1783, gestorben 13. September 1783 im Dienst).
Von den 64 Soldaten aus Hausen wurden 31 «verabschiedet», d. h. entlassen nach einer Dienstzeit, die sich zwischen acht Monaten und 16 Jahren drei Monaten Dienst (Heinrich Meyer, 1743–1759 in Sardinien) bewegte; sieben starben: drei in Sardinien, vier in Frankreich (Abraham Rohr nach vier Monaten Dienst, 1743, und eben Daniel Schmid). Entgegen der wohl meist vorherrschenden Meinung starben mehr Soldaten in der Krankenstube (wegen der teilweise katastrophalen Lebensbedingungen) an Seuchen als auf dem Schlachtfeld. 26 desertierten (neun in Frankreich, neun in den Niederlanden und acht in Sardinien). Diese relativ grosse Zahl (rund vierzig Prozent) hatte die verschiedensten Gründe, wobei das «Gepresst worden sein» (d. h. mit mehr oder weniger sanfter Gewalt zum Dienst gezwungen) sicher bei den nach drei bis sechs Monaten Flüchtenden eine wichtige Rolle spielte. In den späteren Jahren kam oft die Erkenntnis dazu, dass man seine Schulden (siehe oben) nie loswurde, denn geschickte Kompanieinhaber wussten es so einzurichten, dass die Soldaten «wegen mangelnder Möglichkeiten» bei ihnen einkaufen mussten, was zu immer neuen Schulden führte, musste sich doch der Soldat selber verpflegen und kochen. Erstaunlicherweise findet man von den 26 Deserteuren mit einer Ausnahme keine Hinweise von Verurteilung oder ähnlichem. Die in der Aktensammlung der Rekrutenkammer erwähnten «Hausemer Fälle» betreffen einzig sog. Rekrutierungsprobleme:

... Jakob Schaffner von Hausen ist krumm und lahm und deswegen ausserstande zu dienen. Da er aber zu betrügen versucht hat, kommt er in die obere Gefangenschaft in Bern. Wenn sein Vater den Obersten nicht befriedigen würde, käme sein Sohn ins Schallenwerk (Strafanstalt).
... Kaspar Schaffner von Hausen wird wegen zu kleiner Statur losgelassen. Er darf das Handgeld von einem Krontaler behalten und bekommt noch einen auf die Heimreise.

Aus Hausen stammten aber nicht nur Soldaten, sondern, wie folgender Fall zeigt, auch Werber:
... Heinrich Vogt von Mandach hat sich auf den Werbeplatz in Schinznach begeben und dort die Tätigkeit des Werbers Schaffner von Hausen völlig gestört. Er hat den Werber und das bernische Regiment in Frankreich gescholten, so stark, dass dessen Offiziere Satisfaktion verlangt haben. Auf dem Werbeplatz ist eine Schlägerei ausgebrochen. Der Deliquent wird zu 1 Jahr «Schallenwerk ohne Halsrring» (Strafanstalt) *verurteilt... Aus Mitleid mit Vogts Weib und Kindern wird er nach drei Monaten aus der Zuchtanstalt entlassen. Er muss ein Handgelübde ablegen, den Werber Schaffner nicht mehr anzugreifen. Dieser verlangt von Vogt eine Entschädigung von 232 Gulden. Diese Forderung reduziert die RK auf 130 Gulden.*

Der einzige «Hausemer» Deserteur, der verurteilt wurde, erlitt allerdings ein bitteres Schicksal: Daniel Widmer flüchtete nach fünf Jahren und drei Monaten (1776 – 1781) Dienst, wurde zurückgebracht und zur Galeere verurteilt. Er war einer jener zehn Soldaten aus bernischen Truppen, die im 18. Jahrhundert auf französischen Galeeren vegetierten. Es muss sich um einen besonders belastungsfähigen Mann gehandelt haben. Nicht nur überlebte er die Galeerenzeit (das Urteil lautete jeweils auf mindestens acht Jahre) scheinbar unbeschadet, er erreichte trotz diesen Strapazen ein respektables Alter: Er starb am 9. August 1837 in Hausen (etwa 80jährig)![42/52]
Etwas anders erging es Bernhard Thalli. Er diente von 1768 bis 1776 in der Schweizergarde in Frankreich, brachte es sogar zum Korporal. Dann desertierte er, wurde aber von seinem früheren Hauptmann gefangengenommen und ... in die Gardekompanie in den Niederlanden angeworben, wo er noch ein Jahr und sechs Monate Dienst tat (bis 1778).
Ein Hausemer Bürger machte mit dem schweren Los der Kriegsgefangenschaft Bekanntschaft: Hans Schatzmann diente während zehn

Jahren (1742–1752) in einer niederländischen Gardekompanie. Bei der Verteidigung von Brüssel geriet er 1746, zusammen mit der Hälfte seiner Kompanie, in französische Gefangenschaft. Während einem zweiten Hausemer, Daniel Schatzmann, scheinbar die Flucht gelang (in den Rodeln als «Evasion» bezeichnet, was im Gegensatz zur Desertion als ehrenhaft galt), musste er über zwei Jahre in Gefangenschaft ausharren, eine Zeitspanne, die für jene Epoche sehr gross war. Normalerweise wurden die Gefangenen einfach in die eigene Armee «gepresst» oder ausgetauscht. Da man aber gegenseitig die Stärke des Feindes nicht vergrössern wollte, kam es nicht dazu. Erst im Januar 1749 brachte man die Überlebenden – d.h. diejenigen, denen die Flucht nicht gelang – wieder zu ihrer Einheit zurück. Hans Schatzmann wurde 1752 «ehrenvoll verabschiedet».[53]
Mit dem Untergang der Alten Eidgenossenschaft hatte auch das Söldnerwesen ein Ende. An seine Stelle trat aber bald die von oben befohlene Stellung von Männern, die durch die Gemeinde zu erfolgen hatte:

1806 Merz 13: Mussten wir 4 Mann stellen unter Napoleons französischen Diensten, da haben sich freiwillig engagieren lassen:
1. Johann Widmer, Schuhmacher; 2. Lienhard Schatzmann, Hs. Konraden; 3. Johannes Rohr, Bötzikaspers; 4. Bernhard Dahli, Schneider
nebst dem Handgeld, das ihnen der Werber (!) versprochen, zahlte die Gemeinde jedem L.8 = L. 32.
1810 Jenner 30: Mussten wir wieder 2 Mann stellen nach Frankreich, welche der Gemeinderath selbst engagiert hat:
Heinrich Schaffner, Schachenhäusis, geb. 1789 und Hs. Ulrich Schaffner, Hanöppofriedlis, geb. 1789
Nebst ihrem gebührenden Handgeld zahlten wir denselben jedem L. 28, und bis zu ihrem Abmarsch den 5. Hornung Kostgeld L.23 Bz. 7 r (Rappen) *5.*
Nach Verfluss von 5 Jahren kam Heinrich Schaffner wieder nach Haus.
Der Hs. Ulrich Schaffner ist bis dato unbekannt… Soweit die Dorf-Chronik.

Aus dem Protokoll des Gemeinderates Hausen geht hervor, dass diese Behörde mit Datum vom 7. Juli 1836 beim Bezirksgericht Brugg ein Gesuch um Verschollenerklärung einreichte. Es lautet:

«Johann Ulrich Schaffner, der eheliche Sohn von Friedrich Schaffner, Hanöppifriedlis, und Barbara Ackermann von Hausen, geb. 1789, ist im Januar 1810

unter das 2te Schweizerregiment von Kastela, in französische Kriegsdienst getreten und mit ihm Heinrich Schaffner, Schachenheiri, von Hausen, beide kamen nach Spanien, nach ausgehaltener Dienstzeit kam letzterer wieder nach Hausen. Über Leben oder Tod des ersteren konnten seine Mutter und Verwandten nichts bestimmtes in Erfahrung bringen, als dass Heinrich Schaffner sagte, Er sei im Monat August 1811 in der spanischen Stadt Figeren (Figueras) *im Spittal krank gelegen, wo viele Hunderte daselbst gestorben seien, und dass mit Gewissheit angenommen werden könnte, dass auch Johann Ulrich Schaffner daselbst gestorben sei. Ein Johannes Schmidli von Villmergen, welcher im gleichen Spittal krank gelegen aber wieder gesund geworden sei, könne ihm das gleiche bezeugen, und dass der befragliche Schaffner daselbst wirklich gestorben sei.»*

Im Bürgerregister I der Gemeinde Hausen ist die Eintragung enthalten: *«In französische Dienste getreten im Januar 1810. Die Todeserklärung wurde vom Tit. Bezirksgericht Brugg über ihn ausgesprochen.»*

Über das verschiedentlich erwähnte *Reisgeld* entnehmen wir der alten Chronik:[46]

Hiemit seye zu wissen, dass die Gemeinden der Kirchgemeinden Windisch und Bir im Jahr 1455 eine Summe Geld zusammen geschossen von Gl (Gulden) 3300.– oder Schweizerfranken 4950.–
Dieses Geld wurde an Zins gelegt und dem Herrn Amtsuntervogt nach Königsfelden zur Verwahrung gegeben, welcher alle 6 Jahre den Gemeinden Rechnung zu geben hatte. Die Bestimmung dieses Kapitals war, dass der Zins davon solle verwendet werden wie folgend:
1.) Hatte die milizpflichtige Mannschaft alle Jahre im Herbstmonat ein Scheibenschiessen; es musste jeder Offizier und Soldat 3 Schüsse gegen die Scheibe schiessen und jeder Treffer erhielt eine Gabe vom Zins dieses Kapitals 1 Fr., 2, 3 bis 4 Fr.
2.) Wenn Militär-Truppen für das Vaterland in Dienst beruffen wurden, so erhielt jeder Offizier und Soldat 3 Franken Reisgeld
3.) In Abwesenheit der verheiratheten Mannschaft wurden deren arme Haushaltungen unterstützt. Ein Drittel des Ohmgeldes von Getränken wurde ebenfalls zu solchen Zwecken verwendet.
(Bei diesem Ohmgeld handelte es sich um eine Art Steuer. Das «Ohm» ist ein altes Flüssigkeitsmass von 130 bis 160 Liter und wurde hauptsächlich für den Wein angewandt.)

In den Jahren 1798 und 1799 wurden fast sämtliche Mannschaft von 18 bis 45 Jahren zu den Waffen beruffen, gegen die Franzosen. Da wurde ihnen der Sold aus diesen Zinsen, und dem einen Drittel des Ohmgeldes bezahlt.
Zwey Drittel des Ohmgeldes bezog der Hofmeister in Königsfelden
Nach der schweizerischen Staatsumwälzung von 1798 wurde dieses Kapital unter die betreffenden Gemeinden des Eigenamtes vertheilt, welches geschehen 1799.
Aprill 13: Haben die sämtlichen HH Gemeinde-Präsidenten des Eigenamts dies Reisgeld zuhanden ihrer Gemeinden unter sich vertheilt, je nachdem sie erfunden haben, wieviel jede Gemeinde dazu geschossen habe. Bey der Gründung desselben zahlten die Gemeinde auf ein Mann Gl. 30 oder L. 45. Die Gemeinde Hausen zahlte für Sieben Mann Gl. 210. Bey der Vertheilung bekam sie wieder zurück samt Zins Gl. 229.–.

1801 wurde dann anlässlich einer Gemeindeversammlung beschlossen, diesen Betrag für die Tilgung von Gemeindeschulden zu verwenden. Das gleiche geschah 1808 mit dem an anderer Stelle erwähnten Amtsgut.
(Die ganze Reisgeld-Geschichte erscheint hier reichlich kompliziert. Es darf dabei nicht vergessen werden, dass sie im ersten Viertel des 19. Jahrhunderts aufgeschrieben wurde, d. h. *nach* der grossen Umwälzung und der Gründung des Kantons Aargau, wo Ausdrücke wie «für das Vaterland» eben erst neu aufgekommen sind.)

Fremde Kriegsheere auf Hausemer Boden
Nach dem Untergang der Alten Eidgenossenschaft wurde die Schweiz von fremden Kriegsheeren überschwemmt. Die zuerst herrschende Euphorie der Befreiung *«... Fern sei also von euch jede Sorge um eure persönliche Sicherheit, euer Eigentum, euren Gottesdienst, eure politische Unabhängigkeit, um die Integrität eures Gebietes! Seid frei! Die französische Republik ladet euch dazu ein; die Natur befiehlt es euch; und um es zu sein, braucht ihr nur zu wollen»* (Aufruf des Divisionsgenerals Brune vom 28. Februar 1798) war längst verschwunden und Ernüchterung folgte: *«Ich melde Ihnen, dass es die Absicht des Direktoriums ist, dass unsere Truppen von dem Lande ernährt werden, welches sie besetzt halten* (franz. Kriegsminister an General Schauenburg, 13. März 1798).[19]

Anlässlich des sog. 2. Koalitionskrieges wurde der Aargau in die Kriegswirren einbezogen. Vom Raum Zürich – östlicher Aargau her drängten österreichische und russische Truppen die Franzosen – etwa 12 000

Mann unter General Masséna – vorübergehend bis an die Linie Aare–Limmat zurück. Massénas Truppen überschwemmten den ganzen Kanton Aargau:

Französische Truppen in der Gemeinde Hausen[28/46]
Da im Jahr 1798 die Eidgenossenschaft durch die französischen Truppen eingenommen wurde, kamen die Ersteren in die Gemeinde Hausen den 25. März 1798. Eine Compagnie Infanterie, Abends 4 Uhr. Diese waren 3 Tage bey den Einwohnern einquartiert und zogen wieder ab.
May 12: Kamen wieder 3 Compagnien und sind 2 Tage bey den Einwohnern einquartiert geblieben, so dass mehrere Einwohner 10 bis 12 Mann hatte, welchen Er Speis und Trank fast im Überfluss geben musste. Diesen mussten die Einwohner die Egubage (Equipage) *nach Wohlen führen. Als diese abmarschiert waren, zogen wieder andere ein, und fast alle Tage. Einiche blieben bis 8 und auch 14 Tage. So ging es bis den 21. Brachmonat 1799.*
1799 Brachmonat 21: Wurde die französische Armee aus dem Kanton Bünten und andern aussern Kantonen bis über die Limmat und Rhein (irrtümlich für Aare), *von einer Oesterreichisch- und Russischen Armee zurückgetrieben, so dass die Russen und ihre Verbünteten ins Siegenthal zu stehen kamen. Da wurde die Gemeinde Hausen, sowie die sämtlichen umliegenden Gemeinden sehr stark mit Franzosen angefüllt, so dass es Tage gegeben hat, dass wir bey 100 und auch bey 200 Mann Kavalerie samt Pferden haben einquartieren und verpflegen müssen. Auch einmal 260 Fuhrpferde samt Mannschaft.*
Heumonat 4: Morgens um 2 Uhr wurde in der Staatswaldung auf der Morgenseite der Habsburg, in der Höhle genannt, längs der Steinmatt und dem sogenannten Säckleracker hinaus gegen die Gemeindewaldung Hausen, ein Lager geschlagen, in welches 28 Compagnien Infanterie verlegt wurden, die Offiziere mussten bey den Einwohnern zu Hausen verpflegt werden.
Ein zweites Lager wurde geschlagen in der Gemeindewaldung, von der Reuthi oder Holzmatt hinaus bis zu Friedrich Widmer Tannhüblers Haus, welches damals ein Pintenwirtshaus war.
Ein drittes Lager wurde geschlagen in der Staatswaldung, im Wust genannt, längs dem Schärzerfeld hinaus bis zum Habsburger Heuweg
Ungeachtet dieser Lager waren dennoch die Einwohner von Hausen mit starker Einquartierung belastet, so dass mehrere bis 10 Mann haben mussten. Fast das meiste Koch- und Wassergeschirr musste aus der Gemeinde in das Lager geliefert werden, oder wurde sonst weggenommen, und ebenso das Stroh. Von den in den Lagern

sich befindlichen, wurden auf dem Felde den Bürgern die Erdäpfel ausgegraben, so dass viele Familien oder Haushaltungen fast keine mehr bekommen haben, und diejenigen welche noch ein Theil bekommen, haben sie unreif nehmen müssen.
Herbstmonat 28: Wurden diese Lager aufgehoben, die Einquartierungen aber noch nicht, bis 15. April 1802
NB: Die Lager wurden aufgehoben, indem die Russen sich bey oder von der Limmat wegziehen mussten und durch eine blutige Schlacht in Zürich (25./26. September 1799), *eine grosse Niederlage erlitten haben.*
Vom 15. April 1802 waren wir von dieser Einquartierung frey, bis gerade nach dem angebrochenen Bürgerkrieg den 12. Herbstmonat 1802 Nach diesem kamen die Franzosen aufs Neue in die Schweiz und Wir hatten Einquartierung bis 18. August 1803.
Johannes Schaffner Ammann hat berechnet, nach seiner Austheilung von Quartierzedeln, dass in der Gemeinde Hausen Einquartierung gewesen sey:
Fussgänger: 37 368 Mann ; Kavalerie: 900 Mann mit 900 Pferden; Artalerie und Fuhrwerke: 1365
Die mitgeführten Weibsbilder und Marqüdenten (Marketender) *nicht gerechnet.*
Auf der Stelle wo jetzt der neue Tannwald, am Habsburg gepflanzt wird, stand damals ein dicker Roth- und Forch-Tannwald, so dass die meisten Baumstämme 2 starke Sagbäume gegeben; da aber die Franzosen zu ihren Lagern keine Zellten von Tuch hatten, so machten sie sich Hütten von Holz, Tannrinden und Aesten, und somit wurde dieser Tannwald in kurzer Zeit ganz vernichtet, indem die Stämme geschält und dann abgehauen wurden.
Inzwischen wurde die hölzerne Brücke am Fahr Windisch, über die Reuss, von den Franzosen erbauet, wozu das Holz aus dem besagten Tannwald genommen wurde.
Im Kloster Königsfelden wurde ein grosser Spittel für Kranke und Blessierte angelegt, so dass der sogenannte Neubau, und die Fruchtschütti beim hölzernen Schneggen, gänzlich mit Blessierten und Kranken angefült waren, viele sind darin gestorben, so dass mehrere Hundert um das Kloster, und auf dem Musterplatz auf der Reutenen, begraben liegen. Das Holz zum Verbrauch in diesem Spittel wurde ebenfalls aus diesem Tannwald genommen, welches die Bauern mit ihren Zügen selbst hinführen mussten.

1798 Reckersitionsfuhren durch die Bürger von Hausen:
May 12: Haben 4 Wagen nach Brugg fahren müssen und den Offizieren und Soldaten ihr Gepäck abholen und den 2. Tag darauf wieder weiters. Es wurden auf ein Wagen mit 2 Pferd per Tag bezahlt Franken 6.

1799 Heumonat 4: bis 28. Herbstmonat 1799 musste alle Tage ein Fuder Holz auf die Hauptwachen geführt werden, welches die Fuhrleute von Hausen unentgeldlich gethan haben, so wie auch Brod und Fleisch holen
Die Hauptwachen beim Dorf waren aufgestellt, die Eine in des Hans Jakob Hartmann Friedlis Baumgart, neben der Landstrass, und die 2te zu ausserst in des Friedrich Rohren Schneiders Baumgart, auf dem Hübel, gerade auf dem Platz, wo jetzt dessen Sohn Friedrich Rohr, Wagners Wohnhaus erbauet ist. Jeder dieser Wachten war 28 Mann stark und verbrauchte täglich ein halbes Klafter Brennholz Neben dem mussten unsere Bauern alle Tage Holz in Spittal, und zur Brücke ins Fahr Windisch führen.

Nach dem definitiven Abzug der Franzosen wurde der (Ober-)Forstaufseher Suter von Zofingen im Herbst 1803 von der Verwaltungskammer beauftragt, die Waldungen im Eigenamt zu besichtigen. Sein Bericht verwundert gar nicht:

«... so nemme hiemit die Freyheit nach würklich gehabtem Augenschein mein Befinden und Bemerkungen mittzuteilen: Ich habe dort in allen 6 Wälder angetroffen die sammthaft Jucharten 930 halten sollen, der grösste ist: der Habsburger (Wald) *von 578 Juch. Inhalts. Dieser Wald ist in betrübtesten zustand. Gegen Morgen gerade ob dem Dorf Hausen, so vergangenes Jahr das französische Lager war, ist er ganz verheert, man sieht aussert einichen Forchen die hie und da noch stehen, kein andres Holz, als Stök von abgehauenen Tannen, und so ist dieser wald bis auf die Höhe durchaus gleich beschaffen ...»*[76]

Die Holzfuhren waren nicht das einzige, was die Hausemer Bauern zu transportieren hatten:

Aus dem Spittel zu Königsfelden mussten sie Kranke und Blessierte Soldaten nach Arau und Zofingen, nach Frick und bis nach Heuningen (Hüningen bei Basel) *führen.*
Johannes Schaffner, Küfers, und der Sohn von Ulrich Widmer, Joggiuhlis, waren mit ihren Wagen samt Stieren 9 Tage in Heuningen abwesend.
Ferner: Mussten die Gemeinden Wagen nach Pontarlier schicken mit dem Auftrag, daselbst für die Militär-Pferde Haber hieher zu bringen; diese waren über 14 Tage abwesend, und kamen mit ihren Wagen ohne Haber zurück.
Die Kirchgemeinde Windisch musste gemeinschaftlich einiche Wagen zu 3 und 4 Pferdten, drey bis auf sechs Wuchen stellen, um damit Gepäck und dergl. der fran-

zösischen Armee nachzuführen; auch mussten sie immer einiche Wagen samt Pferden, auf einem Barch in Bereitschaft zu stehen haben. Nachher wurden sämtliche deswegen ergangenen Kösten zur Bezahlung auf die Gemeinde verteilt, wo jeder Bürger nach seinem Vermögen hat bezahlen müssen. (Die Chronik nennt 19 Namen von Bürgern der Gemeinde Hausen, «welche im Jahr 1798 mit Pferd und Wagen haben fahren können».)

– Die «Requisitionsschulden» wurden für die Gemeinden des Eigenamtes immer drückender. Sie griffen deshalb zur Selbsthilfe und bemächtigten sich des sog. «Amtsgutes»...

Es sey hiemit zu wissen, dass unter der ehemaligen Regierung des Standes Bern, die beiden Kirchgemeinden Windisch und Bir, oder das sogenannte Eigenamt, ein Zinstragendes Kapital von Franken 4800.– in Königsfelden zu stehen hatte, unter dem Namen «Amtsgeld» oder «Amtsgut». Die Bestimmungen dieses Amtsgutes war, dass der Zins davon alljährlich an Arme, Witwen und Waisen der Kirchgemeinden Windisch und Bir verwendet wurde, auch Arztrechnungen und Doktorkösten für ganz Arme wurden daraus bestritten.

1799 May 29: Haben die sämtlichen Vorsteher (Präsidenten) *des Eigenamts über die ihnen zugefallenen Reckersitionsfuhren wegen französischer Truppen, eine gegenseitige Rechnung gehalten, und da alle Gemeinden dadurch sehr stark verschuldet gewurden, so haben die genannten Vorsteher erkennt, dieses Amtsgut unter sich zu vertheilen und dadurch die Reckersitions-Kösten zu bezahlen, welches im Beysein des Herrn Amts-Untervogts Viktor Meyer von Oberburg, und Joh. Friedrich Riniker ab Habsburg also geschehen.*

Der Gemeinde Hausen fielen an Reckersitionsschulden zu bezahlen zu Fr. 534 Batzen 7 Rappen 5, welche aus dem Amtsgut bezahlt wurden sind; auch bekam die Gemeinde Hausen als Vorschuss eine Obligation von Fr. 162.–.

Mit der Kantonsgründung 1803 war wohl das Thema «Fremde Heere» fürs erste erledigt. Doch bei der europäischen Endabrechnung mit Napoleon wurde es wieder aktuell, wenn auch die Farbe gewechselt hatte, denn jetzt kamen

Österreichische Truppen

Die Art, in der unser zeitgenössischer Chronist davon berichtet, verrät eine gewisse Abgeklärtheit:

Da im Jahr 1813 die verbündeten Heere Österreich, Russland und Preussen mit vereinter Macht die französische Armee, unter Napoleon, aus dem Norden und aus Deutschland zurückgetrieben, und um den allgemeinen Weltfrieden in Europa wieder herzustellen, bemüssigt waren, ihren Marsch nach Frankreich durch die Schweiz zu nehmen, so wurden unvermeidlich die Gemeinde Hausen, sowie die übrigen Gemeinden, auch mit solchen Gästen beehrt:

Christmonat 31: Einquartierung: Des Abends erhielten wir Cavalerie, 106 Mann mit 106 Pferden, dazu Ungarische Ochsen und dabey 6 Wagen mit Gepäck, dabey 11 Mann und 15 Pferde.
Morgens am Neujahrstag 1814 zogen sie nach dem Rotherist, wohin die Bürger von Hausen mit 7 Wagen ihnen ihr Gepäck nachführen musste.

In der Folge begnügte man sich mit einer reinen Aufzählung:

Hornung 23: kamen in die Gemeinde 157 Mann mit 7 Pferden
Hornung 27: kamen wieder 165 Mann mit 5 Pferden
Merz 6: wiederum 86 Mann
Merz 14: Cavalerie 79 Mann mit 79 Pferden
Merz 19: dito, 42 Mann mit 39 Pferden
Merz 31: Infanterie: 61 Mann

Hier sei nebenbei in Erinnerung gerufen, dass Hausen zu jener Zeit weniger als 40 Häuser zählte.
Da man in der Zwischenzeit gewisse Erfahrungen mit «europäischen Truppen» bekommen hatte, ist folgende Beobachtung nicht uninteressant:

Die Kaiserlichen zeichneten sich aus durch ausserordentlich strenge Mannszucht, aber auch durch ihre ungewöhnliche Gefrässigkeit und Unreinlichkeit; sie brachten auch sehr unliebes Ungeziefer in ihren Kleidern mit und dazu ansteckende Seuchen. Wie die Franzosen, so hatten auch die Kaiserlichen Weiber bei sich, meist schlimm aussenden, unverschämte, diebische und gefährliche Personen, die den Dienst als Marketenderinnen und vielleicht auch den Krankendienst versahen [9.2]
Für die Oesterreichischen Truppen musste die Gemeinde Hausen liefern:
a) an Heu Razionen: 1300 Pfund; b) an Haber: 8 Mütt und 3 Viertel
Solches haben wir nach Brugg und Laufenburg führen müssen. Das Viertel Haber kostete 16 Batzen.

Ferner musste die Gemeinde Hausen 2 Wagen, jeden zu 3 Pferden 10 Tage auf dem Barch in Laufenburg, und ein Wagen, ebenfalls 10 Tage auf dem Barch in Basel, in Bereitschaft halten. Die sämtlichen Kosten für das Fuhrwerk und dergleichen für unsere Gemeinde Summa Fr. 513, Batzen 3, Rappen 7½.

Wenn nun bisher ausschliesslich von Hausemern in fremden Heeren oder fremden Heeren in Hausen die Rede war, so darf der Aspekt der *Landesverteidigung,* wie man das heute zu nennen pflegt, nicht vergessen werden. Deshalb sei in der Folge noch von den *eidgenössischen Feldzügen* berichtet, bei denen auch Hausemer Bürger teilnahmen. Dabei darf nicht vergessen werden, dass es sich in erster Linie um Ernsteinsätze gehandelt hat und nicht um «Wiederholungskurse».

1798 Nach der Auflösung der ehemaligen Regierung des Standes Bern und Entstehung der Helvetischen Regierung, musste die Eidgenossenschaft, zur Bewachung letzterer, ein gewisses Contingent Truppen stellen. Der Gemeinde Hausen bezog es 2 Mann unter Hauptmann Friedr. Huber in Mülligen. Am 22. Aprill mussten 19 Knaben deswegen das Loos ziehen, da betraf dasselbe:
Hans Jakob Meyer, Kaspars, Spittelbauer, und Jakob Widmer, Gerberrudis.
Gleichen Tags mussten sie nach dem Kanton Schwyz marschieren, kamen aber den 14. Brachmonat wieder nach Haus.
Den beiden Reisgeld gegeben Fr. 6.– und jeder Knab als Kamerad 5 Batzen (d. h. jeder bekam zunächst von dem, mit dem er in den Lostopf gegriffen hatte, fünf Batzen und aus der sog. «Reisgeldkasse» 3 Fr.).

1802 Augustmonat 3: Musste die Gemeinde 2 Mann unter die helvetische Legion stellen; da zogen 15 Knaben das Loos... Kamen nach 17 Tagen nach Haus.

Kurz nach der Gründung des Kantons Aargau 1803 waren schon bald Ansätze zu erkennen, eine Milizarmee aufzubauen:

Nachdem der Kanton Aargau im Jahr 1803 zu einem unbedingten Mitglied der schweizerischen Eidgenossenschaft erhoben, so war den Tit. Mitgliedern Unserer Hohen Regierung, eines ihrer ersten Bestreben, die waffenfähige Mannschaft in militärischen Reihen zu bilden.

Doch bald schon galt es wieder Ernst. Der 3. Koalitionskrieg (zwischen Frankreich einerseits und den Allianzmächten Preussen, England, Österreich und Russland andererseits. Stichwort: Schlachten bei Trafalgar und bei Austerlitz) war ausgebrochen. Es galt, die Grenze zu schützen:

1805 *Weinmonat 2: Erging der eidgenössische Ruf zum erstenmal an das 5. aargauische Infanterieregiment, welches nach Basel marschieren musste, hiermit bezog es eine Compagnie aus dem Bezirk Brugg, unter dem Befehl Herrn Hauptmann Belard, Sohn des Herrn Oberamtmann Belard daselbst. Die Mannschaft von Hausen, welche mitgehen mussten waren…* (es folgen sechs Namen)… *Nach 13 Wochen kamen sie wieder nach Haus.*

1809 kam es zum Krieg Österreichs (im Alleingang) gegen Frankreich sowie zum Aufstand der Tiroler unter Andreas Hofer gegen Bayern. Das bedeutete für die Schweiz «Grenzschutz»:

1809 *Aprill 29: Musste das Bataillon Jäger, worunter die Compagnie Siegrist ab Bözberg begriffen war, nach dem Kanton Graubünden an die Grenze marschieren; es mussten darmit* (2 Namen).
Ihnen Reisgeld gegeben Fr. 6.–. Kamen in 13 Wochen nach Haus und wurde ihnen noch vergütet Fr. 6.–.

Neben diesen «Ernsteinsätzen» kam es aber zu verschiedenen Malen zu Einrückungsbefehlen «zur Instruktion»:

1806 *Merz 2: Wurde die Compagnie Hauptmann Huber von Mülligen nach Arau in die Instruktion berufen, es mussten damit* (3 Namen)… *Kamen in 4 Wochen nach Haus.*

1812 *May 25: Wurde Herrn Hauptmann Metzger von Zofingen, zu Brugg angesessen, jetzt Verwalter in Königsfelden mit seiner Compagnie nach Arau beruffen; es zogen mit* (4 Namen)… *Kamen in 3 Tagen zurück.*

1813 *Wintermonat 23: Wurde Johannes Rohr, Schneiderfriedlis, 3 Wochen nach Arau in die Instruktion berufen als Stuckkahrer* (Fahrer eines Kanonengespanns).

1813 *Wintermonat 26: Wurde die Compagnie Huber von Mülligen 3 Wochen in die Instruktion beruffen und mussten mit:* (3 Namen).

Dann aber galt es wieder Ernst:

1814 *Herbstmonat 10: Musste die Compagnie Huber von Oberburg wegen ausgebrochenen Unruhen in Kanton Tessin dorthin marschieren und betraf* (6 Namen)... *Kamen den 15 Jenner nach Haus.*

1813/14 waren die «kritischen» Jahre der Eidgenossenschaft. Eine Spaltung zeichnete sich ab, denn progressive und restauratorische Kräfte bekämpften sich gegenseitig. Wollten diese die Wiederherstellung der 13örtigen Eidgenossenschaft mit Untertanenverhältnissen, stemmten sich jene entsprechend voll dagegen, hoben die Mediationsakte kurzentschlossen auf und rüsteten zum Krieg. Erst das Eingreifen der Monarchen – Wiener Kongress! – verhinderte das Schlimmste
Über die europäische Geschichte berichtet unser Augenzeuge:[46]

1814 *Da Napoleon, Kaiser von Frankreich, im Jahre 1814 gezwungen wurde, die Waffen und somit seine Regierung niederzulegen, wurde derselbe als Staatsgefangener auf die Insel Elba im Mittelmeer versetzt.*

1815 *Kam derselbe wieder nach Frankreich, wo das ganze Land ihn wieder als ihren Kaiser ausgeruffen, und Ludwig König der 18. sich wieder durch Flucht retten musste.*
Durch solche Begebenheit wurden die verbündeten Monarchen Oestreich, Russland und Preussen, so auch Engeland genöthigt, mit neuer vereinter Macht wieder nach Frankreich zu ziehen und den habsüchtigen Weltherrscher (Napoleon) *aufs neue zu bekriegen. Es kam bey Watterlo, in den Niederlanden, zu einer der blutigsten Schlachten welche von jeher geschlagen wurden. Napoleon musste mit seinem Heere unterliegen und sein Reich hatte ein Ende. Er wurde als Staatsgefangener auf die Insel St. Helena, im grossen Weltmeer, verbannt, wo er im Jahre 1822 gestorben.* (Sein wirkliches Todesjahr war 1821.)
Wegen solchen Bewegungen in Frankreich wurden auch die Schweizer genöthigt ihre Truppen ziehen zu lassen. Nachdem die Compagnie Metzger von Brugg seit dem 15. Hornung 1815 in Arau in der Instruktion gestanden, erging unterm 15. Merz 1815 an sie der vaterländische Ruf, um mit dem 5. aargauischen Infanterie Bataillon (Oberst Suter von Zofingen) an die Grenzen im Kanton Wadt zu ziehen, welches nachher ebenfalls nach Frankreich bis nach Pontarlier marschieren musste Unter diesen waren:

1. Johannes Schatzmann, Dambur
2. Johannes Meyer, Pfeiffer
3. Hs. Jakob Schaffner, Küferjohannesen
4. Hs. Jakob Schatzmann, Schuhmacher
5. Ulrich Rohr, Bötzikaspers.
Diesen Reisgeld gegeben Fr. 15. – ... Kamen nach Haus zurück 14. Aug. 1815.
Merz 11: Zog Hs. Jakob Rohr, Schneiderfriedlis für sein Bruder Joh. Rohr als Kanonierfahrer.
Merz 24: Musste das Jäger Bataillon, und damit die Compagnie Siegrist ab Bözberg, an die Grenzen ins Bistum (Basel, den heutigen Kanton Jura) *marschieren, es betraf: Kaspar Müller und Jakob Schaffner, Küferjohannesen... Kamen zurück August 4. 1815.*
Brachmonat 4: Marschierte ein Bataillon Aargauer nach Basel zur Belagerung von Hüningen unter welchem die Compagnie Hr. Hauptmann Schwarz von Mülligen war. Die Mannschaft von Hausen waren
(es folgen 4 Namen)... *Kamen nach Haus 5. Herbstmonat 1815.*

Die Gemeinde Hausen hat an Kriegssteuer von 1798 bis und mit 1816 nach Vermögen bezahlt:
L. 2930. Batzen 5. Rappen 1; davon entfallen auf das Jahr 1815 allein: L. 1000. Batzen 6. Rappen 7½.

Nach dem Sturz Napoleons 1815 kam es im Aargau zu einer Konsolidierung des Militärwesens. Durch öffentliche Bekanntmachung wurden die ins wehrpflichtige Alter eintretenden Jünglinge zur Musterung einberufen. Protokoll der Einwohnergemeinde vom 5. April 1822:

3. wurde die Publikation der Militärkommission in Betref der Ergänzungsmusterungen, vom 27. Merz 1822 datiert, vorgelesen und sogleich angezeigt, dass diejenigen Bresthaften, welche glauben zum Militärdienst unfähig zu sein, sich auf den 9ten dieses Monats, Morgens auf dem Rathaus zu Brugg zur Fisidation (Visitation) *einfinden sollen.*

Die dienstfähig befundenen Stellungspflichtigen erlernten die Handhabung der Waffen durch «Exerziermeister» – meistens im Kriegshandwerk erfahrene Instruktoren. Die Gemeindeversammlung vom 2. Januar 1835 beschloss, einem solchen ein Geschenk zu machen.

Inwiefern Hausemer Bürger am Freiämterzug 1830 (siehe Kapitel «Volksgärung im Aargau») und an den Freischarenzügen gegen Luzern beteiligt waren, ist nirgends feststellbar. Dagegen mussten sie im Sonderbundskrieg von 1847 einrücken. Anzahl und Namen sind zwar unbekannt. Doch lässt die Tatsache, dass an der Ortsbürgergemeinde vom 12. Dezember 1847 von den 123 Stimmbürgern nur 63 anwesend waren (man darf nicht mit heute vergleichen!), darauf schliessen, dass eine erhebliche Zahl einrücken musste. Das Protokoll dieser Versammlung enthält folgende Notiz:

3. Der Vorsitzende zeigt an, dass die betreffende Militärpflichtige Mannschaft gegen den Sonderbundskrieg das Reisgeld soll bezahlt werden. Es wurde einstimmig beschlossen, den Elitemannschaft wo gegenwärtig noch im Dienst stehen Reisgeld zu geben: L. 4,
der Landwehr L. 3 und der dritten Klass wo nur 4 bis 5 oder 8 Tage im Feld gestanden L. 1, jedoch soll es nur für diesmal in Kraft stehen.

1856 drohte wegen des sog. «Neuenburger Handels» ein kriegerischer Konflikt mit dem König von Preussen, der gleichzeitig den Titel «Fürst von Neuenburg» trug. Den Teilnehmern an diesem «Preussenfeldzug» wurde ein Reisgeld von L. 4 zuerkannt.
Im Deutsch-Französischen Krieg von 1870/71 kam es neben der Teilnahme am Grenzschutz wieder einmal zu Einquartierungen in Hausen. Im Protokoll der Gemeindeversammlung vom 4. August steht:

...Weil gegenwärtig die hiesiege Gemeinde mit Einquartierung von Soldaten stark belastet war, und vielseitige Reklamationen gemacht wurden, es seien dieselben unregelmässig vertheilt, so wurde vom Gemeinderath beantragt, es soll diese Einquartierungslast auf Grundlage des Steuerfusses verrechnet werden, damit jeder Steuerpflichtige nach Verhältnis seiner Steuer daran bezahlen müsse. Das Einquartierungsgeld für ganze Verpflegung sei per Mann und Tag auf Fr. 1.50 festzusetzen. Denjenigen welche in ihren Scheunen Soldaten kantonnementsweise halten müssen, sei ein Entschädigung von 10 Rappen pro Mann und Tag zu entrichten, haben aber auf ihre Kosten für die nöthige Beleuchtung zu sorgen und von der Gemeinde sei das erforderliche Stroh zu liefern. Nach langer Berathung und nach verschiedenen Anträgen, dahin gehend, man solle das Einquartierungsgeld für ganze Verpflegung auf Fr. 2.– bis Fr. 2.50 festsetzen, wurde zur Abstimmung geschritten

und bei derselben mit grosser Mehrheit dem Antrag des Gemeinderathes beigestimmt…

Während der Erste Weltkrieg der Gemeinde keine Einquartierung brachte, bezog gleich nach der Mobilmachung im September 1939 der Stab der Grenzbrigade 5 im Dorf Kantonnement. Die Mannschaft wurde im «Rössli»-Saal, Offiziere und Unteroffiziere bei Privaten untergebracht. Nach vier Wochen dislozierte der Stab nach Brugg, worauf an dessen Stelle die Schwere-Haubitz-Batterie 76 einrückte. Ihr Aufenthalt dauerte acht Monate. Von ihr wurden Geschützstellungen u. ä. erstellt und getarnt. Nach deren Bau legte die Mannschaft Feld- und Waldwege an. So wurde u. a. der Gächrainweg im Staatswald bis zur Habsburgerstrasse ausgebaut und fahrbar gemacht. Nach dem Abzug der Artillerie lösten sich bis Kriegsende Zürcher und Basler Fusstruppen und Sanitätsmannschaften ab.
Nach dem Ende des Zweiten Weltkrieges trafen sich die Ehemaligen in regelmässigen Abständen in Hausen zu einem Mannschaftstreffen, wo jeweils in Erinnerungen geschwelgt werden konnte. Im Laufe der Jahre nahm naturgemäss das Traktandum «Gedenken an Verstorbene» immer grösseren Raum ein. Noch lange aber zeigten die Ehemaligen ihre Verbundenheit mit dem Dorf, indem sie immer wieder kleine und grössere Stiftungen machten. Eine Erinnerung daran ist das Gemälde am Eingang zur Mehrzweckhalle.
Dieses etwas ausführlich geratene Kapitel sei mit der Feststellung beendet, dass die 200 Jahre dauernde Einquartierung mit dem 31. Dezember 1998 (hoffentlich) definitiv zu Ende ging, denn…
…die anlässlich des Baus der Mehrzweckhalle 1968/69 im Untergeschoss eingerichtete Militärunterkunft wurde – mangels genügender Verwendung – vom Zivilschutz kurzerhand «entsorgt»!

Zehnten und Zehntenloskauf

Zehnten – Zehntenversteigerung – Zehntenloskauf – «Zehndloskaufberechnung» – der «grosse Zehnden» auf dem Birrfeld – Zehndbezirk Lupfig – Entkräftigungs-Akt von 1822

Der Zehnten war ein Überbleibsel aus dem späten Mittelalter, zeigte aber bis zum Ende der Feudalherrschaft Ausgang des 18. Jahrhunderts seine Auswirkungen: Zwar waren die Bauern praktisch Besitzer ihrer Höfe und konnten diese ohne weiteres vererben oder verkaufen. Rein juristisch gesehen hatten sie aber diese immer noch «zum Lehen». Dieses Lehen war eine Erbpacht. Der Bauer bezahlte einem Zinsherrn jährlich einen *nicht ablösbaren, auf ewig zu entrichtenden Lehens- oder Bodenzins.*[71] In Hausen war dieser Zinsherr ursprünglich das Kloster Königsfelden gewesen. Dieses wurde vom Stande Bern abgelöst. Zum Bodenzins gesellte sich der eigentliche, wortwörtlich zu nehmende Klein- oder Grosszehnten. Mit dem Ende der Berner Herrschaft 1798 kam es auch beim Steuerwesen zu grossen Umwälzungen, die aber nicht ohne Folgen waren:[66]
Bereits am 10. November 1798 waren in der ganzen Helvetischen Republik die Zehnten und Bodenzinse abgeschafft worden. Doch bereits 1801 bestimmte ein neues Gesetz, dass nur derjenige vom Zehnten befreit sei, der ihn beim ehemaligen Besitzer loskaufe. 1803 garantierte auch der Kanton Aargau, als rechtmässiger «Erbe» des alten Standes Bern, dieses Recht. Wer sich der jährlichen Abgaben entledigen wollte, musste dem früheren Grundherrn (für Hausen war dies nun der Kanton Aargau) das 20- bis 25fache eines jährlichen (Steuer-)Ertrages bezahlen. Für einen Grossteil der Bauern war es unmöglich, diese Summe aufzubringen. Daher dauerte die Ablösung relativ lange, bei den Zehnten mehrheitlich bis 1850, bei den Bodenzinsen bis 1880. Die in der Folge nun wiedergegebenen Kapitel aus der alten Dorfchronik ergeben einen aufschlussreichen Einblick in die Probleme jener Zeit:[46]

Unter der ehemaligen Regierung des Standes Bern, vor dem Jahre 1798 mussten die Kantonseinwohner von allen ihren Gütern, oder Liegenschaften, den zehnten oder den 10ten Teil des jährlichen Ertrages entrichten, und zwar wie folgend:
Vom Korn, Roggen, Müschelten, Gersten und Haber in der Erndt allemal die 10te Garb.

Vom Heu der 10te Haufen. Der 10te Teil von Hanf, Flachs, Magsamen (Mohn) *und Leewadt.*
Das Korn, Roggen, Müschelten, Haber, Bohnen und Erbsen wurden durch den Klosterzug nach Königsfelden geführt. Das Heu holte der Lindhofbauer und wurde daselbst gefüttert. Der Lindhof, bereits 1315 erwähnt, war seit jeher ein unabhängiges Herrschaftsgut und von allen Pflichten der Untertanen befreit. Er bezahlte keine Steuern und war vom Frondienst befreit. Ausserdem überliess ihm der Hofmeister von Königsfelden den Heuzehnten von Hausen und Lupfig. Er musste ihn aber selber einholen.[8]

Die Gerste, der Hanf, Flachs, Leewadt u.dgl. wurden alle Jahre, an einer öffentlichen Steigerung, in Königsfelden dem Meistbietenden überlassen: wo jede Sorte im Durchschnitt jährlich auf Franken 23 bis 26 gesteigert wurde.

Da der Personalbestand in der Hofmeisterei viel zu klein war, um alle Zehnten im ganzen Gebiet einzuziehen, ging die Regierung zur «Zehntenversteigerung» über. Kurz vor der Ernte schätzte der Landweibel den mutmasslichen Ertrag. Auf dieser Basis wurde dann eine Versteigerung durchgeführt. Der Meistbietende erhielt das Recht, den Zehnten einzuziehen. Er selber musste dem Kloster eine fixe Menge abliefern. Es versteht sich von selbst, dass die Versuchung, möglichst viel einzuziehen, relativ gross war, konnte man doch dadurch einen nicht geringen Gewinn erzielen.[8]

1798 *Hörte der Zehnden stellen auf dem Felde auf. In den Jahren 1798 und 1799 wurde der Gemeinde Hausen der Zehnden und Bodenzins geschenkt, weil durch die französischen Lager, Cavalerie und Soldaten, den Einwohnern viel Schaden zugefügt worden ist.*

1800 *Wintermonat 18: Mussten wir den Zehnden und Bodenzins in allen Teilen mit Geld bezahlen, der Kernen das Viertel zu 13 batzen, der Betrag davon samt Heu und Wein war Fr. 370.–, Btz. 7, Rp. 7½. Der Heuzehnden musste nachher, bis zur gänzlichen Loskaufkündigung im Jahre 1812 mit Geld bezahlt werden, für welchen die Gemeinde Hausen bezahlen musste für die Jahre 1801 bis 1802 total Fr. 1082, Btz. 2, Rp. 5.*

Da seit dem Jahr 1798 kein Zehnden mehr auf dem Feld gestellt wurde, so wurde alljährlich vor der Erndte eine öffentliche Steigerung in Königsfelden darüber abge-

halten; zuvor aber von gerichtlich bestellten Schätzern auf dem Feld eine Schatzung aufgenommen. (Eine etwas verfeinerte Abwandlung von früher, diesmal ohne «Zwischenhändler».)

NB: Der Zehnden nach diesem Fuss musste nicht an Geld, sondern an sauber gebutzter Frucht von den Gemeinden geliefert werden.
Für Korn, Roggen, Bohnen, Haber und Erbsen musste die Gemeinde Hausen von ihrem im Zwing (Gemeindebann) *Hausen befindlichen Ackerland nach Königsfelden liefern wie folgt:*
Jahre 1801 bis 1812: an Kernen total Mütt 627, Viertel 5 – an Gersten total Mütt 72, Viertel 21.
Zu 1808 ist bemerkt: In diesem Jahr erhielten wir einen gütigen Nachlass wegen schwerem Wetter.

1812 In diesem Jahr verlangten die Einwohner von Hausen, dass sie nach dem Gesetz vom 11. Brachmonat 1804 ihre Zehnden loskaufen wollen, welches ihnen von der Obrigkeit zuerkannt wurde:

Zehndloskauf (Copia der Loskaufs-Akten lautet wörtlich also):
Kund und zu wissen seye hiermit, demnach die zehndpflichtigen Güterbesitzer von Hausen sich nach Vorschriften des Gesetzes vom 11. Brachmonat 1804 durch förmliche Aufkündung für den Loskauf der dem Staat zuständigen, vormals in das Kloster Königsfelden gelieferten Getreid- und Heuzehnden bey dem Finanz-Rath angemeldet, welcher nach vorgenommener Untersuchung diese Aufkündigung der Vorschrift des Gesetzes gemäss befunden und angenommen hat; so wurde die Kapitalsumme des Loskaufs nach den Grundlagen des ob angeführten Gesetzes berechnet, und zwischen dem Finanz-Rath, Namens des Staates und den Pflichtigen festgesetzt wie folgt:
Nach der, bey Anlass des Zehndloskaufs von Windisch und Oberburg zwischen der Gemeinde Hausen und den ersteren zwey Ortschaften getroffenen Übereinkunft, wurde der jährliche Durchschnitts-Ertrag des Gemeindezehnden von Hausen bestimmt und festgesetzt auf:
Kernen: Stuck 55 Viertel 1 Vierling 1⅓, welche zu 92 Bz. per Stuck gerechnet, den jährlichen Zehndwert ausmachen von Fr. 509.– Bz. Rp. 6½.
Heuzehnden: Da der Durchschnitts-Ertrag von den Jahren 1774 bis und mit 1797 nicht ausfindig gemacht werden konnte, so wurde nach getroffener Übereinkunft der Durchschnitts-Ertrag von den Jahren 1802 bis und mit 1812 angenommen mit L. 90.–.

Gersten-Zehnden: Dieser hat von 1774 bis und mit 1797 ertragen Mütt 322, Viertel 2 Vierling 2 mithin in Durchschnitt per Jahr Mütt 13 Viertel 1 Vierling 3 und zu 49 Bz. per Mütt Fr. 65.– 8 Bz. 4½ Rp.
Summa des jährlichen Zehndenwertes: Fr. 664.– 9 Bz. 1 Rp.
Dieser jährliche Zehndenwerth zwanzigfach genommen, formiert das Loskauf-Capital mit: Fr. 13298.– 2 Bz.
Davon abgezogen die laut Gesetz zu Gunsten der Armen bestimmten 5 Pro. für die Armen (= ein jährlicher Zehndenwert).
Bleibt das dem Staat zu bezahlende Loskaufkapital Fr. 12633.– Bz. 2 Rp. 9.
Davon beträgt die jährliche Zahlung in denen zur Ablösung dieses Kapitals erklärten Zehen Jahren Fr. 1263. 3. 2.
Nach dieser Berechnung, worin aber allfällige Bodenzinse (von den ehemaligen «Lehen» stammend), welche für Einschlags-Bewilligungen, anstatt des Zehndens, bezahlt werden müssen, nicht inbegriffen sind, haben die Loskäufer die auf Martini 1812 verfallene erste Zahlung, zu Handen des Staates geleistet, mit Ein Tausend zwey Hundert Drey und Sechzig Franken, Drey Batzen und Zwey Rappen.
Die künftigen Neun Zahlungen dann sollen nach der gesetzlichen Vorschrift in den auf einander folgenden Neun Jahren, jedesmal auf Martini, zuhanden des Staates mit Fr. 1263 Bz. 3 Rp. 2 nebst dem Zins à 5 pro. (Prozent) *vom dem noch nicht abgelösten Kapital entrichtet werden.*
In Kraft dessen, wird gegenwärtiges von dem Finanz-Rath unterzeichnet, und mit dem Siegel verwahrt.
Gegeben in Arau den 29ten 7bris 1813.

Der Präsident des Finanzrathes
(sig.) *Fetzer*

Es war ganz klar, dass diese Summe nicht aus der Gemeindekasse bezahlt werden konnte, sondern dass eine Abwälzung stattfinden musste:[46]

Zehndloskaufberechnung:
Wie die Loskaufsumme auf die Liegenschaften von dem Gemeinderath Hausen, und der beigegebenen Commission, zu bezahlen sind, berechnet und vertheilt werden:
Mattland (Wiese):

1. Klass 110¾	*Vierlinge à Bz. 90.–*	*996 L. 7 Bz. 5 Rp.*
2. Klass 101⅔	*Vierlinge à Bz. 75.–*	*762 L. 5 Bz.*
3. Klass 13	*Vierling à Bz. 60.–*	*78 L.*
	Total:	*1837 L. 2 Bz. 5 Rp.*

Ackerland:

1. Klass 289 $^{105}/_{120}$	*Vierlinge à Bz. 150.–*	*4348 L. 1 Bz. 2½ Rp.*
2. Klass 368 $^{7}/_{24}$	*Vierlinge à Bz. 120.–*	*4419 L. 5 Bz.*
3. Klass 327 $^{27}/_{120}$	*Vierlinge à Bz. 90.–*	*2945 L. 2½ Rp.*
	Total:	*11712 L. 6 Bz. 5 Rp.*
		13549 L. 9 Bz. –
Die Zehndloskaufsumme beträgt (inklusive Zinsen!)		*13298 L. 2 Bz. –*
Restieren an die Kösten		*251 L. 7 Bz. –*

Der beschriebene «Zehndenloskauf» betraf ausschliesslich Acker- und Wiesland innerhalb der Gemeinde. Da viele Bauern Land auf dem Birrfeld besassen, wurden sie auch dort «zur Kasse gebeten». Dass es dabei auch zu Meinungsverschiedenheiten kam, zeigen die folgenden Auszüge:

Zehndloskauf des grossen Zehndens auf dem Birrfeld (textlich gekürzt):
... In diesem Zehnbezirk besassen die Einwohner von Hausen 20 Jucharten und 2 Vierlinge Liegenschaften. Die Zehndenzahlungen mussten der Zehnd-Commission Lupfig entrichtet werden.
Die Bürger von Hausen besassen ferner: Drey Jucharten und ein Vierling Rebland im Killholz. Ein Juchart und ein Vierling Reben im Eitenberg und 3½ Vierling Ackerland daselbt.
NB. Dieses Rebland befindet sich im Bodenzinsbezirk Hausen; demzufolge war die Gemeinde Hausen beglaubigt, solches müsse auch in den Zehndbezirk Hausen gehören; deswegen gab es zwischen Hausen und Lupfig ein gerichtlich bestellter Augenschein. Bey diesem Augeschein zeigte Herr Verwalter Strauss von Königsfelden ein Auszug aus dem Zehnd-Protokoll Königsfelden: Dass im Jahr 1793 der Getreidezehnden vom Eitenberg zu dem Zehnden von Lupfig gewesen sey, obschon die Gemeinde Hausen den Bodenzins beziehen müsse,
Es wurde aber erkennt, dass Lupfig dem Armengut Hausen hievon entrichten müsse Franken 80.– ...

Zehndloskauf im Zehndbezirk Lupfig:
... Die Bürger von Lupfig begehrten die Loskaufzahlungen, nach dem Durchschnitt in einer Klasse auf die Liegenschaften zu verlegen. Die Güterbesitzer von Hausen aber wollten nicht anders bestimmen, als dass der Vertrag auf die Liegenschaften in drey Klassen sollte getheilt werden; also auf Gut, Mittel und Bös (= erste, zweite und dritte Klasse).

Die Zehnd-Commission Lupfig aber in ihrem Schluss, nach dem Durchschnitt zu verbleiben, erkennte daher, den Güterbesitzern von Hausen ihre im Zehndbezirk Lupfig besitzenden Güter in einem Auszuge aus den Bodenzinsrödeln daselbst zuzustellen, und ihnen solches zum Selbstbezug zu überlassen; sie können denn dasselbe in 3 Klassen theilen, oder machen so wie sie selbst wollen...
... Der dem Gemeinderath Hausen zugestellete Auszug lautet wie folgend:
Die Gemeinde Hausen besitze in dem trockenen Zehnden im Zehndbezirk Lupfig an Land: (es folgt eine Aufzählung der Besitzer, 49 an der Zahl, mit einer Gesamtfläche von 52 Jucharten und 1½ Vierling)... *Die Loskaufsumme betrug total 2965 L. 9 Bz...*

Aus diesen Aufstellungen ist schön ersichtlich, dass die Hausemer Bauern seit eh und je Land auf dem Birrfeld bewirtschafteten. Wenn man die oben erwähnten Flächen zusammenzählt, kommt man auf etwa 78 Jucharten, was hochgerechnet die nicht unbedeutende Zahl von über 25 Hektaren ergibt. Analog zu diesen Zehndloskäufen kam es auch zu einem solchen beim Weinzehnden. Die Ablösesumme belief sich hier auf Fr. 5731.–, 9 Batzen und 2 Rappen.
Zählt man all diese Loskaufsummen zusammen, so muss man feststellen, dass die neuerworbene «Freiheit» ziemlich teuer zu stehen kam. Doch der heutige Bürger kann beruhigt sein. Die Gemeinde kam ihren Verpflichtungen treustens nach, und 1822 war es soweit:

Entkräftigungs-Akt
Das Bezirksgericht Brugg urkundet hiemit, demnach laut vorstehendem Akt, der, vormals in das Kloster Königsfelden gelieferte und deswegen dem Staat des Kantons Aargau gehörende Getreide und Heuzehnden, nach gesetzliches Form abgekündet und die davon berechnete Loskaufsumme an die Staats Cassa abbezahlt wurden, so wird infolge des Gesetzes vom 11. Brachmonat 1804 den daherigen Zehndschuldners der gegenwärtige gerichtliche Akt dahin ertheilt, dass laut Schreiben der Finanz Commission des Kantons Aargau vom 10. Herbstmonat 1822 keine besondre Tittel über diesen Zehnden in den Staats-Archiven vorfindlich sey, dass aber vermittelst der bezahlten Loskaufsumme die daherige Zehndschuldigkeit sich vollkommen getilt finde, und demnach die allfällig später zum Vorschein komenden Tittel zu allen ewigen Zeiten als entkräftet angesehen werden sollen.
Gegeben in Brugg am 29ten Wintermonat 1822
Der Oberamtmann Präsident des Gerichts: (sig.) *Belarth*

Von Armut, Armenfonds und freiwilligen Liebessteuern

Aus dem «Pfarrbericht» von 1764 – Verteilung des Armengutes an die Gemeinden 1798 – Der Heimatschein «garantiert» Hilfe bei Verarmung – Äufnung des Armenfonds – Das «Weibereinzugsgeld» – Kunz'scher Legatenfonds – Freiwillige Liebessteuern – Bildung von «Hilfsvereinen» – Auch Hausen hilft den verfolgten Griechen – Nachbarhilfe wird grossgeschrieben.

Im 18. Jahrhundert begann man, sich auch «offiziell» mit der Armut, die schon immer geherrscht hatte, zu beschäftigen. Mit der Erhebung der Bevölkerungszahl von 1764 hatte die *Almosen Revisionskommission* der Berner Regierung von den Pfarrherren einen Bericht über *die tatsächlichen Zustände auf der Landschaft* einverlangt. Diesem Pfarrbericht, der auf elf Fragen Antwort zu geben hatte, ist das Folgende entnommen:[72]

Erste Frage: Ist die Zahl der Armen des Ortes wirklich gross?
Antwort: Reiche und Arme müssen nach Salomons Ausspruch neben einander wohnen. Die Anzahl der Letzteren aber in hiesiger Gemeinde übersteigt die Ersten so merklich, dass wenigstens 8 Arme auf einen Begüterten zum Vorschein kommen. Indessen ist dis Verhältnis nicht in allen Dorffschaften hiesigen Kirchspihls (Windisch) *gleich. Das Dorf Habsburg hat gesegnetere Insassen als andere Partes constituentes meiner Gemeinde. Traun wohl, weilen es kein Schenkhauss hat und dasige Burger wirtschaftlich und häusslich sind. Oberburg und Windisch sind zwischen Armuth und Reichtum getheilet und so ist es durchgehends in meiner Gemeinde, doch mit dem Unterschied, dass zu Mülligen, Husen und Altenburg mehr Bluetarme und von allen zeitlichen Mitteln entblösste Einwohner als in obigen Dorffschaften anzutreffen; die übrigen, ein paar wohl-bemittelte aussgenommen, haben, wie man zu sagen pflegt, von der Hand ins Maul und sind Thauner* (mhd. «tauwner, tauner» sind Taglöhner) – *mässig reich.*

Dritte Frage: Welche Handreichung wird den Armen von der Gemeinde oder von der Obrigkeit gebotten?
Antwort: Die Dorffschaften hiesiger Gemeinde haben durchgehends kein Gemeingut, sondern wann ein Dürftiger in einem Dorf publice alimentiert (öffentlich unterstützt) *werden muss, so wird entweder zu dem unbeliebigen Tellen* (Steuerzusammenlegen) *geschritten oder das Kirchengut wider seine Bestimmung um*

Assistenz imploriert (franz. «implorer» = anflehen). *Doch das meiste thuet das reiche Vorraths-Hauss Königsfelden durch das so genannte Spänn- und Wochenbrodt. Um von dieser Landes-Vätterlichen Gnaden Liberalität müssen auch die ganz Elenden und dürftigen Greise ihr notdürftiges Bissgen in Demuth erwarthen.*

Was der damalige Windischer Pfarrer Wetzel in seinem Pfarrbericht nach Bern schrieb, behielt seine Gültigkeit bis zum Ende der Berner Herrschaft:[46]

Im Jahr 1798 hatte die Gemeinde Hausen noch keinen Heller Gemeinde-Armengut, hingegen in der Kirche zu Windisch Etwas, das den Armen sämtlichen Gemeinden der Kirchgemeinde angehörte. Dieses Armengut der Kirchgemeinde Windisch wurde angelegt durch fromme Vergabungen dorthin, von Hofmeisters Ehefrauen aus dem Kloster Königsfelden. Auch durch Legate bey testamentlichen Verordnungen.

Mit dem Ende der Feudalherrschaft 1798 zeichneten sich auch auf diesem Gebiet grundlegende Änderungen ab. Als erstes galt es, dieses «Etwas» zu verteilen:

1798 Herbstmonat 16: Hat das Edle Sittengericht der Kirche Windisch beschlossen, obbemeldtes Armengut an die Gemeinden zu vertheilen, welches geschehen unter Herrn Pfarrer Beat Ludwig Ernst, Burger von Bern. Der Gemeinde Hausen, zuhanden einem Armenfond, ist zugefallen auf 73 Bürger an Obligationen Franken 538, Batzen 7
Zugleich hatte die Kirche Windisch ein Kapital für die Armen hinter sich, unter dem Namen Legat, woran die Kirche Bir auch Antheil hatte. Dieses ward gegründet von vermöglichen Personen aus der Stadt Bern, welche im Bad Schinznacht gestorben seyen und in beide Kirchen vergabt haben.

1807 Augustmonat 15: Wurde dieses Legat von sämtlichen Gemeinde-Ammännern des Eigenamts zuhanden ihrer Armen vertheilt, da ist dem Armengut Hausen zugefallen, auf 73 Bürger gerechnet, Franken 406 und Batzen 6.

Natürlich war es mit dem Verteilen der verschiedenen Fonds nicht getan. Es musste dafür gesorgt werden, dass der Armenfonds auch in Zukunft gehäuft werden konnte:

1807 Christmonat 4: Hat die Hohe Regierung des Kantons Aargau, um die Armengüter in den Gemeinden zur Aufnahme zu bringen, allgemeind zum Gesetz erhoben, dass wenn ein Bürger in einer Gemeinde sich mit einer Nichtbürgerin verheirathen wolle, so müsse die Nichtbürgerin dem Armengut derjenigen Gemeinde, in welche sie sich verehelichen wolle, ein Einzugsgeld bezahlen, je nachdem die betreffende Gemeinde solches als gesetzlich bestimmtes Resultat anerkennt hat. Da hat die Gemeinde Hausen das Weiber Einzugsgeld für sich bestimmt auf Franken 25. Hausen ging mit den Heiratswilligen noch gnädig um. Um 1839 mussten in der Regel aargauische heiratswillige Frauen etwa das Jahreseinkommen einer erwachsenen Fabrikarbeiterin als «Weibereinzugsgeld» bezahlen, «Nichtaargauerinnen» sogar oft das dreifache![64] Dazu kam noch der Obulus, der von Bräutigam und Braut in den Schulfonds einbezahlt werden musste.

Es haben sich demnach, seit dem oben angeführten Gesetzesschluss, bis den 1. Jenner 1823 auswärts oder fremde Weibspersonen, in die Gemeinde Hausen sich verheirathet, die dieses Einzugsgeld bezahlt haben 52. Es ist von diesen 52 fremden Weibern gefallen im Ganzen Franken 1281 Batzen 6.

Auch bei Einbürgerungen kam es vor, dass Beiträge in den Armenfonds geleistet werden mussten:

Joh. Friedrich Riniker, Rössliwirth, Bürger auf Habsburg und Schinznacht, kaufte im Jahr 1816 sich in der Gemeinde Hausen als Bürger ein und bezahlte zuhanden dem Armengut Franken 275.–.

Im Laufe des 18. Jahrhunderts hatte sich langsam durchgesetzt, dass die Bürger eines Ortes, wenn sie sich anderwo niederlassen wollten, von ihrer Heimatgemeinde einen *Heimatschein* ausstellen lassen mussten, worin ihnen bestätigt wurde, dass sie bei «Verarmung» ohne weiteres dorthin zurückkehren konnten. Das Gespenst «Armut» hinderte übrigens viele Gemeinden daran, Neuzuzüger ins Bürgerrecht aufzunehmen, denn dann hätte man ja sich um sie kümmern müssen. Es begannen sich einige «Selektionskriterien» abzuzeichnen bei der Auswahl von «Neubürgern», wobei sehr oft die Berufsausübung eine wichtige Rolle spielte. So fanden die Hugenotten, die zu Beginn des 18. Jahrhunderts wegen der gegen sie laufenden Verfolgung aus Frankreich flüchteten, überall offene Türen, da sie auch technisches Wissen (u. a. Strumpf- und Seidenweberei) mitbrachten.

In der Folge hielt auch hier diese Weberei Einzug, was zwar Pfarrer Wetzel gar nicht schätzte (er warf ihnen unter anderem vor, sie wollten sich die Hände nicht mit Erdarbeiten schmutzig machen), deren Vorteile, namentlich für die sog. «Thauner», er trotz allem anerkennen musste.[8]
In der Gemeinderatssitzung vom 22. Januar 1822 wurde beschlossen, dass in Zukunft auswärts wohnende Bürger der Gemeinde Hausen jährlich Fr. 2.– in das Armengut zahlen müssen. Dieser Entschluss wurde im Amtsblatt veröffentlicht.

Eine weitere Einnahmequelle bildete der sog. «Zehndloskauf» (s. d.), da die Gemeinde davon fünf Prozent für sich behalten konnte. Sie benützte dies zur Äufnung des Armenfonds. Über die Verwendung dieses Geldes wurde gewissenhaft Buch geführt.
1816 und 1817 waren beides sog. Fehl- oder Hungerjahre. So stieg zum Beispiel der Preis von einem Viertel Kernen von L. 6 im Frühjahr auf L. 16 im Herbst. Deshalb verwundert die folgende Aufzeichnung aus der alten Chronik gar nicht:

1817 *den 25ten Hornung ist uns ein Auftrag zugestellt worden von der Armenkommission von Aarau, dass wir für unsere Armen täglich ein Mahl mit Suppen unterstützen, wie wir es auch von dato an gethan haben und in der Stadt Brugg geholt täglich 12 Maass, die Maass zu einem Batzen, bis 1. April. Von da bis 15ten Heumonat haben wir die Suppe mit Zugabe von Erdöpfel im Wirtshaus kochen lassen. Die Suppe hat die Gemeinde in 140 Tagen 148 Franken gekostet ohne das Holz. An die Auslagen hat die Armenkommission an Geld 24 Franken, 1 Viertel Kernen, 6 Viertel Haber und 52 Pfund Reis beigetragen, Totalwert Franken 62.5.5, sodass die Gemeinde hat bezahlen müssen Franken 83. Bz. 1 Pr. 2½.* Wieviel Leid hinter den nüchternen Zahlen versteckt liegt, kann nur erahnt werden.

1829 *9. Wintermonat: Gesuch des Gemeinderathes an die Hohe Obrigkeit um Bewilligung zusätzlichen Holzes oder Reiswellen an 33* (!) *unbemittelte und holzbedürftige Gemeindsbürger und Witwen.*

Im Jahr 1828 wurde in Windisch die Spinnerei Kunz eröffnet. In Gemeinden, aus denen die Arbeitskräfte kamen, bestand ein sog. Kunz'scher Legatenfonds mit der Zweckbestimmung, den Zins bedürftigen ehemaligen Arbeitnehmern auszurichten. 1884 betrug dieser Fonds für Hausen

Fr. 3046.25. Durch weitere Zuwendungen stieg er bis Anfang 1963 auf Fr. 6840.–. Da ihn aber seit Jahren niemand mehr in Anspruch nehmen musste, wurde er im Januar 1963 aufgelöst und der ganze Betrag an den Wohlfahrtsfonds der Spinnerei Kunz ausbezahlt.
Dass sich die Gemeinde aber nicht nur mit der Äufnung des Armenfonds begnügte, soll uns der nachstehende Auszug aus der alten Chronik zeigen: Das Wort «Nächstenliebe» war bei unseren Altvordern keine leere Floskel.

Freiwillige Liebessteuern
Im Jahr 1821 brach in den beiden Fürstentümer Moldau und Wallachey (selbständige Fürstentümer, sie wurden 1859 zusammengelegt und bilden seit 1861 das heutige Rumänien) *eine Refolution aus: Die unter türkischer Botmässigkeit gestandenen Griechen wollten sich des türkischen Joches entledigen, und ihrem Beispiel folgten bald alle in der Türkey sich befindlichen Griechen. Hierauf griffen die Türken ebenfalls zu den Waffen und die Griechen wurden an mehreren Orten auf die grausamste Weise gemartert und ausgerottet. Einniche konnten sich durch die Flucht retten, so dass mehrere derselben in die Schweiz, und auch nach Brugg kamen.* (Dem Chronisten müssen hier zwei Kriege durcheinander gekommen sein: einerseits der griechische Unabhängigkeitskrieg, anderseits der russisch-türkische Krieg, bei dem die oben genannten Fürstentümer von den Russen besetzt wurden.)

Es bildeten sich in Zürich und andern Städten der Schweiz mehrere Hülfs-Vereine, um diese Unglücklichen zu unterstützen, weil sich ihrer die Hohen Mächte Russland, Oesterreich und Preussen, sowie auch Frankreich, nicht annehmen wollten, und ihnen sogar den Heimweg nach ihrem Vaterland verspehrten, den sie so sehnlich begehrten. (Am Interessensgegensatz zwischen Österreich und Russland in der griechischen Frage zerbricht die Heilige Allianz. Englands Neutralitätspolitik bringt den Griechen Vorteile, verhindert aber russisches Eingreifen zugunsten der Griechen.) *Daher bemühten sich die Hülfs-Vereine, um bey der gütigen Menschheit eine Beisteuer auszuwirken, und damit diesen unglücklichen Menschen behilflich zu sein. Alle Städte und Gemeinden trugen das ihrige mit Freygebigkeit bey.*
(Und da soll einer noch behaupten, Geschichte wiederhole sich nie!)

1823 Jenner 24: Steuerte die Gemeinde Hausen oder dessen Einwohner Fr. 39.–.

Doch meistens galt es, die Not in der näheren Umgebung zu mildern:

Merz 12: Des Jakob Schatzmann Wächters Tochter Verena Schatzmann, da wo sie sich mit Kaspar Weiersmüller von Buchs verheiraten wollte, erkennte eine Commission ihr eine freiwillige Liebessteuer als Weibereinzugsgeld zu geben von Fr. 50.–.

1823 *und 1824 Wurde von der Gemeinde Hausen an die Bibelgesellschaft gesteuert zusammen Fr. 40.–.*

1824 *den 30. Heumonat betraf unser Kanton Aargau ein schreckliches Hagelwetter, im Bezirk Brugg betraf es am schrecklichsten die Gemeinde Schinznacht, Villnachern, Umiken, Hafen, Riniken und hinab gegen Villigen; Habsburg litt sehr stark; Hausen hingegen schätzte seinen Schaden ohngefehr den Zehentel.*
Diejenigen Gemeinden wie Schinznacht und Villnachern verlohren ihre ganze Erndte, Getreid, Wein und auch Erdäpfel, weil alles noch mit Schlamm und Wasser überschwemmt wurde.

Augustmonat 8: Wurde für obige Wetterbeschädigte in der Gemeinde Hausen eine freywillige Liebessteuer gesammelt, wo von 34 Einwohnern gefallen war, das auf die obrigkeitliche Schütte nach Brugg hat geliefert werden müssen: 7 Malter Korn; 4 Mütt 2 Vierling Roggen; 5 Mütt Mischelten; 2 Vietel Kernen; 3 Mütt 1 Vierling Gersten.
Winter wurde der Gemeinde Villnachern eine zweite Steuer eingesandt nämlich: 140 Viertel Erdäpfel; 10 Viertel Korn; je 2 Viertel Gerste und Mischelten und dem Oberammann in Brugg zu gleichem Zwecke 5 Franken 6 Batzen 5 Rappen.

1826 *May 31: Branten in der Gemeinde Biberstein bey Arau 19 Wohnhäuser ab, worunter sich 30 Haushaltungen befanden.*

Brachmonat 7: wurde für obige Brandgeschädigte in der Gemeinde Hausen eine Steuer gesammelt von Korn, Kernen, Roggen und Gersten durcheinander 43 Viertel.

1828 *Aprill 27 Morgens um 8 Uhr branten in der Gemeinde Mandach 5 Wohnhäuser ab, worunter 19 Haushaltungen mit 74 Personen sich befanden. Ein Kind verlor dabey sein Leben.*

Albert Senn-Haller biegt mit seinem Kuhgespann in die Holzgasse ein. Im Hintergrund Haus Widmer mit Bäckerei-Anbau. Hauptstrasse und Holzgasse sind noch nicht asphaltiert. Foto um 1934, Willi Haller. Diasammlung der Ortsbürger.

Die Gemeinde Hausen steuerte: An Kernen 16 Viertel (macht 15 Fr.); an Mischelten 6½ Viertel (macht 3 bz.); an Erdäpfel 2 Viertel (macht 8 bz.); zwey Hemden à 1 Fr. (macht 2 Fr.); drey Fürtücher (Schürzen) (1 Fr. 5 bz.); zwey paar neue Kinderschuh (2 Fr.); an Geldsteuer 14 Fr.
(Diese «Umrechnung» in Geldwert erlaubt uns einen kleinen Einblick in die damaligen Kosten der verschiedenen Dinge.)

1829 *Heumonat 6: Branten in der Gemeinde Gallten, Bezirks Laufenburg, sämtlich Gebäude ab bis an zwei. Die Gemeinde Hausen gab an freiwilliger Liebessteuer an Geld 33 Fr. 5 Batzen 5 Rappen.*

1834 *Augustmonat 27: Überzog die Kantone Wallis, Uri, Graubünden ein sehr starkes Ungewitter, welches aller Orten an Häusern, Brücken und Strassen unbeschreiblichen Schaden anrichtete. Die Kantone der übrigen Eidgenossenschaft sammelten Liebessteuern.*

Fuhrhalter Ernst Sollberger mit seinem Pferdegespann auf dem Heimweg vom Birrfeld. Sollberger legte Wert darauf, dass seine Pferde immer in geputztem und geschmücktem Geschirr gingen. Im Hintergrund die alte Metzgerei Hunziker, bevor der Scheunenteil abgebrocken und durch den heutigen Bau (Holzgasse 1) ersetzt wurde. Am linken Bildrand das Dach des Amme-Schnyder-Hauses. Foto um 1960, L. Berner.

November 8: Steuerte die Gemeinde Hausen zu obigen Zweck 44 Fr.

1839 *Haben Überschwemmungen in den Kantonen Uri, Tessin, Graubünden und Wallis, grossen Schaden angerichtet.*

1840 *Jenner 17: Steuerten die Gemeinde-Einwohner von Hausen 34 Fr. 4 bz.*

All diese Hilfsbereitschaft darf nicht darüber wegtäuschen, dass es namentlich in der Mitte des 19. Jahrhunderts zu so verbreiteter Armut kam, dass der Bevölkerung, die kein Auskommen mehr fand, oft nur noch die Auswanderung blieb, was zu einem drastischen Rückgang der Bevölkerungszahlen führte. Für Hausen betrug dieser zwischen 1850 und 1860 rund 18 Prozent.[33]

Konfirmandinnen und Konfirmand 1928. Man trägt schwarze Kleidung bis zu den Fingerspitzen. 2. v. l.: Rösli (Walti-)Schatzmann. Eig. R. Walti-Schatzmann.

Konfirmation Windisch 1942, Konfirmanden von Windisch-Hausen-Habsburg-Mülligen. 2. Reihe, stehend 2. v. r.: Lore (Berner-)Tschanz. Pfarrer: Willi Meyer. Foto Hch. Rundstein, Brugg. Eig. L. Berner.

Konfirmandinnen von Hausen, 1960. Schwarze Kleider oder Deux-Pièces sind immer noch obligatorisch, schwarze Strümpfe und Handschuhe dagegen nicht. Foto L. Berner.

Konfirmandinnen und Konfirmanden 1994, in der Kirche Hausen. Pfarrer: Walter Meier. Die Tradition der Konfirmation in Schwarz ist abgebrochen. Eig. K. Trachsel.

Hochzeit Elise Schatzmann und Wilhelm Schaffner, um 1900. Eig. M. Burri-Widmer.

Hochzeit Emma Schatzmann und Jakob Müller, um 1900. Die Tante der Braut auf Abb. links feierte eine einfache Hochzeit, d.h. sie leistete sich kein weisses Brautkleid, sondern trug ihr schwarzes Feiertagskleid. Myrtenkranz und Blumenbouquet kennzeichnen den Anlass. Emma Müller-Schatzmann führte das Lebensmittel-Lädeli an der Holzgasse 18, in ihrem Elternhaus. Eig. M. Burri-Widmer.

Hochzeit Marie Widmer und Hans Meyer, 1926. Foto Hch. Rundstein, Brugg. Eig. M. Ishteiwy. M. Meyer-Widmer starb im April 1931 nach der Geburt des zweiten Kindes. Der Witwer erwartete danach ebenso wie die ganze Familie, dass die jüngere Schwester, Emma (Meyer-)Widmer, die Nachfolge antreten werde. Das «Nachrücken» einer ledigen Verwandten nach dem Tod einer Ehefrau und Mutter galt als üblich.

Doppelhochzeit Anna Büchi und Gotthold Schaffner sowie Hedi Büchi und Hans Schaffner, 1943. Doppelhochzeiten zwischen Geschwisterpaaren waren relativ häufig. Eig. H. Schaffner-Haudenschild.

Hochzeit Verena Haudenschild und Hans Schaffner, 1970. Die Ausstattung der Braut ist revolutionär, berücksichtigt aber immer noch die Tradition des Blumenbouquets. Eig. H. Schaffner-Haudenschild.

Hochzeit Cornelia Herrmann und Stefan Siegfried, 1998. Eine freie Kombination ausgesuchter modischer Stilelemente des 20. Jahrhunderts kennzeichnet die neunziger Jahre. Eig. Herrmann-Siegfried.

Hausen: Geschichte und Ereignisse im Dorf

Von Ortsbürgern, Ein-, Aus- und Hintersassen

Auch Namen ändern sich – Hausemer Bürgernamen – Von Ein- und Ausbürgerungen – Der «Fall Widmer» – Das Einzugsgeld – Verwilligungsbrief von 1676 – Das Bürgerregister I – Auswanderer – Die Lebensgeschichte des Johann Jakob Schatzmann – Die Zu- und Beinamen.

Es ist ein eitles Bemühen, die Namen der Bewohner zur Zeit der erstmaligen Erwähnung der Gemeinde eruieren zu wollen. Erst im 15. Jahrhundert tritt eine beachtliche Anzahl auf, deren Niederlassung jedoch von unbestimmter Dauer ist und an deren Stelle in späteren Zeiten Vorfahren der zum Teil heute noch bestehenden Ortsbürgergeschlechter getreten sind. Auch darf nicht vergessen werden, dass früher die Namen viel leichter wechselten. Bis ins 16. Jahrhundert lässt sich nachweisen, dass einzelne Geschlechter während mehrerer Generationen gleichzeitig zwei oder drei Bezeichnungen trugen, bis sich dann eine durchsetzte. Am Beispiel der «Dahli» sei dies erleuchtet:
Das heute in Hausen nur noch indirekt vorkommende Geschlecht der *Dahli* (Dahlirain – Dahlihaus) hatte im Laufe der Zeit vielfache Änderungen erfahren: Er entstand ursprünglich aus dem Namen *Thalheim*. Urkundlich begegnen wir ihm von 1485 bis 1614. War es damals noch ein «Hanns Thale», finden wir im Taufregister der Kirche Windisch 1590 einen «Junghanns Dalheim» und 1646 einen «Hanns Heinrich Dalin» eingetragen. Zu ihnen stossen ein «Hanns Dalli» und ein «Jochum Tali». Während wir im Bürgerregister I der Gemeinde Hausen 1833 noch 43 «Dahli» finden, ist das Geschlecht heute in Hausen ausgestorben.[60]
In der Folge wollen wir uns in erster Linie auf die Geschlechter beschränken, die im Jahr 1800 in der Gemeinde vorkamen und heute noch im Heimatort ansässig sind.[61]

Hartmann, Meier, Meyer, Rohr, Schaffner, Schatzmann und Widmer

In einem Lehensbrief von 1313 machen wir erstmals Bekanntschaft mit einem Peter dem *Meyer* von Husen, der von Dekan Walther in Windisch den «Hof zu Husen» zu Lehen erhielt. Als Zeuge wird ein Ru. Meyer genannt. «Meier» waren grundsätzlich Vorsteher von Gutsuntertanen oder Verwalter eines Landgutes. Im Urbar von 1614 wird ein Jochum Meyer

erwähnt, der, im Vergleich zu andern, jährlich am meisten abzuliefern hatte. Ob er besonders begütert gewesen war oder eine besondere Stellung einnahm, ist allerdings nicht herauszufinden.
Das Kloster-Urbar nennt 1566 einen Rudolf *Rohr* und 1609 einen Uli Rohr als Schuldner der Kirche Windisch. Das sind jedoch nicht die ältesten Nennungen. Samuel Koprio in Windisch stellt in seiner Schrift[31] 1911 fest, dass die dortigen Rohr aus Hausen stammen und dass das Geschlecht schon 1535 bestand.

Im Bodenzins-Urbar von Königsfelden wird 1614 ein Martin *Schatzmann* in Hausen genannt. Auch dieser Name war schon lange vorher bekannt. Die Schatzmann sind nicht nur in Hausen, sondern auch in Windisch eingebürgert und dort ebenfalls schon 1535 genannt.

Im Zusammenhang mit solcher «Doppel-Bürgerschaft» sei noch kurz von einem langwierigen Streitfall berichtet, der die Familie Schatzmann in Windisch betraf, die zugleich in Hausen eingebürgert war: Er wurde 1717 dadurch beigelegt, dass vier Männer dieses Geschlechts, die in Hausen wohnten, freiwillig auf ihre Ansprüche auf das Windischer Bürgerrecht verzichteten, um dadurch ihrem Bruder und Vetter, dem Sigristen Schatzmann zu Windisch, und dessen zwei Söhnen dasselbe zu sichern.[8] ... Heute würde man von «Kontingentierung» sprechen, aber ... diese *Ausburgerungen* waren kein Einzelfall. Im 18. Jahrhundert setzte sich nämlich das Prinzip durch, dass der Heimatort für arme, in Not geratene Mitbürger zu sorgen hatte. Man befürchtete deshalb, dass sich bei Wirtschaftskrisen vermehrt verarmte Nachkommen auswärtiger Bürger im Heimatort einfänden. So waren die Gemeinden oft froh, wenn sie auswärts wohnende Bürger «abgeben» konnten. Eine ähnliche restriktive Politik ist schon früh auch bei den *Einbürgerungen* zu beobachten. Eines der bewährten Mittel war deren Erschwerung durch das Erhöhen der «Aufnahmegebühr». (Der später wiedergegebene *Verwilligungs-Brieff* sei ein Beispiel dafür.) Hochwillkommen dagegen waren Leute, die ein bisher im Dorf nicht vorhandenes Handwerk ausübten. Für Hausen dürfte das bei den *Widmers* der Fall gewesen sein. Für das ganze Eigenamt aber waren dies namentlich die *Strumpfwirker* (auch Strumpfweber genannt), die zu Beginn des 18. Jahrhunderts als Folge der Hugenottenverfolgung von Frankreich in die Schweiz flüchteten (siehe Kapitel «Handwerker»).

Im Urbar von 1614 taucht zum erstenmal der Name *Schaffner* auf. Ursprünglich eine Berufsbezeichnung – ein «Schaffner» war Verwalter von religiösen Stiftungen, d. h. Klöstern und deren Besitztümern –, ist der Name noch heute ausser in Hausen in verschiedenen Gemeinden des Kantons verbreitet. Laut Urkundenbuch der Stadt Brugg ist 1643 ein Peter *Hartmann* als Anstösser an eine zwei Mannwerk messende, an der Holzgasse gelegene Matte, genannt Wyssmatte, aufgeführt.[5]

Wenden wir uns nun den *Widmer* zu, die im Bürgerregister immerhin mit stolzen 228 Personen vertreten waren:

Im alten Bern, wie zum Teil heute noch, war es auf dem Land der Brauch, dass nicht der älteste Sohn den Hof erbte, sondern der jüngste. Dies hatte zur Folge, dass sich die älteren Geschwister rechtzeitig nach etwas anderem umsehen mussten. Nach den Schrecken des Dreissigjährigen Krieges und den Seuchenzügen der Pest, die Zigtausende von Opfern forderten, kam es, wohl als Gegenreaktion, zu einer eigentlichen «Bevölkerungsexplosion». Dies wiederum zog im ausgehenden 17. und zu Beginn des 18. Jahrhunderts eine Migrationswelle vom Oberaargau in die Untertanenländer Waadt und Unteraargau nach sich. Einer dieser Auswanderer war ein *Caspar Widmer* aus Heimiswil. Er stammte aus der dort schon 1426 erwähnten, alteingesessenen Widmer-Sippe. Bereits sein Vater, Heinrich Widmer, verliess nach emmentalischem Brauch den Hof, um diesen seinem jüngeren Bruder zu überlassen. Heinrichs Sohn, Caspar, zog seinerseits aus und erlernte das Rotgerberhandwerk bei Jacob Frider in Herzogenbuchsee. 1668 heiratete er die Meisterstochter Salome Frider. 1690 erwarb Caspar ein Heimwesen in Safenwil, wohin er alsbald mit seiner Familie hinzog. Zwischen 1691 und 1697 entwickelte er dort eine rege Handelstätigkeit. Dreimal kaufte er Grundstücke, dreimal verkaufte er solche. Im Juni 1698 tauschte er seine Güter in Safenwil gegen einen Hof in Hausen. In Hausen erwarb Caspar Ende 1701 für zehn Gulden das *Recht zum Gerbersatz zum Gebrauch des Rotgerber* (= Lohgerber, siehe Kapitel «Handwerker») *Handwerks* von Hans Jacob Stäbli in Brugg, *welches dessen Schwager Hans Felix Pfister, gewesner Wirt im Fahr Windisch, zuvor von Wolfgang Rychner zu Windisch erkauft hatte.*[42] (Wegen dieses «Gerberrechts» kam es viele Jahre später zu einem Prozess zwischen den Gemeinden Windisch und Hausen, der in Bern zugunsten von Hausen endete.)

Wenige Wochen später übermachte Caspar Widmer seinen Hof und Bauerngwerb zu Hausen, samt dem Pintenschenk-Recht, seinen Söhnen

Joseph, Caspar und Joggli. Alle drei heirateten bald in der neuen Heimat und wurden mit ihren Familien ins Bürgerrecht aufgenommen wie aus dem folgenden Gmeind-Beschluss zu ersehen ist:[60]

1709 *Den 2ten January: Ins Bürgerrecht der Gemeinde aufgenommen die bisherigen Hintersässen zu Husen, Josef, Kaspar und Joggi Widmer, Gebrüderen, samt dreyer Söhne, nämlich Josefs Sohn Kaspar, Kaspars Sohn Peter und Joggis Sohn Heinrich mit dem Vorbehalt, wenn einer von diesen dreyen Widmeren ihr Haus und Grund an äussere verkaufen würden, sie ihres Bürgerrechts von Husen verlustig sein sollen.*

Es macht fast den Anschein, als ob die Geschäftstüchtigkeit von Caspar Widmer – namentlich im sog. «Liegenschaftsverkehr» – in Hausen bekannt gewesen war, sonst hätte man wohl kaum das Verkaufsverbot hinzugefügt. Zur gleichen Familie finden wir später noch eine andere Eintragung:

1740 *Den 19. January: Erschienen express in der Hofschreiberey Königsfelden der Chorrichter Lienhard Hartmann der Dorfvogt und Hans Rauber der Chorrichter im Namen und als Ausgeschossne ihrer Dorfschaft mit dem Begehren, weil an letzter Neujahrsgemeind der junge etwa 21 jährige Caspar Widmer, ein Sohn des alten Caspar Widmer, so den 2ten January, 1709 zu gedeutem Hausen für sich und seine Nachkommen zu einem Bürger aufgenommen worden als ein seither erborener Sohn, im sothanen Bürgerrecht, ohngeachtet etwelch gewalteter Difficultur wegen von seinem Vater verkauften Güeteren* (die anlässlich der Einbürgerung gehegten Befürchtungen scheinen eingetroffen zu sein), *frischer Dinge bestätigt worden. Dass hirmit diese Bestätigung und Einpassung ins Bürgerrecht, auch in dero Dorfbuch zur künftigen Nachricht einverleibt werden möchte. – Wie dann erwähnte Vorgesetzte für sich und ihre Gemeind hirmit declariert, dass dieser junge noch ledige Caspar Widmer zu allen Zeiten für sich und seine Nachkommen als ein rechter Bürger im Dorf Hausen zu völligen bürgerlichen Genuss und Beschwerd bestätigt, unwiderruflich dafür gehalten, auch von Jedermänniglich als ein solcher erkennt sey und bleiben soll.*

Rodt, Hofschreiber zu Königsfelden

Natürlich hatten diese Einbürgerungen auch eine finanzielle Seite. Deshalb sei hier wortgetreu das Bittgesuch an die Berner Regierung «betreffend Erhöhung des Einkaufsgeldes für Neubürger» wiedergegeben:

Verwilligungs-Brieff
der Gmeind Haussen
das Einzugs-Gelt betreffend.

Ich Johann Bernhard von Muralt, dess grossen Raths lobl. Statt Bärn, diser Zeit Hoofmeister zu Königsfelden, und Ober Vogt im Ambt Eigen urkunden offentlich mit diserem Brief Demnach die Gemeind zu Haussen meine Ambtangehörige, mir durch ihre Ausgeschossne (Ausgewählten) *gebührend fürgebracht, wie das wegen des geringen Einzugs-Gelts, da bisshero Einer allwegen nur Fünf Gulden, halb zu Handen der hochen Oberkeit, und halb der Gemeind Handen erlegen müssen, Viel sich gelüsten lassen, Haus und Güeter in allzu hochem Preiss zu erhandlen, und sich bey ihnen niederzusetzen, dadurch mancher Ingebohrner Gemeinds-Genoss aus Mangel an Mittlen, nicht zu einem solchen theuren Kauf gelangen mögen, und also die Gemeind selbsten, durch solche frömde Personen, und die Vermehrung ihrer Bürgeren beschwärt worden.* (Protektionismus ist keine «Erfindung» unseres Jahrhunderts!) *Zu Abhaltung nun desselben, Ich ihnen behülflich seyn wolte, dass sie ihr Einzugs-Gelt nach der Form und Exempel bereits anderer Gemeinde in diesem Ambt Eygen auf Fünfzig Gulden, halb zu Handen der hochen Oberkeit, und halb zu der Gemeind Handen steigeren und forderen möchtind, angelegentlich mich ersucht und gebetten. Als ich nun dero Anligen und Bitt, an die Hochgeachteten, Woledelgebornen, Gestrengen, Ehren- und Not Vesten, fürnehm, fürsichtig, wolweise Herrn, Herren Schultheissen und Rath wolvermelten Statt Bärn, meiner Gnädigen Herren und Oberen, gelangen lassen; Ist laut dero Erkanntniss und Schreiben den 3ten Aprillis Ao. 1676 an mich abgangen, darüber volgende gnädige Concession und Willfahr ervolget. Dass Nämlichen ihnen von Haussen inskünftig zugelassen seyn solle, von Niemanden, als von den Ihrnigen allein, so bey ihnen Häuser und Güeter erkaufen, ertauschen, oder erworben wurdend, für den Einzug Fünfzig Gulden, halb zu Ihro der hochen Oberkeit, und halb zu Ihro der Gemeind Handen, ze fordern haben. Der Meinung jedoch dass sie die Gemeind, solche Gemeinds-Genossen, und neu-angenommene Bürger, wann diselbigen, oder die Ihrigen, zu Vogt und Mangel kommen thätend, ohne der hochen Oberkeit, und dero Kloster Königsfelden einichen Ersten zu erhalten, und die Jenigen, so als Hintersässen bei ihnen wohnen woltend, abzeweisen schuldig und verbunden seyn sollind. – Welcher gnädigen Willfahr die von Haussen meine Ambts-Angehörige (so dieselb mit untertänigem Dank aufgenommen).*
Gegenwärtiger Verwilligungs-Brieff von mir begehrt, den ich ihnen mit meinem angehenckten Secret-Insigel, Urkundlich verwahret, mitgetheilt habe.

Den zechenden Tag Avrellen, des Sechszehn Hundert Sechs- und siebenzigsten Jahr (1676).

Dass die «Hohe Obrigkeit» von der Erhöhung des Einzuggeldes ebenso profitiert ist klar!
Sozusagen als Anhang sei hier noch von drei Einbürgerungen die Rede, die die finanzielle Seite etwas erhellen, wenn es sich auch nicht um typische Hausemer Geschlechter handelt:

1727 d.18. January ist Hans Rauber, sonst von Windisch, so sich allda eingeweibet, für sich und seine Nachkommen zum achtbaren Bürger aufgenommen worden. Einzugsgeld 100 Gulden.

1728 d.2. January ist Jakob Müller der Schulmeister von Husen, so sich schon seit langer Zeit zu Husen als Hintersäss aufgehalten und sich allda eingeweibet, vor der versammelten Gemeinde zum Bürger für ihn und seinen Sohn Johannes und ihre Nachkommen angenommen worden. Einkaufsgeld laut obrigkeitlicher Concession vom 13. Februar 1711: Für sich 100 Gulden, für den Sohn 50 Gulden, wovon 75 Gulden zu Handen der Obrigkeit und 75 Gulden zu Handen der Gemeinde.

1816 Joh. Friedrich Riniker, Rössliwirth, Bürger auf Habsburg und Schinznacht, kaufte sich in der Gemeinde Hausen als Bürger ein und bezahlte zuhanden dem Armengut Franken 275.–.

Das Bürgerregister I der Gemeinde Hausen hat (begonnen 1819) von 1821 bis 1833 die Zahl der Ortsbürger und deren Namen aufgeführt:

	1821	*1827*	*1833*
Bossert*	16	14	13
Dahli*	46	50	43
Frey*	2	1	1
Hartmann	24	24	21
Imhof*	11	11	10
Meyer	48	48	49
Müller	7	7	5
Rohr	42	43	41
Riniker*	7	6	9

	1821	1827	1833
Schaffner	107	114	126
Schatzmann	90	106	112
Widmer	179	204	228
Total Bürger	579	628	658

(Die mit einem * versehenen Namen sind inzwischen in Hausen «ausgestorben».)

Bei diesen Zahlen sind die auswärts wohnenden Bürger mitgezählt, was ab 1920 nicht mehr der Fall war.
Im oben erwähnten Bürgerbuch, 1819 begonnen und während Jahrzehnten nachgeführt, wurden in einem speziellen Abschnitt auch die auswärts wohnenden Bürger aufgelistet. Eine detaillierte Auflistung würde den Rahmen dieser Chronik eindeutig sprengen, doch dürfte eine globale Erwähnung von Interesse sein, *wohin* diese Familien gezogen sind:
Natürlich einmal in die Nachbargemeinden. Querverbindungen ergeben sich weiter mit Strengelbach und Brittnau, wo Ende des 17. Jahrhunderts auch verschiedene Widmer-Familien aus dem Bernbiet zugezogen waren, also bereits verwandtschaftliche Verbindungen bestanden. In Mühlhausen (Elsass) befindet sich um 1820 beinahe eine kleine «Hausemer Kolonie» mit sechs Familien. Andere zog es weiter westwärts nach Bern, Yverdon und Nyon. Am weitesten dürfte es sicher Johann Jakob Schatzmann gebracht haben, dessen Lebensgeschichte hier eingeblendet werden soll:

Die Lebensgeschichte des Johann Jakob Schatzmann von Hausen
Zu den Männern, welche, vom frischen Wagemut der Jugend beseelt, früh die Vatererde verlassen und in der Ferne den Preis mannigfaltiger, angestrengter Arbeit gefunden, ohne doch irgendwo neue Wurzeln schlagen zu können oder zu wollen, gehört der am 21. Dezember 1896 bei Tunis auf seinem Besitztum Mornag im Alter von 72 Jahren verstorbene Johann Jakob Schatzmann.

Mit diesen etwas pathetischen Worten beginnt der in den «Brugger Neujahrsblättern 1899» erschienene Nekrolog.[29] Nun, wer war dieser Johann Jakob Schatzmann (er schrieb sich übrigens später ohne «t»), der am 17. Januar 1822 als zweiter Sohn in Hausen geboren und auf die Vornamen seines Vaters getauft wurde. Dieser, *von welchem er die hohe Mannesgestalt und den durchdringenden Weltverstand als Angebinde bekommen,* schien schon bald zu merken, dass sein jüngerer Sohn besondere Begabungen zu haben schien und namentlich auch kein Sitzleder hatte. Nach der Primarschule in Hausen schickte er ihn an die neugegründete Bezirksschule in Brugg. Einem Aufenthalt in einem Institut in Yverdon, um eine zweite Sprache zu lernen – wahrlich keine Selbstverständlichkeit für einen Dorfbuben –, folgte eine kaufmännische Lehrzeit beim «Spinnerkönig» Heinrich Kunz in Windisch und Uster. Länger als nötig hielt er es hier nicht aus. In Genf arbeitete er sechs Jahre in einer Seidenhandlung, dann noch ein Jahr als Bankbeamter in Marseille. 1848 beschloss er, sich zusammen mit seinem Aarauer Freund Gottlieb Hagnauer nach Südamerika einzuschiffen. Die erste Station, Rio de Janeiro, entsprach nicht ihren Erwartungen. Ihr Ziel war Chile, das 1844 ein von Spanien unabhängiger Freistaat geworden war und das durch seine eben geschlossenen Handelsverträge mit mehreren europäischen Staaten für Kaufleute sehr interessant zu sein schien. Die Fahrt um das Kap Horn hätte beinahe fatale Folgen gehabt. Der Segler erlitt Schiffbruch. *Ein glückliches Geschick brachte sie, der Meerflut und dem drohenden Hungertod entronnen, nach Valparaiso.* Hier baute er sich ab 1849 eine Existenz auf. Er wurde Geschäftsführer und Teilhaber der chilenischen Filiale des französischen Exporthauses Levasseur & Antony und amtete als Schweizer Konsul. 1857–1859 begleitete er Johann Jakob von Tschudi, den späteren schweizerischen Gesandten am Wiener Hof, auf seinen südamerikanischen Forschungsreisen: *Was er da auf seinen kühnen gefahrvollen Bergbesteigungen beobachtet und gesehen, haben seiner Zeit die Petermann'schen Mitteilungen als Erweiterungen der bisherigen geographischen Erkenntnis den Fachleuten dargelegt, so die Tatsache, dass dort oben im Reiche Vulkans auch mehrfache Gletscher anzutreffen sind. Eine andere Fahrt unternahm er in die Landschaft des durch seine Heldenkämpfe gegen Spanien in Geschichte und Dichtung berühmten Indianerstammes der Araukaner… So weit war bisher kein weisser Mann in dieses gefährliche Gebiet vorgedrungen. Wer hätte geahnt, dass der Brugger Bezirksschüler mit seinem entschiedenen Widerwillen gegen jedweden Lehrstoff, dem keine sofort ersichtliche Verwertung abzumerken war, in der Folge als Kaufmann noch Liebhaber und Sammler werde von allerlei natur- und kulturhistorischen Gegenständen.*[29]

So baute er sich im Laufe der Jahre nicht nur eine namhafte natur- und kulturhistorische Sammlung auf, sondern auch *mehrere schweizerische Museen verdanken ihm peruanische Mumien, ausgestopfte Flamingos und Krokodile und chilenische Löwen.*

1862 kehrte er in seine Heimat zurück. Dort verlobte er sich mit der um zwanzig Jahre jüngeren Mathilde Keller aus Hottwil, Tochter des ehemaligen Brugger Bezirksammanns, und liess sich mit ihr am 9. Oktober 1862 von seinem Schicksalsgenossen und Amtsnachfolger Konsul Hagnauer trauen. Einige Jahre später kehrte er wieder nach Brugg zurück und liess sich dort einbürgern. Lassen wir wieder den Nekrologisten sprechen: *Man wusste die geselligen Tugenden des Mannes bald zu würdigen, wie nicht minder seine gemeinnützigen Bestrebungen, die z. B. ihn veranlassten, mit zwei Freunden eine Alterskasse für unverheiratete Ortsbürgerinnen zu stiften. Seine Popularität in weiteren Kreisen schrieb sich daher, dass er es liebte, unbemittelten Jünglingen durch Rat und Tat eine ihren Talenten entsprechende Laufbahn zu eröffnen. Mancher, der heute behaglicher Lebensverhältnisse sich erfreut, ist ihm noch im stillen erkenntlich. Wie er im Heimatdorfe Hausen einmal, wo eben Schiff und Geschirr seines ehemaligen Schullehrers unter den Hammer kommen sollte, als Käufer dazwischengetreten und die Habe dem erstaunten Alten mit den Worten wieder anheimstellte: «Bei Euch habe ich rechnen gelernt, ich schulde Euch mehr als das!» hat man als einen vereinzelten Zug, der den Mann charakterisierte, später in den Zeitungsblättern lesen können.*

Es erstaunt wohl kaum, dass es diesen unsteten Mann nicht lange in Brugg hielt. Noch vor Ablauf der sechziger Jahre übersiedelte er nach Genf, wo er sich auf dem prächtig gelegenen Landgut «Grande Boissière» niederliess. Sein ältester Sohn, Emile, entschied sich, in die Landwirtschaft einzusteigen, zwar, wie könnte es bei einer solchen Familie anders sein, nicht hier, sondern im inzwischen französisch gewordenen Tunesien, wo er sich mit Meliorationen und der Einführung des Rebbaus beschäftigte. Aber der Tod durchkreuzte die Pläne des Sohnes, so dass der Vater einspringen musste. Er reiste nach Tunis auf sein Landgut Mornag, während die anderen Glieder der Familie noch in Genf blieben. Gegen Ende des Jahres 1896 ergriff ihn eine heimtückische Krankheit, der er am 21. Dezember 1896 erlag. *An der afrikanischen Küste haben sie ihm das Bett zur ewigen Ruhe gegraben.*

Waren es zu jener Zeit eher einzelne, die auszogen, so folgten in späteren Jahren, ob freiwillig oder existenzbedingt sei hier offen gelassen, immer mehr dem Ruf in die Ferne. So konnte es denn eben vorkommen, dass 1924 die Verwandten hier im Dorf eine Ansichtskarte von ihrem Onkel bekamen mit der Nachricht, er sei gut «zu Hause angekommen» ... in der Nähe von New York.

Marie und Fritz Schatzmann-Schatzmann, genannt Messerschmieds. Marie Schatzmann (1893–1978) trug ausnahmslos die Tracht, hier die schwarze Trauertracht. Fritz Schatzmann (1893–1969) blieb lebenslang gezeichnet von den Folgen seines schweren Autounfalls 1947. Foto um 1960, L. Berner.

Bei den Volkszählungen von 1888 bis 1910 wurden die auswärts wohnenden Ortsbürger speziell erfasst. Dies gibt für Hausen folgendes Bild:

Jahr:	*In der Gemeinde:*	*Im Kanton:*	*Ausserhalb:*	*Total:*
1888	361	200	172	733
1900	366	199	256	821
1910	383	274	246	851
1998	93 etwa	800		

Hieraus ist ersichtlich, dass bereits 1888 gut die Hälfte der Ortsbürger (50,7 Prozent) ausserhalb des Dorfes wohnten. Diese Zahl erhöhte sich ständig, waren es doch 1910 bereits 61,1 Prozent.
Mit der zunehmenden Industrialisierung hat sich die Bevölkerung des Dorfes stark vermischt, in deren Folge die «Einsassen» (d. h. Einwohner ohne Ortsbürgerrecht) die überwiegende Mehrzahl bilden:

Jahr:	*Total Einwohner:*	*Davon Ortsbürger:*	*In Prozenten:*
1888	489	361	73,8
1900	540	366	67,7
1910	595	383	64,6
1930	665	292	43,9
1950	826	212	25,6
1998	2497	93	3,7

Parallel zu dieser Entwicklung geht auch die Tendenz, dass die sog. *Ortsbürgergemeinde* immer mehr an Bedeutung verliert. So kann sich oft deren Versammlung auf das Traktandum konzentrieren, wie man den sog. Bürgernutzen, der aus dem «ortsbürgereigenen» Wald gezogen werden kann, verwenden soll, sofern nicht noch gar rote Zahlen vorhanden sind, wenn der Aufwand in der Waldbearbeitung grösser wird als der sich aus dem Holzverkauf ergebende Erlös. Doch darf mit Genugtuung festgestellt werden, dass die Hausemer Ortsbürger sehr aktiv am Gemeindeleben teilnehmen.

Beinahe ein Kapitel für sich: *die Zu- und Beinamen*
Beschränken sich die Geschlechtsnamen der Ortsbürger auf eine relativ geringe Zahl, wie dies in Hausen der Fall ist, so lässt sich nicht vermeiden, dass es oft Einwohner gibt, die den gleichen Vor- und Zunamen tragen. Dies um so mehr, da man früher mit der Namengebung recht haushälterisch umging und das Benützen von sog. Modenamen unbekannt war. Um die einzelnen trotzdem voneinander unterscheiden zu können, wurden die Bei- und Zunamen geradehin zur Tradition. Diese konnten sich auf den Beruf, den Ort, auf eine spezielle Eigenart des Entsprechenden oder ganz einfach auf den Vornamen eines Vorfahren beziehen. Mögen auch viele Namen heute nicht mehr gebräuchlich sein, so sei trotzdem hier eine gewisse Auflistung gewagt. Dabei soll zum vornherein festgehalten werden, dass es mit der Vollständigkeit eher hapert. Auch beschränkt sich die Liste auf im 20. Jahrhundert gebrauchte Namen. Auf eine Interpretation jeglicher Art wird bewusst verzichtet.

Schaffner:
Ammeschnyder Fritz
Bahnwächter Miggi
Chüferjokebe Dölfi
Chuti Walti
Drü-Lüter Willi
Geissbockhalter
Gotthöldis
Hafe Ernst
Kanzlist (Herodes)
Kudel Kari
Lehrgotte Oski
Murerheiri Hermi
Muskel Kari
Polka Jokeb
Satans Köbi
Spunte Fritz
Wächter Häusi

Widmer:
Beck Sämi
Beigel Traugott
Boxer William
Chäp Fritz
Förster Max
Gmeischriber Gusti
Hüener Anni
Isemiggel
Joggi Fredi
Metzger Köbi
Rehlivater
Sepp Hans (Tannhübler)
Süessmättler Heiri
Villeicht Fritz
Wagner Fritz

Rohr:
Baumeister Köbi
Chüjer Kari
Gärtner Heiri
Gmüesmädi
Poppeli Fritz
Postilione Ruedi
Salzrohre
Schnyder Rohr
Vorstande
Wägchnächt Fritz
Weltmeister

Schatzmann:
Archebauer Kari
Chli Schnyder
Konsümler
Lienihäusi Fritz
Messerschmied
Rössli Hänsel

Meyer:
Egloff Sämi
Falkenstei
s Grosse
Heini Hans
Pariseri
Störchene

Hartmann:
Filax
Geixi Liseli
Musers

Hausen und sein Grundwasser – eine Schicksalsgemeinschaft

Woher stammt unser Grundwasser? – Die beiden römischen Wasserleitungen – Expertisen – Die erste Wasserversorgung 1898 – Hausens Wasserversorgung bereitet Sorgen – Abwasserentsorgung

... Zum Reussgebiet gehört das Grundwasserbecken des Birrfelds. Dieses schönste und grösste Feld des Aargaus zwischen den Endmoränen des Reussgletschers, den Juraausläufern des Kestenbergs, Wülpelsbergs und Eitenbergs besitzt keine oberirdischen Wasserläufe. Das Regenwasser versickert und speist Grundwasserströme, die nach Norden und Osten abfliessen, so durch das Tälchen von Hausen, das während der Eiszeit von Aare und Reuss ausgespült worden ist... Die für das Birrfeld jährlich über zehn Millionen Kubikmeter betragende Regenmenge speist die Grundwasserströme von Hausen und Mülligen. Der Bach von Hausen führt nur wenig Oberflächenwasser, das von den lehmigen Hängen von Lupfig und Scherz stammt ... Birrfeldgrundwasser wurde schon von den Römern nach Vindonissa geleitet...[20]

Soweit die Meinung des Fachmanns um 1930. Bevor jedoch auf die Ausnützung dieses Grundwassers durch den Menschen eingegangen werden soll, muss noch von neuen Erkenntnissen, die im Zusammenhang mit der Grundwasserverschmutzung durch die Reichhold-Chemie – von ihr wird später die Rede sein – erworben worden waren, gesprochen werden: Durch Bohrungen wurde festgestellt, dass am Südrand des RCH-Areals eine «Grundwasserbarriere» bestand:[26]... *Die Barriere muss heute als eine relativ schlecht durchlässige Grenzzone zwischen den homogenen Schotterablagerungen des nördlichen Birrfeldes und des weniger regelmässig, dafür aber tiefer hinabreichenden, oft sandreichen Kieses des südlichen Hausenertälchens betrachtet werden. Es handelt sich also um eine geologische Grenze zwischen zwei verschiedenen Kieskomplexen ... durch welche im Gegensatz zu früheren Darstellungen praktisch kein Grundwasser gegen das Aaretal hin abfliesst.*

Natürlich steigt sofort die Frage auf: Woher stammt denn unser Grundwasser, wenn es nicht vom Birrfeld her zu uns fliesst? – Nun, das ganze Hausertäli liegt auf einer wasserundurchlässigen Lehmschicht, die sich vom Wülpelsberg zum Rothübel zieht und von einer Geröllschicht überlagert wird. Sie stammt aus der Risseiszeit (der zweitletzten Eiszeit vor etwa 200 000 Jahren), wo die Gletscher bis in unser Gebiet reichten. Die Erhebung beim Tannhübel ist nichts anderes als ein Überbleibsel einer

Endmoräne des Reussgletschers. Das Tal selber ist durch diese Lehmschicht, die von der damaligen, sich unter dem Gletschereis gebildeten Grundmoräne stammt, nach unten isoliert.[75] Durch die darüberliegende Geröllschicht fliesst und sickert von den Hängen des Wülpelsberg von Westen und Eitenberg/Rothübels von Osten Wasser, das sich hier sammelt. Der beste Beweis hierfür war wohl der Wassereinbruch, der bei Kanalisationsarbeiten am Liseliweg in den achtziger Jahren erfolgte, der die Gräben überschwemmte und dessen man nur mit dem Einsatz zweier kräftiger Pumpen Herr werden konnte. Mit dieser «Quelle» hätte man den Wasserbedarf der Gemeinde Hausen zu einem schönen Teil decken können! Ähnliche Probleme ergaben sich auch beim Bau des Südbahneinschnittes und, in neuerer Zeit, bei dessen Erweiterung zu Doppelspur und Umfahrungsstrasse. Immer wieder machte sich der Wasserdruck, diesmal vom Wülpelsberg her, bemerkbar, und es mussten entsprechende Vorkehrungen getroffen werden, um das Wasser abzuleiten und den Hang zu «isolieren».

Dass aber dieser Wasserreichtum auch seine positiven Seiten haben konnte, wurde schon recht früh ausgenützt. Schon die alten Römer...

Wie weit das Süssbachtal zur Römerzeit bewohnt worden war, weiss man nicht genau. Wohl sind einige Gebäudefundamente entdeckt worden, die auf eine «grössere Überbauung» schliessen lassen, aber Genaueres ist bis heute nicht bekannt, trotz aller Bemühungen. Was dagegen eindeutig ist, bleibt die Tatsache, dass das Grundwasser von den Römern genutzt wurde, ja es war sogar so etwas wie der «Lebensquell» des Legionslagers Vindonissa. Hier sei deshalb die Rede von *den beiden römischen Wasserleitungen zum Legionslager Vindonissa.*[43/44]

Man weiss von zwei verschiedenen Leitungen, die zum Legionslager Vindonissa führen. Sie verlaufen über längere Strecken nahe nebeneinander und werden gerade deshalb häufig miteinander verwechselt:

Von der «älteren», sog. toten Wasserleitung existieren zwar noch eindrückliche Reste, doch ist deren Verlauf heute noch nicht gänzlich bekannt. Auch kennt man den Anfang nicht. Er muss mindestens hundert Meter südwestlich der Reichhold Chemie liegen. Die Kanalsohle liegt aber so hoch – die Talmulde des Süssbaches wurde mit einem oberirdischen Aquaedukt überquert –, dass für die Wasserfassung das Birrfelder Grundwasser nicht in Frage kommen kann. Die Unkenntnis über die Quelle dieser älteren Leitung führte in verschiedenen früheren Berichten zu der irrtümlichen Annahme, die römische Wasserleitung habe ihren Ursprung in Brunegg (1626 H. Bullinger, siehe unten). F. L. Haller kommt 1773 schon etwas näher:[36] *Prope vicum Hausen est pratum, quod vocant vulgo «den Münzenstahl» ... Hic oritur aqueductus antiquus.* Er sucht die Quelle folglich am Eitenberg. Auch glaubte man immer, dass es sich nur um *eine* Leitung handelte. Erst in den Jahren 1928–1930 erkannte C. Fels diese ältere als eigenständig[43], da ihr Querschnitt im Unterschied zur wasserführenden («jüngeren») Leitung einige eigene charakteristische Merkmale aufweist, auf die einzugehen hier zu weit führen würde.

Wenn man immer von «älterer» und «jüngerer» Leitung spricht, so taucht wohl automatisch die Frage auf: Ja, wann wurden diese Leitungen eigentlich errichtet? C. Fels sagt zwar[36], der ältere Kanal sei nach dem Wegzug der XI. Legion (101 n. Chr.) vernachlässigt und der jüngere nach 260 n. Chr. durch neu einrückende Truppen errichtet worden. Dies bleibt aber nichts anderes als eine blosse Vermutung, die durch keine «handgreiflichen» Beweise verstärkt werden konnte. Leider sind die Tonröhren, im Gegensatz zu den Ziegeln, wo das oft vorkam, nicht «signiert», so dass man nicht herausfinden kann, welche Legion am Bau beteiligt gewesen war.

Für Hausen ist die zweite, jüngere Wasserleitung wichtiger, fast möchte man sagen «schicksalsbestimmender»: Sie nimmt im heutigen Neuquartier ihren Anfang und führt auf einer Länge von 2400 Meter direkt zum Südwall des Legionslagers. Da es sich um einen Kanal handelt, in dem das Wasser frei fliesst, muss das Leitungstrassee über die ganze Strecke ein stetes Gefälle ohne Gegensteigung aufweisen, eine Aufgabe, deren die Erbauer mit einer Gleichmässigkeit Meister wurden, die alle Achtung verdient (42 Zentimeter auf 100 Meter = 4,2 Promille). Die Speisung der Wasserleitung geschieht nicht durch eine Quelle, sondern durch Aufnahme von Grundwasser in etwa drei Metern Tiefe. Auf einer Länge von rund 590 Metern ist sie durchlässig und nimmt das Wasser im Bereich des Dorfes auf. Die restlichen 1800 Meter sind als reiner Transportkanal ausgebaut. Über die Wassermenge wurden 1930 Messungen gemacht. Man kam dabei auf eine mittlere Wassermenge von 16 bis 18 Sekundenliter (pro Tag also 1382 bis 1555 Kubikmeter, eine Menge, die ein Bassin von 50 Metern Länge, 12,5 Metern Breite und 2,4 Metern Tiefe füllen würde!). Diese Wasserleitung war bis 1897/98 die einzige Fliesswasserversorgung für Oberburg, Königsfelden und sogar Windisch-Unterwindisch. Es lohnt sich deshalb, etwas eingehender auf ihre nachrömische Geschichte einzugehen:[36]

Das um 1440 geschriebene *Chronicon Koenigsfeldense* erzählt die Gründung des Klosters um 1310 und schreibt: *Do man nu buwen solt, do muest man wasser füeren von der Rüse* (Reuss), *das was schwer und hindert an dem buw sere. Do wart brûder Nicolaus von Bischoffzell geoffnet von Gott die statt* (Stelle), *do man wasser solte vinden. Das vand man und ist das wasser, das beyde clöster noch hüt dis tags hant zu ir notdurft.*

Königsfelden wurde von Beginn an als sog. Doppelkloster errichtet. Es beherbergte – auf der einen Seite der Klosterkirche – Franziskaner, auf der andern Klarissinnen, wobei die letzteren «politisch» und «wirtschaftlich» immer die grössere Bedeutung hatten. Der hier erwähnte Bruder Niklaus tritt zusammen mit einem zweiten, Berchtold Strebel von Oftringen, in verschiedenen Erzählungen, Legenden und Sagen rund um das Kloster Königsfelden in Erscheinung. Die beiden Klausner waren, soweit man dies mit Sicherheit feststellen kann, von der Königinwitwe «angestellt» worden, um für ihres Mannes Seele in der an der Mordstelle errichteten Kapelle zu beten, während sie mit ihrer Tochter (Agnes, Königin von Ungarn, war bereits seit 1301 Witwe) «der Blutrache oblag». Die beiden Frauen kehrten zwei Jahre später zurück, um an der Stelle ein Kloster zu gründen. *Gerade als Agnes den Grund ausebnen liess, um den neuen Fronaltar darauf zu setzen, trat Strebel zur Königin und prophezeite ihr, dass dieser Neubau nur solange dauern werde, als die grosse Haselstaude leben werde, die hier an der eingerissenen Zelle stand. Die Staude stand bis ins Jahr 1520* ... d. h. bis kurze Zeit vor der Reformation ... Berchtold Strebel zog sich schmollend ... in die Bruderhöhle am Bruggerberg zurück (sic!), während Bruder Klaus «hilfreich die Römerquelle (wieder)fand» (frei nach E. L. Rochholz: «Schweizersagen aus dem Aargau»). Nur so ganz nebenbei sei doch in Erinnerung gerufen, dass sie zur Zeit der Wiederentdeckung bereits ein stattliches Alter von etwa 900 Jahren aufwies und während all dieser Zeit «in Betrieb» war. Stellen wir uns das einmal bei einer modernen Leitung vor...!
Besonders wichtig für Hausen war die Urkunde, die am 26. September 1363 durch den Kanzler Johans von Gurk zu Brugg im Auftrag von Herzog Rudolf IV. (damaliges Oberhaupt der Habsburger) ausgestellt worden war:

umb den brunnen ze Husen, den die durluchtig hochgeborn furstinne fröw Agnes wilent kungin ze Ungarn unsere hertzen liebe pasel in dem runse der alten tolen, die si gebezzert hat, geleitet hat in ir und unser stift, das closter ze Kungsvelt, daz wir den ursprung desselben brunnen ze Husen mit dem flusse des wazzers, als es ietzunt in den egenanten runs geleitet ist, und ouch denselben runs untz in das closter mit influsse und mit usflusse frilich und lediklich fur ledig eigen gegeben hat (Originalurkunde im Staatsarchiv Aarau, Nr. 323).

Mit dem «runs der alten tole» kann nichts anderes als die römische Wasserleitung gemeint sein. Königin Agnes hatte diese demnach ausbessern lassen. So erhielt folglich das Frauenkloster Quelle und Leitung «vom Ein- bis zum Ausfluss» von Herzog Rudolf IV: «zu eigen», womit das ganze damalige Dorf Hausen in den Einflussbereich, wenn nicht gar Besitz des Klosters Königsfelden gekommen sein dürfte. (Königin Agnes starb kurz darauf, am 11. Juni 1364, im hohen Alter von 84 Jahren.)
Nach der Eroberung des Aargaus durch die Berner nahm, namentlich nach der Reformation und der damit verbundenen Aufhebung des Klosters (1528), der Berner Hofmeister Sitz in Königsfelden, womit auch die Übernahme der Rechte des Klosters verbunden war.
Während seiner Amtszeit (1752–1758) liess der Berner Hofmeister Emanuel Tscharner, gemäss seinem Amtsbericht von 1758, die römische Wasserleitung auf ihrer ganzen Länge von Hausen bis zum Kloster mit grossem Aufwand und viel Sorgfalt ausbessern:[36]

Die grosse Wasserleitung, welche obenher des Dorffs Hausen anfangt und mehr dann eine halbe Stund lang durch einen alten unzweiffelbahr Römischen Aquaeductum unter der Erden biss oben ins Dorff Altenburg (verschrieben für Oberburg) *und von danen durch ville unterjrrdische neuere Leitungen biss ins Closter gehet, auch so weit die alte langet, mit noch gläntzendem Kütt auf dem boden und an den wänden wohl versehen ist, seit unvordenklichen Zeiten aber niemahls durchgangen und geraumet worden, habe ich von jhrem ursprung biss ins Closter durchgehen, die von einer Distanz zur andern darin befindlichen Samler, welche oben mit grossen Blatten bedeckt waren, von obenher eröffnen, reinigen und verschiedenen orthen, alwo die leitung verstopfet ware, die strangen und was sonst den Lauff des Wassers hinderte, mit grosser und Kostbahrer auch gefährlicher arbeit herausthun, einiche verschlagene nebenader eröffnen, und so vill immer geschehen könte, dieses so nutzlich als respectable alterthum erneuern lassen, wobey jedoch das lange ausbleiben dieser arbeit an verschiedenen durch gebrante jrrdene dünkel* (Tonröhren) *darzu gehörigen Leitungen, welche theils durch die besitzere des landes, durch welches Sie gehen, durchbrochen und verderbet worden, auch sonsten undurchtringlich verstopfet sind, unersetzlichen schaden widerfahren; die orth dann, alwo die Samler sind, habe mit grossen marchsteinen zu Könfftiger wegweisung allwegen bezeichnen lassen.*

Tscharner liess also jeden Einstiegsschacht mit einem von 1 bis 25 numerierten Stein (von Windisch in Richtung Hausen) markieren. Davon sind heute in Hausen nur noch fünf vorhanden. Weiter kann man aus dem Bericht entnehmen, dass auch *einige Nebenadern* (= Zuleitungen), errichtet wurden, um den immer grösseren Wasserbedarf zu decken. Inwiefern diese Neben- oder Zuleitungen römischen oder erst späteren Ursprungs sind, kann nicht mit Sicherheit festgestellt werden. Am besten geht man von einem «Sowohl-Als-auch» aus. So stiess man bei den Erdarbeiten zum Meyerschulhaus auf eine mit Sicherheit *römische* Querverbindung, beim Bau der Häuser an der Rosenstrasse auf Tonrohrstücke, die eher aus der «Tscharnerzeit» stammen dürften.

Welche Wichtigkeit diese Leitung in all den Jahrhunderten hatte, geht schon aus der Tatsache hervor, dass sie, wie bereits erwähnt, bis 1897 die einzige Fliesswasserversorgung für den Ort Oberburg, Königsfelden, ja sogar für Windisch-Unterwindisch darstellte. Daneben entwickelte sie sich im 17. Jahrhundert zu einem Kuriosum und zu einer Sehenswürdigkeit, der sich die damaligen Reiseführer annahmen:[36]

H. Bullinger schreibt 1626: *...ein costliche wasserleite wirt noch da* (in Königsfelden) *gesehen, so von Brunegg durch dz Birrfeld ins closter rünnt, frölich überbliben von der alten Stat Windisch...*

Auch J. J. Wagner berichtet im «Mercurius Helveticus» 1701: *Es wird auch noch allhier gesehen ein kostliche und schöne Wasserleitung (Aquaeductus) die von Brugg* (wahrscheinlich Brunegg gemeint) *har / durch das Byrfeld in das Kloster rünnt; dies ist ein überbliben Werk von der uralten Statt Windisch.*

Soweit die römische Wasserleitung, die – das sei zur Ergänzung auch noch erwähnt – mitten im heutigen Hausen beginnend, seit Jahrhunderten unter den Häusern der Hausemer Einwohner durchfliesst, aber nie von ihnen benutzt werden konnte! Das gilt bis heute: Da zur Zeit der Klostergründung die Hoheit über Leitung und Wasser aus der Römerzeit von den Habsburgern geschenkweise an Königin Agnes überging, kamen die Rechte 1415 an die Berner und ab 1803 an den Staat Aargau. Dieser (praktisch gesehen die Kantonsarchäologie) ist also heute für alles Geschehen rund um die Leitung allein zuständig.[83]

Mit der Eröffnung der Heil- und Pflegeanstalt in Königsfelden 1872 stieg der Wasserbedarf sprunghaft an. Dies, sowie die bald darauf begonnenen Arbeiten am Südbahneinschnitt, führte bei den Einwohnern von Hausen zu berechtigten Befürchtungen, dass die eigenen Sodbrunnen darunter zu Schaden kommen könnten. Es wurden deshalb in der Folge einige *Expertisen* erstellt.[60]

1. Im Frühjahr 1871 liess der Staat Aargau beim Dorfe Hausen nach Wasser graben in der Absicht, dasselbe der neuen Irrenanstalt Königsfelden zuzuführen. Da die Wassergrabung in keinem Zusammenhang mit der römischen Wasserleitung stand, sondern ein selbstständiges Unternehmen darstellte, fühlten sich der Gemeindrat Hausen namens der Einwohnergemeinde sowie 6 Sodbrunnenbesitzer in ihren bisherigen Rechten bedroht und stellten unterm 17. April 1871 beim Gerichtspräsidenten Brugg das Gesuch, dieser wolle zur Wassermessung in Hausen 2 Experten bestellen. Zur Begründung führten die Gesuchsteller an, dass der Staat durch die Grabungen in den Besitz von Wasser gelange, das bisher die Soodbrunnen der Gemeinde Hausen gespiesen habe. Alle Impetranten (franz.: impétrant = die «Betroffenen» – frei übersetzt) *stellten eine beträchtliche Abnahme ihrer Wasser fest. Zu Experten ernannte das Gerichtspräsidium unterm 20. April 1871 die Herren Wilhelm Jäger, Baumeister in Brugg, und Gustav Schilplin, Förster in Brugg. Die Sache zog sich in die Länge, weil offenbar mit einer gütlichen Erledigung gerechnet worden war. Auf eine Anfrage des Gerichtspräsidiums Brugg vom 27. Februar 1873 an den Gemeinderat Hausen antwortete dieser mit Bericht vom 2. März 1873: «Obiger Gegenstand ist noch unerledigt.»*

2. Mit Datum vom 29. Juli 1874 ersuchten die aarg. Baudirektion namens des Staates und zwei Private das Gerichtspräsidium Brugg um eine weitere Beweisaufnahme zum ewigen Gedächtnis, weil durch den Aushub des Südbahneinschnittes zwischen Brugg und Hausen der Anstalt Königsfelden und ihnen Wasser entzogen wurde. Schon zuvor, unterm 16. Juni 1874, wurde von Herrn Fürsprech Haller namens des Gemeinderates Hausen und Mitunterzeichnenden ein gleichlautendes Gesuch anhängig gemacht. Dieses trägt die Aufschrift: «Rechtsverwahrung von 29 Sodbrunnenbesitzern im Dorfe Hausen wegen bedrohtem Wasserverlust in Folge des Bahnbaus».
Zu Experten wurden diesmal ernannt: Für die Impetranten die Herren Baumeister Jäger, Vater, in Brugg, und Kreisingenieur Fröhlich in Brugg, und bahnseits Ingenieur Zimmerli in Brugg.

3. Am 21. Juli 1874 hat der Baudirektor des Kantons Aargau beim Gerichtspräsidium Brugg das Gesuch gestellt, dass die ernannten Experten ihre Funktionen auch auf die alte römische Wasserleitung ausdehnen und das darin fliessende Wasser zeitweisen Messungen unterstellen sollten. Unterm 5. Dezember 1874 wurde im Einverständnis des Gemeinderates Hausen an Stelle von Baumeister Jäger dessen Sohn, Wilhelm Jäger, Baumeister, als Experte bestellt.

Der Expertenbericht, datiert vom 1. Februar 1875, lautet eingangs:

In der flachen Thalmulde, die sich von dem Plateau der sogenannten Rüttenen bei Brugg hinter dem Dorfe Hausen durch gegen dem Birrfelde zuzieht, hat die Südbahn einen tiefen Einschnitt auszuführen, und da beabsichtigt war, das auszuhebende Material für den grossen Damm der Bözbergbahn auf dem Altenburger Felde zu verwenden, so wurden die Ausführungen in Angriff genommen.
Die Gemeinde Hausen ist nicht mit laufenden Brunnen versehen, sondern fast jeder Hausbesitzer hat einen Soodbrunnen, der ihm das benötigte Wasser liefert.
Mitten durch das Dorf zieht die sogenannte alte Römerleitung, ein Dohlenwerk, dessen Mauerwerk nicht mehr im besten Zustande ist und deren Wasser der Irrenanstalt Königsfelden und der Gemeinde Windisch zugeführt wird. Der Staat hat ferner oben im Dorfe Hausen eine weitere «neue Quelle» gefasst, welche ebenfalls der Irrenanstalt zufliesst.
Der Staat, sowie 33 Soodbesitzer in Hausen befürchten, dass durch den tiefen Einschnitt der Südbahn, dessen Sohle bedeutend unter den Sohlen der Soode und unter der Quellenfassungen des Staates zu liegen kommt, den Wasserstand dieser Quellen und Soode nicht nur beeinträchtigen, sondern dieselben ganz abgraben könnten. Als dann aber am 22. Dezember (1874) nach anhaltenden und reichlichen atmosphärischen Niederschlägen sämmtliche Quellen und Soode theilweise der frühere, bei den meisten aber ein höherer Wasserstand eintrat, war es klar, dass diese Bewegung keineswegs von dem begonnenen Einschnitt herrührte, sondern dass Einflüsse der Witterung sich geltend machen. Dazu kommt noch, dass das Material des Einschnittes hinter dem Dorfe Hausen zur Aufführung des Dammes als untauglich befunden wurde und daher die Aushebungen auf dieser Strecke eingestellt wurden. Die Gefahr der Abgrabung der Quelle und Soode ist nicht gehoben, sondern nur aufgeschoben und wird wieder eintreten, sobald der Einschnitt vollständig zur Ausführung gelangt.

Sode.

№	Lage	Besitzer	Zahl der benutzenden Haushaltungen, Tiere etc	Temperatur	Tiefe bis Sod m	Tiefe bis Wasser m	Bodenart und Bemerkungen
1	Holzgasse	Widmer	1 Familie; 4 Vieh	6,5°	–	–	Kiesboden. Das Wasser wird v. Quelle IV zugeleitet.
2	" "	Schaffner Joh. u. Frau Müller	2 " ; 6 "	7° u. 10°	5,4	5,2	2 Sode.
3	Unterdorf	Hirt	1 " ; 3 "	10°	9	8,1	
4	" "	Schaffner, Emil	1 " ; 4 "	9,5°	9,9	7,9	
5	" "	Rohr, Joh.	1 " ; 6 "	8,5°	5,4	4,8	
6	" "	Widmer, Heinr.	2 " ; 2 "	9,5°	3,8	3,2	
7	" "	" , Sam.	1 " ; 3 "	11°	4,5	3,8	
8	" "	" , Fried.	1 " ; 6 "	11°	4,2	3,7	
9	" "	Gloor "	1 " ; 4 "	10°	4,2	3,4	
10	" "	Schatzmann, Rohr u. Schaffner	3 " ; 7 "	10°	3,5	3,0	3 Sode.
11	" "	Schatzmann J.	2 " ; 4 "	11,5°	4,3	3,3	
12	" "	Rohr Gebr.	2 " ; 8 "	10°	4,0	3,0	
13	" "	Rohr u. Schaffner	3 " ; – "	10°	3,5	2,0	2 Sode
14	" "	Schatzmann	1 " ; 7 "	11°	4,3	2,15	
15	" "	Hubeli, Schaffner	2 " ; 6 "	10°, 9°	5,2 6,0	4,2 4,0	2 Sode
16	" "	Rohr, J.	2 " ; 2 "	10°	6,6	5,9	
17	" "	Widmer, Schatzmann, Rohr	6 " ; 10 "	10,5°, 8,5°, 11°	5,4	4,6	3 Sode.
18	" "	Schaffner Joh.	1 " ; 6 "	10°	5,7	4,8	
19	" "	Marti	2 " ; 1 "	10°	7,2	6,3	
20	" "	Wwe Meier, Schaffner	3 " ; 7 "	10°	6,0 7,2	5,3 6,5	2 Sode
21	" "	Meier J. J.	1 " ; 5 "	10,5°	6,0	5,3	
22	Unterdorf	Hartmann	1 Haushaltg.; 5 Vieh	–	6,0	5,5	Hat jetzt kein Wasser.
23	" "	Meier, Sam.	2 " " ; 5 "	10,5°	3,9	5,4	
24	Lindenacker	Baumann	1 " " ; 5 "	10°	13,5	12,5	
25	Büchli	Schaffner J. H.	1 " " ; 6 "		6,6	5,9	
26	"	" , Söhne	1 " " ; – "	8°	5,1	4,7	Neuer Sod
27	"	Schatzmann	2 " " ; 7 "	9°	6	5,5	
28	"	Schaffner	2 " " ; 2 "	5°	6,6	6,0	
29	"	Rohr Wwe	1 " " ; 5 "	9°	9,0	8,3	
30	"	Hürzeler	2 " " ; 3 "	9°	4,2	3,2	
31	"	Rohr Gebr.	2 " " ; 4 "	8°	8,1	7,1	
32	Letten	Schaffner	1 " " ; 2 "		12	10,8	Neues Haus.
33	Stück	Rohr, [illegible]	1 " " ; 4 "		7,2	6,6	Dito
34	"	Meier, Joh.	1 " " ; 5 "	8,5°	6,0	5,3	Dito
35	Büchli	Widmer, Metzger	1 " " ; 9 "	8°	6,9	6,0	
36	Holzgass	Meier J. J.	2 " " ; 2 "	10°	6,0	5,55	
37	Spittel	Meier Wwe	3 " " ; 3 "	9°	3,9	3,45	
38	"	Widmer Joh.	1 " " ; 3 "	8,5°	3,5	2,25	
39	Holzgasse	Gemeinde	17 " " ; 40 "	8°	7,5	6,0	
40	" "	Hausen	6 " " ; 13 "	6,4°	–	–	Das Wasser wird v. Quelle IV zugeleitet.
41	" "	Schatzmann	1 " " ; 4 "	6,5°	–	–	
42	" "	Widmer	5 " " ; 13 "	6,5°	–	–	
43	Tannbühel	Rohr	1 " " ; 2 "	9°	3,4	7	
44	" "	Schaffner	5 " " ; 14 "	8,5°	6,6	5,9	
45	" "	Meier	2 " " ; 7 "	9°	18,9	17,9	

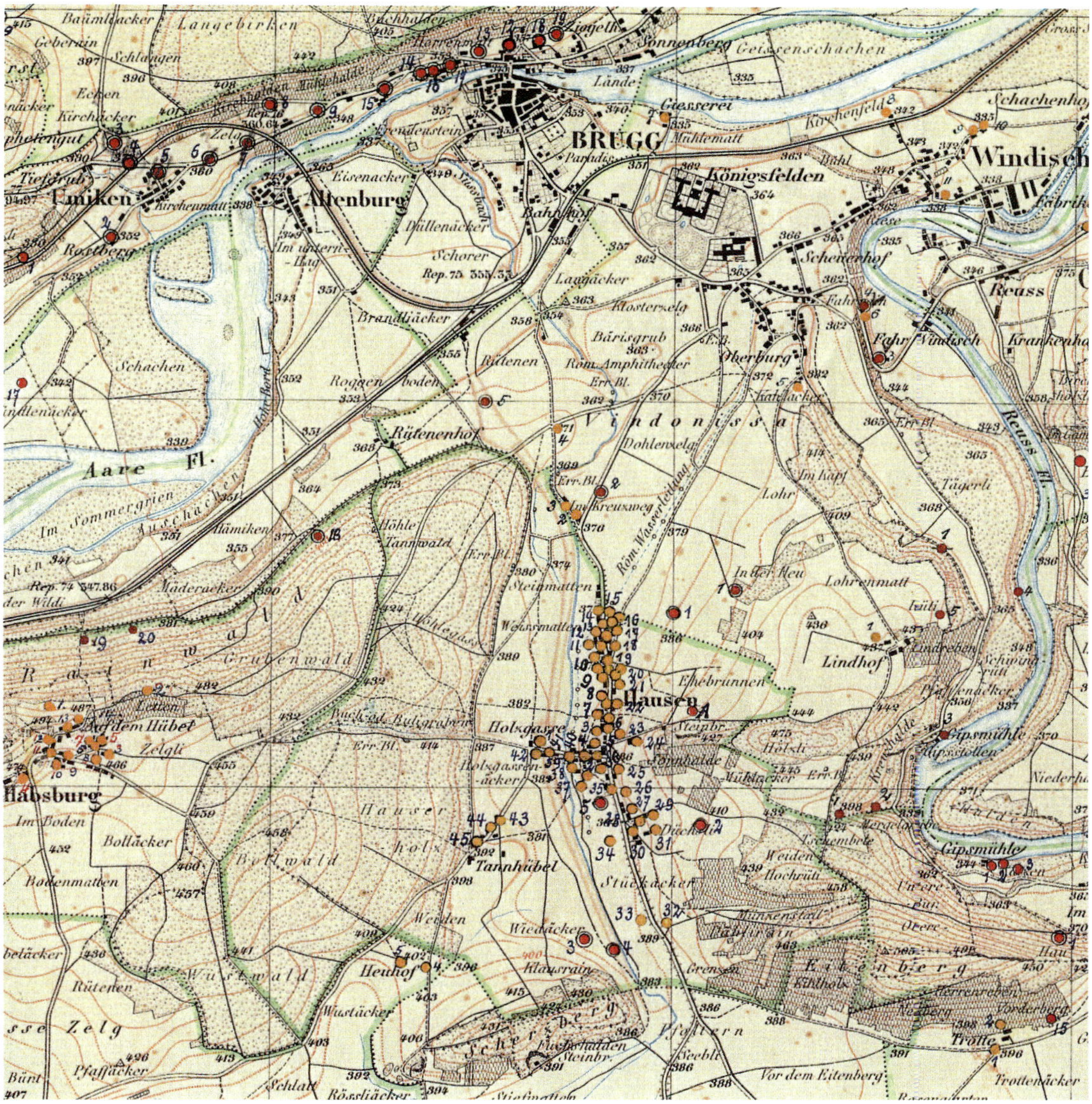

Quellen- und Sodbrunnenkarte des Kantons Aargau. Blatt 38 der Siegfriedkarte von 1878. Die Quellenkarte des Aargaus wurde 1895 von F. Mühlberg aufgenommen. Die Inventarisierung der Sodbrunnen (gelbe Punkte) und Quellen (rote Punkte) der Gemeinde Hausen besorgte Lehrer Schaffner. 1895 zählte Hausen 500 Einwohner. Zwei gefasste Quellen versorgten Haushalte mit zusammen neun Personen, 52 Sode lieferten das Wasser für Haushalte mit total 480 Personen. Die Sodbrunnen wurden numeriert und ihre Wasserleistung und ihre Eigentümer aufgelistet. Lehrer Schaffner bemerkt dazu: «Die Numerierung der Sode ist nach der sogenannten Wachtkehre geordnet», d.h., sie beginnt am westlichen Ende der Holzgasse, geht der linken Strassenseite entlang bis zur Hauptstrasse, hier der linken Strassenseite entlang bis zum nördlichsten Haus und auf der andern Strassenseite zurück nach Süden bis zum (Restaurant?) Lätten, anschliessend wieder auf der linken Strassenseite zurück zum Ausgangspunkt der «Wachtkehre» an der Oberen Holzgasse und schliesslich in den Tannhübel hinaus. Nach Fotokopie der Gemeindekanzlei.

Der Gemeinderat Hausen hat unterm 29. März 1875 an das Bezirksgericht Brugg das Gesuch gestellt, *dass Messungen fortgesetzt werden, sobald mit der Ausgrabung des Südbahneinschnittes gegen dem Dorf Hausen wieder begonnen wird, und in die gehörige Tiefe ausgegraben sein wird, oder sonst, so oft man es als notwendig erachtet...* Die Bözbergbahn wurde 1875, die Südbahn 1882 eröffnet. Den Organen der letzteren lag die Pflicht ob, für uneingeschränkten Wasserkonsum der Einsprecher besorgt zu sein. Sie taten dies nach Möglichkeit. Dem Vernehmen nach scheinen die seinerzeitigen Anwohner des von der Bahn durchschnittenen Wohnquartiers nie etwas von einem Wassermangel bemerkt zu haben.

Doch der Sorgen noch nicht genug. Aus «Verhandlungen des Gemeinderates» entnehmen wir am 15. November 1884:[60]

Da der Staat Aargau gegenwärtig ausserhalb des Dorfes Hausen nach Wasser graben lässt zur Erstellung einer Wasserleitung nach Königsfelden, so soll eine Rechtsverwahrung eingereicht werden, falls den bisherigen Soodbrunnenbesitzern das Wasser abgegraben würde. Wassermessungen durch Herrn Herzog, Adjunkt des Oberingenieurs, und Herrn J. J. Schatzmann, Ammann in Hausen.

Hausens erste Wasserversorgungsanlage 1898

Bis zum Ende des 19. Jahrhunderts bezogen die Einwohner Hausens ihr Wasser fast ausschliesslich aus den Sodbrunnen. Anlässlich der Erstellung einer «Quellenkarte des Kantons Aargau» durch Dr. F. Mühlberg wurden 1895 auch in Hausen Erhebungen angestellt (unter Mitwirkung von «Lehrer Schaffner», was im Bericht ausdrücklich erwähnt wurde). Aus der erstellten Statistik[47] sind folgende Angaben zu entnehmen:

Erhebungen betreffend den Wasserbedarf:
Einwohner: 500 – Grossvieh: 244 – Kleinvieh: 146
Erhebungen betreffend den Bezug des Wassers zum Trinken. Es benutzen:
9 Einwohner 2 gefasste Quellen; 480 Einwohner 45 Sode.

Im Herbst 1898 schritt der Gemeinderat zur Eröffnung der Konkurrenz zur Erstellung der Wasserversorgung. Nebst dem Leitungsnetz mit vier Hydranten war der Bau eines Reservoirs von 150 Kubikmetern auf dem Rothübel geplant: Es handelte sich um ein Niederdruckreservoir mit zwei

Kammern, je einer für Gebrauchswasser für Haushaltungen und als Löschreserve. Als Quellwasser diente vorerst dasjenige des «Ehebrunnens», das schon früher gefasst worden war. Da die Quelle nur spärlich Wasser spendete, kam die Wasserversorgung mit Hydrantenanlage vorerst nur dem Dorfkern zugute.

Die Ausführungsabeiten zur ersten Wasserversorgungsanlage 1899 waren einem Italiener mit Namen Piazzolo übertragen worden. Der Unternehmer war ein stämmiger Mann, trug Stiefel und einen breitrandigen dunklen Filzhut und achtete darauf, dass während der Arbeitszeit kein Werkgeschirr in Ruhestellung geriet. Neben Einheimischen wurden von ihm einige seiner Landsleute beschäftigt. Diese bereiteten ihre Verpflegung im Gemeindewaschhaus in der Holzgasse zu. Während der Mittagspause übten sie das Messerwerfen, d.h. sie erprobten ihre Fertigkeit darin, dolchartige Messer mit einwärts gerichteter Spitze auf den Handrücken gelegt durch blitzschnelles Wenden der Hand auf Distanz gegen Bäume zu werfen, in deren Stamm sie fast ausnahmslos stecken blieben. Die Treffsicherheit war erstaunlich, die Prozedur für uns Zuschauer zur Nachahmung jedoch nicht empfehlenswert.
Zahltag machte der Unternehmer erst nach Fertigstellung der Anlage. Dabei gab es enttäuschte Gesichter, weil die Entlöhnung vielfach zu wünschen übrig liess. Am ungünstigsten kamen die jüngsten Arbeiter mit einem Stundenlohn von 13 bis 15 Rappen weg. Sie verbargen ihren Unmut darüber nicht, doch war eine Reklamation aussichtslos. Rössliwirt Schatzmann suchte sie damit zu beruhigen, indem er meinte, sie könnten dereinst als alte Mannen sagen, an der Erstellung der ersten Wasserversorgung der Gemeinde mitgeholfen zu haben. Dazu servierte er denjenigen mit nur 13 Rappen das kleine Bier zum gleichen Preis.[60]

1905 ging Hausen daran, die eigene Wasserversorgung auszubauen. Man kam überein, eine Brunnenanlage mit Pumpwerk «in der Stück» in Erwägung zu ziehen. Gegen das Projekt erhob die Direktion der Heil- und Pflegeanstalt Königsfelden Einsprache, weil sie befürchtete, dass dies einen negativen Einfluss auf ihre eben erstellte Leitung haben könnte. Nach Augenschein, öffentlicher Aussprache und verschiedenen Konferenzen kam es zu einer Vereinbarung, nach welcher das Projekt genehmigt wurde. Im März 1907 konnte die Gemeindeversammlung Kredit (30 000 Franken) und Projekt genehmigen, und Ende 1908 waren Pumpwerk, erweiterte Wasserversorgung mit Hochdruckreservoir und das die ganze Gemeinde umfassende Hydrantennetz betriebsbereit. Die vorgenommenen Wasser-

messungen zeigten keinerlei Nachteil für Königsfelden. Damit konnte diese Affäre endgültig zugunsten der Gemeinde abgeschrieben werden.
Es ist der Initiative der Hausemer Ortsbürger zu verdanken, dass man in den letzten Jahren daran gegangen ist, einige der stillgelegten Sodbrunnen wieder sichtbar zu machen, ja, wo es ging, sogar «zu aktivieren». Wahrlich ein schönes Beispiel von Geschichtsbewusstsein!

Hausens Wasserversorgung bereitet Sorgen

Als sich Ende der dreissiger Jahre die Firma Münzel (Vorvorgängerin der Reichhold AG) in der alten Zementfabrik installierte, wurde für die Versickerung von chemisch belastetem Abwasser ein Sickerungsschacht auf der dem seit 1906 bestehenden Pumpwerk «Stück» abgewendeten Seite des Fabrikareals erstellt und betrieben, ohne dass Verunreinigungen bemerkt worden wären. Aber schon zehn Jahre später (1946) musste für das Pumpwerk «Stück» ein Ersatz gesucht werden. Als Ursache der Verunreinigung wurde direkte Grundwasserverschmutzung im Fabrikareal oder indirekte Verschmutzung durch den mit Fabrikabwasser belasteten Süssbach angenommen. Das Büro für Gewässerschutz in Aarau hatte der Fabrik die Ableitung des Abwassers in den Süssbach bewilligt. Da 1935 bei Anlass der Tieferlegung und Ausweitung des Bachbettes eine Abdichtung unterlassen worden war, vermochte das Abwasser in den Grundwasserstrom nordseits der Fabrik einzudringen, wodurch das Wasser einen chemischen Beigeschmack bekam und als Gebrauchswasser minderwertig wurde. Eine definitive Abklärung erfolgte nicht, da die Ölchemie der Gemeinde Hausen als Ersatz die damals teilweise fertiggestellte, aber noch nicht benützte Fassung «Seebli» zur Verfügung stellte. Pumpversuche zeigten, dass das Wasser sowohl qualitativ wie quantitativ ein sehr gutes Resultat aufwies. Gestützt hierauf konnte zur Übernahme bzw. Neuanlage des Pumpwerks im Seebli durch die Gemeinde geschritten werden, was in der Einwohnerversammlung vom 20. Juli 1952 bewilligt wurde.
Am 21. April 1965 musste der Pumpbetrieb in der Grundwasserfassung Seebli eingestellt werden, da das ins Leitungsnetz von Hausen und Birr gepumpte Wasser sowohl geschmacklich wie geruchlich ungeniessbar geworden war. Nach Angabe Ortsansässiger soll das Wasser schon einige Tage bis einige Wochen vor diesem Datum seine Qualität langsam verändert haben. Als erstes war es das Vieh gewesen, das sich weigerte, Wasser zu trinken (!) ... Das Wasser der Fassung Seebli wurde seit seiner Verschmutzung

im April 1965 nicht mehr für Trinkwasser benutzt. Als Ersatz konnte Wasser aus der Fassung der BBC in Birr zugeleitet werden. Dass es sich dabei nur um ein zeitlich beschränktes Provisorium handelte, war jedermann klar, dies um so mehr, als gerade in dieser Zeit nicht nur ein industrieller, sondern auch privater Bauboom zu verzeichnen war, der die Gemeinden des Birrfeldes fast zum Zerplatzen brachte und auch auf Hausen übergriff. Dass dabei notgedrungenerweise auch der Wasserhaushalt sprunghaft zunehmen musste, war vorauszusehen.
Im Oktober 1965 wurde im Auftrag des Aarg. Versicherungsamtes von einem Brugger Ingenieurbüro das «Generelle Wasserversorgungsprojekt Birrfeld» erstellt. Am 15. Juli 1970 kam es zwischen den Gemeinden des Birrfeldes, Mülligen, Hausen und Windisch (Habsburg, ursprünglich auch dabei, trat 1974 wieder aus dem Verband zurück) zur Gründung der *Regionalen Wasserkommission,* die auf der Grundlage des oben erwähnten Projektes ein Konzept auszuarbeiten hatte, das auf die verschiedensten Bedürfnisse der beteiligten Gemeinden abgestimmt war.[55] Dieses sah den Bau eines Reservoirs auf dem Eitenberg mit den entsprechenden Transportleitungen und Pumpstationen, wobei ein richtiges Leitungsnetz vorgesehen war, das den Wassertransport je nach Bedarf in allen Richtungen erlaubte. Das erforderliche Wasser wurde nun nicht mehr aus dem Grundwasser des Birrfeldes, sondern von der Wasserversorgung Windisch sowie vom Abgabeschacht bei der «Trotte» in Mülligen bezogen.
1975 genehmigten die verschiedenen Gemeinden das Projekt, in Hausen an der Gemeindeversammlung vom 29. Juni. Die Bauarbeiten begannen im Februar 1976. Bereits ein Jahr später konnte die Anlage in Versuchsbetrieb genommen werden. Die restlichen Arbeiten wurden bis Herbst 1977 fertig ausgeführt.[83] Unser Wasser lieferte nun der Gemeindeverband «Regionale Wasserversorgung REWA Birrfeld». Somit war Hausen mehr oder weniger seine Grundwassersorgen los. Doch bald zeigte sich ein neues Problem: Mit dem nun höher liegenden neuen Reservoir auf dem Eitenberg verstärkte sich automatisch der Leitungsdruck. Dem waren jedoch viele Röhren, die noch aus dem Jahre 1905 stammten, nicht mehr gewachsen. Da man nicht alle auf einmal ersetzen konnte, musste sich das Bauamt oft mit vielen Noteinsätzen herumschlagen, konnte es doch vorkommen, dass, bei entsprechender Wetterlage, innerhalb eines Tages an verschiedenen Stellen zugleich eingegriffen werden musste. Deshalb ist man daran gegangen, bei sich bietender Gelegenheit grössere Stücke zu ersetzen.

Es mag beinahe als Ironie erscheinen, dass ausgerechnet Hausen, das einen grossen «Grundwasserschatz» besitzt, der während Jahrhunderten zu einem schönen Teil «von den lieben Nachbarn» genutzt wurde, auch heute seiner nicht froh werden kann, sondern das Wasser von auswärts beziehen muss.
Das Wasserverbundnetz wurde im Sommer 1997 neu zusätzlich an die Löschwasserversorgung für die Autobahn A3 bis ins Fricktal (Effingen) gekoppelt.[16] Das heisst im Klartext: Es könnte ohne weiteres möglich sein, dass aus den Wasserhähnen in Hausen Wasser von ... Schinznach-Dorf fliesst, wird doch u. a. von dort Wasser via Aarebrücke – Habsburgtunnel in das Reservoir Eitenberg gepumpt.[83]
Der Vollständigkeit halber sei noch erwähnt, dass in Hausen mit dem neuen Reglement über die Wasserversorgung, das am 1. Januar 1990 in Kraft trat und dasjenige aus dem Jahre 1955 ersetzte, auch die finanzielle Seite neu geregelt wurde, so dass das Kapitel «Wasserversorgung» für Hausen in nächster Zeit (hoffentlich) kein Problem mehr sein sollte.
Bis jetzt war immer nur von *Wasserversorgung* die Rede. Doch soll nicht vergessen werden, dass die *Abwasserentsorgung* eine fast ebensowichtige Rolle spielt. Hausen hat ja dies mit der seinerzeitigen Grundwasserverschmutzung und dem «Süssbachduft» hautnah erlebt.
Wohl war in den dreissiger Jahren im Zusammenhang mit der Verbreiterung der Hauptstrasse die Frage der Entwässerung akut geworden, wobei man sich aber mit der geordneten Ableitung des Regenwassers in den Süssbach behalf. Mit der Dorfentwicklung in den fünfziger Jahren genügte dies nicht mehr. So ging man 1954 an eine «Verordnung über die Abwasseranlagen der Gemeinde Hausen», worin *die Bedingungen über Ableitung von Abwasser aus öffentlichen und privaten Grundstücken in ein öffentliches Kanalisationsnetz* geregelt werden. Die Aufgabe war in Hausen nicht einfach zu lösen, bildete doch der Südbahneinschnitt eine arge Knacknuss. Hausen-West konnte deshalb erst relativ spät miteinbezogen werden. Andererseits kam es der Gemeinde zugute, dass es in jener Zeit noch eine ganze Anzahl Bauernbetriebe gab, so dass es verständlich war, dass bei § 2 zu lesen war:

... von der Anschlusspflicht bleiben diejenigen Grundstücke ausgenommen, die nur Niederschlagswasser liefern oder bei denen die Beseitigung der Abwasser schon auf eine andere, gesundheitspolizeilich einwandfreie Art erfolgt.
Insbesondere kann der Anschluss von Grundstücken mit gewerbsmässig betriebenen Gärtnereien und landwirtschaftlichen Betrieben unterbleiben, wenn die Abwasser in

ausreichend grossen, allseitig geschlossenen, nicht mit Überlauf versehenen, wasserdichten Jauchegruben aufgespeichert und periodisch landwirtschaftlich verwertet werden.[14.2]

Doch mit der einsetzenden Bautätigkeit musste schon bald ein Schritt weiter gegangen werden. Hausen stand allerdings nicht allein da; die umliegenden Gemeinden, besonders die auf dem Birrfeld, plagten dieselben Sorgen. Brugg hatte bereits 1948 einen Projektkredit bewilligt für eine gemeinsame Kläranlage mit Windisch zusammen. Sie sollte in die Nähe des damaligen Gaswerks zu stehen kommen. Erste Abklärungen zeigten aber die Notwendigkeit einer weiträumigeren Lösung. In der Mitte der fünfziger Jahre entstand ein Konzept, welches die Errichtung der Anlage an ihrem jetzigen Standort sowie den Bau eines Sammelkanals von Brunegg bis zum Windischer Schachen vorsah. Deshalb kam es 1961 zu den Zweckverbänden «Sammelkanal Birrfeld» und «Kläranlage Brugg-Birrfeld», denen sich auch Hausen anschloss. So konnte eine auch für die Zukunft befriedigende Lösung gefunden werden, sollte doch das Ganze *auf die vorauszusehende Entwicklung ausgerichtet werden, die bis 1985 zu erwarten ist: Birr mit 5490, Lupfig mit 9065 und Hausen mit 4645 Einwohnern ... Birr mit 60 Hektaren, Lupfig mit deren 44 und Hausen mit 39 Hektaren Industriegebiet. Der erste Ausbau, der bis zum Jahre 1985 der angenommenen Entwicklung genügen sollte, stellt ⅓ des geplanten Vollausbaues dar (!).*[16.1]
Ob solchen Zahlen kann einem im Nachhinein nur schwindlig werden, doch zeigt es auch, wie schwer es ist, richtige Prognosen zu stellen. Was zu jener Zeit nicht berücksichtigt wurde, ist die Tatsache, dass der Wasserbedarf pro Person inzwischen drastisch zugenommen hatte. Die ursprünglich für 36 000 «Einwohnergleichwerte» (= die im Durchschnitt pro Einwohner anfallende Abwassermenge) konzipierte Kläranlage musste bereits 1985 die doppelte Abwasserfracht verarbeiten.[82] Daneben darf die finanzielle Seite nicht vergessen werden. Und diese sah für Hausen zu jener Zeit (1961) noch nicht besonders rosig aus: Es musste mit einem jährlichen Gesamtaufwand von 54 100 Franken gerechnet werden. (Wieder einmal zum Vergleich: 1959 betrug die Gesamtrechnung der Gemeinde Hausen – *alles inbegriffen* wohlverstanden – Fr. 202 493.33). Verständlich, dass man es sich zweimal überlegte, aber man biss in den sauren Apfel. *Die Kosten müssen aus den laufenden Steuereinnahmen gedeckt werden. Man hofft, dass dieser Betrag ohne Steuererhöhung jeweils frei gemacht werden kann.*[16.1] Diese Prognose

ging zur allseitigen Verwunderung in Erfüllung. Man war, fürs erste, die Probleme der umweltgerechten Abwasserentsorgung los.
Zur Illustration über die Notwendigkeit einer solchen Anlage: Im Jahr 1987 fielen ihr 320 000 Liter Abwasser pro Einwohner zu, das macht 876 Liter pro Tag und pro Einwohner! – Natürlich «brutto» gerechnet.[82]
Doch schon bald zeigten sich weitere Schwierigkeiten. Man musste versuchen, der sich immer vergrössernden Abwassermenge Herr zu werden: Das an und für sich saubere Regenwasser, das, besonders bei intensiven Niederschlägen, die Kanalisation aufs äusserste beanspruchte, sollte, wenn immer möglich, vom eigentlichen Abwasser getrennt werden. Das erforderte das Erstellen von sog. Regenauffangbecken und dies, geographisch bedingt, auf Hausemer Gebiet, längs des Hauptstranges Süd–Nord für das Birrfelder und im Buligraben für das Habsburger Regenwasser.
Die Oberflächenentwässerung von Autobahn, Zubringer und Südbahneinschnitt war zwar nicht Sache des Abwasserverbandes, brachte aber Hausen ungewollt zusätzliche Unannehmlichkeiten. Der Kanal musste, notgedrungen, unter das Trassee gelegt werden. Das ergab einen «schönen» Resonanzboden für die Verkehrsgeräusche, die, je nach Zustand des Rollmaterials der vorbeifahrenden Züge, in einzelnen Quartieren die Gläser im Schrank klirren lassen. Man hofft auf Abhilfe!

Was uns Flurnamen verraten

Hinweise auf Bodenbeschaffenheit – geographische Lage – Besitzer – kollektives Gedächtnis – Die Richtstätte «Galgenhubel» – Die beiden letzten vollstreckten Todesurteile

Es ist immer wieder interessant, die Flurnamen einer Gemeinde etwas näher zu betrachten, da viele von ihnen ein beträchtliches Alter aufweisen und uns somit Auskünfte verschiedenster Art geben können.
Grundsätzlich unterscheidet man vier Arten von Namen:

a) die uns über die Bodenbeschaffenheit oder Verwendung Auskunft geben: *Weide* (dieser Flurname kommt zweimal vor, wobei der östliche Waldgebiet ist, was uns in Erinnerung ruft, dass früher das Vieh oft im Wald auf die Weide getrieben wurde), *Süessmatt, Geissmatt, Lätte* (= Lehm), *Rothübel* (das eisenhaltige Gestein ergibt die Rotfärbung des Hügels), *Boll* (= Baumstamm), *Chrejemoos* (feuchte Wiese), *Steimatte* (liegt neben dem «Muracher», wo es auch Steine hatte, siehe unten), der *Rüchlig* (= «rauhes Land»). Als besonderes Beispiel seien hier die beiden nebeneinanderliegenden Fluren *Eebrunnen* (bereits 1774 in einem «Mann-Lehen-Brief» erwähnt) und *Sooromatt* genannt. Ein Brunnen bedeutet mittelhochdeutsch «Quelle».[41] In der Tat wurde vom Eebrunnen die Quelle gefasst, die 1898 das erste Reservoir speiste. Noch in den fünfziger Jahren des 20. Jahrhunderts konnte man die Wiese, je nach Witterung, nur mit Stiefeln betreten. Heute sprudelt ihr Wasser aus dem Brunnen beim Gemeindehaus. Neben dem Eebrunnen liegt die *Soorematt* (mhd.: sôr = trocken, dürr), also eine trockene Wiese. Durch die *Holzgasse* ging man «ins Holz»: Der grösste Teil der gemeindeeigenen Waldungen liegt – auch heute noch – im sog. Habsburgerwald. *Tannhübel* und *Tannliacher* weisen darauf hin, dass hier früher Tannen standen, hier wurde also gerodet, ebenso im *Hölzli*. – Das *Weidehölzli* dagegen ist noch heute Waldgebiet.
Hier sei eingeflochten, dass der Gemeindebann Hausen, total 321 Hektaren, heute etwa 168 Hektaren «offenes Land» aufweist gegen 113 Hektaren im Jahre 1682. In der Zwischenzeit müssen über 50 Hektaren gerodet worden sein, wobei die Zahlen unter Vorbehalt aufzunehmen sind.
b) die eine geographische Lage bezeichnen: *Sonnhalde, Gränze, Hinter-* und *Vorder-Scherzberg* (beide im Hausemer Bann), *Oberdorf, Unterdorf...*

c) die sich auf ehemalige Besitzer beziehen: *Dalirain, Aengeler, Hermenacher* (die beiden letzteren sind heute verschwunden). Auf dem *Mülacher* (bereits 1774 erwähnt) stand nicht etwa eine Mühle. Der Acker gehörte zur Mühle in Mülligen. (In Hausen gab es nie eine Mühle.) Im Katasterplan findet man am südlichen Abhang des Eitenbergs das obere und mittlere *Chilholz*. Auch hier stand natürlich nie eine Kirche, sondern das Waldstück gehörte zum Kirchengut Windisch. Sie wurden 1671 und 1675 verschiedenen Bauern als «Erblehen gegen einen ewigen Zins» zur Rodung überlassen[8] (ist also heute nicht mehr bewaldet).
d) und schliesslich solche, die sich in irgendeiner Form auf «früher» beziehen.
Das sog. «kollektive Gedächtnis», wie Wissenschaftler die mündliche Überlieferung oft nennen[68], könne einigermassen gegliederte Vorstellungen von der Vergangenheit höchstens bis zur Generation der Urgrosseltern zurückverfolgen. Was vorher geschah, liege für die meisten Menschen einfach im «Früher», was aber der Annahme nicht im Wege stehe, dass dieses Gedächtnis in verschwommener Zeitvorstellung Geschehnisse bewahre, die viele Jahrhunderte zurückliegen. In diese Kategorie sind sicher auch Flurnamen einzureihen, weisen doch viele ein ansehnliches Alter auf:
Im Jahre 1522 ist in einem Liegenschaftsverkauf von der *hochen rüthy* (Hochrüti) die Rede, einem Gebiet in der Höhe, das um diese Zeit also bereits gerodet war.
Von der *Wissmatt* wird 1571 gesagt: *sie light undrem dörflin Husen.*
Im Zusammenhang mit der Erwähnung der römischen Wasserleitungen schreibt F. L. Haller 1773 in seinem Manuskript «Vindonissa Antiqua»:[36] *Prope vicum Hausen est pratum, quod vocant vulgo «den Münzenstahl», hocque nomen non indigne fert* ... Seine Vermutung, dass die eine Wasserleitung von dort her komme, hat sich zwar als falsch erwiesen, aber rein schon die Erwähnung lässt uns aufhorchen. Laur-Belart fährt dann in seinem Kommentar dazu weiter: *Der «Münzenstahl», der mit Münzen = Geldstücke vielleicht weniger zu tun hat als mit Minze = Pflanze, dürfte eher als «Minzental» erklärt werden und liegt in einem Tälchen, das sich gegen den Eitenberg hinaufzieht, also östlich von Hausen.*
Irgendwie muss dieses Tälchen seine Bedeutung gehabt haben, obschon es abseits des Dorfes lag. Es ist kaum anzunehmen, dass die Menschen von damals diesem Tälchen den Namen nur gegeben haben, weil sie dort *Minze* pflückten. Es muss sich eher um einen (oft benützten) Weg gehandelt

haben, bei dessen Begehen man vom «Minzenduft betört» wurde, um es einmal etwas poetisch auszudrücken. Er führt, wie schon erwähnt, zur Nordflanke des *Eitenberges* hinauf. «Eit» bedeutet in Mittelhochdeutsch «Ofen» und «Feuer», das Verb «eiten» = brennen, schmelzen[41], was die Vermutung aufkommen lässt, dass ein (Kalk-)Brennofen und/oder eine Köhlerei in Betrieb waren. Die Tatsache, dass 1928 anlässlich der Abschürfung des Terrains zu einem Steinbruch für die Zementfabrik ein intakter Brennofen zum Vorschein kam[60], dürfte diese These unterstreichen.
Der Name *Eitenberg* erscheint zum ersten Mal in einer Urkunde aus dem Jahre 1315: *...und an dem Holze, das am sog. Eitenberg gelegen ist*[71]... Im Zusammenhang damit steht möglicherweise die angrenzende *Schmidells.* Eine andere Köhlerei bestand auf dem Gebiet des heutigen *Cholers.*
Vom *Chlausrain* (am Scherzberg) weiss man, dass dort 1350 eine Klause stand, die 1399 von Herzog Leopold IV. in Schirm genommen wurde und worin ein Bruder Hans Mangold gelebt haben muss.[17]
Das *Büntli* erinnert an die «Beunten», ein Überbleibsel aus der Zeit der Dreifelderwirtschaft, wo (ursprünglich) auf dem jeweils brachliegenden Acker Gemüse angepflanzt wurde. Später fand diese jährlich wiederkehrende Wanderung von Acker zu Acker nicht mehr statt, und die *Ackergärten* wurden feste Bestandteile der Bewirtschaftung. Die heutigen Schrebergärten im *Seckler* sind eine (idyllische) modernere Fassung davon. Inwiefern sich dieser Flurname von *«secken»* ableiten lässt, kann nur eine laue Vermutung sein. «Secken» bedeutet nämlich im Mittelhochdeutschen «in einem Sack ertränken». Nun befanden sich ausgerechnet dort – *vor* dem Eisenbahnbau und der damit verbundenen Korrektion des Süssbachs – die sog. Süssbachweiher... Kombinationsspiele seien hier gestattet!
Im *Muracher* deckte die «Antiq. Gesellschaft Brugg» 1898 ein römisches Gebäude mit mehreren Gemächern ab[23], ein weiteres Zeugnis davon, dass alte Flurnamen meistens nicht einfach aus der Luft gegriffen sind. Es ist nicht überliefert, ob die Bauern grosse Freude empfanden, wenn sie beim Umackern immer wieder auf «grosse Steine» stiessen.
Schon sehr früh ist vom *Hiltisbüel* die Rede. In einer Urkunde vom 9. Oktober 1481 steht:[48]
...wenn er von Brugg hin us zum Hiltenspüel under der swestern hus zum Süssen bach käm... Mit diesem Hiltisbüel (dem Büel des Hilto) ist der Nordostabhang des Wülpelsberges – gegen Hausen – gemeint. Wir finden diesen Ausdruck noch auf der Michaeliskarte von 1848, sogar versehen mit dem

Zusatz «Französisches Lager 1799» (siehe Kapitel «Fremde Kriegsheere auf Hausemer Boden»). Heute hat sich für das gleiche Gebiet ein anderer Flurname durchgesetzt, den auszusprechen man sich früher sicher scheute: *Galgenhubel*. Vom Schwesternhaus im 15. Jahrhundert und vom Franzosenlager um 1800 sind keine Spuren mehr vorhanden, der Galgen aber, resp. dessen Überreste, wurde gefunden und konnte genau lokalisiert werden: Koordinaten um 657.845-850/258.110–115.[27] Soweit die Grabungsergebnisse. Da diese Richtstätte doch von einiger, wenn auch trauriger Wichtigkeit für das Eigenamt gewesen war, sei hier in der Folge etwas näher darauf eingegangen:

Schriftliche Hinweise findet man in den Königsfeldner Amtsrechnungen, wo die Ausgaben aufgezeichnet sind, die aus der Exekution der Todesurteile erwuchsen.[71] In der Regel ist auch der Name des Verbrechers genannt. Andererseits wurden im *Königsfelder Turmbuch* einzelne Prozesse ausführlich geschildert. Sicher ist, dass es sich beim *Galgenhubel* um die sog. «Richtstätte» handelte. Hier wurden die Todesurteile vollstreckt. Die Verurteilung an und für sich, das eigentliche Landgericht, fand ursprünglich vor den Toren der Stadt Brugg (auf dem Lindenplatz – heute Rundbau Vögele), später beim Kloster Königsfelden statt. Vorsitz dieses Gerichtes hatte der Königsfelder Hofmeister. Ihm waren sog. *Gerichtssässen* beigestellt, die, aus der Umgebung rekrutiert, von ihm selber ernannt wurden, aus jeder Ortschaft einer. Entgegen der oft vorherrschenden Meinung von der blutrünstigen früheren Zeit, kann festgestellt werden, dass in den 270 Jahren – zwischen Reformation und dem Ende der Berner Herrschaft - «nur» etwa dreissig Todesurteile vollstreckt wurden, eine Zahl, die mit ziemlicher Sicherheit stimmt, wie aus den Akten hervorgeht. Ergänzend sei erwähnt, dass während dieser Zeitspanne im sog. bernischen Aargau doch immerhin 490 Todesurteile ausgeführt wurden.[54.1] Das *nur* sei hier gestattet, wenn man bedenkt, dass folgende Missetaten durch den Tod gesühnt wurden: Totschlagdelikte, schwere Diebstähle, Sexualverbrechen (= Ehebruch!), Brandstiftung und «Gotteslästerung» (= Fluchen). Der letzte in Königsfelden zum Tode verurteilte Gotteslästerer habe auf Wunsch ein Liedlein gesungen, das ihm später den Feuertod eintrug: *«Alte Weiber und Pfaffen Hat der Teufel geschaffen. Junge Weiber und Hühnerfleisch Hat erschaffen den Heilig' Geist.»* (Bis Ende des 18. Jahrhunderts durften im Bernbiet nur Psalmen und andere geistliche Lieder gesungen werden.) Dem Feuertode gingen noch 34 Tage «Folter» voran sowie «Zungen schlitzen».[54.1]

Die Zahl 30 muss insofern relativiert werden, als sich sehr oft die Täter durch Flucht ihrer Verurteilung entzogen. War dies der Fall, *musste der Weibel, oft in Begleitung eines Gerichtsässen, in Abständen von drei, später noch zwei Wochen, an drei Stadttoren und der Landtagsstätte den flüchtigen Täter aufrufen, vor Gericht zu erscheinen. Erschien ein Gerufener nicht, wurde ihm am Landtag trotzdem der Prozess gemacht. Noch einmal wurde er aus der Mitte des Landtages «geladen», indem eine Anzahl von Gerichtsässen in einiger Entfernung vom Gerichtsplatz ein letztes Mal den Ruf an den Täter richtete. Erschien dieser wiederum nicht, wurde sein Fernbleiben als Schuldgeständnis betrachtet und der Geflüchtete im Abwesenheitsverfahren verurteilt.*[54.1] Er war in der Folge «vogelfrei» und damit jedem Verfolger schutzlos ausgeliefert. Bei den oben erwähnten Todesurteilen handelt es sich um die sog. «vollstreckten».

Beim *Galgenhubel* dürfen wir uns auf keinen Fall irgendeine versteckte Stelle im Wald vorstellen, im Gegenteil, die Richtstätte wurde immer auf einem von weitem sichtbaren, abgeholzten Hügel errichtet, um ihrer abschreckenden Wirkung gerecht zu werden. (Der durch die Koordinaten festgelegte Fundort ist der beste Beweis: Man gehe der Ortsverbindungsstrasse Windisch – Habsburg nach über die dortige Eisenbahnbrücke – man betritt hier Hausemer Boden –, setze sich gleich links oben am Hügel auf das Bänklein, ... und schon sitzt man am Fusse des Galgens!) Es fällt aber auf, dass in vielen bernischen Ämtern die Richtstätten aus irgendeinem Grund meistens weit vom Sitz des Landgerichts entfernt errichtet wurden, wie wenn man durch die Entfernung eine gewisse Angst vor den Geistern der Hingerichteten mildern wollte, war doch die Scheu vor gewaltsam Umgebrachten in früherer Zeit sehr gross.[54.1] Das gilt natürlich auch hier, denn das ganze Reutenenquartier bestand zu jener Zeit noch nicht.

Das letzte der oben erwähnten Urteile, 1755 ausgesprochen, betraf direkt einen Fall in Hausen:

Im Windischer Totenrodel finden wir folgende Eintragung:[42] *Den 27. Juni 1755 wurde begraben Johanna Widmer von Husen, des Gerbers sel. Frau, welche montags vorher von Brugg kommend, und 40 neüwe Duplonen nebst anderem Geld auf sich habend, by dem hohlen Steg nahe by Husen, von einem Küefer-Knecht nahmens Johannes Uh(l)rech* (Johann Ulrich von Waltalingen[54.1]) *mit einem Küefer-*

Schlegel mörderisch erschlagen worden, lebte aber noch einiche Stunden, und konnte den Thäter angeben, welcher auch ergriffen, festgesetzt zu Königsfelden sein verdientes Loos erwarthet.

Bei dieser Johanna Widmer, geb. Lüscher, handelt es sich um die Witwe des Johannes Widmer (1701–1754), der allgemein «der Gerber von Husen» genannt wurde und nicht unvermögend gewesen sein muss. Sein erster Sohn Johannes (geb. 1724) war *bekannt und geachtet* als Gerichtsäss und Richter. Er wohnte zuerst in Hausen und ab 1752 in Mülligen. Da er in dieser Zeit als «Grichtsäss von Mülligen» amtete, muss er bei der Verurteilung des Mörders seiner Mutter zugegen gewesen sein.[71]
Das im Turmbuch aufgeschriebene Urteil auf Raubmord war eindeutig:[71]

... disen armen mentschen nach vorgegangnen üeblichen formaliteten dem scharpfrichter zu übergeben, von dem er gebunden auf die gewohnte richtstatt geführt und da ... auf die brechen gelegt, bevorderst mit zweyen streichen der rechte Arm zerstossen, dann der gnaden stoss aufs hertz gegeben, übrige glieder wie gewohnt zerbrechen und der cörper auf das rad geflochten, bey dem hochgricht aufgestellt bis zum sonnenidergang jedermann zum schrecken und exempel darauf aufgesetzt bleiben, nachwärts aber an dem verschmähten orth verscharret werden soll. (Ein Hinweis mehr, dass auch diese Richtstätte, wie alle andern Galgen, von weither sichtbar gewesen sein muss.)

Dies war, wie erwähnt, das letzte Todesurteil, das zur Berner Zeit ausgesprochen wurde. Wenn auch das ganze Gebiet 1799 von den französischen Soldaten besetzt wurde, soll das nicht heissen, dass die Richtstätte vergessen worden war. Wir finden noch einen letzten Hinweis aus dem Jahre 1805. Da vergiftete eine Riniker Bürgerin ihren Mann. *Da sie sich in andern Umständen befand, wartete man mit dem Prozess bis nach der Geburt. Die Frau wurde zum Tode durch das Schwert verurteilt und im Habsburgerwald hingerichtet.*[50]
Als Ort kann auch hier nur der Galgenhubel in Frage kommen, da solch schwerwiegende Urteile nicht einfach irgendwo vollstreckt wurden.
Inzwischen hat die Natur den Hügel «zurückerobert» und alles barmherzig zugedeckt. Hoffen wir nur, es käme niemand auf die Idee zu behaupten, die Frösche, die im Binsenweiher quaken, seien nichts anderes als die unglücklichen Seelen der seinerzeit zum Tode Verurteilten...

Vom «alemannischen» Strassendorf zur modernen Wohngemeinde

Das älteste noch erhaltene Haus – Feuerstättenzählung von 1529 und 1764 – Aarg. Volkszählung von 1803 – Feuer-Assekuranz-Register 1809 – Dreisässenhäuser an der Hauptstrasse – Umfrage 1856 – Die Zementfabrik bringt «Überfremdung» – Neuquartier und Wohnblöcke – Neue Quartiere schiessen aus dem Boden – Strassennamen und Hausnummern – Die moderne Wohngemeinde.

Der vielleicht etwas irreführende Titel soll sogleich dahin korrigiert werden, dass es sich dabei um ein «Bild» handelt, wie sich Hausen noch um die Mitte des 20. Jahrhunderts dem Betrachter darbot. Hausen ist natürlich *keine* «alemannische Gründung».
Das in seiner Bauweise wohl älteste, heute noch stehende Gebäude der Gemeinde trägt die Jahrzahl 1624 und steht an der Holzgasse (das sog. Dahlihaus). Ein weiteres aus einem Holzbau bestehendes steht hinter dem «Rössli» mit den Initialen H 1655 I. Erbauer dürfte der damalige Mitbürger Hanns Imhof sein. (Das Haus ist heute unbewohnbar.) Um bei diesem Häusertyp ins Innere zu gelangen, musste eine hohe Türschwelle, genannt Selle, überschritten werden, worauf man den tiefer gelegenen Küchenboden betrat. Von der Küche aus führte eine Türe in die Wohnstube. Über dem Stubenofen befand sich in der Regel eine Dielenöffnung, das Ofenloch, durch welches im Winter Warmluft in die obern Räume – zumeist Schlafzimmer – geleitet werden konnte. Während noch im 17. Jahrhundert zum Bau der Häuser ausnahmslos Holz verwendet wurde, ging man später zu Mauerwerk über. Gegen Ende des 18. Jahrhunderts kamen zweistöckige Bauten aus Stein zur Ausführung. Noch heute kann man in der Holzgasse an der Dachform einiger Häuser erkennen, dass sie ursprünglich das typische «Aargauer Strohdach» trugen. Dieses wurde jedoch im Laufe der Zeit – heute würde man sagen: aus feuerpolizeilichen Gründen – durch ein Ziegeldach ersetzt. 1930 gab es in Hausen bereits kein einziges Strohdach mehr.
Über die Grösse des Dorfes herrscht für die Zeit bis 1500 absolute Unklarheit. 1529 fand erstmals unter der Berner Herrschaft eine Feuerstättenzählung statt. In Hausen wurden 5 Feuerstätten oder Familien und 9 Männer gezählt (Darunter ist nicht die «männliche Bevölkerung» zu verstehen, sondern die Zahl der Wehrpflichtigen). In einer zweiten Erhebung von 1558 wurden 7 Feuerstätten gezählt («Männerzahlen» feh-

len). Eine dritte erfolgte 1657, doch sind die Zahlen für das Eigenamt verlorengegangen. Bei der nachfolgenden, 1764, erfahren wir neben der Anzahl der Feuerstätten (bereits 60) erstmals auch die Zahl der Einwohner. Sie belief sich auf 246. Diese erste «bernische Volkszählung» gibt zudem auch einen Einblick in die Altersstruktur. Die erwähnten 246 Einwohner unterteilen sich folgendermassen:[33]
Knaben (unter 16 Jahren): 49 – Männer (zwischen 16 und 60): 76 – (61 und mehr): 3
Mädchen (unter 13): 43 – Frauen (zwischen 14 und 50): 64 – (über 50): 6
Dem aufmerksamen Beobachter wird aufgefallen sein, dass sich zahlenmässige Unstimmigkeiten ergeben. Dies hat einen einfachen, für uns unerklärlichen Grund: «Verwitwete» wurden altersmässig *nicht* erfasst; sie fehlen deshalb in der «Altersstatistik».
In der «Helvetischen Volkszählung von 1798» werden 30 Wohnhäuser genannt (hier fehlen leider die genauen Zahlen der Einwohner, da sie gesamthaft für die Kirchgemeinde gezählt worden waren), in der «Aargauischen Volkszählung von 1803» deren 34 mit 70 «Haushalten».
Wer es genau wissen will: In den 70 «Haushalten» wohnten 186 Männer, davon 111 ledige, 200 Frauen, davon 124 ledige, 2 männliche und 3 weibliche Dienstboten. Im weiteren waren 141 Männer und 13 Frauen «abwesend». Leider gibt die Statistik keine Angaben über Warum und Weshalb.[33]
Das 1809 erstellte Lagerbuch oder Feuer-Assekuranz-Register der Gemeinde gibt erstmals auch über die Bauweise Auskunft. Darin sind verzeichnet:

24 einstöckige, hölzerne Strohhäuser (50 Wohnungen)
2 einstöckige, hölzerne mit Ziegeldach (2 Wohnungen)
3 einstöckige, steinerne mit Strohdach (3 Wohnungen)
4 einstöckige, steinerne mit Ziegeldach (6 Wohnungen)
8 zweistöckige, steinerne mit Ziegeldach (11 Wohnungen)
1 dreistöckiges, steinernes mit Ziegeldach (1 Wohnung) «Rössli»
das ergab 42 Wohnhäuser mit 73 Wohnungen.

Zwanzig Jahre später wurden bereits 58 Häuser mit insgesamt 102 Wohnungen verzeichnet, was auf ein erhebliches Wachstum hinweist.
Während langer Zeit dürften wohl die Häuser an der Holzgasse das eigentliche Zentrum gewesen sein, später gefolgt von einer Häusergruppe im

Unterdorf. Die sog. Hauptstrasse wurde schon 1494 erwähnt. Inwieweit sie aber bereits von Häusern umsäumt gewesen war, entzieht sich der Kenntnis. Sicher ist nur: Dem Süssbach war nie die Rolle eines Dorfbaches zugekommen, die Häuser orientierten sich einzig nach den Strassen. Um 1800 herum erbaute ein Bürger von Hausen in der Gabelung zwischen Rütenen- und Hauserstrasse (heute Garage Baschnagel) ein Häuschen, das während Jahrzehnten das einzige zwischen Hausen und Windisch sein sollte.[(8/31)] Noch heute beginnt dort, beim jetzigen Kreisel, die Hauptstrasse von Hausen, die sich auf einer Länge von zwei Kilometern bis ans südliche Ende zieht. Ihr entlang entstanden, an der Westseite in beinahe regelmässigen Abständen, sog. Dreisässenhäuser, traufseitig zur Strasse stehend, die alle die gleiche Einteilung aufwiesen: Im Süden der gemauerte zweistöckige Wohnteil, nach Norden Tenn und Stall in Holz, alles unter durchlaufendem Satteldach.[(67)] Vor dem Wohnteil wurde der Garten angelegt, der Stolz der Bäuerin, vor dem Stall der Misthaufen, Stolz des Bauern (je grösser er war, um so mehr Kühe konnte er sein eigen nennen). Hinter dem Haus befand sich der Baumgarten, dahinter meistens ein Teil des beackerten Landes, was – fälschlicherweise zur Versuchung führt, die Dorfanlage als «alemannisches Strassendorf» zu betiteln. Noch bis in die sechziger Jahre des 20. Jahrhunderts schmückten diese Häuser, die zwischen 1806 und 1828 gebaut worden waren, die Strasse zwischen Kreuzweg und Dorfmitte, bis sie dann, eines nach dem andern, modernen Überbauungen weichen mussten.
Über die zahlenmässige Grösse des Dorfes in der Mitte des 19. Jahrhunderts gibt uns eine Umfrage der Militärdirektion des Kantons Aargau Auskunft, die diese auf «Weisung des Bundesrates» 1856 im Zusammenhang mit dem sog. Neuenburger-Handel durchführen musste:[60]

1.) Wieviele Einwohner sind in der Gemeinde?	*513 in 109 Haushaltungen*
2.) Wieviele Kirchen?	*keine*
3.) Wieviele Wohnhäuser?	*63*
4.) Wieviele Scheunen?	*56*
5.) Wieviele Ställe?	*68*

Was die Ausdehnung nach Süden betrifft, so ersieht man aus der Michaeliskarte von 1848[51], dass die letzten Häuser bei der heutigen Abzweigung Hauptstrasse/Hochrütistrasse standen. 1898 findet man zusätz-

lich noch zwei Häuser auf der Höhe des (heutigen) Restaurants Stollen. Doch im Laufe der Jahre wurden auch hier Häuser im oben erwähnten Stil erbaut, so dass bis zur Mitte des 20. Jahrhunderts westlich der Hauptstrasse 15 solcher Bauten anzutreffen waren. Auf der Ostseite lag der Fall insofern anders, als man sich der Geländeform anpassen musste. Die Strasse folgte seit jeher dem Fusse von Rothubel und Eitenberg, deshalb mussten die Häuser oft erhöht erbaut werden. Als Beispiel sei der einzige heute noch betriebene Bauernhof der Familie Renold erwähnt. In der Chronik von 1957 wurde stolz geschrieben: *Im Laufe des 19. Jahrhunderts der Landstrasse entlang erbaute stattliche Bauernhäuser geben der Gemeinde den Charakter eines hablichen Dorfes.*
Doch die erwähnte Idylle von Gärtchen ums Haus und stolzem Misthaufen vor dem Stall darf nicht darüber hinwegtäuschen, dass Hausen kein reiches Dorf gewesen war. Der Landvorrat war seit jeher sehr beschränkt, die meisten Bauern mussten Land auf dem Birrfeld bewirtschaften, was zu grösseren Umtrieben führte. Es war deshalb nicht verwunderlich, dass es, bis über die Mitte des 20. Jahrhunderts, im Dorfe viele sog. «Rucksäcklipure» gab: Zu Hause standen zwei oder drei Kühe im Stall, das vorhandene Land reichte gerade aus, genügend Heu zu beschaffen. Die eigentliche Arbeit auf dem Hof musste oft die Frau übernehmen, während der Mann nach der morgendlichen Stallarbeit nach Brugg zur Arbeit fuhr.

Die Industrialisierung von Brugg und Umgebung hat tiefschürfende Änderungen in der Bevölkerungsstruktur nach sich gezogen. Die ursprünglich bäuerliche, mit Handwerkern durchsetzte und mehrheitlich aus Ortsbürgern bestehende Einwohnerschaft hat der Überfremdung (Was würde dieser Chronist heute sagen?) *weichen müssen. Es zeigt sich dies am augenscheinlichsten am Südausgang des Dorfes, wo, angespornt durch das industrielle Unternehmen in Hausen, (*1928 Zementfabrik, ab 1936 Öl-Chemie), *entlang der Birrfeldstrasse* (Hauptstrasse) *und im Münzenstall (*Schreibweise 1957!) *neue Wohnquartiere entstanden sind. Andererseits stehen Scheune und Stall manch währschaften Bauernhauses leer.*[60]

Mit dem Bau des *Neuquartiers* in den fünfziger Jahren bahnte sich langsam ein Wandel an: Da tun sich wagemutig Handwerker von Hausen zusammen und bauen, fast könnte man sagen «auf Vorrat», zehn Häuser. Jeder muss eines an Zahlung nehmen und selber schauen, wie er es abbringt. Kurz darauf entstehen im Unterdorf, am damaligen Gehrenweg, vier Blöcke mit

sage und schreibe 48 Wohneinheiten. Einigem Kopfschütteln zum Trotz geschieht das Unerwartete: Die zehn Häuser werden mühelos verkauft, die 48 Wohnungen vermietet. Die «Neuzeit» hatte begonnen.
Noch rechtzeitig sorgte die Gemeinde mit Bauordnung (1955) und Zonenordnung (1960) dafür, dass nicht einfach wild gebaut werden konnte. Das Baugebiet der Gemeinde wurde in Zonen eingeteilt[78], wobei deren Erschliessung nach Bauordnung und geltenden Reglementen zu erfolgen hatte. Im Laufe der Jahre musste diese Ordnung den neuen Gegebenheiten angepasst werden (wenn man nur schon an das «Abenteuer Autobahn» denkt), aber die Grundregeln waren gegeben. Dass dem nicht zu früh war, zeigte die Tatsache, dass gleich zu Beginn der sechziger Jahre mit der Überbauung *Im Park* begonnen wurde. Da hier für das Ganze der gleiche Bauunternehmer/Architekt verantwortlich zeichnete, wurde eine schöne Einheit erreicht, die dem Quartiernamen Ehre machte. In der Zwischenzeit fanden allerdings etliche «Änderungen» statt, über die hier nicht diskutiert werden soll.
Gleichzeitig mit dem Einsetzen des Baubooms in Hausen begann sich auch die Einwohnerstruktur zu verändern. Es ist müssig, festzustellen, wer wen hervorgerufen hat, das Ergebnis bleibt das gleiche:
Die eingangs erwähnten Bauernbetriebe, die teilweise mehr schlecht als recht rentierten, wurden einer nach dem andern aufgegeben. Diese Tendenz beschleunigte sich durch die Industrialisierung des Birrfeldes, beackerten doch nicht wenige Hausemer Bauern Land dort draussen, das nun von der Industrie beansprucht wurde. Auch im Dorf selber mochten die in die Höhe schnellenden Bodenpreise zu dessen Veräusserung verlockt haben. Zwar gelang es der Gemeinde vorerst, durch klug gesteuerte Landkaufpolitik den Interessenten Parzellen zu vernünftigen Preisen anbieten zu können. Doch ist und bleibt die Landreserve in Hausen nicht unerschöpflich. Dazu kommt noch, dass man bei der Zonenplanung relativ grosse Gebiete zur Einfamilienhauszone geschlagen hat, die «pro Einwohner» viel Land beansprucht.
Kaum hatte man den Zonenplan unter Dach, musste an die Ausarbeitung von Überbauungsplänen geschritten werden: 1964 «Stück» (Mehrfamilienhauszone), 1966 «Süessmatt/Letten» (Einfamilienhäuser), 1969–1971 Sohrenmatt/Ehebrunnen/Rüchlig (do.) ... Die Liste könnte fortgesetzt werden bis 1993 «Hausen West». Da man sich dabei auf die Prognosen der damaligen Regionalplanungsgruppe Birrfeld/Brugg stützte, wurde sehr viel

Das Dahli-Haus an der Holzgasse 13 (erbaut 1624). Hans Dahli, der letzte Vertreter des Hausener Ortsbürgergeschlechts Dahli, wohnte neben den Familien Albert Senn-Haller und Wirth (vor Wirth: Familie Karl Schatzmann) in diesem Haus. In einer kleinen Wohnung auf der Südseite des Hauses lebte Ida Widmer, eine Schwester des Hüener Anni. Foto März 1999, H. Fischer.

Land «eingezont», weshalb es in den letzten Jahren zu einer «Rückzonung» kommen musste.

Entsprechend beeindruckend ist auch der Anstieg der Einwohnerzahl. Hier nur eine kleine Auswahl:

1950: 826 E.; 1960: 1152 E.; 1964: 1272 E.; 1966: 1435 E.; 1980: 1692 E. ... im Herbst 1998 wurde der 2500. Einwohner willkommen geheissen!

Diese nüchternen Zahlen mögen erahnen lassen, dass in Hausen ein Wandel stattgefunden hat, der sich nicht mit dem Bau von Häusern begnügen konnte, sondern seine Auswirkungen weit in das tägliche Dorfleben zeigte, sei es infrastrukturell, kulturell oder namentlich auch politisch.

Dieser Wandel zeigt sich notgedrungen nicht nur im Entstehen von neuen Quartieren auf bisher von der Landwirtschaft genutztem Gebiet, sondern auch im Verschwinden von alten Liegenschaften. Dies vor allem längs der Hauptstrasse. Denn mit dem Land wurde natürlich auch das dazugehörende Haus verkauft. So fielen der Überbauung im Unterdorf gleich drei prak-

Haus Strössler an der Hauptstrasse, etwa anstelle des Gebäudes Hauptstrasse 2, gegenüber dem Gewerbegebäude der Firma Knecht. Das Strössler-Haus galt als eines der schönsten Aargauer Bauernhäuser in weitem Umkreis. Es wurde 1979 abgebrochen. Diasammlung der Ortsbürger.

tisch nebeneinander stehende «ehemalige» zum Opfer, was das übriggebliebene «alte» Haus des Velohändlers fast als Fremdkörper erscheinen lässt. Andere wieder mussten mehr oder weniger einschneidende Umbauten über sich ergehen lassen, die von der «kleinen Nutzungsänderung» bis zur «totalen Aushöhlung» (mit nicht unbedingt geplantem Einsturz der restlichen Mauern) reichten. Es sei hier nicht verschwiegen, dass auch zwei sog. *öffentliche Bauten* (Meyerschulhaus und Mehrzweckhalle) keine Ausnahme machten.

Buchstäblich einschneidender waren die Eingriffe im Dorfzentrum. Dort trugen die Bagger einen ganzen Hügel samt dem daraufstehenden Hof ab. (Die alten Hausemer erinnern sich sicher noch an den «Hubelisenn».) Doch hier stand in erster Linie die kantonale «Strassen-Führungs-Politik» Gevatter und nicht unbedingt der Huser Hof. Auch *Huser Forum* und die Überbauung *Rösslimatte* «ersetzen» zwei stattliche Bauernhöfe.

Weniger auffällig entstand die Überbauung *Mitteldorf,* weil sie nicht an die vorderste Front zu liegen kam. Dafür darf sie sich rühmen, die dorfeigene Alterssiedlung miteinbezogen zu haben, die ihre Bewohner mitten im Dorfleben wohnen lässt. Dasselbe kann man auch von Hausens «jüngstem Kind», dem regionale Behindertenwohnheim sagen, das nicht einfach *irgendwo,* sondern *mitten unter uns* zu stehen gekommen ist.
Sind in den letzten Jahrzehnten der Hauptstrasse entlang und westlich davon in erster Linie «Wohnblock-Quartiere» entstanden (mit Betonung auf *Wohnen* und weniger auf *Block*), so finden sich östlich, am Hang, Einfamilienhäuser. Mag in einzelnen Fällen deren architektonische Vielfalt etwas überraschen, so bekommt man beim Betrachten allgemein das Gefühl: Hier lässt sich gut leben.
Aus dem ehemaligen Bauerndorf ist eine moderne Wohngemeinde geworden, die, zwar zwischen zwei Ballungszentren – Brugg/Windisch im Norden und Birrfeld im Süden – eingeklemmt, ihre Selbständigkeit zu wahren weiss, wenn auch, dies sei hier nicht verhehlt, dieses «Eingeklemmtsein» seinen Preis hat: Die Einkaufsmöglichkeiten sind beschränkt: «Man muss sehr oft auswärts gehen.»
Mit der immer grösser werdenden Ausdehnng der Wohnzonen tauchte bald die Frage nach Orientierungshilfen auf. Wohnte man früher einfach entweder «im Ausserdorf», «im Unterdorf» oder «in der Holzgasse», so genügte dies bald nicht mehr. Auch die Hausnummern brachten mehr Verwirrung als Hilfe, waren es doch immer noch die Gebäudeversicherungsnummern, die an den Hauswänden prangten. Es galt, die Strassen mit Namen zu versehen. Etliche waren sicher mit den Flurnamen gegeben, doch dies genügte bei weitem nicht. Es galt also, die Phantasie walten zu lassen. Hier eine kleine Gedächtnisstütze: Blumen findet man im Sooremattquartier, Vierbeiner im Letten und Gebirgsnamen dort, wo man die entsprechenden Berge eigentlich auch sehen sollte: an der Sonnhalde. Gerade Zahlen sind in Numerierungsrichtung auf der rechten, ungerade auf der linken Strassenseite. Und sollte einmal eine Nummer fehlen, so komme man ein paar Jahre später wieder, dann steht dort sicher ein neues Haus.

Hausen und seine Strasse

Schon zur Römerzeit ... – Strassenbau 1779 – Der Verlauf der Hauptstrasse ist seit eh und je der gleiche – Der Südbahngraben erfordert eine Brücke – Neuer Strassenbau 1936 – Hätte man doch ... – Der Verkehr überschwemmt das Dorf – Die verschiedenen Ausbauvarianten des Kantons – Weder «Obendurch» noch «Untendurch» – Endlich: Umfahrung.

Wenn man in den fünfziger Jahren durch Hausen fuhr, so bekam man das Gefühl, dass das Dorf eigentlich nur aus einer unendlich langen Strasse bestand. In der Tat, vom (heutigen) Kreisel Baschnagel bis zum Südausgang sind es ganze zwei Kilometer, während die Holzgasse (damals) einen Achtel davon ausmachte. Man kann sogar noch weiter gehen: Mit ziemlicher Sicherheit hat es in diesem Gebiet eine Strasse gehabt, bevor Hausen überhaupt bestanden hatte. Funde haben ergeben, dass schon zur Römerzeit eine Strasse durch das Tal von Vindonissa südwärts führte.[36] So wurden längs der Hauserstrasse in Windisch Überreste von Skelettgräbern gefunden. Bemerkenswert war, dass sich eines der Gräber ins 2./3. Jahrhundert, also in die militärlose Zeit, datieren lässt. Möglich ist, dass diese Strasse ursprünglich mehr dem Verkehr zum Amphitheater diente und erst später, nach dem Abzug des Militärs, sich zu einer Ortsverbindungsstrasse nach dem Vicus im heutigen Lenzburg entwickelte. Funde in Hausen, eine ähnlich beschaffene Strasse mit spitzem Entwässerungsgraben und Fussweg und am Südende (in der Nähe des Laborgebäudes der ehemaligen Reichhold-Chemie) ein nach Birrfeld weisender Strassenzug, der die Wiesen durchläuft, lassen darauf schliessen. Ebenso stiess man in der «Gässlimatt» auf die Steinpackung einer römischen Wegbefestigung, bei der es sich um eine Furt gehandelt haben könnte.
Aus späterer Zeit findet man ebenfalls Hinweise auf die Hausemer Landstrasse. So geriet die Stadt Brugg mit Königsfelden in Meinungsverschiedenheiten über den Unterhalt der Strasse in Hausen; jede Partei hielt diesen für eine Pflicht der andern. Am 10. Oktober 1494 entschied Bern, dass Königsfelden dafür zu sorgen habe.[5]

In der alten Dorfchronik finden sich auch Hinweise auf den *Strassenbau:*
«Im Jahre 1779 wurde die Landstrasse von Brugg nach Bern erbaut. Das Eigenamt musste dieselbe anlegen und unterhalten vom March zwischen Holderbank und

Birrlauf (Schinznach-Bad) *bis zur Linden bey Brugg, und von da bis zur Reuss am Fahr Windisch. Der Antheil der Gemeinde Hausen war die Strecke von der Linden* (heute Neubau Vögele bei der NAB in Brugg!) *auswärts bis zu der neuen Brücke, 150 Schuh über den Fussweg, der von Altenburg über die Reutenen hinaufgeht.* Für den Orts- und Geschichtsunkundigen sei hier ergänzt, dass die Grenze zwischen der Stadt Brugg und den umliegenden Gemeinden während Jahrhunderten bei dieser (Gerichts-)Linde lag und erst nach der, von eingefleischten Windischern noch heute bedauerten Gebietsabtretung für die Erstellung des Bahnhofs Brugg über das heutige Bahnhofgebiet hinaus verlegt wurde. *Nebst dessen musste die Gemeinde Hausen die Landstrasse durch das Dorf, von Hans Jakob Hartmann Friedlis Haus* (es lag im Gebiet der heutigen Garage Baschnagel) *bis zur Birrfeldmatt machen, bis ins Jahr 1808.*
Es verwundert eigentlich, mit welcher Selbstverständlichkeit dies aufgeschrieben wurde, denn dies hier erwähnte Teilstück, das man den Hausemern «aufbrummte», liegt ziemlich weit vom Dorf entfernt

Im Jahr 1808 wurde die Strasse von Königsfelden durch Hausen, über das Birfeld nach Braunegg und weiters, ganz neu gemacht. Die Gemeinde Windisch und Oberburg erhielt zu ihrem Antheil, von Königsfelden, bis zu Hs. Jakob Hartmann, Friedlis Baumgart, zu Hausen. Von da die Gemeinde Habsburg 1550 Schuh hinauf, die zwischen Hs. Konrad Schatzmann und Hs. Jakob Hartmann, Lienis Haus. Von da hinauf bis an den Gemeindebezirk Lupfig 4050 Schuh und darüber 4229 Schuh.

1815 *May 30: Wurde der Gemeinde Hausen ihr Strassenantheil von der grossen Landstrasse von Brugg gen Arau, abgenommen, und dagegen müssen wir übernehmen, von der Strasse von Königsfelden über das Birfeld: Unten von des Hs. Jakob Hartmann Friedlis Baumgart, bis 20 Schuh herwärts dem Gemeindemarch Lupfig.*

Schuh im ganzen	*5500*
Und von der Landstrasse nach Meligen	*2500*
Summe	*8000*

1820 *Hornung 27: Wurde von Ammann Schaffner den Gemeinderäthen und der ganzen Gemeinde zur Anzeige gebracht, dass sie ungesäumt die Strassenarbeiten vornehmen sollen.*

Der Gemeinde Hausen wurde schon im Jahre 1828 von der Hohen Baukommission als Strasse dritter Klasse, oder als Nebenstrasse die Strecke vom Rösslíwirtshaus hinauf durch die Holzgass, bis an Twing Scherz, zugeteilt. Breit 15 Schuh (3 Meter) *über das Feld. Die Gemeinde musste den Anstössern das benötigte Land aufkaufen und zahlte per Quadratschuh.*

25. April 1833 (aus den Gemeinderatsverhandlungen):

Der Gemeinderath Hausen an das Bezirksamt Brugg:

Wegen Erweiterung der Ortsverbindungsstrasse auf 15 Schuh (3 Meter) *waren wir gestern mit den Landbesitzern auf der Strassenstrecke gewesen, um solche auszumarchen, einiche Besitzer weigerten sich aber eine Marchung einzugehen wegen Verlust von etwas Land, und deshalb konnte keine Marchung statthaben, welches wir ihnen pflichtgemäss anzeigen und dabei um fernere Weisung bitten.*
1839 wurde die (Holzgass-)*Strasse reguliert, deren Fussgehalt auf 4350 und vom Staat für einen Strassenwärter per Jahr Fr. 21 Rp. 75 bestimmt. No. der Strasse 111.*
Vor dem Bau der aarg. Südbahn führte die Holzgassstrasse über eine Furt mit einem Fussgängersteg über den Süssbach. Der Bahnbau brachte die Erstellung einer Brücke über den Einschnitt. Ihr folgte 1893 auch eine Strassenbrücke als Ersatz für Furt und Steg.

Neuer Strassenbau (1935/36)[60]
Wegen des zunehmenden Durchgangsverkehrs von Motorfahrzeugen aller Art durch unser Dorf und der damit verbundenen und unerträglich gewordenen Staubeinwirkung drängte sich eine Korrektion der Landstrasse auf. Auf Ersuchen des Gemeinderates entschied die Baudirektion in Aarau in positivem Sinn, schlug aber vor, vorgängig eine Süssbachkorrektion durchzuführen, damit, wie sie ausführte, «nicht mehr alles Wasser vom Restaurant Stollen her zur Holzgasse und von da in den Süssbach abfliessen muss».
In Verbindung mit einer Entwässerung wurden die Strasse entlang und auf diese verteilt vier Ablaufstränge in den Süssbach vorgesehen. Die Gesamtkosten für die Verbreiterung der Landstrasse auf sieben Meter mit Teerasphaltschotter, Entwässerung und Süssbachkorrektion wurden von der Baudirektion mit Schreiben vom 4. Dezember 1934 an den Gemeinderat auf Fr. 200 000.– veranschlagt, wovon 78 Prozent auf den Staat und 22 Prozent zu Lasten der Gemeinde entfallen. Die Ein-

Hausens wohl älteste «Querstrasse»: Die Holzgasse, wie sie sich heute darbietet. Foto L. Berner.

wohnerversammlung vom 29. Januar 1935 stimmte der Krediterteilung in der Höhe von 44 000 Franken an den Gemeinderat zu. Ein Antrag auf gleichzeitige Erstellung eines einseitigen Gehweges wurde von der Versammlung mehrheitlich verworfen. (Es darf hier nicht vergessen werden, dass der oben erwähnte Kredit, den die Versammlung bewilligte, zu jener Zeit fast 20 Prozent eines Jahresbudgets von Hausen ausmachte!) *Nach Auffassung der Baudirektion, die sich der Gemeinderat zu eigen machte, ist der Einbau eines Trottoirs in die auf 7 Meter verbreiterte Strasse in einem späteren Zeitpunkt immer noch möglich.*
Die Arbeiten für die Süssbachkorrektion wurden 1935, diejenigen für die Strassenkorrektion mit Oberwasserkanalisierung 1936 durchgeführt.
Im Anschluss an die Korrektion der Landstrasse M erhielt der Gemeinderat von der Gemeindeversammlung einen Kredit von Fr. 5000.– bis 6000.– für den Ausbau und Staubfreimachung der OV-Strasse durch die Holzgasse bis zur Abzweigung nach Tannhübel.

«Durchblick» vom Behinderten-Wohnheim auf die Hauptstrasse in Richtung Norden. Foto L. Berner.

Nun dreissig Jahre später hätte man sich wohl innig gewünscht, der damals in Erwägung gezogene Gehweg wäre 1935 realisiert worden. Durch die zu Beginn der sechziger Jahre einsetzende Industrialisierung des Birrfelds nahm der Durchgangsverkehr in Hausen schlagartig zu. Nicht nur der Pendlerverkehr «belebte» die Hauptstrasse, auch die Schwertransporte (insbesondere der BBC/ABB) mussten durch das Dorf geleitet werden, da es die einzige Verbindung zwischen Baden und dem Birrfeld ohne Höhenbeschränkung war. Schon bald machte sich die Gemeinde daran, den in den dreissiger Jahren versäumten Gehweg längs der Strasse zu verwirklichen, was sich aber als wesentlich schwieriger erwies, als dies seinerzeit geglaubt wurde. Trotz des verdienstvollen Entgegenkommens der Landbesitzer, musste Stück um Stück erkämpft werden, und das Ganze blieb ein Provisorium, von dem man nie recht wusste, ob es vollwertiges Trottoir, Gehweg oder Geh- und Fahrweg war.

Blick in die Holzgasse. Anlässlich des Holzgassfestes 1993. Foto L. Berner.

Da die Errichtung eines Gehwegs nur auf der Westseite der Hauptstrasse möglich war und ein Überqueren unterwegs schon bald «lebensgefährlich» wurde – namentlich für die Kinder –, ging man an der Ostseite daran, «Schleichwege» zu erstellen, die nun nicht direkt an der Strasse lagen, sondern meistens den Liegenschaftsgrenzen entlang verliefen, was oft einen Zickzackverlauf ergab, der bei den Schülern sehr beliebt war. Es soll solche gegeben haben, die für den Heimweg (manchmal auch für den Schulweg!) ein etliches Mehr an Zeit brauchten, als unbedingt nötig war.

Verschiedentlich wurde vom Kanton (die Hauptstrasse war ja bisher Kantonsstrasse) ein Ausbau erwogen, zum Teil auch im Zusammenhang mit dem Bau der A3, von der noch besonders die Rede sein wird. Nun bedeutet «Ausbau» automatisch «Verbreiterung». Einmal sollte diese an der Ostseite, dann wieder an der Westseite der Strasse erfolgen. Im Bereich des Zentrums, beim «Rössli», plante man eine grosse Strassenkreuzung mit Lichtsignalanlage, Abbiegespuren und Verlegung der Einmündung der

Eine Frau aus dem Birrfeld bringt ihre Ware zum Markt in Brugg. Aufnahme vor der Scheune des Restaurants Rössli, heute Kiosk. Foto um 1960, L. Berner.

Lindhofstrasse. Der Kanton ging deshalb daran, vorsorgliche Häuserkäufe zu tätigen, um später freie Hand zu haben. (Eine indirekte Folge davon sind die Entstehung des «Huser Hofes» sowie der damalige Neubau der Metzgerei.)

Als eines der Hauptprobleme gestaltete sich die Überquerung der Hauptstrasse. Zwar standen hier in Hausen, als fast erste im Kanton, Schülerlotsen, die die Kinder über die Strasse geleiteten. Im Laufe der Jahre aber vergrösserte sich die Gefahr auch für diese Lotsen. Und da sich, trotz verschiedener Aufrufe, keine Erwachsenen für diesen Dienst meldeten, musste darauf verzichten werden. Es wurde nach neuen Lösungen gesucht. Eine davon war die Errichtung einer Passerelle vom Schulhausplatz über die Hauptstrasse. Dabei musste aber eine Lichthöhe von fünf Metern eingehalten werden, damit die Grosstransporte nicht behindert wurden. An der Gemeindeversammlung vom 17. Dezember 1981 stimmte man der Passerelle mit grossem Mehr zu (116 Ja gegen 21 Nein). Gegen diesen

Beschluss wurde in der Folge das Referendum ergriffen, und bei der darauf folgenden Urnenabstimmung ging es mit ihr mit deutlichem Mehr «bachab». Nachdem das «Obendurch» abgelehnt worden war, ging man daran, ein «Untendurch» zu planen, kam aber zu keiner vernünftigen Lösung. (Kritische Stimmen behaupteten, beide Varianten würden von den Leuten sowieso nicht benutzt ... ein Argument, dem man beim Betrachten des Fussgängerverhaltens bei Zebrastreifen eine gewisse Berechtigung nicht absprechen darf...) In der Zwischenzeit wurde die geplante Bünztalstrasse im Zusammenhang mit der N3 weiterbearbeitet und sollte auf dem Gemeindegebiet Hausen als Neuanlage die bestehende K118 ablösen = Umfahrung.[70] Aus diesem Grunde wünschte der Gemeinderat, dass der Knoten «Rössli» in reduzierter Form projektiert werde. Dieses Projekt sah den Ausbau mit beidseitigen Gehwegen und zwei Busbuchten (bei der Post) vor. Dazu sollte zum Schutz der Fussgänger eben oben erwähnte Personenunterführung erstellt werden. Ob es Optimismus oder Weitsicht gewesen war, mag dahingestellt sein, aber man verzichtete auch auf die Unterführung wie man auf die Passerelle verzichtet hatte, was sich heute als durchaus vernünftig erweist.
Die Leidensgeschichte des Hausemer Strassenverkehrs hatte mit dem 17. Oktober 1996 ein vorläufiges Ende, denn an diesem Tag wurde die «Umfahrung Hausen» (zusammen mit der A3 Birrfeld–Frick) eingeweiht. Der Durchgangsverkehr durch das Dorf nahm schlagartig ab. Eine Verkehrszählung im Februar 1997 ergab eine Verminderung um 53 Prozent gegenüber dem Vorjahr. Der Gerechtigkeit halber sei doch erwähnt, dass sich der Verkehrslärm genau genommen nur westlich verschoben hat und zusammen mit der Bahn etliche Dezibel von sich gibt, um deren Verringerung man wohl bemüht ist, den Lärm ganz eindämmen zu können allerdings Wunschtraum bleiben wird. Und wenn auch Lärmschutzwände keine landschaftliche Zierde darstellen, so bringen sie doch etwas Linderung. Eines ist sicher: Der Hauptstrasse entlang durch das Dorf hätte man sie nie aufstellen können.

Hausen und die Autobahn – oder: «Hausens über dreissigjähriger Krieg»

Kurzfassung einer fast «unendlichen» Geschichte

Wenn man heute, ganz am Ende des 20. Jahrhunderts, auf die beinahe «idyllisch» anmutenden Verkehrsverhältnisse in Hausen schaut, ahnt man kaum, welches «Damoklesschwert», poetisch ausgedrückt, vor vierzig Jahren über diesem Dorf zu schweben begann. Darauf ins Detail einzugehen, würde allein fast ein Buch ausmachen und den Rahmen dieser Chronik ganz eindeutig sprengen. Deshalb soll hier eine fast blitzlichtartige Zusammenfassung genügen:
Vorspiel: Am 5. April *1957* fand in Lupfig eine Diskussionstagung betreffend Autobahnen im Raume Brugg – Birrfeld statt. An dieser wurden der Regionalplanungsgruppe Birrfeld die drei möglichen Varianten der N3 vorgeführt, aber gleichzeitig erklärt, dass sowohl Limmattal- wie Reusstalvariante wegen allzugrossen Widerstandes der Stadt Baden nicht in Betracht gezogen würden und dass sich die Planungskommission mit 21:1 Stimmen für die Birrfeldvariante entschieden hätte: Birrhard – Eitenberg – Hausen – Tunnel Galgenhubel – Aareüberquerung – Bözberg. *In der kantonalen Kommission seien nur (!) die landwirtschaftlichen Vertreter gegen die Birrfeldvariante gewesen...* In der anschliessenden Diskussion waren die meisten Vertreter mit dem Vorschlag einverstanden, *weil ihre Gemeinde nicht direkt betroffen werde...* Zu den Befürwortern gesellte sich (damals) auch Dr. Killer von Baden, der als Präsident der Regionalplanungsgruppe Nordwestschweiz anwesend war. Zehn Jahre später wird er dann anders in Erscheinung treten! Windisch *könne sich nicht äussern, solange der Verlauf der Zufahrtsstrasse nicht feststehe* (sic!). Skeptisch gaben sich einzig Birrhard und Mülligen, während Hausen eindeutig gegen die Birrfeldvariante auftrat. Dessen Gemeindeammann, zugleich Vorsitzender der Tagung, zeigte sich *betrübt und bedauerte, dass die nicht betroffenen Gemeinden sich mit den andern nicht solidarisch erklärt haben...*[84] (Ende des Vorspiels).

1959 legte die eidgenössische Planungskommission den Entwurf für ein schweizerisches Nationalstrassennetz vor. Das Projekt der N3 Basel – Zürich sah zwei kurze Scheiteltunnels bei Linn und am Galgenhübel sowie eine tiefliegende Aaretalüberquerung nördlich von Villnachern vor. Das sah, auf den ersten Blick, ganz harmlos aus. Doch die Befürchtungen von 1957 schienen sich zu realisieren. Schaute man nämlich genauer hin, so stellte man fest, dass das besagte Trassee, von Mülligen her kommend (der Bauernhof Schatzmann musste zum vornherein weichen), nördlich der Reichhold-Chemie das Hausertäli durchquerte und beim Baugeschäft Stocker Richtung Galgenhübel im Wülpelsberg «verschwand». Das Dorf wäre entzweigeschnitten worden. Eine interne Zählung ergab, dass jeder achte Einwohner materiell davon betroffen würde. Der Gemeinderat unter der Führung des damaligen Gemeindeammanns Lutz reagierte rasch und (Zitat E. Klöti, damaliger Gemeindeschreiber):[30] *... in einer Zeit, als der Steuerfranken noch dreimal umgedreht wurde und selbst die Anschaffung einer Schreibmaschine für die Gemeindekanzlei ein gemeindeversammlungswürdiges Traktandum war, bewilligte die Gemeindeversammlung einhellig einen Kredit, um für die Gemeinde eine verträgliche, weniger einschneidende Lösung zu erwirken.* Und zwar engagierte man nicht einfach irgend jemanden, sondern beauftragte das Ingenieurbüro Biermann in Lausanne, welches die erste schweizerische Autobahn am Genfersee geplant hatte. Dieses Vorgehen schien irgendwie Eindruck zu machen, denn *1960* lagen bereits drei Varianten vor:

1. Variante «Gemeinde» vom Mai 1960, von Ing. Biermann, Lausanne;
2. Variante «Kanton» vom Juli 1960, von Rapp AG Basel (dem offiziellen N3-Planer);
3. Variante «Ohne Tunnel» vom Dezember 1960, von Rapp AG Basel.

Auf die einzelnen Details einzugehen, würde hier zu weit führen. In einem Brief der aargauischen Baudirektion vom 1. Dezember

1961 wurde festgestellt:[7] *Jede dieser Varianten, bei denen die Linienführung an der Nationalstrasse zum Teil wesentlich voneinander abweicht, hat gewisse, mehr oder weniger grosse Nachteile, sei es in verkehrstechnischer, baulicher, gestalterischer, wirtschaftlicher, ästhetischer oder anderer Hinsicht (!).*

Deshalb wurde durch das Büro Rapp eine vierte Variante ausgearbeitet, bei der die Strasse dem Scherzberg entlang an den Rand gedrückt wurde, damit das Dorf nicht mehr diagonal durchschnitten würde. Es muss hier festgestellt werden, dass es bei all diesen Varianten immer nur um das «Problem Hausen» ging, und es sei lobend erwähnt, dass sich der Kanton sehr Mühe gab, innerhalb der relativ eng gesteckten Möglichkeitsgrenzen von damals das Beste herauszuholen. Auch die Gemeinde ihrerseits war bemüht, nicht einfach das «Sankt-Florian-Prinzip» aufkommen zu lassen und den Nachbargemeinden den Schwarzen Peter zuzuspielen. Das war auch der Grund, weshalb nur Hausen in den ersten Jahren gegen das N3-Projekt opponierte. In den nun folgenden, jahrelangen Auseinandersetzungen mit dem Projekt N3 spielte der Fall Hausen nur noch sekundär eine Rolle, obschon das Dorf bei jeder Projektänderung automatisch davon betroffen wurde.

1963 Die generellen Pläne lagen vor, wurden aber nicht aufgelegt.

1964 Bei den Projektplänen vom 10. März 1964 suchte man, um die beiden Tunnelbauten zu vermeiden, ein teilweise neues Trassee: Stichwort «Hochbrücke» (40–50 Meter hoch, 1700 Meter lang). Die Autobahn konnte in Hausen nochmals etwa 30 Meter weiter von der Ortschaft weggeschoben werden, dafür kam das Dorf in den Genuss eines Vollanschlusses (vorgesehen beim Baugeschäft Stocker).
Zwischenbemerkung: Es darf nicht vergessen werden, dass die Autobahn nicht das einzige war, was das Dorf beglücken würde. Das 500 Meter breite Hausertäli musste noch eine Verbreiterung der SBB-Strecke auf zwei Geleise, eine Industriestrasse vom Birrfeld zum Hafen Brugg – Sie haben richtig gelesen: zu jener Zeit war immer noch die Rede von der Schiffbarmachung von Rhein und Aare von Basel bis Brugg (sie wurde später durch die sog. Bünztalstrasse ersetzt) - und natürlich den Ausbau der Hauptstrasse zur Zufahrtsstrasse zur Autobahn (noch bis in die achtziger Jahre aktuell) schlucken.

1965 Bei einer Orientierungsversammlung über die Nationalstrassen im Bezirk Brugg wurden zum ersten Mal beide Varianten: «Tunnel» (Galgenhubel) oder «Viadukt» (= Galgenhubeleinschnitt) von Kantonsingenieur und Baudirektor vorgestellt. Dabei konnte man auch vernehmen: *Der Gemeinderat Hausen schlägt der nächsten Gemeindeversammlung vor, die grundsätzliche Ablehnung der Autobahn aufzugeben, da keine Möglichkeit einer Führung über Schinznach-Bad besteht.*[73]

1967 begannen sich die Dinge zu überstürzen:[77] Im Januar wurden Behörden und Presse offiziell über das generelle Projekt Autobahn Frick – Birrfeld orientiert: *«Eine grosse Brücke in einer grossen Landschaft in der*

Brückenstadt Brugg.» Die Gemeindebehörde von Hausen hat – ohne allerdings vorher ausdrücklich den Souverän zu befragen, wozu sie auch nicht genötigt war – zusammen mit den umliegenden Gemeinden dem Projekt Birrfeld–Hochbrücke–Bözberg zugestimmt, unter der Voraussetzung, dass der Galgenhübel mindestens teilweise untertunnelt werde.[73] Von wachsender Opposition gegen das Brückenprojekt unterstützt, machte sich Ing. Dr. Killer in Baden daran, eine ganz neue Variante vorzuschlagen: Bözbergdurchstich parallel zum SBB-Tunnel sowie eine teilweise überdeckte Dorfdurchquerung von Schinznach-Bad, was bald zur Neubelebung der Diskussion aufrief, auch in Hausen, wo an der ausserordentlichen Gemeindeversammlung im Dezember der Gemeindrat einstimmig beauftragt wurde, sich hinter das Projekt Dr. Killers zu stellen.[73] – Dieser Beschluss, bei dem sich die Gemeindeversammlung eindeutig in Opposition gegen den damaligen Gemeinderat stellte und diesen dazu verurteilte, einen Gang nach Canossa bzw. Aarau anzutreten – er hielt immer noch an seinem «Projekt Biermann» fest –, führte bei den folgenden Gemeinderatswahlen zu einem vollkommenen Wechsel, wenn es auch dazu drei Wahlgänge brauchte!

1968 Im September schlug R. Laur-Belart[35] ein «Projekt Mitte» vor: Tunnel unter dem Wülpelsberg und Bözbergtunnel. In der Folge wurde man je länger je mehr unsicher und versuchte, die Vorteile der verschiedenen Varianten gegeneinander auszuspielen. Auch kam es zu immer neuen, teilweise ganz unrealistischen Vorschlägen. So forderte zum Beispiel der Heimatschutz (sic!), dass die Hochbrücke um zehn Meter erhöht würde, damit die Einschnitte beim Galgenhübel und bei Linn weniger «einschneidend» wirken würden (was dazu geführt hätte, dass die Brücke, von der Kirche Umiken aus gesehen, über den Horizont zu liegen gekommen wäre).

1974 schwankte man noch immer zwischen der kostengünstigeren, aber landschaftsbeherrschenden Hochbrücken- und der teureren, aber verträglicheren Tunnelvariante. Ob die zwei strengen Winter, bei denen die Bözbergstrasse zu verschiedenen Malen wegen Schneeverwehungen gesperrt oder nur mit Ketten befahrbar war, mitgespielt hatten, ist nicht gewiss. Doch endlich

1978 war es soweit: Am 12. Januar reisten Tunnel- und Brückenkomitees zu Bundesrat Hürlimann, damit sie den Departementschef über die beiden

Lösungen der N3 orientieren konnten; gleichzeitig wurden Petitionen aus der betroffenen Region eingereicht.
Im März beendigte der Bundesrat den Variantenkrieg, indem er sich für den Tunnel entschied, und im Oktober entschloss sich der Regierungsrat für die Nordumfahrung des Bades Schinznach und ordnete an, dass das generelle Projekt für die N3 zwischen Bözbergtunnel und dem Anschluss Birrfeld auszuarbeiten sei.[9]

1980 genehmigte der Bundesrat das generelle Projekt, das dann auch, mit kleinen Abänderungen, zur Ausführung kommen sollte.

1982 öffentliche Auflage,

1987 definitive Genehmigung in Bern. Baubeginn.

1996 17. Oktober: feierliche Einweihung.

Zwischen 1980 und der Eröffnung der Autobahn verlagerten sich die Bemühungen Hausens immer mehr auf ein mögliches Eindämmen des Zubringerverkehrs durch Hausen (siehe Kapitel «Hausen und seine Strasse»). Sozusagen als Belohnung für, das darf ohne Selbstlob gesagt werden, den immer fairen Kampf, den Hausen während all dieser Jahre geführt hatte, um dem Dorf die bestmöglichen Lebensbedingungen zu schaffen, kam es zur Umfahrung entlang der SBB-Strecke. Die Ironie des Schicksals will es, dass es sich bei dieser Umfahrung um das einzige Stücke der seinerzeit geplanten «Bünztalstrasse» handelt, das nie umstritten war, während sich unsere nördlichen Nachbarn auch nach dreissig Jahren noch nicht einig sind, wie sie die Zufahrt gestalten wollen.
Im Rückblick kann gesagt werden, dass sich all die Bemühungen, auch in scheinbar aussichtloser Situation, während dieser 37 Jahre gelohnt haben, und, auch das soll hier erwähnt sein: Die heutige Generation schuldet den Ortspolitikern der sechziger Jahre grossen Dank, dass sie im richtigen Augenblick und gleich zu Beginn in das Geschehen eingegriffen haben.

Öffentliche Dienste und öffentlicher Verkehr

Post – Elektrizität und Gas – Kehrichtabfuhr – Der öffentliche Verkehr: Der Süssbach und die Südbahn – Hausen will keine Haltestelle – Vom privaten Busbetrieb bis zum Postautokurs 65.

Wohl besitzt Hausen eine zwei Kilometer lange «Hauptstrasse», auf der (bis 1996) die Autokolonnen nicht abreissen wollten. Wohl kommen die Hausemer seit 1882 in den Genuss, den Lärm rollender Eisenbahnzüge akustisch und vibrierend in sich aufnehmen zu können. Doch bis in die Mitte der fünfziger Jahre des 20. Jahrhunderts war der Name «Hausen bei Brugg» in keinem noch so detaillierten Fahrplan zu finden. (Höchstens, dies sei hier ehrlich zugegeben, während einer gewissen Zeitspanne im internen graphischen Fahrplan der SBB, wovon die Rede noch sein wird.) Im Klartext heisst dies: keine Haltestelle, kein Bahnhof, keine Postautolinie. Doch gehen wir schön der Reihe nach:
Hausens Strasse wird zwar schon früh erwähnt (Schon die alten Römer...), aber es handelte sich immer nur um eine Querverbindungsstrasse, die zwei Hauptachsen miteinander verband. Dazu kam, dass die geringe Grösse des Dorfes, das darf ohne Minderwertigkeitsgefühl gesagt werden, während langer Zeit ein Einbinden in den öffentlichen Verkehr und die öffentlichen Dienste nicht rechtfertigte. Erstmal ist 1835 davon die Rede:[9.3]

... Vor der Errichtung der neuen (Post-)Ablagen im Jahre 1835 wurden die Bezirksämter aufgefordert, ihre Vorstellungen ... bekanntzugeben. In der Antwort des Brugger Bezirksamtmanns stand, dass es von Vorteil wäre, in jeder Gemeinde des Bezirks eine Ablage zu errichten. Es sollten sechs Botenbereiche bestimmt werden, nämlich:

... Windisch / Oberburg / Hausen / Mülligen / Birrhard und Brunegg...
In ihrem Antragschreiben an die Regierung kritisierte die Oberpostdirektion insbesondere die «starke Zumutung» im Schreiben des Bezirksamts Brugg, wonach in jeder Gemeinde eine Postablage zu errichten sei, welche die Abgabe der Postgegenstände an das Publikum zu besorgen hätte. Sie vermerkt, dass hierfür der Bote zuständig sei.
1835 wurden im Bezirk Brugg folgende Postablagen errichtet: Birr, Hausen (1842 wieder aufgehoben), Lauffohr...

Nach dem allgemeinen Postreglement von 1830 sollte jedes Büro im Sommer morgens von 7 bis 11 Uhr und nachmittags von 13 bis 19 Uhr, im Winter eine Stunde weniger, dem Publikum offen stehen, und dies während aller Wochentage, also auch sonntags. (Man stelle sich das heute vor!)

In Hausen zählte man zu jener Zeit ungefähr 50 Wohnhäuser. Wen wundert's da, dass bei solchen Anforderungen seitens des Postreglementes die Ablage schon bald wieder aufgegeben wurde...
1881 begann man im Aargau mit der Errichtung von Telefonleitungen und öffentlichen Telefonstationen. Der Aufbau eigentlicher Telefonnetze setzte 1885 ein. In den «Brugger Neujahrsblättern 1899» findet man folgende Notiz:

1898 *31. Aug.: Im Bezirk Brugg sind bis heute 107 Telephonstationen zur Verfügung: ..., Birrenlauf 3, Brugg 65, Hausen 1, ... Lupfig 2, ... Windisch 7...*

Hausen zählte damals etwa 540 Einwohner (hundert Jahre später sind es 2500 Einwohner mit über 1200 Anschlüssen).
Noch bis weit über die Mitte des 20. Jahrhunderts war es bei der Post Sitte, dass der örtliche Posthalter auf dem Dorf den PTT die Lokalitäten zur Verfügung stellte. Hausen machte da keine Ausnahme. Er war «Post-Halter» im wahrsten Sinn. Das Büro befand sich im Parterre seines Hauses an der Holzgasse, das Paketlager im angebauten Schopf. Nur der eingebaute, offizielle Briefkasten und die mit einem Gitter verschliessbare Türe deuteten darauf hin, dass hier «etwas Besonderes» war. Später prangte dann noch die (damals) rote PTT-Tafel über dem Eingang. Er selber war in Personalunion Schalterbeamte, Brief-, Geld- und Paketträger. Entsprechend mussten auch die Öffnungszeiten der Post eingerichtet werden. Dazwischen galt es, am Morgen und am Nachmittag die Runde durch das Dorf zu machen (natürlich auch am Samstag). Gerade an dieser Runde liess sich die Entwicklung des Dorfes sehr gut beobachten. Anfang der fünfziger Jahre konnte sich der «Briefträger» noch erlauben, hie und da anzuhalten, um eine Auskunft zu geben oder sonst ein paar Worte zu wechseln. Mit der Zeit wurden seine Schritte immer gehetzter, galt es doch, rechtzeitig zur Schalteröffnung zurückzusein. Schon bald musste seine Frau aushelfen. 1957 war es dann soweit. Eines Tages folgte dem schwitzenden Pöstler ein gewichtiger «Offizieller» mit einem Messrad, um Weg und Zeit zu stoppen: Bald traf die

Bewilligung ein, einen Hilfsbriefträger einzustellen. Einige Zeit später wurde er durch einen «richtigen» Briefträger ersetzt, dem bald ein zweiter folgte. Der Posthalter selber konnte sich nun ganz dem Schalterdienst widmen (mit Ausnahme von Telegrammen und Expresssendungen, die er immer noch selber austrug). Aber auch dieser wurde immer aufwendiger und, namentlich mit der Zunahme der (nicht immer des Schreibens kundigen) Saisonarbeiter, die ihren Lohn nach Hause senden wollten, anspruchsvoller. Das Postbüro schien manchmal aus den Fugen zu geraten, besonders wenn jene die «öffentliche Telefonkabine» benützen wollten. Zusammen mit dem Generationenwechsel zeichnete sich auch ein Standortwechsel ab. In den achtziger Jahren konnte mit dem Bau des «Huser Hofes» ein grosszügig konzipierter Komplex übernommen werden, gerade bei der «Haupthaltestelle» des Postautos.
Zu den «öffentliche Diensten» kann man bis zu einem gewissen Grade auch Elektrizität und Gas nennen, zu deren Einführung Jakob Schaffner zitiert sei:[60]

Nach dem Ausbau des Elektrizitätswerkes der Stadt Brugg und der Sättigung der dortigen Industrieunternehmen und der städtischen Bevölkerung mit Strom, gelangte das Werk zum Zwecke der Stromlieferung an die Aussengemeinden. Ausser Brugg hatte nur Windisch eine eigene Versorgung. Die Gemeinden des Eigenamtes kannten diese neuzeitliche Errungenschaft nicht. Verhandlungen der Direktion mit den Gemeinderäten gediehen so weit, dass die Einwohnergemeinde Hausen auf Antrag des Gemeinderates die Einführung der elektrischen Strassenbeleuchtung beschloss. Eines Abends anfangs November 1912 ward aus der Finsternis Licht, d.h. das Dorf war erstmals beleuchtet. Hand in Hand ging die Installation von Hausanschlüssen. Petrolbeleuchtung dürfte heute (1957) nur ganz selten noch anzutreffen sein. Aber nicht nur zur Erzeugung von Licht, auch zu Kochzwecken fand der Strom in den Haushaltungen Eingang, bis ihm durch das Gas Konkurrenz entstand; allerdings nicht zum Nachteil des Elektrizitätswerkes. Dieses ging nämlich im Laufe der Zeit auch zur Gaserzeugung über und konnte ab 1925 Interessenten mit diesem neuesten Produkt beliefern. Zu Kochzwecken hat das Gas gegenüber dem Elektrischen den Vorteil, dass die Kochzeit verkürzt werden kann und kein Spezialgeschirr benötigt wird. Wo noch Feuerherde bestehen, wird in der Regel im Sommer elektrisch oder mit Gas gekocht, während im Winter zur Erwärmung der Ofenkunst die Holzfeuerung benützt wird. Es ist dies eine angenehme Kombination. Aber auch die Landwirte haben sich die elektrische Energie zunutze zu machen gewusst.

Maschinen und maschinelle Einrichtungen, die vordem von Hand oder mit Zuhilfenahme von Pferden in Bewegung gesetzt werden mussten, laufen heute durch Strom.

Was würde er wohl zum heutigen Stand der Dinge sagen? Zur Ergänzung sei hinzugefügt: Beide, Gaswerk und Elektrizitätswerk Brugg (dieses war übrigens eines der ersten im Kanton!), bestehen heute nicht mehr. Kleine Quizfrage: Wissen Sie, wo sie früher standen?
Noch bis tief in die fünfziger Jahre reichte die Gasleitung allerdings nicht bis ganz hinaus. Sie endete vor dem Restaurant Stollen. Erst mit dem Wechsel auf Erdgas setzte dann ein richtiger Aufschwung ein. Gasheizungen wurden grosse Mode. In den ersten Jahren herrschte zwar noch einige Skepsis der neuen Methode gegenüber. Um aber für alle Fälle gewappnet zu sein, entschied man sich vorerst oft für eine Gas/Öl-Kombination, die im Notfall ein Umschalten erlaubte. Um alle Explosionsgefahren auszuschalten, wurden dazu hochempfindliche Sicherheitsventile eingeschoben, die beim geringsten Verdacht alles blockierten. Fazit: ... am Montagmorgen war es immer kalt in der Schulstube, weil die Heizung «Störung» meldete...
Ein weiterer «öffentlicher Dienst» wurde in Hausen am 8. Februar 1957 eingeführt: die *Kehrichtabfuhr.*
Diese fand turnusgemäss alle vierzehn Tage statt. Den Einwohnern wurden dabei folgende Weisungen erteilt: [14.3]

... Die Kehrichtgefässe müssen rechtzeitig, jedenfalls vor dem Passieren des Wagens (!) am Strassenrand (nicht in die Fahrbahn stellen!) aufgestellt und unmittelbar nach erfolgter Entleerung weggenommen werden...
... Die Gefässe samt Inhalt dürfen nicht schwerer sein, als dass sie ein einzelner Mann ohne Schwierigkeiten auf den Wagen zu heben vermag. Der Kehricht muss in guten und leicht fassbaren Gefässen bereitgestellt werden (nicht in Papier wickeln)...
...Wir empfehlen unseren Einwohnern, von der neugeschaffenen Kehrichtabfuhr lückenlos Gebrauch zu machen. Sollte trotzdem jemand noch die Lust oder das Bedürfnis haben, seinen Kehricht auf eigene Faust in die Grube zu transportieren, so bitten wir ihn, die Ablagerung ordnungsgemäss und am richtigen Platz vorzunehmen. Macht er es nicht, muss er damit rechnen, dass er empfindlich gestraft wird.
... Sollten sich bei der Abfuhr gewisse Unzukömmlichkeiten ergeben, machen Sie nicht die Faust im Sack, sondern teilen Sie uns dies mit. Wir werden alle Anregungen gerne prüfen und ihnen im Rahmen des Möglichen entsprechen...

(Die oben erwähnte Grube befand sich übrigens bei der Verzweigung Mühlacherstrasse/Weidstrasse.) Bereits zwei Jahre später wurde die Kehrichtabfuhr wöchentlich durchgeführt.
1959 erfolgte die Gründung des Zweckverbandes «Kehrichtverwertung Region Baden-Brugg». Unter den Traktanden der Gemeindeversammlung vom 15. Juni 1962 findet sich unter 7. Kehrichtbeseitigung; Beitritt zum Zweckverband Kehrichtverwertung ... Aus den Erklärungen sei folgender Passus zitiert: ... *In der Gemeinde Hausen erfolgt die Kehrichtabfuhr nunmehr wöchentlch zwei Mal in eine Deponie oberhalb des Wohngebietes. Diese Deponie wird in einigen Jahren aufgefüllt sein und in diesem Moment wird sich für die Gemeinde die Frage stellen, wie der Kehricht in Zukunft zu beseitigen sei... Es besteht heute die Möglichkeit, diesem Zweckverband beizutreten... Es wird aber fraglich sein, ob die Gemeinde in einigen Jahren noch beitreten kann...*

Der Antrag wurde von der Versammlung abgelehnt! Über dreissig Jahre später kommt es dann doch noch zum Beitritt, nachdem man während Jahren teurere Gebühren berappen musste. Aber man kann ja nicht alles immer auf Anhieb richtig machen...
Das heutige Kehrichtentsorgungssystem in Hausen darf ohne Übertreibung als vorbildlich bezeichnet werden. (Fast) Jedes Ding hat seinen Ort, wo es entsorgt werden kann. Und sollte es der Zufall wollen, dass dies einmal nicht der Fall sein sollte, so folge man dem guten, offiziellen Rat: «Zurück zum Absender!» (...und nicht in den Wald).

Nun aber zum *öffentlichen Verkehr:*
Ende der vierziger Jahre des 19. Jahrhunderts setzte in der Schweiz der Eisenbahnboom ein. Da der Bund, dem eigentlich die Oberhoheit über das Eisenbahnwesen zugekommen wäre, sehr zurückhaltend war, kamen private Gesellschaften zum Zug. Auch im Aargau konnte die Regierung keinen Konsens finden, da die Anforderungen der einzelnen Gebiete nicht auf einen Nenner zu bringen waren. In der Folge entstanden Eisenbahnkomitees, meist unter Mitbeteiligung angesehener Politiker und Handelsleute, an allen Ecken und Enden des Kantons, Streckenführungen wurden überall geprüft, und nach 1870 boten die zahlreichen Eisenbahnprojekte ein noch verwirrenderes Bild als zwanzig Jahre vorher.[66]
In all diesen Fragen hatte Hausen natürlich nichts zu sagen. Erst nach 1873 bekam es das Eisenbahnfieber hautnah zu spüren. Als letzter Teil der sog.

Südbahn wurde die Strecke Brugg–Hendschiken–Wohlen in Angriff genommen. Dies sollte übrigens auch die letzte «Normalspurstrecke» im Aargau sein, die geplant war. Die etwa vierzig Meter Höhenunterschied zwischen dem Bahnhof Brugg und dem Birrfeld konnten nur mit einem tiefen Einschnitt im «Hausertälchen» überwunden werden. Dazu wollte man – um Kosten zu sparen – die Erosionsarbeiten des Süssbachs ausnützen.[51] Dieser bekam ein neues Bachbett. Da man 1874 im Sinn hatte, das Aushubmaterial zur Aufschüttung des Altenburgerdammes zu verwenden, legte man die Bauleitung in die Hände der Nordostbahn, welche 1877 der Schweizerischen Centralbahn in Basel unterstellt wurde. Das Erdmaterial ewies sich aber als wenig geeignet für den Dammbau, daher unterbrach man den Aushub vorerst und setzte ihn erst nach der Inbetriebnahme der Bözberglinie fort. Wie stark sich die einzelnen Bahngesellschaften als «selbständig» und unabhängig gebärdeten, zeigt die Tatsache, dass die Strecke Brugg–Wohlen, obschon immer als Zubringer zum Gotthard gedacht, bis tief in die zweite Hälfte des 20. Jahrhunderts (1970) keinen direkten Anschluss an die Bözberglinie besass, sondern nur mit einer Spitzkehre im Bahnhof Brugg befahren werden konnte. Gleichzeitig mit der Erstellung der Umfahrungsstrasse Hausen wurde das Trassee auf zwei Geleise erweitert. Während dieser Erweiterungsplanung stellte sich für Hausen die Frage einer «Haltestelle Hausen». Rein streckenmässig wäre es machbar gewesen, denn während Jahren bestand bei der (damaligen) Öl- und Chemiewerke Hausen AG eine private Haltestelle, wo jeweilen zu Arbeitsbeginn und -ende je ein Zug in beiden Richtungen hielt. Obwohl dieser Halt nur im internen SBB-Fahrplan aufgeführt war, konnte er, nach Rücksprache, auch von Gesellschaften und Schulen benützt werden, allerdings nur für die Züge, die sowieso hielten. Wohl wäre es sicher verlockend gewesen, gerade bei einem auf einen späteren Zeitpunkt geplanten Ausbau der S-Bahn «auch dabei zu sein», doch verzichtete die Gemeindeversammlung nach reiflicher Überlegung, da das Verhältnis Kosten/Ertrag einfach nicht zum Stimmen kam. (Und wer wäre schon bei der Holzgasse in den Einschnitt hinuntergestiegen, um den Zug zu nehmen?) Dazu kam die Tatsache, dass sich in der Zwischenzeit der Postautoverkehr, vom dem noch die Rede sein wird, so gut eingependelt hatte, dass ein «Ersatz» nicht nötig war.

So bleibt nun das Dorf seit über hundert Jahren durch den tiefen Bahneinschnitt praktisch in seiner ganzen Länge eingeengt, nicht nur ohne

davon profitieren zu können, sondern es muss dazu auch noch einige negative Seiten in Kauf nehmen.
Als kleines Zwischenspiel eine «Wassermusik»: Wie schon an anderer Stelle erwähnt, ist ein Grossteil des «Hausertälchens» nach unten durch eine dicke, wasserundurchlässige Lehmschicht isoliert. Das Oberflächenwasser musste schon immer durch spezielle Eingriffe abgeleitet werden. (Über die seinerzeit befürchteten Folgen des Einschnittes auf den Grundwasserspiegel ist im entsprechenden Kapitel die Rede.) Dass dies nötig war, zeigte sich schon während des Abbaus des Bahneinschnittes, als im März 1876 der bereits kanalisierte Süssbach nach heftigen Regenfällen über die Ufer trat und den ganzen Einschnitt überschwemmte:[51] *...am südlichen Teil des Einschnittes verschütteten die zusammengestürzten Böschungen den Einlauf in den Graben gegen den Süssbach. Das Wasser durchbrach den Damm der Kiestransportbahn und überschwemmte seeartig das Terrain zwischen dem Reutenen Hof und der Eisenbahn, unterwusch die Schwellen* (der Strecke Brugg–Aarau) *und floss in einer Breite von etwa hundert Fuss* (etwa dreissig Meter) *ins Altenburgerfeld...suchte einen Abfluss in der Richtung des Bözbergbahndammes gegen das Dorf Altenburg. Um dasselbe von den Häusern von Altenburg fernzuhalten, wurde dem Fusse des Dammes entlang bis zur Aare ein Graben aufgeworfen...* (So schlimm kann unser braver Bach sein!)
Dies sollte übrigens nicht die einzige «Rache» des vergewaltigten Süssbachs bleiben. Er machte auch im 20. Jahrhundet von sich reden. Dazu vergrösserte sich mit der vermehrten «Verasphaltierung» der Gegend das Problem der Oberwasserentsorgung. Dem glaubte man nun beim Ausbau der Bahnstrecke Brugg–Birrfeld damit Herr geworden zu sein, indem man unter dem Trassee einen geräumigen Betontunnel einbaute, durch den das Wasser abfliessen konnte, was es auch tut. Da aber die neuen Geleise auf eine Betonunterlage zu liegen kamen, erwies sich diese als «idealer» Resonanzboden, so dass nun die Vibrationen, durch die Lehmschicht verstärkt, bis weit in die Wohngebiete am Hügel östlich der Hauptstrasse hinauf die Gläser im Schrank klirren lassen, wenn ein schwerer Güterzug vorbeifährt. Wohl beginnt man «oben» einzusehen, dass der Lärmpegel das Normalmass überschreitet. Aber was unternehmen? Da helfen alle Lärmschutzwände nichts, sondern nur eine allgemeine Verbesserung des Rollmaterials!
Auch das Postauto war nicht leicht zu bekommen. Noch bis in die Mitte der fünfziger Jahre des 20. Jahrhunderts lag Hausen abseits jeglichen öffent-

Die Strassenbeleuchtung wurde 1912 eingerichtet. Ein Monteur mit Steigeisen und Halteriemen (und Hut!) bei der Arbeit an einer der alten schmiedeisernen Lampen. In den siebziger Jahren wurden neue Bogenlampen (als Provisorium) an die alten Holzmasten montiert. Foto um 1960, L. Berner.

lichen Verkehrs. Es ist der wagemutigen Initiative des damaligen Gemeinderats zu verdanken, dass, zusammen mit den «Aussengemeinden» Birr und Lupfig – nach einer Bedürfnisumfrage im Mai 1955 – der Versuch gewagt wurde, eine Autobuslinie zu eröffnen. Die PTT hatten kein Interesse, auch die Postautohalter in Brugg nicht. Man musste deshalb «fremdgehen» und wurde fündig. Ein Mellinger Unternehmer zeigte sich bereit. Und so kam es zu einer etwas sonderbaren Konstellation: Trägerschaft waren die einzelnen Gemeinden, die die Defizitgarantie übernehmen mussten (prozentual nach Einwohnern). Auch die Linienführung mutete eigenartig an: Mellingen–Büblikon–Birrhard–Birr–Lupfig–Hausen–Windisch–Brugg. Aber aufgepasst! In Brugg nicht etwa auf dem offiziellen Postauto-Halteplatz, sondern hinter dem Bahnhof, auf der Windischer Seite! Der Gerechtigkeit halber muss hier noch erwähnt werden, dass man in der Hitze des Gefechtes «vergessen» hatte, bei den SBB um eine Konzession anzufragen. Diese wurde etwas später rückwirkend erteilt. Bereits am

1. November 1955 war es soweit. Der Wagemut kam die einzelnen Gemeinden in den ersten Jahren zwar ziemlich teuer zu stehen. Man war sich aber nach einer Probezeit trotzdem einig, weiterzufahren. Und der Versuch hatte sich gelohnt. Schon nach einem Jahr konnte das Angebot – auf allgemeinen Wunsch hin – erweitert werden: Ein zusätzlicher Kurs wurde am Mittag eingeschoben. Wohl kam die Industrialisierung des Birrfelds dem Unternehmen zugute. Auch darf nicht vergessen werden, dass der Weg der Lupfiger und Birrer zu «ihrem» Bahnhof Birrfeld während Jahren ein langer war. Sicher aber hat Hausen am meisten profitiert. Während einer Zeit gab es sogar Kurse, die von Brugg nur bis Hausen («Stollen») führten. Nun, schon bald wurde die «Autobus»-Linie hoffähig. Sie durfte in Brugg den offiziellen Postauto-Halteplatz benützen. Auch die Haltestellen im Dorf wurden salonfähiger. In den ersten Jahren waren diese mit «Sternen», «Rössli» und «Stollen» benannt, den Namen der drei Wirtshäuser, was oft den Spott auswärtiger Besucher auslöste. Mit dem Errichten von Haltebuchten und Wartehäuschen, was eine örtliche Verschiebung mit sich brachte, konnten auch die Namen geändert werden. «Turnhalle», «Post» und «Ausserdorf» tönt schon seriöser! Der Betrieb wurde von den PTT übernommen, aus der «Autobuslinie Mellingen–Brugg» (zu Beginn *nicht* im offiziellen Fahrplan aufgeführt!) wurde der «Postautokurs 65» und aus dem ursprünglichen halben Dutzend sind knapp fünfzig Doppelkurse geworden. Sie führen zwar schon lange nicht mehr alle bis Mellingen. 1998 waren es noch deren acht, und Ende Mai 1999 wurde der Betrieb auf der Strecke Birr–Mellingen ganz eingestellt. Dafür kann man in Stosszeiten das Postauto bis viermal stündlich benützen. Und, fast könnte man sagen «als späte Bestätigung des damals mutigen Entscheids», seit dem 3. September 1997 «besitzt» Hausen ein «eigenes», auf seinen Namen getauftes Postauto. Anlässlich der Einweihung wurde bekannt:[10.1] *Je 48 Mal fährt das Postauto von Montag bis Donnerstag nach Hausen, eine Fahrt mehr ist es am Freitag, am Samstag sind es 33 und am Sonntag 18. Die Zahlen sind, die Fahrten in die andere Richtung berücksichtigend, zu verdoppeln. Und das ergibt pro Jahr hin und retour, 19 968 Durchfahrten pro Jahr. Eine stolze Zahl.* (Und in einem Schaltjahr sogar über 20 000!) Wahrlich, jetzt kann sich Hausen auch im öffentlichen Verkehr sehen lassen.

Von Weinbau und Obstsäften, Wirtshäusern und Genossenschaften

Der Weinbau – Auch anhaltende Trockenheit hat ihre gute Seite – Pfarrer Wetzel berichtet über die Sitten der Einwohner – Wirtschaften und «Eigengewächswirtschaften» – Der Weinzehnden – «Kihlhölzler & Hauser» – Die Weintrotte – Obst und Most – Von der «Käsereigesellschaft» zur «Milchgenossenschaft» – Die landwirtschaftliche Genossenschaft.

In Hausen wurde seit Jahrhunderten als Nebenerwerb zur Landwirtschaft *Weinbau* betrieben. Im Jahre 1682 bedeckte das Rebland eine Fläche von etwa 17 Jucharten (= 476 Aren; eine Rebland-Jucharte umfasste 28 Aren). Im Laufe der Zeit wurde durch Roden von Holz und Gestrüpp an Südhängen (Rothubel und Eitenberg) eine erhebliche Vermehrung erreicht, so dass man in den zwanziger Jahren des 19. Jahrhunderts auf eine Anbaufläche von 31 Jucharten (868 Aren) kam. Rebgebiete fand man am Eitenberg, in Kihlholz, Schmidels, Münzental, Dahlirain, Mühlacker und Sonnhalde. Der kleinste *Rebbauer* besass einen halben Vierling (etwa 3,5 Aren), der grösste 5 Jucharten. Von allen Weinen gab man dem *Kihlhölzler* die beste Qualität. Der Boden war durchwegs rauh und mit kleineren Steinen durchsetzt; er musste jedes Jahr mit Mist gedüngt und umgegraben werden. Man nannte diese Arbeit *das Rebenhacken*. Die Karsteinschläge am Eitenberg soll man bis weit ins Birrfeld gehört haben.
Von der Qualität des erzeugten Weines ist nirgends berichtet. Sie dürfte allerdings angesichts des hier herrschenden Klimas nicht allzugross gewesen sein. Um so begreiflicher erscheint deshalb der folgende Eintrag in der alten Chronik:[46]

Witterung: Im Sommer 1834 war eine so anhaltende Trökene, dass es den ganzen Sommer bis in die Mitte Oktober fast niemals regnete. Das Emdgras verdorrte fast ganz, und wo noch etwas grün blieb, musste mit dem Vieh gefüttert werden. Emd gab es in der Gemeinde Hausen keines. Eräpfel besonders rothe wenige. Wein gab es sehr viel, bei 700 Saum im ganzen, und von solcher Güte, welche denjenigen vom Jahr 1811 übertraf.

Über die Auswirkungen des Weinbaus auf die Sitten der Einwohner sei hier Samuel Wetzel, Pfarrer in Windisch, zitiert, der im Pfarrbericht (1764) einiges Verständnis für seine nicht immer frommen Schäflein aufbringt:[72]

Gasthof zum Rössli (Hauptstrasse 46). Bis zur Einweihung der Mehrzweckturnhalle mit ihrer Bühne (1969) war der Rössli-Saal das Zentrum des gesellschaftlichen Lebens. Foto um 1960, L. Berner.

Die Sitten der untergäuischen Einwohner sind überhaupt etwas roh und ungeschliffen. Doch haben die Sitten meiner Cötualen (Pfarreiangehörige) *etwas Höfliches an sich, weilen sie öfters mit städtischen Leuthen umgehen und nahe um das Kloster Königsfelden wohnen. In Absicht auf die Mässigkeit aber sind ihre Sitten nach dem periodisch guten oder schlechten Provent der Weinbergen eingerichtet. Unsere Hügel sind mit häufigen Reben besetzt. Lässt nun die güetige Natur den edlen Saft des Weinstocks als eine milde Mutter reichlich fliessen, so wird der Mässigkeit im trinken bey den meisten zu Grabe geläutet. Die Ursache leuchtet mir ziemlich ein. Die Unterergäuwer* (Unteraargauer) *müessen auss Mangel der Wiesen sich der Milchspeisen frustriert* («beraubt») *sehen. Ihr fast tägliches Tractement sind Herdäpfel in Salz getuncket. Diese reizen durch ihr mit sich führendes Absorbens den Durst. Der Wein muess löschen und Kraft geben, ungeacht er selbst nicht viel Stärke hat. Und so kriegen die Herren Schenken ihren Antheil an dem Spinnergeld* (Spinnen und Weben wurde oft als Nebenerwerb ausgeübt). *Dies ist der* Modus circulationis! *Wo wollte man sonst mit dem Product der hiesigen Weinbergen hin? da*

Speiserestaurant Sternen (Hauptstrasse 20). Der Sternen war schon in den fünfziger Jahren bevorzugter Mittagshalt der Lastwagenfahrer. Foto um 1960, L. Berner.

nirgends kein Debouché *für unsere Weine ist, wenn nicht alles so periodisch herginge:* Deus et Natura nil faciunt frustra...!
Der Ertrag war in erster Linie für den Eigenbedarf gedacht. Wer aber darüber hinaus produzieren konnte, erhielt bei *passenden Lokalitäten* auf Gesuch die Bewilligung zur Führung einer *Eigengewächswirtschaft*. Dieses Privilegium kam laut Protokoll des Gemeinderates im Laufe der Zeit verschiedenen Mitbürgern zu. In der Regel wurde *per Maass* (etwa 1,5 l) ausgeschenkt und zu einem Preis, der heute als Geschenk anmutet.

1801 *den 2ten Jenner* ist zu Hausen Gemeind gehalten worden...
Endlich hat die Gemeind erkennt, eine Zeugsame auszustellen, dass sie gegen die jetzt existierenden zwey Wirtrechte, welche Jakob Riniker und Friedrich Widmer besitzen nichts einzuwenden habe, sondern dieselben als nötig erachten, wobey jedem andern Bürger das Recht sein Eigengewächs zu wirten vorbehalten wird. Obiges bescheinen: Joseph Widmer, Jakob Schaffner, Küfer, und Johannes Schatzmann, Schreiner.

Restaurant Stollen (Hauptstrasse 69). Der Stollen hiess vor dem Bau der Zementfabrik 1929/30 Restaurant Lätten. 1952 kaufte Hans Thut, vorher Wirt in Wettingen, den Stollen und baute ihn etwa 1958 um. Der Stollen war während der Woche Mittagstisch für einige Mitarbeiter der Chemischen Fabrik und an den Abenden und Wochenenden das Stammlokal für die Jassrunde vieler alteingesessener Hausener. Foto etwa 1957, Eig. M. Thut-Schatzmann.

An *Wirtschaften* besass die Gemeinde das «Rössli» (es trug ursprünglich die Bezeichnung «Weisses Rössli»), das schon im 16. Jahrhundert existierte und das einzige wehrhafte, d. h. gemauerte Haus der Gemeinde war, – und das 1793 am Waldrand auf Tannhübel erbaute Schenkwirtshaus. Die Wirtschaft auf Tannhübel war eine Zeitlang umstritten. 1825 wünschte ein Mitbürger im Unterdorf Übertragung des auf Friedrich Widmer lautenden Wirtschaftspatentes auf ihn. Der Gemeinderat widersetzte sich in einem Schreiben an den Kleinen Rat dem Begehren, indem er geltend machte:

...dieser (Widmer) *hat mehr als dreissig Jahre die Pintenwirtschaft geführt und in derselben die allerfurchtbarsten Stürme unserer Zeit ausgestanden, indem gerade dicht vor seiner Wirtschaft im Jahr 1798 ein französisches Heerlager geschlagen worden ist, wovon er sehr vieles gelitten und sein Haus manchmal der Willkür jener Truppen hat preisgeben müssen.*[46]

Restaurant zum Tannhübel. Das 1793 gebaute und 1970 abgerissene Bauernhaus mit Gaststube («Schenke», «Pinte») weist durch seine Lage am Westrand der Gemeinde auf die Bedeutung der Verbindungsstrasse zu Scherz und Schinznach hin. Während Scherz nicht viel zu bieten hatte, was in Hausen nicht auch zu bekommen gewesen wäre, gab es in Schinznach Küfereien und andere Handwerker, die in Hausen nicht vertreten waren. Von Scherz aus wurde Hausen aus mehreren Gründen aufgesucht, z.B. zum Einkaufen im Lebensmittelladen, den Emma Müller-Schatzmann um 1910/20 im Holländerhaus (Holzgasse 18) führte (mitgeteilt von Emmi Treichler-Wartenweiler). Der Tannhübelbauer und -wirt betrieb längere Zeit auch eine Fuhrhalterei und führte u.a. Ziegel und Holz für die Ziegelhütte, die bis 1899 in der Nähe des Tannhübels, aber schon auf Scherzer Boden, betrieben wurde (Unterlagen von Lilly Willy-Widmer). Foto um 1910, Eig. L. Willy-Widmer.

Das Wirtschaftspatent wurde dem bisherigen Inhaber belassen, doch auch der neue Bewerber erhielt ein solches, machte jedoch nur wenige Jahre davon Gebrauch. Bei dem erwähnten Mitbürger muss es sich um einen Joh. Jakob Schatzmann gehandelt haben, der 1827 in seinem Haus – Nr. 28 – eine Wirtsstube mit grünem Ofen eingerichtet hatte, die noch in den «Kunstdenkmälern der Schweiz» 1953[67] erwähnt wurde. In der Zwischenzeit ist dieses Gebäude einer neuen Überbauung gewichen.
Während der *Landgasthof Rössli* noch heute – man könnte sagen: trotz Umbauten und Modernisierungen – als solcher besteht, musste die Wirtschaft zum Tannhübel nach dem Zweiten Weltkrieg ihre Pforten schliessen. Und da das Haus einer der verschiedenen Autobahnvarianten im Wege stand, wurde es vom Staat aufgekauft, seinem Schicksal überlassen und schliesslich abgebrochen … die Autobahn führt inzwischen an einem andern Ort durch.

Anlässlich der Centenarfeier von 1903 (s. d.) wird eine Wirtschaft «im Letten» erwähnt. Es handelt sich dabei um das heutige Restaurant Stollen. Die Namensänderung erfolgte beim Bau der Zementfabrik. (Der zum Gesteinsabbau errichtete Stollen verläuft effektiv gerade neben dem Gebäude durch.)
Auch der «Sternen» dürfte zu Beginn des 20. Jahrhunderts entstanden sein. Der Vollständigkeit halber sei auch der «Benjamin» unter den Gaststätten erwähnt: das *Café Max und Moritz,* das in den achtziger Jahren im neuerstellten Huser Hof seinen Einsitz nahm.
Der *Weinbau* unterstand zur Zeit der Berner Herrschaft dem «Zehndenrecht», d. h. jährlich musste je die 10. Mass Wein, welche in der Trotte gepresst wurde, durch den beeidigten Trottmeister dem Kloster Königsfelden geliefert werden. Nach der grossen Umwälzung und der Gründung des Kantons Aargau musste dieser Weinzehnden losgekauft werden. Der «Loskauf-Akt» vom 26. 7bers 1814 gibt uns Auskunft über den (offiziellen) durchschnittlichen Ertrag des Hausemer Weins:[46]

... Nach Mitgabe dessen ist der Durchschnitts-Ertrag von 103½ Vierlingen zehndpflichtigen Rebland zu Hausen festgesetzt auf Saum 16, Maass 76, Wein, zu Fr. 18.– per Saum berechnet ...

Ein «Saum Wein» entsprach 100 Maass und ein «Brugger Mass» betrug 1,54 Liter. Man weiss natürlich heute nicht mehr, was genau genommen «zehndpflichtiges» Rebland war und ob alles deklariert werden musste, offiziell belief sich die Ernte im Durchschnitt auf etwa 23,50 Hektoliter pro Jahr.
Zum Auspressen der Trauben standen den Weinbauern Trotten zur Verfügung. Auf eine Umfrage des Oberamts Brugg vom 24. Oktober 1826 über die Existenz von solchen antwortete des Gemeinderat Hausen:

... Es besteht in der Gemeinde Hausen nur eine Weintrotten, die schon vor dem jetzt lebenden Menschengeschlecht, folglich vor der Entstehung unseres Kantons bestanden hat; dieselbe ist immer Privateigentum, jedoch öffentliche Trotte gewesen und ist es noch ... Der Weinzehnten ist losgekauft und besteht nicht mehr.

Die Weintrotte gehörte zum «Rössli» und stand den Rebbauern jederzeit offen. Im Nachbargebäude des Heinrich Hartmann, alt Weibel, stand eine Trauben- und Obstpresse zur Verfügung. Der Weinbau wurde bis zu Beginn

des 20. Jahrhunderts sorgsam gepflegt. Noch 1903 kaufte die Landwirtschaftliche Genossenschaft Hausen von den Rebbauern in Hausen 1900 Liter «Kihlhölzler & Hauser». Dieser wurde dann an die Kundschaft für 80 resp. 70 Rappen per Liter weiterverkauft.[32]
Das Auftreten des falschen Mehltaus und dessen Bekämpfung durch mehrmaliges Bespritzen pro Jahr mit einer Kupfervitriollösung, der sehr oft geringe Ertrag einerseits und die Einfuhr ausländischer Weine zu günstigen Preisen andererseits, liessen das Interesse am einheimischen Rebbau erschlaffen. Dazu kam ein Absterben der Rebstöcke infolge der dauernden Bekämpfung der Reblaus mit schädlichen Substanzen. Die Reben wurden gerodet und der Boden der Graswirtschaft zugeführt. Die Trotte zum «Rössli» wurde 1902 von der *Käsereigesellschaft* erworben und an deren Stelle eine Wohnung für die Familie des Käsers errichtet. Natürlich ist dieser Übergang nicht auf einmal erfolgt. 1930 findet man anlässlich einer richterlichen Verfügung im Gebiet Grenzen/Dahlirain/Münzental über 27 Aren reines Rebland, 68 Aren «Reben und Wiese» und 305 Aren «Wiese, Wald & Reben».[1] Allerdings handelt es sich hier um eine rein geländemässige Bestandesaufnahme ohne Rücksicht auf die Intensität der Bewirtschaftung. In den fünfziger Jahren konnte man immer noch einige «Rebbergflecken» ausmachen, die aber ausschliesslich von «Hobbyrebbauern» unterhalten wurden.
An Stelle des Weinbaus schenkte man der Pflege des Obstbaus vermehrte Aufmerksamkeit. 1914 kaufte die Käsereigenossenschaft eine Obstmühle zum Preis von 125 Franken.[32] Somit war der Grundstein zum Mostereibetrieb gelegt. Ferner war damals dem Betrieb noch eine Brennerei angegliedert. Die Erzeugung von Saft oder Most hat sich bewährt und bei den Konsumenten durchzudringen vermocht. 1921 wurde die Mosterei ins Genossenschaftsgebäude gezügelt und 1922 resp.1944 mit einer moderneren Presse versehen.
Bis zu Beginn der sechziger Jahre lieferten die Bauern zentnerweise Mostobst in «ihrer» Gnossi ab, das dann allerdings auswärts verwertet wurde. Im Dorf selber gab es noch einige Jahre lang offiziell eine Stelle, wo man privat Obstsaft pasteurisieren lassen konnte.
Die oben erwähnte Käsereigenossenschaft war das älteste Nahrungsmittelgeschäft in Hausen. Später in *Milchgenossenschaft* umgetauft – Träger derselben waren die Hausemer Bauern –, verarbeitete sie jahrzehntelang einen Teil der Liefermilch zu Käse und Butter. 1953 wurde das Gebäude

Die Käserei an der Holzgasse, am Bildrand rechts oben die Westmauer des «Rössli». Vor dem Haus Friedrich Jaberg (Inhaber der Käserei 1908–1951) mit seiner Familie. Foto 1912, Diasammlung der Ortsbürger.

umgebaut und erweitert, die Käseherstellung aber aufgegeben. Da in den sechziger Jahre ein Grossteil der Bauernbetriebe im Dorf einging, schrumpfte dementsprechend auch die Trägerschaft der Milchgenossenschaft zusammen. So kam es, dass der 1963 neu nach Hausen gekommene «Käser» bereits drei Jahre später die Liegenschaft zu einem relativ günstigen Preis übernehmen konnte. Dieselbe Summe musste er in den Totalumbau hineinstecken, und ab 1966 präsentiert sich die Hausemer «Chäsi» im heutigen Gewand. Der Wandel sei noch mit ein paar Zahlen untermauert: 1933 brachten 51 Bauern ihre Milch zur Chäsi, manche nur in einem kleinen «Kessi», standen doch oft zu Hause nur eine oder zwei Kühe im Stall, 1958 lieferten 15 Bauern pro Monat etwa 15 000 Liter Milch in die Käserei – 1998 sind es noch drei (davon zwei von «ausserhalb»), die monatlich 17 000 bis 19 000 Liter bringen. In der gleichen Zeitspanne ging der Frischmilchkonsum von 20 000 Liter pro Monat (es musste also noch von aussen zugekauft werden) auf 400 bis 500 Liter zurück, denn heute trinkt man Pastmilch!

Volg-Laden in Hausen. Foto März 1999, H. Fischer.

Seit Februar 1999 ist nun aus der «Chäsi» eine «Landi» geworden.
Auch die bereits erwähnte *Genossenschaft* hat eine bewegte Geschichte hinter sich: Es handelt sich im eigentlichen Sinn um eine «Selbsthilfeorganisation»: [32] In den achtziger und neunziger Jahren des 19. Jahrhunderts hatte die Landwirtschaft heftig gegen die Einfuhr fremder Produkte zu kämpfen. In diesen Jahren fanden sich auch in Hausen *beherzte Männer, um sich gegen diesen Missstand zu wehren.* Zwei Mitglieder des damaligen *Bauernbundes* rief die Bevölkerung auf den 16. Januar 1895 zu einer Besprechung zwecks Gründung einer *Landwirtschaftlichen Genossenschaft* auf. Schon am 3. Februar fand die Gründungsversammlung statt. Diese war von 48 Personen besucht worden, die alle als Mitglieder aufgenommen werden konnten. Das Verkaufslokal – es wurde vom Depothalter zur Verfügung gestellt – befand sich in der Holzgasse. *Nebst landw. Hilfsstoffen – in der Hauptsache Dünger und Sämereien – wurden geführt von den Merceriewaren die nötigsten Artikel, Spezereien, die nötigen Seilerwaren, Bürsten und Besenwaren,*

Landwirtschaftliche Konsumgenossenschaft Hausen. Laden an der Hauptstrasse (heute Hauptstrasse 38). Foto um 1910, Eig. R. Walti-Schatzmann. Die Landwirtschaftliche Konsumgenossenschaft war 1895 gegründet worden. Sie befand sich zuerst im Werder-Haus (Holzgasse 4) und wurde geführt von Gottlieb Schaffner (Ammann 1906–1921 und 1926–1937).

Nägelwaren, Fettwaren, Gewürze, Griess und div. Mehlsorten, Teigwaren, Kellerartikel, Zigarren, Tabak, Zündholz, Schuhwichse u. d. gl. Wahrlich eine breite Palette! Deshalb gab es schon bald Lagerprobleme. Zum Glück gelang es, sich 1902 die Hälfte des Lagerkellers in der «alten Trotte» zu einem jährlichen Mietzins von 100 Franken zu sichern. 1914 konnte die seinerzeitige Liegenschaft des Weinhändlers Simmen an der Hauptstrasse käuflich erworben werden. Hier kam es in der Folge zu mehreren Malen zu Umbauten, um mehr Platz zu schaffen, gedieh doch diese Genossenschaft bestens. 1960 entschloss man sich zu einem Neubau am gleichen Platz, welcher im März 1962 bezogen werden konnte. Der Laden wurde als «Freilaufladen» – wie man dies damals nannte – erstellt, das heisst, eine Kombination zwischen Selbstbedienung und Bedienung. Die sechziger Jahre sollten sich als Höhepunkt in der Geschichte der «Gnossi» erweisen. Leider folgte darauf, langsam aber sicher, der Niedergang, der verschiedene Gründe hatte. Ob es die eher unglückliche Entscheidung war, die

Die Gnossi im Neubau von 1961/62. Vor dem Eingang ist noch das Rechteck aus hellen Bohlen der Brückenwaage erkennbar. 1973 wurde die Landwirtschaftliche Genossenschaft Hausen von der Landi Brugg übernommen, die den Laden 1972–1986 führte und die auch heute noch Eigentümerin des Hauses Hauptstrasse 38 ist. Seit Sommer 1988 befindet sich in den ehemaligen Verkaufsräumen der Gnossi das Vitrinengeschäft Vitrinen B+M. Foto Anfang der sechziger Jahre, L. Berner.

bisherige Personalunion von Verwalter und Ladenbetreiber in zwei Stellen aufzuteilen – was sich als ungünstig erwies –, die Tatsache, dass sich die Zahl der Bauernbetriebe in Hausen in relativ kurzer Zeit auf einen Bruchteil verringerte – somit auch diejenige der Trägerschaft, was eine Übergabe des Ladens an die Volg in Brugg nach sich zog –, oder die nicht immer durchschaubare Taktik dieser letzteren, die diesen Niedergang herbeiführte, ist nachträglich schwer zu beurteilen. Tatsache bleibt, dass der Laden in den achtziger Jahren ganz aufgegeben wurde, was für Hausen ein grosser Verlust bedeutete, konnte man doch bis dahin hier eben immer noch «alles» kaufen, was man für den täglichen Bedarf brauchte.

Von Steinbrüchen, Lehmgruben und Zementfabriken zur Reichhold Chemie

Das Eisenerzbergwerk liegt leider auf Windischer Boden – Der Steinbruch auf dem Rothubel – Lehm hat's genug – Die «Ziegelhütte Hausen» – Die Zementfabrik kommt und geht – Es bleiben die grossen Löcher am Eitenberg – Von «Dr. Münzel's Chemischen Werken» zu Hausens Hassliebe: der Reichhold Chemie – Und wie steht's mit der Umweltbelastung? – Der Betrieb wird eingestellt, die Probleme bleiben.

«Rothubel» – «Im Lätten», zwei Flurnamen, die aufhorchen lassen. Und in der Tat. Wer im Frühjahr in Richtung Lindhof spaziert, den Weg verlässt und quer durch den Wald nach Schlüsselblumen sucht, dem wird auffallen, dass er eine Berg-und-Tal-Kraxelei einschlagen muss, die bald einmal unnatürlich erscheint. Und das mit Recht, sind doch diese Gräben und Hügel nichts anderes als eingestürzte Stollen eines im 18. Jahrhundert betriebenen Erzbergwerks. Das einzig Enttäuschende daran ist, dass wir uns nicht mehr auf Hausemer, sondern auf Windischer Gebiet befinden. Deshalb schnell zurück auf den Platz vor alter Turnhalle und reformierter Kirche. Auch dieser ist nicht natürlich gewachsen: Es handelt sich ganz eindeutig um einen ehemaligen Steinbruch. Doch lassen wir den Fachmann sprechen:[3] *Noch häufiger war der Gebrauch der Steine aus dem Malmkalk des obern Jura. Die grössten Brüche befanden sich … und bei Hausen. Ein jetzt* (1929) *verschütteter Steinbruch im Rothübel in Hausen lieferte vor über 600 Jahren die Steine für das Kloster Königsfelden.* Noch vom letzten Jahrhundert findet man bei Gemeinds-Beschlüssen[60] Hinweise darauf, dass dieser Steinbruch nicht nur für den «Hausgebrauch» verwendet wurde, sondern dass auch Auswärtige davon profitieren konnten:

1820 *d. 3. Jenner … 8.) Wurde der Gemeindsbeschluss vom 19. Mai 1818 und schon frühere Erkenntnis: In Betreff Steine aus der Gemeindesteingrube am Rothübel an Fremde gegen Ablösung vom Pferd zwei Batzen brechen zu lassen wegen minderen Streitigkeiten unter den Gemeindsbürgern, gänzlich aufgehoben, und sollen keine Steine mehr aus der Gemeindssteingrube so verkauft werden.*

1835 Neujahrsgemeind: *…c.) Eine bessere Ordnung im Gemeindesteinbruch einzuführen wurde beschlossen. Es soll für einstweilen und bis auf weitere Verfügung der*

Gemeinde das Weiterfahren im Steinbruch oder den Steinbruch zu erweitern verbotten sein, der Gemeinderath soll die Strecke mit Pfählen ausmarchen, wie weit das Graben der Steine erlaubt seye. Den Dawiderhandelnden soll mit einer unablässigen Busse zuhanden dem Schulfond belegt werden, und das Graben daselbst untersagt seye. Es soll in Zukunft an Fremde eine Steinablösung vom Pferd oder Stück Vieh auf ein Batzen (erhoben werden).

1869 Neujahrsgemeind: *Die Versammlung erteilt dem Baumeister Bauer in Zürich Bewilligung zum Bruch von Steinen auf Rothübel, gegen die angebotene Summe von Fr. 400.–.*

Diese Summe wurde an der gleichen Gemeindeversammlung wieder «ausgegeben»: ... *Weil nach verschiedener Seite der Wunsch geäussert wurde, dass die Weiherkorrektion in der Holzgass endlich an die Hand genommen werden möchte, so wurde vom Gemeinderath beantragt, man wolle dort vom Bau einer Brücke abgehen und ein, dem Zufluss entsprechendes Kollisen erstellen, und damit man den abwärts führenden Wassergraben etwas erweitern, das nötige Land zu kaufen. Zur Bestreitung dieser Kosten seien vorerst die aus dem Steinbruch fliessenden Fr. 400.– und die im Strassenbaufond ausstehenden Zinse von ca. Fr. 300.– zu verwenden. Bei der Abstimmung wurde diesem Antrag bei 92 Anwesenden mit Mehrheit zugestimmt.* (Nebenbei: Ein nettes Beispiel, wie man Geld ausgeben kann, bevor man es hat!)

1870 *20. März: ... Der Vorsitzende zeigt an, dass Herr Theodor Bertschinger, Baumeister in Lenzburg, zu den Wuhrbauten in Altenburg ca. 300 Kubikklafter Steine bedürfe und dieselben aus hiesigen Steinbruch am Rothübel zu beziehen wünsche, wofür er die übliche Ablösung von Fr. 1.35 pro Kubikklafter zu bezahlen verspricht. Da die Arbeit in drei Monaten beendet sein muss, möchte er auch auf der Ostseite des Bruches Steine brechen. Dem Begehren wird insofern entsprochen, als auf der Westseite (gegen das Dorf hin) immer mehr Steine gebrochen werden als auf der Ostseite.*

In den achtziger Jahren des vorigen Jahrhunderts ging der Steinbruch gänzlich ein. Der Stein eignete sich wegen der Nordlage nicht zum Baustein, und zu einem andern Zweck war kein Bedürfnis mehr vorhanden.
Man braucht nur Hobbygärtner zu sein, um feststellen zu können, wie oft man beim Umgraben auf lehmigen Boden stösst. Kein Wunder, denn vom

Tannhübel her dehnt sich in etwa drei Metern Tiefe, sozusagen als unterirdische Fortsetzung des Wülpelsberghanges, eine wasserundurchlässige Lehmschicht aus, die dann im Lettengebiet zum Vorschein kommt. Es überrascht deshalb nicht, dass man im letzten Jahrhundert dort eine Ziegelhütte vorfand:[3] *... Hausen besass von 1870 bis 1893 eine Ziegelhütte hinter dem Hause des Herrn Friedrich Schatzmann, Fuhrhalter* (für die alten Hausemer: «Messerschmid» – für die Neuhausemer: Gebiet Rösslimatte). *Lehm war dabei vorhanden. In der ersten Zeit probierte der Erbauer, Herr Johann Meier, die Ziegel und Backsteine im Freien, in der Grube, selber zu brennen. Der Versuch schlug natürlich fehl, die Ware brach schon beim Aufladen auf den Wagen in Stücke. Dann baute man einen Ofen ein. In den letzten Jahren des Bestehens gingen Hütte und Grube an die Brugger Ziegelei über, und es wurde nur noch Lehm ausgebeutet. Hausen lieferte zum Beispiel Ziegel für das Kurhaus in Baden. Im Düchsli, südlich vom Dorf Hausen, grub man noch zu Beginn des 20. Jahrhunderts Lehm für die Röhrenfabrik in Aarau...*

Man vergisst oft, dass Hausen, ganz streng genommen, noch zwischen Ausläufern des Kettenjuras liegt. Sowohl Scherzbeg wie namentlich auch Eitenberg gehören dazu, dazwischen ist nichts anderes als eine kleine Klus (natürlich nicht vom Süssbach geschaffen!). Und da sich oft in solchen Juraklusen Zementfabriken niederliessen (siehe Wildegg, Holderbank, Siggenthal), wen wundert's da, dass auch in Hausen der Versuch gewagt wurde:[60]

Im Frühjahr 1928 wurden im Einzugsgebiet der Lettenzelg, an der Lenzburgerstrasse (Hauptstrasse) *und im Wald- und Rebgebiet Grenzen, Kihlholz und Eitenberg von unbekannter Seite Landankäufe getätigt. Bald sickerte es durch, es werde der Bau einer Zementfabrik geplant und es fänden etwa 50 Arbeiter und Angestellte* (ja bei Vollausbau 150) *Beschäftigung. Trotz intensiver Gegenaktion des Zementkonzerns* – es wurden Liegenschaftskäufe inmitten des in Frage kommenden Areals getätigt: im Gemeindebann Hausen 55 Parzellen mit einer Fläche von insgesamt 7,90 Hektaren und im Lupfiger (Eitenberg-Gebiet) 8,17 Hektaren und mit einem bis vor kurzem noch gültigen Servitut (Verbot, eine Zementfabrik zu bauen) belegt[1] – *konnte die Entstehung der neuen Fabrik nicht verhindert werden.* Dagegen wurde dadurch die Erstellung einer Luftseilbahn zum Transport verunmöglicht. Dies zwang die Firma, bei der Gewinnung des Rohmaterials eine ganz neue Methode anzuwenden, das sogenannte *Rollochverfahren:* Das Material wurde am Eitenberg gewonnen, wo vom Staatswaldrevier Lindhof 11,71 Hektaren Wald angekauft worden waren.[76] Durch etwa 80 Meter tiefe sog. Rollöcher im Steinbruch wurde es direkt auf Loren verladen und auf einem zweigeleisigen Schienensystem mit endlosem Seilbetrieb durch einen etwa 800 Meter langen ausgemauerten Stollen und einen 400 Meter messenden offenen Einschnitt in die Vorzerkleinerungsanlage der Fabrik geführt. Es zeigte sich aber in der Folge, dass gerade diese «vollautomatische» Bahn der Schwachpunkt in der Produktionskette war: Die Pannenanfälligkeit war sehr gross. Die von den Wagen herunterfallenden Steinbrocken brachten diese zum Entgleisen. Die dicken Stahlseile zerrissen. (Man kann noch heute in der Münzentalgegend auf solche Überreste stossen.) Oft musste der Transport während Tagen unterbrochen werden. – Der Vollbetrieb wurde am 28. Oktober 1929 aufgenommen.[2] Doch schon Monate vorher kam es zur Opposition:[34] *Der Bau der Zementwerke Hausen und die Geschäftserweiterung der A.G. Hunziker & Cie von Brugg in Olten bewirken im Zementverband E.G. Portland Aufregung und Kampfstimmung, die sich in heftigen Zeitungsartikeln äussert.* Obschon die ganze Anlage, die maschinellen Einrichtungen und der Fabrikationsprozess nach den bewährtesten und besten Methoden sowie nach den neusten Erfindungen und Patenten ausgeführt worden waren, konnte die «unabhängige» Fabrik der Konkurrenz und den nicht immer sehr fairen Machenschaften des Konzerns nicht standhalten und schloss 1931 die Tore. Die Gebäulichkeiten wurden durch die «Aktiengesellschaft für industrielle Finanzierung» in Zürich erworben, die darin 1938 die Firma Münzel, Chemische Unternehmungen AG, Lenzburg, etablierte, woraus 1944 die «Öl- und Chemiewerke Hausen» entstanden.

Die drei grossen Löcher am Eitenberg waren aber noch jahrzehntelang zu «bewundern» und dienten einheimischen «Alpinisten» oft als Kletterberge, wo alle Techniken geübt werden konnten, auch die des (glimpflich verlaufenen) Absturzes! Mit einigem Schauer – es brauchte keiner besonderen Phantasie – konnte man sich vorstellen, wie die Gegend ausgesehen hätte, wenn hier noch jahrelang Gestein als Rohmaterial verwendet worden wäre. Noch 1961 hiess es in einer Beschreibung:[69] *... vom Flugzeug aus betrachtend glaubt man an eine Fangtrichterkolonie riesiger Ameisenlöwen... Auf dem Eitenberg wird der nichtsahnende Wanderer an solche erst begonnenen Löcher herantreten und* *sich wundern, dass nicht betäubende Dämpfe wie beim Erdspalt in Delphi aus der Unterwelt aufsteigen.*

Ende der sechziger Jahre wurden die Gruben mit «Bauschutt» (?) aufgefüllt. Es ist vielleicht besser, nicht allzuviel nachforschen zu wollen, was alles dort vergraben wurde! Da die beiden grossen Löcher auf Mülliger Boden lagen, konnte Hausen bei deren Auffüllung keinen Einfluss ausüben. Während einiger Zeit versuchten Mutige, in den leerstehenden Stollen eine Champignonzucht aufzubauen. Doch stürzten immer wieder Teile ein – in den neunziger Jahren verschwand einmal sogar ein Strassenstück –, was bald zur Aufgabe zwang. Heute zeugt im Dorf, neben einigen geheimnisvoll verwitterten Überbleibseln im Münzenstal sowie dem verrosteten Tor zum Stolleneingang bei der Garage Carotta nur noch der Name des Restaurants Stollen – wo noch im Innern ein Wandgemälde, das den Stollenbetrieb darstelllt, zu bewundern ist – von der ehemaligen Zementfabrikherrlichkeit. Dem besonders Neugierigen sei verraten, dass der Völkerbundspalast in Genf – das heutige «Palais des Nations» – mit Hausemer Zement gebaut worden war, dass einige Stahlkonstruktionen der Fabrikhallen der ABB (damaligen BBC) in Baden aus den ehemaligen Zementsilos stammen. Man demontierte sie während des Zweiten Weltkrieges, entnietete und formte sie um – eine äusserst willkommene Wiederverwertungsmöglichkeit in grundstoffarmer Zeit. Schliesslich soll es noch einige ältere Hausemer geben, die sich mit einer gewissen Wehmut an die Zeiten erinnern, wo man in der «Zementi» draussen einen Sack Zement für 50 Rappen (!) kaufen konnte.

Hausens Hassliebe: die Reichhold-Chemie[49]

Wer sich von Süden her kommend der Gemeinde Hausen nähert, dem präsentiert sich als erstes ein ästhetisch nicht unbedingt als schön zu bezeichnendes Fabrikareal. Die Form des aus verschiedenen Gebäuden bestehenden Komplexes lässt nicht sofort auf seine Bestimmung deuten. Dies rührt davon her, dass hier ursprünglich eine Zementfabrik errichtet wurde, die jedoch ihren Betrieb bereits nach zwei Jahren aufgeben musste. In ihren Hallen begann 1938 eine Schweizer Gruppe mit der Veredlung von Ölen für die Lack- und Farbenindustrie. Der Name «Dr. Münzel's Chemische Werke» wurde aufgrund der bald einsetzenden Vergrösserung des Umsatzes 1944 in *Öl- und Chemiewerke AG* umgewandelt. *Fabrikgebäude und Labor*

Luftaufnahme des Industriekomplexes Reichhold AG, 1961, Eig. L. Berner.

kamen beim Bau in den Gemeindebann Lupfig zu stehen, wo an der Lenzburgerstrasse (Hauptstrasse) *auch die Erstellung des Verwaltungsgebäudes geplant war. Auf die energische Intervention des Gemeinderates Hausen, dem der Sitz der Firma im Gemeindebann Hausen in Aussicht gestellt worden war, konnte die Niederlassung der Verwaltung auf Hausener Gebiet erreicht werden.*[60] 1951 schloss sich das Unternehmen durch einen Lizenzvertrag der amerikanischen Firma Reichhold Chemicals Inc. in White Plains N.Y. an, weshalb später auch der Name in Reichhold Chemie AG umgewandelt wurde. Das Werk beschäftigte (1968) 170 Mitarbeiter. Viele davon hatten sich in Hausen niedergelassen.

Die in den hiesigen Laboratorien und der Fabrik gemachten Erfahrungen führten schon während des Zweiten Weltkrieges, vor allem aber später zur Aufnahme einer Reihe von weiteren Produktegruppen: Neben einer grossen Anzahl von Alkydharzen für die Lackindustrie folgten Harze für z. B. die Bodenbelagsindustrie, Kernsandbindemittel für Giessereien. Eine weite-

re Produktegruppe fabrizierte wasserlösliche Natriumsalze oder Weichmachungsmittel für die PVC-verarbeitende Industrie. 1970 wurden monatlich etwa 1500 Tonnen Kunststoffrohstoffe, meist in flüssiger Form, hergestellt... Die Liste könnte fortgesetzt werden. Dies erübrigt sich, kann sich doch heute, mit dem verfeinerten Umweltverständnis, jedermann vorstellen, welche Probleme sich schon bald einstellten, über deren Auswirkungen man sich in den fünfziger Jahren kaum Gedanken zu machen schien – nicht aus besonderer Gleichgültigkeit, sondern weil man es nicht besser wusste. Über die Auswirkungen im Grundwasser wird im entsprechenden Kapitel berichtet. Da aber bald auch unangenehme Emissionen durch die Luft zu verzeichnen waren, musste die Fabrik zu kostspieligen Investitionen greifen. Die Abgase der Anlage wurden in einer katalytischen Nachverbrennungskammer gereinigt, bevor sie durch den Kamin in die Atmosphäre traten; *damit wird jede Störung der Atmosphäre durch Geruch ausgeschaltet* (sic!). In der Destillationskolonne wurde das Produkt gereinigt, das Inert-Gas, ein sauerstofffreies Gas, *das zur Verhinderung von Explosionen in der ganzen Anlage gebraucht wird.* Das hörte sich an und für sich beruhigend an. Doch stellte sich immer wieder die Frage: Ja, und wenn... Was die Explosionsgefahr betraf, so hatte selbst der Zivilschutz, der sonst eigentlich mehr für «Atomkrieg und seine Folgen» zuständig war, ein Katastrophenszenarium ausgearbeitet, wie im Falle eines Unglücks vorzugehen sei. Für Insider war es besonders «tröstlich» zu wissen, dass im Umkreis von 500 Metern nichts mehr zu machen sei! Auch wurden die Anwohner von Zeit zu Zeit – natürlich unfreiwillig – an diese Gefahr akustisch und «geruchlich» erinnert, wenn jeweilen irgendein Sicherheitsventil «für die Gesundheit absolut ungefährliches» überflüssiges Gas mit einem weit herum hörbaren Knall entweichen liess.
Bedeutend unangenehmer als die eventuelle Explosionsgefahr zeigte sich jedoch die «Störung der Atmosphäre», die zwar offiziell «ausgeschaltet war», sich aber immer wieder visuell (mehr jedoch in der Nacht, also unsichtbar) und namentlich geruchlich bemerkbar machte. Wie konnte es geschehen, dass von Bäumen herunterfallende Blätter den Lack auf den Autodächern «anfrassen», der Süssbach von einer widerlich stinkenden Fahne bis nach Brugg begleitet wurde oder ganze Quartiere, je nach Windrichtung bis nach Windisch hinunter, mit einer ekligen Duftwolke beglückt wurden.
Was den Süssbach betraf, so war die Ursache schnell gefunden: Während Jahren wurden, mit obrigkeitlicher Genehmigung, die Fabrikabwasser darin

abgeleitet. Dies musste Ende 1964 eingestellt werden.[56] Als aber im Jahre 1965 die Grundwasserverschmutzung eingetreten war, wurden Sanierungsbrunnen erstellt, die das verseuchte Wasser mit bis zu 1000 l/min … in den Süssbach pumpten. Noch 1973 wurde offiziell festgehalten:[11] *Das geförderte Grundwasser, abzüglich die Ihnen als Betriebs- und Brauchwasser zugebilligte Wassermenge, ist bis auf weiteres in den Süssbach abzuleiten.* Dass dieser noch lange Zeit brauchte, um sich von all diesen Strapazen zu erholen, mag auf der Hand liegen.

Schwieriger beizukommen war den Emissionen durch die Luft. Wohl erliessen 1962 die Gemeinderäte Lupfig und Hausen folgende Verfügung:[57] *Die Firma hat innerhalb einer Frist von drei Monaten alles vorzukehren, damit übermässige* (!) *Einwirkungen durch lästige Dünste und Lärm von der Nachbarschaft abgehalten werden. Darunter fallen auch eventuelle gesundheitsschädliche Abgase und Abwasser…*

Gewisse Auflagen, die der Firma auferlegt wurden, sollten sich später beinahe als Bumerang erweisen. So musste bis Ende Juni 1964 ein Verbrennungsofen erstellt werden, worin feste Abfallstoffe verbrannt werden mussten. Doch der Kleinkrieg schwelte noch während Jahrzehnten. Darauf einzugehen würde hier zu weit führen. 1993 ist der Fabrikationsbetrieb vollständig eingestellt worden – man zügelte ins billigere Ausland! –, was notgedrungen zum Verlust von Arbeitsplätzen führte. Dass ausgerechnet dieser seinerzeit «befohlene» Verbrennungsofen als einziger überlebte, mag wohl eine Ironie des Schicksals sein. Mit dem Weiterbetrieb der Sondermüll-Verbrennungsanlage ist für weiteren Sprengstoff gesorgt, der bis jetzt noch nicht entschärft werden konnte. Ebensowenig konnte über eine sinnvolle Nutzung des ganzen Fabrikareals bis zum Ende des 20. Jahrhunderts Positives erwähnt werden, gehen doch die Meinungen immer noch allzuweit auseinander. Das einzige, was jedermann weiss, aber nicht unbedingt zugeben will, ist die Tatsache, dass nur eine vollständige Sanierung des verseuchten Bodens Ruhe bringen kann … aber das kostet viel Geld! Zur Zeit der Drucklegung dieses Buches zeichnet sich leider noch keine befriedigende Lösung ab. Es bleibt zu hoffen, dass aus dem Areal nicht eine Fabrikruine entstehen wird, deren sich in späterer Zeit die «Industriearchäologie» annehmen muss.

Von Handwerkern, Geschäften und Unternehmergeist

Pfarrer Wetzel berichtet – In Hausen wohnten seit je Handwerker – Auch Beinamen deuten auf Berufe hin – Von kleinen und grösseren Geschäften – Wandlungen und Vergrösserungen – Initiative ist gefragt – Geschäfte kommen und gehen – Heute findet man vieles in Hausen.

Wenn auch während Jahrhunderten die Hauptbeschäftigung der Einwohner die *Ausübung der Landwirtschaft* gewesen sein mag, so hatte es sicher unter diesen Menschen hie und da solche, *die,* wie Pfarrer Sl. Wetzel in seinem Pfarrbericht[72] von 1764 so nett ausdrückte, *einen Hang zur Mechanic und davon wirklich Proben an den Tag gelegt haben.* Um welche «Mechanik» es sich handelt, ist aus diesem Bericht leider nicht herauszulesen, ausser der Bemerkung: *Die übrigen, so nicht ganz arm sind, und doch nicht Land genug besitzen, von dessen Provent sie leben können, treiben das Strumpf-Weberhandwerk und von dieser Profession nehren sich vile, auch die Weibsbilder arbeiten an den Metiersstühlen.* Die Strumpfweberei, von den aus Frankreich vertriebenen Hugenotten zu Beginn des 18. Jahrhunderts in unser Land eingeführt, wurde von Bern stark gefördert. Trotzdem zeigte Pfarrer Wetzel eine starke Abneigung gegen diesen neuen Beruf: *...und dise zu erfüllen und ihr Brod zu erwerben, haben sie Gelegenheit, so lange baumwollene Tücher, Strümpfe und Kappen fabriziert worden, als wozu das Gespünsst unumgänglich erfordert wird. Mit dieser Arth Spinnens beschäftigen sich junge und alte. Allein auss diesem Verdienst entstehen zufällig böse Sequelen* (Folgen) ... *Unterlassung der Landarbeit, massen die Spinnere ihre Sitzarbeit für erträglicher und profitabler halten als ihre Hände zu Pflueg und Hauwen ausszustrecken und die rohe Erde im Schweisse ihres Angesichts zur Fruchtbarkeit zuzurüsten...* Die folgende Passage dürfte heute nicht mehr geschrieben werden (Es käme zu einer Klage «wegen klassenkämpferischer Aufwieglung» (!): *Daher kommen die gerechten Klagen der Bauren über den Mangel an Mietharbeiter und Taglöhner. Aus diesem Grunde entstehen die Klägden* (Klagen) *der Herrschaften über ihr trotziges Gesinde, welches durch allerley Indulgieren* (Erdulden) *und Steigerung dess Lohns in Hulden gehalten werden muss. Auss Ursache dess vorgebenden grössern Verdiensts, der auss dem Spinnen in ihren Beutel fliesse...* Und er doppelt gleich noch nach:... *Das Geld so durch Baumwollenspinnen erworben wird, wird gemeiniglich zum Putz und Hoffart verwendet. Dadurch wird der ausserliche Wohlstand aufgehoben, dass man die Bemittelten vor den Armen an den Kleidern nicht unterscheiden kann* ... Doch muss er gerechtigkeitshalber zugeben, dass diese Arbeit für die Taglöhner oft die einzige Möglichkeit war, sich über Wasser zu halten: *Es ist unstreitig, dass ohne Baumwollengewerb bey uns mancher Vatter mit seinen Kindern hungrig zu Bette gehen müsste... Soll man die Armen nicht spinnen lassen, wo bliebe ihr Brotkorb?*

Die Strumpfweberei muss auch in Hausen heimisch gewesen sein, wie aus der alten Chronik zu entnehmen ist. So wurde 1838 ein Heinrich Widmer, Rudis, *Strumpfweber,* aus Hausen auf dem Birrfeld Opfer während eines Gewitters.

Welche handwerklichen Berufe sonst noch ausgeführt wurden, kann man nur indirekt aus den Beinamen herauslesen. Da ja viele gleiche Familiennamen in einem Dorf vorkamen (im Jahre 1833 gab es z. B. 126 *Schaffner,* 112 *Schatzmann* und 228 *Widmer*), die zum Teil noch den gleichen Vornamen trugen, so wurden sie eben mit «Übernamen» versehen, die oft eine Berufsbezeichnung enthielten. (Nur der Eingeweihte weiss, dass der «Murer-Heiri-Hermi-Kari» eigentlich Karl Schaffner heisst, dessen Grossvater von Beruf Maurer gewesen war; der «Amme-Schnider-Fritz» hiess Schaffner; «Wagner Ruedi» dagegen Widmer.) Beinamen wie «Küferjohannesen», «Gerberruedi», «Deckerjohannesen» (Dachdecker) weisen eindeutig auf Berufe hin, während andere, wie «Spittelbauers» oder «Tannhüblers» Ortsbezeichnungen sind.

Aus Verkaufsurkunden und Prozessakten kann man entnehmen, dass Caspar Widmer 1701 das «Recht zum Gerbersatz zum Gebrauch des *Rotgerber* Handwerks» erworben hat. Wo er es ausgeübt hat, weiss man nicht, sicher muss es in der Nähe von Wasser gewesen sein, entweder am Süssbach oder an einem der sog. «Süssbachweiher». Er muss es dabei zu einigem Reichtum gebracht haben.[42] (Der Rotgerber, eig. *Lohgerber,* braucht zum Gerben – im Gegensatz zum «Weissgerber», der Mineralien benützt – die «Lohe», d. h. gemahlene Rinde von jungen Fichten oder Eichen, die er mit den Fellen in die «Lohgrube» legt.)

Am 23. April 1799 wurde an der Gemeindeversammlung u. a. Jakob Schaffner, *Küfer,* in die «Munizibalität» gewählt.

In einer amtlichen Bescheinigung vom 2. Januar 1801 erscheint neben oben erwähntem Jakob Schaffner noch Johannes Schatzmann, *Schreiner.*

Am 13. März 1806 mussten vier Mann «unter Napoleons französische Dienste» gestellt werden, u. a. Johann Widmer, *Schuhmacher,* und Bernhard Dahli, *Schneider.*

1856 17. Hornung: *Das Land beim Schulhaus wurde auf 6 Jahre ausgeliehen und mit höchsten Angebot hat denselben bestanden: Daniel Meier, Metzger.*

Im gleichen Jahr wurde im Zusammenhang mit dem sog. Neuenburger-Handel von der aarg. Militärdirektion eine Rundfrage betr. Einquartierungsmöglichkeiten durchgeführt. In bezug auf Werkstätten im Dorf kann man ihr folgendes entnehmen:[60]

... *9. Was für Werkstätten befinden sich in der Gemeinde:*

a) Schmiedewerkstätte	*keine*
b) Schlosserwerkstätte	*keine*
c) Schreinerwerkstätte	*drei*
d) Wagnerwerkstätte	*eine*
e) Sattlerwerkstätte	*keine*
f) Schusterwerkstätte	*drei*
g) Schneiderwerkstätte	*zwei*

Schade, dass sich diese Rundfrage auf militärische Bedürfnisse beschränkte, sie hätte uns sonst sicher umfassender Auskunft geben können.
1870 gab es bei der heutigen «Rösslimatte» eine Ziegelhütte, wo Johann Meier einige Zeit als *Ziegelbrenner* gewirkt hatte.
1873 wurde das Schulhaus nach dem Plan von Heinrich Schaffner, *Baumeister,* erstellt. Das Abholen der Glocke für das Schulhaus (s. d.) besorgten u. a. Jakob Schaffner, *Zimmermann,* J. F. Schatzmann, *Messerschmid,* Jakob Schaffner, *Krämer,* u. a.
Die fünfgliedrige Kommission für die Bundesfeier 1891 bestand aus Joh. Jakob Schaffner, *Schuhmacher,* Johann Widmer, *Maurer,* Friedrich Hartmann, *Buchdrucker,* J. F. Schatzmann, *Gabelmacher,* und Jakob Schaffner, *Giesser.* Nicht ersichtlich ist dabei, ob sie ihr Handwerk im Dorf oder auswärts ausgeübt haben. Wenn man dann noch auf den Beruf *«Fabrikarbeiter»* stösst, so wird man sofort an die Industrialisierung im 19. Jahrhundert erinnert, wo viele ihr Brot mühsam in der Fabrik verdienen mussten, z. B. ab 1829 in der Spinnerei Kunz in Windisch. Die genaue Anzahl der Erwachsenen aus Hausen, die dort arbeiteten, kann man nicht mehr herausfinden, dagegen weiss man, dass (1833) aus Hausen zwanzig «Fabrikkinder» (Kinder von Eltern, die in der Fabrik arbeiteten) die dortige Fabrikschule besuchten und folglich ebenfalls «mithalfen».

Von den berufstätigen *Webern* des Dorfes wohnte einer im Unterdorf, der andere im Düchsli.[60]
Beim Grossteil (wenn nicht bei allen) der hier erwähnten Berufsleute dürfte es sich eher um sog. Kleinhandwerker gehandelt haben. Noch 1957 konnte man lesen:[60] *Neben vereinzelten Kleinhandwerkern beherbergt die Gemeinde Hausen zurzeit: Ein Baugeschäft und mech. Zimmerei, eine mech. Möbelschreinerei und Innenausstattung, eine mech. Wagnerei, eine Velo- und Motorradwerkstätte, drei Fuhrhaltereien (wovon eine als Cammionage) und als Industrieunternehmungen im Einzugsgebiet der Gemeinde die Öl- und Chemiewerke Hausen AG.*
Das hier erwähnte Baugeschäft, ursprünglich von Vater (einem richtigen Zimmermann von altem Schrot und Korn) und Sohn betrieben, entwickelte sich nach der Geschäftsübergabe (aus gesundheitlichen Gründen) Ende der fünfziger Jahre in all diesen Jahren zu einem grossen Generalunternehmen, das in Hausen ganze Quartiere erstellte (durch grossflächige Grundstückserwerbungen in preisgünstiger Zeit erleichtert), andererseits – in den fetten Jahren – auch eine gute Hundertschaft von Fremdarbeitern brachte. Es liegt auf der Hand, dass dadurch das Dorfbild wohl entscheidend verändert und neu geprägt wurde. Doch durch geschicktes Variieren entstand nicht eine Eintönigkeit, sondern eine gewisse Einheit, was sich eher beruhigend auf das Dorfbild auswirkte. Daneben dehnte die Firma ihren Tätigkeitsbereich stark aus (u. a. mit einem Büro in Zürich).
Und der Gegensatz: Die Velo- und Motorradwerkstätte hat sich – in zweiter Generation – als (fast) Einmannbetrieb bis heute, und mit gutem Erfolg, erhalten. Die andern oben genannten Betriebe sind in der Zwischenzeit aus verschiedenen Gründen eingegangen.
Mit der rasanten Dorfentwicklung siedelten sich immer mehr Unternehmen an. So findet man an der zwei Kilometer langen Hauptstrasse fünf Garagen, ein riesiges Transportunternehmen sowie zwei Autozubehörgeschäfte. (Das Transportgeschäft und zwei Garagen liegen zwar auf Windischer Boden, was aber nur der Eingeweihte wissen kann.) Da alle einen gewissen Namen haben, mögen sie es auch verkraften, wenn sie, obschon von der Natur ihres Betriebes her vom Verkehr lebend, heute mit der Ortsumfahrung nicht mehr direkt an der eigentlichen Verkehrsader liegen. Und wer ahnt schon beim Betrachten dieser zum Teil recht eindrucksvollen Geschäftsbetriebe, dass der Besitzer eines solchen als junger Autoelektriker (1967) in der Garage im Keller seines elterlichen Hauses, das

abseits der Strasse in einer eher abgelegenen Gegend lag, begonnen hat. Nur die rings ums Haus verstreuten Autobestandteile liessen vermuten, welches Handwerk hier betrieben wurde. Und als es dann zu eng wurde, war es wieder der Vater, der in seiner «Gartenwerkstatt» die eisernen Träger zusammenschweisste, damit der Sohn auf der familieneigenen Wiese nebendran drei Jahre später «seine» Garage aufstellen konnte. War auch der Süssbach keine Verkehrsader, so blühte doch das Geschäft, so dass (1993) der Sprung an die Hauptstrasse nur noch eine Frage der Zeit oder, besser gesagt, der guten Gelegenheit war. Sie bot sich, als ein bereits installierter Garagist seinen Betrieb aus familiären Gründen aufgeben musste... Hatte wohl der blondgelockte Schüler von damals im alten Schulhaus schon davon geträumt, wenn er etwas geistesabwesend in der Schulbank sass?...
Wo konnte man vor vierzig Jahren einen Kopfsalat kaufen und gleichzeitig einen tropfenden Wasserhahn reparieren lassen? In Hausen natürlich! Denn hier gab es ein Geschäft mit dem Namen *Sanitäre Anlagen und Kolonialwaren.* Noch mehr: Für einen Fünfliber konnte man auf Vorbestellung eine Reuss-Waschmaschine mieten, die einem, auf einem Anhänger eines «Engländer»-Velos ins Haus gebracht, einen ganzen Tag zur Verfügung stand. Das Kolonialwaren-Lädeli wurde 1960 zwar aufgegeben, die «Sanitären Anlagen» dagegen entwickelten sich vom Einmannbetrieb (1954) über einen «Mehrmannbetrieb» mit Heizungsabteilung zu einem «Familienbetrieb» und schliesslich 1970 zu einer Kollektivgesellschaft mit damals zwanzig Mitarbeitern. Dass da die ehemalige Schmiedewerkstatt im Ausserdorf als Werkstatt und das Büro zu Hause nicht mehr genügen konnten, lag auf der Hand. Das «Engländer»-Velo mit Anhänger war schon lange durch eine richtige Wagenflotte ersetzt, als 1972 der Neubau am Liseliweg bezogen werden konnte, der dann 1990 eine Erweiterung erfuhr.
Es sei hier jedoch nicht verschwiegen, dass es hie und da in Hausen auch zu mehr oder weniger langen «Geschäftsgastspielen» kam, die dann wieder wegzogen oder einfach eingingen. So entstand Anfang der siebziger Jahre im Unterdorf ein für Hausen äusserst eindrücklicher Geschäftsbau, im welchem sich ein En-gros-Geschäft für Büromaschinen, Büro- und Schulmaterial niederliess, das nach einigen Jahren mehr oder weniger sang- und klanglos verschwand. Das Gebäude wird jetzt von verschiedenen Firmen genutzt.
Dass bei solchen Wechseln die Gebäude Nutzungsänderungen unterworfen sind, kann nicht vermieden werden. Hier nur ein paar Beispiele: Aus einer

Metzgerei entstand ein Blumenladen, aus einer Spenglerei ein Autozubehörladen, eine «Bauernhausscheune» wurde zur Tankstelle, ein Coiffeurladen zum Annahmebüro für Autoreparaturen umfunktioniert, in einem ehemaligen Möbelgeschäft sind Auto-Accessoires ausgestellt, in den Schaufenstern eines Lebensmittelladens locken nun Vitrinen zum Kauf. Weitere Mehrfachvarianten: Computershop – Coiffeur – Computershop – Coiffeur, Lebensmittel – Reisebüro – Computerladen – Coiffeur oder sogar Lebensmittel – Damenmode – Schuhdiscount – Reisebüro – Versicherungen.

Wenn ein mittelgrosses Dorf eine Hauptstrasse von zwei Kilometern Länge besitzt, so ist es nicht leicht, ein Zentrum ausfindig zu machen. Dass ungefähr in der Mitte die Holzgasse abzweigt, genügt noch nicht. Der jahrhundertealte Bau des Landgasthofs *Rössli* setzt wohl einen Schwerpunkt, durch die nebenan stehende (ehemalige) «Chäsi» verstärkt, die Metzgerei (plus Blumenladen) vis-à-vis ein Gegengewicht. Aber erst der Bau von zwei imposanten (Land-)Geschäftshäusern lässt den Eindruck von einem Zentrum aufkommen Zwar mussten beiden alte Bauten weichen: dem *Huser Forum* ein seit Jahren nicht mehr betriebener Bauernhof, dem *Huser Hof* ein ganzer Hügel und zwei «Geschäftshäuser». Bei letzterem spielte die *sehr* variantenreiche Verkehrspolitik des Kantons eine grosse Rolle. Es lohnt sich aber, hier kurz auf den «Vorgänger» einzugehen:

Der Gebäudekomplex umfasste einerseits den bereits erwähnten, schon seit einiger Zeit eingegangenen Kolonialwaren-Laden, worin sich inzwischen eine Fotografin niedergelassen hatte (im oberen Stock wohnte ein Schneider/Herrencoiffeur), andererseits eine Bäckerei und eine Mercerie. Nach einem Umbau – die Merceriebesitzerin zog weg – entwickelte sich hier eine Art Zentrum: Eine Tiefkühlanlage und ein «Waschmaschinensalon» wurden eingerichtet. Man konnte Fächer im Tiefkühlraum mieten, den man, vorsichtshalber mit einem Mantel bewaffnet, frei betreten konnte. Nebendran standen in einem weiteren Raum drei moderne Waschmaschinen verschieden grossen Fassungsvermögens. Täglich sah man deshalb Frauen, die mit einem kleinen Wägelchen (keine Autos!) Körbe mit schmutziger Wäsche ins Dorf führten und diese nach einer Stunde – oft auch etwas mehr –, die man zu einem Schwatz oder zu Einkäufen verwenden konnte, «strahlendweiss» nach Hause brachten – ein Dorfbrunnenbild des 20. Jahrhunderts, für Nostalgiker natürlich ein schwacher Trost für das alte, 1946 abgebrochene «Waschhüsli».

Tiefkühltruhen und Waschmaschinen in jedem Haus machten die Einrichtungen überflüssig, der Staat drängte nach einer verkehrstechnischen Lösung: Die Häuser mussten weg. Sie wurden abgebrochen, der Neubau entstand, die verkehrstechnische Lösung ... wurde geändert. Neben einem gut frequentierten Café mit Bäckerei zog die Post ein. Nur mit dem zu gross konzipierten Lebensmittelladen hatte man etwas Pech. Verschiedene Geschäfte versuchten es an seiner Stelle. Das einzige «Geschäft», das Bestand hat, ist – o Schreck! – ausgerechnet ein Spielsalon.
Auf der Westseite der Hauptstrasse entstand das *Huser Forum* mit Offsetdruckerei/Heliographie, einem weiteren Geschäftsraum, der inzwischen ebenfalls Veränderungen unterworfen war, und Büroräumlichkeiten. Ja, sogar eine Ballettschule ist hier eingerichtet.
Was es noch weiter gibt in Hausen? Nun: einen Arzt, einen Psychiater, einen Tierarzt, vier Architekturbüros, einen Boiler-Fachmann, ein «Camping-Caravaning-Center» (streng genommen auf Lupfiger Boden), sieben Coiffeurs, zwei Elektro-Installationsgeschäfte, Fusspflegerinnen, zwei Gärtnereien, eine Gemäldegalerie, ein «kosmetisches Institut», einen Radio- und Fernsehspezialisten, drei Reinigungsunternehmen, sieben Versicherungsagenturen, ein Zoo-Fachgeschäft, dazu natürlich viele Computergeschäfte und, und, und...
Wohlverstanden, bei all diesen – unvollständigen – Aufzählungen ist immer die Rede von denjenigen, die ihrem Beruf im Dorf selber nachgehen. 1990 waren dies von den 1074 Berufstätigen knapp die Hälfte. Die andern arbeiten auswärts, was durch die günstige Verkehrslage Hausens erleichtert wird. Seinen Arbeitsplatz in Basel oder Winterthur zu haben, scheint kein Hinderungsgrund zu sein, um hier zu wohnen.
Da soll einer behaupten, Hausen sei kein modernes Dorf!

Feuerlöschwesen einst und jetzt

Feuerkataster – Brandversicherung als «Nachsteuer» – Feuerlöschwesen einst und jetzt – Hausen kauft eine eigene Feuerspritze – Der erste Hydranten-Zug – Wo bringt man alle Geräte unter? – Vom «Sprützehüsli» zum Feuerwehrlokal – Das Technische Mehrzweckgebäude – Von Feuerwehrreglement und Feuerwehrvereinigung – Von Feuersbrünsten ... und Unglücksfällen.

Feuerkataster:[46]

Da in ältern Zeiten viele Bürger und Familien durch erlittene Brandunglücke sehr stark in ihrem Wohlstand geschwächt worden sind; indem bey einem stattgehabten Brand der Eigentümer von keiner Seite her etwa besteuert wurde, als was ihm durch freiwillige Liebessteuern zugekommen ist.

1805 *Merz 16: Den Wohlstand eines solchen Verunglückten besser zu sichern und seinen Credit zu erhalten, fand die Hohe Regierung des Kantons Aargau vonnöthen, nach dem Beispiel anderer wohleingerichteten Staaten eine Brandversicherungs-Gesellschaft zu errichten.* (Im Fricktal zum Beispiel, das ja bis 1803 zu Österreich gehörte, war diese Versicherung bereits von Kaiserin Maria-Theresia vor 1761 eingeführt worden.)

Diesem nach wurde alle und jede Gebäude, Scheunen und Stallungen im Kanton, in Schatzung genommen, wo jeder Eigentümer das Seine mit Zustimmung des Gemeinderath selbst schätzen konnte. Von seiner Schatzung musste jeder, je nachdem der Brandschaden im Kanton war, jährlich eine gewisse Summe bezahlen: als vom Hundert Franken der Schatzung 5 Rappen, 10 Rappen, 15 Rappen, woraus dann dem Verunglückten seine ganze Schatzung des Gebäudes bezahlt wird. (Es ging also hier nicht um eine Versicherungssumme, die man im voraus zu bezahlen hatte, um versichert zu sein, sondern um eine Art «Nachsteuer», die je nach Notwendigkeit eingezogen wurde.)
Laut der, von unserer Hohen Obrigkeit, allen Gemeinderäthen durch das Kantonsblatt zugestellten Übersicht samt Berechnung, beträgt die Tottal Assekuranz-Summe der Gebäude in Kanton Aargau auf den 1. Jenner 1821 Summa Franken 32 049 059.–. Pro 1820 betrug die Versicherungssumme der Gemeinde Hausen Fr. 83 700.– und stieg bis zum Jahr 1827 (letzte Eintragung) *auf Fr. 91 250.–.*

Feuerlöschwesen einst und jetzt[46]

Vom Jahr 1799 bis 1818 mussten die sämtlichen Gemeinde der Kirchgemeinde Windisch, gemeinschaftlich zur Feuerspritze in Königsfelden die Mannschaft geben, an Zahl 17. Dieselbe wurde aber aus der Gemeinde Windisch und Oberburg genommen, und von den andern Gemeinden bezahlt: Bey jedem Vorfall, so wie auch des Jahres zweymal zu probieren, per Mann 6 Batzen. Das Kloster musste die Pferd stellen
Im Jahr 1818 wurde die Gemeinde Hausen ab Seite der Hohen Regierung aufgefordert, mit der Gemeinde Mülligen eine eigene Feuerspritze anzuschaffen. Und da die Gemeinde Mülligen diese Feuerspritze absolut in ihrer Gemeinde wollte zu stehen haben, so erging der vereinbarte Gemeindsschluss Hausen dahin, für sich eine eigene Feuerspritze anzuschaffen.
Da wurde mit dem Herrn Deubelbeiss, Spritzenmacher von Schinznacht ein Akkord getroffen um die Summe von 44 Louisdor oder L. 704.– Trinkgeld L. 8.–.
1819 Wintermonat 2: Wurde dieselbe in Schinznacht abgeholt und am 3tem Wintermonat das Erstemal probiert. Der Spritzenmannschaft wurde ein Trunk gegeben; an die Spritze wurden 2 Aufenthaltsketten gemacht, alles zusammen kostete L. 24.–.

Die Feuerspritze wurde bezahlt wie folgend:

a) Von Stumppen-Ablösung, durch die Gemeindebürger im Gemeindeholz	*L. 300.–*
b) Durch bezogene Telle (Steuer)	*L. 412.–*
Darauf musste erbaut werden das Feuerspritzen-Haus, welches laut Rechnung in allem gekostet hat an ausgelegtem Geld:	*L. 196.– 5 Bz.*
Die Fuhren und Arbeiten welche die Bürger im Gemeindewerk gethan haben, sind berechnet auf:	*L. 62.– 8 Bz.*

Die Gemeinde Hausen besitzt also seit dem Jahre 1819 eine eigene Feuerspritze. Zugaben zu derselben waren lederne Löscheimer und eine Rondelle für den Feuerläufer. Später kamen eine Leiter und ein Feuerhaken dazu. Dieser diente dem Zweck, nach einem Brandfall nicht mehr Sicherheit bietende Mauern niederzureissen. Der Gebrauch dieses Gerätes wurde vom Aarg. Versicherungsamt im Laufe der Zeit untersagt, weil oftmals Brandmauern geschlissen wurden, die für einen Wiederaufbau hätten Verwendung finden können. Auch waren Unfälle beim plötzlichen

Nachgeben der Mauer oder beim Ausglitschen der den Haken bedienenden Mannschaft unvermeidlich.
Bei der Löschung von Feuersbrünsten ging es, gemessen am heutigen Massstab, altväterisch zu. Zur Speisung der Spritze bildeten nebst den abkömmlichen Feuerwehrmannen Zivilpersonen vom Wasserbezugsort bis zum Brandobjekt eine Kette, wobei die Wassereimer von Hand zu Hand weitergegeben wurden. Bei den jährlichen Übungen, wovon die Hauptübung im Herbst, befehligte ein vom Gemeinderat ernannter Chef die Mannschaft. Die Wasserentnahme erfolgte entweder aus dem Süssbachweiher, der zu Zeiten allerdings eher einem Tümpel glich, oder aus einem der vorhandenen Dorfsodbrunnen. Ab 1893 änderte sich das Bild. Bisher führte über den Süssbach und entlang dem Weiher ein mit Steinplatten belegter Fussgängersteg, während die Fahrbahn unten durch ging. Bei eintretender Schneeschmelze oder anhaltendem Regenwetter mit Wasserzufluss vom Birrfeld her waren Überschwemmungen an der Tagesordnung, wobei das Passieren der Holzgassstrasse einen Unterbruch erlitt. Im Jahr 1893 also, das, nebenbei bemerkt, einen äusserst trockenen Sommer aufwies, wurde an der Stelle des bisherigen und unzukömmlich gewordenen Zustandes eine Neuanlage geschaffen. Alte Strasse, Fussgängerweg und Weiher mussten einer Überbrückung des Süssbaches mit gleichzeitiger Verbreiterung und Nivellierung der Strasse sowie einem neuen und betonierten Feuerweiher weichen. Brücke und Weiher wurden zum Schutze gegen etwaige Unfälle mit einem eisernen Geländer gesichert. Der bisher längs der Nordseite der Eisenbahnbrücke auf Tragpfeilern ruhende eiserne Kännel zur Ableitung des Wasserzuflusses vom sog. «Buligraben» her in den Süssbach konnte beseitigt und das Wasser direkt in den Bahneinschnitt geleitet werden.
Bis 1899 war die Feuerspritze das einzige Löschgerät der Gemeinde. Mit dem Einbau von Hydranten (siehe Kapitel «Grundwasser») rückte für die Gemeinde der Zeitpunkt zum Ausbau der Feuerlöscheinrichtung heran. Es konnte zur Schaffung des ersten Hydrantenzuges geschritten werden. Von der Ausstattung mit einem Schlauchwagen nahm der Gemeinderat vorerst Abstand; die Schläuche fanden in einer Tragkiste Unterkunft. 1902 wurde ein Hydrantenwagen mit Schlauchhaspel angeschafft, wodurch die Übungen erspriesslicher gestaltet werden konnten. Nach Inkrafttreten des kantonalen Gesetzes über das Feuerwehrwesen wurde auch in Hausen eine Kommission ernannt mit Feuerwehrkommandant, Stellvertreter, Gerätechef usw.

Bis *1906* war die Spritze (samt Leichenwagen) in einem Raum im Schulhaus untergebracht, während die Leiter an der Nordfassade auf in die Mauer eingelassenen Konsolen Platz fand. Zur Unterbringung des Leichenwagens und der Feuerwehrgeräte beschloss die Gemeinde die Erstellung eines Gebäudes östlich des Schulhauses, des sog. Gerätelokals. Dieses Gebäude diente seinem Zweck bis zu Beginn der fünfziger Jahre, musste dann aber dem Lindhofschulhaus weichen.
Nach dem Ausbau der Wasserversorgung konnte 1912 ein zweiter Hydrantenwagen angeschafft werden. Die Leiternmannschaft erhielt 1922 an Stelle der bisherigen eine ausziehbare Strebenleiter von elf Metern Höhe. Gleichzeitig wurde die Bedienungsmannschaft mit den ersten Helmen ausgerüstet.
Die 1928 am Südausgang des Dorfes erstellte Zementfabrik hatte am Westabhang des Eitenberges ein eigenes Reservoir erstellt. Ebenso unterhielt sie eine eigene Betriebsfeuerwehr. 1936 erwarb die Gemeinde Hausen aus der Liquidation die gesamte Wasserversorgung mit Löscheinrichtung und kam dadurch in den Besitz eines dritten Reservoirs mit Hydrantenzug. Mit dem Ausbau der Wasserversorgung erwiesen sich die bisherigen Wasch- und Löschvorrichtungen als überholt. 1946 beschloss die Einwohnergemeindeversammlung den Abbruch des 1839 erbauten Waschhauses und die Eindeckung des 1893 erstellten Feuerweihers.
Mit der Modernisierung des Feuerwehrwesens, was notgedrungen auch die Anschaffung von Fahrzeugen erforderte, wurde deren Stationieren ein immer grösser werdendes Problem. Da 1956 das «Sprützehüsli» dem Lindhofschulhaus weichen musste, galt es Ersatz zu schaffen. Als «Übergangslösung», sie dauerte immerhin zwölf Jahre, erstellte man auf gemeindeeigenem Gebiet zwei freistehende Garagen und benützte die Tenne eines ehemaligen Bauernhauses an der Hauptstrasse als Gerätelokal. Endlich, mit dem Bau der Mehrzweckhalle konnte 1969 ein richtiges Feuerwehrlokal bezogen werden. In der Militärunterkunft wurde sogar eine Schlauchtrocknungsanlage eingerichtet, die auch gerne von den Feuerwehren der Nachbargemeinden benutzt wurde.
Nachdem die Platzverhältnisse im Feuerwehrmagazin immer prekärer geworden waren und das Bauamt Geräte und Material an den verschiedensten Orten lagern musste, ging man 1981 an die Planung eines Technischen Mehrzweckgebäudes. Im September 1984 war es dann soweit:[73]

Die Hauser Stimmbürger bewilligten für die Errichtung eines technischen Mehrzweckgebäudes den bisher grössten Einzelkredit in der Geschichte des Dorfes von 3,3 Mio. Franken. Der Beschluss wurde an einer ausserordentlichen Gemeindeversammlung am Freitagabend bei einer Gegenstimme sowie einigen Enthaltungen gefasst.

Im zweigeschossigen, langgestreckten neuen Gebäude werden Magazine für die Feuerwehr und das Bauamt, öffentliche Schutzplätze sowie eine erweiterte Militärunterkunft eingerichtet.
(Kleine ergänzende Nebenbemerkung: Als mit dem Aushub begonnen wurde, stiess man früher als erwartet auf Grundwasser und namentlich auf die römische Wasserleitung. Deshalb musste das Gebäude um achtzig Zentimeter gehoben werden.)
Es ist selbstredend, dass eine Brandbekämpfung nur dann effizient sein kann, wenn eine moderne Ausrüstung mit den entsprechenden Fahrzeugen vorhanden ist. Auf eine Aufzählung technischer Details wird hier verzichtet. Doch darf mit Stolz festgestellt werden, dass sich die Hausemer Feuerwehr zeigen darf.
Die interne Organisation wurde bereits 1907 im Feuerwehr-Reglement festgelegt. Auch dieses erfuhr im Laufe der Jahre verschiedene Neufassungen (1952/1974). Schliesslich wurde 1976 die *Feuerwehrvereinigung Hausen* gegründet mit dem Zweck, *die Bestrebungen der Feuerwehr auch ausserhalb des Dienstes zu fördern und unter den Mitgliedern aufrichtige, treue Kameradschaft zu pflegen* (§ 1 der Statuten).

Von Feuersbrünsten…[46/60]

1798 *Heumonat 4: in der Nacht zwischen Elf und Zwelf Uhr brach in des Joseph Widmer, alt Kirchmeiers, und Kaspar Meyer, Konraden Haus, unten im Dorf, auf dem nemlichen Platz wo gegenwärtig des Johannes Widmer, alt Kilchmeiers Wohnhaus steht, Feuer aus. Der Kaspar Meyer und dessen Ehefrau und 2 Töchtern, die Eine von 20 die andere von 12 Jahren, kamen in den Flammen um ihre Leben. Der Sohn und ein Knecht dieses Meyers wurden hart verbrannt, so dass der Knecht in 2 Stunden und der Sohn in 14 Tagen davon gestorben sind. Zwey französische Soldaten, die bey dem Meyer im Quartier waren, büssten ebenfalls in der Flammen ihr Leben.*

Vater, Mutter und beide Töchtern wurden in einen Sarg gelegt und den 5. Heumonat 1798 in den Kirchhof zu Windisch begraben
Der Knecht und die beiden Soldaten wurden ebenfalls zusammen in einen Sarg gelegt und gleichen Tag in Windisch begraben.
Sieben Stück Vieh und 2 Schwein, von den Kaspar Meyer, blieben auch im Feuer zurück und fanden ihren Tod.
Von Joseph Widmers Familie konnte sich alles retten. Eine Kuh wurde angebrannt, das übrige Vieh konnte gerettet werden.
Der Werth, der dem Kaspar Meyer verbrunnen ist, wurde geschätzt: Fr. 6701.– bz. – rp.5.
Der Schaden des Joseph Widmer: Fr. 3682.– bz. 5 rp. 5.

(Im Zeitpunkt der oben genannten Feuersbrunst war das ganze Land von französischen Truppen besetzt. Unter der Bevölkerung herrschte eine ausgesprochen franzosenfeindliche Stimmung. Kein Wunder, dass deshalb böse Zungen behaupteten, die Franzosen seien die Brandstifter. Ein Frey von Brugg nahm sein böses Wort zurück und machte es obendrein mit 50 Pfund gut.[28] Dass bei diesem Brand auch zwei französische Soldaten ums Leben kamen, sei nur nebenbei bemerkt.

1800 *Heumonat 20: Nachts zwischen 11 und 12 Uhr brach in einem Haus im Oberdorf in der Holzgass Feuer aus, auf dem Platz, wo gegenwärtig des Daniel Widmer, Friedlis, Dräier Schatzmann Kindern ihr Wohnhaus, und das der Susanna Schaffner, Jakob Schaffner sel. Witwe Wohnhaus steht.*
Der Schaden wird berechnet: Fr. 6335.–.

1840 *Herbstmonat 3: brannte des Ulrich Widmer, Schullehrers Haus- und Scheuerwesen ab, Abends um 6 Uhr, auf dem Tannhübel gestanden, ist im Brandkataster der Gemeinde Hausen unter Nr. 55 bezeichnet und versichert um Fr. 1200.–.*

Dito *9.: Mittwoch Abends um 6 Uhr traf die Gemeinde Hausen wieder ein Brandunglück, welches das ganze Dorf bedrohte. Nämlich es verwahrlosten die zwei Knäblein des Johannes Widmer, Tannhüblers, durch Anzünden von Rätschabgang, welches sie aus dem Heuweg heimgetragen durch anzünden ihre Wohnung auf dem Hübel hinter dem Wirtshaus, worunter das Haus des Rudolf Schaffner, Zimmermann, und dasjenige des Jakob Schatzmann Deckerjakoben verbrannten. Fast nichts von den Effekten wurde gerettet. Mit der grössten Mühe und Anstrengung, fast unter*

Feuersbrunst an der Hauptstrasse, heute Parkplatz Restaurant Sternen. 1964 brannten die Häuser der Familien Blaser, Schaffner und Meier nieder. Foto L. Berner.

Flammenregen, konnte die Wohnung des Hans Jakob Rohr, gewesener Gemeindeammann gerettet werden, welchem wahrscheinlich die Rettung des ganzen Dorfes zu verdanken ist. Ein Mann Namens Johannes Schatzmann, Deckerjakoben fiel vor der Hitze vom Dach des Hauses von Ammann Rohr, welchen man für gefährlich hielt, doch konnte er durch ärztliche Hülfe gerettet werden. Bei allen vorbeschriebenen Feuersbrünsten flossen für die Geschädigten freiwillige Steuern in Geld und Gaben in natura.

Im ganzen gesehen konnte sich Hausen glücklich schätzen, dass es nie von einem grösseren Brand heimgesucht wurde, bildeten doch die verschiedenen zusammengebauten Häuser in der Holzgasse und seinerzeit auch im Unterdorf grosse Gefahrenherde. Deshalb fanden auch in regelmässigen Abständen dort Feuerwehrübungen statt.
Von einer «Beinahe-Katastrophe», die dem Schulhaus 1950 widerfuhr, ist im Kapitel «Schulbauten» die Rede. Weniger Glück hatten die drei Familien,

deren Haus, ein ehemaliges Bauernhaus, 1964 ein Opfer der Flammen wurde:[10]

In höchster Eile trugen die Bewohner Kleider und Stühle aus dem Haus. Es zeigte sich bald, dass dem Feuer nicht Einhalt geboten werden konnte, denn ein stürmischer Westwind trieb die Flammen dem Giebel entlang zum Dachstuhl hinauf... Das aus Haus, Hinterhof und Scheune bestehende Brandobjekt erschwerte den Kampf gegen das Feuer. Deshalb wurde das Überlandpikett der Brugger Feuerwehr zur Hilfe aufgeboten... Innert wenigen Minuten – wir haben keinen Brand gesehen, der sich rascher ausbreitete – war der Dachstock niedergebrannt. Balken und Futtervorräte brannten weiter; ihr Feuerschein bot durch die Tennstüre ein gespenstisches Bild... Die Betroffenen fanden für die erste Nacht Unterkunft bei Verwandten und Bekannten. Die Anteilnahme an ihrem schweren Schicksalsschlag ist allgemein.

Soweit die Berichterstattung aus dem «Brugger Tagblatt». Dass ein solches Ereignis in einem Dorf für grosse Aufregung sorgt, ist leicht nachvollziehbar. Deshalb mag der nachfolgende Ausschnitt aus dem oben erwähnten Artikel auf den ersten Blick als absolut selbstverständlich erscheinen:

Eine neugierige Menge hatte sich bald eingefunden. Der Verkehr auf der Haupstrasse wurde durch die Organe der Kantonspolizei mit Unterstützung der Feuerwehr umgeleitet. Dennoch bildete sich anfänglich eine Stauung, welche die Arbeit der Löschmannschaft erschwerte.

Doch für einmal waren es nicht die Gaffer, die dem Ortspolizisten nachträglich den kalten Schweiss über den ganzen Körper rinnen liessen, wie er später zugab, sondern die Tatsache, dass man in der Hitze des Gefechtes vergessen hatte, dass die organisierte Umleitung über eine Brücke (die die Eisenbahnlinie überquerte) führte, deren Höchstbelastbarkeit mit acht Tonnen signalisiert gewesen war... Sie hielt stand!

...und Unglücksfällen

1831 *Im Monat Augst machte Hans Jakob Dahli, alt Armenpfleger von Hausen, den Anfang mit bauen eines neuen Hauses, welches er dem Maurermeister Joh. Meyer, genannt Schwedimaurer, von Hausen verakkordierte. In der 3ten Woche besagten Augstmonats machte der Maurermeister mit dem Kellergewölbe den Anfang, und brach denselben bis zum 30ten Dito beinahe zum Beschluss, als plötzlich Mittags ¼ vor 11 Uhr das Gewölb wieder zusammenstürzte und zwei Arbeiter: Hans-Kaspar Schaffner, Maurer von Hausen, und Brehm, Maurer von Lupfig, unter den Ruinen den Tod fanden.*

1838 *Samstag den 7ten Juli um die Mittagszeit, entstand ein Gewitter mit Donner begleitet, welches sich über das Birfeld und Umgegend zog. Heinrich Widmer, Rudis, Strumpfweber von Hausen, und seine Ehefrau Maria Magdalena Hunziker, waren auf dem Birfeld gegen dem Dorf Birhard zu, um daselbst ihre Erdäpfel zu häufeln; beim herankommenden Wetter begaben sie sich unter einen Kirschbaun, und wurden darunter beide vom Blitz erschlagen todt gefunden. Beide sind geboren im Jahr 1804.*[46]

Als Unglücksfalle entpuppte sich seit Beginn der fünfziger Jahre die durch Hausen führende Hauptstrasse, musste sie doch immer grösseren Verkehr schlucken und dies ohne entsprechenden Ausbau. Die Erstellung eines Gehwegs neben der Strasse war eine Notlösung, da der Staat lange Zeit nicht wusste, wie er an den Ausbau gehen sollte. So kam es in den letzten fünfzig Jahren doch zu einem halben Dutzend tödlich ausgehender Verkehrsunfälle, von den andern, glücklicher auslaufenden gar nicht zu reden. Einer soll, seiner Absurdität willen, hier Erwähnung finden, mag es auch ein bisschen makaber erscheinen:
1954 kam es im Unterdorf zu einem Selbstunfall eines Motorradfahrers, heute würde man sagen «wegen Nichtanpassung der Geschwindigkeit». Er fuhr, von Windisch her kommend zu schnell in die Kurve bei der heutigen Garage Baschnagel, kam ins Schleudern und verlor die Herrschaft über sein Fahrzeug. Beim Sturz fügte er sich Verletzungen zu, die zu seinem sofortigen Tod führten. Nun lagen Motorrad und Körper mitten auf der Strasse. Der Mann trug keine Ausweispapiere auf sich, so dass die Polizei seine Identität vorerst nicht feststellen konnte. Es galt also, den Körper vorläufig «aufzubewahren». Aber wo? (Wer die Ortsverhältnisse kennt, weiss, dass die Ortsgrenze Hausen/Windisch von der Garage Baschnagel bis nach der Liegenschaft Knecht mitten auf der Hauptstrasse verläuft.) Sein Körper lag nun halb auf Windischer, halb auf Hausemer Boden. Wer musste sich nun seiner annehmen? Schliesslich beschloss die Polizei, dass ihn Hausen übernehmen musste, weil «der Kopf auf Hausemer Boden liegt»...

Freundschaft mit Hausen im Wiesental

Wie es zu dieser Freundschaft kam – Gegenseitige Besuche – Wo liegt Hausen im Wiesental? – Gemeinsamkeiten.

Anlässlich des Rohbaufestes beim Bau der Mehrzweckhalle im April 1969 suchte der damalige Aktuar der Schulpflege nach einer «Partnergemeinde», wenn möglich gleichen Namens (und die eine Musikgesellschaft hatte!). Dabei stiess er auf Hausen im Wiesental. Die Einladung wurde von der dortigen Hebelmusik und vom Gemeinderat gern angenommen. Fast hätte man von «einer Liebe auf den ersten Blick» reden können, denn schon an den vorangehenden Besprechungen ging es freundschaftlich zu, und vom eigentlichen Fest kehrten die Gäste (mit Autocar) erst am frühen Morgen heim. Diesem ersten Treffen folgten weitere Begegnungen: Gegenseitige Schulbesuche, die beiden Feuerwehrvereine treffen sich regelmässig, ebenso die Senioren. Jedes Jahr besucht eine hiesige Schulklasse das Hebelfest in Hausen, nimmt am morgendlichen Begrüssungsumzug, am nachmittäglichen Festzug und an den Darbietungen in der Festhalle aktiv teil, und von dort kommen Schüler ans Jugendfest, wo sie ebenfalls mitwirken. Auch wird der regelmässige Gedankenaustausch zwischen den beiden Behörden gepflegt. Im weiteren trifft sich die Lehrerschaft jährlich abwechslungsweise einmal. Dabei geht dem rein kameradschaftlich/geselligen Teil immer ein «kultureller» voraus, um den Kolleginnen und Kollegen aus dem «andern Hausen» Wissens- und Sehenswertes zu zeigen, um vermehrt Einblicke in die Lebensweise eines andern Landes gewinnen zu können. Diese Freundschaft dauert nun im Jahr der Herausgabe dieser Chronik bereits dreissig Jahre, hat also schon mehr als eine «Generation» überlebt und zeigt sich immer noch in bester Gesundheit.

Hausen liegt an der Wiese, die ihre Quelle nordöstlich von Todtnau im Schwarzwald hat, und zwar an der Stelle, wo diese das Gebirge verlässt und die Ebene «betritt», um in südwestlicher Richtung an Schopfheim vorbei Richtung Basel zu fliessen. Hausen liegt also an der Grenze zweier Landschaften[39] am Fusse der Hohen Möhr. Doch auch geschichtlich steht Hausen «an der Grenze»: Die Nachbargemeinde Zell gehörte zu Vorderösterreich, Hausen dagegen zur Markgrafschaft Baden.[63] Schwieriger wird es, wenn man nach einer «Geburtsurkunde» sucht. Wohl wird in einem Text von 1295 ein «Heinrich von Hausen» erwähnt, doch

«Hausen» (Husen) gab es zu jener Zeit einige am Oberrhein. 1350 erscheint der Name im Abgabeverzeichnis des Klosters St. Blasien verschiedentlich, aber wieder mit derselben Einschränkung. Eindeutige Verhältnisse dagegen schafft eine Urkunde aus dem Jahr 1362, wo Hausen klar unter die Herrschaft der Markgrafen von Baden zu stehen kommt.
Ähnlich wie bei unserem Hausen weisen aber archäologische Funde auf eine bedeutend frühere Besiedlung zurück. Dazu kommt noch, dass sog. «Hausen-Orte», wie man beobachtet hat, gelegentlich Aussenorte von fränkischen Siedlungsbezirken waren. Deshalb dürfte, zusammen mit den Funden, angenommen werden, dass das spätere «Hausen im Wiesental» um etwa 800 als kleine Randsiedlung mit ganz wenigen Höfen angelegt wurde.[63]
Aus der späteren Geschichte des Dorfes ragt das Eisenwerk heraus. Es wurde gegen Ende des 17. Jahrhunderts gegründet und bestand bis 1865. Ganz besonders stolz ist die Gemeinde natürlich auf ihren berühmten Sohn, den Dichter Johann Peter Hebel, dem sie im sog. Hebelhaus mit viel Geschmack ein kleines Museum eingerichtet hat. Im Obergeschoss, das baulich nicht verändert wurde, war einst die Wohnung von Hebels Eltern. Im Erdgeschoss finden, neben vielen Andenken und Schriften des Dichters, auch die Werke der Hebelpreisträger Platz. Dieser Preis wird alle zwei Jahre an Hebels Geburtstag, dem 10. Mai, dem bereits erwähnten Hebelfest, *an deutschsprachige Dichter und Schriftsteller, die aus dem alemannischen Sprachgebiet am Oberrhein stammen und mit ihm eng verbunden sind* (Art. 2 des «Statuts für die Verleihung des Hebelpreises» von 1962) von der württembergischen Regierung verliehen. Dabei ist man, nach Möglichkeit, bestrebt, die drei «Länder» Baden-Württemberg, Elsass und Nordschweiz abwechslungsweise zu berücksichtigen.

Samuel und Gritli Widmer-Schaffner mit ihren Kindern vor den Fenstern ihres Hauses an der Hauptstrasse 30. Eltern und Kinder sind sonntäglich gekleidet. Die Mutter, Tochter Marie und der Kleinste, Hermann, halten Blümchen in der Hand. Samuel Widmer wurde Marti Sämi genannt, nach seinem Vater Martin Widmer. Er war Wagner. Foto um 1900, F. Ruef-Hirt, Zürich. Eig. E. Widmer-Märki.

Familie Schatzmann, genannt s'Konsümlers. Sitzend in der Mitte, mit gestreifter Bluse: Elisabeth Schatzmann, genannt Konsum-Lisebeth, die an der Hauptstrasse 34 einen Konsum führte, bevor die Landwirtschaftliche Genossenschaft Hausen ihr Geschäft an der Hauptstrasse 38 eröffnete. Rechts aussen sitzend: Rösli (Walti-)Schatzmann. Die Mädchen tragen das weisse Jugendfest-Kleid. Aufnahme um 1925. Eig. R. Walti-Schatzmann.

Jakob Schaffner, genannt Polka Köbi, mit seiner Grossmutter. Auffallend ist der grosse Unterschied im Zeitstil der Kleidung: Während der Enkel im Pullover mit Schulterknöpfung eher fortschrittlich gekleidet ist, trägt die Grossmutter ein schwarzes, tressenverziertes Kleid mit knöchellanger, wohl schwarzseidener Schürze, die eher in die Zeit um die Jahrhundertwende passen würden und die vermuten lassen, dass es sich um ihr gut gehütetes Sonntagsgewand handelt. Die Schuhspitzen bei Grossmutter und Enkel lassen die genagelten Sohlen erkennen. Foto um 1922. Eig. R. Walti-Schatzmann.

Kinder der Familie Strössler. Die Kinder sind sonntäglich aufgeputzt und sorgfältig angeordnet zwischen Geranientöpfen auf der Bank vor dem Strössler-Haus an der Hauptstrasse (Hauptstrasse 2). Die beiden älteren Mädchen halten das Damen-Attribut, ein Blümchen, in der Hand. Foto um 1915. Eig. R. Walti-Schatzmann.

Carl Baumann (1905–1988), genannt Bume Scharli, mit seinem Enkel Peter Renold. Foto 1963, L. Berner.

Jakob Schaffner-Widmer (1883–1968), (links), genannt Kanzlist oder auch Herodes. Gemeindeammann 1950–1954. Verfasser der 1957 anlässlich der Einweihung des Lindhofschulhauses herausgegebenen Schrift «700 Jahre Hausen bei Brugg». Rechts neben ihm seine Tochter Lina und davor Fritz Schatzmann, genannt Lieni Häusi Fritz senior, Bahnrangiermeister. Foto um 1965, L. Berner.

Klara Bopp-Schaffner (1901–1970), genannt d'Lehrgotte. Klara Bopp wirkte vom 1. August 1925–1969 als Handarbeitslehrerin in Hausen. Einige ihrer zahlreichen Gedichte wurden 1969 vom «Eebrunnen», einer «Vereinigung zur Förderung des kulturellen Lebens in der aargauischen Gemeinde Hausen», unter dem Titel «D'Huser Lehrgotte verzellt» herausgegeben. Foto am Jugendfest 1969, L. Berner.

Die drei Schwestern Hartmann am Fest zum Glockenaufzug, 19. August 1978. V. r. n. l.: Marie Widmer-Hartmann, Lina Hartmann, Frieda Hartmann. Links: Rosmarie Imhof-Widmer. Lina und Frieda Hartmann (mit Hut) wohnten im alten Schulhaus an der Holzgasse 12. Frieda Hartmann war die Sonntagsschullehrerin ganzer Generationen von Hausenern, Lina Hartmann war eine bekannte, vor allem von Brugger Kundinnen besuchte Schneiderin. Foto Jakob Hartmann.

Kirche, Kultur und Politik im Dorf

Kirchliches

Kirchliche Gebäude auf Ortsgebiet – Chorgericht/Sittengericht – Kirchenbauverein – «Alter Turnschopf der Kirche vorgezogen» – Kirchenbau – Glockenaufzug – 1978: Einweihung – Friedhofprobleme.

Schon bald nach seiner Ersterwähnung wurde Hausen dem Kloster Königsfelden zugeteilt, von dem es nicht nur *weltliche,* sondern auch *kirchliche* Obhut erhielt, dies zusammen mit dem ganzen Eigenamt. Nach der Reformation übernahm die Kirche Windisch die geistliche Obhut, während die weltliche beim Hofmeister von Königsfelden verblieb. 1584 wurde die Pfarrei Birr gegründet, womit der südliche Teil des Eigenamtes abgetrennt wurde. Von da an bildete Hausen zusammen mit Altenburg, Habsburg, Mülligen, Oberburg und natürlich Windisch die *Kirchgemeinde Windisch.*
Über kirchliche Gebäude auf dem heutigen Gemeindegebiet findet man in alten Chroniken zwei Hinweise:[17]

Hausen verzeichnet innerhalb seiner heutigen Gemeindegrenzen den Klausrain am Scherzberg, wo eine Klause stand, die 1350 genannt und am 4. Juli 1399 von Herzog Leopold IV. in Schirm genommen wurde.

Weiterer Hinweis auf diese Klause:

Bruder Hans Mangold (-1399-) bessert das Waldhaus aus.

Über ein Schwesternhaus auf dem Hiltisbüel findet sich folgendes:[48]

Hyltispüel: der Klausnerin in dem H. und der Schwester Anna daselbst werden in der angeführten Urkunde der Königin Agnes vom 23. Dezember 1362 je 10 Brote und 2½ Mass Wein vergabt. Dieses Schwesterhaus befand sich südlich von Brugg, wie noch eine Urkunde vom 9. Oktober 1481 zeigt: «wenn er von Brugg hin us zum Hiltenspüel under der swestern hus zum Süssen bach käm» (Archiv Königsfelden Nr. 791), *vergl.: «im Hapsburger holtz, so man nempt im Hiltenspiechel» (1568, Mai 29).*
Der Name *Hiltisbühl* findet sich noch auf der sog. Michaelis-Karte von 1848 als solcher eingezeichnet und ist sogar mit dem Zusatz versehen «fran-

zösisches Lager 1799», worüber in einem andern Kapitel die Rede sein wird. Heute ist dieser Teil des Habsburger Waldes mit dem Namen Galgenhubel versehen als Hinweis auf eine Richtstätte.

Chorgericht:[54]

Zur Zeit der Berner Herrschaft amtete als kirchliche Behörde ein *Chorgericht*. Dieses setzte sich aus sieben Mitgliedern zusammen, nämlich dem Untervogt als Vorsitzenden und je einem Vertreter der sechs Gemeinden des Kirchspiels Windisch. Es verfügte über weitgehende Kompetenzen; es konnte, je nach Schwere des zu behandelnden Falles, Haftstrafen und Bussen aussprechen. Das «Pflichtenheft» dieser Chorrichter war ausserordentlich reichhaltig, erstreckte sich doch die Tätigkeit von «Schutz der Familie», Unzucht, Eheversprechungen, Trunkenheit über Kirchlich-Religiöses (Sonntagsentheiligung, Kirchbesuch, Predigtstörungen, Fluchen und Gotteslästerungen) und «Pädagogisches» bis zu Tanz, Spiel, Zauberei und Aberglaube, Wucher, Hoffart und Luxus. Neben der «Zensurierung der Prädikanten» (!) galt es auch, die Kirchgenossen ihrer Gemeinde zu beaufsichtigen und allfällige Ungebührlichkeiten an den Sitzungen zur Sprache zu bringen. Hier einige Auszüge aus den Verhandlungen, aus denen die Mannigfalt der dem Chorgericht zur Erledigung zukommenden Sachgeschäfte erhellt wird:[60]

1638 *den 7. 8bris abermals Umbfrog gehalten, aber nützig Chorgericht Würdiges anzeigt. Die Chorrichter ermant orden flissiger Pflicht zu halten.*

1642 *Janr. 9: Heinrich und Hans Ulrich die Hoffmann sind gefragt worden, wär sy geheissen an den nüw Jar zunacht umb einander lauffen und singen, und wär by ihnen gsy sye. Haben sy geantwortet, sy heigen nit gsungen, sondern seyen nur den Sängeren nachgegangen. Und glugt ob sy etwas überkommen.*

1643 *den 22. Jan.: Die Chorrichter stillgestanden, Umbfrog gehalten. Sind angezeigt worden. Wie des Hans Schaffner, Cunrath Schaffner, Wyn Knächt, Engelers Knächt, Daniel Schmid und der Zrückli am nüwen Jahr durch die gantze nacht beieinander geloffen, und mit wüstem wäsen die Lüth beunruhigt haben.*
Erkent söllen ans nächste Chorgericht citiert werden.

1643 *den 12. Feb.: ist Chorgericht gehalten. Erkent. Wyl nur zwen die Ermöcht die Bussen geben zalen, sölen sy alle miteinander über nacht zum der Keti* (Kette) *abbüssen. Ist geschächen.*

1657 *den 7. Juny: Leonhard Meyer und der junge Schaffner von Husen. Während der predig geschwätzt und gelacht. Mit gellt angelegt worden.*

1722 *21. Jan.: sind vor Chorgericht gewesen H. M. von Husen und seine Frau, die Er gar übel tractiert mit Streichen, dass sie in Ohnmacht darumb gefallen und mit Zeichen davon am ganzen Leib 8 tag lang getragen. Er entschuldigt sich damit, dass sie ihn im Zorn gereizt. Sie wurden beyde im feler gefunden und Er für 24 Sie aber für 12 Stunden in die gefangenschaft erkent, mit Vermahnung zur Besserung.*

Ab 1803 finden wir an Stelle des Chorgerichts das Sittengericht, dessen Aufgabenkreis, mit Ausnahme zusätzlicher Tätigkeit bei ausserehelichen Schwangerschaften und deren Urheber, im wesentlichen derselbe blieb.
So war durch all die Jahrhunderte die Zugehörigkeit zur Kirchgemeinde Windisch eine Selbstverständlichkeit: Dorthin ging man sonntags zur Kirche, brachte die Kinder zur Taufe, besuchte den kirchlichen Unterricht, die Kinderlehre, wurde dort konfirmiert, getraut und schliesslich noch zu Grabe getragen. Als «Gegenleistung» kam der Herr Pfarrer einmal pro Monat zu einem Abendgottesdienst ins Schulhaus, die Frau Pfarrer regelmässig zum «Missionsabend», wo für wohltätige Zwecke gestrickt wurde und man einer erbauenden Geschichte zuhören konnte. Auch die Sonntagsschule für die Hausemer Kinder fand im hiesigen Schulhaus statt. Die «Sonntagsschullehrerin» war eine angesehene Person im Dorf, meist ein älteres Fräulein.
Das erste «kirchliche Gebäude», wenn man es so nennen darf, das auf Hausemer Boden zu stehen kam, war ein Pfarrhaus, als sich eine zweite Pfarrstelle als nötig erwies. Aber auch dieses wurde hart an der Grenze nach Windisch errichtet, damals fast etwas abseits des Dorfes. Jahre später wurde dann noch ein weiteres Haus für den dritten Pfarrer nötig. Und der konnte dann mitten unter den Leuten des Dorfes wohnen
Zu Beginn der sechziger Jahre wurde, wohl verbunden mit dem wachsenden Gefühl der Eigenständigkeit und Eigenverantwortung der Gemeinde Hausen, das Verlangen zum Errichten einer eigenen Kirche immer grösser, wobei es sich nie um ein Loslösen von der «Muttergemeinde» handeln soll-

te. Deshalb begannen auch die Statuten des am 25. Mai 1962 ins Leben gerufenen Kirchenbauvereins Hausen mit Art. 1
Der Kirchenbauverein Hausen stellt sich die Aufgabe

a) Mittel zu sammeln für den Bau einer der reformierten Kirchgemeinde Windisch gehörenden Kirche in Hausen
b) Er fördert den Bau einer der Einwohnergemeinde Hausen gehörenden Friedhofanlage.

Zur Geschichte des Kirchenbauvereins lassen wir dem seinerzeitigen Präsidenten das Wort:[25]

...Der Kirchenbauverein stellte sich zur Aufgabe, Mittel zu sammeln für eine zur Kirchgemeinde Windisch gehörenden Kirche in Hausen. Von einer Trennung von Windisch war nie die Rede (?). Sodann wurde mit Veranstaltungen verschiedenster Art versucht, eine echte Gemeinschaft im Gemeindeteil Hausen zu gestalten. Der Erfolg an Gemeindeabenden und anderen Anlässen war oft überwältigend gross – und wieder enttäuschend gering. Nach einem Jahr hatten wir immerhin etwa Fr. 22 000.– in der Kasse und, was uns wichtiger war, etwa 180 Mitglieder. Zum Durchhalten brauchte es während all den Jahren viel Treue und Beharrlichkeit...
Bald stellte sich auch die Frage, wo denn der geeignete Ort im Dorf für eine Kirche wäre. Von Anfang an dachten wir an den Rothübel; hier, wo die Kirche heute steht...
Es galt, bei allen Fragen betr. Kirchenbau sehr behutsam vorzugehen und das Verständnis der Gesamtkirchgemeinde für unser Vorhaben zu finden. Etwa 1972 fiel dann der Grundsatzentscheid, die Planung in Hausen konkret zu fördern. Das Land konnte zum Teil von der Ortsbürgergemeinde und zum Teil von der Einwohnergemeinde recht günstig erworben werden...

Das liest sich im nachhinein ganz einfach. Doch so einfach war das Ganze dann nicht gewesen, tauchten doch immer wieder neue Probleme auf, die es zu lösen galt: Der geplante Bauplatz erforderte Rodungen des Waldes, was zu jener Zeit nur gegen Aufforstung an anderer Stelle genehmigt wurde.
Eine leichte Standortverschiebung hätte einen Abbruch der alten Turnhalle bedingt, was anlässlich der Gemeindeversammlung von den Stimmbürgern abgelehnt wurde. So konnte man am nächsten Tage unter der Schlagzeile *«Alter Turnschopf der Kirche vorgezogen»* u. a. lesen: *Die am Kirchenbauprojekt*

Die 1977/78 gebaute Kirche über dem Dorf. Foto von Unterm Holz gegen Osten, Jakob Hartmann.

interessierten Kreise haben den Stimmungswandel aber offenbar nicht recht gespürt. Allein der Kirchenbauverein, der 1962 gegründet wurde und gegen 100 Mitglieder zählt, wäre wohl ohne weiteres in der Lage gewesen, den Entscheid der von 124 Stimmberechtigten besuchten Gemeindeversammlung am Freitagabend zu beeinflussen. Aber gerade von seiten dieser Organisation setzte man sich wenig für die Annahme der neuen Landabtretungsvorlage ein.

Später kam es noch zu einem kleinen Schlagabtausch zwischen dem Gemeinderat Hausen und der Kirchgemeinde Windisch wegen eines eventuellen «ökumenischen kirchlichen Zentrums», was zwar kein Blut, aber etliche Druckerschwärze fliessen liess.
Doch nichtsdestotrotz ging man daran, ein Raumprogramm auszuarbeiten, was sich als nicht besonders einfach erwies. Die Ortsplaner von Hausen hatten um 1970 errechnet, dass Hausen 1985 etwa 4500 (!) Einwohner haben werde. Bei x Prozent Anteil an Reformierten brauche es etwa

Die drei Glocken wurden am 19. August 1978 in feierlichem Zug zur Kirche gefahren. Foto Jakob Hartmann.

450 Kirchenplätze (!)... Es war nur gut, dass man der Expansionseuphorie jener Zeit nicht unbedingt Glauben schenkte und etwas bescheidener plante. 1976 wurde dem vorgelegten Projekt zugestimmt und der notwendige Kredit bewilligt. Nach einigen Schwierigkeiten konnte man im Sommer 1977 mit dem Aushub beginnen und sich am 7. April 1978 zur Aufrichte versammeln. Zu einem besonderen, nicht alltäglichen Ereignis wurde der 19. August:

Glockenaufzug[25]

Am Vortag dieses Festes wurden die Glocken mit Pferdezug in Aarau abgeholt. Unsere Gärtner schmückten den Wagen aufs Schönste, und am frühen Morgen begann die Reise durch die verzweigte Kirchgemeinde. Am frühen Nachmittag, bei herrlichem Sommerwetter empfing eine festlich gestimmte Gemeinde das vierspänni-

Leinenstück auf der Rückseite des Teppichs mit den rot eingestickten Namen der Mitarbeiterinnen aus Hausen, Mülligen und Windisch. Die Organisation der Frauengruppe lag in den Händen von Anna Schaffner-Büchi. Foto Eig. A. Schaffner-Büchi.

ge Gefährt mit den drei (von privater Seite und von den Ortsbürgern) *gespendeten Glocken. Am Dorfeingang wartete halb Hausen, und ein feierlicher Zug geleitete die reiche Fracht zur Kirche. Wir Hausener und besonders die Kinder werden den Glockenaufzug in bester Erinnerung behalten…* In der Tat: Der eigentliche Glockenaufzug wurde nämlich in «alter Manier» durchgeführt. Die Kinder konnten an einem langen Seil Hand anfassen und ziehen, während die erste Glocke langsam «gen Himmel» schwebte. Die beiden andern Glocken wurden dann später, viel nüchterner gehisst.

Am 3. Dezember 1978 konnte zur Einweihung des gut gelungenen Werkes geschritten werden.

Eine besondere Erwähnung verdient der Wandteppich in der Nische hinter dem Abendmahlstisch. Entworfen wurde er durch Frau Ruth von Fischer,

Der Wandteppich hinter dem Altartisch in der Kirche (Thema: Speisung der 5000) wurde in rund 4700 Arbeitsstunden von einer ökumenischen Frauengruppe der Kirchgemeinde Windisch-Hausen-Mülligen gestickt. Die Anregung zu diesem Wandteppich ging vom Architekten P. Hintermann aus, der jedes Detail der Kirchenausstattung, von Mobiliar und Lampen bis zum Tauf- und Abendmahlsgeschirr, im Sinne eines Gesamtkunstwerkes selber entworfen hatte. Der Teppichentwurf stammte von Ruth von Fischer, Zürich, die auch die künstlerische und technische Leitung übernahm und an jedem Arbeits-Dienstag in den Unterrichtsräumen im Untergeschoss der Kirche anwesend war. Die Arbeit am Wandteppich begann während der Bauzeit der Kirche, am 7. November 1978, und dauerte genau ein Jahr. Technik: Applikation, Wolle auf Leinen. Die nach den Vorlagen R. von Fischers gefärbten und gewebten Wollstoffe wurden von Regula Hahn hergestellt und von den freiwilligen Mitarbeiterinnen mit Leinenfaden auf den Leinengrund gestickt. Masse: etwa vier mal zwei Meter. Nach gedruckter Grusskarte der Kirchgemeinde.

Zürich. Unter ihrer Anleitung haben viele junge und ältere Frauen von Hausen diese grosse Arbeit jeweils am Dienstagmorgen während eines ganzen Jahres geleistet. 4700 Arbeitsstunden sind hier investiert. Auch führte diese Gemeinschaftsarbeit zu einem neuen Zusammengehörigkeitsgefühl, das auch nach zwanzig Jahren nachhallt: Die Frauen treffen sich auch heute regelmässig zum gemeinsamen Arbeiten.

Man darf ohne Übertreibung sagen, dass sich die Kirche als architektonisches Schmuckstück äusserst gut in die Landschaft einpasst, mag auch der Glockenträger (der Anspruch, als «Kirchturm» zu gelten, wurde nie erhoben) anfangs etwas Kopfschütteln erregt haben. Doch soll sie natürlich mehr als eben nur ein Schmuckstück sein. Dass dem immer so sei, ist ihr nur zu wünschen. Als direkt ideal hat sich das Raumkonzept erwiesen. Das relativ grosse Foyer, durch das man das Gebäude betritt, lässt sich vielseitig verwenden. Hier können Kontakte gepflegt, Diskussionen über Gehörtes gehalten werden, Tische und Stühle laden zum Verweilen ein, es können Zusammenkünfte veranstaltet werden. Die daran angefügte Küche erlaubt sogar nicht nur Kaffee zuzubereiten, sondern ganze Mahlzeiten. Der Kirchenraum selber strahlt mit seiner hellen Holzverkleidung Wärme aus. Durch die grosse Fensterfront hat man einen weiten Blick in das Tal und den Jura, fast zu schön, besteht doch die Gefahr, dass man abgelenkt wird. Vorn, hinter dem Abendmahltisch, in einer speziell dafür konzipierten Nische der bereits erwähnte Wandteppich, auch er eine Augenweide. Nicht minder stolz darf man auf die Orgel sein, die auf der Empore ihren Platz gefunden hat. Im Untergeschoss befinden sich die Unterrichtsräume, wo Sonntagsschule, Kinderhort während des Gottesdienstes und der kirchliche Unterricht «zu Hause» sind. Ja sogar die obligatorischen Schutzräume sind nutzbar, sei es als Treffpunkt für den Cevi oder als Probelokal für die Theatergruppe. Es fehlt eigentlich nur … der Friedhof. Aber dies ist Sache der politischen Gemeinde:
Bis anhin war der Friedhof in Windisch gemeinsame Begräbnisstätte aller zum «Kirchspiel» Windisch gehörenden Gemeinden gewesen. Im Zusammenhang mit der ständig wachsenden Einwohnerzahl all dieser Gemeinden ergab sich automatisch das Problem der Erweiterung der Friedhofanlage in Windisch.
Deshalb mussten auch in Hausen grundsätzliche Untersuchungen gemacht werden, ob und namentlich *wo* die Erstellung eines Friedhofs in Frage

käme. Deshalb beschloss der Gemeinderat Hausen unter dem Datum des 14. März 1967:

Im Zuge der Ortsplanung ist der Standort des Friedhofs genau abzuklären…

1967 *9. Mai: Am verflossenen Samstag fand eine Besichtigung des für den Friedhof vorgesehenen Geländes oberhalb der alten Turnhalle … statt. Es wurden 3 Sondierlöcher besichtigt. Die Sondierung hat ergeben, dass das Gelände sich grundsätzlich für eine Friedhofanlage eignet.*

In der Zwischenzeit kam es zu einer Einigung zwischen den vier am Friedhof Windisch beteiligten Gemeinden, wobei einerseits das Eigentumsrecht der Gemeinde Windisch klar statuiert wurde, anderseits aber den Benützergemeinden (Habsburg, Hausen und Mülligen) das Recht zugebilligt wurde, jederzeit aus dem Verband auszutreten und eine eigene Friedhofanlage zu erstellen. Dieser Vereinbarung wurde durch den Beschluss der Gemeindeversammlung im Dezember 1967 mit grosser Mehrheit zugestimmt. – Seither schlummern die Pläne zu einem eigenen Friedhof friedlich im Archiv.

Von Schulgeschichte(n) und Schulhausbauten

Erste «Schulnachrichten» – Fabrikschule – Schulfonds – Die beiden Schulhausbauten des 19. Jahrhunderts – Schulhausbau von 1873 – Wie die Hausemer zu einer Schulglocke kamen – Vom Schulhaus zur Gemeindeverwaltung – Die Bauten des 20. Jahrhunderts – Die erste Turnhalle – Ein Bau mit Hindernissen: Das Lindhofschulhaus – «Wir wollen einen Kindergarten» – Bauereignisse jagen sich – Anekdotisches und anderes rund um die Schulstube.

Lange Zeit hatte die Jugend keinen andern Unterricht als in der Kinderlehre durch den Pfarrer. Im 17. Jahrhundert wurden auf den Dörfern die ersten Schulen eingeführt. Bern verlangte 1720 in jeder Kirchgemeinde eine solche. Die Schulpflicht dauerte drei Winter. Allein der Unterricht war schlecht, denn der Schulmeister wusste selber nicht viel. Manchmal schaute man gar nicht auf sein Können, sondern darauf, ob er eine grosse Stube habe, um die Kinder unterzubringen. So wird vom Lehrer von Hausen berichtet, dass er weder schreiben noch lesen konnte. Aber seine Stube sei passend gewesen. Das Buchstabieren habe er von den älteren Schülern lernen können…[60]

Leider ist heute nicht mehr eruierbar, welchem «Lesebuch für aargauische Gemeindeschulen» Jakob Schaffner diesen Text entnehmen konnte, doch dürfte er ziemlich den damaligen Zuständen entsprochen haben und nicht nur auf Hausen anwendbar sein, denn allgemein schien es mit dem Willen «zur Bildung» nicht immer bestens bestellt gewesen zu sein. So kann man in den Protokollen des Chorgerichts feststellen, dass die Aufforderung an die Eltern, ihre Kinder regelmässig zur Schule zu schicken, sehr oft ein mangelhaftes Echo fand. Im Chorgerichtsmanual von Windisch finden sich u. a. folgende Eintragungen:

1638 den 12 Obris: die Chorrichter stillgestanden und Umbfrog gehalten, aber nützig vorgebracht worden; sind die Chorrichter mit ernst erinnert worden, dass ein jeder in seiner Nachbarschaft die Eltern ermane, die Jugend flissig in die schul zu schicken.

1645 den 7. 9bis: Ist angebracht worden, dass alle Vätter ermant worden, ihre Kinder flyssig und byzyten zur schul schicken sollen. Erkent, wär solche nit schicke, solle der Schullehrer selbig dem predicanten geben, damit sy zu ihrer pflicht gefellt werden.

Einem Aufsatz über die Schulen des Bezirks Brugg ist zu entnehmen, dass in Hausen um 1690 eine eigene Schule errichtet wurde, die bis 1747 auch die Kinder von Habsburg besuchen durften. Über den Standort dieser Schule ist allerdings nichts Näheres bekannt. Nach der Überlieferung dürfte das an der Holzgasse gelegene, mit Rundbogenfenstern versehene Haus Nr.12 (?) in Frage kommen.
Dem Pfarrbericht von 1764 ist zu entnehmen:[72]

In allen Dörferen haben wir offentliche Schuelen, worinnen die Kinder zum lesen, lehrnen und schreiben angeführt und so gut möglich erzogen werden in der Zucht und Vermahnung zum Herren. Es ist aber das Gehalt der Schuldienern in denen vier entlegenen (Altenburg, Habsburg, Hausen und Mülligen) *und erst in dem Lauf dises Seculi errichteten Schuelen so gering, dass die Elteren notwendig contribuiren müessen, die saure Arbeit der Schuelmeistern mit einem winterlichen Contingent zuerkennen und zu satisfacieren* (befriedigen), *daher mancher Arme zur Erspahrung dises Bylöhnlis* («Lohnzustupf») *seine Kinder by Hause behaltet gegen die Absicht unserer gnädigen Landesobrigkeit, und zum Betrüeben dess auch hiewider eyfernden Lehrers.*

Über die Zahl der Schulkinder von dazumal liegen keine Anhaltspunkte vor. Eine erste, 1799 erhobene aarg. Statistik ergibt für Hausen 87 Kinder, 41 Mädchen, 46 Knaben.[34] 1815 stieg die Zahl auf 112, um bis 1826 auf 126 anzuwachsen. Trotz schärferen Massnahmen gab es scheinbar immer noch «saumselige» Eltern. Nach einer Eintragung im Protokoll des Sittengerichts vom 1. Dezember 1833 wurden auf Anzeige hin, dass zwei Väter von Windisch und Hausen ihre jüngsten Kinder nicht zur Schule schickten, die betreffenden Gemeindeammänner ersucht, beide an ihre Pflicht erinnern zu lassen, unter Androhung gesetzlicher Strafen für weitere Absenzen. Später ging die Strafkompetenz an die Gemeinderäte über:[60]

Am 15. Februar 1856 wurde eine Mutter von Hausen wegen Schulversäumnissen ihrer Tochter zu 5 Tagen Gefangenschaft, wovon drei Tage bei Wasser und Brot, verurteilt. (Kommentar überflüssig!)

Die Namen der Schullehrer oder *Schulmeister,* wie sie genannt wurden, sind zumeist erst seit Beginn des 19. Jahrhunderts bekannt. An ihrer Stelle verwenden die Chroniken und Kirchenrechnungen in der Regel das

Prädikat: der Schulmeister von… Die Besoldungen wurden vom Verwalter der Kirchgemeinde, dem Kirchmeier, ausbezahlt. Sie bestanden entweder in natura, in barem Geld oder in beidem zusammen. Mit Bezug auf *Hausen* lesen wir:

Da unter der ehemaligen Regierung des Standes Bern die Besoldung des Schullehrers der Gemeinde Hausen per Jahr nicht mehr als 15 Franken in Geld, 9 Viertel Kernen und 9 Viertel Roggen bestand, der Schullehrer aber, unter Beifall der damaligen Gemeindevorsteherschaft sich über diese Besoldung beschwerte, so wurde vermittelst einer Ehrerbietigen Vorstellungs-Bitte durch den Whlb. Herrn Pfarrer in Windisch, Beat Ludwig Ernst, Burger von Bern, solches der damaligen Regierung kund gethan; da wurde nach gründlicher Erwägung, von Hochderselben erkennt: Der Gemeinde Hausen in baarem Geld gütigst zu überschicken Gulden 250.– = Franken 375.–, welches an ein stehend Kapital gelegt und den Zins davon dem Schullehrer alle Jahre an seine Besoldung verwendet werden solle; welches geschehen im Jahr Anno 1782.[60]

Gegen Ende der Berner Herrschaft bezog der Schullehrer von Hausen nebst dem Zins von genanntem Kapital an Kernen 1 Mütt und an Roggen 1 Mütt. Da die Kirche in den Jahren 1797 und 1798 keine Frucht bezog, musste der Kirchmeier die Besoldungen in Geld entrichten. Dem Schullehrer von Hausen wurden in beiden Jahren je 11 Gulden 7 Batzen ausbezahlt.

1822 Neujahrsgmeind: Wurde erkennt, den Schullohn in zwei Hälften zu beziehen, die 1. Hälfte im Laufe des Jenners, die 2. Hälfte nach Beendigung der Winterschulen.

Ein weiteres Problem tauchte mit der Industrialisierung im 19. Jahrhundert auf. Zu jeder Textilfabrik gehörte die Beschäftigung schulpflichtiger Kinder. Da der Grosse Rat 1822 die obligatorische Schulpflicht beschloss, die sog. «Fabrikkinder» den Unterricht notgedrungen oft schwänzten und verwahrlosten, wurde 1828 das Schulgesetz dahin abgeändert, dass es die Fabrikanten zur Einrichtung von Fabrikschulen verpflichtete. Dies musste 1829 auch Heinrich Kunz in Windisch bei der Gründung seiner Spinnerei tun. 1833 besuchten 71 Schüler, davon 20 aus Hausen, diese Schule, 1837 waren von den insgesamt 158 (!) Schülern nur noch 17 Hausemer darunter zu finden. Wenn man bedenkt, dass die Kunz'sche Fabrikschule Innenmasse von drei auf vier Metern aufwies, wagt man kaum, sich die Verhältnisse darin vorzustellen.[7]

Schulfonds[46]

Nachdem im Jahr 1798 durch die allgemeine Staatsumwälzung der Aargau von dem Canton Bern getrennt, und im Jahr 1803 zu einem eigenen Canton der schweizerischen Eidgenossenschaft erhoben wurde, so fanden es die Tit. Mitglieder der Hohen Regierung des Cantons Aargau höchst vonnöten, auch in den Schulanstalten neue Verbesserungen einzuführen, und somit, laut Verordnung vom 27. August 1804 jedem Schullehrer, der über 50 Kinder hat, eine jährliche fixe Besoldung von Fr. 100.– zuerkennt; und weil die Gemeinde Hausen in eben solchen Fall war, so fand es der Gemeinderath Hausen vonnöten, den Grund zu einem Gemeindeschulfond zu legen, und gaben den Vorschlag:
«Dass jeder Gemeindsbürger der eine Gemeindsbürgerin heirathen wolle, in den Gemeindeschulfond bezahlen müsse Franken 6.–.»
Solchen Vorschlag wurde unterm 1ten Merz 1812 von der Gemeindeversammlung einstimmig angenommen. Von diesem Gemeindebeschluss an bis zu dem 25ten Januar 1821 haben sich 12 Gemeindsbürger mit Gemeindsbürgerinnen verheirathet und bezahlt: Franken 72.–.
Im Jahr 1821 den 25ten Jenner hat der Grosse Rath des Cantons Aargau allgemein zum Gesetz erhoben, dass in jeder Gemeinde des Cantons, ein eigener Schulfond müsse entrichtet werden, zu welchem jeder Verlobte, welcher Willens ist, sich verehelichen zu lassen, ein gesetzliches Heirathsgeld in den Schulfond seiner Gemeinde bezahlen müsse, und zwar wie folgend:
Wenn der Verlobte eine Gemeindebürgerin heirathen will, und derselbe das 25te Jahr Alters noch nicht zurückgelegt hat, so soll Er in den Gemeinds-Schulfond bezahlen Fr. 24.–.
Wenn ein solcher eine Ausbürgerin heirathet, und nebst dessen das Wiber-Einzugsgeld ins Armengut zu entrichten hat, so zahlt er dem Schulfond Fr. 12.–.
Hat ein Verlobter das 25te Jahr aber zurückgelegt und heirathet eine seiner Gemeindsbürgerin, so soll er bezahlen Fr. 16.–.
Heirathet er aber eine Ausbürgerin, zahlt er Fr. 8.–.
Durch dieses Gesetz wurde der Gemeindebeschluss vom 1. Merz 1812 aufgehoben.
Nach diesem Gesetz sind bis den 1. Jenner 1923 an Schulgelder eingegangen Fr. 40.–.
18. September 1835: Gesuch des Gemeinderaths an den Kleinen Rath, dieser möge geruhen, gemäss dem gefassten Gemeindebeschluss das Weibereinzugsgeld zur Mehrung des Schulgutes von bisher Fr. 25.– auf Fr. 40.– zu erhöhen. Stand am 18. September 1835 Fr. 1450.– Btz. 4 Rp. 8½.
(Das Heiraten war zu jener Zeit wahrlich eine «teure Geschichte»!)

Die beiden Schulhausbauten des 19. Jahrhunderts

Im Hungerjahr 1817 sind wir Burger der Gemeinde Hausen von unserer hohen Regierung angehalten worden, ein neues Schulhaus für zwey Schulen zu bauen. Der Anfang dazu geschah den 16. Augustmonat und den 27. Wintermonat (November) *gleichen Jahres wurde das Erstemal darin Schule gehalten.*[46] Die ausführliche Beschreibung über den Verlauf des Baues verdient hier wiedergegeben zu werden, spiegelt sich doch darin ein eindrückliches Bild der Verhältnisse jener Zeit wider:[24]

Die Arbeiten, wie Steinbrechen, Sandrüsten, Graben, Fuhren, wurden im «Gemeindewerk» geleistet. Die Bauern stellten jeder einen Wagen mit zwei Zugtieren: ein ganzes Ochsengespann brachten ihrer 13 Bauern; ihrer 15 leisteten den Fuhrdienst mit einem Ochsen und einer Kuh oder mit zwei Kühen. Zu diesen 28 Vollbauern kamen 57 Tauner (Bauern ohne Zugvieh); *davon 43 habliche und arbeitsfähige, 7 arme und schwache Bürger, 5 arbeitsfähige und 2 nicht arbeitsfähige Einsassen* (= keine Ortsbürger).
Die Bürger verteilten die Fronarbeiten oder das Gemeindewerk nach dem Tällrodel (Steuerregister). *Der reichste Bauer versteuerte 27'800 Fr. und bezahlte eine Steuer 2 Fr., 7 Batzen und 8 Rp.; der ärmste steuerte 4 Batzen und 5 Rp. Von den Taunern leistete der höchste 6 Batzen und der geringste 3 Rp.*
Der einfache Bau enthielt ein Erdgeschoss und ein Stockwerk. Es mass in der Länge 7, in der Tiefe 6 Meter. An der Breitseite hatte er 3, an der Giebelseite 2 Fenster mit ganz kleinen Scheiben. Vom Innenraum nahmen die Stiegen, der Gang und ein kleines Gemach einen Drittel weg, so dass für die Schulstube noch etwa 30 Quadratmeter Raum blieben oder auf ein Kind, deren Zahl bis auf 60 stieg, etwa einen halben (Quadrat-)*Meter. Die Wände im Innern waren abgerieben und weiss getüncht, aussen bestochen.*
Dieser Bau kostete 2848 Fr. und 34½ Rp., wovon der Staat 300 Fr. zahlte. Am 27. November wurde das neue Haus bezogen und beherbergte 56 Jahre lang die Schulkinder von Hausen, ohne dass es äusserlich irgendwie verändert worden wäre.
«Offizielle Beurteilung»: 1832: Schulhaus sehr gut; untere Schule 55 Kinder, Lehrer Johann Meyer, 120 Fr. Lohn; obere Schule 65 Kinder, Lehrer Ulrich Widmer, 130 Fr.; Schulgut 1352 Fr.; 588 Einwohner.

Schulhausbau von 1873[60]

An der Einwohnerversammlung vom 8. Oktober 1871 lag ein Schreiben des Bezirksschulrates vor, worin die Gemeinde aufgefordert wurde, bis zum kommenden Neujahr Pläne zur Erweiterung des Schulhauses einzureichen und den Bau selber nächstes Jahr zu beginnen, widrigenfalls der Gemeinde der Staatsbeitrag für die Schulausgaben entzogen werde. Die Gemeinde beschloss, es sei dem Gemeinderat eine Kommission, bestehend aus fünf Mitgliedern beizugeben, die nebst dem Gemeinderat Pläne und Ausführung des Baues prüfen sollen. Der Gemeindeversammlung vom 25. Februar 1872 wurden alsdann Pläne und Kostenberechnung für den Umbau des bestehenden Schulhauses vorgelegt. Es entspann sich eine rege Diskussion, in deren Verlauf der Beschluss gefasst wurde, die Frage für heute zu verschieben, bis ein Plan mit Kostenberechnung für einen Neubau ausgefertigt sei. Am 10. März 1872 wurde beschlossen, einen Neubau zu erstellen, *weil die Kosten eines solchen nicht wesentlich höher zu stehen kämen als bei einer Erweiterung und Aufstockung des alten Gebäudes.* Eine weitere Versammlung beschloss mit Mehrheit, den Neubau bis Frühjahr 1983 zu verschieben. Nach zweimaliger Konkurrenzeröffnung wegen Differenzen der Kostenberechnung kam es am 14. Februar 1873 zum definitiven Abschluss, indem der Bau nach dem Plan von Heinrich Schaffner, Baumeister, den Handwerkern von Hausen um die veranschlagte Summe von 29 000 Franken, abzüglich 1500 Franken für das zum Abbruch bestimmte alte Schulhaus, übertragen wurde. Das im Gegensatz zum alten mit Uhr und Glocke versehene neue Schulhaus war im November 1873 bezugsbereit. Grösser und stattlicher als sein Vorgänger kostete es die Gemeinde 33 000 Franken.
Hier lohnt es sich, ein kleines «historisches Zwischenspiel» einzubauen:

Wie die Hausemer zu einer Schulglocke kamen[59]

In Hausen wirkte von 1862 bis 1903 ein sehr aktiver Lehrer, Friedrich Schaffner. Der gründete auf Neujahr 1872 den Dorfverein Hausen, dessen erster und langjähriger Präsident er war. Gerade in dieser Zeit stand eine wichtige Angelegenheit im öffentlichen Interesse, nämlich der Bau eines neuen Schulhauses. *Von Anfang an brach sich die Idee Bahn, das neue Gebäude, im Gegensatz zum abgebrochenen alten, mit Uhr und Glocke zu versehen.*

Bezüglich der Beschaffung einer Glocke regte Präsident Schaffner an, bei der Aarg. Baudirektion in Aarau anzufragen, ob nicht die Turmglocke in Königsfelden abgetreten werden konnte. Ergänzend muss hier erwähnt werden, dass dort zwischen 1868 und 1872 die psychiatrische Anstalt errichtet wurde. Ihr fielen etliche Gebäude des ehemaligen Klosters zum Opfer, u. a. auch der sog. Westturm, in welchem sich die besagte Glocke befand. *Als sich anfänglich Schwierigkeiten einstellten, begab sich der Präsident zum Herrn Baudirektor nach Aarau und erzielte dabei das Resultat, dass die Glocke bedingungslos und unentgeltlich an die Gemeinde abgegeben wurde.*
Die Abholung in Königsfelden gestaltete sich zu einem feierlichen Akt, worüber der Feder des Aktuars des Dorfvereins, Johann Jakob Meyer, folgende Niederschrift zu entnehmen ist:

Der langersehnte Tag ist erschienen. Der Präsident geht zum Herrn Hochbaumeister nach Königsfelden, um über die Abholung der Glocke Rücksprache zu nehmen. Dieser schickt ihn zum Kreisingenieur Fröhlich, welcher uns noch Hindernisse in den Weg legen will. Weil er aber einsieht, dass gegen den Entscheid des Herrn Baudirektors nichts zu machen ist, so tritt er den Rückweg an und der Herr Hochbaumeister erlaubt die Glocke zu holen
Nachmittags 12½ Uhr erschienen zur Abholung folgende Mitglieder des Dorfvereins: Jakob Schaffner, Zimmermann, Johann Friedrich Schatzmann, Messerschmied, Jakob Schaffner, Krämer, Friedrich Schatzmann, Schneiders und der Präsident, Friedrich Schaffner, Lehrer.
Dieses Häuflein begibt sich mit einem 200' (Fuss) *langen Seil mit Flaschenzug, Hammer, Beil, Sägen usw. nach Königsfelden, um die Glocke von ihrer 83' hohen Heimat herabzuholen. Hier gesellten sich zu den 5 Mitgliedern noch Heinrich Schaffner, Gemeinderat und Rudolf Schaffner, Zimmermann. Nun ging die Arbeit an. Der Flaschenzug wird an der Helmstange des Turmes befestigt. Es ist 3 Uhr nachmittags und diese Stunde wird zum letzten Mal der Umgebung von diesem Turm herab verkündigt. Glücklich befreiten wir sie und sie bewegte sich schnell am Flaschenzug und erreichte den ersten Boden. Aber es erforderte noch mehr Mannschaft. Das Mitglied Heinrich Widmer, Maurer nebst 2 oder 3 Arbeitern des Maurermeisters Heinrich Schaffner, Gemeinderat, mussten am Flaschenzug behilflich sein, denn die Glocke ist schwerer, als man ihr* (sie) *geschätzt hat, ist jedenfalls über 4 Centner. Um sie durch den Turm hinab zu lassen, mussten 5 Böden beseitigt und einige Balken herausgeschnitten werden, um ½5 Uhr erreichte sie nach 1½ stündiger Fahrt die Erde, nachdem sie, wie die Jahreszahl 1606 darauf einge-*

prägt ist, 266 Jahre hier oben gehangen. Sie wurde auf einen Karren geladen und zur nächsten Wirtschaft transportiert. Hier erquickten sich die Herabnehmer am Imbiss; um 6 Uhr erschien das Mitglied Johannes Schaffner, Kaspars mit Pferd und Wagen, um die Glocke abzuholen. Es wurde auf dem Wagen ein Gestell errichtet, damit sie frei hängt. Nun gings unter den Schlägen von Beil und Hammer nach Hausen. An der Strasse stunden die Leute zu Haufen, denn Alles will die Glocke sehen, die ihnen so oft Freud und Leid verkündigte. Es ging durchs Dorf nach dem Düchsli, und dann die Holzgasse hinauf zurück nach dem Rössli. Hier übergab sie der Präsident mit einer passenden Ansprache dem Gemeinderat von Hausen. Die Schuljugend zog sie nach dem alten Schulhaus, bis sie die Hand des Baumeisters an ihren neuen Bestimmungsort bringt.
Aus dieser Beschreibung muss geschlossen werden, dass die Glocke *vor* dem Bau des neuen Schulhauses geholt worden war, da es ja an der Stelle des alten errichtet wurde und dieses scheinbar zu diesem Zeitpunkt noch stand.

Nachher vereinigten sich der Gemeinderat, die Schulpflege und der ganze Dorfverein im Rössli, um noch eine vergnügte Stunde zu erleben, da der Gemeinderat seine milde Hand geöffnet, um uns für unsere Mühe zu entschädnen. Es war ein fröhlicher Abend, derjenige der dem längsten Tag 1872 folgte, wovon mancher noch als Greis etwas zu erzählen weiss. Ob hier wortwörtlich der 21. Juni gemeint ist, oder ob sich der «fröhliche Abend» einfach bis zum nächsten Tag verlängert hat, sei hier offengelassen (Ende des Zwischenspiels).

Die aus dem Hause Ungerer in Strassburg bezogene Uhr, eine Stundenuhr mit blechernem Zifferblatt, kostete 665 Franken. Während der Bauzeit wurde im Hause der Frau Anna Meier, Kaspars (gegenüber dem «Rössli»), Schule gehalten. Über die Einweihung des neuen Schulhauses ist in der Schulchronik folgende Eintragung enthalten:

1874 *Auffahrtstag, den 14. Mai. Nachmittags 1½ Uhr werden, nachdem sich der Himmel geklärt, der Bezirksschulrath durch die hiesigen Behörden, die Schuljugend, den Töchter- und Männerchor abgeholt. Der Zug begibt sich vom bisher provisorischen Schullokal aus ins neue Schulhaus, welches zu diesem Zweck geschmückt ist. Im obern Schulzimmer wird die Einweihung durch Reden und Gesänge abgehalten. Nachher gemütliches Abendessen im «Rössli», gegeben von der Baukommission, da die Gemeinde nichts dafür bewilligte* (nachträglich genehmigt!).

Die erste Gemeindeversammlung im Schulhaus fand am 14. Dezember 1873 statt. Der damalige Gemeindeschreiber hat das Ereignis im Protokoll wie folgt festgehalten:

Wohl mancher, der das ganze Jahr hindurch mit Widerwillen und Ungeduld über den Bau, oder vielmehr über die Bausumme gejammert und geseufzet hat, als sei diese nicht zu überwinden, hat sich vielleicht beim ersten Eintritt in dasselbe mit dem guten Gedanken getröstet: gern will ich das mir gebührende Scherflein zu diesem gemeinnützigen Zweck beitragen und dem Kaiser geben was des Kaisers und Gott was Gottes ist. Und ohne Zweifel wird jeder Bürger an diesem Bau, der nun als eine Zierde des ganzen Dorfes dasteht, Freude haben, und wenn auch uns einst von der Höhe dieses Baues die letzte Stunde geschlagen hat, so wird unsere Nachkommenschaft an diesem Denkmal noch ein Wohlgefallen finden.

So unrecht hatte er gar nicht, denn noch heute macht sich das Gebäude der Gemeindeverwaltung, denn um dieses handelt es sich nämlich, ausnehmend gut auf seinem etwas überhöhten Standort aus. Wohl erfuhr es im Laufe der Zeit einige Änderungen, Zimmerböden wurden ersetzt, an Stelle der hohen Zylinderöfen mit Holzfeuerung trat die Zentralheizung, das Treppenhaus wurde erneuert, die Stundenuhr durch eine elektrische Minutenuhr ersetzt. Auch der Blitzschlag am Vorabend des Jugendfestes vom 2. Juli 1950 verlief dank dem raschen und zielbewussten Eingreifen der Dorffeuerwehr glimpflich, und es konnte ein grösserer Schaden vermieden werden. Immerhin brannte der zum Teil mit Holz und Altpapier belegte Estrich mitsamt dem Uhrengehäuse aus. Im obern Schulzimmer konnte das Feuer in der südöstlichen Ecke die Diele durchbrechen, doch wurde mehr Wasser- als Feuerschaden verursacht. Die Untersuchung durch die Experten ergab, dass der Blitzstrahl keinen der beiden Blitzableiter getroffen hatte, sondern in die Glocke fuhr. Diese musste dann auch in die Glockengiesserei Rüetschi in Aarau überführt und dort eingeschmolzen werden. Am 25. November fand die Installation der neualten Glocke statt. Sie trägt, zur Erinnerung an den Guss der alten, die Aufschrift «Gemeinde Hausen 1606/1950».

Links: Meyerschulhaus, erbaut 1971/72. Rechts: Gemeindehaus, erbaut 1873/74, bis 1972 Schulhaus und Gemeindekanzlei. Foto März 1999, H. Fischer.

Vom Schulhaus zur Gemeindeverwaltung

Bis 1906 waren in einem an der Ostseite des Schulhauses eingebauten Raum Leichenwagen und Spritze untergebracht. Seit Bestehen des Schulhauses hielt der Gemeinderat im Parterrezimmer seine Sitzungen und die Einwohnergemeinde die Versammlungen ab. Der Gemeindeschreiber verrichtete die Arbeit zu Hause, lag dort aber seinen Amtspflichten ob. Mit Beginn einer neuen Amtsperiode wurde der genannte Raum, den der Volksmund mit «Sprützehüsli» bezeichnete, in eine Gemeindekanzlei mit Sitzungszimmer umgebaut, nach heutigem Ermessen als sehr winzig zu bezeichnen. Man konnte sie durch einen dunklen Gang im Erdgeschoss erreichen. Dem Büro gegenüber befand sich ein noch kleinerer Raum, «Archiv» genannt. Anlässlich der Wiederinstandstellung der brandgeschädigten Räume zog der Gemeinderat den Einbau eines neuen Archivs in Erwägung. Nachdem die Gemeindeversammlung vom 2. Februar 1951 den

Lindhofschulhaus, erbaut 1956/57, erweitert 1966. Foto um 1960, L. Berner.

zur Unterkellerung des Arbeitsschulzimers und zur Erstellung des Archivs angeforderten Kredit von 8000 Franken bewilligt hatte, konnte mit dem Bau begonnen werden.
Ein weiterer kleiner Raum erregte oft die Neugier der Schulkinder. Im Treppenhaus war unterhalb der Aborte eine Gefängniszelle eingerichtet. Wenn auch relativ selten, so konnte es doch vorkommen, dass diese Zelle während kurzer Zeit bewohnt war, was jeweils die Phantasie der Schüler in Richtung «Räubergeschichten» stark anregte.
Nach dem Bau des Lindhofschulhauses konnte das ganze Untergeschoss für die Gemeindeverwaltung freigegeben werden, was sich im Hinblick auf die immer grösser anfallenden Aufgaben einer im Wachstum begriffenen Gemeinde als höchst notwendig erwies. In einer ersten Etappe erfolgte der Umbau des Parterres 1964. Das heutige Gesicht erhielt das Gebäude nach der Errichtung des Meyerschulhauses (1972), als auch die beiden oberen Stockwerke freigegeben werden konnten. Mit der Zunahme der

Turnhalle/Mehrzweckhalle, erbaut 1969. Foto 1969, L. Berner.

Bevölkerungszahl steigt automatisch auch das Arbeitspensum der Gemeindeverwaltung. Deshalb ist für 1999 eine Sanierung und Erweiterung des bald 130 Jahre alten Gemeindehauses geplant, wobei die Verträglichkeit eines Anbaus an die architektonische Harmonie des «Altbaues» wohl einige Knacknüsse bringen wird. (Es mag bezeichnend sein, dass der in den siebziger Jahren erstellte Anbau viel mehr «Altersbeschwerden» aufweist als der Altbau.)

Die Bauten des 20. Jahrhunderts

Den Mitgliedern des 1908 gegründeten Turnvereins Hausen war vom damaligen Wirt zum «Rössli» erlaubt worden, auf Zusehen hin die Turnübungen im Saale daselbst abzuhalten. 1911 stellte sich die Frage eines Lokalwechsels. Da in der Gemeinde kein anderer geeignet erscheinender

Raum zu finden war, reifte im Verein der Gedanke zur Erstellung von etwas Eigenem. Platz bot der im Eigentum der Ortsbürgergemeinde liegende Turnplatz der Schüler auf dem Rothübel (beim ehemaligen Steinbruch). Auf gestelltes Gesuch gab der Gemeinderat die Einwilligung zu einem Bau unter der Bedingung, dass das Lokal und die Turngeräte auch der Schule zur freien Benützung überlassen werden. An die Kosten der Erstellung bewilligte die Einwohnergemeinde einen Beitrag von 200 Franken. Das Ausmass betrug elf Meter in der Breite und sieben Meter in der Tiefe, nebst entsprechender Firsthöhe. Der Bau kam an den Ostrand des Platzes in (wetter-)geschützte Lage zu stehen. In den dreissiger Jahren entstand ein Projekt für einen Turn- und Spielplatz. Doch mit der Realisation des Projektes schien es zu hapern, wie aus einem Schreiben der Erziehungsdirektion zu entnehmen ist:[11] *Das in Ihrem Schreiben vom 22. Februar hier eingereichte Projekt kann nicht als Turnplatzprojekt bezeichnet werden, weil es keinerlei Geräte oder besondere Einrichtungen für den Turnbetrieb vorsieht... Es geht aus Ihrer Eingabe auch nicht hervor, von wem der Landerwerb erfolgen soll oder ob das betreffende Grundstück bereits im Besitz der Gemeinde ist.* Auch ein Jahr später schien noch nicht alles in Ordnung zu sein:[11] *Für die Herrichtung des dortigen Turn- und Spielplatzes haben Sie in Ihre Anmeldung vom Jahr 1936 einen Kostenbetrag von Fr. 8'745.95 aufgenommen. Unsere Prüfung hat ergeben, dass Sie dem Auftrag der Erziehungsdirektion vom 24. Februar 1936 zur Vervollständigung des Projektes nicht nachgekommen sind. Die Anlage ist von uns nicht genehmigt worden...*

Nach Verfluss von über drei Jahrzehnten und notwendig gewordenen umfassenden Reparaturen brach bei den Behörden auf Gesuch des Turnvereins die Erkenntnis durch, etwas Gemeindeeigenes zu erstellen. Der vom Gemeinderat angeforderte Kredit von 37 000 Franken für den Bau einer *Turnhalle* aus Holz und von 6000 Franken für die Neuanlage des Turnplatzes mit Bekiesung und Walzung fand in der Einwohnerversammlung vom 12. Juni 1945 die Genehmigung. Der Bau wurde auf der Westseite des Platzes erstellt. Da man zu dieser Zeit noch nichts von Baueuphorie wusste, fand die Anlage das Interesse auswärtiger Besucher und galt als Musterbeispiel, wie man mit relativ wenig finanziellen Mitteln etwas Zweckmässiges erstellen konnte. (Die gesamte Schülerschaft des Lehrerseminars Wettingen «pilgerte» einmal nach Hausen, um den Bau zu bewundern...) Das Gebäude erfüllt auch heute, nach über fünfzig Jahren (nach ein paar Schönheitskuren), seinen Zweck und ist stets ausgebucht.

Ein Bau mit Hindernissen: Das Lindhofschulhaus

Die Volkszählung vom 1. Dezember 1950 ergab für die Gemeinde Hausen eine Einwohnerzahl von 826 Personen, was einem Zuwachs gegenüber 1940 von 160 Seelen (prozentual der grösste Zuwachs sämtlicher Landgemeinden des Bezirks) entsprach. Dieses Anwachsen brachte ein bisher undiskutabel gebliebenes Problem, nämlich die Schaffung neuer Schullokale. Wie dringend dieses Thema geworden war, bewies der Umstand, dass schon zu Beginn des Schuljahres 1952/53 eine neue, dritte Lehrkraft im Vikariat angestellt werden musste. Die Unterbringung im alten Schulhaus konnte nur durch entsprechende Neueinteilung des bisherigen Stundenplanes bewerkstelligt werden, wobei die Oberschule mit der kleinsten Schülerzahl, um der neugeschaffenen Mittelschule Platz zu machen, ins Arbeitsschulzimmer im Parterre (das nur die halbe Schulzimmergrösse aufwies) dislozierte, während die Arbeitsschule auf Zusehen hin mit Zustimmung der Erziehungsdirektion im sog. Meyerhaus Unterkunft fand. Die Wohnung im Parterre wurde umfunktioniert: Durch das Herausnehmen einer Trennwand schuf man aus zwei Zimmern eines. Um dieses betreten zu können, musste man durch die Küche (mit Holzherd, womit der Kachelofen im Schulzimmer geheizt werden konnte) gehen, die gleichzeitig als Garderobe diente. Im ersten Stock wohnte der Schulhausabwart/Ortsweibel mit Familie, der auch für die Heizung des Ofens verantwortlich war.

Doch nun galt es, an einen Neubau zu denken. Aus einem beschränkten Wettbewerb ging das Projekt Froelich als Sieger hervor. Vorgesehen wurde ein Bau in zwei Etappen.

Die erste Etappe hätte folgende von der Erziehungsdirektion genehmigte Räume zu umfassen:

3 Normalschulzimmer für je 50 (!) Schüler, Grösse 10,5 mal 6,6 Meter;
1 (Knaben-)Handfertigkeitszimmer von gleicher Grösse;
1 Lehrerzimmer, gleichzeitig für Bibliothek und Sammlung mit 30 m^2;
Aborte und Putzraum sowie evtl. kleine Pausenhalle.

Für Heizung und Kohlenraum war das alte Schulhaus mit Fernheizung vorgesehen.

Die zweite Etappe hätte dem Bau einer Turnhalle gegolten.

Nach approximativer Berechnung und Abzug der voraussichtlichen Staatssubventionen würde die erste Etappe die Gemeinde mit einer Schuld

von 264 000 Franken belastet haben, weshalb eine Erhöhung des Steuerfusses um 20 auf 170 Prozent erforderlich gewesen wäre.
An der Gemeindeversammlung vom 16. Januar 1953 wurde die Vorlage nach «ausgiebig gepflogener Diskussion» in geheimer Abstimmung abgelehnt. Die Gegner führten ins Feld, dass die Gemeinde zurzeit nur *ein* Schulzimmer benötige und dass dieses im Meyerhaus untergebracht werden könne. Einem entsprechenden Kredit wurde in der Folge einmütig zugestimmt. Auch sei nur schwer erkennbar, warum das mit nicht unerheblichen Kosten (nach dem Blitzschlag von 1950) renovierte alte Schulhaus inskünftig nur noch mit einem Zimmer belegt werden soll. Ein weiteres Moment bildeten die Kosten des Neubaus…

Trotz dieses negativen Beschlusses der Mehrheit wird das Projekt Froelich bei sichtbar andauernder Entwicklung der Gemeinde den Stimmbürgern in absehbarer Zeit erneut zur Stellungnahme vorzulegen sein, meinte der Chronist und damalige Gemeindeammann Jakob Schaffner.
Wie recht er mit seiner Voraussage hatte, zeigen die folgenden Ausführungen:

1954 *16. Feb.:* Die Erziehungsdirektion verlängert die Dauer der 3. Lehrstelle bis Ende Schuljahr 1955/56. Bis dahin müssen neue definitive Schulräume geschaffen werden, sonst wird die Lehrstelle aufgehoben.

1954 *28. Mai:* Als Notlösung und zur Platzbeschaffung bewilligt die Einwohnergemeindeversammlung einen Kredit von 1100 Franken zur Anschaffung von Schulmobiliar für die Oberstufe (es müssen u. a. Zweierbänke in Einerbänke umgearbeitet werden, um den Platz besser ausnützen zu können).

1954 *Juni:* Die neu zusammengesetzte Schulhausbaukommission nimmt die Vorarbeiten für den Schulhausneubau wieder auf. Neben dem offiziellen Projekt Froelich taucht noch ein «Gegenprojekt» auf, das auf der Grundlage der in Mode gekommenen zweiseitigen Belichtung der Schulzimmer ausgeht. Da aber eine evtl. Erweiterung die Errichtung eines zweiten Eingangs erfordert, wird das Projekt nicht weiter verfolgt.

1955 *13. Mai:* Die Einwohnergemeindeversammlung beschliesst den Ankauf von drei für den Schulhausneubau benötigten Landparzellen.

Weil sich die Besitzerin einer Parzelle vorerst weigert, diese der Gemeinde Hausen zu verkaufen, muss ein zeitraubendes Enteignungsverfahren in die Wege geleitet werden, bis sich dann gegen Ende des Jahres eine gütliche Einigung abzeichnet.
Nachdem das leicht abgeänderte Projekt, was namentlich die Fernheizung betrifft, von der Gemeindeversammlung abgesegnet worden ist, kann im Sommer 1956 mit dem Bau begonnen und das neue Schulhaus mit Beginn des Schuljahres 1957/58 in Betrieb genommen werden.
Für einmal hatte die Verzögerung, die durch die ablehnende Haltung der Stimmbürger von 1953 entstanden war, auch ihr Gutes: Neben der Fernheizung, die nun in umgekehrter Richtung geplant war mit Einrichtung einer Ölfeuerung im Lindhofschulhaus, gab es im Untergeschoss einen vollwertigen Handfertigkeitsraum für Holzbearbeitung. Im weiteren zeigte es sich, dass die Kosten deswegen nicht höher wurden und – dies dürfte die meisten Stimmbürger besonders gefreut haben – dass der Steuerfuss der Gemeinde nicht erhöht werden musste.

«Wir wollen einen Kindergarten!»

Wenn nun die Gemeinde glaubte, auf den Lorbeeren ausruhen zu können, was den Schulbetrieb betraf, so hatte sie sich getäuscht: Ein Kindergarten wäre jetzt das Richtige. Platz ist ja genügend vorhanden: im alten Schulhaus und im Meyerhaus je ein leeres Zimmer. Aber woher das Geld nehmen?
Noch Ende 1958 hiess es: *…es wurde versprochen, nachdem die Bedürfnisfrage seitens des Gemeinderates bejaht wurde, dass die Angelegenheit nicht schubladisiert werde, sondern dass die Behörde nach Bekanntwerden des Rechnungsergebnisses 1958 auf die Angelegenheit zurückkomme…* Da nahm sich *der hiesige Frauen- und Hauspflegeverein in verdankenswerter Weise dieser Sache an:*[14.1] «Dann beschaffen wir eben Geld!» Der Funke zündete: In der ganzen Gemeinde wurde gestrickt, gebastelt, Ideen für ein grosses Fest zusammengetragen, und nach relativ kurzer Zeit war es soweit: Das Kindergartenfest mit Bazar, Festzelt und Belustigungen konnte durchgeführt werden. Und jedermann half mit: Die Vereine stellten eine Revue auf die Beine, Selbstgestricktes und Gebasteltes wurde zum Verkauf angeboten, ein Ballonwettbewerb mit tollen Preisen wurde gestiftet, das ganze Dorf stand kopf. Und das Schönste:

Nachdem alles vorbei und abgerechnet war, blieben Fr. 11 658.10 als Reingewinn. Dazu kamen noch 4576 Franken aus einer «Von Haus zu Haus»-Sammlung und 5000 Franken von der Reichhold-Chemie. Nach all diesen Ermunterungen gelangte man wieder an den Gemeinderat: «Wie wär's mit einem Kindergarten?», waren doch die Einrichtungs- und Betriebskosten für drei (!) Jahre gesichert. Der Gemeinderat stellte zwar die Parterreräume des Meyerhauses zur Verfügung und sicherte einen jährlichen Beitrag von 2000 Franken *(vorbehältig der Genehmigung dieses Betrages durch die Gemeindeversammlung)* zu, aber den Betrieb musste der Frauen- und Hauspflegeverein übernehmen, was dieser auch tat: Ab Ende April 1960 konnte die erste Kindergartenabteilung in Betrieb genommen werden (bei einem monatlichen Beitrag der Eltern von 2 Franken pro Kind!). An der Gemeindeversammlung Ende 1962 kam dann die gute Nachricht:[14.1] *...der Gemeinderat ist heute der Auffassung, dass die Einwohner- bzw. die Schulkasse voll für die Betriebskosten des Kindergartens aufkommen soll... Nachdem der Kindergarten nunmehr 2½ Jahre in Betrieb ist und sich für Kinder und Eltern segensreich und vorteilhaft ausgewirkt hat, wäre es wohl kaum verantwortbar, den Kindergartenbetrieb nach Aufzehrung der Reserven wieder einzustellen. Schulpflege und Gemeinderat sind einstimmig der Auffassung, dass der Kindergarten unbedingt beibehalten werden muss... Er sei als dauernde Einrichtung (!) in den Schulbetrieb einzubauen.* Der Souverän nickte gnädig dazu, und ab Schuljahr 1967 wurde bereits eine zweite Abteilung im obersten Stock des heutigen Gemeindehauses eingerichtet.
Man darf bei all dem nicht vergessen, dass das *Gesamtbudget* der Gemeinde Hausen im Jahre 1959 knapp über 200 000 Franken lag, womit man keine grossen Sprünge machen konnte. Dazu war – und ist auch 1999 noch immer – der Lohn der Kindergärtnerin ganz Sache der Gemeinde.

Bauereignisse jagen sich

Nachdem in Hausen der Bauboom so richtig eingesetzt hatte, eilte es auch mit den öffentlichen Bauten.
Im Schulbetrieb kam es bald nach einer vierten Stelle zu einer fünften: Schulhauserweiterung um zwei Klassenzimmer. Mit der Erweiterung (1966) wurde der zu kleine Pausenplatz auf die Nordseite des Schulhauses verlegt und neben dem Meyerhaus für den Kindergarten ein eigener

Spielplatz erstellt. Dies wiederum bedingte einen zweiten, direkten Ausgang zum Pausenplatz. Dessen Überdachung wurde bestens ausgenützt, indem man ein Zimmer darauf setzte, wo sich die Volksbibliothek, die bis jetzt im Lehrerzimmer untergebracht gewesen war, einrichten konnte.

1967 *8. 12.:* Gemeindeversammlung, Art. 20: Bau einer Mehrzweckhalle; Projektgenehmigung und Erteilung eines Baukredites von 1 262 620 Franken. Dieses grösste Kreditbegehren, das bis dahin je einer Gemeindeversammlung in Hausen vorgelegt worden war, umfasste eine Turnhalle mit Bühne, Vereinslokal, Küche und Geräteraum, Feuerwehrlokal, Sanitäts- bzw. Lehrerzimmer, Garderoben, Duscheräume, WC-Anlagen, Luftschutzkeller, Militärunterkunft, Schlauchwaschanlage, Heizungsanlage, Sportplatzanlage und Parkplätze. Auch hier konnte von einer Steuererhöhung abgesehen werden. Der Kredit wurde bewilligt, die ganze Anlage gebaut und 1969 eingeweiht. Sie erwies sich als höchst willkommen, sind doch die einzelnen Räume seither fast «ausgebucht». Gewisse Ausweichsmöglichkeiten ergaben sich, als 1984/85 die Feuerwehr nach dem Bau des technischen Mehrzweckgebäudes dorthin zügeln konnte. Der frei gewordene Raum wurde anlässlich einer Minirenovation in ein «Theorielokal» umfunktioniert.

Kaum war der grosse Brocken einigermassen verdaut, läuteten schon wieder die Alarmglocken. Die Regionalplanungsgruppe Brugg/Eigenamt hatte 1970 in einer gross angelegten Studie herausgefunden, dass für Hausen bis zum Jahre 1983 mit einer Einwohnerzahl von 4500 (!) zu rechnen sei und dass Hausen nicht darum herumkäme, ein Oberstufenzentrum zu bauen. Ja, im Vollausbau der Gemeinde (im Jahre X) rechnete man – gemäss Entwurf «neuer Zonenplan» – mit etwa 4500 Personen, die östlich, und etwa 2000 Personen, die westlich der Bahnlinie wohnen werden.[13] Das ergäbe, laut Hochrechnung, einen Schulzimmerbedarf von sage und schreibe 31 (!) Einheiten (die Klassen mit 35 Schülern gerechnet).

Nur nebenbei sei erwähnt, dass diese Berechnungen ausgerechnet zu der Zeit gemacht wurden, als die N3 noch mitten durch Hausen führen sollte! Aufgeschreckt und durch die stets anhaltende grosse Bautätigkeit in Hausen gezwungen, ging man ans Planen. Vorgesehen war vorerst ein aus acht Schulzimmern bestehender Doppelkomplex, der in zwei Bauetappen zu errichten wäre. Da die Gemeindeverwaltung auch immer mehr Platz beanspruchte und bald wieder mit einer neuen Lehrstelle zu rechnen war, entschloss man sich zur Realisierung der ersten Bauetappe. Dies bedingte

Schulklasse 1936 in den alten Schulbänken, im heutigen Gemeindehaus. Die Kinder rückten von drei auf zwei Bankreihen zusammen, damit alle auf dem Foto Platz fanden. Schulzimmer mit Holztäfelung, Parkett und Ofenheizung. Lehrerinnen: Margrit Simmen und Klara Bopp-Schaffner. Foto Eig. E. Widmer-Märki.

aber gleichzeitig den Abbruch des Meyerhauses, wo einer der beiden Kindergarten untergebracht war. Auch der andere, im obersten Stock des alten Schulhauses, sollte der Gemeindeverwaltung weichen. Die Handarbeitsschule hatte man bereits notfallmässig im Handfertigkeitsraum im Keller des Lindhofschulhauses untergebracht. Der Handfertigkeitsunterricht der Knaben fand in dieser Zeit im nie gebrauchten Kohlenkeller statt, was zwar nicht besonders «anmächelig» war, sicher nicht den kantonalen Vorschriften entsprach, aber – wenn man «provisorisch» sagt, ist alles möglich – zeitlich beschränkt bewilligt wurde.
Gleichzeitig mit dem Bau des Meyerschulhauses wurde das Erdgeschoss des Lindhofschulhauses – ebenfalls als «Provisorium», das über zwanzig Jahre lang dauern sollte! – zu zwei Kindergartenabteilungen umfunktioniert, was im Innern einige Umbauten erforderte: Durch eine Wand (mit Türe) schuf man eine Abgrenzung zwischen Schule und Kindergarten, und die beiden bisherigen Schulzimmer erhielten durch eine niedere Zwischendecke und

Erstklässler am ersten Schultag, in den neuen Stahlrohr-Holz-Stühlen und -Pulten. Ledertheks – für die Knaben mit Felldeckel – sind noch ebenso selbstverständlich wie die Schürzen für die Mädchen. Anfang sechziger Jahre. Foto L. Berner.

neue Beleuchtung ein etwas mehr «kindergartengerechtes» Aussehen. Auch aussen kam es mit Isolationsplatten zu einer gewissen «Schönheitskur».
Etliches Kopfzerbrechen bereitete allerdings die Verbindung zwischen Lindhof- und Meyerschulhaus. 25 Jahre Altersunterschied machten sich schon rein äusserlich bemerkbar: jenes mit Mauerverputz (pardon: Isolierplatten) und Satteldach, dieses mit Sichtbeton, Flachdach und herausragendem, rundem Treppenhaus. Doch 1972 konnte das Ganze, allen zur Freude, seiner Bestimmung übergeben werden.
Nun hoffte man natürlich, für einige Zeit Ruhe zu haben. Und in der Tat, der nun geschaffene Raum zeigte sich als genügend und dies um so mehr, als sich bald herausstellte, dass die Regionalplanungsgruppe mit ihrer konjunkturbedingten Zahleneuphorie ziemlich daneben gehauen hatte und dass, den neuen Richtlinien der Erziehungsdirektion folgend, das Oberstufenzentrum nicht in Hausen gebaut, sondern in Windisch an die bestehenden Einrichtungen angekoppelt werden sollte. Folglich wurde die

Klassenfoto um 1912, vor dem Spritzenhäuschen aufgenommen (heute Lindhofschulhaus). Lehrer Karl Schenk und zwei Lehrerinnen. Das aussergewöhnliche Ereignis des Fotografenbesuchs verlangt disziplinierten Ernst: Man trägt das Sonntagskleid und hält sich gerade. Eig. Kurt Widmer.

Hausemer Oberschule nach Windisch disloziert, nicht aber bevor während einiger Zeit Windischer Oberschüler wegen Platzmangels geruhen mussten, in Hausen zum Unterricht anzutreten. (Die «verlorene» Lehrstelle wurde sofort durch eine neue Primarschulstelle ersetzt.)
Auch hier gab es nochmals einen lachenden Dritten: Die Eingangshalle des Meyerschulhauses war bereits für den Endausbau konzipiert worden, also entsprechend geräumig. Da nun keine zweite Etappe mehr in Sicht war, konnte mit wenig Aufwand ein Raum abgetrennt werden, worin die sich stark entwickelnde Gemeindebibliothek zusammen mit der ebenfalls ins Leben gerufenen Ludothek untergebracht werden konnte. Seit 1983 ist dieser Raum so etwas wie ein «kultureller Treffpunkt» geworden.
Da aber in der Zwischenzeit in Hausen immer fröhlich weitergebaut wurde, kam es 1996 zu einer neuen Feuerwehrübung, stellte man doch «plötzlich» fest, dass es eine dritte Kindergartenabteilung brauchte. Land war vorhanden, Geld auch. Fazit: Jugendfest 1997 – Einweihung eines Drei-

Klassenfoto 1996. Lehrer Daniel Polentarutti mit der vierten Klasse, mit der er die CD «Klaföif» realisierte. Aufnahme hinter dem Meyerschulhaus. Eig. J. Henle.

fachkindergartens in Pavillon-Bauweise. Die beiden damit frei gewordenen Zimmer im Lindhofschulhaus wurden «zurückfunktioniert» und sind in der Zwischenzeit bereits mit zwei neuen Schulabteilungen belegt.

Ob all der Erwähnung baulich-technisch-finanzieller Probleme, deren sich die Gemeinde in all diesen Jahren stellen musste, sollten die eigentlichen «Hauptakteure» dieses Kapitels nicht vergessen werden: die Schüler und Lehrer. Dass sich in den 200 Jahren vieles, ja fast alles im Unterrichtsstil ge-(bessert?)ändert hat, ist sicher und nicht «hausenbedingt». Aus den zwei Lehrern, die um 1815 in Hausen 112 Schüler unterrichteten, waren 1952 deren drei geworden. Und obschon die «Oberschüler» in den achtziger Jahren ganz nach Windisch zügelten, zählt man nun 1999 in der hiesigen Schule sieben Abteilungen mit 160 Schülern/innen. Die sechzigköpfigen Klassen des 19. Jahrhunderts verkleinerten sich auf 15 bis 29 Kinder. Dazu gesellen sich drei Kindergartenabteilungen. Dass man heute rund um das Schulareal nicht nur immer schweizerdeutsch reden hört, ist nicht nur für

Hausen spezifisch. Ebensowenig die Tatsache, dass man sich schon lange nicht nur auf «Lernen und nochmals Lernen» konzentriert. Seit Jahren sind regelmässige Schulreisen und Heimattage Selbstverständlichkeiten, seit 1960 geht's ins Skilager, seit 1975 in die Landschulwoche. Weihnachtsspiele, Musikgrundschule und «Räbeliechtliumzug» werden ebenso gepflegt wie Exkursionen und, da staunen Sie: CD-Aufnahmen! Hausen kann sich rühmen, eine moderne Schule und eine aufgeschlossene Schulbehörde zu besitzen. Dabei darf nicht vergessen werden, dass vieles, was uns heute als ganz normal erscheint, mehr oder weniger hart erkämpft werden musste. Das Kapitel «Schulgeschichte» mag in dieser Chronik weitläufig ausgefallen sein. Wenn man aber bedenkt, dass 1999 von den eingegangenen Gemeindesteuern über ein Drittel für «Bildung» ausgegeben werden musste, so dürfte dies eine gewisse Rechtfertigung sein.

Mit *Anekdotisches und anderes rund um die Schulstube* soll das eher nüchterne Kapitel «Schule» etwas aufgelockert abgeschlossen werden.

Sparübungen
Zu Beginn der fünfziger Jahre war Hausen eine eher arme Gemeinde, die mit ihren Finanzen sorgfältig umgehen musste. Es galt zu sparen. Die damalige Schulpflege fand heraus, dass in der Schule zuviel Strom verbraucht werde. So wurde beschlossen, dass ausserhalb der ordentlichen Schulzeit (morgens 8 bis 11 und nachmittags 13 bis 16 Uhr) niemand im Schulhaus etwas zu tun hätte. Vorbereitungs- und Korrekturarbeiten hätten zu Hause zu erfolgen. Die Schlüssel wurden eingezogen, und der Schulhausabwart wurde beauftragt, die Schulzimmer am Morgen nicht vor 7 Uhr 45 zu öffnen und diese am Nachmittag um ein Viertel nach vier zu schliessen. Die Haupttüre musste allerdings offenbleiben, da im Parterre auch noch die Gemeindekanzlei untergebracht war!

Unerwarteter Schulbesuch
Zwar ging das Gerücht schon einige Zeit durch das Dorf, er sei wieder da, sein Erscheinen überraschte trotzdem. Doch gehen wir der Reihe nach:
Es geschah an einem normalen Mehrklassen-Schulmorgen. Während eine Klasse mit schriftlicher Arbeit beschäftigt war, betätigte sich die andere mit einer Sprachübung. Plötzlich vernimmt man schwere Schritte auf der knarrigen Holztreppe, die Türe öffnet sich und herein tritt ohne anzuklopfen

eine grosse, stämmige Gestalt: ein Mann um die Fünfzig in einem weiten Lodenmantel und schweren, genagelten Schuhen. Sein vom Treppensteigen etwas rot angelaufenes Gesicht wirkt nicht unfreundlich. Was aber ungeheuren Respekt einflösst ist ein riesiges Metzgermesser, das aus seinem Rucksack herausragt. Er murmelt: «I muess öppis kontrolliere» und beginnt seinen Rundgang durch das Zimmer. Lehrer und Schüler wirken wie erstarrt und wissen nicht, wie sie sich benehmen sollen. Irgendwo im Hinterstübchen taucht bei jedem der Gedanke an ein Gerücht auf, und er beschliesst nicht einzugreifen. In der Tat, der Fremde begutachtet zuerst den Zustand eines Fensters, wirft einen prüfenden Blick an die Decke, da und dort noch einen auf eine Schulbank... und verlässt das Zimmer mit den Worten «Isch guet». Erleichtertes Aufatmen, einige erklärende Worte – «das esch jetzt de Brändli gsi»–, und bald kann wieder zur Tagesordnung übergegangen werden.

Der Schulhausabwart bringt in der Pause des Rätsels Lösung: Dieser Mann, eben «de Brändli», ein schrulliger Junggeselle, wohne, wenn er nicht gerade in Königsfelden interniert sei, auf dem Bözberg. Er sei früher ein tüchtiger Metzger gewesen, sei leicht geistesgestört, aber völlig harmlos. Obschon er seinen Beruf nicht mehr ausübe, habe er ständig sein Metzgermesser bei sich, wo er sich auch aufhalte. Von Zeit zu Zeit komme er vom Bözberg herunter und besuche seine ebenfalls ledige Schwester in Hausen. Dabei sei sehr oft ein «öffentlicher» Besuch inbegriffen. Diesesmal sei es die Schule gewesen. Und in der Tat, später platzte er mitten in einen Gottesdienst in Windisch oder erschien an der Gemeindeversammlung im «Rössli». Durch geschicktes Verhalten konnte er hier abgelenkt werden – sein Zustand hatte sich verschlimmert –, und als die Wärter erschienen, um ihn abzuholen, sagte er nur noch zum Ortsweibel: «Heiri, häsch mi verwütscht!» und liess sich abführen. Es war sein letzter «öffentlicher» Auftritt gewesen.

Ein aufschlussreicher Rat

Es klopft an der Türe. Draussen steht ein Vater, um sich über die Leistungen seines Sohnes zu erkundigen. Da es zu jener Zeit noch nicht üblich ist, Elterngespräche mit Terminkalender zu verabreden, werden die Auskünfte vor der Türe gegeben. Man versucht, sich möglichst kurz zu halten, wobei der wachsende Lärmpegel im Schulzimmer meistens Schützenhilfe leistet. So auch dieses Mal. Der Vater zeigt sich über die Auskünfte befriedigt, erkundigt sich noch, ob sich sein Sohn auch recht aufführe, woran ihm nämlich sehr gelegen sei. Auch das kann bestätigt werden. Er verabschiedet sich, will schon gehen, dreht sich dann aber noch einmal um, sagt: «Gälled Si, Herr Lehrer – Gopferdammi –, wenn min Sohn öppe sött flueche – Gopfverdammi –, so haueds em nume eis an Grind – Gopfverdammi!» und steigt ohne ein weiteres Wort die Treppe hinunter.

An die Eltern unserer Schuljugend
Unanständigkeiten, ja Frechheiten von Schülern gegenüber Erwachsenen und das Herumtollen von Oberschülern zu später Abendstunde geben uns Anlass, mit einem kleinen Rundschreiben an Sie zu gelangen.
Insbesondere jetzt zur Winterszeit scheint es uns, dass die Kinder am Abend nach der Rückkehr von den letzten Botengängen nicht mehr auf die Strasse gehören. Dass nämlich Kinder kürzlich noch nach acht Uhr auf der Strasse sich Frechheiten gegenüber Erwachsenen erlaubten, wirft nicht ein helles Licht auf die Erziehung im Elternhaus.
Wo Liebe herrscht im Elternhaus, da ist auch Ordnung, Disziplin und Friede. Und in einem solchen Heim fühlen sich unsere Kinder geborgen. Dann haben sie gar nicht mehr das Bedürfnis, nach acht Uhr auszugehen, evtl. gar durch eine Hintertüre abzuschleichen. Denn dass um diese Zeit kaum mehr fruchtbare Schularbeit gesucht wird, wissen wir alle. Wir müssen auch hier wie in allen Dingen unsern Kindern Vorbild sein. Dann dürfen wir auch der Achtung und des Gehorsams unserer Kinder gewiss sein.
Im Interesse Ihrer Kinder und einer erspriesslichen Zusammenarbeit zwischen Schule und Elternhaus rufen wir Sie auf, der Erziehung unserer Kinder als unserer schönsten und verantwortungsvollsten Aufgabe all unsere Liebe und Sorgfalt angedeihen zu lassen. Wir wissen es ja alle:
Im Hause muss beginnen, was leuchten soll im Vaterland
Schulpflege und Lehrerschaft

Dieses auf «Anfang Februar 1958» datierte Rundschreiben der Schulpflege Hausen mag auf den ersten Blick erstaunen. Es lag aber ganz im Sinne der damals gültigen – in leicht gemässigter Form aus den sechziger Jahren des 19. Jahrhunderts stammenden – kantonalen Schulordnung. Darin wurde die Behörde beauftragt, darauf zu achten

– dass sich die Schüler nach dem Eindunkeln nicht mehr auf der Strasse herumtreiben…
– dass die Schüler gekämmt und gewaschen in die Schule gehen…
– dass es verboten ist, die (Schiefer-)Tafel mit Spucke zu reinigen …usw.

Ein Auszug aus dieser Schulordnung (allerdings ohne «Spucke» und «gekämmt sein») musste von Staates wegen den Eltern während Jahren beim Eintritt ihres Kindes in die Schule ausgehändigt und von diesen der Empfang schriftlich bestätigt werden… Das waren noch Zeiten… (es ist schon lange her…?!).

Papiersammlung
Wir befinden uns in der sechziger Jahren. Das Dorf hat die ersten neuen Quartiere bekommen, vergrössert sich. Da wird auch das Papiersammeln immer rentabler, namentlich jetzt, wo der Kilopreis für Altpapier sage und schreibe zwanzig Rappen beträgt. Nun wird heftig gesammelt, die Schüler gehen alle drei Monate auf die Runde, gilt es doch, die Skilagerkasse zu äufnen, damit das Lager nicht zu teuer kommt (pro Schüler betrug der Preis zu jener Zeit 60 Franken). Doch das Sammeln ist anstrengend. Da gibt es noch keine Lieferwagen, wo man fröhlich mitreiten kann. Mit Leiterwagen zieht man durch das Dorf. Da die «Zeitungsbündel-Disziplin» zu jener Zeit noch gering ist, wird das Papier in alte «Härdöpfelsäcke» abgefüllt. Doch nur zu schnell ist der Leiterwagen voll, und man muss wieder zum Schulhaus zurückfahren, die lange Hauptstrasse entlang. Schwitzend angekommen, gilt es, die schweren Säcke auf den hohen Lastwagen umzuladen. Als Erwachsenenhilfe stehen nur die beiden Lehrer zur Verfügung, wahrhaftig eine mühselige Arbeit! Doch einmal winkt das grosse Glück: Der Lastwagenfahrer ist im letzten Moment verhindert zu kommen. Das Papier muss aber trotzdem eingesammelt werden. Wohin aber mit dem Altpapier? Da kommt plötzlich *die* Idee: Im neuen Schulhaus hat es ja einen Kohlenkeller, der nicht gebraucht wird, sogar mit einer Kohlenschippe von aussen. Toll! Endlich fällt das schweisstreibende Aufladen weg. Mit grossem Schwung werden die Säcke in die Schippe geleert, fast mühelos. Alles geht viel schneller, es wird viel eifriger gesammelt, es kommt viel mehr Papier zusammen, man ist trotzdem viel schneller fertig… Nur an eines hat man in der Euphorie nicht gedacht, auch die Lehrer nicht: Dass man nämlich die Woche darauf alles wieder hinaufschleppen muss: durch den langen Gang

im Keller und zwanzig Treppenstufen hinauf, und dann trotzdem noch auf den Lastwagen. Zwölf Tonnen sollen es gewesen sein, laut Abrechnung. Aber was macht man nicht alles für zwanzig Rappen das Kilo!

40 Jahre Hausemer Skilager

1960 Februar: Die Hausemer Schule organisiert zum ersten Mal ein Skilager. Dank Beziehungen konnte in Flond ob Ilanz eine preisgünstige Unterkunft gefunden werden. Sie besass zwar keine Zentralheizung, sondern musste durch grosse, steinerne Öfen geheizt werden, in welchen man morgens um fünf (!) anfeuern musste, damit sie gegen acht etwas Wärme spendeten – dafür waren sie abends um zehn immer noch heiss. Auch die morgendliche Toilette wurde oft etwas kurz gehalten, denn der Waschraum befand sich im Keller, wo das Wasser hie und da gefror. Sonst war das Haus bestens eingerichtet, auch für das Skifahren ideal, konnte man doch gerade vor der Haustüre die Bretter anschnallen. Doch halt, noch ist es nicht soweit! Denn zum Skifahren braucht es eine Ausrüstung, und die besitzen nicht alle. Ungefähr ein Drittel muss noch ausstaffiert werden, was dank dem «technischen Leiter» – dem Schulhausabwart – kein grösseres Problem ist. Ski und Stöcke können in globo (vom Vorgänger von «Jugend und Sport») gemietet werden. Dann findet im Schulhaus eine allgemeine Materialkontrolle statt: Jedermann erscheint mit seiner Ausrüstung. Die Ski werden kontrolliert und, wenn nötig, noch angepasst. Doch Skifahren gibt auch Hunger, und das Lager soll nicht zu teuer werden. Kartoffeln, Gemüse und Obst werden gespendet, in Kartons abgefüllt – und mitgeschleppt. Käser, Metzger und Bäcker liefern zu äusserst günstigen Bedingungen – vieles wird mitgenommen (teilweise noch nachgesandt). Dann kann's losgehen. Nein, nicht mit dem Car, sondern mit den SBB. Der Transport nach Brugg wird privat organisiert, auch viele zusätzliche Kartons und Säcke müssen mit. Zum Glück ist einer der Skilehrer «Pöstler», weiss also, wo man am Bahnhof zu Transportmöglichkeiten für das Gepäck kommt. Alles Material wird auf Karren geladen, auch die Ski. Der Zug fährt ein. Während die Schüler sich mit den Rucksäcken durch die Türe zwängen, laden die drei Skilehrer mit ein paar Oberschülern das ganze Material vom Wagen via Fenster direkt in den Zug, wie wenn sie das schon dutzendemal getan hätten. Es klappt bestens. Dies ist auch gut so, muss doch das ganze Prozedere in Chur (aus und ein) und in Ilanz (aus) wiederholt werden. Endlich ist alles im Postauto untergebracht. Die Fahrt in die Höhe kann beginnen. Da werden die Augen immer grösser. Schnee, Schnee und nochmals Schnee, in Flond liegt über ein Meter! Das ist toll... Vielleicht denkt man das am Nachmittag ein bisschen weniger, denn bevor man ans Skifahren gehen kann, muss zuerst eine Piste erstellt werden. Skilift hat es keinen, dafür einen verlockenden Abhang. Man kommt gehörig ins Schwitzen. Doch dann zeigt sich Petrus von seiner besten Seite: Die ganze Woche ist strahlend schönes, kaltes Winterwetter. Die Piste – Pulverschnee, sehr gut – bleibt bestehen und kann sogar jeden Tag etwas erweitert werden, so dass sie sich am Freitag für das Skirennen recht imposant ausnimmt. Das Hinaufkraxeln nach jeder Abfahrt ist wohl etwas anstrengend, man nimmt es mit jedem Mal etwas leichter, und gegen Ende der Woche ist es mit der Kondition blendend bestellt. Da gilt es für die beiden Köchinnen – die Frau des damaligen Schulpflegspräsidenten und diejenige des Schulhausabwartes – immer genügend zum Essen bereitzuhalten, eine Aufgabe, der sie sich mehr als gewachsen zeigen, obschon sie dieses «Amt» zum erstenmal ausüben! Auch das Lagerleben, für den Grossteil der Teilnehmer ein erstmaliges Erlebnis, entwickelt sich bestens. Zwar ist das Haus, ein Chalet, nicht allzugross. Ess- und Aufenthaltsraum sind derselbe, aber man richtet sich ein. Zum Spielen wird etwas zusammengerückt, meistens spielt man sowieso in Gruppen. Und dass sich die Nachtruhe nicht sofort auf Befehl einstellt, ist vorprogrammiert: Ein Nachtmarsch – am ersten Abend – durch das verschneite Dorf bringt auch für den letzten die nötige Bettschwere. Diese stellt sich in den folgenden Tagen automatisch ein, denn das Auf und Ab beim Skifahren ist recht «nahrhaft». Aber da es sich um ein Holzhaus handelt, knarrt es in der Nacht oft unheimlich in den Balken. Auch erzeugen die eisernen Bettgestelle eigenartige Geräusche, wenn sich jemand darin bewegt. Wen verwundert's da, dass man bei einem nächtlichen Kontrollgang auf einen Drittklässler stösst, der, tief in seinen Schlafsack vergraben und unter seiner Decke versteckt, eine zweite zusammengefaltet an seine Brust drückt. Auf die Frage nach dem Weshalb antwortet er: «Wüsset Sie, es isch ... damit i no eini ha, wenn mers Gschpängscht mini Decki wegnimmt!» (Es kam nicht!) Ein besonderer Tag war der Mittwoch. Denn da kam der «Rössli»-Wirt mit seinem Auto und brachte «viiiele» Kuchen mit, die besorgte Eltern gebacken hatten.

Das Tüpfchen aufs i dieser ereignisreichen ersten Skilagerwoche war die Heimfahrt über den Oberalppass. Ein absoluter Traum von einem Wetter. Selbst unser Schulhausabwart, ein aus jahrzehntelanger Erfahrung schöpfender Alpinist und Skifahrer, meinte, er hätte dies noch nie erlebt. Und es muss in der Tat etwas Besonderes gewesen sein. Denn können Sie sich einen Eisenbahnwagen voller Schüler auf der Heimfahrt vorstellen, von denen man ausser Ausrufen des Staunens nichts hört? Also geschehen im Februar 1960 auf der Oberalppasshöhe!

Übrigens, wenn es Sie interessiert: Für dieses erste Skilager zahlte jeder der 47 Teilnehmer, auch die sieben Erwachsenen, ganze vierzig Franken – alles inbegriffen. Das waren noch Zeiten!

Im Februar 1999 konnte das 40. Hausemer Skilager durchgeführt werden. Sicher hat sich in all dieser Zeit vieles geändert: Nach Flond, Sedrun, Saas Balen, vielen Jahren in Davos ist man im tessinischen Leontica gelandet. (Nicht jederman kann sagen: «Ich gehe ins Tessin in die Skiferien!») Das «Pistenanlegen» ist schon lange durch ein Skiliftabonnement ersetzt worden, neben Skiassen tummeln sich nun auch Snowboardanfänger und natürlich -profis auf dem Schnee. Schon lange fährt man nicht mehr mit den SBB, sondern mit dem Car. Die Hausemer waren übrigens von den ersten, die mit dem «Doppelstöcker» ins Lager fuhren, was zu jener Zeit sogar in Davos einiges Aufsehen erregte. Gleich geblieben ist sicher die unruhige erste Nacht, der stets gute Appetit, das Skirennen, der bunte Abend und der Schluss eines jeden Skilagerberichtes: *Leider war schon Samstag, und wir mussten an die Heimreise denken. Vielen fiel es schwer, dieses Lager jetzt schon zu verlassen. Es hätte ruhig noch länger gehen können …*

Mit dem Schnellzug von Hausen nach Chur ohne umzusteigen

Während Jahren gab es in Hausen eine private Haltestelle, die der Reichhold-Chemie gehörte. Am Morgen und am Abend hielt hier jeweils ein Zug, um die Arbeiter hin- resp. heimzufahren. Es gab nämlich noch Zeiten, wo nicht jedermann mit dem Auto zur Arbeit fuhr. Hie und da gestatteten die SBB, dass auch die Schule diese Haltestelle benützte, wenn es auf die Schulreise ging … es entlastete auch den Bahnhof Brugg. Bedingung war einfach, den Zug zu benützen, der in Hausen hielt, und das war am Morgen um halb sieben. Nun, man richtete sich entsprechend ein. Einmal aber kam das grosse Erlebnis: Es ist Skilagerzeit. Auch die Hausemer Schüler brechen, zum zweiten Mal in der Schulgeschichte, zur Fahrt ins Lager nach Flond ob Ilanz auf. Ordnungsgemäss wird das Kollektivbillett bestellt: Brugg–Ilanz, retour. Plötzlich ein Telefonanruf vom Bahnhof Brugg. Da so viele Schulen aus dem Aargau angemeldet seien, gäbe es einen Extrazug.

Wenn wir einverstanden wären, so schalte er einen Halt in Hausen ein. Natürlich waren wir einverstanden. Rechtzeitig, die meisten viel zu früh, findet sich jedermann an der Haltestelle ein. Und wirklich, da kommt der Zug «angebraust»: ein richtiger, langer Schnellzug. Mit für Laien bewunderungswürdigem Geschick hält er so, dass der für Hausen bestimmte Wagen auf die eher kurz bemessene Perronlänge zu stehen kommt. Einsteigen, abfahren. Der nächste Halt ist Brugg. Weitere Schüler drängen in die Wagen, das gleiche geschieht in Baden. Dann setzt sich der Zug in Bewegung ... und hält nicht mehr bis Chur! Zürich wird einfach links liegen gelassen. Der Kondukteur gibt die Erklärung: Sie hätten alle Klassen aus dem Aargau, die nach Chur und weiter führen, in einem Zug zusammengefasst: Aarau – Lenzburg – Hausen – Brugg – Baden – Chur ... Unter uns gesagt: Manchmal wirkt es eben Wunder, wenn ein Mitglied der Schulpflege im richtigen Büro im Bahnhof Brugg sitzt!

Examenfieber
Schulexamen hatten es früher in sich, galt es doch, in sechzig Minuten zu zeigen, was die Schüler in einem Jahr gelernt hatten, wenn möglich sogar in allen Fächern. Eine nervenaufreibende Sache für Schüler und Lehrer.
In den späteren Examenjahren wurden die Sitten etwas larger. Man konnte für die Stunde ein bestimmtes Thema wählen. Natürlich musste es den Umständen angepasst und wenn irgend möglich «lebensnah» wirken, wie es die moderne Methodik verlangt. Und wenn nun das Examen genau auf den Frühlingsanfang fällt, so scheint das Thema gegeben, namentlich in jenem Jahr, wo die Natur sich schon früh zu regen begann. In der Unterschule wird heftig vorbereitet. Die Fensterscheiben bemalt man mit Schlüsselblumen, es werden Frühlingslieder einstudiert, Frühlingsgedichte gelernt. Die Lehrerin beschliesst, mit den Kindern eine Osterhasengeschichte zu erarbeiten. Begreiflich, dass alles so gut vorbereitet wird, ist es doch das erste Examen, das sie in Hausen begeht. Eigentlich kann nichts mehr schiefgehen. Der Tag rückt heran. Doch, o Schreck! In der Nacht fallen gut zwanzig Zentimeter nasser Neuschnee. Da wird es nichts mit dem Blick hinaus in die spriessende Natur. Nichts mit dem Lauschen auf das Gezwitscher der Vögel. Aber das Programm muss durchgezogen werden. Natürlich geben Lehrerin und Schüler ihr Bestes, natürlich gibt es eine glänzende Lektion. Trotzdem schwört sich die Lehrerin, nie mehr an einem Frühlingsanfangs-Examen eine Frühlingslektion zu geben.

Auch Besuchstage haben ihre Tücken

Dem Trend der Zeit folgend, wurden die verschiedenen Examen (Schulexamen, Turnexamen, Arbeitsschulexamen) durch Besuchstage abgelöst. Dies brachte zwar die Erlösung vom Examenstress, schuf dafür aber den Besuchstagstress: Statt einer Lektion waren nun Schüler und Lehrer während drei Stunden angespannt, denn stille, schriftliche Arbeiten, wie es sonst im Alltag üblich war, konnten hier nicht eingeflochten werden. Schliesslich wollten die Eltern ihre Kinder in Aktion sehen.

Wir versetzen uns in die Zeit zurück, wo die antiautoritäre Welle das ganze Erziehungswesen überflutete. Auch an den Seminarien wurde dieser Stil gepredigt und die jungen Lehrkräfte darauf getrimmt. Dies sei dem Folgenden vorangestellt.

Heute ist Besuchstag. Erwartungsvoll stehen Kinder und Eltern vor dem Schulhaus und harren der Dinge.

Die Glocke läutet. Der Wettlauf beginnt. Die Schüler dringen ins Schulhaus ein, stürmen die Treppe hinauf in den ersten Stock und rasen den dreissig Meter langen Gang hindurch, denn jeder will der erste sein. Bis die Eltern nachgekommen sind, haben die Kinder das Schulzimmer bereits in Besitz genommen, die junge, blonde Lehrerin fast überrannt und beginnen nun, ihre Schulsachen auszupacken. Vereinzelt fliegen ein paar Hefte herum; einer steht auf seinem Pult, und ein zweiter sitzt zwar auf seinem Stuhl, streckt aber die Füsse auf die Bank, sonst herrscht, abgesehen von einem leicht erhöhten Lärmpegel, relative Bewegungsruhe. Auch die Eltern wagen sich nach einem Verunsicherung zeigenden Blick in das Zimmer und suchen im Hintergrund nach einer Sitzgelegenheit. Die scheu wirkende Lehrerin versucht etwas zu sagen, kann sich aber vorerst kein Gehör verschaffen, da in der vordersten Reihe eine kleine Keilerei angefangen hat. Hinten sitzende Schüler beruhigen die verdutzten Eltern, das sei immer so, die beiden hätten ständig Streit miteinander, auch ausserhalb der Schule. Plötzlich setzt eine Stille ein, wenigstens in den vorderen Reihen. Die Lehrerin spricht. Da sie aber eine leise Stimme hat und es hinten nicht unbedingt ruhig ist, bekommen die Zuschauer nichts mit. Es folgt ein Huronengelächter. Zum Glück sitzen in den hinteren Reihen ein paar Mädchen, die sehr mitteilsam sind. Sie klären die Erwachsenen dahin auf, dass die Lehrerin am Morgen immer zuerst einen Witz erzähle, und den wollen die Knaben auf keinen Fall verpassen, deshalb die Ruhe und das Gelächter. Aus einem vorerst unverständlichen Grund verschwindet ein

Grossteil der Schüler unter der Bank. Aha, sie suchen nach dem Lesebuch, das kurz darauf effektvoll auf der Tischplatte landet. Scheinbar soll gelesen werden. Nach einigen Missverständnissen einigt man sich auf die Seitenzahl. Sie lesen schon recht gut, einige sogar ausgezeichnet, sofern man sie hören kann. Nur jemand weigert sich, jeweils die zweite Hälfte der Zeile zu lesen. (Man munkelt nachher, es sei ein Mädchen gewesen!) Es muss Ersatz gesucht werden. Wer meldet sich für den zweiten Teil der Zeile? Da man sich nicht einigen kann, übernimmt die Lehrerin diese Aufgabe. Ganz unerwartet knallt es wie Kanonenschüsse: Die Lesebücher werden geschlossen. Wer kann es am besten? Einige brauchen zwei oder drei Versuche, bis es klappt. Den Ereignissen an der Wandtafel zufolge wird nun gerechnet. Auch hier ist es erstaunlich, wie gewandt viele Schüler bereits mit den Zahlen umgehen können. Das sei eben die neue Mathematik, wird hinten erklärt. Da es hie und da zwei Lösungswege gibt, wird vorn heftig diskutiert. Die Lehrerin versucht vergebens, sich Gehör zu verschaffen, so eifrig wird debattiert. Mitten drin wird die Türe von aussen aufgerissen. Tornister fliegen in das Zimmer, die «Abteilung B» stürmt herein. In der Hitze des Gefechtes hat man die Glocke nicht gehört: WC-Pause! An der Türe entsteht ein Gedränge: die einen wollen hinaus, die andern hinein. Nachdem sich dies gelegt hat, verlassen viele Eltern etwas verstört das Schulzimmer. Ein Vater ist bestürzt und versteht die Welt nicht mehr. Sein Sohn hat heftig «mitgewirkt». Er will ihn draussen zur Rede stellen. Dieser kommt strahlend aus dem WC, geht auf seinen Vater zu und meint: «Gäll, Papi, hüt simmer aber schön ruhig gsi!»

Das politische Leben im Dorf

Maitag – Erster Vorsteher – «Gemeindeammann» Johannes Schaffner – Dorfverein = Einwohnerverein – Die vier Ortsparteien – Der Wandel in der politischen Landschaft – Stärkeverhältnisse.

Bis zur «Volksgärung im Aargau» (s. d.) bestand das politische Leben des «einfachen Bürgers» während Jahrhunderten darin, keine Politik zu betreiben. Deshalb mussten alle Männer des Eigenamtes unter der Berner Herrschaft einmal jährlich zum *Maitag* nach Königsfelden ziehen, wo ihnen das geltende Recht vorgelesen wurde. Nachher mussten sie «hoch und heilig» versprechen, *Befehle und Verbote der Gnädigen Herren strikte zu befolgen, keine heimlichen Versammlungen abzuhalten und an keinem «Gläuff, Uffruhr oder Landgestürm» teilzunehmen.*[71] Auch wurden bei dieser Gelegenheit die Richter für Chorgericht und Landgericht gewählt, aus jeder Ortschaft je einer. Dieser Maitag schien eine grosse Anziehungskraft gehabt zu haben, wurden doch die Teilnehmer im Anschluss daran mit Speise und Trank bewirtet. 1604 beschloss der Berner Rat, den Maitag wegen «überschwenglichen Missbrauchs» aufzuheben.[8] Die erwähnten «Pflichten» aber blieben bestehen.

Erste Zeichen eines grundsätzlichen Wandels setzte in der zweiten Hälfte des 18. Jahrhunderts die Helvetische Gesellschaft, die 1762 im Bad Schinznach gegründet wurde, wo sich bis 1778 in regelmässigen Abständen die *aufgeklärten Männer* trafen. Dass es sich dabei nicht einfach um sog. Umstürzler gehandelt hatte, zeigt die Tatsache, dass unter diesen Männern auch bernische Landvögte aus dem Unteraargau zu finden waren.[64]

1768 bekam Hausen zum ersten Mal einen *Vorsteher,* Johannes Rauber, der allerdings noch nicht von den Bürgern gewählt worden war, sondern vom Hofmeister von Königsfelden ernannt wurde. Doch war es wenigstens ein Hausemer Bürger und nicht irgendein fremder Dorfvogt wie bis anhin. Er blieb während 25 Jahren in seinem Amt und wurde erst 1793 auf eigenes Ersuchen hin entlassen.

In der turbulenten Zeit der Helvetik schien es in Hausen politisch relativ ruhig zugegangen zu sein, wenn man von den regen Verhandlungen am Wirtshaustisch (im «Rössli») absieht, von welchen in einem «Bericht an das Direktorium» die Rede ist.[33] Wenn auch hier gegen die neue Verfassung geschimpft wurde, so war man scheinbar trotzdem dem Wandel nicht abge-

neigt, was das Aufstellen eines Freiheitsbaumes in Hausen sichtbar machte. Ob diese relative Ruhe der Tatsache zuzuschreiben ist, dass während der ganzen turbulenten Zeit (1797–1827) an der Spitze der Gemeinde ein Mann stand (Johannes Schaffner, der Verfasser der ersten Chronik), dessen Autorität von den Hausemern anerkannt wurde, kann man im nachhinein nicht feststellen. Fest steht nur, dass er von den Stimmbürgern immer wieder gewählt wurde: 2. Januar 1797 – 23. April 1798 – 5. März 1799 – 3. Mai 1800 – (nach einem Unterbruch von 33 Tagen wegen «Bürgerkriegs» am) 15. Oktober 1802 – 18. August 1803 – 26. Dezember 1804 ... (Diese Häufung von Wahlen ist das Spiegelbild einer politisch äusserst unruhigen Zeit, wurden diese doch immer «von oben» befohlen.) Ein weiterer Grund lag sicher auch darin, dass man gar keine Zeit hatte, sich um die hohe Politik zu kümmern, musste man sich doch ab März 1798 bis April 1802 mit den französischen und später mit den österreichischen Truppen herumschlagen, die in Hausen stationiert waren.
Auch von der eingangs erwähnten Volksgärung (1830) liegen keine speziellen Zeichen politischen Handelns in Hausen vor.
Da die Gründung der ersten Vereine und wachsender Patriotismus stark miteinander verbunden waren – man denke nur an das «Fähnlein der sieben Aufrechten» –, kam es automatisch auch zu einem Meinungsaustausch bei den Mitgliedern. Dass – auch heute noch – in den Vereinen oft heftig diskutiert und politisiert wird, braucht man nicht besonders zu erwähnen. Beim 1872 gegründeten «Dorfverein Hausen» war es ganz klar. Wohl waren seine Verhandlungsthemen *sehr mannigfacher, lehrreicher und belehrender Art, doch betätigten sich die Mitglieder auch aktiv mit Vorschlägen für Gemeinde-, Kreis- und Bezirkswahlen.*[59]
Der Verein wurde stark geprägt durch die Persönlichkeit seines Gründers und langjährigen Präsidenten, des Lehrers Friedrich Schaffner. *Während eines halben Jahrhunderts, von 1888 bis 1937, haben der Gemeinde Männer vorgestanden, die seine Schule durchliefen.*[59] Im 20. Jahrhundert entwickelte sich aus diesem «Dorfverein» der sog. «Einwohnerverein», der sich nun rein politisch betätigte und dem man freisinniges Gedankengut nachsagte, wenn er auch nie irgenwelche Verbindungen nach aussen hatte. Gerade diese Eigenständigkeit der Ortsparteien war während Jahren fast ein Markenzeichen für Hausen.
Neben dem Einwohnerverein wirkte der Arbeiterverein (heute Arbeitnehmerverein), auch er selbständig, wenn auch seine Mitglieder, namentlich

Gemeinde Hausen.

Einwohner- und Ortsbürgergemeindeversammlung

Sonntag den 17. Juli 1921, nachmittags 1 Uhr, im Rößlisaale.

Traktanden:

Einwohnergemeinde:
1. Protokoll.
2. Prüfung und Genehmigung der Rechnungen pro 1920 der Polizeikasse, Schulkasse, Wasserkasse, Feuerwehrkasse und Kunz'scher Legatenfond.
3. Landabtretung beim Pumpenhaus für Bauplatz J. Rohr.
4. Bestätigungswahl der Unterlehrerin, Frl. R. Frey.
5. Verschiedenes.

Ortsbürgergemeinde:
6. Prüfung und Genehmigung der Rechnungen pro 1920 der Armenkasse, Ortsbürgerkasse und Waldkasse.
7. Verschiedenes.

Die Rechnungen liegen 3 Tage vor der Versammlung auf der Gemeindekanzlei zur Einsicht offen.

Buße bei Nichterscheinen Fr. 1.—, zu spätem Erscheinen 50 Rp.

Einladung zur Gemeindeversammlung vom 17. Juli 1921. Eig. Rolf Widmer-Schmidt.

in der Zwischenkriegszeit genötigt worden waren, der offiziellen Partei den Obolus zu entrichten. Ältere Mitglieder mögen sich noch daran erinnern, wie in den dreissiger Jahren ein Funktionär jeden Monat von Tür zu Tür ging, um bei den Genossen den Beitrag von siebzig Rappen einzuziehen.
Als Gegenpol hatten natürlich auch die Bauern «ihre» Partei. Da es in der Zwischenzeit praktisch keine Bauern mehr in Hausen gibt, musste sie notgedrungen in «Bürgerpartei» umbenannt werden. Auch hier kann man die gleiche Beobachtung machen: Die Partei tritt immer mit der ortsüblichen Parteibezeichnung auf und erwähnt nur am Rande ihre Verbundenheit mit der (heutigen) SVP.
Bei beiden Parteien ist das Gründungsdatum für Hausen nicht mehr eruierbar, da man zu jener Zeit noch nicht alles «protokollarisch» festlegte.
1965 wurde die Ortspartei der FDP ins Leben gerufen, die sich von Beginn an als Untersektion der Kantonalpartei anschloss, wenn auch die Gründung auf Eigeninitiative erfolgte. Es war gerade die Zeit des grossen Umbruchs in

Hausen: rege Bautätigkeit, Kampf um die Autobahn, Umweltprobleme (mit der Reichhold AG), öffentliche Bauten. Es fehlte sicher nicht an Aufgaben. 1981 kam es dann noch zur Gründung einer CVP-Ortspartei, nachdem genügend Zuzüger in der Gemeinde für eine solche vorhanden waren.
All diesen Gremien geht es nun nicht einfach um grosse Politik mit viel Trara, sondern darum, in den Gemeindeanliegen Verantwortung zu übernehmen. Auch da zeigt sich immer wieder, dass es möglich ist, trotz der Verschiedenartigkeit der politischen Anschauungen gemeinsame Wege zu finden. Als schönes Beispiel sei hier die Tatsache erwähnt, dass bei den Wahlen für die Gemeindebehörden jeweils gemeinsam eine Liste herausgegeben wird, wo sämtliche Kandidatinnen und Kandidaten in alphabetischer Reihenfolge aufgelistet sind – auch die sog. «Überzähligen» (Kampfkandidaturen) –, was die Parteien nicht hindern soll, daneben für *ihre* Kandidaten Reklame zu machen.
Mit der Veränderung der Einwohnerstruktur ging eine parallel dazu verlaufende in der politischen Landschaft vor. Dies zeigt sich zwar weniger auf Gemeindeebene, wo oft die Persönlichkeit der Kandidat(inn)en eine grössere Rolle spielt als die Parteizugehörigkeit. Die Wandlung der «reinen» Parteistärke sei hier an den Grossratswahlen aufgezeigt, wo bis vor kurzem in erster Linie die Parteistimmen zählten:

	1945	1949	1953	1957	1961	1965	1969	1973*	1977	1981	1985	1989	1993	1997
(in %) Beteiligung:														
	83,69	90,28	90,11	90,44	87,70	80,18	80,62	46,10	54,87	45,74	40,72	36,98	49,38	29,63
AV (SP)	50,25	52,91	50,64	50,61	46,45	41,10	31,44	30,70	26,53	24,25	19,78	15,66	19,89	19,95
BP (SVP)	27,69	23,76	26,18	24,08	16,72	18,57	16,25	14,64	15,10	21,05	21,06	17,38	14,70	25,62
CVP	2,56	3,58	6,01	6,93	11,89	6,32	8,83	6,19	6,73	10,29	12,98	14,37	15,06	12,69
FDP	10,25	15,69	12,44	11,42	12,26	16,60	15,90	24,78	28,57	27,45	27,65	31,33	25,94	25,85
«andere»	9,25	4,06	4,73	6,96	12,67	17,41	27,58	23,67	23,07	16,96	18,55	21,26	24,41	15,87

(*Einführung des Frauenstimmrechts und Aufhebung des Stimmzwangs im Aargau)

Das Auffallendste ist wohl die Tatsache, dass aus dem Bevölkerungswachstum in erster Linie die sog. bürgerlichen Parteien Nutzen gezogen haben. Noch bis Ende der fünfziger Jahre war der Arbeiterverein die eindeutig stärkste Partei (mit knapp über fünfzig Prozent aller Stimmen). In den letzten vierzig Jahren verdreifachte sich (im Durchschnitt) die Anzahl der «Aktiv-Stimmenden», während beim AV «nur» eine Zunahme von rund zehn Pro-

zent zu verzeichnen war. Als zweiter Punkt fällt die grosse Zunahme am Anteil des «Kuchens» der sog. «kleinen Parteien» auf. Waren es z. B. 1949 nur vier Prozent der Stimmen, so wuchsen die Zahlen 1973 (nach Einführung des Frauenstimmrechtes) auf 27,5 Prozent und pendelten sich in den späteren Jahren auf 21 bis 23 Prozent ein.
Die Tabelle gibt ein relativ beruhigendes Bild der politischen Landschaft; die verschiedenen Parteien könnten mit ihrem Anteil zufrieden sein, wenn..., ja wenn alles berücksichtigt worden wäre. Nun fiel aber im Aargau mit der Einführung des Frauenstimmrechtes auch der sog. Stimmzwang weg, was zu einem als krass zu bezeichnenden Rückgang der «politischen Verantwortung» des einzelnen Stimmbürgers führte. Betrug die Stimmbeteiligung in den fünfziger Jahren noch mehr als neunzig Prozent, 1969 (vor Abschaffung des Stimmzwanges) immerhin noch 81 Prozent, so fiel die Beteiligung 1973 bereits auf 46 Prozent herunter und erreichte 1997 einen Tiefpunkt von unter dreissig Prozent (der sich hoffentlich nicht wiederholen wird). Da aber die «Stimmabstinenzler» auch Stimmbürger sind, seien sie in der unten folgenden Statistik ebenfalls berücksichtigt, was die Stärken der einzelnen Parteien stark relativiert

	1945	1949	1953	1957	1961	1965	1969	1973*	1977	1981	1985	1989	1993	1997
(in %) «Stimmabstinenz»														
	16,31	9,72	9,89	9,56	12,30	19,82	19,38	53,90	45,13	54,53	59,28	63,02	50,68	70,37
AV (SP)	42,06	47,77	44,86	45,58	40,45	32,70	25,36	14,15	14,55	11,03	8,06	5,79	9,80	5,91
BP (SVP)*	23,17	21,45	23,19	21,69	14,56	14,78	13,10	6,75	8,28	9,57	8,58	6,43	7,24	7,59
CVP*	2,14	3,23	5,32	6,25	10,35	4,03	7,12	2,85	3,69	4,68	5,28	5,31	7,42	3,76
FDP	8,58	14,17	11,02	10,29	10,68	13,20	12,82	11,43	15,67	12,48	11,26	11,58	12,80	7,66
«andere»	7,74	3,66	5,72	6,63	11,66	15,47	12,22	10,92	12,68	7,71	6,49	7,78	12,28	4,70

(*1973 traten zwei Parteien mit neuem Namen auf: Aus der Bauern-, Gewerbe- und Bürgerpartei wurde die SVP, und die Katholisch-Konservative Partei wandelte sich zur CVP.)

Natürlich handelt es sich bei den zur Statistik benützten Grossratswahlen nur um eine sich alle vier Jahre wiederholende politische Stellungnahme. Hausen ist da kein Einzelfall. Die gleiche Erscheinung zeigt sich in allen Gemeinden. Auf Gemeindeebene wickelt sich oft alles nach eigenen Gesetzen ab, die nicht mit kantonalen Angelegenheiten verglichen werden können. Als Beispiel sei hier die Zusammensetzung des Hausemer Gemeinderates erwähnt: Während Jahrzehnten galt die Zauberformel 3:2

Emil Renold (1893–1990), Gemeindeammann 1938–1950. Foto 1983, L. Berner.

(meistens drei Mitglieder des Arbeitervereins, zwei Bürgerliche), Gemeindeammann war aber immer ein «Bürgerlicher». In den sechziger Jahren, zur Zeit des grossen Umbruchs, war es aber ein Mitglied des Arbeitervereins, das an der Spitze stand. Es wurde anlässlich der turbulenten Wahlen von 1969 als einziges der drei AV-Mitglieder wiedergewählt, nahm aber die Wahl nachträglich nicht an, was zu einem dritten Wahlgang führte. Inzwischen gehört die oben erwähnte Zauberformel längst der Vergangenheit an. Eine Anpassung an die gewandelte politische Situation im Dorf war selbstverständlich und erfolgte ohne «zerbrochenes Geschirr». Mit den Jahren haben sich die Stärkeverhältnisse eingependelt, und das politische Leben nimmt seinen gewohnten Lauf. Das aktive Teilhaben am Leben in einer Gemeinde soll – sogar hie und da ohne politische Hintergedanken – das wichtigste Ziel einer Gemeinschaft sein. Nur wenn man den Puls fühlen kann, besteht die Möglichkeit, wenn nötig «helfend» oder «korrigierend» einzugreifen.

Kultur im Dorf

Die Rolle der Vereine im 19. Jahrhundert – Vereine und Sport: Sängerchor Hausen – Feldschützengesellschaft – Dorfverein Hausen – Musikgesellschaft – Turnvereine – Veloclub – Frauen- und Töchterchor – Frauenverein – Landfrauenverein – Verein für Vogelschutz – Gemischter Chor – Seniorenturngruppe – usw. – «Konzert und Theater im ‹Rössli›-Saal» – kulturelle Institutionen – Volksbibliothek – Ludothek – Ernst-Wildi-Rohr-Stiftung

Vereine und Sport

Mag man auch heute über Parolen wie «Frisch, Fromm, Fröhlich, Frei» oder über ein mit Inbrunst gesungenes Vaterlandslied nur noch mitleidig lächeln, so darf man bei alldem nicht vergessen, dass die im 19. Jahrhundert aufkommende Vereinsfreudigkeit in erster Linie auf politische Erwägungen zurückzuführen ist. *Diese helvetischen Versammlungen haben eine elektrische Wirkung auf den Patriotismus der Schweizer; alles ist darauf berechnet, die Schweizer in eine Nation zusammenzuzaubern. Nichts hat der Schweiz mehr Nutzen gebracht, als die Versammlungen jeder Art; das waren die Sammler der freien Gedanken, die sich da zusammenpaarten.*[40] Dieses Bedürfnis nach gesellschaftlichem Zusammenschluss findet man auch in Hausen. Den Anfang machte der Aargauische Lehrerpensionsverein. Anlässlich einer Tagung im «Rössli» in Hausen im Juni 1826 *gedachten die Mitglieder nach gepflogenen Verhandlungen des Gesangs und beschlossen, die im Kanton bestehenden Singgesellschaften zusammenzufassen.*

1846 Als erster Ortsverein erscheint der *Sängerchor Hausen.* Seine Statuten oder *Gesezze und Vorschriften,* wie sie mit ihren 34 Paragraphen bezeichnet sind, datieren vom 7. April *1846:*[59] *Zweck des Vereins: Es soll der unsrige Gesangsverein dahin zielen, die Zwietracht, Hass, Feindschaft und die mannigfaltigen Rohheiten aus dem Kreise der jungen Leute wegzuräumen, und somit auch von uns, samtlich am Volksleben zu entfernen, dagegen soll er Eintracht, Freisinn, gegenseitige Liebe, innige Verbrüderung, herzliche Zufriedenheit in die Herzen unserer Gesellschaft pflanzen, er soll ein einiges Zusammenleben in uns wekken, die Herzen einander näher führen und vereinigen…* (und so fort). Sie sind mit elf Unterschriften versehen (alle stammten aus den Familien Schaffner, Schatzmann und Widmer!). Auch aus der Rede des Präsidenten anlässlich der Gründungsversammlung seien hier einige Sätze zitiert, widerspiegeln sie doch deutlich den Zeitgeist jener Epoche: *«Meine Freunde! Was hat der müde darniedergeschlagene Landmann in seiner Hütte erfreuliches, was armutiges, das seinen Geist wieder erfrischt und auflebt? als das Lied, der Gesang. Was das bescheidene Mädchen in seinem trauten Kämmerlein? Was der feurige rasch auflebende Jüngling im Schweisse seiner mühsamen Arbeit in Feld und Wald? Was endlich der treue Hirte auf der weiten Heide? Für alle diese Seelen, zur Wirkkung ihres gehemmten Mutes der Gesang als einziges Mittel. Denn Gesang macht froh, fromm und frei...»* Mit all seinen Höhen und Tiefen, Zwangspausen und Neuanfängen (später als *Männerchor*) können wir sein Wirken im Dorf bis zu seiner «Integration» in den «Gemischten Chor» in den sechziger Jahren des 20. Jahrhunderts verfolgen. 1874 begegnen wir einem Töchterchor, der an der Feier zur Schulhauseinweihung mit Liedervorträgen teilnahm. (1903 hatte ein *Gemischtenchor* Anteil an der Centenarfeier genommen, der aber wieder von der Bildfläche verschwand.) Ab 1888 finden wir gemeinsames Auftreten der beiden Chöre, vorerst mit Konzerten, dann aber ab 1900 (und namentlich nach 1918, nach der Gründung des *Frauen- und Töchterchors*) mit mehr oder weniger wiederkehrender Regelmässigkeit mit Theateraufführungen, die, zusammen mit dem vorangehenden Konzertteil, nicht mehr aus dem kulturellen Leben des Dorfes wegzudenken waren. Dies wiederum war ermöglicht worden durch den Umbau des «Rössli» (1897): *Hausens Einwohnerschaft wird auf die Neu-Eröffnung der Speisewirtschaft «Rössli» hingewiesen: Die Lokalitäten weisen u. a. einen prächtigen Tanz- und Speisesaal mit neuester Beleuchtung auf...* Hier sei noch ergänzt, dass der Saal zwar «eine neueste Beleuchtung» aufwies, aber noch keine Bühne. Diese musste bei Bedarf montiert werden. Sie gehörte der Musikgesellschaft und wurde jeweilen ausgeliehen.[62] *Am 8. Januar 1900 wird beschlossen, dem Männerchor die Theaterbühne zum Preis von Fr. 10.– für seine Aufführung zur Verfügung zu stellen, dass dieser aber für allfällige Schäden aufkommen muss.*

1866 Im Jahre *1866* gründeten Wehrmänner die *Feldschützengesellschaft Hausen.* Als Zweck derselben wird in den Satzungen die «Förderung der Schiessfertigkeit der Mitglieder im Interesse der Landesverteidigung sowie die Pflege guter Kameradschaft» genannt. Der Schiessplatz war anfänglich im Gehren und der Scheibenstand auf Rothübel. 1906 fand erstmals ein Sektionswettschiessen auf Tannhübel statt. In der Folge gelangte man an den Gemeinderat mit der Bitte, um die Beschaffung eines neuen Schiessplatzes besorgt zu sein. 1911 konnte das Land erworben werden, und 1924 erstellte die Schützengesellschaft auf dem bisher offen gebliebenen Gelände ein

Schützenhaus, vorerst mit acht, ab 1951 dann mit zwölf Schiessscharten und Zugscheiben. Diese Anlage leistete bis zu Beginn der achtziger Jahre ihre guten Dienste. Mit der Zeit machten sich aber auch hier «Alterserscheinungen» bemerkbar. Dazu kam, dass ein Teil der Anlage im Trassee des zukünftigen Autobahnzubringers lag. Deshalb wurde 1986 der Kredit für den Neubau von der Gemeindeversammlung bewilligt[14], dem 1991 die Sanierung des Scheibenstandes folgte, so dass nun die Schützen samt ihren Untersektionen (Jungschützen usw.) über eine moderne Einrichtung verfügen. Nur am Rande sei hier vermerkt, dass durch die Tatsache, dass der Schiessstand wegen des Autobahnzubringers um 35 Meter verschoben werden musste, aus dem Nationalstrassenbaufonds ein erklecklicher Beitrag – etwa 45 Prozent der Gesamtsumme! – beigesteuert wurde, was die Kosten für die Gemeinde, die sonst laut «Verfügung des EMD über die Schiessanlagen ausser Dienst vom 6. Mai 1969» die Finanzierung voll tragen musste, erheblich senkte.
Im Oktober 1862 wählte die Gemeinde Hausen Herrn Friedrich Schaffner, Lehrer in Safenwil, an die Oberschule. Seine Wahl war für Hausen ein Glücksfall, sollte doch sein jahrzehntelanges Wirken wichtige Spuren hinterlassen.

1872 Auf Neujahr *1872* gründete Friedrich Schaffner den *Dorfverein Hausen,* dessen erster und langjähriger Präsident er war. *Die Verhandlungsthemen dieses Vereins waren sehr mannigfacher Art, wobei zumeist der Präsident mit Vorträgen aus seinem reichen Wissen schöpfte. Über mehr landwirtschaftliche Fragen, wie Ackerbau, Rebbau und Obstbau referierten erfahrene Landwirte. Der Obstbau erfuhr ganz besondere Aufmerksamkeit. Die vermehrte Anpflanzung von Obstbäumen in Baumgärten und der Dorfstrasse entlang ist das Werk des Dorfvereins. Anfänglich bezog man die Bäume von auswärts, 1884 legte der Verein im Beundtenfeld eine eigene Baumschule an, die 1892 wieder einging... Auch politisch betätigten sich die Mitglieder aktiv mit Vorschlägen für Gemeinde-, Kreis- und Bezirkswahlen. Lagen keine wichtigen Traktanden vor, hielt der Präsident Gesangsübungen ab.*[59] Diese Gesangsübungen führten 1874 zu einer Wiederbelebung (= Neugründung) des Männerchors, der dann in der Folge eng mit dem Dorfverein verbunden blieb.
Der oben erwähnten Errichtung eines Baumgartens muss eine neue Feldeinteilung vorangegangen sein, die scheinbar Beachtung erregte, wie ein Auszug aus den Verhandlungen des Gemeinderates zeigt:

1883 *17. November: Von der aargauischen landwirtschaftlichen Gesellschaft in Aarau wird ein Anerkennungsschreiben verlesen, für den an der Schweizerischen Landesausstellung in Zürich eingesandten Plan über die neue Feldeinteilung im Büntenfeld, welcher mit einer silbervergoldeten Medaille beehrt wurde.*

Zu Beginn des 20. Jahrhunderts kam des dann zu einer Art «Gewaltentrennung»: Der Männerchor übernahm die kulturellen, der sog. Einwohnerverein die politischen Aufgaben.

1891 Anfang *1891* wurde durch einige wenige Männer eine *Musikgesellschaft* gegründet. Schriftliches findet man erst bei der Statutenrevision vom 3. Januar 1893, die von 24 Aktivmitgliedern unterzeichnet ist. Ob die Musikanten bereits bei der Augustfeier 1891 aufgetreten sind, lässt sich nicht mehr mit Sicherheit feststellen, dagegen finden wir ab 1893 eine rege Tätigkeit:[6]

Schon im Januar 1893 ist die Gesellschaft bei verschiedenen Anlässen dabei. So muss sie für den Männerchor bei dessen Abendunterhaltung Tanzmusik machen und bekommt dafür Fr. 20.–. Zudem kann sie das Tanzgeld behalten.
Am Auffahrtstag macht die Musikgesellschaft einen Ausflug nach Lenzburg-Auenstein. Nachmittags um 12 Uhr marschiert die stramme Schar, mit den neuen Strohhüten bekleidet, der Station Birrfeld zu, von wo aus sie das Südbähnli nach Hendschiken transportiert. Zu Fuss geht's über Lenzburg und Wildegg nach Auenstein in die Pintenwirtschaft zur Kegelbahn. Hier wird getrunken, gegessen, gespielt, gekegelt und karisiert (!). Am Abend zieht man gestärkt im Geist nach Hausen, wo noch einigen Mädchen ein Ständchen gegeben wird.
Am 12. Juni stellt die Schützengesellschaft das Gesuch, die Musikgesellschaft möge am Wettschiessen Marsch- und Unterhaltungsmusik machen. Ferner wird beschlossen, im Laufe des Winters ein Konzert mit Theater durchzuführen.

Ergänzt man all dies noch mit dem ersten Besuch eines kantonalen Musikfestes im Jahre 1895, so kann man sich schon in den ersten Jahren ein Bild über die vielfältigen Tätigkeiten der Musikanten machen, die seit nun über hundert Jahren ununterbrochen das Dorfleben bereichern. Selbstverständlich gab es auch hier Höhen und Tiefen, doch fand sich immer ein Trüppchen Treuer, das jeweils einen neuen Aufbruch wagte. Den grössten Erfolg buchte die Musikgesellschaft nach eigenen Worten 1957 am Eidg. Musikfest in Zürich:[6] *Seit dem Eidg. Musikfest in Freiburg sind vier Jahre ver-*

gangen, und wieder hat die Musikgesellschaft Hausen beschlossen, den gesamtschweizerischen Anlass zu besuchen. So besammeln sich die Musikanten um 6.45 Uhr und marschieren mit dem Marsch «Friedensgruss» dem Bahnhof Brugg zu. In Zürich werden sie von einem Mann empfangen, der sie mit dem Täfeli «M. G. Hausen» den ganzen Tag begleitet. Der Begleiter führt sie zum Volkshaus, wo sie ihr Konzertstück vortragen müssen.
Der Dirigent gibt noch die letzten Anweisungen und führt die Musikgesellschaft dann in den weissen Saal, wo sie die Ouvertüre «Media» von Franz Springer vorträgt. Auch die Marschmusik gelingt sehr gut, und so wartet jedermann gespannt auf das Rangverlesen. Endlich heisst es: Musikgesellschaft Hausen bei Brugg: Vorzüglich! Vorzüglich!
Nun kommt die Freude, und die Musikanten gratulieren einander. Aber auch der Empfang durch die Dorfvereine ist voller Begeisterung. Zum Schluss gratuliert Herr Gemeindeammann Lutz zu diesem schönen Erfolg. Das ist seit 1891 der grösste Erfolg der Musikgesellschaft Hausen.

Neben den mehr vereinseigenen Anlässen galt es jeweilen auch noch, öffentliche Aufgaben zu erledigen. Sei es bei offiziellen Empfängen, bei Jugendfesten, 1.-August-Feiern oder speziellen Geburtstagen, so hiess es: An die Instrumente! Als Beispiel sei das Jahr 1988 erwähnt, wo nicht weniger als 15 Geburtstagsständchen, die bis heute übrigens immer auf den Tag genau dargeboten werden, auf dem Programm standen.

1908 erfolgte die Gründung des *Turnvereins Hausen*. Über seine Tätigkeit finden sich schon bald lobende Worte. So kann man dem Artikel *Über die Pflege der Leibesübungen im Bezirk Brugg* aus dem Jahr 1915 entnehmen:[9.1] *Hausen besitzt einen Turnverein seit Dezember 1910 (?). Derselbe hat regelmässig zwanzig Turner, eine schöne Zahl, die sich aber auch tapfer um ihr Fortkommen wehren. Der Verein hat nicht nur eine Anzahl von Turngeräten selber angeschafft, er hat auch einen ziemlich geräumigen Turnschopf erstellt. Die Gemeinde hat dazu einen Betrag geleistet, der Rest wurde durch ein Anleihen gedeckt. Durch eine ganz ansehnliche Zahl von Passivmitgliedern werden die Bestrebungen materiell und ideell wirksam unterstützt. An den beiden letzten Kantonalturnfesten erkämpfte er sich einen achtunggebietenden Rang.*

Aus diesen «zwanzig Turnern, die sich tapfer um ihr Fortkommen wehren» ist im Laufe der Jahrzehnte eine richtige Turnerfamilie entstanden, deren

«Zweige» die verschiedensten Bedürfnisse abdecken. Die nachfolgende Aufzählung ergibt ein eindrückliches Bild, wie vielseitig «Turnen» sein kann: *Damenriege, Frauenriege, GETU Geräteturnen, Hausfrauenturnen, Jugendriege, Jugend + Sport, Kinderturnen, Mädchenriege, Männerriege, Turnen für jedermann, Turnen für Mutter und Kind* und natürlich *Turnverein.* Zählt man die ausserhalb der Turnfamilie stehenden Gruppen, die sich ebenfalls körperlich/turnerisch betätigen wie *Rock'n'Roll-Club, Seniorenturngruppe, Tischtennisclub, Volksgesundheit Schweiz,* dazu, so taucht automatisch die Frage auf: Ja, wo trainieren denn die alle? Zum Glück gibt es da noch die alte Turnhalle, und zum Glück treffen sich etliche während des Tages, denn Abende hätte es bei weitem nicht genug. Schon so ergeben sich oft stundenplantechnische Probleme. Andererseits ist es aber erfreulich, feststellen zu können, dass es in einem Dorf wie Hausen so viele Möglichkeiten gibt, sich körperlich fit zu halten. Ausreden wegen mangelnder Gelegenheiten sind hier fehl am Platz. Auch ist dies noch nicht alles, denn:

1911 Am 14. Februar *1911* wurde unter dem Namen *Velo-Club Hausen* ein aus 18 Mitgliedern bestehender Verein gebildet:[58] *Rasch entwickelte sich der Club nach oben, trat auch sogleich dem S.R.B. bei, um im Jahre 1912 bereits die Schweizermeisterschaft im Mannschaftsfahren zu gewinnen, was seither nie mehr der Fall war. Im folgenden Jahr trat der Club (in Hausen) zum ersten Mal in Erscheinung, indem er sich am Umzug anlässlich des Jugendfestes beteiligte, was dann zur Tradition wurde und an keinem solchen Anlass mehr fehlte.* Noch in den fünfziger Jahren wurde der morgendliche Umzug mit einem Gespann von Velofahrern eröffnet, die, mit Girlanden geschmückt, einen Anhänger nachschleppten, worauf sich ein «Holzhäuschen mit Hänsel und Gretel» befand (Erinnerungen eines damals jungen Schulmeisters). In den vierziger Jahren versuchte man sich im Saalsport, worin man jedoch keinen Erfolg hatte. Bedeutend besser erging es dem Beschluss der Generalversammlung, 1951 eine *Habsburgrundfahrt* für Junioren durchzuführen.[80] *Für die Erstellung einer Marschtabelle musste die Strecke einer genauen Besichtigung unterzogen werden. Die Bedenken unseres Ehrenpräsidenten betreffend Gefährlichkeit waren schon angebracht. Dreiviertel des Rundkurses* (die damalige Rundstrecke führte über Hausen-Windisch – Habsburg – Scherz – Lupfig – Birrfeld – Hausen mit Start und Ziel auf der Hauptstrasse bei der damaligen Landw. Genossenschaft) *waren Naturstrassen. Zum Teil schlecht unterhalten, schmal, stellenweise mit Grasbüscheln (!) gespickt. Kies jede Menge… Ein weiteres Problem war der Bahnübergang im Birrfeld. Aber wir hatten Glück, es verlief alles gut und wir waren dankbar. Bis 1961 wurden die Rennen auf dieser Strecke durchgeführt. Dann kam es zu einem Unterbruch. Der Velo-Club Hausen steckte in einer schweren Krise. Hochkonjunktur und Motorisierung trugen viel dazu bei. Das Fahrrad war nicht mehr «in».* 1969 wurde ein Neuanfang unter dem Namen: Velo-Moto-Club gewagt. Die Strecke wurde verkürzt (Start und Ziel in Büntenfeld, die Schlaufe Scherz – Lupfig – Birrfeld weggelassen). Seither wurde die Rundfahrt ohne Unterbruch durchgeführt: Vier Kategorien absolvieren die anspruchsvolle Strecke über die Habsburg: Junioren (gleichzeitig als «Aargauer Meisterschaft»), Damen Elite, Damen Juniorinnen und schliesslich die Amateure, die auf ihrem 112 Kilometer messenden Parcours 14mal den Aufstieg zur Habsburg unter die Räder nehmen. Daneben ist der Verein aber auch bemüht, dem gewöhnlichen «Velofahrvolk» etwas zu bieten. Erwähnt seien hier die Volksradtouren, die er jährlich organisiert. Auch bei den in zweijährigem Turnus stattfindenden Velofahrprüfungen der Schüler wirkt er tatkräftig mit. Als «Grundstein» für seine heutige sportliche Vereinstätigkeit wertet der Club die *Radsternfahrt Zürich–München* im August 1972, an der ein Hausemer Quartett teilnahm. Um sich ein Bild machen zu können, lohnt es sich, einige Stellen aus dem Bericht eines Teilnehmers wiederzugeben:[79]

... *Um 21 Uhr* (an einem Freitagabend) *nahmen die 4 Amateure des Velo-Clubs Hausen den Weg durch die Nacht unter die Räder (Start war beim Hallenstadion in Zürich). Unser Quartett fuhr einen guten Schnitt und überholte einige 30er-Gruppen, die vor uns gestartet waren. Um ca. 23 Uhr hielten wir beim ersten Zwischenverpflegungsposten vor Konstanz. Die Ovomaltine war so süss, dass wir im Restaurant ein Bier trinken mussten... Nach der ¾ stündigen Pause suchten wir im Wirrwarr unsere Velos und fuhren Richtung Konstanz. Hier machten wir eine kleine Stadtrundfahrt, da die Signalisation fehlte. Doch wir fuhren noch rechtzeitig auf die Autofähre... Von Meersburg radelten wir auf Nebenstrassen durch die klare Vollmondnacht. Nach ca. 80 Kilometern wurde die Stille durch das Fluchen eines Fahrers unterbrochen. Denn als dieser einen Zwischenspurt anreissen wollte, riss ihm das Wechselkabel. Wir vertrösteten ihn auf das Frühstück in Ravensburg... Leider fuhr kein Materialwagen mit, der Fahrer musste die restlichen 240 Kilometer mit der mittleren Übersetzung fahren.* (Man stelle sich das heute in der «Mountainbike»-Zeit mit 21 Übersetzungen vor!) ... *Die 2. Zwischenverpflegung fiel aus, weil sich die Leute verschlafen hatten. So fuhren wir eben weiter und kauften uns etwas zu essen ... Allmählich überfiel uns die Müdigkeit, doch wir liessen uns die gute Laune beim Mittagessen nicht verderben... Nach zwei, drei Zwischenhalten kam eine merkwürdige Tafel, darauf stand «München». Um 14.15 Uhr bogen wir in eine Zeltstadt ein und erreichten ziemlich erleichtert unser Ziel... Nach einem grossen Bier nahmen wir die Medaillen in Empfang und legten uns ein bisschen schlafen...* (Das waren noch Zeiten!)

1918 Wie schon erwähnt, wurde *1918* der *Frauen- und Töchterchor Hausen* gegründet, der bis zu seiner Umwandlung in den Gemischten Chor Hausen erfolgreich in Erscheinung trat, und dies schon recht bald. Als Beispiel sei hier eine Kritik erwähnt, die kein geringerer als der damalige «Sängerpapst» Hans Lavater verfasste:[38] *Wenn auch beim Stimmen ein kleines Missgeschick sich ereignete, so wuchs sich doch der Vortrag dieses Vereins zu einem der eindruckvollsten und gediegensten dieses Festes heraus... Für den kleinen Verein bildete der Vortrag ein Beweis hervorragender Kultur und grosser Leistungsfähigkeit.*

1920 taten sich auf Anregung von Pfarrer K. Pfisterer, damaliger Seelsorger der Kirchgemeinde Windisch, eine Anzahl Frauen zur Gründung des *Frauenvereins Hausen* zusammen. Als Gründungszweck nannten die Statuten neben der Fürsorge für unbemittelte Familien die Anstellung einer «Pflegerin für Kranke» in der Gemeinde. Seit den Jahrzehnten des Bestehens hat der Verein sich als segensreich erwiesen; er wurde (1957) unter dem neuangenommenen Namen *Frauen- und Hauspflegeverein Hausen* fortgeführt. In neuerer Zeit, verbunden auch mit dem allgemeinen Wandel in der Gesellschaft, wurden die allgemeinen Anforderungen immer grösser. Anstelle der reinen «Hauspflege» oder «Haushilfe» trat vermehrt richtige Krankenpflege, was die Anstellung von Krankenschwestern bedingte. Zur besseren Organisation der immer grösser werdenden Aufgaben wurde 1997 das Ganze unter dem Namen *Spitex-Verein Hausen-Habsburg* zusammengefasst, *ein politisch und konfessionell neutraler Verein, welcher den Zweck verfolgt, den Einwohnern von Hausen und Habsburg bei Krankheit, Unfall, Wochenbett und Erholungsbedürftigkeit geeignete fachliche Pflege und Betreuung zur Verfügung zu stellen.*[65] Der Verein verfügt über ein Krankenmobiliendepot und ein Spitex-Büro. Beide sind in der Alterssiedlung untergebracht.

Eine «weibliche» Fassung des nur den Männern vorbehaltenen Dorfvereins des 19. Jahrhunderts darf wohl der *Landfrauenverein* genannt werden, der parallel zum Frauenverein im Dorf wirkt. Geht es bei diesem in erster Linie um Fürsorge und Hauspflege, so bemühten sich die Landfrauen schon seit eh und je um die eigene Weiterbildung. Wohl beschränkte sich diese zu Beginn auf Fragen rund um den Haushalt und die Familie, wie Strick- und Nähkurse, doch daneben war man auch bemüht, den Horizont zu erweitern. Zu einem wichtigen Bestandteil des Vereinslebens, wenn man dies so nennen kann, gehörte der jährlich durchgeführte Ausflug mit Besuch eines interessanten Betriebes. Man kann sich das heute zwar kaum mehr vorstellen, aber für nicht wenige der Mitglieder war dieser Ausflug (noch in den fünfziger Jahren) der einzige im Jahr, der sie etwas weiter weg führte als nur in die nähere Umgebung. In der Zwischenzeit hat sich dies alles gründlich geändert. Und wenn auch der Vereinsname gleich geblieben ist, so wird das jeweilige Jahresprogramm flexibel den modernen Bedürfnissen angepasst, so dass für jede Frau etwas Interessantes geboten werden kann.

1934 gründeten Freunde der Vogelwelt einen *Verein für Vogelschutz* Hausen und Umgebung. Zweck desselben ist der Schutz und die Pflege freilebender Vögel. Mit ihm in Beziehung steht der Naturschutz. Von der vorbildlichen Tätigkeit der Mitglieder zeugen die im Waldgebiet angebrachten Nistkästen und deren regelmässige Kontrolle sowie die Abhaltung von Exkursionen und Vorträgen. Dass man sich aber nicht damit begnügt, verzückt dem Gezwitscher der Vögel zuzuhören, zeigen die Massnahmen, die man zu gegebener Zeit ergreift, um die Frösche bei ihren Frühjahrswanderungen vor dem Verkehrstod zu retten, oder die regelmässige Reinigung des Binsenweihers, der übrigens seinerzeit vom Verein geschaffen wurde, um nur einige nicht «vogelspezifische» Taten zu nennen.

1967 kam es zum Zusammenschluss der beiden Dorfchöre. Frauen, Töchter und Männer «rauften» sich, nach jahrelangem Neben- und Miteinander zusammen und gründeten den *Gemischten Chor,* der sich im kulturellen und gesellschaftlichen Leben des Dorfes in Szene zu setzen wusste und auch ausserhalb einen guten Ruf geniesst.

1969 wurde die *Seniorenturngruppe* ins Leben gerufen. Waren es in den ersten Jahren nur Frauen, die jeweils am Montagnachmittag (jetzt Mittwochnachmittag) den Weg zur Turnhalle fanden, so nehmen heute vermehrt ebenfalls Männer daran teil, wenn es seinerzeit auch etwas brauchte, bis der erste die Hemmschwelle überschritten hatte. Schon lange ist es aber viel

mehr als nur «eine Turnstunde» geworden: Hier trifft man sich zum gemeinsamen Tun und geht nachher noch zum Kaffee oder Jass. Aus der Turnstunde wird so schnell ein ganzer Nachmittag. Mit Freude und Genugtuung darf hier festgestellt werden: Die Seniorenturngruppe braucht um Nachwuchs nicht besorgt zu sein.
In den andern Vereinen dürfte dieses Problem schon eher auftauchen. Als das beste Mittel dagegen hat sich schon seit eh und je erwiesen, dass man die Jungen, noch im Schulalter, für etwas begeistert. Am einfachsten dürften es da die Turner gehabt haben. Schon relativ früh kam es in Hausen zur Gründung der *Jugendriege* (für Knaben), der dann, allerdings etwas später, die *Mädchenriege* folgte. Bei beiden ist ein anhaltender Trend zur «Früherfassung» bemerkbar. Fanden sich früher Schüler ab vierter/fünfter Klasse ein, so beleben heute bereits «kleine Knirpse» den Turnplatz. Die älteren sind in der Zwischenzeit zu *Jugend + Sport* übergetreten.
Ein gewisses Alter dagegen bedingt die Handhabung eines Gewehres. Doch bei *Jungschützen* und *Jugendschützen* kann dies gelernt werden.
Es dürfte begreiflich sein, dass hier nicht alle Vereine einzeln erwähnt werden können, denn wenn man heute auf der Liste der in Hausen tätigen Vereine deren Anzahl herausfinden will, so kommt man auf sage und schreibe 32, wobei gleich einschränkend zu bemerken ist, dass zwölf davon direkt oder indirekt vom *Turnverein* «abstammen». Auch macht sich zunehmend eine «Regionalisierung» bemerkbar, muss man sich doch, wenn man sich an die Kontaktadressen halten will, bei deren zehn an Personen wenden, die ausserhalb des Dorfes wohnen.
Als stellvertretendes Beispiel für die von den Vereinen geleistete «Dorfkultur» sei hier von einer Abendveranstaltung berichtet:

«Konzert und Theater im ‹Rössli›-Saal»
Die jährlich wiederkehrenden Abendunterhaltungen, die sich, wenn auch in etwas abgeänderter Form, bis heute erhalten konnten, bedeuteten während Jahrzehnten nicht nur nicht wegzudenkende Höhepunkte im Vereinsleben, sie gehörten gleichzeitig auch zur «Kultur im Dorf». Bei den beiden Chören, dem Frauen- und Töchterchor und dem Männerchor, die unter dem Jahr nie etwas miteinander zu tun hatten, galt es jedesmal wieder, sich auf einen Nenner zu einigen, hatte man sich doch seit geraumer Zeit dazu durchgerauft, die Abendunterhaltungen gemeinsam durchzuführen. Zwar waren einige Annäherungsversuche bemerkbar. Früher probte

der Männerchor immer im «Rössli», die Frauen dagegen in der Schule. Da der neue Lehrer und Dirigent der beiden Chöre nicht mehr Violine, sondern Klavier spielte und dazu noch sein eigenes ins Schulhaus gebracht hatte, stand für die Männer einer Dislozierung ins Schulzimmer nichts mehr im Wege, dies um so weniger, als der Lokalwechsel doch eindeutige Vorteile aufwies: Das Klavier war nicht verstimmt und ... was bedeutend wichtiger war: Man musste sich nach der Probe nicht mehr klammheimlich aus dem «Rössli»-Saal schleichen, um im «Sternen» (oder «Stollen») den Jass zu klopfen, einer Verpflichtung, der man natürlich schon wegen des Mitsingens des «Sternen»-Wirts im zweiten Bass nachgehen musste...

Nun galt es also, die nächste Abendunterhaltung zu organisieren. Das Konzert an und für sich stellte keine besondere Anforderungen. Ob man Repertoire oder neues Liedgut sang, musste in jedem Chor intern geregelt werden. Mehr als drei Lieder aufs Mal konnte man sowieso nicht nacheinander singen, da es sonst zu warm auf der Bühne wurde! Dann galt es aber, einen gemeinsamen Vortrag zu finden. Schliesslich einigte man sich auf «Nabucco auf Deutsch». Schwieriger gestaltete sich die Suche nach einem Theaterstück, mussten doch verschiedene Kriterien beachtet werden, die unter einen Hut zu bringen nicht einfach war. Sicher war nur eines: Es musste ein mehraktiges Schauspiel sein. Dem Lustspiel war man abgeneigt, denn «das Publikum will Herzblut fliessen sehen» (Originalton!). Das Darstellerinnenproblem war beim Frauen- und Töchterchor leichter zu lösen. Eine jugendliche Liebhaberin, eine gütige, mütterliche Bäuerin, eine dreiste Magd spielte man gerne, und die böse Nachbarin bekam sowieso einen schwarzen Zahn und eine graue Perücke, so dass jedermann merkte, dass man Theater und nicht sich selber spielte. Auch die wichtige Rolle der Souffleuse konnte leicht verteilt werden. Schwieriger war es bei den Männern. Von den 25 Mitgliedern waren 15 «Ehrenmitglieder», weil sie schon mehr als 25 Jahre im Chor mitsangen und deshalb vom Theaterspielen befreit waren. Erster Tenor und erster Bass stellten je einen Charakterdarsteller (jedes Jahr wechselten die beiden zwischen der «gut-unschuldig verarmten» und der «böse-geizigen» Rolle ab). Der jugendliche Liebhaber wurde vom 2. Tenor bestellt, der im Notfall noch einen Polizisten oder Pfarrer beisteuern konnte. Ein eventueller Knecht kam aus dem 1. Bass. Der 2. Bass musste niemanden stellen; schliesslich sangen da zwei Gemeindeammänner (der ehemalige und der jetzige), zwei Gemeinderäte und der oben erwähnte «Sternen»-Wirt mit, war also schon genug bean-

spruchte. Des weiteren galt es, auf die Bühnendekoration Rücksicht zu nehmen. Hier war die Auswahl noch mehr beschränkt. Es gab drei schön bemalte Hintergründe: Stube, Wald und «Blick ins Tal». Auf der Seite konnte man je drei schwenkbare Kulissenstücke einschieben (auf der Vorderseite «Stube», auf der Rückseite «Bäume»). Die Variationsmöglichkeiten waren schnell aufgezählt: «Stube», «Wald» (mit oder ohne Fernsicht), oder – raffiniert! – wenn man auf der einen Seite «Stube», auf der andern «Bäume» drehte, so ergab das «Vor dem Haus» (mit zwei Möglichkeiten, links oder rechts). Waren all die Klippen umschifft und das Stück ausgewählt, so konnte es ans Proben gehen. Der junge Lehrer durfte «Regie führen», musste sich aber darauf beschränken, die Leute links oder rechts herein- und hinausgehen, das Liebespaar sich am richtigen Ort treffen zu lassen und dafür zu sorgen, dass man vom Publikum aus alle sah, wenn mehrere Leute aufs Mal auf der Bühne standen. Für das «Herzblut fliessen zu lassen» hatte er zu wenig Erfahrung, dies musste er den Charakterdarstellern überlassen, welche aus dem vollen schöpfen konnten. Mit dem Näherrücken der Aufführungsdaten stieg die Nervosität, die durch die Tatsache, dass der eine Charakterdarsteller leicht schwerhörig war und die Souffleuse nicht immer verstand, nicht gemindert wurde. Gespielt wurde an zwei aufeinanderfolgenden Samstagabenden. Am vorangehenden Sonntagnachmittag war jeweils «Schüleraufführung», die als Hauptprobe gewertet wurde. Aus einem unerklärlichen Grund (wahrscheinlich Zeitdruck) wurde einmal die Schülervorstellung auf den Sonntag nach der ersten Aufführung verlegt, so dass man nun nicht mehr von einer Hauptprobe reden konnte. Diese musste nun am letzten Probeabend, vor (fast) leerem Saal, durchgeführt werden. Endlich war es soweit.
Doch bevor sich der Vorhang hebt, sei noch vom «Rössli»-Saal die Rede: Er hatte die Form eines grossen L, d. h. ein Drittel hatte keine Sicht auf die Bühne. Man hätte dies lösen können, indem man dort den Tanzboden eingerichtet hätte. Dies war wiederum nicht möglich, weil der Boden zu wenig stabil war. Würde dort getanzt, wäre in der Wirtsstube unten das Licht ausgegangen. Abhilfe wurde geschafft, indem man für «Konzert und Theater» nur in dem Teil mit Sicht auf die Bühne stuhlte und nach der Vorstellung den ganzen hintern Teil mit Tischen, Stühlen und Zuschauern zügelte, damit ein stabiler Tanzboden entstand.
Nun, treten Sie ein! Über eine schmale Treppe, feuerpolizeilich nur ungern gesehen, steigen Sie in den ersten Stock, drehen nach links und

betreten den Teil des Saales «ohne Sicht», dafür mit Kasse und schöner Tombola. Man sieht sofort, dass sowohl im Frauen- und Töchterchor wie im Männerchor eine Gärtnerin resp. ein Gärtner Mitglied sind: Sie besteht ausschliesslich aus Blumen und Pflanzen. Nach bezahltem Obolus haben Sie das Recht, sich einen Platz mit Sicht auszusuchen. Vorläufig ist diese noch vorhanden, wird doch vorgängig ersucht, mit Rücksicht auf die Sängerkehlen nicht allzu viel zu rauchen. Sie erobern sich einen Platz, nicht zu weit hinten, damit Sie nachher nicht mehr zügeln müssen, bestellen die Tranksame und harren der Dinge mit Blick auf die Bühne. Diese ist, wie es sich gehört, um etwa achtzig Zentimeter erhöht, jedoch nur unten, nicht aber an der Decke, was in dem ohnehin nicht besonders hohen Saal ein gewisses Engegefühl aufkommen lässt. Mit nur leichter Verspätung werden Sie offiziell begrüsst. Dieses Jahr fällt die Ehre der Präsidentin des Frauen- und Töchterchores zu, die sich traditionsgemäss über das «zahlreiche Erscheinen» sehr freut und nicht vergisst, auf die reiche Tombola hinzuweisen. Dann kann es losgehen. Zuerst singen die Frauen und Töchter von Frühlingsblust und Liebe, dann der Männerchor von Heimweh und Vaterland. Zum Glück hat der Dirigent in der Aufregung den Taktstock zu Hause liegen lassen, er hätte sonst beim Dirigieren die Soffitentücher heruntergestochen. – Beim Turnverein ist dies noch viel schlimmer. Sie können auf dem Barren keinen Handstand zeigen, da sie mit den Füssen den Gips herunterschlagen würden. – Noch einmal wechseln Frauen und Männer. Diesmal bringen beide das Wettlied des letzten Gesangfestes zu Gehör sowie sogar eine modernere Komposition. Etwas eng wird es beim abschliessenden Gesamtchor. Zum Glück hat man vor Beginn die Kulissen weggeräumt (damit die Zuschauer nicht schon ahnen, auf welchem Schauplatz das Theater beginnen wird), doch auch so kann man nicht zu lange ausharren. Dargeboten wird eben der berühmte «Nabuccochor». Dazu war eigens von den Männerchörlern das Klavier vom zweiten Stock des Schulhauses in den «Rössli»-Saal geschleppt worden. Er muss – traditionsgemäss – wiederholt werden. Doch dann verlässt man beinahe fluchtartig die Bühne, einerseits um nach Luft zu schnappen, andererseits um den Theaterleuten das Feld zu räumen und um mit dem Verkauf der Tombolalose beginnen zu können.

Nach gebührender Pause – alle Lose haben ihre Abnehmer gefunden – beginnt das Schauspiel von Liebe und Verrat, von Untreue und Vergeben. Es fliesst viel Herzblut, doch darf manchmal auch gelacht werden (hie und

da sogar ungewollt). Da es sich um ein Schauspiel und kein Drama handelt, kommt es zum erlösenden Schluss: Die Schuld wird getilgt, die Jungen dürfen sich trotz Standesunterschied bekommen – und das Servierpersonal kann endlich wieder bedienen! Nach dem verdienten Applaus – mit Gruppenbild – muss schnell gehandelt werden. Zuerst begibt sich männiglich zum Tombolatisch, um die Pflanzen abzuholen, damit es Platz gibt, um die hinteren Reihen zu zügeln. Dann kann sich die Tanzmusik installieren. Es ist ein Quartett (ohne Verstärker!), bestehend aus einem Klarinettisten/Trompeter, einem Handörgeler, einem Schlagzeuger – dieser stammt von der hiesigen Musikgesellschaft! – und einem Kontrabassisten, der mit seinem Instrument sehr handlich umzugehen weiss und zur allgemeinen Belustigung damit kleine Kunststücke ausführt. Nur schade, dass er immer einen Viertelton zu hoch oder zu tief spielt! Doch jedermann kommt auf seine Rechnung, das Repertoire ist erstaunlich gross. Es wird ausdauernd und viel getanzt, sofern man sich auf der eher engen Tanzfläche einen halben Quadratmeter erobern kann, und hat man Hunger, so steigt man in die Wirtsstube hinunter, um in Ruhe zu essen. Man sagt, die letzten seien erst früh am Morgen nach Hause gekommen.
Übrigens: Im Frühjahr kam es zu einer Verlobung. Nein, nicht die jugendlichen Liebhaber, sondern der Knecht und die böse Nachbarin seien sich während der Theaterproben nähergekommen. Da soll noch einer sagen, das Schauspiel sei wirklichkeitsfremd gewesen!

Nun sei noch von den *kulturellen Institutionen* die Rede:
Wie eingangs erwähnt, gründete 1872 Lehrer Schaffner den *Dorfverein Hausen.* Schon zwei Jahre später rief er die Schul- und *Volksbibliothek* ins Leben, die im ganzen gesehen seither nie mehr ganz aus dem Dorfleben verschwand. Wenn sie auch hie und da einen kleinen Schlummer einlegte, so wurde sie immer wieder zu neuem Leben erweckt, sei es als *Lesezirkel* im Rahmen der Kirchgemeinde Windisch oder als *Schulbibliothek* mit einem Büchergestell in jedem Schulzimmer. Ende 1959 erfolgte eine «Neuinstitutionalisierung» (schreckliches Wort), wie aus dem Protokoll des Gemeinderates vom 10. November 1959 zu entnehmen ist:

Die Volksbibliothek Hausen ist Eigentum der Einwohnergemeinde Hausen. Zum Betrieb der Bibliothek wird eine Bibliothekskommission von 3 Personen durch den Gemeinderat auf die Dauer seiner Amtsperiode gewählt… Die Bücherausleihe im

Lehrerzimmer des neuen Schulhauses findet im Winter je Woche eine Stunde, im Sommer monatlich einmal eine Stunde statt.

So weit, so gut. Dass noch nicht alle Hindernisse überwunden worden waren, zeigt das «Protokoll über die Gemeinschaftssitzung mit der Schulpflege» vom 25. August 1960:
... Er (der Präsident der Schulpflege) *bemerkt auch, dass der seinerzeitige Auftrag von Bibliothekskommission und Gemeinderat ohne Wissen der Schulpflege vorgenommen und nach Einsprache der Schulpflege sistiert wurde ... Auf jeden Fall ist die Schulpflege mit dem vorgesehenen Standort des Gestelles* (im Lehrerzimmer) *nicht einverstanden... Mitglieder der Schulpflege machten den Vorschlag, die Volksbibliothek in den Keller zu verlegen neben dem Handfertigkeitsraum. Nach langem Hin und Her* (!) *wird dann beschlossen, das neue Büchergestell für die VBH auf die linke Seite* (und nicht auf die rechte wie ursprünglich vorgesehen) *im Lehrerzimmer zu plazieren...*

Während der nächsten sieben Jahre genoss die Bibliothek Gastrecht im Lehrerzimmer. Mit der Errichtung eines zweiten Eingangs an der Nordseite des Lindhofschulhauses konnte darüber ein Raum geschaffen werden, worin sich die Bibliothek nun unabhängig einrichten konnte. Inzwischen war der Bücherbestand auf über tausend angestiegen. Doch der geringe finanzielle Freiraum schränkte Neuanschaffungen stark ein. Deshalb musste zu Beginn der achtziger Jahre ein Grundsatzentscheid getroffen werden: Bibliothek ja oder nein? Man entschied sich für das Ja mit den entsprechenden Konsequenzen. Und da fast gleichzeitig eine Redimensionierung der Schulraumplanung stattfand, entstand im Erdgeschoss des Meyerschulhauses freier Raum. Schul- und Gemeindebibliothek wurden zusammengelegt und mit der Ludothek gemeinsam untergebracht. Dank grosszügigen Beiträgen von Gemeinde, Kanton und ref. Kirchgemeinde konnte der Bücherbestand erneuert und auf etwa 4000 Bücher erhöht werden. Andere Medien wie Kassetten und CDs erweiterten in der Zwischenzeit das Angebot. Mitgliederzahlen und Ausleihe stiegen von Jahr zu Jahr. 1998 wurde erstmals die Schallgrenze von 12 000 Ausleihungen überschritten.
Ebenso grosser Beliebtheit erfreut sich die *Ludothek,* die sich zusammen mit der Bibliothek den gleichen Raum teilt. Deren Gründung ist, streng genommen, der «Italienischen Elternvereinigung» zu verdanken, die der

Schule für einen «wohltätigen» Zweck 1000 Franken spendete. Damit wurden die ersten Spiele angeschafft. Schon rasch erfreute sie sich regen Zuspruchs, und trotz den recht bescheidenen Ausleihgebühren konnten bald neue Spiele dazugekauft werden. Heute ist sie, selbständig geworden, aus dem Dorfleben nicht mehr wegzudenken. Und sollte es jemand nicht wissen: es gibt sogar Computerspiele...

Weniger bekannt dürfte sein, dass in Hausen eine Kunstsammlung untergebracht ist. Sie stammt aus der *Ernst-Wildi-Rohr-Stiftung*. Da es sich hier um ein Mäzenatentum ganz besonderer Art handelt, sei hier etwas ausführlicher davon berichtet: Der Stifter zeigte schon als Kantonsschüler eine spezielle Vorliebe für bildende Kunst, hatte aber, nach eigenen Aussagen, selber überhaupt kein zeichnerisches Talent, sondern in erster Linie ein mathematisches. Bei einem Schulkameraden war das Gegenteil der Fall. So kam es bereits zur Schulzeit zu einem «Talentaustausch». Nach der Matura trennten sich zwar die Wege der beiden. Der Mathematiker stieg schon bald die kaufmännische Erfolgsleiter hinauf, der Maler musste, trotz Talent, den Erfolg eher suchen. Doch die Freundschaft blieb bestehen. Dem Kaufmann blieb die Liebe zur Kunst trotz strengem Geschäftsleben erhalten. Dazu kam auch die Bekanntschaft mit dem Tiermaler Hug. Im Laufe der Jahre wuchs die Sammlung auf über 200 Bilder und Plastiken, die unterzubringen nicht einfach war. Mit der Verlegung seines Geschäftsbetriebs nach Hausen kam es zu engeren Bindungen mit dem Dorf. Bald tauchte die Idee einer Bilderausstellung auf. Aber wo? «Kunsthaus» war natürlich keines vorhanden. Da begnügte man sich eben mit der alten Turnhalle. Jawohl, die erste Ausstellung fand dort oben statt. Ihr sollten, in regelmässigen Abständen, weitere folgen. Und da in der Zwischenzeit das sog. Theorielokal in der Mehrzweckhalle entstanden war, zog man schon bald dorthin. Auch ging man einen Schritt weiter. Man lud andere Maler ein, um ihre Werke auszustellen. Damit die Bildersammlung beisammenblieb, kam es zur oben benannten «Ernst-Wildi-Rohr-Stiftung» mit einem Stiftungsrat, der dafür verantwortlich ist, was nach dem Ableben des Stifters besonders wichtig wurde. Das einzige, was bis heute noch fehlt, ist ein Raum, wo man die Bilder würdig ausstellen könnte. So muss man sich eben damit begnügen, abwechslungsweise eine Ausstellung mit einem «Maler der Gegenwart» und dann wieder eine mit den Bildern aus der Sammlung zu veranstalten. Einen Teil kann man zwar in den öffentlichen Gebäuden bewundern, der grosse Rest aber ruht wohlbehütet ... im Zivilschutzraum.

Holzgassfest 1983 (75 Jahre Turnverein Hausen). Aufzug der Turner. Im Hintergrund: Metzgerei Hunziker (heute Lüthi) und, anstelle des heutigen Blumen Umiker, die Anschrift «Senn»: das Radio- und Elektronikgeschäft Adolf Senn, später (bis 1993) Hauptstrasse 40. Foto L. Berner, Eig. H. Schaffner-Haudenschild.

Holzgassfest 1983. Foto L. Berner. Eig. H. Schaffner-Haudenschild.

Domino-Fest, August 1998. Das dreitägige Fest wurde zugunsten des Behindertenwohnheimes Domino durchgeführt. Tanz auf der Wiese zwischen Haus Angliker und dem im Rohbau erstellten Wohnheim an der Hauptstrasse.

Gemeinderat Roland Biolley im Rikscha-Konvoi der Gemeindebehörden. Fotos: L. Berner.

Traubenernte im Rebberg der Familie Widmer-Schatzmann auf der Hochrüti. V. l. n. r.: Joh. Friedr. Schatzmann/Messerschmied, Emma Geissberger-Widmer, Fritz Widmer-Schatzmann, Walter Geissberger-Widmer, Fritz Burri-Widmer, Hermann Widmer-Schatzmann. Um 1930. Eig. M. Burri-Widmer.

Traubenernte im Rebberg auf der Hochrüti. Die noch weitgehend traditionell bestimmte Dächerlandschaft des Dorfes wird vom Gewerbehaus der Firma Jos. Stocker überragt. Foto 1963, L. Berner.

Der Töchternchor bei der Einweihung des Lindhofschulhauses 1957. Dirigent: Martin Schüle. Diasammlung der Ortsbürger.

Konzert des Gemischten Chors im Rössli-Saal, vermutlich Winter 1967/68. Dirigent: Heinz Guggisberg; Solisten: Heidi Winter und Martin Schüle; am Klavier: Yvonne Schüle. Das Erscheinungsbild der weiblichen Chormitglieder hat sich seit 1957 erheblich verändert. Foto L. Berner.

Von Bräuchen und Festen

Von «Chlauschlöpfern» und «Samichläusen»

Zwei alte Bräuche: Wie es früher war (um 1930) und heute – Von der «Kostümnäherin» zum weiblichen «Samichlaus» – Chlauschlöpfen für jedermann.

Wie alt der Brauch sein mag, bei dem man mit «Lärmen» (eben dem «Geislechlöpfe») und durch mehr oder weniger furchterregende Masken versucht hatte, die bösen Geister zu verjagen, kann niemand sagen. Man trifft ihn in den verschiedensten Formen in der ganzen Schweiz an, und er führt mit ziemlicher Sicherheit auf heidnischen Ursprung zurück, wurde vom Christentum übernommen und den Gegebenheiten angepasst. Dabei zeigten sich besonders die Bräuche um die Wintersonnenwende herum als besonders resistent, auch im (seinerzeit) eher puritanisch reformierten Berner Aargau. Und mag sich auch vieles in all diesen Jahren verändert haben – das Chlauschlöpfen wird heute (nicht nur in Hausen), modern ausgedrückt, «organisiert» –, so bleibt sich doch der Ursprung gleich. Aus diesem Grund sei hier zuerst beschrieben, wie dieser Brauch zu Beginn des 20. Jahrhunderts in Hausen durchgeführt wurde:[37]

Vier Wochen vorher beginnt der Auftakt, da werden die «Geisle» gerüstet. Im Wald schneidet man sich einen kräftigen, einen Meter langen Haselstock, bringt oben rundum einen «Hick» an und befestigt in ihm mit einer Schnur die «Strange», ein drei bis vier Meter langes Seil, das oben dick sein und nach unten auslaufen muss. Als «Zwick» sind am brauchbarsten Saiten oder Schuhriemen. (Da hat man es heute einfacher: Man geht zum dafür zuständigen Mitglied der Ortsbürger und leiht sich eine «Geisle» aus.) *Nun geht es vors Dorf, die guten Plätze liegen oben an der Halde, wo der Schall weit übers Dorf, ins Birrfeld hinausfliegt oder vom Habsburgerwald zurückschallt. Anfänglich sind es nur die Eifrigsten, die in der Nacht, von 8 Uhr an, ihre Künste versuchen; je mehr sich der Klaustag nähert, umso mehr stellen sich auch die Burschen ein. Sie packen die Peitsche mit beiden Händen am Stock, stehen breitspurig da, schwingen das lange Seil weit ausholend über den Kopf und dann, plötzlich, reissen die Stange zurück, dass es knallt. Sie lassen den Schwung aber nicht auslaufen; aus dem Schwung gehts gleich in den Gegenschwung, wieder reisst sich der jugendliche Körper zurück, wieder und wieder: Es knallt und schiesst, wie mit Gewehren. Schon schwingt der Kamerad nebenan seine Stange, erspäht den rechten Augenblick und fällt ein. Ein dritter folgt, und nun gehts im Takt, eins – zwei – drei, durch die dunkle Nacht, wie wenn sie im Himmel oben*

Delegation der Ortsbürger vor der Fahrt zum Reisigholen für die Chlaus-Ruten. Dezember 1993. V. l. n. r.: Roger Widmer, Christian Schaffner, Hans Mattenberger, Robert Widmer, Richard Winiger (gest. 1994), Ueli Schatzmann, Hans Schaffner. Eig. H. Schaffner-Haudenschild.

mit Dreschflegeln die Tenne klopfen würden. Es ist eine gewaltige Anstrengung für die jungen «Chlöpfer», wer es auf ein Dutzend Züge bringt, darf sich sehen lassen. Aber kaum haben sich die Arme gesenkt, fährt eine andere Gruppe weiter, und so geht es stundenlang!

Auch das «Samichlausen» war dem Wandel der Zeit unterworfen. Gingen die Chläuse ursprünglich am zweiten Dienstag im Dezember, am Brugger Klausmarkt, auf die Runde, so finden wir sie heute brav wie überall, wo «geklaust» wird, am 6. Dezember. Obschon sich die Verkleidung standardisiert hat – man beschränkt sich auf Chlaus und Mutzli (Kostüme von den Ortsbürgern geliefert) –, so ist doch einiges gleichgeblieben: Fitze, spanische Nüsse mit Mandarinen, Sammelbüchse und Glockengebimmel ... Doch gehen wir auch hier vorerst einige Jahrzehnte zurück:

Zwei Jahrgänge von Chläusen: 1929; um 1960. Die Aufnahme von 1929 zeigt vier Bändelimane (auch Bändelijude genannt, die Papierstreifen konnten nach Auskunft von Rolf Widmer-Schmidt in den Kabelwerken Brugg geholt werden), zwei Chläuse (oder ein Chlaus mit weissen Flocken auf der Pelerine und ein Schmutzli) und ein Müeti (oder: en Alti). Alle tragen Masken und sind sehr aufwendig und sorgfältig eingekleidet, was besonders bei den Bändelimane mit ihren hohen Papierkronen und exotisch bemalten Masken auffällt. In der Nachkriegszeit war

Viel zu lachen und zu tun gibt die Beschaffung des Verkleidungsmaterials und dessen Anprobieren, natürlich in aller Heimlichkeit. Da ist zuerst der «Samichlaus». Sein weiter, dunkler Mantel wird mit Watte verbrämt, die Kapuze mit ebensolchen Büscheln besetzt. Gefährlicher ist schon der «Alte». Er ist ähnlich ausstaffiert wie der Klaus, hat aber Kuhschellen umgebunden, schwingt einen Knüppel und trägt auf dem Rücken die mit Rossschellen umwundene Hutte. Bis 50 Stück der sauberen «Fitzen» stecken drin. Nun weiter mit seiner lieben Hausfrau, der «Alten». Wenn die aufgeprotzt wird, da gibts zu lachen! So gelungen wie möglich muss sie aussehen: Eine alte Jüppe, unter der weisse Strümpfe hervorzünden, eine weite Bluse, in die man wacker Stroh stopft, ein Markthut von der Grossmutter selig, Parisol (Sonnenschirm) *unter dem Arm, Deckelkorb voll Spanischen Nüsschen und Schnitze und eine Larve vors Gesicht, voll Warzen und mit einer langen Nase, so zieht «sie»* (natürlich ein «Er») *am Abend hinter den Kläusen her, «prichtet» mit den Leuten auf der Strasse und macht den «Löli». Am schönsten aber sind die «Manöggel». Je nach Zahl der Konfirmanden sind es ihrer mehr oder weniger. Auf*

die Figur des Müeti am Verschwinden, die Chlausläufer von 1948 erinnern sich – nach Rolf Widmer-Schmidt – bereits nicht mehr daran. Foto O. Forstmeyer. Nach R. Laur-Belart: St.Niklaus in Hausen. «Brugger Neujahrsblätter», 1931, 62 ff.

Die Chläuse der sechziger Jahre stimmen mit jenen von 1929 überein in der Aufmachung mit schwarzer Pelerine, weisser Verbrämung, weissem Bart, Hutte voll Ruten, Glocken und Sammelbüchse. Die bunten Begleitfiguren sind untergegangen. Foto L. Berner.

alte Kleider nähen sie etwa 60 cm lange, farbige Papierbänder, je 2 bis 3 zusammen, rot, weiss, gelb, grün, je bunter, um so besser. So entsteht ein breiter, raschelnder «Mano», der in der Dorfnacht wie ein unheimliches Gespenst erscheint. Um die Lenden gürten sie sich Kuhschellen, das Gesicht verdecken sie sich mit Larven, auf dem Kopf thront eine hohe Papierkrone, die sich die Burschen selber zurechtgeschnitten und bemalt haben. Bewehrt sind die Gestalten mit langen Stöcken, an denen Schweinsblasen baumeln. Ihre Aufgabe ist das Geldeinsammeln. Jeder trägt eine zugelötete, mit einem Schlitz versehene Büchse, in die die Leute ihre Gabe werfen.

Am Chlausabend zieht die Schar heimlich zum Dorf hinaus auf die Reutenen. Dort wird das Papier aus den Glocken genommen, und nun geht der Spektakel los. Ohne anzuklopfen poltert man in die Häuser hinein: «Gueten Obe, de Chlaus chonnt! He, Chlyne, hesch gfolget?» Als Antwort erschallt hie und da: «Samichlaus, du guete Ma, gäll i mues ke Ruete ha!» Gottseidank, jetzt ist der Klaus zufrieden, die «Alte» greift ins Körbchen und schenkt ein paar Schnitze. Die Batzen klingeln in die Büchse, und es geht mit Gepolter wieder zum Haus hinaus, und mit Hussa, Glockengeschell, «Säublotere»-Gepolter und Gejohle auf der Strasse weiter... und gegen elf, wenn die anstrengende Runde durchs Dorf zu Ende ist, kommt der schöne Augenblick: Die Geldbüchsen werden aufgebrochen. Was da alles beisammen liegt: Vom Hosenknopf bis zum «Fünfliber» geht die Wertskala. Nun wird der Gewinn redlich geteilt, und die Kläuse schleichen wieder in ihre Häuser zurück, um erschöpft, aber glücklich, unter die Decke zu kriechen.

Nachzuholen wäre, dass die Ausübung dieses Brauches den Burschen vorbehalten war und dass die Kleider der Kläuse meistens von den Konfirmandinnen *in Anwesenheit ihrer männlichen Partner in einem hiezu geeigneten Raum angefertigt wurden.* Als Gegenleistung offerierten diese den Töchtern am Brötliexamen einen Imbiss.[60]
Soweit die Beschreibung aus den dreissiger Jahren. Wie steht es nun heute? Die Erfahrung zeigt, dass Bräuche, wenn sie nicht gepflegt, ja sogar organisiert werden, bald verflachen oder sogar aussterben. So kann man froh sein, dass die Hausemer Ortsbürger die Zügel rechtzeitig in die Hand genommen haben, angefangen beim Beschaffen des nötigen Materials sowie der Erstellung einer «Chlaus-Ornig»: Peitschen, Mäntel, Pelerinen und Ruten werden zur Verfügung gestellt. Wurde früher das Reisig klammheimlich im Wald «gepflückt», so hat sich daraus eine offizielle Expedition der Ortsbürger (mit Gästen) entwickelt: Man fährt mit Ross und Wagen aus! – ein Grund für ein gemütliches Miteinandersein.
Während Jahrzehnten fand dieser *Chlauslauf* immer am zweiten Dienstag im Dezember, am Brugger Klausmarkt, statt. Man mag sich heute über das Datum wundern. Es darf aber nicht vergessen werden, dass diese Märkte in der Stadt, auch für die Bevölkerung der umliegenden Dörfer, seit eh und je von nicht wegzudenkender Bedeutung waren. Es mag für den modernen Menschen unglaublich klingen, aber es gab, auch hier in Hausen, um 1950 herum noch Leute, die pro Jahr nur zwei- bis dreimal «in die Stadt» zum Einkaufen gingen, und dies war meistens an den Markttagen im Mai, an Martini (im November) und eben am Klausmarkt der Fall. (An vielen Orten war dann sogar schulfrei!) Dass nun heute, wo die Märkte ihre ursprüngliche Bedeutung verloren haben, auch in Hausen der «richtige» Chlaustag gepflegt wird, ist nichts anderes als eine logische Anpassung.
Dass diese Anpassung nicht nur rein zeitlich erfolgt ist, ist «nichts als gerecht», denn auch die Mädchen... Doch schön der Reihe nach: Mit dem

Daraus könnte ein neuer Brauch werden: Pöstler Daniel Tschabold verteilte die Post am 24. Dezember 1998 im roten Kostüm des Weihnachtsmannes, begleitet von Christkind Beatrice Horlacher. Foto A. Dietiker.

Wandel in der Einwohnerstruktur musste, wollte man den Brauch aufrechterhalten, auch das «Chlausen» angepasst werden. Aus dem früher rein reformierten Dorf ist ein paritätisches geworden. Die Einwohnerzahl wächst, auch die Anzahl der Schüler der Abschlussklassen, die den Brauch weiterführen sollen. Nicht ohne weiteres zu steuern aber ist das Verhältnis Knaben zu Mädchen in einem Jahrgang. Auch gehört die Zeit vom «Heimchen am Herd, das schön brav die Kleider näht», schon längst der Vergangenheit an (und die Ortsbürger haben sooo schöne Kostüme!). Deshalb ist das, was früher nur der Oper vorbehalten war, nämlich «Frauen in Männerrollen», in Hausen schon etliche Jahre zur Selbstverständlichkeit geworden. Zwar kann der eindrucksvolle weisse Bart meistens nicht darüber hinweg täuschen, dass der «Chlaus» oft eine «Chläusin» ist. Das tut dem Ganzen jedoch keinen Abbruch. Höchstens tönt das «Gepolter» eben etwas weniger rauh, die Stimme etwas weniger furchterregend, aber das schadet nichts. Wichtig ist, dass die Grundidee geblieben ist. Und wenn auch einige Figuren wie «die

Alte» und die «Manöggel» durch die «Schmutzli» ersetzt worden sind, so tönt es doch immer noch: «Samichlaus du guete Ma, gäll i mues ke Ruete ha!» Ebenso wenig stört man sich daran, dass sich der sagenhafte «Samichlaus, der aus dem Schwarzwald kommt» vervielfältigt hat und nicht mehr als ehrfürchtige Einzelperson durch das Dorf zieht. Und dass er den Schlitten nicht mehr mitbringt, ist auch logisch: Es hat ja keinen Schnee mehr... Dafür werden die Teilnehmer am Schluss noch von den Ortsbürgern verpflegt.

Beim «Chlauschlöpfen» vollzog sich ein ähnlicher Wandel. Fast wäre, aus rein praktischen Gründen, der alte Brauch eines stillen Todes gestorben. Es fehlte das Wissen, der Platz und das geeignete Material. Das rief zum Glück die Hausemer Ortsbürger auf den Plan. Das Material kann man beschaffen, man muss nur wissen wo und wie. An Lehrmeistern fehlt es nicht. Und wenn auch die schönen Plätze oberhalb des Dorfes schon längst überbaut sind, so gibt es doch noch den Turnplatz. Da kann man sich unter kundiger Führung in die Geheimnisse des Chlauschlöpfens einweihen lassen. Dann aber muss trainiert werden, gilt es doch, am «Wettchlöpfen» gute Figur zu machen, denn... eine Jury bewertet die Geisselklöpfer, wobei eine möglichst grosse Anzahl von Schlägen zu bewältigen ist. Und das ist keine Selbstverständlichkeit. Dies um so mehr, da sich die «Chlöpfer» stark verjüngt haben. War dieser Brauch früher eher den «Fast-Jungmännern» vorbehalten, so finden sich heute sogar «kleine Knirpse» auf dem Platz ein, die sich mit der ansehnlichen «Geisle» herumschlagen wollen. Und sie tun dies mit einer Geschicklichkeit, die Bewunderung erweckt. Denn es werden auch Haltung, Klang und Fertigkeit nach einem Punkteschema bewertet. Es ist erfreulich, feststellen zu können, dass sich die jahrelangen Anstrengungen der Ortsbürger gelohnt haben: 1998 konnten ganze fünfzig «Geislen» ausgeliehen werden, und am offiziellen «Kampftag» wetteiferten 37 Teilnehmer, darunter auch Mädchen und Erwachsene beiden Geschlechts, um den «Hauser Chlauschlöpfermeistertitel» in verschiedenen Kategorien. Und, das sei hier auch verraten: Von den neun Gewinnern/innen tragen nur noch zwei einen «echten» Hausemer Namen. Und, nicht zum ersten Mal, figurieren sogar Ausländer auf der Siegerliste. Bravo! Nun liebäugelt man bereits mit dem Gedanken, die Besten an eine kantonale Ausscheidung zu delegieren. Wann wird wohl das «Chlauschlöpfen» olympische Disziplin?

Wie die Hausemer ihr Jugendfest feiern

Brötliexamen – Vom Brötliexamen zum Jugendfest – Vom «Einst» zum «Heute» – Die Behörden «hoch zu Ross» – Freundnachbarlicher Zwischenfall – Das «Heute» – Kleines Zwischenspiel: Die Wandlung der Darbietungen – Das «Heute», zweiter Teil.

Einst:[60]

Als Fest der Schüler galt seit uralten Zeiten das Brötliexamen. Dieser Brauch wird heute noch im ganzen Eigenamt begangen. Er soll, nach der Überlieferung, auf die Zeit der Königin Agnes zurückführen. Diese, es handelt sich um die Tochter der Gründerin des Klosters Königsfelden, habe jeweils nach Ostern jedem Kind ein Brot geschenkt. *Abgehalten wurde dasselbe an dem auf Ostern folgenden Sonntag, dem Weissen Sonntag, ursprünglich gleichzeitig in allen Gemeinden des Eigenamtes. Die Durchführung in Hausen erfolgte in der Weise, dass Schulkinder und Erwachsene unter Klängen der Dorfmusik zur Vormittagsfeier in die Kirche nach Windisch zogen, woselbst von Schulen und Vereinen Lieder gesungen und der oft mit Humor gewürzten Festansprache des* (Windischer) *Ortspfarrers zugelauscht wurde. Die Nachmittagsfeier mit Produktionen und Tanz der Schüler fand, in Ermangelung einer Bühne, im Saale zum «Rössli» statt, wo auch die Eltern sich einfanden. Da um diese Jahreszeit das Wetter sehr oft ungnädig sein konnte, was sich hauptsächlich beim Kirchgang auswirkte, beschloss die Einwohnergemeindeversammlung nach einem Lehrerwechsel an der Oberschule und im Einvernehmen mit den beiden mitfeiernden Gemeinden Habsburg und Mülligen, das Brötliexamen durch ein Jugendfest im Vorsommer zu ersetzen. Ein solches fand bei Sonnenschein erstmals 1904 statt. Doch mit des Schicksals Mächten ist kein Bund zu flechten! Anno 1908 hatte es in der Nacht vom 23./24. Mai, dem Jugendfesttag, geschneit, was in dieser Jahreszeit ein sonderbares, in Erinnerung gebliebenes Landschaftsbild zeitigte: Die Heuschober (der Heuet hatte in diesem Jahr frühzeitig begonnen) unter einer Schneehaube und die Bäume unter Schneedruck. Die Kirchgänger von Mülligen sagten, die Strasse durch die Schämbelen* (Verbindungsstrasse Mülligen-Windisch) *hätte vor dem Passieren von herabfallenden Ästen und umgebogenen Bäumen befreit werden müssen. In späteren Jahren fand nochmals eine Verschiebung des Festtermins statt, diesmal, in teilweiser Anlehnung an Brugg und Windisch, auf den ersten Julisonntag. Das Jugendfest wird zurzeit* (1957) *nur noch in geraden Jahrgängen durchgeführt, in ungeraden gehen die Schüler auf Reisen, um ihre Heimat kennenzulernen.*

Zapfenstreich. Vor Einführung der Sommerzeit bastelten die Schüler Lampions für den Umzug am Vorabend des Jugendfestes. Foto um 1969, L. Berner.

Vom «Einst» zum «Heute»

Es ist oft kein leichtes, einen alteingesessenen Brauch den Geboten der Gegenwart anzupassen, gilt es doch einerseits, keinen «Verrat» am Alten zu begehen, andererseits so beweglich zu bleiben, um nicht in Erstarrung zu verfallen, was ja den Tod eines jeden Brauches bedeuten würde. Was nun das Hausemer Jugendfest betrifft, so darf gesagt werden, dass ein allgemein anerkannter Mittelweg gewählt wurde.

Zuerst wurde eine transportable und anpassungsfähige Freiluft-Tanzbühne mit Festbestuhlung angeschafft, die, je nach Verwendung, an den verschiedensten Stellen im Dorf aufgestellt werden konnte. Als offiziellen Jugendfestplatz wählte man den Baumgarten hinter dem Meyerhaus. Da es zu jener Zeit noch kein Bauamt gab, wurde die Bühne durch die Oberschüler mit Hilfe des Abwartes aufgestellt. Natürlich bedeutete diese Bühne noch keine Schönwettergarantie, doch ergab sich eine gewisse Bewegungsfreiheit.

Zapfenstreich 1989, auf der Sooremattstrasse. Foto Eig. K. Trachsel.

Als nächste «Neuerung» wurde Mitte der fünfziger Jahre auf den Marsch zur Windischer Kirche verzichtet. Der Morgengottesdient fand direkt auf dem Festplatz statt. Da die sommerlichen Gewitter in der Regel erst am Nachmittag eintrafen, konnte jener fast regelmässig durchgeführt werden, während bei Tanz und Spielen am Nachmittag oft ins nahe «Rössli» geflüchtet werden musste.
Da man nicht mehr «zur Kirche ging», stand (einige Jahre später) einem Verschieben auf den Samstag nichts mehr im Wege: Der letzte Samstag im Juni galt in Hausen als offizieller Jugendfest-Feiertag.
1959 wurde ein Beschluss gefasst, der zwar nur indirekt mit dem Jugendfest zu tun hatte, der aber zu grundlegenden Änderungen führte: Man wollte im nächsten Winter ein Skilager durchführen. Zur Finanzierung desselben beschloss die Schulpflege (mutig!), die Festwirtschaft selber zu übernehmen. Das bedeutete, dass man nicht mehr ins «Rössli» ausweichen konnte. Beim ersten Versuch wäre es beinahe schief gegangen. Nach gelungenem

Jugendfest etwa 1915. Zug auf der Hauptstrasse, vor dem Haus Schaffner-Drülüters, an der Stelle des heutigen Meyerschulhauses. Die wallenden Locken der Mädchen erinnern daran, dass das Jugendfest ein wichtiger Anlass für die nur ein- oder zweimal jährlich unternommene Haarwäsche war. Haarewaschen ohne Brause, fliessendes warmes Wasser und Shampoo war sehr aufwendig! Diasammlung der Ortsbürger.

Umzug und Morgenfeier setzte der schönste Landregen ein, der an eine Fortsetzung des Festes nicht mehr denken liess. Kurz entschlossen wurden die Nachmittagsaktivitäten um eine Woche verschoben. Und siehe da: Der zweite Teil des Jugendfestes lief bei strahlendstem Sonnenschein über die Bühne. Auch das Wagnis des Selberwirtens wurde belohnt. Ein Reingewinn von fast 600 Franken konnte in die zukünftige Skilagerkasse überwiesen werden, was zum Weiterfahren im gleichen Stil ermunterte. In der Folge wurden die verschiedensten Standorte ausgewählt: im Wald zwischen Baugeschäft Stocker und Tannhübel (eine Stelle im Wald hiess zu jener Zeit offiziell «Tanzplatz»), auf dem Pausenplatz hinter dem Lindhofschulhaus und zu verschiedenen Malen auf dem Turnplatz bei der alten Turnhalle (dort konnte man wenigstens bei einem Gewitter in die kleine Turnhalle flüchten). Man wagte sogar den Versuch eines gemeinsamen Mittagessens mit den «Gulaschkanonen» der Armee (ein voller Erfolg!) – mit Kartontellern und Plastikbesteck!

Jugendfest 1985. Die Mädchen respektieren die Tradition des festlichen Anzuges in Weiss weitgehend. Neu gegenüber 1915 sind die Blumenkränzchen. Foto Eig. K. Trachsel.

Auch die Struktur des morgendlichen Umzuges machte eine Wandlung durch. Ursprünglich nahmen nicht nur Schüler und Behörden daran teil, sondern auch alle Vereine: Angeführt wurde der Umzug durch den Velo-Club, wo ein paar Velofahrer einen Anhänger, versehen mit einem von Hänsel und Gretel bewohnten Holzhäuschen, hinter sich herzogen. Nach der Unterstufe marschierte die Musikgesellschaft, gefolgt von Mittel- und Oberstufe, allen Vereinen, sonntäglich gekleidet – der Frauen- und Töchterchor in Tracht! – und am Schluss die Behörden. Da man in der Folge darauf verzichtete (ehrlicher gesagt: es wurde immer schwieriger), die Vereine zu einer aktiven Teilnahme an der Morgenfeier zu nötigen, «sprang» einer nach dem andern auch vom Umzug ab, so wurde dieser schlanker – fast möchte man sagen «jugendlicher». Heute sind, von Amtes wegen, nur noch die Musikgesellschaft dabei – und die Behörden natürlich.
Eine weitere Neuerung bedeutete – welch Traditionsbruch! – das Aufstellen eines Karussells. Da dieses in die Nähe des (damaligen) Festplatzes zu ste-

Jugendfest etwa 1915. Die Knaben, frisch geschoren, mit Strohhut und weissem Hemd, geleitet von Lehrer Karl Schenk, vor dem Haus Schaffner-Drülüters. Foto Eig. R. Widmer-Schmidt.

hen kommen sollte, stellten sich einige statische Probleme, welche sich aber als lösbar erwiesen: Die Wiese gegenüber dem Lindhofschulhaus erwies sich als geeignet. Zwar befürchtete man, die Kinder würden dann nicht mehr tanzen, was aber zu jener Zeit nur sehr bedingt der Fall war. Dafür ergab sich die Möglichkeit, den Schülern als Preis bei den Spielen eine Karussellfahrt zu spenden. Diese wurde sogar vom Besitzer offeriert unter der Bedingung, dass Behörden und Lehrerschaft vorgängig eine Fahrt absolvierten. Und so geschah es. Zur allgemeinen Belustigung bestiegen die ehrwürdigen Herren (da es noch keine Frauen in den Behörden gab, wurden sie von einigen mutigen Ehefrauen zur moralischen Unterstützung begleitet) von Gemeinderat und Schulpflege das Rösslispiel und liessen sich, buchstäblich «hoch zu Ross», unter grossem Beifall des ganzen Dorfes «herumkutschieren». (Übrigens: diese Fahrt dauerte mehr als das Doppelte einer gewöhnlichen Runde.) Von diesem Moment an waren Karussell und Schiessbude nicht mehr wegzudenken. Später gesellte sich dann noch eine

Jugendfest 1989. Die Knaben, geleitet von Lehrer Martin Schüle, vor dem Haus Holzgasse 6. Foto Schulprojekt «Gemeindetypisches: Hausen», Leitung B. Peter, 1989/90.

«Schifflischaukel» dazu, so dass die Kinder auch noch eine gewisse körperliche Betätigung erbringen mussten.
Einmal kam es zu einem kleinen «nachbargemeindlichen Zwischenfall»: Morgenfeier, Mittagessen und Produktionen der Schüler konnten programmgemäss bei sehr sommerlicher, heisser Witterung durchgeführt werden. Doch dann kam es zum Wolkenbruch. Alle (es waren deren viele) flüchteten in die viel zu kleine, «alte» Turnhalle. Nun hatte die Firma Knecht kurz zuvor die Einstellhallen fertiggebaut. Der Seniorchef, der auch am Jugendfest zugegen war, schlug spontan vor, die ganze Gesellschaft dorthin zu zügeln, da ein grosser Teil noch leer stand. Er organisierte einen Car, der im Pendelverkehr alles, inklusive Wirtschaftsbetrieb, vom Rothübel ins Trockene brachte. Nach etwa einstündigem Unterbruch konnte das Fest weitergehen. Und es ging weiter. Die Stunden flogen nur so dahin, man merkte es erst, als die Ortspolizei ... Windisch aufkreuzte. Man hatte im Trubel vergessen, dass man das Gemeindegebiet gewechselt hatte: Die

Freinachtbewilligung hatte aber nur für Hausen Gültigkeit. Nach kurzem Gespräch kam es zu einer Einigung, und es konnte vergnügt weitergehen. Bevor wir zum «Heute» übergehen, soll noch kurz von einem früheren Bestandteil des Festes berichtet werden, der höherer Gewalt zum Opfer fiel: Am Vorabend des Jugendfestes war es schon immer Brauch gewesen, dass die Musikgesellschaft zum Zapfenstreich blies. Um sie nicht allein durchs Dorf ziehen zu lassen, beschloss man, einen Lampionumzug durchzuführen. Beim ersten Mal wurden den Schülern Lampions ausgehändigt. In den folgenden Jahren aber stellten sie ihre Leuchten selber her; jede Klasse hatte ihr eigenes Modell – es waren oft richtige Kunstwerke. Dieser Lampionumzug entwickelte sich zu einer schönen Einstimmung auf das Jugendfest. Seit der Einführung der Sommerzeit ist es leider zu hell für die Lampions. Der Zapfenstreich aber lebt weiter, wenn auch in einer andern Form.

Das «Heute»

Mit der Errichtung von Mehrzweckhalle, Turn- und Parkplatz konnte dem Fest die heutige Form gegeben werden. Eigentlicher Festplatz ist der Trockenplatz hinter der Halle (mit Fluchtmöglichkeit bei Regenguss in die Halle), auf dem Parkplatz richtet sich eine kleine Budenstadt ein, und das Essen findet, auch bei gutem Wetter, in der Halle statt. Der eigentliche Ablauf erfuhr zwar mit der Einführung des Spätsommerbeginns des Schuljahres noch eine kleine Anpassung, aber im gesamten gesehen wikkelt sich das Fest so ab:

Am Vorabend Schulschlussfeier mit anschliessendem Zapfenstreich. Nach dem Umzug wird das Jugendfestbrot verteilt. (Die wenigsten Kinder sollen es, dem Gerücht nach zu schliessen, ganz nach Hause bringen – übrigens auch nicht die Erwachsenen.) Platzkonzert der Musikgesellschaft und gemütliches Zusammensein auf dem Festplatz hinter der Turnhalle beschliessen den Vorabend stimmungsvoll.

Das zeitliche Aneinanderfügen von Schulschlussfeier und Jugendfest brachte den Vorteil, dass nun letzteres wirklich ein Fest für die Jugend wurde. War es in den früheren Jahren Brauch, dass sich die Schüler mit den verschiedensten Produktionen (zur Freude der Eltern) das Fest «verdienen» mussten, so können nun diese Darbietungen auf den Vorabend verschoben werden.

Jugendfest 1960. Der Zug biegt von der Hauptstrasse in die Holzgasse ein. Die «Blumenkinder» werden begleitet von Erika Amsler-Heiniger. Im Hintergrund die Front der Häuser gegenüber dem Rössli: links – hinter den Lehrerinnen Spuhler und Bopp – die Telefonkabine, daneben das Schärer-Haus mit Schildern «Coiffeur» und «Kolonialwaren E. Graf-Frei». Rechts anschliessend die Bäckerei Widmer. Foto L. Berner.

Kleines Zwischenspiel: Die Wandlung der Darbietungen

Wie das Brot zum Brötliexamen, der Schülergesang zur Morgenfeier, so gehörte der Reigen zum Jugendfestnachmittag, mit Musikbegleitung «live» natürlich: Einmal war es die Musikgesellschaft, dann der Schülerchor mit Blockflötenbegleitung. Einmal wurde sogar das Klavier vom zweiten Stock heruntergezügelt. (Es war übrigens das einzige, das vor dem prompt einsetzenden Regen nicht flüchten konnte!) Ursprünglich den mit Blumen und Bändern geschmückten Mädchen vorbehalten – die Knaben brillierten mit turnerischen Darbietungen –, so begannen sich mit der Zeit die ersten Anzeichen der «Koedukation» bemerkbar zu machen. Zuerst schüchtern in der Unterstufe, dann etwas mutiger an der Mittelstufe, bis sich schliesslich auch die Oberstufe, die es bis in die achtziger Jahre noch in Hausen gab, an einen Jazztanz wagte, der von Knaben und Mädchen aufs rassigste vorgeführt wurde. Mit dem Bau der Mehrzweckhalle mit Bühne ergaben sich ungeahnte, neue Möglichkeiten. Schon im ersten Jahr nach der Einweihung

1960: Die Lehrerinnen Laura Spuhler und Klara Bopp-Schaffner, links im Hintergrund Lehrer Martin Schüle, vor der Ladenfront der alten Bäckerei Widmer. Foto L. Berner.

wagte man sich an eine Revue, woran alle Schüler von der ersten bis zur achten Klasse gemeinsam beteiligt waren. Und da es gerade in der Epoche der Mondexpeditionen war, so hiess der Titel natürlich «Marsmenschen besuchen Hausen». (Diese kehrten übrigens Mitte der neunziger Jahre nochmals zurück!) Trotz dem relativ grossen zeitlichen und materiellen Aufwand wurden diese gemeinsamen Aufführungen in mehr oder weniger regelmässigen Abständen wiederholt. Max und Moritz, Struwwelpeter, Schlaraffenländer, tanzende Schweinchen, kleine Hexen, Zoobewohner, Beppinos, Fernsehreporter und andere tummelten abwechslungsweise auf der Bühne herum. Anfangs gab es zwei Aufführungen (eine im Frühjahr zum Schulabschluss, die gleiche drei Monate später am Jugendfest), wobei jeweils bei der letzteren die in der Zwischenzeit in die Schulen von Windisch übergetretenen Schüler «als Gast» auftraten (ein Grund übrigens, die Fünftklässler bei der Teilnahme eher zu schonen). Mit dem Zusammenschluss von Schuljahresende und Jugendfest vereinfachte sich das Ganze.

1960: Ortspolizist Heinrich Rohr (rechts hinten) lässt den Verkehr passieren. Foto L. Berner.

Im Jubiläumsjahr 1991 ging man noch einen Schritt weiter. Mit «mittelalterlichen Spielen ohne Grenze» wurden auch die Erwachsenen miteinbezogen. Diese liessen sich nicht lumpen und machten (fast *zu*) eifrig mit, galt es doch, «die Ehre des Quartiers» zu retten.

Das «Heute», zweiter Teil:
Am Jugendfesttag sammeln sich Schüler und Behörden zum Umzug durchs Dorf. Da dies während Jahren ein verkehrstechnisches Problem war, kamen die Bewohner der einzelnen Quartiere in den Genuss, den Umzug vom eigenen Haus aus beobachten zu können, denn es mussten «Schleichwege» gesucht werden, um die Hauptstrasse möglichst zu meiden. Dabei galt es, die verschiedenen Quartiere, die sich im Laufe der Jahre stark vergrösserten, gleichwertig zu berücksichtigen, was nicht immer sehr leicht war. Dies wiederum spornte die Bewohner an, ihr Quartier zu schmücken, so dass neben den «offiziellen» noch etliche Laufmeter weiterer Kränze hergestellt

werden mussten. Mit der Eröffnung der Umfahrung hat nun auch die Hauptstrasse ihre angestammte wichtige Rolle am Jugendfest zurückerobert. Nach dem Umzug findet sich alles zur Morgenfeier auf dem Festplatz ein. Die pfarrherrliche Predigt ist inzwischen der Ansprache eines Jugendlichen gewichen. Die Festwirtschaft wird schon seit einiger Zeit nicht mehr von der Schulpflege durchgeführt (die Papiersammlung bringt genügend Geld für das Skilager!), sondern von den Dorfvereinen. Geblieben ist aber das Mittagessen, unterteilt in Behördenmahl und Volksessen. Am Nachmittag finden Plauschspiele statt. Der Tanz, der ursprünglich einen grossen Teil des Nachmittags eingenommen hatte, verschob sich immer mehr gegen den Abend. Auch die Tanzmusikformation der Musikgesellschaft wich einem Gemisch von Konservenmusik und moderner «Tanzband», wohl zum Stolz der Kleinen, die nun zu deren rassigen Klängen auf der Bühne herumwirbeln können. Der Versuch, eine Disco in das Programm einzubauen, wurde bis heute nicht wiederholt. Das einzige, was man, Gott sei Dank, nicht ändern kann, sind die Wetterverhältnisse. Dem Regen kann man zwar ausweichen, wenn dies auch nur ungern geschieht. Etwas schwieriger wird es bei allzu starken Sonneneinstrahlungen. Zum Glück hat noch niemand verlangt, deswegen den roten Turnplatz mit Bäumen zu bepflanzen oder gar zu überdachen...
Im Laufe der Jahrzehnte hatte sich das Brötliexamen, wortwörtlich genommen «das Examen am Schluss eines Schuljahres», zum Jugendfest durchgemausert. Das Jugendfest wurde vom Frühling in den Sommer verschoben, vor allem aus Wettergründen. Nun ist es von der Vergangenheit eingeholt worden. Mit der Einführung des Spätsommerbeginns des Schuljahres ist das Jugendfest wieder zu dem geworden, was es ursprünglich war: zu einem «Schuljahresende-Fest»!
Mag auch heute in der schnellebigen Zeit und bei der Vielfalt der Angebote von Unterhaltungs- und Freizeitmöglichkeiten die Attraktivität des Jugendfestes bei Kindern und Jugendlichen bedeutend kleiner geworden sein, so ist doch zu hoffen, dass es auch in Zukunft nicht einfach sang- und klanglos untergehen wird wie so manch alter Brauch. Es wäre wirklich schade.

Wie die Hausemer den 1. August 1891 feierten

Erwachen des Nationalbewusstseins – Dorfverein und Schützengesellschaft organisieren die dorfeigene Feier – Szenen aus Schillers «Tell» kommen auf verschiedenen Plätzen im Dorf zur Darstellung.

Im Europa des 19. Jahrhunderts breitete sich der sog. *Nationalismus* immer mehr aus. Er machte auch vor den Toren der Schweiz nicht halt. Diese war noch immer daran, sich ein «eigenes Gesicht» zu geben (Bundesverfassung von 1848, deren Totalrevision 1874 sowie eine Partialrevision 1891). Für die Eidgenossenschaft galt es zudem, nach aussen als ein Ganzes aufzutreten und dem sich immer mehr breitmachenden «Kantönligeist» mit einem «Nationalbewusstsein» ein Gegengewicht zu geben. Unter diesem Aspekt muss der Beschluss gewertet werden, den 1. August als offiziellen Nationalfeiertag zu erklären, dies gestützt auf den während Jahrhunderten verschollenen und erst in der zweiten Hälfte des 18. Jahrhunderts wieder aufgetauchten Bundesbrief von 1291. Ironischerweise waren ausgerechnet die Urkantone mit diesem Datum nicht einverstanden. Sie hielten vorerst an «ihrem» 31. Oktober fest: dem fiktiven Datum des «Burgenbruches» 1308. In der übrigen Schweiz wurde nun dieser 1. August im Jahre 1891 zum erstenmal gefeiert, gleichzeitig mit dem «600jährigen Bestehen der Eidgenossenschaft».
Auch Hausen wollte keine Ausnahme machen. Doch kam die Initiative nicht etwa «von oben», sondern von den Vereinen, besser gesagt vom damaligen «Dorfverein».
Am 21. März 1891 beschloss dieser zusammen mit der Schützengesellschaft die Durchführung einer Bundesfeier am 1./2. August. Es wird eine fünfgliedrige Kommission – *mit Joh. Jakob Schaffner, Schuhmacher, als Präsident, Johann Widmer, Maurer, Friedrich Hartmann, Buchdrucker, Joh. Friedrich Schatzmann, Gabelmacher und Jakob Schaffner, Giesser* – bestellt, mit der Aufgabe, *die Feier vorzubereiten und zum Abschluss zu bringen.* Über die Wahl der Kommission schreibt der nach der Feier nach Amerika ausgewanderte Aktuar Caspar Schatzmann:[59] *Wir hoffen, diese 5 Männer werden sich bestreben, dass aus diesem Tag ein gemütlicher für Jung und Alt wird, denn er kommt nur alle hundert Jahre einmal.*
Nach dem Vereinsprotokoll (des Dorfvereins), ergänzt durch eigene Erinnerungen des Chronisten Jakob Schaffner, wickelte sich die Feier wie

folgt ab:[59] *Die Wogen der Begeisterung schlugen hoch im Schweizerlande, war es nach der Überlieferung doch die erste Bundesfeier, die seit 1291 überhaupt abgehalten wurde. Die unruhigen Zeiten früherer Jahrhunderte liessen den Gedanken an Erinnerungsfeiern nicht aufkommen. Man war zu sehr mit anderem beschäftigt.*
Der 1. August war ein Samstag. Fleissige Hände schmückten das Dorf und am Abend wurde auf dem Rösslibord ein Freudenfeuer angezündet und vom Männerchor einige Lieder gesungen. Am Sonntag den 2. August zogen die vereinigten Chöre und die Schuljugend der Kirchgemeinde zum Vormittagsgottesdienst und zur Gedenkfeier nach Windisch. Der Nachmittag blieb den Gemeinden reserviert, und an diesem beging auch Hausen die Feier. Zur Aufführung kamen aus Schillers Wilhelm Tell «Tells Apfelschuss» und «Gesslers Tod». Auch der Rütlischwur kam zur Darstellung. Wer die Scenerien vergegenwärtigen will, muss die drei seither auf dem erhöhten Platz beim Rössli erstellten Häuser weg und sich an deren Stelle einen Baumgarten denken. (Es handelt sich dabei um die Häuser, die inzwischen dem «Huserhof» weichen mussten.) *Vor dem Haus der Metzgerei Widmer* (heute Blumen Umiker/Metzgerei Lüthi), *damals einem Bauernhaus mit angebauter Strohdachscheune, stand ein alter Birnbaum. Hier fand Tells Apfelschuss statt.* (Gessler pflückte halt dann den berühmten Apfel von einem Birnbaum!) *Auf einer Bank beim Vorplatz zum Rössli sahen wir in einem späteren Akt beim Vorbeimarschieren Landvogt Gessler im Sterben.* (Scheinbar handelte es sich da um ein sog. «lebendes Bild», an dem die Zuschauer vorbeipilgern mussten.) *– Nach beendigtem Festspiel formierte sich ein Umzug durchs Dorf und auf den Festplatz, der südlich des Schulhauses in einem Baumgarten lag* (vor dem Bauernhof Renold). *Die ganze Dorfbevölkerung war besammelt, um den Darbietungen der beiden Sängerchöre* (neben dem Männerchor gab es zu jener Zeit auch einen «Töchterchor», der dann aber wieder von der Bildfläche verschwand) *zu folgen und in festlicher Stimmung mitzufeiern. Die Ansprache wurde von Lehrer Schaffner* (dem Präsidenten des Dorfvereins) *gehalten. Die schlichte und eindrucksvolle Feier hat in den Herzen Aller einen nachhaltigen Eindruck hinterlassen. Die vom Töchterchor getragenen sog. Bundesfeierhüte blieben noch lange das sichtbare Zeichen einer patriotischen Kundgebung, die miterlebt zu haben jeden Teilnehmer bis ins Alter erfreuen wird.*

Wie die Hausemer die Centenarfeier 1903 begingen

Offizielle Gedenkfeier – Hausen beschliesst, eine eigene Feier auf die Beine zu stellen – Vorbereitung in Rekordzeit – Vormittagsgottesdienst im Amphitheater – Dörflicher Festumzg mit Festspiel – Schillers «Tell» steht Pate.

Zum hundertsten Jahrestag der Selbständigkeit des Kantons Aargau und dessen Beitritt zum Schweizerbund ordnete der Regierungsrat auf 5. Juli 1903 eine Gedenkfeier in Aarau an. Der 6. Juli, ein Montag, wurde als kantonaler Feiertag erklärt. Am 5. Juli fand in Aarau ein Festspiel statt, das an die 2000 Spielende zählte und zu dessen Hauptprobe die oberen Klassen des ganzen Kantons eingeladen wurden. Diese Einladung gab für Hausen das Signal zur Durchführung einer eigenen Feier. In einem Protokoll lesen wir dazu folgendes:[59]

Gemeinderat und Schulpflege hatten in gemeinschaftlicher Sitzung beschlossen, einer Einladung zur Beschickung der oberen Schulklassen an die Hauptprobe für die Centenarfeier in Aarau nicht Folge zu leisten; dagegen wurde bei den Vereinen die Anregung gemacht, zum Andenken an den vor hundert Jahren erfolgten Beitritt unseres Kantons in den Schweizerbund etwas für die Schulkinder zu tun…

Die Geschwindigkeit, mit welcher dieser Beschluss in die Tat umgesetzt wurde, lässt uns heute fast schwindlig werden:
Am 29. Mai 1903 hielten die Vorstände der verschiedenen Vereinen eine gemeinsame Sitzung ab:

Nach gewalteter Diskussion wurde ein 9 gliedriges Organisationskomité bestimmt, welches die Sache zur Hand nehmen soll.

Eine Notiz vom 13. Juni 1903 besagt, dass die anwesenden Mitglieder der Vereine sich bereit erklärten, am Festspiel teilzunehmen und die angewiesenen Rollen zu übernehmen.
Nach Aufzeichnungen des Chronisten[59] wickelte sich die Feier folgendermassen ab:

Am 5. Juli 1903 war Vormittagsgottesdienst im Amphitheater in Windisch. Sämtliche Vereine der Kirchgemeinde fanden sich mit ihren Bannern hiezu ein. Die

Bannerträger postierten sich beidseits einer gegen Süden angebrachten Kanzel. Eröffnet wurde die Feier durch den Vortrag eines eigens zu diesem Zwecke komponierten Liedes, des Calvenliedes von (Otto) *Barblan* (streng genommen stammt das Lied aus dem Festspiel zur Calvenfeier 1899 = Schlacht an der Calven, 1499), *das im Gesamtchor gesungen wurde. Die weihevolle Festrede hielt Herr Pfarrer Pettermand* (1882 bis 1903 in Windisch tätig). *Zum Schlusse sang die ganze grosse Gemeinde die Nationalhymne. Die erhebende Feier dauerte über 2 Stunden.*

Eine Woche nach der gemeinsamen Feier der Kirchgemeinde war es dann in Hausen selber soweit:

Auch Hausen hatte es sich nicht nehmen lassen, den Akt der Erinnerung würdig zu begehen. Auf Anregung des Gemeinderates und der Schulpflege, etwas für die Schuljugend, der hoffnungsvollen Zukunft des Vaterlandes, zu tun, beschlossen die vier Vereine der Gemeinde (Schützengesellschaft, Musikgesellschaft, Männerchor und «Gemischtchor») *in gemeinschaftlicher Versammlung, das Festspiel von J. Hunziker «Argovias Wiegenfeier», aufzuführen. Als Tag hiezu wurde der 12. Juli bestimmt. Unterstützt wurde das Vorhaben in lobenswerter Weise durch Geldbeiträge von Privaten und der Gemeinde. Es wurde in der Folge tapfer studiert und gearbeitet. Am Vorabend des 12. Juli gingen nicht nur sämtliche Stücke gut, das ganze Dorf war durch rührige Hände in ein Festgewand gesteckt, wie es Hausen noch nie sah, selbst nicht an der Bundesfeier* (1891). *Der über 80 Jahre alte Johannes Widmer, «älter», äusserte, in seinem langen Leben habe er die Holzgasse noch nie so schön dekoriert gesehen.*
Am 12. Juli, Morgens 4 Uhr erschallten Trompetenstösse durch das Dorf. Für die Spielenden war das das Signal zur Tagwache und zur nochmaligen Zusammenkunft zur letzten Probe auf dem Festplatz. Nach Verlauf derselben ging männiglich zum Frühstück, um nachher bis mittags bei Errichtung weiterer Dekorationen behilflich zu sein. Zu dieser letzten Probe hatte sich schon eine ganz ansehnliche Zahl der Einwohnerschaft eingefunden. Der Nebel, der in der Morgenfrühe die Erde belagerte, schwand und machte einem klarblauen Himmel Platz.

Um 1 Uhr sammelten sich die Gemeindebehörden, Schulen und Vereine beim Schulhause (dem heutigen Gemeindehaus) *zum Festumzuge durch das Dorf. Derselbe formierte sich wie folgt: Voran ritten zu Pferd die Darsteller der Generale Mengaud* (er vertrat als französischer Geschäftsträger die Interessen

Frankreichs in der Schweiz zur Zeit der Kantonsgründung) *und Rapp* (Bonapartes Adjutant) *mit je einem Bedienten, und der Herold. Diesen folgten die Träger der beiden Vereinsbanner. Es schlossen sich in der Reihenfolge an: Musikgesellschaft, Gemeindebehörden, Schützengesellschaft, 13 schweizerische Militärs mit einem Tambour, die Darstellerin der Freiheit (dargestellt von der 18-jährigen Tochter des Festredners) mit der Argovia, ein Blumenwagen, 21 Mädchen als Trägerinnen der Kantonswappen, die Schüler der beiden Schulen* (Unter- und Oberschule) *und schliesslich 10 Eidgenossen und 10 Oesterreicher mit je einem Bannerträger. Recht hübsch nahm sich der Blumenwagen heraus, desgleichen eine Gruppe von Schülern, welche die verschiedenen Berufsarten bildlich darstellten. Originell war auch folgendes Bild: Eine Anzahl Schüler in Trachten zog einen Brückenwagen, auf welchem eine sogenannte Windmühle stand, die ebenfalls auf ihr hundertjähriges Bestehen zurückblicken konnte und die unter grossem Lärm Spreuer unter das schaulustige Publikum spie. Die genannten Gruppen waren das Verdienst von Lehrer Schaffner.*
Nach ca. einstündigem Umzuge wurde der Festplatz im «Letten» erreicht. Vor einem wider Erwarten zahlreich erschienenen Publikum von nah und fern konnte mit dem Festspiel begonnen werden. Der Spielplatz war ein sehr günstiger. Die Stücke spielten sich auf einer Naturbühne nordwärts der Wirtschaft («im Letten», dem heutigen Restaurant Stollen) *ab. Das Publikum stand auf der Strasse und im rückwärtigen Wiesland und hatte so eine ausserordentlich gute Position. Die Natur war in der schönsten Vegetation.*
Der erste Akt stellte den Rütlischwur dar, wie ihn uns die Geschichte lehrt (aus Schillers «Tell»).
Der zweite Akt spielte die Schlacht bei Sempach. Die Schüler sangen hinter dem Vorhang (?) das Sempacherlied dazu. Bei der ersten Strophe stellten sich die 10 Oesterreicher auf, in Frontallinie, die Speere vorgeschoben. Bei der zweiten Strophe postierten sich ihnen gegenüber die Eidgenossen keilförmig. Mit Beginn der dritten Strophe begann die bildliche Darstellung der Schlacht und nachher die Aufsuchung der «Toten» mit Winkelried (!).
Nach einer ziemlich langen Pause wurde mit dem dritten Akt begonnen, der Verkündung der Freiheit und Gleichheit Aller durch Mengaud, wie Hunziker es in seinem Festspiel darstellt. Den Schluss der Aufführung bildete der Aufmarsch schweizerischen Militärs.

Der Beschreibung nach zu schliessen, macht es den Eindruck, dass nur der sog. «3. Akt» Hunzikers Festspiel entnommen worden war, während es sich beim ersten und zweiten Akt eher um eine «Eigenproduktion» gehandelt haben dürfte (in Anlehnung an Schillers «Tell», 1891 in Hausen «stückweise» aufgeführt = siehe Bundesfeier).

Es entspann sich nun ein äusserst gemütliches Festleben, wobei Vorträge der Vereine angenehme Abwechslung und Unterhaltung boten. Als Festredner wurde vom Organisationskomité mein Vater (des Chronisten) *Johann Jakob Schaffner* (seines Zeichens Schuhmacher, Gemeinderat und Präsident des Bundesfeier-komitees) *betraut. Er entledigte sich seiner Aufgabe in allgemein gehobener Stimmung* (!).
Am Abend fand eine bengalische Beleuchtung lebender Bilder statt. Tanz und Unterhaltung bis in den frühen Morgen liessen die Bedeutung des Tages erkennen. Die Centenarfeier wird in der Geschichte des Aargaus fortleben.

Wie die Hausemer 1953 die 150-Jahr-Feier begingen

Eine Feier im Geiste der Nachkriegsstimmung – Festakt in Brugg – offizieller Festtag in Aarau – die lokale Feier in Hausen – Die Ansprache des Gemeindeammanns gibt den Anstoss zur Dorfchronik – Volksfest auf den Strassen.

Mag auch der nüchtern denkende und mit «Vergangenheitsbewältigung» kämpfende Schweizer zu Beginn des 21. Jahrhunderts für den Patriotismus der «alten Generation» nur ein mitleidiges Lächeln übrig haben, so bleibt trotzdem die Tatsache bestehen, dass es ihn gegeben hat, mehr noch, dass er für jene Zeit, auch das darf und muss gesagt sein, für die Menschen damals eine «überlebens»-wichtige Notwendigkeit gewesen ist. Aus diesem Grund sei hier die Schilderung der 150-Jahr-Feier leicht gekürzt wiedergegeben, ergibt sie für uns doch ein gutes Bild jener «Nachkriegsstimmung».[60]

Die Bevölkerung von Hausen zeigte schon immer eine patriotische Gesinnung. Sie trat spontan in Erscheinung, sobald ein vaterländischer Gedenktag in unmittelbare Nähe rückte und die Gemüter zu beschäftigen begann…
Das Jahr 1953 brachte dem Kanton Aargau das 150-Jahrjubiläum des Bestehens. Über den Verlauf der Feier in der Kantonshauptstadt und über die Lokalfeier in Hausen geben die nachfolgenden Schilderungen Aufschluss.
1. Durch Beschluss des Regierungsrates wurde der Beginn der Feier auf Samstagnachmittag, den 5. September 1953, festgesetzt und mit der Übergabe von Botschaften der 11 Bezirke an den Landammann des Kantons eröffnet. In Brugg fanden sich auf Einladung des Bezirksamts im Rathaus beim Schwarzen Turm die Vertreter der Bezirksbehörden und die Gemeindeammänner und Gemeindeschreiber des Bezirks zur gemeinsamen Unterzeichnung der Huldigung ein. Punkt 16.00 Uhr gab ein Startschuss des Bezirksamtmanns das Zeichen zum Aufbruch und zur gestaffelten Überbringung des Dokuments durch Turner des Bezirks an den Landammann. Zur Erinnerung an den Anlass spendete der Stadtrat den versammelten Behördemitgliedern einen währschaften Imbiss.
Der offizielle Festtag begann am Sonntag, den 6. September 06.00 Uhr, mit 11 Kanonenschüssen und 08.00 Uhr mit Kranzniederlegungen bei den Soldatendenkmälern und Gedenktafeln in Aarau, Muri, Rheinfelden, Villigen und Zofingen. 08.15 Uhr begann ein römisch-katholischer und 08.30 Uhr ein gemeinsamer reformierter und christkatholischer Gedenkgottesdienst in der Stadtkirche (Aarau). *09.30 Uhr bis 10.00 Uhr besammelten sich Behörden und Ehrengäste*

auf der Kasernenstrasse und 10.00 Uhr begann der Behördenumzug und begab sich unter Blumenzuwurf der Aarauer Jugend zum offiziellen Festakt vor dem Regierungsgebäude. Auf der mit den Kantonsfahnen und der eidgenössischen Fahne geschmückten Terrasse hielten, flankiert von Staats- und Bundesweibeln, Landammann Dr. Bachmann und Bundespräsident Dr. Etter Ansprachen an die versammelte Festgemeinde. Nach dem Mittagsbankett setzte 14.15 Uhr der grosse historische Umzug durch die Strassen der Stadt ein, worauf anschliessend auf verschiedenen öffentlichen Plätzen ein allgemeines Volksfest am frühen Montagmorgen den feierlichen Anlass beschloss…
2. Neben den kantonalen fanden, wie schon 1903, lokale Feiern statt. Hausen beging die seinige am 12. September abends…

Über den Verlauf der Feier entnehmen wir einer Zeitungskorrespondenz (aus dem seinerzeit noch bestehenden, unabhängigen «Brugger Tagblatt»):

Am vergangenen Samstagabend fand auf dem (alten) *Turnhalleplatz in Hausen eine lokale Gedenkfeier zum 150-jährigen Bestehen des Kantons Aargau statt, die vom grössten Teil der Bevölkerung besucht wurde. Unsere Schuljugend hatte in subtiler Kleinarbeit Lampions mit fröhlichen und z.T. heraldischen Sujets gebastelt und leitete die Feier mit einem launigen Lampionsumzug durch die Strassen unseres Dorfes ein. Der Lichterschein und die Kinderstimmen lockten zum Mitmachen und unter dem Geläute der Schulhausglocke trafen die verschiedenen Gruppen in der Dorfmitte zusammen und zogen gemeinsam auf den Turnhalleplatz. Nach einem kurzen Begrüssungswort durch den Vorsitzenden des Organisationskomitees wartete die Musikgesellschaft mit einem rassigen Eröffnungsmarsch auf. Hierauf gab die Damenriege einen Volkstanz zum besten, der mit seiner Beschwingtheit und den Trachten der Ausführenden so recht zum Abend passte. Nicht minder waren die Gesangsdarbietungen des Männerchors, des Frauen- und Töchterchors und der Schule. Ein Fahnenreigen des Turnvereins, der straff und kräftig wirkte, erntete verdienten Applaus. Näheres über die Gründung des Kantons und insbesondere über Entstehung und Entwicklung unserer Gemeinde erfuhren die Anwesenden durch Herrn Gemeindeammann Schaffner. Sein Tour d'horizon war interessant und gut verständlich vorgetragen… Hoffen wir, dass das Vorgetragene seinen Weg in unser Gemeindearchiv findet und damit einen wertvollen dorfgeschichtlichen Beitrag für Gegenwart und Zukunft bilden wird.* (Die Folge davon war die Chronik von 1957.) *Mit einem Mahnwort an die Schuljugend und Gedenkworte zur Feier selbst, schloss der Redner seine Kundgebung. Es folgten nochmals Gesangsvorträge und ein weiterer Volkstanz der Damenriege. Hierauf übergab Herr Gemeindeammann Schaffner unter den Klängen des Schlussmarsches der Musikgesellschaft der Schuljugend die neugeschaffene Gemeindefahne, die mit Freude und Jubel in Empfang genommen wurde. Damit wäre eigentlich die Feier zu Ende gewesen. Aber der Abend hatte seine Wirkung nicht verfehlt. Da und dort erscholl Musik. Die Hauptstrasse im Dorfkern war bald in einen Tanzboden verwandelt und die Automobilisten mussten wohl oder übel einen Ringeltanz um ihr Vehikel über sich ergehen lassen, bevor sie ihre nächtliche Fahrt fortsetzen konnten. Gegen Mitternacht wurde das fröhliche Treiben in den «Rössli»-Saal verlegt. An dieser Stelle soll der munteren, sprudelnden Jugend (eingeschlossen natürlich unsere Dorfmusikanten) ein besonderes Kränzchen gewunden werden, dass sie so spontan und von Herzen kommend ein Fest «aufgebaut» hat, das seinesgleichen sucht. Möge dieser Geist auch fürderhin unserem Dorf erhalten bleiben, ein Geist und eine Kraft, die auch heute noch imstande wäre, Freiheitsbäume aufzurichten, wenn es nötig werden sollte…*

…Wie wär's, wenn «moderne» Schweizerinnen und Schweizer hie und da auch solche Begeisterung an den Tag legen würden…

Überschwemmung vor dem Eitenberg, Winter 1940. Niederschläge und Schneeschmelze bei hart gefrorenem Boden setzten Teile des Birrfelds unter Wasser. Links Haus Schmidt (früher Hartmann) am Trottenweg 5. Diasammlung der Ortsbürger.

VW-Lager der Amag In den Höfen. Foto Anfang sechziger Jahre, L. Berner.

Bahnwärterhaus südlich der Reichhold-Chemie. Foto um 1960, L. Berner

Walter Schatzmann sen. und jun. mit Bindemäher auf dem Feld In den Höfen, südwestlich der Reichhold. Foto Ende fünfziger Jahre, L. Berner.

Geschichte aus Erinnerungen und Ansichten

Die Dorfchronik 2000 enthält im folgenden Abschnitt 23 Interviews mit Einwohnern von Hausen, 23 Gespräche mit im Ganzen 36 Personen. Die Geburtsjahre dieser Personen liegen zwischen 1905 und 1989. In den Gesprächen geht es um das 20. Jahrhundert und um Hausen.
Geschichte besteht nicht nur aus den Daten und Fakten, die in älteren Geschichtsbüchern, Protokollen, Verträgen und anderen Archivinhalten gespeichert sind, Geschichte besteht auch aus den Inhalten der Erinnerungen und Ansichten sämtlicher Mitspieler im Welttheater (in unserm Fall: im Dorftheater), von den Hauptdarstellern bis zu den Statisten. Jeder ist Zeitzeuge der Epoche, die er erlebt. Für die Dorfchronik 2000 wollten wir wissen: Wie haben Einwohner von Hausen das 20. Jahrhundert erlebt und wie sehen sie das Dorf?
Die Unmöglichkeit, alle Biographien, alle Erinnerungen und Meinungen in einem Dorf wie Hausen zu erfassen und aufzuzeichnen, ist auch ohne Begründungen klar. Die knappe Zahl von nur 23 Interviews mit 36 Personen (bei über 2500 Einwohnern) muss dagegen erklärt werden. Hauptgrund für diese Einschränkung ist der knappe Raum, der in der Dorfchronik 2000 von Hausen zur Verfügung steht. Ein weiterer Grund ist, dass die Interviews in diesem Rahmen nicht ausgewertet werden konnten, so dass die Wahl weniger «Protagonisten» sinnvoll war.

Wie sind die Interviews in der vorliegenden Form zustande gekommen?
– Bei der Auswahl der Gesprächspartner waren verschiedene Gesichtspunkte für mich massgebend. Zentral war die Frage nach der Wandlung des Dorfes vom alten Bauerndorf zur neuen Schlafsiedlung. Das heisst, die meisten Informanten wurden in der Einwohnergruppe gesucht, die diesen Wandel miterlebt hat. Eine zweite Gruppe bilden Zugezogene, die entweder direkt oder indirekt an diesem Wandel mitwirkten oder aber in das bereits gewandelte Hausen einzogen. Die dritte – kleine – Gruppe bilden die im neuen Hausen Aufgewachsenen, die den nostalgiefreien Standpunkt der jüngeren Generation vertreten.
– Konkret ging die Aufnahme der Interviews so vor sich: Ich fragte die betreffenden Personen an, erschien – nach erhaltener Einwilligung – mit einem Tonbandgerät zum Gespräch, stellte möglichst wenige Fragen und liess mir erzählen, was den Interviewpartnern in und um Hausen wichtig erschien. Die Tonbandaufzeichnung wurde dann in vollem Umfang in ein dialektnahes Schriftdeutsch übersetzt und geschrieben, in einem zweiten

Arbeitsgang auf Schwerpunktaussagen gekürzt und in dieser Fassung den Gesprächspartnern zur Korrektur übergeben. Die korrigierten Texte wurden sprachlich etwas geglättet, enthalten aber immer noch Dialektausdrücke und bewusst dialektnahe Formulierungen.

– Alle in Klammern gesetzten Textteile sind von mir eingesetzte Ergänzungen, wie zum Beispiel Strassennamen und Hausnummern, die von den Alteingesessenen prinzipiell nicht verwendet werden, die aber für Uneingeweihte bzw. Neu-Hausener notwendige Orientierungshilfen bieten.

Wer die Elemente des Wandels, der in Hausen radikaler war als in vielen andern Dörfern, in diesen Gesprächsaufzeichnungen aufspüren will, wird sehr aufmerksam lesen und sich bei jedem Interviewtext die Jahrgänge, die mit den Namen zusammen Titelfunktion haben, vergegenwärtigen müssen. Verschiedene zensurierende Filter haben im Laufe der Entstehung der Texte viele Informationen gelöscht:

Zu diesen Filtern mit Zensurfunktion gehören in erster Linie die Namen: Die fehlende Anonymität verbot von vornherein alle Aussagen, die irgendwie und bei irgend jemandem Anstoss hätten erregen können.

Einen weiteren Filter bildete meine Person: Man erzählte mir natürlich vieles nicht, was am Stammtisch oder in der Kaffeerunde verhandelt wird. Die kulturgeschichtliche Aussagekraft von Stammtisch- und Kaffeeklatsch hätte sich aber ohnehin nur bei absoluter Anonymität ausloten lassen.

Einen Filter von nicht zu unterschätzender Dichte bildete auch die Sprachbarriere: Die Übersetzung und die von einzelnen Informanten (oder ihren Angehörigen) gewünschte Ersetzung von dialektnahen Formulierungen durch eine Annäherung an die gewohnte Schriftsprache entfernten weitere Aussagen, diesmal eher unterschwelliger Art.

Was all diesen Zensurinstanzen zum Trotz in diesen 23 Interviews enthalten ist, bietet ein reichhaltiges, in feinen Strichen gezeichnetes Porträt von Hausen und seinen Einwohnern. Die Elemente des Wandels sind gut zu erkennen: Sie zeigen sich in der Entwicklung vom Schulkind, das vor und nach der Schule in Feld und Stall eingespannt wird und nur am Sonntag Freizeit geniesst, zum Schüler, der im Dorf Spielplätze und andere Möglichkeiten, seine Freizeit auszufüllen, vermisst. Der Wandel zeigt sich auch im Beziehungsnetz, in das sich der einzelne einordnet: Die Verwandtschaften spielen bei der älteren Generation (genauer: bei den im Dorf Aufgewachsenen mit Jahrgängen vor dem 2. Weltkrieg) eine wesentliche Rolle. Man weiss mit Selbstverständlichkeit, wer zur Verwandtschaft gehört

– und zwar bei der eigenen und bei anderen Familien. Wenn ich mich erkundigte, ob die Familie X mit der gleichnamigen Familie Y verwandt sei, fiel mir immer wieder die Promptheit der Antworten auf. Entweder lautete die Antwort bejahend, gefolgt von genealogischen Details, oder sie war verneinend, mit einem entschiedenen «Die gönd enand nüt a». Bei der Generation, die in der Kriegs- und Nachkriegszeit geboren wurde, sind die Verwandtschaften zwar noch bewusst, aber nicht mehr grundlegendes Ordnungsprinzip. Berufliche und ausserberufliche Zusammengehörigkeiten, wie Vereine, werden wichtiger. Für die Generation der siebziger und achtziger Jahre ist die Verwandtschaft durch die Selbstverständlichkeit der Mobilität mehr oder weniger zur Nebensächlichkeit geworden. Die verwobenen Netzwerke von Verwandtschafts- und Vereinsstrukturen sind durch weiträumigere Kollegialitäten und Zugehörigkeiten ersetzt. Im Dorf selber sind die Ortsbezeichnungen durch Flurnamen und die Präzisierungen, wie «neben dem Haus des X» oder «dort wo der Y gewohnt hat», in der jüngeren Generation durch Strassennamen und den Begriff «Quartier» ersetzt.

Der Wandel vom Bauerndorf zu Schlafsiedlung setzte rasant und unübersehbar in den sechziger Jahren ein und könnte kurz als «Stocker-Effekt» bezeichnet werden, denn die Bautätigkeit der Firma Stocker prägte das Gesicht Hausens entscheidend. Der aufmerksame Leser wird in den Interviewtexten auch die Antwort auf die Frage finden, warum die alteingesessenen Hausener mehrheitlich positiv auf den Stocker-Effekt reagiert haben, obwohl man allgemein mit Wehmut an das alte Hausen denkt, in dem man «wirklich jeden gekannt hat».

Das alte Hausen war ein bescheidenes, aber im wesentlichen selbstversorgendes und in sich geschlossen organisiertes Bauerndorf, als dessen Galionsfiguren man die so regelmässig von der älteren Generation genannten Persönlichkeiten Hüener Anni und Rohr Heiri sehen könnte: Die eine als profiliertestes Dorforiginal und randständig durch ihren selbstgewählten Wohnort und ihre Eigenwilligkeit, der andere als Ortspolizist und Weibel Verkörperung der Dorfordnung und als starke Persönlichkeit Mittelpunkt des gesellschaftlichen Lebens.

Das neue Hausen wird im wesentlichen charakterisiert durch seine vorzügliche Verkehrslage und seine angenehme Wohnqualität mit Gartensiedlungsquartieren.

Die Selbstverständlichkeit, mit der die Interviewpartner ihre Zeit für diese Gespräche zur Verfügung stellten, und die geduldige Bereitschaft, alle meine Fragen zu beantworten und mir den Weg zum Verständnis der komplexen Dorfstrukturen zu ebnen, freuten mich sehr und machten meinen Anteil an der Dorfchronik 2000 überhaupt erst möglich.
Die Abbildungen, die ebenso wie die Interviews wichtige Dokumente für die Geschichte Hausens im 20. Jahrhundert sind, stammen zu einem guten Teil aus den Fotoarchiven von Lore Berner-Tschanz. Frau Berner hat zudem noch viele Aufnahmen eigens für die Dorfchronik gemacht. Zahlreiche Fotos und Unterlagen sind in grosszügigem Entgegenkommen auch von verschiedenen Hausenern zur Verfügung gestellt worden – ein Entgegenkommen, das keineswegs selbstverständlich ist und für das ich sehr dankbar bin. Für die Zusammenstellung der Abbildungslegenden konnte ich aus den Kenntnissen und dem Wissen einiger langjähriger Einwohner von Hausen schöpfen. Überall wurden meine Anfragen mit einer Fülle von Informationen und Anregungen beantwortet. Ich kann nur bedauern, dass nicht alle Berichte in dieser Dorfchronik Platz gefunden haben. Allen, die für die Dorfchronik in ihren Erinnerungen und Fotoalben, in Archiven und Dokumenten gesucht und gestöbert haben, danke ich herzlich.

Drei Publikationen sind in den Interviewtexten in abgekürzter Form zitiert worden:

- Ammann, O.: Über die Ausbeutung von Erz, Gesteinen und Bodenarten im Bezirk Brugg. Brugger Neujahrsblätter 1929, 39. Jahrgang, 15–37.
- Baumann, Max: Geschichte von Windisch. Vom Mittelalter zur Neuzeit. Windisch 1983.
- Roth, Jörg: Zur Kulturgeographie des Bezirks Brugg. Diss. ETH Zürich. Untersiggenthal 1968.

Wichtig: Die im folgenden wiedergegebenen Interviewtexte sind persönliche Erinnerungen und Ansichten der Erzählenden. Jahrzahlen und Darstellungen von Ereignissen wurden nicht überprüft und nicht korrigiert, auch wenn Unstimmigkeiten erkennbar wurden. Widersprüchliche Aussagen sind deshalb in den Interviews stehengeblieben. Sie verweisen unter anderem auf die methodische Problematik mündlicher Geschichtsüberlieferung.

Berta Stöcklin-Renold
(Foto L. Berner)

Hans und Vreni Renold-Baumann
(Foto L. Berner)

Marie Burri-Widmer
(Foto L. Berner)

Ernst und Martha Graf-Frei
(Foto L. Berner)

Klara Thut-Schatzmann
(Foto L. Berner)

Erwin und Trudi Schaffner-Barth
(Foto L. Berner)

Hans und Verena Schaffner-Haudenschild
(Foto L. Berner)

Hans Mattenberger
(Foto Eig. H. Mattenberger)

Christian und Vroni Schaffner-Schmid
(Foto L. Berner)

Katrin Trachsel
(Foto Eig. B. Schnyder)

Hermann und Käthi Hunziker-Stucki
(Foto L. Berner)

Erich und Margrit Müller-Senn
(Foto L. Berner)

Hans-Peter und Liselotte Widmer-Huber
(Foto L. Berner)

Marlies Ishteiwy-Widmer
(Foto Eig. M. Ishteiwy)

Erich und Martha Spiess-Hadorn
(Foto Eig. E. Spiess)

Valentine Vögeli
(Foto Bircher's photo-atelier)

Ernst und Amelie Widmer-Märki
(Foto L. Berner)

Irene Specht-Maraggia
(Foto L. Berner)

Joel O'Neill
(Foto I. O'Neill)

Roger und Ruth Sträuli-Widmer
(Foto Eig. R. Sträuli)

Max Widmer-von Dach
(Foto L. Berner)

Werner und Ruth Frauchiger-Krazer
(Foto L. Berner)

Jasmin Henle, Christian Henle
(Foto L. Berner)

1905 Berta Stöcklin-Renold
Mitteldorfstrasse 3
(bis 1996:
Stollenweg 6)

Ich bin in Brunegg aufgewachsen, und bis zu meiner Heirat wohnte ich auch in Brunegg, im Haus meiner Eltern. Ich bin 1905 geboren, als zehntes Kind meiner Mutter und vier bis fünf Jahre hinter den sieben Buben her. Jetzt ist niemand mehr da von dieser Generation – nur ich.
Meine Mutter war vorbildlich, immer zufrieden. Sie hat zehn Kinder erzogen, und ich habe sie nie dreinschlagen sehen, nie! Sie hat immer gesagt: «Man kann nur mit dem Vorbild erziehen.» 1887 haben Vater und Mutter geheiratet, zu der Zeit hatte Vater 87 Franken Monatslohn als Bahnarbeiter im Birrfeld. Daneben hatten sie etwas Vieh, hatten einen kleinen Landwirtschaftsbetrieb – das ist nicht zu vergleichen mit heute.
Damals hatte man das Elektrisch noch nicht, man hatte nur Petrollampen, und wenn der Vater nachts vom letzten Zug um halb elf heimkam, dann sass die Mutter immer bei der Lampe und flickte Hosen, Bubenhosen, damit die Buben wieder in ganzen Hosen zur Schule konnten am andern Tag. Und wie selten hat sie selber eine neue Schürze bekommen!
Der Vater musste beim letzten Zug an der Bahn sein und am Morgen beim ersten auch wieder. Dann fuhr längere Zeit kein Zug, und er konnte heimkommen und puure, zusammen mit den Buben. Dazwischen musste er wieder ins Birrfeld hinaus, als Weichenwärter.
Ich glaube, wir waren nicht ärmer als andere Leute damals. Es war überall gleich – Geld war keines da. Es war aber schon etwas, dass der Vater eine Stelle hatte bei der Bahn, denn der Bauernbetrieb gab nichts her, ausser dass wir Selbstversorger waren. Ab und zu wurde eine Sau geschlachtet, und der Schinken wurde ins Rauchhäuschen im Estrich gehängt. Wir hatten ein gutes Rauchhäuschen, da zog der Rauch vom Kochherd durch. Auch andere Leute brachten uns ihre Speckseiten zum Räuchern.
Am Sonntag gab es jeweils Siedfleisch, das war gekauftes Rindfleisch. Durch die Woche gab es manchmal Speck, und natürlich immer Härdöpfel und Gemüse. Ich erinnere mich jedenfalls nicht, dass ich hungern musste.

Ich bin sehr gerne in die Schule gegangen, das war für mich die grösste Freude. Acht Jahre durfte ich in die «Hochschule» von Brunegg gehen. Es war eine Gesamtschule, der Lehrer hiess Philipp Wettstein. Zwei meiner Brüder durften nach Lenzburg in die Bez. Aber die Mädchen – das kam gar nicht in Frage, dass ein Mädchen in die Bez ging. Ich hätte sicher gehen

können, ich hätte die Voraussetzungen gehabt, aber keines aus meiner Klasse durfte gehen.
Nach der Schule kam ich für zwei Jahre nach Brugg hinunter in die Schneiderlehre. Aber die Hauptsache habe ich da nicht gelernt. Ich habe zwar gelernt, schön und exakt zu nähen, aber ein Schnittmuster zeichnen – das gab es noch nicht. Meine Lehrmeisterin, Fräulein Schlumpf, hatte in Paris gelernt. Sie hatte immer etwa vier bis fünf Lehrtöchter, die ihr gratis nähen mussten, und eine Arbeiterin, die uns auch noch anlehren musste. Fräulein Schlumpf hatte ein sogenanntes Gstältli, eine Büste aus Stoff, die mussten wir jeweils auf Oberweite und Hüftweite der Kundin ausstopfen. Darauf zeichnete sie dann ein Schnittmuster, wie sie es offenbar in Frankreich gelernt hatte. Berufsschulen waren noch nicht obligatorisch, und die Meisterin pflegte zu sagen, wir sollten nicht gehen, das nütze uns nichts. Aber es war schliesslich schon viel, dass ich überhaupt eine Lehre machen durfte, meine beiden Schwestern haben nichts gelernt und hätten beide das Talent gehabt. Die eine Schwester wäre gerne in die Gartenbauschule Niederlenz, die damals neu eröffnet war. Aber offenbar hat ihr das niemand bezahlt. Ich weiss nicht mehr, ob ich noch für meine Lehre bezahlen musste, ich glaube nicht. Aber wir hatten natürlich keinen Lohn.
Etwas trage ich meiner Lehrmeisterin heute noch nach. Ich bin in Birr konfirmiert worden, Brunegg, Lupfig, Scherz und Birrhard gehören zur Kirchgemeinde Birr. Und zur Konfirmation hätten wir eine Reise machen können, nach Basel in den Zolli. Diese Reise wäre für mich die Hauptsache an der ganzen Konfirmation gewesen, eine solche weite Reise nach Basel hinunter! Die Reise hätte am Ostermontag stattfinden sollen, aber da regnete es, und die Fahrt wurde verschoben. Und als es dann soweit war, gab die Meisterin mir nicht frei. Und weder meine Eltern noch sonst jemand haben sich für mich gewehrt! Das tat weh.
Sonst weiss ich nicht mehr sehr viel vom Konfirmandenunterricht beim Pfarrer Stähelin, ausser dass wir Kirchenlieder auswendig lernen mussten.
In den Konfirmandenunterricht ging man, wenn man aus der Schule kam, mit 15. Anno 12 bin ich in die Schule gekommen, damals hatten wir gerade das Elektrisch bekommen in Brunegg. Ich erinnere mich gut, was das für ein Ereignis war, als man am Lichtschalter drehen konnte, statt die Petrollampe zu putzen und anzuzünden. Im Haushaltbuch meiner Schwester gibt es einen Eintrag: Lichtrechnung 28 Franken 35 Rappen.
Meistens fuhr ich mit dem Velo von Brunegg nach Brugg, nur im Winter

ging ich mit dem Zügli. Da musste ich dann zuerst zu Fuss von Brunegg nach Othmarsingen und dort einsteigen.

Nach der Lehre war ich drei Jahre in Genf in einem Haushalt. Dort hatte ich Kost und Logis und einen Lohn von 80 Franken im Monat. Nachher habe ich in Lenzburg gearbeitet in einem gutgehenden Geschäft, es hiess Studer-Dätwyler. Ein Konfektionsgeschäft, das aber auch Wäsche und Strümpfe und alles, was unter die Kleider gehört, führte. Drunter und Drüber, Damen und Herren. Als Schneiderin habe ich dort Änderungen gemacht. Das Geschäft hatte grossen Zulauf, denn der Inhaber berechnete nichts für Änderungen – und wir verdienten so wenig! Ich war natürlich zu schüchtern, um zu sagen: «Nehmen Sie den Leuten einen kleinen Betrag ab und geben Sie ihn uns.» Am Anfang hat er mir 145 Franken im Monat offeriert. Das war in den dreissiger Jahren, in der Krisenzeit, und man war froh, wenn man überhaupt eine Stelle fand. Wenn ich mich selber hätte verpflegen müssen und ein Zimmer mieten – es hätte niemals gereicht. So bin ich über Mittag immer heimgefahren zum Essen, alle 14 Jahre, die ich dort war. Im Sommer mit dem Velo, im Winter mit dem Zug. Anderthalb Stunden war die Mittagszeit. Im Sommer öffneten wir um sieben Uhr, im Winter um acht Uhr. Im Sommer musste ich um 6.10 Uhr in Othmarsingen einsteigen, im Winter durfte ich mit einem späteren Zug gehen. Als ich 180 Franken verdiente, gab ich 75 Franken zu Hause ab. Zuletzt habe ich 220 Franken verdient dort, das war gegen Ende des Krieges. Es waren meine schönsten Jahre, die Zeit in Lenzburg! Die Arbeit gefiel mir, ich hatte nette Kolleginnen. Mit den Kleidern zu arbeiten war schön, immer mit Leuten zu tun zu haben – es war immer etwas los.

Mein Bruder Emil Renold kam schon früh nach Hausen. Das war so: Meine Mutter ist auf der Rütene bei Brugg aufgewachsen. Sie war eine reiche Bauerntochter, ihre Eltern hatten einen schönen Hof mit Land ringsum. Einer ihrer Brüder, Abraham Baumann hiess er, heiratete die Tochter auf dem Hof dort oben (Lindhofstrasse 6), er hat dort eingeheiratet, wie man sagt. Sie bekamen dann aber kein Kind. Da hat dieser Onkel bei meinen Eltern in Brunegg angefragt, ob sie ihm nicht einen der sieben Buben geben würden. Nun dachten meine Eltern, dann werde wenigstens einer einmal eine Existenz haben, vielleicht durften sie aber auch einfach nicht nein sagen – jedenfalls, die Mutter, die gerade mich erwartete, schickte den Emil. Er war zwölfjährig. Er war der Folgsamste, der sich am meisten fügte, aber er war sehr unglücklich dort. Später hat er uns erzählt, wie oft er draus-

sen unter der Linde geweint habe. Da musste er aus diesem Gräschel mit den vielen Geschwistern in dem kleinen Haus fort auf diesen Hof, wo er allein war. Er musste auch von Anfang an als Knecht arbeiten und helfen im Stall. Der Onkel und seine Frau waren sicher nicht besonders hart mit ihm, es war einfach so, dass Kinder mitarbeiten mussten. Und ums Vieh herum kannte Emil sich aus, wir hatten ja auch Kühe. Später sagte der Lehrer zum Onkel: «Der wäre fähig für die Bezirksschule.» Aber der Onkel sagte, er könne ihn nicht ermangeln, er brauche ihn auf dem Hof.
Alle meine Brüder mussten sich selbst durchschlagen, nachdem sie aus der Schule waren. Der Vater kaufte mit jedem bisschen Geld, das er erübrigen konnte, etwas Land, um seine Landwirtschaft soweit zu vergrössern, dass sie wenigstens für einen Sohn eine Existenz abgeben würde. Aber es war trotzdem zu wenig. Einer der Brüder ist mit 34 Jahren tödlich verunglückt, ein anderer erlitt bei einem Unfall eine Verletzung am Rückenwirbel, wurde nicht behandelt und starb mit 39 an TB. Er hinterliess einen vierjährigen Bub und eine kranke Frau – sie hatte TB in den Augen –, die haben wir dann in Brunegg aufgenommen. Krankenversicherungen oder andere Hilfe gab es ja nicht. Ich muss jetzt da beifügen, dass wir immer gratis gewohnt haben in unserem Elternhaus. Die andern Brüder haben uns da drin bleiben lassen, und sie sind auch etwa nach Hause gekommen, es war ja immer noch ihr Heimathaus. So hatten wir ein Wohnhaus und eine Scheune, wo man eine Sau und Hühner halten konnte. Und wir mussten keinen Zins bezahlen, sonst hätte das Geld nicht gereicht.
Meine Mutter starb 1929, ich war damals noch in Genf. Mein Vater starb 1931. Meine Schwester hat dann unsern Haushalt geführt, als ich in Lenzburg arbeitete. Ab 1935 hat sie ein Haushaltungsbuch gehabt und immer alles eingetragen. Hier steht: Von Berti erhalten Fr. 75.–, das war 1936. Hier: Summa Einnahmen Fr. 210, Rp. 99. Immer mit Rappen gerechnet! Oder: Für dürres (geräuchertes) Fleisch Fr. 20.–. Wir hatten ab und zu eine Sau gemetzget. Die Schwester hat auch alles selber gepflanzt, wir brauchten höchstens etwas Reis zu kaufen. Wir hatten auch selber Frucht gepflanzt und konnten also eigenes Mehl nehmen zum Brotbacken. Ein spannendes Buch, nicht wahr? Hier schreibt sie, dass für 30 Rappen Panamarinde gekauft worden ist. Wozu man das brauchte? Ach ja, zum Wollewaschen. Oder hier: 2 Bananen und 2 Zitronen haben 70 Rappen gekostet. Das war teuer, und wir hatten auch selten so etwas, die Bananen hat man in Scheibchen geschnitten und etwas Zucker dazu gegeben. 1 kg

Zucker war 1936 42 Rappen, 1 Päckchen Kaffee Fr. 1.20, 1 Liter Petrol hat 40 Rappen gekostet. Wir hatten immer noch ein Petrollämpchen, das wir nachts in der Scheune brauchten. Ein Brot hat 35 Rappen gekostet – meine Schwester hat aber aus dem eigenen Mehl wunderbares Brot gebacken.
Ja, hier steht, dass wir 1936 für 1 Liter Schnaps 2 Franken eingenommen haben. Da war eine Schnapsbrennerei, die von einem Haus zum andern kam, vermutlich haben wir Obst brennen lassen. Und hier hat meine Schwester eingetragen, dass sie im Januar 82 Eier verkauft hat für Fr. 9.35. Meine Schwester hatte immer Hühner und eine Sau.
Ja, dann zletschtamend habe ich doch noch geheiratet. Mein Mann war Coiffeur von Beruf, aber das war damals kein Auskommen da auf dem Land. Er konnte als Hilfsarbeiter in die Cheemi, zwanzig Jahre hat er dort gearbeitet. Grosse Sprünge konnten wir nie machen, aber ich war zufrieden. Dadurch, dass ich mir alle Kleider selber machen konnte, ging das. Dann hatte man ja auch noch den Garten, hat selber etwas gepflanzt. Wir haben im äussersten Haus, wenn man vom Birrfeld, von Brunegg her kommt, gewohnt, im äussersten nach dem Bauernhaus rechts an der Strasse. Damals beim Hausbesitzer Schreiner Renold von Brunegg hatten wir 35 Franken Monatsmiete zu bezahlen, später wurden es 75. Mehr als fünfzig Jahre habe ich dort glücklich gelebt, mit wunderbar freier Sicht ringsum. Die hat mir hier dann elend gefehlt.
1945 wurde mein Sohn geboren. Ich nähte neben dem Haushalt auch noch für andere Leute, aber nicht viel – ich hatte immer viel zu lange an einem Stück, ich machte es zu genau. Eine Zeitlang bin ich auch vier Nachmittage in der Woche nach Brugg in ein Geschäft gegangen und habe dort Kleider geändert und auch verkauft. Das Lädeli existiert heute nicht mehr.
Zum Einkaufen gingen wir von Anfang an nach Brugg in den Migros, auch meine Schwester von Brunegg holte so alle Monate einmal das Nötigste im Migros. Sie sagte immer, es käme einfach billiger, als wenn sie das in Brunegg kaufen würde. Hier in Hausen gab es ja auch die Käserei, Vater und Sohn Jaberg. Meine Schwester machte ihnen den Haushalt in der Zeit, als sie bei uns wohnte. Sie hat dann auch bei Fräulein Rohr, Louise Rohr, ausgeholfen, in dem Haus, das jetzt dem Metzger Hunziker gehört. Fräulein Rohr hatte einen Schlaganfall gehabt und war gelähmt. Ihr Vater war Bahnhofvorstand im Birrfeld gewesen, das galt damals etwas. Meine Schwester besorgte ein paar Jahre lang halbtags ihren Haushalt, aber Fräulein Rohr hat sie schlecht behandelt, sie dachte wohl, sie sei viel mehr,

weil sie Tochter des Bahnhofvorstandes war und wir nur vom Weichenwärter. Der Kirche hat sie dann ich weiss nicht wie viele Tausend vermacht für eine Glocke.
Ja, die freie Sicht, die wir am Stollenweg hatten – hier dieses Haus steht so nahe, und es sind eine Menge fremde Leute drin. Gewiss, es sind auch Leute wie wir, aber man fühlt sich nicht heimelig – es sind Fremde. Und dann ist da sicher schon zehnmal gezügelt worden, seit ich hier bin, das ist ein ständiges Hinein und Hinaus. Es sind auch Leute, die ums Dasein kämpfen müssen, aber für mich war das am Anfang eine völlig fremde Situation.
Was sich so verändert hat in der Zeit, die ich hier in Hausen erlebt habe? Solange ich dort draussen am Stollenweg war, ist mir nichts besonders aufgefallen. Aber hier im Mitteldorf bin ich wie in einem ganz anderen Ort. Wenn ich zurückdenke, wie Hausen war, als ich noch zur Schule ging! Ich hatte ja meinen Bruder Emil hier ab und zu mit dem Velo besucht. Das war noch ganz anders. Und als ich in die Lehre ging, da gab es nichts als links und rechts Bauernhäuser. Das ist überhaupt nicht mehr zu vergleichen. Die Holzgasse, die hat es natürlich immer gegeben, aber da bin ich selten hingekommen. Ich hätte Hausen überhaupt kaum gekannt, wenn mein Bruder nicht hier gewesen wäre.

Wichtige Arbeitgeber in der Region waren, neben der Spinnerei in Windisch, der Seidenfabrik Brugg und den Industriebetrieben in Brugg, die SBB und die Klinik Königsfelden.
SBB. Ernst-Friedrich Schatzmann, genannt Konsümler (Sohn der Konsum-Inhaberin Lisebeth Schatzmann). Foto um 1910. Eig. R.Walti-Schatzmann.

Klinik Königsfelden. Pflegerinnen und Mitarbeiter. Erste von rechts: Marie Burri-Widmer. Foto um 1930. Eig. M.Burri-Widmer.

1906 Marie Burri-Widmer
Hochrütistrasse 14

Ich bin in dem Haus da unten (Mülacherstrasse 2) geboren, anno 1906. Da ist jetzt natürlich viel verändert worden, aber ich weiss noch bis ins letzte, wie alles ausgesehen hat. Der Eingang vorne ist noch gleich, aber davor standen drei hohe Nussbäume. Daneben war eine kleine Scheune. Wir wohnten im oberen Stock, im untern die Familie des Bruders meines Vaters – und der Schwester meiner Mutter: Die Mütter waren Schwestern, die Väter Brüder. Bei uns waren drei Kinder, Mädchen, in der Familie unten zwei Buben. Wir waren alle ungefähr im gleichen Alter, ich war die Jüngste. Die eine meiner Schwestern war eine Zweierin, die andere eine Viererin. Sie haben nach Remigen geheiratet und sind jetzt beide gestorben. Wir waren eigentlich alle wie eine Familie in diesem Haus, was die Unteren wussten, das wussten die Oberen auch.

Mein Vater ist in Gebenstorf aufgewachsen, zusammen mit ein paar Geschwistern. Er und sein Bruder Hermann machten einen weiten Weg über Amerika, bis sie nach Hausen kamen. Sie waren immer zusammen, die beiden Brüder, sie arbeiteten schliesslich auch beide bei BBC. Meine Grosseltern mütterlicherseits wohnten in der Holzgasse, im sogenannten Holländerhus, wo Frau Treichler jetzt wohnt (Holzgasse 18). Sie hiessen Schatzmann und hatten zehn Kinder, sechs Mädchen und vier Buben. Von diesen sechs Mädchen heiratete eines einen Italiener und ging später mit ihm nach Amerika. Sie hatten keine Kinder, und sie fand, eines ihrer Geschwister könnte doch herüber kommen. So fuhr dann Bäsi Mina einmal hinüber, wohnte vier Jahre bei ihr und arbeitete in einem Blumengeschäft. Bäsi Mina kam aber wieder zurück und lernte hier den Hermann, ihren späteren Mann, kennen – das war eben der Bruder meines Vaters.

Mein Vater und sein Bruder waren auch vier Jahre in Amerika. Zuerst mussten sie sich durchschlagen mit allerhand verschiedenen Arbeiten, zuletzt arbeiteten sie in einem Spital, in einem Hospital in New York. Dort steckte Hermann sich mit Typhus an. Als es ihm sehr schlecht ging, wollte er heim. Er sagte zu meinem Vater: «Du los, Fritz, komm mit mir, ich kann nicht allein reisen.» Sie sind also mit einem Dampfer zurückgekommen, über Grönland. Mein Vater meinte, er würde nur seinen Bruder begleiten, er selber werde aber wieder zurück nach Amerika gehen. Dann ist aber vor Grönland ein Schiff gesunken, in einen Eisberg gefahren – es war das Schiff, mit dem er eigentlich hatte zurückfahren wollen. So blieb er hier, und die beiden Brüder konnten bei BBC in Baden eine Ausbildung machen. Sie waren später beide viel unterwegs auf Montage. Sie sprachen ja gut Englisch, und so wurde mein Vater oft nach England geschickt, sein Bruder nach Ägypten. Mein Vater war auch in England, als der Erste Weltkrieg ausbrach. Er durfte dann einige Zeit das Land nicht verlassen, vielleicht weil sie Spionage befürchteten. Meine Mutter und ihre Schwester waren oft allein mit ihren Kindern, sie haben uns praktisch allein aufgezogen.

In die Schule bin ich in dem alten Schulhaus, dem heutigen Gemeindehaus. Wir hatten Unterschule und Oberschule, unten eine Lehrerin, oben einen Lehrer. Es waren natürlich noch weniger Schüler als heute, etwa sechs in einer Klasse. Ich glaube, wir hatten den Lehrer Schenk. Er wohnte damals in einem Zimmer bei Strösslers unten (Hauptstrasse, etwa gegenüber der Firma Knecht). Es gab noch andere Lehrer, deren Namen mir entfallen sind. Später ging ich drei Jahre in die Bezirksschule nach Brugg. Ich glaube nicht, dass viele Mädchen von Hausen in die Bezirksschule gingen – es war anscheinend kaum eines gescheit genug... Ich ging natürlich zu Fuss, mit den genagelten Schuhen. Mit genagelten Schuhen bin ich auch ans Jugendfest. Andere, die von Brugg, kamen vielleicht schon etwas netter daher, mit schönen weissen Schuhen. Ich hatte aber einen strengen Vater, da hiess es bald einmal: «Das gibt es nicht.» Meine zwei älteren Schwestern, die schon etwas verdienten, brauchten ihre Schuhe natürlich für sich selber. Auch sonst – die andern hatten ein Velo für den Schulweg nach Brugg, aber 's Widmer Marie het müesse lauffe. Wir waren zu dritt: ein Bub von Jabergs und einer von Schaffners vom Tannhübel und ich. Wir waren zusammen in der Bezirksschule. Wir liefen am Morgen zur Schule, am Mittag geschwind nach Hause zum Essen, und um eins oder zwei mussten wir schon wieder drinnen sein.

Nach der Bezirksschule kam das Welschlandjahr. Ich war bei einer Familie in Cortaillod. Unser Pfarrer hatte mir die Stelle vermittelt. Es war eine Familie mit zwei Kindern. Madame war Welsche, von Lausanne unten, sie konnte nicht sehr gut Deutsch. Aber er war Berner und sprach nie gerne Französisch.

Ich wollte in Königsfelden als Pflegerin eintreten, musste aber noch warten, bis ich zwanzig war. Anno 24 bin ich hingekommen und musste zuerst zwei Jahre lang Kurse besuchen neben der Arbeit. Ich habe dann 15 Jahre lang in Königsfelden gearbeitet und allerhand erlebt dabei. Es war eine Zeit grosser Entwicklungen in der Medizin. Ich war in verschiedenen Abteilungen. Zehn Jahre lang war ich verantwortlich für die Pension, also die

1. Klasse. Das war Abteilung B. Dort waren Damen, die Geld hatten und die in entsprechend schönen Zimmern untergebracht waren. Fast alles waren Chronischkranke, Passanten hatte man damals noch kaum. Sie hatten natürlich ihre Therapien, aber die meisten mussten bleiben. Ja, was machte man an Therapie? Schlafkuren, hauptsächlich Schlafkuren. Badekuren gab es auch, aber seltener. Sie haben es tatsächlich fertiggebracht, dass dann und wann jemand wieder entlassen werden konnte.
Wieviel Lohn habe ich bekommen: Weil ich eine Abteilung zu betreuen hatte, verdiente ich 120 Franken. Ausbezahlt wurden mir aber nur 85 Franken, denn da ich dort hätte schlafen können, zog man mir 35 Franken für Kost und Logis ab. In dieser Zeit lernte ich meinen Mann kennen, und er sagte oft: «Du verdienst mehr als ich.»
Jede Woche hatte ich einen freien Tag. Am Morgen musste ich um sechs Uhr antreten, und am Abend wurde es acht oder sogar zehn Uhr, bis ich heim konnte. Man hatte ja auch immer noch den Ausgangsrapport zu schreiben. Der Nachtdienst begann um zehn Uhr. Zwei Pflegerinnen schliefen im Korridor, durch den man in die Patientenzimmer gelangte. War etwas los in der Nacht, dann musste man halt aufstehen. Dazu kamen aber auch noch Nachtwachen. Nachtwachen machte ich vier Jahre lang, bevor ich eine eigene Abteilung übernahm. Da musste ich um acht Uhr antreten, bis um sechs Uhr am Morgen. Im alten Haus war ein Portier, von dort hatte ich dreimal während der Nacht durch den Park nach hinten, ins alte Spital bei der Kirche zu gehen. Dort waren die alten und unbeholfenen Leute untergebracht, die man aufnehmen musste. Ich hatte eine Uhr angehängt, damit ich meine Tour pünktlich erledigte. Bevor man am Morgen schlafen gehen konnte, half man noch beim Anziehen, Waschen und Kämmen der Leute. Dann durfte man schlafen bis gegen zehn Uhr. Und am Abend um fünf Uhr musste man sich wieder bereit halten, um den Tagesrapport der Oberschwester entgegenzunehmen, damit man wusste, was den Tag über in den Abteilungen los gewesen war.
In einem Saal schliefen vielleicht etwa sechs Patienten; die Abteilungen waren getrennt voneinander. Die Schwestern hatten ihre Zimmer, nur wir Pflegerinnen mussten im Gang schlafen. Wenn man nicht Nachtwache hatte, musste man nachts nur aufstehen, wenn bei einer Patientin etwas Besonderes los war oder wenn während der Nacht jemand in eine Zelle versetzt werden musste. Natürlich hatten auch die Ärzte ihre Nachtdienste und konnten gerufen werden, wenn man sie brauchte. Spritzen durften wir

Amerika-Hausener.
Fritz Widmer(-Schatzmann), der mit seinem Bruder Hermann einige Jahre in Amerika lebte, liess sich in New York fotografieren.
Mina (Widmer-)Schatzmann (Holländers) wohnte vier Jahre bei ihrer Schwester Anna in den USA. Sie kam zurück und heiratete Hermann Widmer, während ihre Schwester Marie Fritz Widmer heiratete. Aufnahmen um 1900. Eig. M. Burri-Widmer.

nicht geben, das machten nur die Ärzte. Aber sonst mussten wir bei unruhigen Patienten jeden Abend, wenn man sie ins Bett brachte, die entsprechenden Medikamente geben, das waren Tabletten oder Tropfen. Die Medikamente waren natürlich immer sorgfältig eingeschlossen, und auch die Türen zwischen den Abteilungen waren geschlossen – ich hatte immer den grossen Schlüsselbund angehängt. Die alte Küche war mitten im Hauptgebäude. Dort musste ich das Essen holen für die Patienten auf meiner Abteilung. Und wenn ich heute etwas krumm bin, so hat das wohl damals angefangen: Das schwere Plateau voll beladen durch die langen Gänge tragen – und dann musste ich immer noch aufpassen, dass keiner an der Türe stand und hinaus drängte, wenn ich die Tür aufschloss. Nein, ich muss sagen, es war ein schwerer Dienst. (Weiteres zu den Arbeitsbedingungen in Königsfelden bei Baumann 1983, 598 ff.)
Bis Kriegsausbruch anno 39 arbeitete ich in Königsfelden. 1932 haben wir geheiratet, wir hatten aber nicht gleich Kinder. Mein Mann kam aus dem

Bernbiet, von Schwarzenburg. Er wollte hier Milchwirtschaft und Käserei lernen und war bei Jaberg in der Chäsi angestellt. Fritz Jaberg war auch Berner. 1932, in der Krisenzeit, konnte mein Mann eine Stelle bei BBC in Baden antreten. Er war sehr tüchtig und kannte sich mit Maschinen sehr gut aus. Wir wohnten zuerst in Windisch, und dort sind auch unsere Kinder geboren. 1940 kam der Sohn – und der Krieg, und anno 45, als der Krieg zu Ende war, ist die Tochter gekommen. Nach dem Krieg zogen wir nach Hausen und bauten das Haus hier (Hochrütistrasse 14). Das war 1948. Hier hatten wir Land ringsum und konnten selber alles Nötige pflanzen. Damals stand unser Haus allein, alles war Wiesland und Landwirtschaftsland. Dort drüben (Hochrütistrasse 11, 13, 15) waren Löcher, wo man Läj für Ziegel holte. Und in dem Haus da unten (Hochrütistrasse 4) wohnte ein Bauer, der alte Vater Meier. Er hat seiner Tochter das Haus gebaut, wo jetzt Umikers wohnen (Hochrütistrasse 8), das war das Haus der Frau Maritz-Meier. Meiers hatten noch einen Sohn, den Ernst, der geschult worden ist und später viel in England lebte. Dort, wo jetzt Hofers wohnen (Hochrütistrasse 6), stand ihr Waschhäuschen, da haben sie gewaschen.
1916 ist da unten das Haus gebaut worden, in dem Schärs wohnen (Hauptstrasse 51), und gleichzeitig auch das mit den grünen Läden auf der andern Strassenseite. Die beiden Häuser standen damals mutterseelenallein da. Die andern entlang der Hauptstrasse kamen dann so eines nach dem andern. Hier oben war alles glatt und frei. Als Kinder konnten wir vom Wald oben bis hinunter schlitteln. Die Hochrütistrasse war ja auch nur ein Kiesweg. Man sagte: «Ich gehe ins Düchsli hinaus», «wir wohnen im Düchsli draussen». Heute ist der Name für den Düchsliweg geblieben.
Am meisten verändert hat sich Hausen durch die Bauerei. Die Firma Stocker hat ja alles überbaut, und zudem lebt kaum mehr jemand von meiner Zeit, ich bin jetzt die Älteste, wenigstens die Älteste, die in Hausen wohnt und hier aufgewachsen ist. Aber ich hatte natürlich viele Verwandte: Eine Schwester meiner Mutter heiratete den Schneider Mattenberger, eine andere Schwester den Schatzmann-Messerschmied, die dritte Schwester war Frau Müller, Bäsi Emmi in dem Lädeli an der Holzgasse, wo jetzt Frau Treichler wohnt, die vierte Schwester war die Tante Anna in Amerika, und die fünfte war die Bäsi Mina, die einen Bruder meines Vaters heiratete und auch in unserem Haus wohnte. Aber Widmer-Wagners – nein, die sind uns nicht verwandt, und Metzger Widmers und Beck Widmers haben auch nichts zu tun mit uns.

1919 Ernst und
1920 Martha Graf-Frei
Düchsliweg 4

Martha Graf: Mein Schwiegervater war Berner, die Graf sind Berner, sind gerne Berner und sind stolz darauf. Mein Schwiegervater arbeitete als Heizer in Königsfelden. Seine Frau hatte er im Blaukreuz kennengelernt. Sie hiess Anna Schaffner und war Hausenerin. Anna Graf-Schaffner war Umesägeri in Hausen, bevor das Sandmeier Rosi (Rosi Sandmeier-Bolliger) dieses Amt übernahm. Die Umesägeri musste das Leid ansagen: Wenn ein Todesfall war im Dorf, dann berichtete die Trauerfamilie der Umesägeri und bat sie, im Dorf mitzuteilen, wann die Beerdigung sein werde. Die Umesägeri ging dann von Haus zu Haus und sagte überall: «Die Familie Meier oder Schaffner oder so lässt bitten, dass an dem und dem Tag um die und die Zeit jemand mit ihrer Mutter, oder Grossmutter, an die Beerdigung gehe.» «Die Familie lässt bitten...», das war eine feste Formel, das musste sie jedesmal sagen. Ob und wie die Umesägeri für ihre Dienste entschädigt wurde, weiss ich nicht. Meine Schwiegermutter hatte dieses Amt aufgegeben, als sie älter wurde. Jedenfalls war das schon nicht mehr üblich, als wir 1943 heirateten. Ich bin 1920 in Auenstein geboren und dort aufgewachsen, in einem 400 Jahre alten Haus. Heute wohnt unsere Tochter (Katharina Wettstein-Graf) dort. Die ersten Kriegsjahre, 1939-41, erlebte ich im Welschen. Meine Mutter schrieb mir häufig, einmal berichtete sie, es habe Kanonen im Garten, oft hiess es, der Vater sei wieder an der Grenze. Aber in Vevey, wo ich war, merkte man nichts vom Krieg. Man sah nur alle die reichen Leute von Zürich, die dorthin geflohen waren. Jedes Hotel am Genfersee war voll besetzt. Ich war als Dienstmädchen in einer Familie. Zuerst war ich in ein Haus in La Tour-de-Peilz gekommen. Der Mann dort arbeitete beim Bund in Bern, und die Frau hatte immer Studenten aus dem Deutschen in Pension. Aber als der Krieg ausbrach, mussten diese Deutschen heim. Deshalb war ich nur drei Monate dort.

Nach Stationen im Hotel Leuen in Langnau und in Chardonne bin ich schliesslich nach Hausen gekommen, zu Dr. Wille, dem Direktor der Cheemi (Firma Münzel, Chemische Unternehmungen AG, 1938–1944, später: Oel- und Chemiewerke). Er war ein Enkel des Generals (Ulrich Wille). Dr. Wille hatte ebenfalls einen hohen militärischen Rang. Ich kam oft in das Haus des Generals Wille, dort wohnte der Oberstkorpskommandant Wille, und wenn grössere Anlässe stattfanden, musste ich den beiden Dienstmädchen in diesem Haushalt aushelfen. Wir standen dann zu dritt im schwarzen Kleid mit weisser Schürze an der Tür und versuchten, jedem der Herren, die da kamen, den richtigen militärischen Grad zu sagen bei der Begrüssung. Manchmal musste ich auch helfen beim Bügeln im Keller, da haben wir dann etwa eine Flasche Wein aufgemacht und sie getrunken zur Arbeit. Ja, elektrische Bügeleisen hatten wir schon dort, und wir hatten immer viel zu lachen, während ich hier allein war. Direktor Wille wohnte in dem grossen Haus, dem späteren Verwaltungsgebäude der Reichhold-Chemie. Oben rechts hatte er die Wohnung, und ganz zuoberst hatte ich mein Zimmer.

Ernst Graf: Ich kann nicht viel erzählen, wie das früher so in Hausen war, ich hatte immer soviel anderes zu studieren, zu planen und auszuprobieren, dass ich mich für das Dorfleben wenig interessiert habe. Doch: Da waren die Zmittagträger, Buben in meinem Alter. Sie kamen von Lupfig und Birr und mussten ihren Vätern, die in Brugg arbeiteten, das Mittagessen bringen. An den Lenkstangen ihrer Velos baumelten oft bis zu vier Chesseli. Es war keine leichte Sache, denn die Hauptstrasse durch Hausen war mit Kies bedeckt. Da gab es manchmal einen Sturz – und wir waren dabei nicht immer ganz unschuldig, weil wir sie auslachten und sie behinderten. Das hatte seine Folgen, denn der Lehrer ging hart mit uns ins Gericht deswegen. Was ich noch erzählen kann, ist die Sache mit dem Waschhäuschen. Wir wohnten dort in der Nähe, am Spittelgässchen. Das Waschhäuschen stand zwischen Süssbach und Heuweg, etwa dort, wo jetzt das Haus vom Schaffner Walti ist (Heuweg 2). Westlich davon war der Feuerweiher, dessen Wasser im Brandfall als Löschreserve diente. Im Waschhäuschen hatte es einen grossen Kupferkessel, in dem man die Wäsche kochen konnte. Man musste beim Dahli Hans den Schlüssel holen und 60 Rappen pro Tag bezahlen. Am Abend vor dem Waschtag führten wir das Brennholz auf einem Leiterwägeli zum Waschhaus, dann kamen die Wäschekörbe und die Zuber. Es war immer sehr viel Wäsche – von fünf Kindern, den Eltern und der Grossmutter, die auch bei uns lebte. Man hat vielleicht so jeden Monat einmal gewaschen. Die Lauge bereitete man im Waschhaus zu. Ein Wasserhahn über einem grossen betonnierten Trog stand zur Verfügung, und in dem grossen Kessel hatte es Stössel, Zangen und lange Kellen. Im Trog wurde die Wäsche schliesslich gespült. Der Boden war mit Kopfsteinen gepflästert, und das Wasser lief einfach durch ein Gräbchen hinten hinaus in den Süssbach. Das Wasser schöpfte man mit den Kellen aus dem Trog in den Kupferkessel, und damit spülte man am Schluss auch alles.

Schneehütte (kurz vor dem Schmelzen!) aus sorgfältig in Kistchen gepressten Schneeblöcken gebaut und mit Bank und Kissen ausgestattet. V.l.n.r.: Karl Horlacher, Erwin Schaffner, Ernst Graf. Foto 1932. Eig. E. Schaffner-Barth.

Ich war noch nicht zwanzig, als ich eine Erfindung machte, die auch patentiert wurde. Das waren Isolierschalen aus Altpapier zum Isolieren von Warmwasserleitungen und ähnlichem. Ich hätte auch einen Abnehmer gehabt, aber mir fehlte das Geld für die Produktion. Als ich dann zwanzig war, machte ich Spielzeug-Baukasten. Das waren grosse Schachteln mit verschieden grossen Bauteilchen, mit Dächern, Kaminen, Fenstersimsen und so weiter, alles aus gebranntem Ton und Holz. Ich habe auch ein Vorlagenheft gezeichnet und es drucken lassen. Etwa 500 solche Baukasten habe ich gemacht und an Franz Carl Weber verkauft. 144 000 Klötzli! Ich wollte diese Baukasten machen, weil es damals, im Krieg, bei uns praktisch kein solches Spielzeug gab, das war ja alles aus dem Ausland gekommen. Ich habe also geplant, gezeichnet, habe beim Schreiner in Hausen Transportkisten machen lassen und 1,4 km Holzlatten bestellt, die man zu unterschiedlich langen Dächern schneiden konnte und die dann rot und gelb gespritzt wurden. Schliesslich habe ich Franz Carl Weber telefoniert,

ob ich ihm das zeigen könne. Wie ich dann dort bei ihm im Büro war, habe ich vor Aufregung so gezittert, dass ich kaum imstande war vorzuführen, was mit diesen Klötzli alles gebaut werden konnte. Die Sache gefiel ihm, ich glaube, er bezahlte mir für jede Schachtel sieben Franken. Verkauft hat er sie für Fr. 13.80. Später musste ich ihm einmal telefonieren und sagen, der abgemachte Preis reiche nicht, um meinen Aufwand zu decken. Er sagte, kein Problem, und bezahlte mir acht oder neun Franken für die Schachtel. Da hat mich der Pöschtler einmal gerufen: «Ernst, komm! Ich habe dir da etwas.» Er überreichte mir eine Akontozahlung, zwei Tausendernoten. Und ich hatte vorher noch nie eine Tausendernote gesehen!
Aber es war eine Riesenarbeit: Ich musste aus Gussklötzen Formen herstellen und Stempel, die genau dazu passten, so dass ich mit einem Hebeldruck 12 Bausteinchen aufs Mal formen und pressen konnte. Die Steinchen mussten auf den Estrich getragen werden zum Trocknen, mussten mit Sägmehl gepolstert, transportbereit verpackt und dann vom Camionneur Sollberger von Hausen mit zwei Rossen und Brückenwagen in die Tonwarenfabrik Holderbank gefahren werden zum Brennen. Und wenn diese Kisten dann wieder bei uns waren, mussten wir die Steinchen herausnehmen, sortieren und in die Schachteln füllen, das Vorlagenheft darauflegen und den Deckel schliessen. Schliesslich klebte ich eine Etikette mit der Aufschrift «Der kleine Baumeister» auf. Schade, dass ich keine Schachtel für mich behalten habe.
Das alles machte ich neben der Lehre, in der Freizeit und in der Nacht. Meine Lehre habe ich in Windisch, in der Nippelfabrik Ferdinand Keller, gemacht, eine Lehre als Installateur. Ich musste schon während der Lehre dort die Maschinen überwachen und einstellen, und wenn man bestimmte Kupplungsstücke oder andere Werkstücke nicht mehr bekommen konnte, weil der Krieg die Einfuhr abschnitt, dann gab mir der Meister gewöhnlich den Auftrag, einen Ausweg auszudenken und selber etwas zu konstruieren. Er überlegte natürlich selber auch immer, wie man ein Problem lösen könne, aber er hatte Freude an meinen Arbeiten. Wir haben viele tausend Kupplungen für Eternitrohre hergestellt und an Eisenhandlungen verkauft. Neben der Lehre musste ich in die Handwerkerschule, von dort habe ich die besten Zeugnisse heimgebracht, die ich je hatte. Vorher in der Hausener Schule war es nicht schlecht, aber dort hatte ich praktisch nur Einser. Ob ich dieses technische Geschick geerbt habe? Kaum, meine Ahnen waren Landwirte. Allerdings, mein Vater war Spengler. Er arbeitete als Heizer in

Königsfelden, in dem grossen Kesselhaus, an dem Heizung, Warmwasser und Küche angehängt waren. Dort waren drei Heizer, die sich ablösen mussten. Als eine der drei Heizerstellen frei wurde, sagte mein Vater: «Jetzt ist es günstig, du musst dich melden, du bekommst die Stelle, schon weil du Installateur bist und Reparaturen machen kannst.» Aber ich wollte nicht.
1935 bin ich in die Lehre, dann habe ich 19 Jahre bei Keller gearbeitet, schliesslich war ich noch kurz bei Probst-Heizungen, und 1954 habe ich selber angefangen. Der Chef, Ferdinand Keller, ging ins Berner Oberland zum Privatisieren; und ich brauchte Geld, um mein erstes Warenlager aufzubauen. Zusammensparen konnte ich mir nicht viel, denn als ich bei Keller anfing, war Krisenzeit und er hatte selber kaum Geld. Vielleicht habe ich zwei Fünfliber verdient in 14 Tagen, und oft musste er mir sagen: «Ich kann dir erst einen Fünfliber geben.» Später ging es dann aufwärts. Also ich brauchte 3000 Franken als Startkapital, dafür musste ich der Bank zwei Bürgen stellen. Das waren mein Schwiegervater und der Meister.
1954 habe ich das Geschäft angefangen, allein. Der Sollberger transportierte mir die Ware mit Ross und Wagen zur Baustelle. Der Sollberger wohnte damals in dem Bauernhaus beim Sternen, wo Lauber und Weichselbraun jetzt sind (Hauptstrasse 24). Hinter ihm wohnte das Brändli Liseli, von dem der Liseliweg seinen Namen hat. Das war ein Original. Durch das Brändli Liseli haben wir dort Land bekommen, wo heute unsere Werkstatt steht. Meine Mutter hatte viel mit der Mutter vom Brändli Liseli verkehrt und hatte sich oft mit dem Liseli abgegeben. Die Mutter Brändli mochte vielleicht deshalb meine Mutter gut. Jedenfalls vermachte das Liseli, das ledig geblieben ist, meiner Mutter einen Achtel ihres Vermögens, wohl im Auftrag seiner Mutter. Meine Mutter freute sich immer ein wenig auf dieses Geld, denn sie hatte sonst nie mehr als das Allernötigste an Geld in der Hand. Sie starb aber vor dem Liseli, und nach dem Tod von Liseli kam dieses Geld, es waren 35 000 Franken, an uns fünf Kinder. Das war für uns sehr viel Geld.
Zuerst hatten wir unsere Bude aber hier draussen (Lätteweg 6). Dort war eine Schmitte, und der Schmied (Adolf Autenheimer) gab die Arbeit auf und ging in die Cheemi zur Arbeit. Diese Schmitte konnte ich mieten. Wir haben ziemlich schnell aufgebaut und hatten dort schon bald 7 Arbeiter. Am Anfang bin ich bekannt geworden durch die Waschmaschinen-Vermietung. Als ich noch keine Arbeit hatte, kaufte ich ein englisches Velo und einen Veloanhänger. Zwei Waschmaschinen, Marke «Reuss», hatte ich

noch bei Ferdinand Keller kaufen können. Das waren Bottiche mit einem Kreuz darin, das hin und her drehte. Sie hatten auch eingebaute Heizung, man musste das Wasser nicht mehr separat aufkochen. Die Hausfrauen konnten sich eine dieser Maschinen für fünf Franken pro Tag mieten. Sie gingen also ins Lädeli zu meiner Frau und fragten, ob ich am andern Tag die Waschmaschine bringen könne. Ich brachte sie meist schon am Abend vorher und richtete sie ein, meistens musste man die Sicherung wechseln, weil die vorhandene zu schwach gewesen wäre. Kabel und Sicherungen brachte ich mit, und am andern Abend holte ich die Waschmaschine wieder ab. Ich fuhr bis Lupfig, Birr und Mülligen, immer mit dem Veloanhänger – und war natürlich weit und breit der einzige mit diesem Service. Für die andern war das wohl zu blöd. Aber schliesslich hatte ich keine Zeit mehr dafür, und immer mehr Haushaltungen haben auch eigene Waschmaschinen gekauft. Wir sind dann mit der Bude vom Lätteweg an den Liseliweg gezügelt, wo ich aus dem Nachlass vom Brändli Liseli Land kaufen konnte. 25 Jahre hatte ich dieses Geschäft, bis 1979.
Martha Graf: Nach unserer Heirat haben wir zuerst im obern Stock eines alten Bauernhauses an der Hauptstrasse, beim Rohr Fritz 12, gewohnt. Dann sind wir noch einmal umgezogen, bis anno 60 der Stocker diese Häuser hier am Düchsliweg gebaut hat. Das war vorher Ackerland, und wir haben das Haus hier für 100 000 Franken gekauft.
Ich hatte meinen Laden im Dorf, vis-à-vis vom Rössli, im Haus von Coiffeur Schärer, es war ein Usego-Lädeli. Von 1948 bis 1960 habe ich dort gearbeitet. Am Morgen packte ich die beiden Buben – Ruedi war drei-, Hansueli fünfjährig – hinten aufs Velo und fuhr zum Lädeli, so dass ich um acht Uhr aufmachen konnte. Neben dem Lädeli gab es noch ein Stübli mit einem alten Ruhebett darin, dort spielten die Buben, und oft gingen sie natürlich auch zur Grossmutter an der Holzgasse.
Der Schärer war Herrencoiffeur und Schneider. Vorne im ersten Stock hatte er das Coiffeurbudeli und hinten nähte er. Ja, der Schneidermeister Schärer und Schärermeister Schneider gehörte sehr zum Dorfbild von Hausen. Wenn er mit seiner Frau auf einen Spaziergang durch das Dorf ging, war er immer fünf Meter voraus, und sie kam hintendrein. Er ist gestorben, bevor sein Haus abgerissen worden ist.
Ich verkaufte Lebensmittel, von Teigwaren bis Salat, vor allem schöne Früchte. Aussen am Lädeli war angeschrieben: E. Graf, Kolonialwaren und Sanitäre Anlagen.

Hauptstrasse um 1960 und 1999. Links im Vordergrund die Abzweigung der Lindhof- und Sonnhaldenstrasse, anschliessend das Schärer-Haus, davor eine Telefonkabine und dahinter die Bäckerei Widmer. An dieser Stelle 1999: Grünfläche, Parkplatz und Huser Hof. Rechts das heutige Haus Zimmermann mit wenig veränderter Fassade und dahinter das Rössli; weiter, ebenfalls

Es gab ja noch andere Geschäfte in Hausen: den Volg, das Gloor-Lädeli, dann den Vorgänger vom Jordi, den Jaberg. Ja, das alte Ehepaar Jaberg. Mein Mann hat erzählt, wenn jemand Käse wollte, dann bekamen sie immer ein Stück hintenab, wo die Rinde ist, die armen Leute wenigstens. Wenn aber «Öpper drna» gekommen sei, dann hätten sie vorne abgeschnitten.
Mein Mann hat noch eine kleine Käse-Geschichte erzählt: Als sie Buben waren, mussten sie jeweils mit den Geissen von Rohr Heiris Eltern – Rohr Heiris Vater war Dorfwächter und pflegte ehrfurchtgebietend mit umgehängtem langem Sabel im Dorf zu promenieren – in die Grenze hinaus auf die Weide. Auf dem Weg kamen sie am Haus eines alten Mannes vorbei (Haus Schaffner, im Winkel zwischen Hauptstrasse und Hochrütistrasse, heute Grünanlage). Die Geissen trugen Glöcklein, und wenn sie am Abend heimkamen, hörte man das von weitem, worauf der Mann aus dem Haus kam und den Buben den Auftrag gab, ihm noch Käse zu holen. Und jedesmal mussten sie dann ins Dorf, Käse kaufen und wieder zurücklaufen zu

wenig verändert, die alte Metzgerei bzw. der Blumenladen Umiker. Im Hintergrund auf der Aufnahme 1999 der Neubau des Behindertenwohnheimes Domino. Fotos um 1960 und Mai 1999, L. Berner.

diesem Haus. Also stopften sie schliesslich Papier in die Glöcklein, dass sie nicht mehr schellten. So kamen sie unbemerkt am Haus dieses Mannes vorbei, konnten die Geissen in den Stall bringen und heimgehen.
Ja, es kamen viele Leute ins Lädeli, und viele sind schon gestorben. Aber im Rechnen habe ich dort Übung bekommen – ich hatte ja keine Kasse, nichts. Ich habe auf einem Zettelchen alles aufgeschrieben und dann im Kopf zusammengezählt, und dann habe ich die Schublade aufgemacht, das Geld hineingelegt und das Wechselgeld herausgenommen.
1960, als unser drittes Kind, das Käthi, kam, habe ich den Laden aufgegeben. Ich besorgte daheim noch die Büroarbeit für das Geschäft. Im Haushalt hat es heute natürlich auch viele Erleichterungen gegeben verglichen mit früher. Wir hatten ja keinen Staubsauger, die Holzböden musste man mit Stahlspänen auf den Knien putzen, dann wichsen, und dann nahm man den Blocher und glänzte das Ganze, und dann ein Tuch um den Blocher und noch einmal geglänzt. Und die Windeln! Jeden Tag musste man Windeln

Schneider und Coiffeur Jakob Schärer (1887–1976) im Regen. Foto um 1960, L. Berner.

waschen, man hatte einen Kübel in der Küche, in dem man die Windeln einlegte. Am Morgen wusch man sie auf dem Waschbrett, und dann hängte man sie an die Sonne zum Trocknen.
Ernst Graf: Das Geschäft haben jetzt die Söhne (Hansueli und Ruedi Graf) übernommen, und der Enkel Markus ist heute schon in der Geschäftsleitung. Aber ich habe immer noch soviel zu arbeiten wie früher. Ich mache zum Beispiel viel für die Ballettschule (Ballettschule Germaine Karrer und Katharina Graf, Hauptstrasse 50). Ich habe unter anderem Stangen erfunden, wie sie sie brauchen als Halt bei ihren Übungen. Das Besondere an diesen Stangen ist, dass sie leicht sind und problemlos transportiert werden können. Der Ballettsaal hier ist ja in der Dachschräge des Hauses, die Stangen müssen frei aufgestellt sein, und man muss sie wegräumen können, wenn man den Platz sonst braucht.

1920 Erwin und
1921 Trudi Schaffner-Barth
Unterm Holz 5

Erwin Schaffner: Wir haben mehrere Schaffner-Linien in Hausen, die einander eigentlich nichts mehr angehen. Unsere Linie nennt man «'s Amme Schnyders», denn unser Urgrossvater muss 1803, als sie den Kanton Aargau gründeten, Ammann gewesen sein (Johannes Schaffner, Ammann 1798–1826). Von Beruf war er Schneider, so blieb seiner Familie der Übername 's Amme Schnyders. 1910 haben meine Eltern geheiratet, und 1911 oder 1912 sind sie nach Hausen gezogen und haben das Haus an der Holzgasse (Holzgasse 7) gekauft. Meine Mutter wuchs in Basel auf, sie war aber von Trueb im Emmental gebürtig und hiess Berta Siegenthaler. Ihr Vater war Schreinermeister und war aus dem Emmental nach Basel hinuntergezogen. Sie diente dann eine Zeitlang da unten in einer sehr vornehmen Familie. Nachher war sie Hilfsköchin im Roten Haus in Brugg, bis sie meinen Vater kennenlernte. Mein Vater war Rangiermeister bei der Bahn.
Das Haus an der Holzgasse war damals noch ein Strohdachhaus, davon gibt es keine Fotos. Es ist ein altes Hochstudhaus. Da liegt das ganze Dach des langen Hauses auf vier mächtigen Eichenpfosten. Es sind drei Familien, drei Hauseinheiten, in diesem Haus, und in jedem Hausteil steht so ein Eichenpfosten, dazu der äusserste Träger. Auch unten liegen grosse Eichenbalken, auf denen das Ganze steht – es ist raffiniert gemacht.
Wir hatten einen gewölbten Keller, und darüber war ganz früher einmal das Salzmagazin der Gemeinde. Die Familie Rohr, die in diesem Haus wohnte und die dann später in den Stollen hinaus zügelte (Hauptstrasse 98 und Münzentalstrasse 3), hatte deshalb den Übernamen Salz-Rohrs. Der Holzboden des Raumes, in dem das Salzlager gewesen war, hatte sich mit Salz vollgesogen und war deshalb immer feucht. Beim Umbau 1934/35 mussten wir ihn herausreissen.
Bei unserem Strohhaus tropfte damals der Regen durch das Dach, und unten gab es nichts als eine Feuerstelle mit einer Chemihord (Kaminhurd = Kaminmantel, häufig aus Rutengeflecht) darüber – das war die Küche. Durch die Chemihord stieg der Rauch auf, und wenn man hinaufschaute, erzählte meine Mutter, konnte man den Himmel sehen. Im Winter war das natürlich schaurig kalt. Dort hinauf in diesen Rauchfang hängte man aber auch die Schinken, den Speck und anderes zum Räuchern. Die Frauen machten zum Räuchern immer ein extra Feuer und legten noch etwas Wacholder und weiss ich was Geheimnisvolles auf die Scheiter, damit es

Pfingstversammlung der Blaukreuz-Jugend auf dem Lindhof, 25. Juni 1925. Erwin Schaffner erinnert sich, dass man diese Jungen «Jugendbündler» nannte. Sie kamen jedes Jahr am Pfingstsamstag. Eine Gruppe aus Basel pflegte im Tenn der Familie Schaffner an der Holzgasse 7 und im anschliessenden Tenn der Familie Brändli zu übernachten. Brändli war Blaukreuz-Mitglied. Die ganze Versammlung zählte etwa 150 Leute, die meisten zwischen 12- und 14jährig. Links: Berta und Johann Schaffner-Siegenthaler. In der Mitte, noch in der Kinderschürze, Erwin Schaffner neben seiner Schwester Elsa. Eig. E.Schaffner-Barth.

einen würzigen Rauch gab. Aber eben, es war kalt. Dann hat man das alles heruntergerissen, und der Zimmermann hat einen neuen Dachstuhl hinaufgehängt. An den offenen Herd kann ich mich nicht mehr erinnern, es wurde dann schnell ein anderer Herd hineingestellt. Der Kachelofen dagegen war noch der alte, bis sie ihn um 1960 herum neu machen mussten. Ja, der alte Ofen. Er war abgeschätzt, innen sah man die blossen Kacheln, der Läj war abgebröckelt. Aber die Mutter fand, das komme nicht in Frage, dass man diesen Ofen nicht mehr brauchen dürfe. Also ist sie hineingekrochen und hat ihn neu ausgekleidet. Dafür musste man einen Brei zusammenrühren aus Lehm und Güsel, das waren so kleine Strohteilchen, dazu noch etwas Zement und Kalk. Daraus mischte man einen richtigen Bappe. Die Mutter ist dann hineingekrochen, hat die Kacheln zuerst nass gemacht und hat dann diesen Brei mit aller Kraft in die Ritzen und auf die Kacheln gestopft. Ja, das war eine beachtliche Leistung in diesem kleinen Ofenloch. Diese Feuerung funktionierte lange, bis wir etwas Neues einrichteten,

etwas was ringer ging. Das war dann eine Zentralheizung, die mit dem Kachelofen gefeuert werden konnte.
Zuerst hatten wir noch vier Geissen, aber die Mutter fand schliesslich, das lohne sich nicht, denn die Geissen gschänden grausam mit dem Futter, wenn sie nur ein wenig zuviel bekommen. Dann hiess es, wir könnten eigentlich eine Kuh kaufen, also haben wir eine Kuh gekauft. Die hatte dann ein Junges, das wir aufgezogen haben, und so sind wir zuletzt auf drei Kühe gekommen.
Die drei Kühe, und vorher die Geissen, hatten wir auch in diesem Haus an der Holzgasse, dort wo jetzt die Garage ist, man sieht es heute noch, da war früher der Stall. Das Tenn schliesst direkt an, das ist heute grau. Es sind zwei Tenne nebeneinander, das von unserer, der oberen Wohnung, und das der mittleren Wohnung. Von aussen sieht das fast gleich aus wie damals.
Anno 1934 ist mein Bruder, Hans, Posthalter geworden und hat die neue Post oben (Holzgasse 5) angebaut. Wir wollten damals schon das Haus erweitern für die Schwester, denn wir drei Kinder hatten natürlich im gleichen Zimmer geschlafen, so gross war diese Wohnung ja nicht. Aber es war sonnig, und wir waren für uns. Wenn wir die Tür zur Holzgasse zugemacht hatten, dann war die Holzgasse vergessen, und wir hatten hinten hinaus unsere sonnige Ecke.
Nach der Schule habe ich in Brugg, in der Maschinen-Fabrik Müller (Maschinenfabrik und Giesserei Müller AG, 1890–1961, 1942 von Georg Fischer AG übernommen)(Roth 1968, S. 149), die Lehre gemacht. Das war 1935–1939. Der Anfangslohn war 7 Rappen in der Stunde, das stieg dann langsam, und im letzten Lehrjahr hatte ich 24 Rappen. Als gelernter Maschinenschlosser verdiente ich in der Müller-Bude 85 Rappen in der Stunde. Nachher bin ich nach Oerlikon in die MFO (Maschinenfabrik Oerlikon, heute ABB) gekommen, dort hatte ich etwas mehr: Fr. 1.25. Aber damals kostete das Bahnbillett schon 31 Franken, mit Schnellzugzuschlag 32. Das war ein Arbeiterabonnement Brugg–Oerlikon für einen Monat. Das war natürlich viel Geld. Und das Essen in der Kantine kostete Fr. 1.25, also gerade einen Stundenlohn. Man hatte nicht so rosige Zeiten.
An etwas anderes erinnere ich mich sehr gut: an den Moment, als ich das erste Mal Radio hörte. Das war 1928, ich war etwa achtjährig. Wir haben dann selber ein Radio gebaut, der Hartmann Köbi, der Schaub Walti und ich, das war 1935. Beim Nachbarn im untersten Teil unseres langen Hauses haben wir einen etwa 15 Meter langen Kupferdraht gespannt. Dann

Elsa und Johann Schaffner-Häuptli, genannt Post-Hans, auf dem Weg zur Kirche. In der Mitte ihre Tochter Elsa Bopp-Schaffner. Hans Schaffner (1910–1997) war von 1934 bis 1975 Posthalter. Am linken Bildrand das Bauernhaus, das 1974, vor dem Bau der heutigen Metzgerei (Holzgasse 1) abgerissen wurde. Daneben die Post an der Holzgasse 5, wo sie bis 1978 im Haus des Posthalters eingemietet war. Foto um 1965, L. Berner.

brauchte man einen Detektor und einen Kristall mit der Feder, mit dem man suchen musste. Man trug Kopfhörer. Elektrizität brauchte es nicht, man nahm die Spannung über diesen langen Kupferdraht auf, ebenso die Radiowellen. Es war eigentlich etwas sehr Einfaches – und manchmal hörte man sogar etwas und verstand, was man hörte. Ab und zu kam sogar Musik, das war dann eine Sensation. Oft kam aber auch nur ein Knurren.
Und dann das Telefon. Nur das Rössli, der Metzger Widmer und der Beck Widmer hatten eines.
Die Post war noch vis-à-vis vom Rössli, wo jetzt die Geissen weiden. Zwei Damen führten sie. Die beiden hiessen Schaffner, waren uns aber nicht verwandt. Als dann ein neuer Posthalter gesucht wurde, war die Bedingung, dass er andere Gebäulichkeiten zur Verfügung stellen könne. Deshalb hat mein Bruder an der Holzgasse das Haus angebaut, als er Posthalter wurde. Im Erdgeschoss des Hauses gegenüber vom Rössli hat eine Firma angefangen, die später recht gross geworden ist: die Waffelfabrik

Stutz. Der Stutz hat hier zusammen mit dem Sollberger, beides Bäcker, eine Waffelfabrik aufgezogen. Ja, das war in dem Schärer-Haus (abgerissen 1979), in dem später Frau Graf und dann Frau Berner einen Laden hatten. Es war eine Mini-Fabrik, nur zwei kleine Zimmer. Auch Biskuits haben sie gemacht, und unsere Nachbarin musste dann diese Biskuits in Papier einrollen. Dabei gab es immer etwa Bruch, und wir haben gerne geholfen dabei, manchmal auch etwas nachgeholfen.
Als ich im Militär war, erwischte ich in den letzten drei Tagen der Rekrutenschule ausgerechnet noch die Scharlach. Ich musste natürlich noch im Seuchenhaus in Aarau bleiben. Die Rekrutenschule war im Oktober 1940 fertig, das weiss ich noch, im November musste ich noch dort bleiben. Dann, im Krieg, wurde die Anbauschlacht organisiert. Das hiess unter anderem: Wald roden. Wenn man durch das Birrfeld hinaus fährt, sieht man vor Brunegg an der Bahnlinie noch ein Barrierenhäuschen, dort war ein Bahnübergang mit Barriere. Etwa 200 Meter weiter unten steht links ein Kastanienbaum in einem Weg. Von dort aus bis hinaus zum heutigen Waldrand war alles Staatswald. Er wurde gerodet, um Kulturland zu gewinnen. Der Landwirtschaftsbetrieb Königsfelden bewirtschaftet das Land heute noch, und dank der Anbauschlacht im Zweiten Weltkrieg haben sie überhaupt Land dort oben.
Nach dem Roden fuhren wir oft, der Schwiegervater und ich, mit dem Leiterwägeli dort hinaus, um Wurzelstöcke für Brennholz zu holen. Man meldete sich an und bekam einen abgesteckten Platz zugewiesen. Dort musste man die Wurzelstöcke dann selber austun, mit Pickel und Schaufel. Das war harte Arbeit für das bisschen Holz, das man schliesslich heimfahren konnte. Sonst war die Versorgung während dem Krieg für uns eigentlich kein Problem, weil wir Land hatten und immer Selbstversorger waren. Und da wir auch Kühe hatten, gab es bei uns sogar ab und zu geschwungenen Nidel. Die Gemeinde hat aber auch Land abgegeben an Familien, wie zum Beispiel Barths, Trudis Eltern, die kein eigenes Land hatten. Sie konnten dann dort Kohl und Kabis und anderes anbauen.
Trudi Schaffner: Wissen Sie, was man auch noch gesät hat? Mohn, Mägi. Das gab ein sehr feines Öl. Natürlich hat man auch aus den Nüssen von den vielen Nussbäumen, die es in Hausen gab, die Kerne herausgeklaubt und in die Öli gebracht, das hat etwas mehr ergeben als die Mohnsamen. Wenn man aus der Ölmühle in Villnachern – sie steht heute im Ballenberg – einen halben oder sogar einen Liter Mohnöl heimbrachte, dann war das viel.

Davon durfte man nur ein paar Tropfen an den Salat geben.
Erwin Schaffner: Es war eine recht harte Zeit. Wenn man irgendwo ein paar Eier oder etwas Brot ohne Marken bekommen konnte, ist man weit gelaufen, bis nach Brunegg unter Umständen, wenn man wusste, da ist jemand der puuret und der einem gut gesinnt ist.
Das mit den Märkli, das war auch nicht immer alles. Wir haben während dem Krieg geheiratet und wollten auf die Hochzeitsreise. Ich war immer im Militärdienst, das heisst, drei Monate Militärdienst wechselten ab mit drei Monaten Arbeit in der MFO. Ich wollte aber unbedingt ein paar Franken auf die Seite legen, damit die Frau etwas hätte im Fall – man wusste ja nie, ob ich wieder zurückkomme. Also haben wir unsere Hochzeitsreise mit dem Velo gemacht.
Trudi Schaffner: Unsere Hochzeitsreise dauerte drei Tage. Wir fuhren an den Zugersee und weiter nach Gersau. Als wir dort ankamen, waren wir schon etwas müde und hätten gerne etwas gegessen. Aber im Restaurant wollten sie uns nichts geben, obschon wir Märkli (Mahlzeitencoupons) hatten: Sie gäben nichts an fremde Fötzel, hiess es. Schliesslich haben wir doch etwas bekommen, aber mit Mühe. Wir fuhren weiter, und von Luzern kamen schwarze Wolken herauf.
Gegen Schwyz zu kam das Unwetter immer näher. Dann noch ein Stück die Yberger Egg hinauf, da war ein Restaurant. Wir dachten, jetzt könnten wir nicht mehr weiter, und gingen hinein. Es war alles voll Soldaten. Aber sie brachten uns im Zimmer einer Serviertochter unter, die an jenem Tag gerade frei hatte.
Erwin Schaffner: Wir mussten im Dienst Wache halten bei Wassen, oben an der Mittleren Reussbrücke. Dort wollten Kinder uns immer Alpenrosen und anderes verkaufen. Wenn wir aber in die Wirtschaft gingen und etwas trinken wollten, dann hiess es: Abfahren, fremde Fötzel brauchen wir nicht hier! Ich war Wachkommandant, und als die Kinder das nächste Mal kamen, sagte ich: Tut mir leid, geht, sagt euren Eltern, die fremden Fötzel kaufen euch nichts mehr ab. Wir waren mindestens drei Monate dort oben.
Trudi Schaffner: Ich erinnere mich gut an meinen ersten Eindruck von Hausen – es war gar kein guter Eindruck. Ich war 16, als ich von Brugg hier heraus kam. Ich wohnte bei meinem Stiefvater im Haus gegenüber vom Gemeindehaus (Hauptstrasse 42). Da machten sie gerade an diesem Sonntag den Eierauffleset. Ich hatte nur eine Bekannte hier, ein Gottenkind meines Vaters, mit ihr zusammen habe ich zugeschaut. Aber das Ganze schien mir

ziemlich schrecklich. Da kam ein Wagen, auf dem sass die Helvetia, dargestellt von zwei Hausener Fräulein, die Rücken an Rücken sassen und jedes ein Wappen trug. Auf dem zweiten Wagen stand ein grosses Gefäss, wie man früher die Säustanden hatte, in denen die Schweine gemetzget wurden. In dieser Stande war schmutziges Wasser oder gar Gülle – ich weiss es nicht. Jedenfalls stand der Bruder vom Rohr Heiri daneben und spritzte das Zeug ins Publikum. Also nein. Das war mein erster Sonntag in Hausen!
Brugg ist nicht weit, ja, und dieses Jahr bin ich zum ersten Mal nicht ans Jugendfest nach Brugg. Aber früher ist es nie vorgekommen, dass ich nicht schon zum Umzug an das Brugger Jugendfest gegangen wäre.
Erwin Schaffner: Dafür habe ich das Brugger Jugendfest uf der Latte gha. Wir hatten schulfrei an diesem Tag. Aber wir mussten immer genau in diesen Tagen Trübeli (Johannisbeeren) pflücken, während die in Brugg geschossen und gekracht haben! Aber unser Jugendfest hat mir immer gefallen. Für Jugendfeste und Beerdigungen musste man nach Windisch zur Kirche. Das war natürlich ein Fussmarsch. Am Jugendfest ist man mit der Musik voran gegangen und auch wieder mit Musik heimgekommen. Dann gab es eine halbe oder eine Stunde Pause, und dann kam der Umzug. Nicht vom Unterdorf aus, die hatten ja am Morgen schon Musik, wenn wir in die Kirche gingen. Der Umzug ging von der Holzgasse oder vom Düchsli aus. Einen Eierauffleset, wie Trudi ihn erlebt hat, gab es nur einmal, das war nicht üblich bei uns. Da hatte die Musikgesellschaft gemeint, sie könnte etwas Neues aufziehen, aber das ging schwer daneben. Das hat man dann wieder bleibenlassen. An Ostern hat die Mutter Eier und vielleicht ein kleines Geschenk versteckt für die Kinder, aber im Rahmen der Gemeinde wurde da nie etwas gemacht.
Der 1. August war natürlich früher schöner als heute. Die Turner machten eine Pyramide und dann wurde sie bengalisch beleuchtet. Das war noch etwas, eigentlich sollte man das wieder aktivieren – ich habe schon lange daran herumgemacht. Der Männerchor sang, und der Lehrer Schenk mit seinen Schülern sang – es war schön. Reden gab es natürlich auch, der Ammann hat geredet, er musste immer etwas fürebrösmele.
Während dem Krieg und auch in der Nachkriegszeit wurden in Hausen immer 1. August-Feiern abgehalten, zum Teil natürlich auch aus Gründen der «moralischen Aufrüstung» und «Geistigen Landesverteidigung» in der schweren Zeit. Die letzte 1. August-Feier in Hausen fand 1971 statt, dann gab es eine Zeitlang keine offiziellen Feiern mehr. 1972 beschlossen wir

vom Unterm Holz, mit den Nachbarn von der Oberen Holzgasse und dem Waldeggweg eine private Feier durchzuführen. Es wurde am Ende der «Hölli» im Wald ein geeigneter Platz ausgeebnet und gesäubert. Tische und Bänke wurden aufgestellt, und die Nachbarschaft aus den Häusern Unterm Holz und an der Oberen Holzgasse konnte eine improvisierte Feier bei Grillwürsten, Alphornblasen und sogar einer richtigen Ansprache erleben und bei viel «patriotischem» Spass geniessen. Von dieser ersten, privaten Feier sprach man im Dorf, und im nächsten Jahr waren auch Teilnehmer aus andern Dorfteilen zu verzeichnen, und der damalige Gemeindeammann hielt eine Ansprache. Die Teilnehmerzahl wuchs, die Leute blieben immer mehr in Hausen, statt die Feier im Amphitheater zu besuchen. Dadurch wurde die Gemeinde wieder aktiv, und im Jahr 1977 wurde wieder eine offizielle 1. August-Feier durchgeführt.

Der Chlauslauf war immer wichtig bei uns. Früher hatten wir Chlaus am Abend des Chlausmärts in Brugg (zweiter Dienstag im Dezember). Immer, das war selbstverständlich. Dann sind ein paar Katholische gekommen und wollten den Chlaus am richtigen St. Nikolaus-Tag, am 6. Dezember, machen. Aber wir haben uns da einen Deut darum gekümmert. Chläuse waren immer die, die das letzte Jahr in der Schule und im Konfirmandenunterricht waren. Die Mädchen dieses Jahrgangs machten die Chlausutensilien oder halfen, sie zu machen. Sie mussten zum Beispiel Bänder, rote, grüne und gelbe, auf ein Übergwändli nähen. Wir hängten uns Bärte um. Einer war der Schmutzli mit der Hutte, der trug eine lange schwarze Filzpelerine, wie man sie früher hatte. Die sogenannten Bändelimane mit den bunten Bändern waren seine beiden Trabanten. Drei bis vier Wochen vor dem Chlauslauf begannen die Burschen vom Konfirmandenjahrgang im Wald draussen mit dem Geislechlöpfe. Zuerst musste man ja ein wenig üben, das machte man weit weg vom Dorf. Aber nachher ist man jeden Tag ein wenig näher zum Dorf gekommen. Nur die Burschen von diesem Jahrgang durften chlöpfen, und natürlich immer nur nach Feierabend, wenn es schon dunkel war. Am Chlaustag selber, am Brugger Märt, wurde nicht mehr geklöpft. Ich war damals in der Lehre als Maschinenschlosser in der Müller-Bude und hatte natürlich erst um fünf Uhr Feierabend. Es wurde mindestens halb sechs Uhr, bis wir eingekleidet waren und auf den Chlauslauf gehen konnten. Wir nahmen eine Büchse mit einem Schlitz im Deckel mit, wie sie das heute noch haben, da steckten uns die Leute einen Fünfer oder was sie sonst gaben hinein. Damit konnte man sich nachher etwa eine Wurst und ein Brötchen leisten, und dazu wurden dann die Mädchen eingeladen. Viel schaute in der Regel nicht heraus, im ganzen vielleicht 15 Franken. In unserem Jahrgang waren wir etwa zwölf Burschen, das gab drei Gruppen. Wenn in einem Jahrgang zuwenig Burschen waren, dann durfte jemand vom letzten Jahrgang noch einmal mitmachen, denn es musste ja eine Gruppe in den Tannhübel hinaus, eine zweite Gruppe ins Unterdorf und die dritte ins Düchsli hinauf. Wenn nur eine Gruppe unterwegs gewesen wäre, wäre das zu spät geworden und die Kinder wären schon im Bett gewesen.

Die Weihnachtsfeier wurde von der Sonntagsschule organisiert und fand im Rössli-Saal oben statt. Normalerweise ging man in die Sonntagsschule, bis man aus der Schule kam. Die Älteren durften oder mussten an der Weihnachtsfeier ein Gedichtlein aufsagen, und dann wurde immer ein Krippenspiel aufgeführt. Dazu gehörten sogar noch ein paar Kulissen, die man irgendwo auftreiben konnte. Fräulein Frieda Hartmann von der Holzgasse und Fräulein Hanna Schaffner waren unsere Sonntagsschullehrerinnen. Wir Buben mussten aus Draht Flügeli formen, und die beiden Lehrerinnen überzogen diese Drahtgestelle mit altem Vorhangstoff. Mit diesen Flügeli wurden die Kinder dann als Engeli ausstaffiert.

Ich erinnere mich noch an vieles, zum Beispiel an den Feuerweiher und das Waschhäuschen. Das war beides links (südlich) von der Holzgasse, gerade vor der Brücke und gleich neben dem Süssbach. Als Kinder spielten wir oft um den Feuerweiher herum. Aber auf der andern Seite der Holzgasse wohnte die Albertine, eine ledige ältere Frau. Die hatte immer eine schreckliche Angst, wenn wir da beim Weiher waren, er war immerhin etwa dreieinhalb Meter tief. Sie brachte uns dann jeweils Guetzli und Nideltäfeli, damit wir wieder heimgingen.

Im Waschhaus haben die Frauen gewaschen. Man musste den Schlüssel am Tag vorher beim Dahli Hans holen, ich glaube die Benutzungsgebühr betrug etwa 1 Franken 50, je nach Benutzungsdauer. Im Häuschen hatte es eine grosse Stande, grosse Zuber und einen Ofen, auf dem man Wasser heiss machen konnte. Das Holz musste man selber bringen. Bis wir eine eigene Waschküche hatten, und das war erst anno 34, ist meine Mutter oft hier herunter gekommen zum Waschen.

Um 1934 wurde eine neue Wasserleitung gebaut und in die Hauptstrasse gelegt. Bei dieser Gelegenheit wurde die Hauptstrasse erstmals asphaltiert. Vorher war im Sommer nach längerer Trockenheit immer der

Sonntagsschule: Krippenspiel. Um 1923. Josef wird von Jakob Schaffner, Sohn des Kanzlisten, dargestellt. Unter den Hirten sind (2. v. l.) Walter Schaffner und (kniend, 4. v. l.) Gotthold Schaffner zu erkennen, dazwischen Rösli (Walti-)Schatzmann als Engel. Eig. A. Schaffner-Büchi.

Spritzenwagen von Windisch gekommen, um den Staub der Strasse mit Spritzwasser zu binden. Das war natürlich etwas: Wir Buben versuchten dann immer, hinter dem Wagen herzulaufen und unsere Füsse unter die Düsen ins Wasser zu halten. Das fliessende Wasser kam damals ein paar Tage in der Woche aus dem Eebrunnen-Reservoir, dort wo heute die Kirche steht, und Dienstag und Freitag aus dem Reservoir beim Hüener Anni oben, das war dann Hochdruckwasser. Deshalb konnte man mit der Waschmaschine nur am Dienstag und Freitag waschen, an den übrigen Tagen reichte der Wasserdruck nicht. Dienstag und Freitag hat dann ganz Hausen gewaschen, da sind die Frauen natürlich besonders früh auf am Morgen. Die Waschmaschine, die meine Mutter anno 34 bekam, hatte einen Wassermotor, auch die Auswinde lief mit Wasserantrieb. Die Waschmaschine hat siebenmal gedreht, siebenmal linksherum, dann gekehrt und siebenmal rechtsherum. Auf jeden Fall war so das Waschen ringer als vorher im Waschhäuschen.

Interessant ist wohl auch, wie man früher gmetzget hat. Man hat die Schweine das Jahr über gemästet und gfueret, und dann hat man den Metzger kommen lassen. Das war der Dörflimetzger, der Metzger Hans Widmer, der Bruder vom Jakob Widmer, der die Metzgerei oben an der Holzgasse (Holzgasse 1) hatte. Der Dörflimetzger hatte einen grossen Bauernhof (heute Haus Angliker, Hauptstrasse 52) und ging im Winter, wenn er nicht so viel Arbeit hatte, als Störmetzger zu den Bauern. Der Metzger Köbi machte das nicht, er kaufte das Vieh ein und verkaufte das Fleisch im Laden oder brachte es mit Ross und Wagen nach Birrhard und Mülligen. Das heisst 's Metzger Marie (Marie Meyer-Widmer) hat jeweils mit Ross und Wagen das Fleisch gebracht.
Für die Metzgete brauchte man einen Schragen und eine grosse Säustande, in der die Sau dann gebadet wurde, damit man sie rasieren und die Haare entfernen konnte. Es brauchte auch ein Gestell, an dem man die Tiere aufhängen konnte, um sie zu zerteilen. Das wurde alles draussen gemacht, und zwar im Winter, wenn es kalt war, damit man das Fleisch länger halten konnte. Von Kühlschränken wusste man damals natürlich noch nichts. Man machte Blut- und Leberwürste, Bratwürste, Fleischkäse – nein Säukäse nannte man das, aus Schwarten. In die Schwarten wurde noch Fleisch hineingehackt, dafür holte man beim Metzger noch etwas Rinds- oder Kuhfleisch. Selbstverständlich war, dass man den Verwandten immer etwas von der Metzgete brachte, eben weil man ja keine Kühlschränke kannte. Es wurde gewogen, wieviel man wem gab, und die andern gaben einem dann gleich viel zurück, wenn sie selber Metzgete machten. Auf diese Weise hatte man eigentlich den ganzen Winter über frisches Fleisch. Man hat natürlich mit den Verwandten oder guten Bekannten abgesprochen, wann wer metzget. Blut- und Leberwürste und Säuchäs machte man daheim. Das Feueröfeli wurde angefeuert, und in dem grossen Hafen, in dem man sonst die Wäsche brühte, bevor man Waschmaschinen hatte, wurden die Würste gesotten. Der Hafen fasste vielleicht fünfzig Liter. Man machte etwa dreissig Blutwürste und dreissig Leberwürste. Was man nicht gerade brauchte davon, das wurde in ein Sieb gelegt, mit Heu dazwischen, damit die Würste sich nicht berührten und nicht feucht werden konnten. So konnte man sie noch eine oder zwei Wochen draussen lagern.
Die Stande, in der die Sau getötet und gebadet worden war, wurde dann sauber geputzt und darin eine Beize angemacht, in der Schinken und Hammen und Speck eingelegt wurden.

Johannes Dahli (1881–1964), genannt Dahli Hans, in seinem Tenn. Sein Vater, Friedrich Dahli-Wild, arbeitete als Giessergehilfe. Zwei Geschwister, Johann Friedrich (Mai bis Dezember 1878) und Emma (1882–1897) starben jung. Dahli Hans blieb ledig, mit ihm starb das Ortsbürgergeschlecht der Dahli aus. Kurt Senn-Rickli, dessen Mutter Mina Senn-Haller den Dahli Hans als alten Nachbarn noch im Altersheim Gnadenthal betreute, erinnert sich auch an einen Cousin des Dahli Hans, Johann Friedrich Dahli (1879–1946), der in jungen Jahren auszog und in der französischen Fremdenlegion Karriere machte. Foto Willi Haller. Diasammlung Ortsbürger.

An der Verarbeitung des Fleisches hat die Mutter jeweils fast acht Tage lang gearbeitet, sie hat gebraten und Voressen gemacht, und das wurde dann in Büchsen abgefüllt. Vakuum-Verpackungen gab es noch nicht, aber man hatte Zweiliter-Büchsen aus innen verzinntem Weissblech, und der Metzger hatte eine Schliessmaschine, mit der man den Büchsendeckel luftdicht schliessen konnte – wie bei unsern heutigen Konservenbüchsen. Der Antenen in Brugg hatte diese Schliessmaschine konstruiert. Geöffnet wurden die Büchsen am untern Rand, dort konnte man dann wieder ein Rändli umlegen, so dass der Deckel wieder hineinpasste. Die neuen Büchsen waren etwa zwanzig Zentimeter hoch, und man konnte sie wiederverwenden, bis sie nur noch etwa fünf Zentimeter hoch waren.
Es gab einen Verband von der Viehgenossenschaft. Dort lieferte man die Milch ab, und wenn der Verband zuviel Käse hatte, der nicht verkauft werden konnte, dann musste jeder Milchlieferant davon beziehen, und zwar proportional zu der Milchmenge, die er gebracht hatte. Wenn einer

Unglück im Stall hatte, wenn zum Beispiel eine Kuh beim Kalbern eingegangen war, dann musste der Weibel das ausrufen. Er ging mit einer Glocke durch das Dorf und verkündete, wo und wann das Fleisch verteilt werde, denn jeder, der bei der Genossenschaft war, musste davon kaufen.
Den Sommer über liess man das Brot beim Beck backen. Drei Pfund Mehl ergaben zwei Kilo Brot. Man hatte ein Büchlein, in dem alles notiert wurde. Wir brachten dem Bäcker siebzig Kilo Mehl und hatten so und soviel Brot zugute. Jedes Mal wenn wir einen Zweipfünder holten, machte er einen Strich ins Büchlein. Schliesslich musste man ihm nur noch den Backlohn bezahlen. Auch wenn die Frauen Wähen – wir nannten das Tüne – machten im Sommer, hat man nicht selber eingeheizt, sondern man hat dem Beck angemeldet: «Du Sämi, ich bringe dir dann noch eine Wähe!» Übrigens hatte der Beck Marti das erste Auto, an das ich mich erinnern kann in Hausen. Die Marke weiss ich nicht mehr, es war so eine Kiste, schwarz, ähnlich wie die Taxi, die heute noch in England fahren. Damit brachte er das Brot, und zwar bis Birrhard und Mülligen, denn dort gab es keine Bäckereien.
Das Holz hat man früher mit den Pferden aus dem Wald geschleift – wie das neuerdings wieder gemacht wird, nachdem man erkannt hat, welche Schäden die Maschinen verursachen. Der Schatzmann Messerschmied, der Grossvater vom Chrigel Schatzmann, hatte eine Fuhrhalterei. Sie hatten auch Kutschen, aber eben, sie besorgten mit ihren Pferden den Transport der Stämme aus dem Wald und dann auf Langholzwagen, bei denen hinten noch einer sitzen musste und kurbeln, so fuhren sie nach Lenzburg in die Sägerei. Die Sägerei in Scherz gab es noch nicht – und heute nicht mehr. Wir hatten auch einmal eine Sägerei, sie ist aber niedergebrannt. Sie stand dort, wo jetzt der Baschnagel seine Garage hat, wenn man von Windisch kommt links, beim Kreisel. Eine weitere Sägerei stand dort, wo die Kabelwerke jetzt einen neuen Bau erstellt haben, bei der Bahnunterführung, im Winkel Reutenenstrasse/Untere Klosterzelgstrasse. Dort blieb auch noch einige Zeit der Name Saagihübel bestehen.
Früher gab es ja sehr viele Reben in Hausen, im Münzental, in der Hochrüti und in der Sonnhalde. Dann ist um 1912 die Reblaus-Katastrophe gekommen und der Mehltau wurde eingeschleppt. Man spritzte Kupfervitriol, aber das war wirkungslos. Die Reblaus hatte alle Wurzeln abgefressen und zerstört. Der erste, der wieder mit dem Rebbau anfing und Direktträger-Reben, die am einjährigen Holz Früchte tragen, pflanzte, war

der Rössli-Widmer (Johann Friedrich Widmer, 1872–1941), der seinen Wein im Restaurant unter dem Namen «Mer isch glich» verkaufte, denn wenn er die Gäste nach ihrem Getränkewunsch fragte, antworteten die meisten: Mer isch glich, worauf er seinen eigenen Wein servierte. Die letzten Reben an der Sonnhalde, die ich noch erlebt habe, waren die vom Vater des Widmer Ernst. In der Hochrüti pflanzten wir bis 1934 Trübeli (Johannisbeeren), Himbeeren und ähnliches. Dann begannen wir mit Direktträger-Reben, und seither haben wir Wein gemacht.
Sauren Apfelmost haben wir immer gemacht. Wir hatten auch eine grosse Mosti im Dorf, die stand hinter der alten Gnossi (Hauptstrasse 38) in einem Anbau, der heute abgebrochen ist. Das ganze Dorf ging dorthin mit dem Obst. Es kamen aber auch von auswärts Leute, denn es war eine der besseren Mostereien. Ich weiss, dass von Mülligen, Windisch und Habsburg Leute ihre Ware brachten. Dann wurde diese Mosterei aber auch aufgegeben, und somit mussten wir mit unserem Obst auswärts gehen. Zudem war der Most gar nicht mehr so aktuell, seit dieses Blötterliwasser-Züüg aufgekommen ist, hauptsächlich das Goggi.
Früher machte mein Vater aus Apfelmost und zugekauftem Kopierwein vom Volg eine Art Wein. Der Kopierwein war nicht zum Trinken, sondern zum Färben und Aromatisieren des Apfelmostes. Auf 200 Liter Apfelmost brauchte es etwa 15 Liter Kopierwein, der so dick und dunkel war wie Tinte. Dann kam noch etwas Zucker dazu, und das ergab einen «Wein», den man durchaus trinken konnte. Diesen «Wein» zog man aber nicht in Flaschen ab, sondern liess ihn einfach im 200-Liter-Fass. So kam immer mehr Luft dazu, je mehr Wein verbraucht war, und er oxydierte mit der Zeit. Das ging aber meist so langsam, dass man gar nicht merkte, wie schlecht der Wein wurde. Der Kopierwein war für damalige Verhältnisse recht teuer, ich glaube etwa 1 Franken 50 der Liter. Der Vater passte immer sehr auf, dass kein Tröpfchen daneben ging.
Etwa 1937 konnten wir das erste Mal wimmen auf der Hochrüti, und mein Vater versuchte nun, aus dem Traubensaft echten Wein zu machen. Er führte mich in die Kunst des Weinmachens ein. Nach seinem Tod habe ich – mit viel Freude – den Rebberg weitergepflegt, zuerst zusammen mit meinem Bruder, später allein mit meiner Familie.
Da mein Vater Rangiermeister bei der Bahn war, diente die Puurerei wirklich nur zur Selbstversorgung. Neben dem eigenen Wein und Most hatten wir Pflanzungen von Bohnen und Erbsli und anderem Gemüse, natürlich

auch Härdöpfel. Wir hatten auch immer Weizen, Roggen, Gerste, und jedes vierte Jahr hat man Korn (Dinkel) gemacht. Man konnte ja nicht jedes Jahr das gleiche auf einem Acker haben. Man hat wohl mit Härdöpfel gewechselt, aber das hätte ohne die vier Getreidesorten nicht gereicht.
Natürlich musste die Mutter sehr viel arbeiten, wenn der Vater auf der Arbeit war – und wir auch. Da kam man aus der Schule heim um 4 Uhr, und da lag ein Zettel auf dem Tisch: «Komm mit Kuh und Wagen in die Widächer.» Das hiess dann, dass wir die Runkeln holen mussten oder Heu oder dass sonst eine Arbeit wartete. In der Jugend hatten wir eigentlich keine Freizeit ausser am Sonntag. Es gab immer etwas zu tun.
Wir fuhren mit zwei Kühen. Die haben wir eingespannt, und mit einem Doppelleitseil konnte man die Kühe wie ein Ross steuern. Die Kuh hatte ja keine Kandare oder so etwas im Maul, sie trug das Halfter, und daran war auf jeder Seite ein Ring, in den man – nur bei einer Kuh – die Seile einhängte. Wenn man rechts zog, drückte diese Kuh dann die andere auch nach rechts und linksherum umgekehrt. Es war nicht schwierig, eine Kuh als Zugtier einzugewöhnen.
Das äusserste Grundstück, das wir hatten, lag 200 Meter oberhalb des Flugplatzes auf dem Birrfeld. Dort oben hatten wir eine Matte von 17 Aren. Wir mussten oft mit den Kühen dort hinauffahren. Die Mutter musste zu Fuss gehen, sie konnte nicht Velo fahren. Sie nahm immer einen Kinderwagen mit, darin war neben dem nötigen Werkzeug ein Topf Suppe, die sie vorher daheim noch gewärmt hatte. Dort oben gab es dann Suppe zum Zmittag, der Heimweg hätte zuviel Zeit gebraucht.
Dann war da noch die Schnapsi. Alle Jahre einmal kam die Schnapsi ins Dorf. Sie wurde an der Holzgasse vor Brunners Haus – das war das unterste in dem langen Haus, in dem wir zuoberst wohnten – aufgestellt. Sie blieb drei bis vier Tage dort, und das ganze Dorf kam.
Die Schnapsi lief Tag und Nacht, im 24-Stunden-Betrieb. Brennstoff musste man selber liefern, die Bauern brachten grosse Holzstücke oder Briketts. Die Schnapsi wurde gegen Ende des Winters aktuell, wenn die Maische aus Kirschen- oder Apfeltrasch oder anderem vergoren war. Der Schnapser kam von Kirchdorf herunter. Er schnapst heute noch, aber heute muss man zu ihm hinauf. Ich weiss nicht mehr, wie er geheissen hat.
Als die SBB-Linie gebaut wurde, arbeitete auch mein Grossvater mit. Für sechs Batzen im Tag, von sechs Uhr am Morgen bis sechs Uhr am Abend. Das war etwa 1865. Er hat mir erzählt, sie hätten einmal beim Graben einen

Birrfeld um 1920 und 1998: Das Birrfeld mit kleinteiligen Feldern vor der Regulierung. Foto um 1920, E. Dürsteler, Eig. L. Berner.

Mammutzahn gefunden, Genaueres weiss ich nicht darüber. Sie mussten auch längere Zeit, ein Vierteljahr oder sogar ein halbes Jahr, die Arbeiten einstellen, weil sie ein Grundwasserbecken angestochen hatten. Da kam soviel Wasser, dass man zuerst dachte, man könne überhaupt nicht weiterarbeiten. 1875 wurde die Bözberg-Linie eröffnet. Der Damm, über den die Züge dort fahren, wurde aufgeschüttet mit dem Dreck, der hier in Hausen herausgegrübelt worden ist. Man hat kleinere Bäume mit hinein gemischt, damit der Läy und der Dreck etwas zusammengehalten wurden als eine Art Armierung. Bäumchen und Rutenzeug wurden mit den Seitenästen hineingeworfen.

Hausen hatte auch eine Eisenbahn-Haltestelle, den Cheemi-Halt. Er war auch als Chemie-Halt im Fahrplan, ich habe ihn noch erlebt und habe auch selber dort gehalten. Zwei Züge waren es, die dort gehalten haben. Die Mitarbeiter der Cheemi sind von Zürich nach Brugg gefahren, dort umgestiegen in den Zug, der um neun Uhr am Vormittag in Hausen gehalten

Birrfeld nach Regulierung und Autobahnbau. Am linken Bildrand der Birkenhof, Aussiedlerhof der Familien Walter Schatzmann-Horlacher und Walter Schatzmann-Widmer, die bis 1. Juni 1968 im südlichsten Bauernhaus von Hausen (Hauptstrasse 81) wohnten. Foto Juni 1998, L. Berner.

hat. Um vier oder fünf Uhr am Nachmittag hielt wieder einer Richtung Brugg. Wir sind auch einmal mit den Kindern in die Ferien gefahren vom Cheemi-Halt aus, mit dem Leiterwägeli und allem Züüg und Bagasch hat uns der Vater dort hinaus gebracht zur Haltestelle. An einem Schützenfest konnten wir veranlassen, dass alle Züge dort hielten, so dass die Schützen gleich neben dem Schützenhäuschen aussteigen konnten.

Ein Ereignis besonderer Art war die grosse Überschwemmung am 20. Juli 1932. Sie gehörte zu den Nachwirkungen der Zementi (Portland-Cement-Werke Hausen A.-G., Bau: ab Oktober 1928, Schliessung: Januar 1931). Für diese Fabrik war auf dem Eitenberg abgeholzt worden, und man hatte im Steinbruch drei etwa achtzig Meter tiefe Rollöcher angelegt, durch die man direkt die Rollwagen im Stollen darunter beladen konnte. Der Stollen führte neben dem Restaurant Stollen – darum heisst das ja so – hinüber zur Fabrik. Nein, ich war nie in diesem Stollen, und heute ist er zugemauert. Es war eine deutsche Firma, die diese Bude aufstellte (Ingenieurbureau und

Maschinenbaugesellschaft Andreas, Münster/Westfalen), und sie brachten auch die Drahtseile für die Rollbahn im Stollen (Gesellschaft für Förderanlagen Ernst Heckel, Saarbrücken). Diese Drahtseile waren nach kurzer Zeit wie Igel: Die Drähte stachen nach allen Seiten heraus, man konnte sie nicht anfassen ohne Handschuhe. Ärger als Rosenstauden. Sie hatten Schwierigkeiten mit diesem Seil, es musste zweimal ausgewechselt werden. Ich erinnere mich deshalb daran, weil sie mit solchen Drahtseilen später die Löcher auf dem Eitenberg absperrten. Das waren nachher immerhin noch etwa zwanzig Meter tiefe Gruben. Sie wurden später aufgefüllt, teilweise auch mit Bauschutt.

Das Dorf war froh, als die Zementi zuging, denn sie hatte natürlich sehr viel Staub verursacht. Wir hatten daheim einen schwarz angemalten Tisch – die Mutter hat alles angestrichen –, und diesen Tisch musste sie jeden Tag etwa zweimal abstauben, er war immer wieder weiss vom Staub.

Also, diese Überschwemmung: In jenem Sommer kam einmal ein fürchterlicher Platzregen. Das Wasser strömte vom Münzental her auf die Hauptstrasse hinunter. Ein anderer Strom kam über die Hochrüti gegen den Messerschmied (Ecke Hauptstrasse-Mülacherstrasse) herunter. Das Wasser floss dann über die Hauptstrasse in die Holzgasse und hinunter gegen Süssbach und Bahneinschnitt. Wir hatten vor unserem Haus an der Holzgasse in aller Hast einen halben Meter Mist aufgeschichtet, damit das Wasser nicht in den Stall lief. Alle an der Holzgasse versuchten, ihre Häuser auf ähnliche Weise zu schützen. Das Wasser hat sich dann glücklicherweise bald wieder verlaufen. Es hatte aber immerhin eine Zeitlang etwa vierzig Zentimeter hoch Wasser, so dass der Karl Schatzmann mit dem Weidling auf der Hauptstrasse herumfahren konnte. Er hatte den Weidling sonst meistens auf der Reuss.

Wenn wir gerade von der Reuss sprechen: Wir hatten unseren Badeplatz bei der Ruine der alten Gipsmühle gegenüber dem Maierieslischachen. Wenn einer Schwimmen gelernt hatte, musste er zur Insel hinaus schwimmen und zurück, damit erwarb er sich das Brevet. Da unten hatten wir einmal ein glattes Erlebnis mit der Pariserin (Frau Maritz-Müller, geb. Meier). Sie wohnte in der Villa Sunneschyn, wo jetzt der Gärtner Umiker wohnt (Hochrütistrasse 8). Eine Frau, einfach nicht so wie die andern Leute im Dorf. Sie war einmal in Paris gewesen, redete immer französisch und trug grosse Hüte. Sie hatte auch immer so Halsketten und Züügs umgehängt und ging auch so go poschte ins Dorf. Und Handschuhe, bis zum Ellbogen.

Haltestelle Chemie der SBB in Hausen. Familie Schaffner fährt in die Ferien, von den Grosseltern mit dem Leiterwagen zur Station begleitet. 1950. Foto Erwin Schaffner-Barth.

Und die kam einmal zum Baden in die Reuss hinüber. Das war natürlich ä gruusigi Sensation für euis Goofe. Und als sie wieder gegangen war, hatte sie ihre Badkappe vergessen. Die haben wir verbrannt. Wir waren vielleicht so zehn Buben, und wir gaben uns die Hände und tanzten ums Feuer – also wirklich wie die Neger. Dazu haben wir gejohlt: Mir händ d'Pariseri verbrönnt, mir händ d'Pariseri verbrönnt! Sie kam dann zurück, um ihre Badkappe zu suchen – und ich habe eine Ohrfeige eingefangen, die andern waren schneller verschwunden.

Die Pariserin ist hier aufgewachsen (Hochrütistrasse 4), hat Meier geheissen, dann hat sie einen Müller von Mülligen geheiratet, und schliesslich einen Maritz. An ihrem Hochzeitstag wurde ein roter Teppich ausgelegt von der Villa Sunneschyn zur Hauptstrasse – aber die Zufahrt zum Haus von der Hauptstrasse her ist heute ja fast zugewachsen.

Wenn wir schon bei den Originalen sind: Bei der Polizei gab es auch eines. Als ich ein Büebel war, hatten wir einen Polizisten, der pflegte mit Hut und

Die Hauptstrasse von Hausen unter Wasser. Überschwemmung nach heftigen Regengüssen am 21. Juli 1932. Links am Bildrand Haus Nussbaum (Hauptstrasse 39), rechts Mauer und Zaun vor Haus Angliker (Hauptstrasse 52). Eig. E. Schaffner-Barth.

Uniform und Sabel durch das Dorf zu schreiten. Und wenn er nach acht Uhr am Abend noch einen Bub oder ein Mädchen auf der Strasse sah, holte er es am Säuohr und schickte es heim. Der hatte Ordnung im Züüg. Er war Nachtwächter und Polizist und nahm sein Amt sehr ernst. Er wohnte dort, wo jetzt der Schatzmann Jakob wohnt, der Honig verkauft (Scherzbergweg 5). Ja, Geissbockhalter war dieser Polizist auch noch. Den Dorfmuni dagegen hatten Schatzmann-Messerschmieds, sie erhielten dafür von der Gemeinde etwa dreissig oder vierzig Aren Gratisland als sogenannte Munimatte.

Vom Hüener Anni (Anna Widmer 1899–1973) sprechen noch viele Leute, alle haben sie gekannt. Vor ihr wohnte der sogenannte Einsiedler in diesem Häuschen (im Hölzli). Von ihm weiss ich nur, dass der Schatzmann Walti ihm ab und zu etwas Suppe und Fleisch gegeben hat, wenn sie dort oben am Heuen waren. Es wurde auch erzählt, der Einsiedler habe einmal eine Liebschaft mit einem Mädchen im Dorf gehabt, das habe ihn aber sitzen-

lassen auf gemeine Art, und darauf sei er dort hinauf gezogen und habe völlig abgesondert von den Leuten im Dorf gelebt.
Ein Sonderling war auch der Schneider Brändli, dessen Vater Schneider und Bauer gewesen war. Er war Metzger, und solange er arbeitete, wohnte er in dem Bauernhaus links von der Hauptstrasse, wenn man nach Brugg geht, neben dem Neubau von Pneu Stössel. Die Brändlis waren ein wenig religiös angehaucht und haben ein wenig gschpunne. Es gibt mehrere Anekdoten von ihnen. Früher hatte man im Haus noch keinen Starkstromanschluss für Motoren. Deshalb hatte es an den Freileitungsmasten etwa in 5 Meter Höhe einen Stecker. Jeder Bauer, der dort Strom abnehmen wollte, musste einen Franken bezahlen. Dann konnte er einstecken und das Kabel zu seinem Arbeitsplatz ziehen. Bei uns musste man das Kabel über die Strasse hängen, wir wohnten auf der andern Strassenseite, und der Brunner im untern Teil unseres Hauses war einmal gerade am Fräsen, als Gemeindeversammlung war im Rössli. Nun, der Brändli – er arbeitete in der Hero-Metzgerei in Lenzburg – kam an diesem Samstag heim, zu Fuss wie immer, und nahm im Vorbeigehen in der Cheemi draussen einer Putzfrau den Schrubber. Den hat er getragen wie eine Fahne – ich sehe ihn heute noch vor mir – und hat ihn überall hinaufgehängt, wo in erreichbarer Höhe ein Ast oder Haken war. Dann hat er gebrummt: «Schiefer Turm zu Pisa, schiefer Turm zu Pisa», hat den Schrubber wieder ergriffen und ist weitergelaufen. So ist er auch in die Holzgasse gekommen, und hier hat er den Schrubber an das Kabel hinauf gehängt, das vom Leitungsmasten über die Strasse zum Brunner hing, aber der Schrubber hing natürlich auch hier schief, und der Brändli schimpfte wieder vor sich hin: «Schiefer Turm zu Pisa...».
Ein anderes Mal hat er die Sense mitgenommen an eine Gemeindeversammlung. Die Gemeindeversammlungen wurden immer an einem Samstag im Rössli-Saal oben abgehalten. Wenn Gemeinderatswahlen waren, hat man schriftlich abgestimmt, geheim, und wenn man seinen Zettel abgegeben hatte, konnte man hinaus, eis go zie oder heim oder weiss ich was. Wenn dann die Zettel ausgezählt waren, läutete das Schulhausglöcklein und rief die Versammlung wieder zusammen. Das habe ich aber selber nicht mehr erlebt.
Wenn ich so zurückdenke – es gibt einiges, was mich heute stört hier, und anderes, was besser geworden ist. Was mich stört, das ist der Lärm, der Verkehrslärm von der Strasse und von der Bahn. Schlimm ist auch der

Gestank, der da ab und zu von der Verbrennung im ehemaligen Reichhold-Areal kommt. Mich stören auch die Schulden der Gemeinde, ich denke, das könnte man anders machen. Ich bin auch nicht sehr für das Steuernzahlen, aber mit ein paar Steuerrappen mehr liesse sich die Situation verbessern. Wir können doch nicht alles unseren Nachkommen aufhalsen!

Zu den Verbesserungen würde ich dagegen die Strassen zählen. Die asphaltierten Strassen sind doch viel bequemer als die alten staubigen Kiesstrassen. Auch die Kehrichtabfuhr ist eine gute Einrichtung, das musste man ja früher alles selber irgendwie wegtransportieren. Es gibt noch vieles, was man unter Verbesserungen aufzählen könnte: die Busverbindungen, die Umfahrungsstrasse, ebenso die Alterswohnungen, die neue Turnhalle, das Feuerwehrmagazin und jetzt auch noch das Behindertenwohnheim. Was mich ganz speziell freut ist, dass man überall wieder Bäume pflanzt. Besonders an der Holzgasse, dass da wieder ein Nussbaum steht. Die Nussbäume haben früher sehr zum Dorfbild gehört, während die vielen Platanen doch gar nicht in unsere Gegend passen. Sicher wachsen sie schneller als ein Nussbaum, aber sie haben ja Zeit zum Wachsen! Und von den Nussbäumen hat dann doch etwa ein Kind oder ein Tier auch etwas.

Was ich mir wünschen würde in Hausen: Dass man sich doch wieder grüsst. Früher hat man einfach Grüezi gesagt. Heute, wenn ich jemanden grüsse, schaut mich der nur schief an und denkt: Den kenne ich doch gar nicht. Natürlich hat das mit der Bevölkerungszunahme zu tun, aber man könnte sich doch grüssen, auch wenn man sich nicht kennt. Das würde das Heimatgefühl, das Sich-daheim-Fühlen im Ort verbessern – ohne dass es etwas kostet. Die Zeit der Übernamen, der Dörflinamen ist vorbei, aber man braucht sie auch nicht mehr, es sind genügend verschiedene Namen im heutigen Dorf.

1919 Roger und
1923 Ruth Sträuli-Widmer
Untere Parkstrasse 3

Roger Sträuli: Ich bin 1944 nach Hausen gekommen – nach vier Semestern Studium und vier Jahren Aktivdienst, und ich hatte die feste Absicht, etwas Produktives zu leisten. Auf Empfehlung eines entfernten Onkels sollte ich mich bei einem Dr. Lanz in der Öl-Chemie in Hausen bei Brugg melden. Dr. Lanz war Direktor dieser Firma und ein Studienfreund meines Onkels. Ich stieg also eines Tages in Brugg aus dem Zug und wanderte Richtung Hausen, erreichte das Dorf, und dieses Dorf wurde immer länger und länger, wie ein Bandwurm. In der Mitte gab es dann doch so etwas wie ein Dorf, und ich fragte in der Bäckerei, ob es noch weit sei zu dieser Fabrik und ob ich hier im Ort ein Zimmer mieten könnte. Im Verlauf dieses Gesprächs erhaschte ich einen Blick auf die Gestalt einer jungen Frau, die mich offenbar hinter einem Vorhang hervor gemustert hatte. «La fille du boulanger» – ich erinnerte mich an den Film (mit leicht verändertem Titel: «La femme du boulanger» von Marcel Pagnol. 1939). Diese junge Frau wurde drei Jahre später meine Frau. Übrigens vermietete mir eine Familie Müller ein Zimmer in der Nähe des Stollens.

Mit der Zeit lernte ich Leute kennen, und zwar durch den Gemeindeweibel Rohr Heiri. Er war so etwas wie eine Relaisstation damals. Er forderte mich auf, in den Turnverein einzutreten, und dort ging es nicht lange, so war ich schon im Vorstand. So habe ich natürlich sehr schnell alle kennengelernt. Das war nicht immer einfach, denn damals brauchte man überhaupt keine richtigen Namen, es gab nur Synonyme wie «de chli Hansi» oder «Hüenerwadel», «Spunte» und so weiter. Ich musste zuerst lernen, welcher richtige Namen zu diesem Synonym oder Dorfnamen gehört. Fast ganz Hausen war auf diese Weise irgendwie verschlüsselt, und jedermann verwendete mit Selbstverständlichkeit diese Dorfnamen. Wenn der Weltmeister (Fritz Rohr) zum Beispiel vom Lieni Häusi berichtete, dann wussten alle, von wem er sprach und wie der richtig hiess. Der Weltmeister war Kunstturner und sehr begabt, daher wohl sein Übername. Er war natürlich ein grosser Konkurrent des Oberturners Rohr Heiri, der auch häufig mit einem Kranz von einem Turnfest heimkam. Rohr Heiri war viele Jahre Oberturner, und er gründete die Jugendriege.

Zuerst turnten wir im Gade des Rössli, also im Scheunenteil des Hauses, der abgerissen worden ist. Ich selber habe auch noch dort all die Turnübungen gemacht, die der Rohr Heiri uns vorturnte. Früher war ja der

Heinrich Rohr (1913–1983), Ortspolizist und Dorfweibel 1944–1978, am Jugendfest. Vor der Bonneterie Gloor-Widmer an der Hauptstrasse bei der Holzgasse-Einmündung. Etwa 1958. Foto L. Berner.

Platz bei der Kirche oben der Turnplatz. Bei schlechtem Wetter turnten Schüler und Turner im sogenannten Turnschopf dahinter am Hang. Der war immer kühl, so mitten in den Bäumen, und der Boden war mit Sägmehl bestreut. Der Schopf wurde abgerissen, als die heutige «alte» Turnhalle bei der Kirche gebaut wurde (1945–1946).
Ruth Sträuli: Ich war in der Damenriege und bin später manches Jahr in das Gesundheitsturnen gegangen. Ich erinnere mich aber gut, wie wir in der Damenriege auf ein Fest hin intensiv gearbeitet haben, Kleidchen genäht und anderes. Wichtig war für mich immer die Junge Kirche. Ich hatte ein Velo, und jeden Donnerstag bin ich mit ein paar andern Mädchen von Hausen nach Windisch in die Junge Kirche gefahren, das fand in einem kleinen Haus neben dem Pfarrhaus statt. Auch für den Konfirmandenunterricht mussten wir nach Windisch, in das alte Schulhaus neben der Kirche. Ich hatte bei Pfarrer Meier Unterricht, einem sehr ernsten Menschen, aber man hat etwas gelernt bei ihm. Die Frau Pfarrer leitete die

Junge Kirche. Vorher ging man natürlich in die Sonntagsschule hier in Hausen, in einem Schulzimmer. Sonntagsschullehrerinnen waren zwei ältere Fräulein, Frieda Hartmann von der Holzgasse – zu ihr sind auch unsere Buben noch in die Sonntagsschule – und Bäsi Hanneli (Johanna Schaffner), das war die Schwester des ersten Chronisten (Jakob Schaffner). In der Sonntagsschule hatten wir noch ein Negerli-Kässeli, da durfte man einen Batzen einwerfen, und das Negerli hat genickt.
Nach der Schule musste ich ins Welsche, der Vater wollte das so. Ich wurde nach Ballaigues geschickt, oberhalb von Vallorbe. Das war früher ein Luftkurort, und es hatte auch noch Hotels, aber es waren alle geschlossen. Es gab aber auch Uhrenfabriken, Monsieur und der Sohn arbeiteten in einer Uhrenfabrik. Daneben lebten einige Bauernfamilien, und es hatte auch eine Vinaigrie, eine Essigfabrik, ich glaube sie hiess Bourgeois frères. Ich war nur elf Monate dort, dann kam die Grenzbesetzung, und ich wurde heimgerufen, weil die Mutter nicht im Laden sein wollte. Und Madame fand auch, es sei gescheiter, wenn ich heimgehe, «parceque c'est partout plein de soldats». Die Grenze war natürlich sehr nahe dort, wenn man den Hang hinaufspazierte in die Himbeeren, war man schon drüben. Unten am Fluss war im Frühling alles voll Schneeglöcklein, und dann blühten die Narzissen oben auf der Höhe – ich habe Schuhschachteln voll Narzissen gepflückt und heimgeschickt. Es war wunderschön. Allerdings, Französisch habe ich nicht sehr gut gelernt, denn als ich Stunden nehmen sollte, bekamen das Töchterchen und der Sohn in der Wohnung im untern Stock Typhus, und wir mussten in Quarantäne bleiben. Wir durften nur das Milchkesseli in der Laiterie unten hinstellen und es wieder holen, wenn es gefüllt war. Mit dem Brot ging das ebenso. Es war ein wenig schwierig. Sonst musste ich im Haushalt helfen, und man ist auch viel fortgegangen. Die Familie war Mitglied einer Brüdergemeinschaft und besuchte da und dort diese Zusammenkünfte. Es war eigentlich ein kurzweiliges Jahr.
Ich war etwa sechzehn oder siebzehn, als ich wieder nach Hausen zurückkam – und hier war das ganze Dorf voll Militär. Da wurde ich halt gebraucht im Laden. Wir hatten das Geschäft offen bis abends um neun Uhr, und am Morgen ging der Laden um sieben Uhr auf, auch am Sonntag, einen freien Tag gab es nicht. Wer vor sieben Uhr da war und etwas haben musste, der kam einfach durch die Hintertür herein. Häufig sind die Bauern am Morgen, wenn sie die Milch in die Käsi brachten, noch rasch vorbeigekommen, um Brot zu kaufen.

Zeit für Unterhaltung nebenbei blieb da eigentlich nicht viel für mich, ich weiss nicht, wie das andere Mädchen machten. Aber wenn ich um neun Uhr den Laden schliessen konnte, ging ich nicht mehr gross aus dem Haus. Für die Frauen und Mädchen gab es aber den Frauen- und Töchternchor und die Damenriege – das war's dann schon bald. Und dann hat man sich noch getroffen zum Stricken für den Missionsbasar. Das ist inzwischen wieder aufgenommen worden, und heute gehen verschiedene Frauen zweimal im Monat an einem Dienstagvormittag mit der Frau Deubelbeiss und vielleicht der Frau Pfarrer und der Pfarrhelferin in die Kirche hinauf zum Handarbeiten. Diese Treffen sind aus der Arbeit am grossen Wandteppich in der Kirche entstanden. Aber früher hat man sich zusammengesetzt und für den Missionsbasar gearbeitet. Es gab auch den Bäuerinnen-Verein, und der Hauspflegeverein hiess damals noch Frauenverein. Die Mutter von Klara Thut, Frau Marie Schatzmann, hatte ihn gegründet und geleitet. Ich erinnere mich, dass der Frauenverein zum Beispiel Gutscheine für zehn Kilogramm Brot an sehr arme Leute im Dorf abgab. Die Leute konnten dann das Brot bei uns beziehen, wann sie wollten. Ob es auch Gutscheine für andere Lebensmittel gab, weiss ich nicht. Es gab eine Familie mit ein paar Kindern, das waren keine Hausener, die konnten ab und zu bei uns Brot holen auf Kosten des Frauenvereins. Damals gehörten nur die Hausener Frauen dazu, der Zusammenschluss mit Habsburg kam erst später.
Die Kirche? Der Pfarrer von Windisch war für Hausen zuständig, eigentlich für Mülligen, Habsburg, Hausen und Windisch. Und der Pfarrer wohnte in Windisch. Weil diese Gemeinden so klein waren, reichte ein Pfarrer. Er kam zwar nicht oft in die Gemeinden heraus, aber man hatte einen Pfarrer. Dann sind die Gemeinden gewachsen, ein zweiter Pfarrer wurde gewählt und eine Pfarrhelferin, eine Diakonissin, Schwester Sophie von Basel. Sie war ein grossartiger Mensch. Sie war ständig unterwegs mit ihrem Velo und hat überall geholfen. Sie war es auch, die meine Mutter ins Spital schickte. Meine Mutter hatte einen Kropf, der ihr manchmal Atembeschwerden verursachte. Einmal kam Schwester Sophie gerade dazu, und wir fragten sie, was man auch machen könnte. Schwester Sophie riet meiner Mutter, nach Luzern zu einem bestimmten Arzt zur Operation zu gehen, das sei ein so guter Arzt, dass sie keine Angst zu haben brauche. Und sie ist gegangen und hatte nachher keine Beschwerden mehr.
Roger Sträuli: Unsere Kirche ist eigentlich erstaunlich spät gebaut worden. Man war sich nicht einig über den Platz, wo sie stehen sollte. Es ging auch

um den Friedhof. Man wollte ihn im Eebrunnen, an der Lindhofstrasse, anlegen. Aber der Widmer Ernst erklärte: Wenn ihr den Friedhof dort oben macht, dann kommt alles Wasser den Hang herunter ins Dorf, und ihr habt quasi einen Extrakt aus den Gräbern im Grundwasser oder sogar in den Leitungen. Ein Friedhof an dieser Stelle würde eine Situation schaffen, die nicht mehr zu verantworten wäre. Es wurde früher auch viel seltener kremiert als heute.

Die Kirche steht ja heute dort oben sehr gut. Besser als im Dorfkern, denn einige Leute mögen das Geläute nicht sehr. Und der Weg für die alten Leute – man muss halt fünf Minuten früher gehen und unterwegs eine Pause einschalten zum Verschnaufen.

Ruth Sträuli: Wie man früher Weihnachten gefeiert hat? Also die Kinder waren ja alle in der Sonntagsschule. Man hat im Rössli-Saal einen Baum bis an die Decke hinauf aufgestellt, der Pfarrer kam nach Hausen, und eigentlich die ganze Gemeinde feierte dort Weihnachten. Der Pfarrer hat eine schöne Geschichte erzählt – ja, disäbe Pfärrer sind no ganz andersch gsi. Ich erinnere mich an eine Geschichte von Pfarrer Knittel, davon haben später noch viele Leute gesprochen. Pfarrer Knittel war ein Bruder des Romanschriftstellers John Knittel, des Autors der «Via Mala». Und vorher war auch ein bekannter Mann hier, der Pfarrer Stumm. Man hat richtig zu ihnen aufgeschaut, es waren Respektspersonen. Für die Kinder sowieso. Eben, und so hat man im Rössli-Saal eine schöne Weihnachtsfeier gehabt. Jedes Kind hat ein Päckli bekommen. Mein Vater musste immer für jedes ein Zöpfchen backen, das dann von der Sonntagsschullehrerin verteilt wurde.

Die Festzeit war für uns sehr streng. Auf den Chlaus haben wir viel Lebkuchen gemacht, und auf Weihnachten besonders viel Konfekt. Der Vater hat immer Chräbeli und Mailänderli gemacht – zeinewys! Dann war es auch Brauch, dass der Götti seinem Göttichind auf Weihnachten einen Lebkuchen schenkte. Er liess einen grossen Bäremutz machen, und mein Vater musste dann einen Fünfliber in einer Ecke aufkleben, das war das Göttigeschenk. Damals war ein Fünfliber ja noch etwas wert. Mein Vater machte immer sehr viele solche Lebkuchen auf Weihnachten. Er hatte grössere und kleinere Bären-Schablonen und konnte das ausgesprochen gut: Die Schablone auf den Lebkuchen legen, mit einem Messer voll weisser Zuckermasse darüber, das Blechlein anheben und schon hatte man den Bären. Nach einem Tag war der Zucker trocken. Manchmal musste er auch

Sonntagsschulfest auf dem Platz bei der alten Turnhalle. Um 1962. Sonntagsschullehrerinnen: Frieda Hartmann und Johanna Schaffner.
Johanna Schaffner (1896–1974) begann nach ihrer Konfirmation 1912 in der Sonntagsschule zu unterrichten und behielt dieses Amt bis 1964. Johanna Schaffner war Glätterin. Rolf Widmer-Schmidt erinnert sich, dass sie die letzte Umesägeri war, die Person, die nach einem

ein Sprüchlein oder den Namen des Patenkindes mit Zucker dazuschreiben. Auch das beherrschte er perfekt. Der Lebkuchen wurde dann aussen herum noch garniert – ja, und schliesslich hat er ihn für einen Franken verkauft. Natürlich haben Mehl und Zucker weniger gekostet als heute, aber es steckte viel Handarbeit darin.
Der Vater stand am Morgen immer früh auf, eigentlich noch in der Nacht, backte das Brot, und dann füllte er seine Hutte mit dem frischen Brot und fuhr damit mit dem Velo ins Birrhard hinauf. Von dort brachten ihm die Bauern jeweils Mehl und Eier, sie hatten sonst keine Absatzmöglichkeit.
Roger Sträuli: Wir mussten ihn manchmal noch anstossen. Im Alter hatte er Arthritis und konnte nur noch mühsam auf das Velo steigen – mit gut zwanzig Kilo Brot auf dem Rücken, so dass wir ihm beim Starten helfen mussten. Bis er dann den ersten Citroën kaufte, einen der richtigen, legendären Bankräuber-Citroën. Ein schwarzes Auto, das für einen Bäcker eigentlich nicht passte, es war ja immer voll Mehl. Aber es fuhr. Darin habe

Todesfall in der Gemeinde von Haus zu Haus ging, «go d'Lych asäge». Vor ihr hatte Rosa Sandmeier-Bolliger dieses Amt.
Frieda Hartmann wirkte etwa gleich lang wie Johanna Schaffner als Sonntagsschullehrerin. Foto L. Berner.

auch ich meine erste Autofahrt gemacht. Vater Widmer lernte selber nicht mehr Auto fahren, in der Regel fuhren seine Söhne für ihn. Einmal war aber aus irgendwelchen Gründen ausser mir niemand da, und der Vater hatte noch Ware zu liefern. Also setzte ich mich ans Steuer – zum ersten Mal! – und versuchte, wie das geht. Offenbar hatte ich auch genügend zugeschaut, denn es funktionierte alles, und wir sind heil hin- und wieder zurückgefahren. So hatten denn diese mühsamen Velotouren für ihn endlich ein Ende. Ab und zu habe ich in der Bäckerei ausgeholfen, soweit das neben meiner Arbeit möglich war. Im Gedächtnis geblieben ist mir vor allem das Holzscheiter-Tragen für den Backofen. Der Holzbackofen verbrauchte ungeheuer viel Holz.
Ruth Sträuli: Manches Klafter Holz hat der Vater gekauft im Staatswald drüben. Alle Ferien haben wir Holz getragen: Holz in die Heubühne hinübergetragen zum Trocknen, Holz hinaufgetragen, Holz hinuntergetragen – immer hämmer Holz gfuget.

Samuel Widmer-Brunner, genannt Beck Sämi, auf dem Heimweg vom Brotaustragen mit Hutten, Korb und Velo. Er trägt vorn an seiner Schirmmütze das Abzeichen des Veloclubs. Foto um 1950. Eig. R. Sträuli-Widmer.

Mein Grossvater war nicht Bäcker, er war Wagner. Er hatte seine Wagnerei in dem grossen Haus im Winkel Hauptstrasse/Werkhofstrasse. Sein Sohn, Fritz Widmer, hat dann im Kreuzweg eine Wagnerei aufgemacht, in dem Haus, das jetzt einer der Garagen gehört. Sein Sohn Rudolf, mein Cousin, musste dort ausziehen, denn das Haus steht direkt am Kreisel, und der Verkehr dort ist heute unerträglich. Er hat in der Überbauung hinter dem Dr. Frei (im Mitteldorf) eine Eigentumswohnung gekauft.
Roger Sträuli: Wir haben 1947 geheiratet. Zuerst wohnten wir bei den Eltern Widmer, und zwei Jahre später übernahmen wir ein Haus im Tannhübel (Neumattstrasse 4), eines der vier Häuser, die von der Öl-Chemie mit Subvention des Kantons gebaut worden waren. Ja, und eines schönen Tages erblickten wir in unserem Garten eingeschlagene Pflöcke und Sägemehlkreuze, und vor dem Haus standen Autos und fremde Leute. Auf unsere Frage, was das bedeuten solle, erhielten wir die Antwort, die Autobahn komme hier durch. Wir besprachen das mit Vater Widmer, und

er riet uns, bei den Rebbauern im Mülacher oben anzufragen, ob wir dort Land kaufen könnten. Wir konnten denn auch drei dieser langen, schmalen Rebplätze, 14 Aren, kaufen. Wir nahmen an, dass dort oben bald einmal gebaut werde. 1963 begann Stocker die Überbauung «Im Park», und wir kauften dieses Haus an der Unteren Parkstrasse.
In den Kampf um die Linienführung der Autobahn war ich nicht direkt involviert, ich war nur interessierter Zuschauer. Unser ehemaliger Nachbar, Robert Lutz (1921–1997), war als Gemeinderat und Ammann (1954–1962) sehr intensiv an diesen Diskussionen beteiligt, und er hat schliesslich erreicht, dass die Autobahn nicht diagonal durch das Dorf, sondern auf der andern Seite des Berges geführt wurde. Eine Zeitlang sprach man auch von einer Untertunnelung im Bereich des Habsburgwaldes, das alles waren für Hausen Fragen von zentraler Bedeutung. Herr Lutz hat sich da sehr grosse Verdienste um das Dorf erworben.
Ruth Sträuli: Im Hinblick auf die Autobahn, wie sie nachher doch nicht gebaut worden ist, wurde ja auch das Restaurant Tannhübel abgerissen. Ich erinnere mich an dieses Haus. Es war immer Licht in der Wirtschaft, weil es so nahe beim Wald und deshalb so dunkel war in dieser Stube. Ich glaube, es war eine Familie Sturm darauf, von Birmenstorf. Eine Tochter Sturm hat dann den Besitzer des Tannhübels, Hans Widmer, geheiratet. Ich bin eigentlich nie in diesem Restaurant gewesen, wir sind überhaupt kaum in Wirtschaften gegangen.
Meine Mutter liess mich auch nicht gerne zu Tanzanlässen gehen. Nur die Tanzeten im Rössli-Saal, da sind alle gegangen. Im Winter hatte der Turnverein einen Abend, und der Männerchor hatte einen Abend, und die Musikgesellschaft, und – was hat es noch an Vereinen? Da ist man hingegangen, und nach der Vorstellung hat man sich zusammengesetzt mit den Frauen und Töchtern und hat geschwatzt und gelacht und getanzt. Später hat man sich dann auch mit den Kollegen des Mannes unterhalten und gefeiert bei einer Bratwurst oder einem Kotelett für die Männer bis am Morgen um zwei oder drei Uhr. Do het mes no möge verliide. Es gab ja auch sonst Tanzanlässe, den Chilbitanz zum Beispiel in Birmenstorf. Mein Bruder ging ab und zu nach Birmenstorf, oder nach Brunegg oder nach Mülligen zum Tanz, bevor er ein Mädchen kennengelernt hatte. Auch in den Ochsen in Lupfig sind die Buben fleissig gegangen. Ich weiss noch, da hiess es dann: «Glättest du mir noch rasch die Kravatte? Oder nähst du mir noch rasch diesen Knopf an? Und das Hemd könntest du mir doch noch glätten.»

Musikgesellschaft, versammelt vor dem heutigen Gemeindehaus. Foto etwa 1935, R. Schaich, Brugg. Eig. E. Schaffner-Barth. Die Musikgesellschaft gab 1991 eine Jubiläumsschrift «100 Jahre Musikgesellschaft Hausen» heraus.

Mein Bruder Hans, der war so eitel, dass er immer zu Fuss ging, damit er vom Velosattel keinen glänzenden Hosenboden bekam. Die andern nahmen schon eher das Velo. In Hausen gab es nur, was die Vereine organisierten, aber es war den ganzen Winter über immer etwa ein Unterhaltungsabend. Da ist man gegangen, als man jung war. Nachher, wenn man verheiratet ist, da hat man Kinder, und da geht meistens nur der Mann – oder keines.
Roger Sträuli: Ich hatte auch immer reichlich zu tun, der Arbeitsaufwand in der Firma war gross, und die diversen Aufgaben, die ich nebenbei in der Gemeinde übernommen hatte, ergaben zusammen ein vollgerütteltes Arbeitspensum. Ich war zuerst im Labor tätig, später als Fabrikationschef, und wurde in dieser Eigenschaft mit vielen Problemen konfrontiert. Eines davon waren sicher die Emissionen, die eine Chemische Fabrik bei der Herstellung von Polyestern, Kunstharzen oder Produkten auf der Basis von Fischölen produziert. Die Einsprachen der Dorfbevölkerung in diesem Zusammenhang waren sicher nicht unberechtigt. Der Westwind machte die

Mitglieder der Musikgesellschaft in den Kostümen der «Krotzer Anna», die etwa 1935 aufgeführt wurde. Aufnahme vor dem heutigen Gemeindehaus. Im Hintergrund rechts das Haus Hauptstrasse 38 mit dem Laden der Landwirtschaftl. Genossenschaft Hausen. Foto R. Schaich, Brugg. Eig. E. Schaffner-Barth.

Sache leider oft noch schwieriger für die Hausener. Und wie es so geht, wenn der Krug fast voll ist – da hiess es immer wieder: Du könntest doch noch diesen und jenen Posten übernehmen. Zum Beispiel Milchkontrolleur, Mitglied der Rechnungsprüfungskommission, Steuerschatzung, oder aber Vizepräsident im Turnverein und Präsident der Männerriege, letzteres während 17 Jahren, ferner war ich Absolvent des Feuerwehrkommandanten-Kurses, Sicherheitsbeauftragter und 12 Jahre Zivilschutzchef in der Sika in Zürich. Sportlich bin ich vor allem der Männerriege zugetan, und ich war ein passionierter Faustballspieler. Hausen wurde 1965 zwar nicht Schweizer Meister, aber immerhin Aargauer Meister. Ruth Sträuli: Die grösste Veränderung von früher zu heute ist sicher, dass man heute noch die wenigsten kennt im Dorf. Es ist natürlich auch so, dass man älter wird. Einige Kollegen von früher sind fortgegangen, viele aus meiner Klasse sind schon gestorben. Auch vo de Purschte, mit denen man früher ab und zu getanzt hat, sind schon viele gestorben. Aber auch anderes hat sich sehr verändert. Als ich Kind war, hatten wir eine Naturstrasse durch das Dorf. Da gab es von den Fuhrwerken und vom Regen immer grosse Löcher. Dann ist jeweils der alte Herr Brändli von der Rütenen gekommen mit seinem Garettli voll Schotter und hat diese Löcher wieder gefüllt. Warum ich diese Strasse noch so klar vor Augen habe? Unsere Bäckerei stand direkt an der Strasse, und der Vater schickte mich ab und zu in die alte Chäsi an der Holzgasse hinüber, um Anke, Rahm oder Milch zu holen, auch Käse, wenn er Käsewähen machen wollte. Dann liefen meine beiden kleinen Brüder mir immer nach. Ich rannte ihnen davon, weil ich den Auftrag schnell erledigen wollte, ohne auf die Kleinen zu warten. Einmal stolperte einer der Brüder dabei auf der Strasse und schlug sich an einem scharfkantigen Stein ein solches Loch in die Stirne. Wie das geblutet hat! Nachher bin ich nie mehr davongerannt, wenn sie mitkommen wollten. Später wurde die Strasse asphaltiert. Das Areal meines Vaters ragte in einem Bogen in die Strasse hinaus, und sie sagten ihm: «Sämi, du könntest uns doch diesen Zipfel verkaufen, damit wir die Strasse gerade machen können.» Der Vater überlegte sich das, dachte auch, dass dieses Landstück ihm nicht viel nütze, dass er aber auch nicht zu viel dafür verlangen könne. Schliesslich erklärte er sich bereit, das Land abzutreten, wenn die Gemeinde ihm dafür vor dem Laden ein Trottoir mit einem Randstein aus Granit mache. Und deshalb hatten wir vor den Schaufenstern unserer Bäckerei ein schönes Trottoir. Mein Vater hat während dem Ersten Weltkrieg mit der Bäckerei angefangen, das war damals nur ein kleines Lädeli. Er musste dann in den Militärdienst, und da seine erste Frau krank war und früh starb, hat meine Grossmutter, die Wagnersfrau, mit dem einen Sohn zusammen Brot gebacken, bis der Vater aus dem Dienst zurück war.

Roger Sträuli: Ich bin in der March im Kanton Schwyz aufgewachsen. Ich habe den Aargau und vor allem die Gegend hier um Hausen liebgewonnen – nicht nur, weil ich hier vor über fünfzig Jahren meine Frau kennengelernt habe. Mir gefallen die bewaldeten Hügellandschaften, ich fühle mich wohl darin. Wir haben hier auch wahre Freunde gefunden. Seit ich 1944 das erste Mal durch das verschlafene Dorf gezogen bin, hat sich das Dorfbild merklich gewandelt. Wobei ich nicht verhehlen kann, dass mir die Überbauung in der Soorematt besser gefällt als die neue Überbauung im Mülacher, die auf mich einen unharmonischen Eindruck macht und wenig ins Gelände integriert ist. Typische Ansicht der älteren Generation? – Auf alle Fälle werde ich den Wakker-Preis für Hausen noch ein wenig zurückstellen.

1927 Max Widmer-von Dach
Hauptstrasse 33

Mein Vater baute die erste Bäckerei 1913. Er war ein Sohn des Wagners Samuel Widmer. Dieser Wagner, mein Grossvater, hatte seine Boutique rechts an dem Strässchen, das zum Werkhof führt, es war ein kleiner Anbau am Haus, er steht heute nicht mehr. Mein Grossvater hatte vier Buben und ein Mädchen, alle haben in Hausen gewohnt. Mein Vater hatte auf seiner Gesellentour eine Frau gefunden, eine Bäckerstochter. Er heiratete sie, aber man hatte ihm leider verschwiegen, dass sie krank war. Sie starb schon nach fünf Jahren und liess ihn mit zwei Buben zurück. In der Verwandtschaft gab es aber eine Tochter, die in der Spinni in Windisch arbeitete. Sie kam, um meinem Vater zu helfen, und sie wurde seine zweite Frau. Aus dieser zweiten Ehe kamen noch einmal drei Kinder, das waren dann zusammen fünf Kinder, aber zweierlei.
Warum man Bäcker wird? Wenn ich als Bub beim Brotaustragen half, dann hiess es oft: «Ja, du gibst sicher auch einmal Beck!» Und ich habe gesagt: «Ja, sicher werde ich Bäcker.» Man hat so immer davon gesprochen und daran gedacht, dass es eigentlich gar nichts anderes gab für mich. Meine Brüder? Meine beiden Halbbrüder waren viel älter als ich – der ältere hatte Jahrgang 1913 –, und ich habe sie sehr selten gesehen. Meine Schwester lebt in Hausen (Ruth Sträuli-Widmer), und mein Bruder wohnt in Genf. Ich bin mit 15 Jahren in eine Bäckerlehre und habe seither Brot gebacken. Die Lehre habe ich in Thun gemacht, und das kam so: Damals herrschte ein ausgesprochener Mangel an Stiften, wir machten ein kleines Inserat in die Bäckerzeitung und erhielten 43 Offerten aus der ganzen Schweiz! Die Wahl war nicht einfach. Es war ein Bäckermeister dabei, der auch als Fachlehrer für die Bäcker in Thun tätig war, woraus der Vater und ich schlossen, das müsse ein guter Berufsmann sein. Er war Hauptmann, Quartiermeister in der Kaserne Thun, also eine angesehene Persönlichkeit auf dem Platz Thun. Ja, für mich war das natürlich ein Wechsel, aber so von einer Bäckerei in die andere gibt es nicht viel grundsätzlich Neues. Der grosse Unterschied war, dass dort zehn Bäcker arbeiteten und dazu noch ein Kaffee mit Serviertöchtern und Küchenmädchen gehörte. Es war also ein grosser Betrieb, während wir damals nur eine sehr kleine Bäckerei vis-à-vis vom Rössli hatten. Mit 18 war ich ausgelernt, dann ging ich noch nach Vevey und nach Genf, zu meinem Bruder.
Als aber mein Vater krank wurde, musste ich früher als geplant heim. Mein Vater hatte Hüftgelenkentzündung, wie ich. Ich habe aber seit 13 Jahren

neue Hüftgelenke, das kannte man damals noch nicht. Wir haben zu jener Zeit noch das Brot ausgetragen und den Leuten ins Haus gebracht, das war normal. Heute ist das nicht mehr möglich, das würde nicht rentieren. Denn die Arbeitszeit des Bäckers ist auch teurer geworden.

Wie gesagt, es war ein kleines Bäckereili mit einem Lehrbub oder Arbeiter. Wir hatten Lieferungen und wir hatten die Privatkundschaft. Die Privatkundschaft konnte man später machen, eine Kundin wusste dann einfach, dass der Beck um zehn oder elf Uhr kommt mit dem frischen Brot. Wir haben die Leute damals noch nicht so verwöhnt wie heute. Heute ist das ganz anders, weil wir anstelle der Privatkundschaft viele Lieferungen haben, vor allem mit unsern drei Filialen. Wir müssen um sieben Uhr die gesamte Produktion fertig haben, denn man kann nicht zweimal nach Turgi, zweimal nach Windisch und zweimal nach Brugg fahren. Die Kosten würden zu hoch. Damals arbeitete ich in der Backstube, und zwischen zehn und zwölf Uhr trug ich das Brot aus. Es war viel Arbeit, aber ich hatte auch richtig schöne Kundschaft, und es ist immer wieder schön, jemanden zu sehen, den ich von damals kenne. Ich kannte wirklich das ganze Dorf. Wir brachten bis Birrhard Brot, weil es dort keinen Bäcker hatte, und wir lieferten auch nach Habsburg ins Schloss.

Da drüben, gegenüber vom Rössli, stand ein Zweifamilienhaus, dahinter ein kleiner Kuhstall. Das reichte nicht bis ganz an die Strasse, so dass mein Vater davor einen Laden an die Strasse bauen konnte. Anno 51, als ich 24 war, konnte mein Vater nicht mehr arbeiten, er konnte kaum mehr gehen. Operiert hat man noch nicht, und wenn er einmal im Jahr im Herbst nach Abano in die Badkur ging, dann waren die Schmerzen halt im Frühling wieder da. Also musste ich wohl oder übel das Geschäft antreten. Ich heiratete und nahm die ganze Sache in die Hand – und es ist uns eigentlich noch recht gegangen. Mit viel Schaffen allerdings, am Morgen früh auf, zwei Stunden schlafen nach dem Mittag, dann noch Büro, das Haus und alles, aber man hat nichts anderes gewusst, das war halt normal.

Wir haben fünf Kinder. Der ältere Sohn ging nach Chur in die Lehre als Confiseur. Als er heimkam, sagten wir uns, in diesem Budeli – das war gerade vis-à-vis von der Rössli-Tür – da kann man nichts ausbauen, nichts erneuern. Wir sollten einen Anbau machen. Also stellten wir ein Baugesuch für einen Anbau mit Kaffee. Darauf meldete sich aber der Kanton und erklärte, die Strasse zwischen uns und dem Rössli sei zu schmal und werde sicher einmal verbreitert werden müssen. Sie könnten uns die Baubewilligung also nicht geben. Nun hatte ich schon seit einiger Zeit hier (beim heutigen Huser Hof) Land zusammengekauft. Mein Vater pflegte zu sagen: «Was an deine Liegenschaft grenzt und feil ist, das kauf, denn das Land hat immer für den Nachbarn am meisten Wert». Nach diesem Grundsatz habe ich gehandelt. Ich konnte also dem Kanton vorschlagen: «Wenn ich hier nicht bauen darf, so kauft mir das ab, und ich werde weiter oben neu bauen.» So wurde das eingefädelt. Hier, wo der Huser Hof steht, war Wiesland, vier Meter hoch und mit eine Böschung gegen die Strasse hinunter. Das musste alles abgetragen werden, denn man kann den Leuten ja nicht zumuten, dass sie so hoch hinaufsteigen für ins Kafi. Ich muss sagen, der Kanton hat das sehr anständig akzeptiert, hat auch einen anständigen Preis bezahlt für damalige Verhältnisse. Ich hatte schon damals (1976–1978) Mühe mit meinen Hüftgelenken, und ich sagte meinen Jungen: «Wenn ihr weiterschaffen wollt, dann baue ich noch einmal. Wenn ihr aber sagt, es sei euch verleidet, dann mache ich das nicht mehr, sondern suche mir irgendwo eine ringere Arbeit.» Sie erklärten aber, sie würden mitmachen, und so haben wir vor 22 Jahren angefangen, den Huser Hof zu bauen.

Ich hätte meine Lehre damals nicht in Hausen machen können, mein Vater hatte keine Lehrlinge. Es gab ja auch noch nicht einmal die Bäcker-Gewerbeschule. In der Gewerbeschule in Thun habe ich zum ersten Mal gemerkt, dass ich mich anstrengen muss, dass es ernst gilt. Ich habe dann den besten Abschluss vom Berner Oberland gemacht, und das hat mich natürlich gefreut. Ich habe auch nachher hart gearbeitet, überall mitgemacht, war 24 Jahre lang Präsident der Bäcker vom Bezirk Brugg und war etwa zehn Jahre im Kantonalvorstand. Ich habe immer versucht, neue Wege zu gehen, dafür war ich bekannt. In einer Zeit, als es mehr Arbeit als Arbeiter gab, hatte ich die Idee einer Gemeinschaftsbäckerei im Aargau. Wir gründeten eine Genossenschaft und fabrizierten an zwei zentralen Orten, zuerst in Baden, dann in Lenzburg, für all jene Bäcker, die mehr Brot verkaufen konnten, als sie selber herzustellen in der Lage waren. Ich stellte diese Organisation auf die Beine, und das war auch sehr erfolgreich, aber es war eine grosse Arbeit zum andern hinzu. Ich fuhr damals meist um halb zehn Uhr nach Lenzburg, um das organisatorisch noch in Ornig zchlöpfe. Aber ich sagte mir hinterher, es habe für meine Söhne sicher eine Rolle gespielt, dass ich ab und zu gsundiget aus dem Haus ging. Sie konnten sich zweifellos leichter entschliessen, selber Bäcker zu werden, wenn sie nicht

Haus Widmer mit vorgebauter Bäckerei, Hauptstrasse bei der Holzgasse-Einmündung. Foto um 1922. Diasammlung der Ortsbürger.

sagen mussten: Unser Ätti läuft ständig in den Bäckerhosen herum und ist dauernd in der Backstube.
Aus der Idee der Gemeinschaftsbäckerei hat sich dann die Ideenkette Dorfentwicklung – Einkaufszentrum – Dorfzentrum entwickelt. Aber da musste ich merken, dass das sehr schwierig war und einen grossen finanziellen Aufwand forderte. Ein Problem war, dass nicht jeder verstehen konnte, dass Verkehr Leben ist, und dass Geschäfte auch Leben bringen. Das sind notwendige Aktivitäten, und manchmal muss dafür auch etwas aufgerissen werden. Hier in Hausen stellte sich noch ein Problem, und zwar mit der Metzgerei. Da gab es ein neues Gesetz, das Schlachthäuser bei den einzelnen Metzgereien verbot. Nur die schon bestehenden Schlachthäuser durften weiterbenutzt werden, Neubauten wurden nicht bewilligt. Für den Metzger Hunziker hiess das, dass er seine Metzgerei um das bestehende Schlachthaus herum neu bauen musste und sie nicht zu mir herüber hätte zügeln können. Und ich konnte nicht auf seine Seite hinüberziehen. Ich

Huser Hof, erbaut 1978. Im Hausteil links, hinter der Bushaltestelle, Bäckerei Widmer und Café Max und Moritz. Foto H. Fischer, März 1999.

versuchte also, selber etwas aufzustellen. Ich hatte den Huser Hof ziemlich gross geplant – man sieht ihm an, dass man damals noch Geld bekommen konnte. Ich suchte Mieter. Wir fanden eine Lösung mit der Post. Der damalige Posthalter Johann Schaffner, Christian Schaffners Vater, war damals gegen sechzig und erklärte den PTT, er werde nach der Pensionierung nicht aus seinem eigenen Haus ziehen, in dem die Post eingemietet war. Die Post suchte daraufhin einen zentralen Standort, und ich machte ein Angebot: Ich hätte den richtigen Standort für euch, mit Bushaltestelle und allem, was man machen kann, das wäre eine schöne Entwicklung für Hausen. So bin ich mit der Post zusammengekommen, und die Post hat einen bestimmten Prozentanteil übernommen.

Ja, ich habe die Ortsbürgerkommission gegründet. Vorher waren die Angelegenheiten der Ortsbürger einfach eine Verwaltungsaufgabe, die in der Gemeinde so nebenher lief. Dann hat Hans-Peter Widmer einmal in einer Gemeindeversammlung angeregt, man sollte die Bürgergemeinde aktivieren. Ich überlegte verschiedene Möglichkeiten und schlug vor, man sollte eine Bürgerkommission gründen. Ich war dann die ersten acht Jahre Präsident dieser Bürgerkommission. Heute sind die Ortsbürger quasi ein eigener Verein. Das Chlauslaufen? Das hat es natürlich schon vorher gegeben, das hat es immer gegeben. Mein ältester Halbbruder, Jahrgang 1913, war auch schon Chlaus, und in den «Brugger Neujahrsblättern» (41. Jahrgang, 1931, 64) ist ein Foto abgebildet, auf dem unser Sämi auch dabei ist. Das Chlauslaufen ist ein sehr alter Brauch, aber ich habe dem Ganzen ein neues Kleid gegeben. Ich bin auch Chlaus gewesen mit 16 und habe das immer miterlebt und auch von der geschäftlichen Seite her mitverfolgt. Der Chlauslauf war ja ursprünglich am 12., 13. oder 14. Dezember – einfach am Abend des Brugger Märts, denn man brauchte ja den Märt, um Orangen und Lebkuchen und all das für die Kinder kaufen zu können. Nachdem wir aber so viele – ich will nicht sagen «Fremde», aber – Zugezogene in Hausen hatten, wurde das schwierig, denn die verstanden nicht, warum unser Chlaus nicht am 6. Dezember, sondern am zweiten Dienstag im Dezember stattfand. Also haben wir beschlossen, unseren Chlaus auch am 6. Dezember zu machen. Das ging gut, aber es gab dann Probleme anderer Art. Zum Beispiel die Rute. Zum Chlaus gehört ja eine Rute, und früher haben die Buben die Birkenreiser für diese Ruten im Wald gestohlen. Das war ein sozusagen offizieller Diebstahl, das gehörte dazu. Es gab auch eine Spannung in die ganze Sache: Erwischt uns der Förster oder erwischt er uns nicht? Wenn er die Buben beim Reiserstehlen ertappte, dann gab es ein Donnerwetter, aber man lachte, und sie trugen das Birkenreis heim. Aber mit den vielen Zuzügern wurde die Zahl der Chläuse immer grösser, und das ging nicht mehr. Wir haben also beschlossen, dass wir von der Bürgerkommission mit dem Förster zusammen drei Wochen vor dem Chlaus in den Wald fahren und die nötigen Reiser holen. Wir bringen sie in den Schopf oder die Garage, wo die Buben dann ihre Ruten binden wollen. Also alles ganz offiziell.

In dieser Zeit hat man gerade den Bürgerchnebel abgeschafft. Was der Bürgerchnebel ist? Das war Holz, Brennholz, das die Ortsbürger als Bürgernutzen von der Bürgergemeinde erhielten. Wir haben jedes Jahr zwei Ster Brennholz und, wenn wir wollten, noch dreissig Stauden bekommen. Die Anteile wurden per Los verteilt. Ich musste jeweils für den Vater das Lösli holen, und zwar im Schulzimmer oben. Da sassen der Gemeindeschreiber und der Förster vorne am Tisch und hatten die Lösli vor sich, pro Familie ein Los. Es waren vielleicht hundert Bürgerfamilien. Da gab es dann jedesmal ein Theater, denn die Verteilung der Lose ging nach Alphabet, und wenn der Gemeindeschreiber eröffnet hatte, riefen die Widmer: Hinten anfangen! Und die Hartmann riefen: Nein, vorne anfangen! Bis schliesslich eingeführt wurde, dass ein Jahr vorne, das andere hinten im Alphabet angefangen werden sollte. Denn man musste ja wieder heim, man kam nicht um zu feiern. Es gab natürlich immer ein paar, die nachher noch ins Rössli gingen, aber das waren die, die ohnehin gerne ins Rössli gingen. Die andern mussten zurück an die Arbeit. Wir gaben unser Los immer dem Messerschmied (Fritz Schatzmann), das war unser Fuhrmann, und er hat uns das Holz geholt. Aber dann wurde der Bürgerchnebel abgeschafft.

In der Politik habe ich mich nie aktiv beteiligt – nur gedanklich. Ich folgte darin der Begründung meines Vaters, der sagte: «Lueg, das Dorf ist zu klein. Stimmst du BGB, ist der Freisinn aufgebracht, gehst du zum Freisinn, so sind die Bauern beleidigt, und Arbeiter sind wir halt in Gottes Namen nicht, auch wenn wir arbeiten müssen. Du machst also am besten nichts politisch.» Aber in Vereinen habe ich schon mitgemacht. Später war ich auch im Gemischten Chor, aber vor allem ist unsere Familie immer im Turnverein gewesen. Mein Sohn, der Harry, ist ja auch sehr aktiv, er macht das «Turnen für Jedermann». 1946 oder 1947 bin ich als Kassier des Turnvereins Hausen mit an das Turnfest nach Bern. Mit 19 war ich schon Kassier. Seither habe ich immer mitgemacht. Einmal fehlte ein Jugendriege-Leiter. Da hiess es: Du bist doch den ganzen Tag daheim, du könntest doch von 5 bis 7 Uhr die Jugendriege leiten, das ist doch keine Sache für dich. Ich habe dann die Jugendriege 16 Jahre geleitet. Das waren immer so zwischen 25 und 30 Buben. Und alle diese Gemeinderäte, die sind zu mir ins Turnen gekommen! Es war eine Aufgabe, aber es war schön. In Hausen hat man früher alle Leute gekannt. Und heute nicht mehr. Ja, ich leide schon darunter. Ich bin selber nicht mehr so aktiv, und so trifft man sich seltener. Wir haben im Kaffee natürlich auch nicht gerade einfache Zeiten, die Kosten sind wahnsinnig drückend, dann ist noch die Mehrwertsteuer hinzugekommen, und schliesslich hat die Umfahrungsstrasse uns ein ganzes Segment Kundschaft weggenommen. Zum Beispiel die Deutschen, die Ferienreisenden, die in Waldshut hereinkommen und nach Luzern fahren – und das sind viele –, die kommen nicht mehr hier vorbei. Früher hat man unser schönes Haus und den Parkplatz von weitem

Vorführung der Jugendriege 1965. Die geringe Raumhöhe im Rössli-Saal setzte den Turnübungen nach oben recht enge Grenzen. Foto L. Berner.

gesehen und hat hier einen Kaffeehalt gemacht. Jetzt fahren sie über die Umfahrung.

Man spricht von Hausen als einem Schlafdorf? Ein Schlafdorf war das früher sicher nicht, aber – ist das denn nur negativ? Schlafdorf kann ja auch eine Qualität sein, nicht geschäftlich beurteilt natürlich. Wir haben durch die Umfahrung an Wohnqualität gewonnen, das Dorf hat gewonnen. Dass Arbeitsort und Wohnort immer weiter auseinanderfallen, ist eine Zeiterscheinung. Und – vielleicht kommt wieder einmal eine neue Entwicklung.

1929 Werner und
1928 Ruth Frauchiger-Krazer
Kestenbergstrasse 18
Windisch

Werner Frauchiger: Ich bin 1929 geboren und in Hausen aufgewachsen, aber ich bin schon 1954/1955 fortgezogen. Ich war gern in Hausen, man war dort irgendwie daheim. Man hat die Leute gekannt, man hat gewusst, wo man hingehen kann am Abend: Man ging ins Rössli oder in den Sternen. Wenn man im Turnverein war – und ich war im Turnverein –, dann war es meistens das Rössli, denn im Winter turnten wir im Rössli-Saal oben. Wir hatten einen Turnplatz dort, wo jetzt die Kirche steht; am hintern Rand dieses Platzes war auch der alte Turnschopf. Diesen Turnschopf hat die Armee während dem Krieg unterteilt und so etwas wie eine Schwingerhalle daraus gemacht, indem sie in der einen Hälfte des Raumes Sägmehl streuten, damit sie dort schwingen konnten. Nach dem Krieg wurde das wieder ausgeräumt, und es war wieder unser alter Turnschopf. Im Winter konnte man dort nicht turnen, es war zu kalt. Nach dem Krieg wurde die Turnhalle am Nordrand des Platzes gebaut. Das war 1947, vor dem Eidgenössischen Turnfest in Bern. In der Mehrzweckhalle in Hausen muss noch irgendwo ein Foto vom Turnverein Hausen 1947 hängen, da bin ich auch drauf, ich war damals 18. Diese Fotos hingen früher im Rössli, die Vereinskästen waren ja gewöhnlich in den Wirtschaften. Sie wurden beim Umbau im Rössli entfernt und in die Mehrzweckhalle gezügelt.

Als ich von Hausen wegging, musste ich aus dem Turnverein austreten. Ich kam in den Aussendienst, in die Montageabteilung der Firma Wartmann (Wartmann & Cie. AG, seit 1896, Stahlkonstruktionen, bes. Brückenbau), und da hätte ich in keinem Verein mehr mitmachen können, denn die Woche über war ich gar nicht da. Ich übernahm auch Auslandmontagen, und war oft längere Zeit fort, zum Beispiel ein halbes Jahr oder ein Jahr in Indochina. 12 Jahre war ich auch von der Firma aus bei den SBB im Brückenbau: Chiasso, Mellingen, Autobahnbrücke Mülligen – alle diese grossen Brückenmontagen. Daneben hatte ich keine Zeit mehr für einen Verein: Diese Objekte waren so gross, dass man den Kopf nicht an mehr als einem Ort haben konnte. Ich war dann auch froh, wenn ich Feierabend hatte.

Aber früher war es schön in Hausen, man hatte Vereine, man kannte alle Leute, man blieb im Dorf. Und heute ist das eben nicht mehr so. Die Leute sind mobiler geworden, sie haben sich ein Auto angeschafft, einer geht

dahin, der andere dorthin. Wir haben heute in Hausen einen Turnverein, in dem viele Mitglieder auswärts wohnen: Sie sind weggezogen von Hausen, sind aber noch dort im Turnverein. Das gibt einfach einen Riss, der Kontakt ist nicht mehr so eng. Früher ist man nach dem Turnen zum Jassen gegangen, das ist heute nicht mehr. Es ist wie mit dem Einkaufen: Früher hatte Hausen eine Käserei, zu meiner Zeit war das der Jaberg. Dort kaufte man Milch und Käse. Später sind aber die Frauen, die Autos hatten, nach Brugg gefahren zum Einkaufen, in den Migros oder in den Konsum. Man sieht sie auch hier in Windisch im Konsum (Coop), weil die Einkaufsmöglichkeiten in Hausen vergleichsweise bescheiden wurden.
Meine Lehre habe ich in Brugg gemacht – es sind alle nach Brugg. Hausen hatte nichts, keine Ausbildungsmöglichkeiten nach der Schule. Ich glaube auch nicht, dass in der Cheemi draussen gross ausgebildet wurde. In Brugg dagegen hatte es die Müller-Bude (Maschinenfabrik Müller), die Kabelwerke, den Wartmann und verschiedene Schreinereien, Zimmereien, Elektrounternehmen. Viele sind während dem Krieg auch zur Bahn, weil sie sagten, das sei eine sichere Stelle. Hausen war in dieser Beziehung schon nicht ganz so grossartig.
Ruth Frauchiger: Ich bin Österreicherin gewesen und 1952 nach Hausen gekommen. Ich arbeitete im Sternen, dort lernte ich auch meinen Mann kennen. Ja, ich erinnere mich an den ersten Eindruck, den ich von Hausen hatte: Es wirkte – ja, ländlich. Aber ich war gerne in Hausen. Und der Sternen war eine schöne Wirtschaft, damals, als die grossen Kastanienbäume der Gartenwirtschaft noch standen. Vorne waren die beiden grossen Bäume und dahinter war alles von Reben überdeckt. Es hat mir das Herz ausgerissen, als das alles kaputtgemacht wurde – für diese Parkplätze.
Ich habe natürlich nicht viele Leute kennengelernt in den anderthalb Jahren, die ich im Sternen gearbeitet habe, es waren eigentlich nur die Stammkunden. Wer nie in die Wirtschaft ging, den kannte ich halt nicht. Es war früher noch der Brauch, dass sie die Frauen am Sonntag zum Jausnen mitnahmen, und zum Zvieri assen sie Speck auf dem Brettli. Sie kamen auch mit den Kindern, um in der Gartenwirtschaft Glace zu essen. Da hatte man auch noch Zeit, um miteinander zu reden. Heute hat man den Eindruck, dass sie keine Zeit mehr haben, sich miteinander zu unterhalten. Wenn sie Lehrerzusammenkunft hatten, kamen sie oft zu mir ins Säli. Ich habe deshalb die Lehrer gut gekannt, besonders die Handarbeitslehrerin, Frau Bopp. Das war eine liebe Frau. Auch die Gemeinderäte sind zu uns

Anna Widmer, genannt Hüener Anni, mit zwei Eierkörben unterwegs zum Markt in Brugg oder zu Kundschaft im Unterdorf. Die zahlreichen Bäume der Hauptstrasse entlang vermitteln den Eindruck einer breiten Allee. Foto um 1960, L. Berner.

gekommen, ich habe sie alle gekannt. Ich erinnere mich sehr gut an den Gemeindeammann Lutz, das war ein flotter Mann, und sehr liebenswürdig. Dann kannte ich natürlich auch den Weltmeister, er trug immer Überkleider und war mit dem Velo unterwegs. Ja, und das Hüener Anni, sie kam jede Woche in den Sternen, mit dem Hund und ihrem Wägeli, und verkaufte Eier.

Werner Frauchiger: Zum Hüener Anni hinauf musste ich jeweils, um Poulets für den Bahningenieur Hintermann zu holen. Die Poulets musste man bestellen bei ihr, eines kostete acht Franken, was damals natürlich ziemlich viel Geld war. Aber sie hat das Poulet dann immer gmetzget und gerupft – tiptop. Ich musste das Huhn bei ihr oben holen, und mein Vater nahm es mit nach Brugg und brachte es dem Hintermann. Als ich Bub war, hatte das Hüener Anni einen schönen grossen Schäferhund, den Prinz, der ihr das Wägeli ziehen half. Später war es dann dieser Sennenhund. Sie war eine liebe Frau. Ich erinnere mich, dass mit einem Auge bei ihr etwas nicht in Ordnung war, sie schielte irgendwie. Übrigens hatte ihr Vater (Johann Friedrich Widmer-Meier, gest. 1941) früher einmal das Rössli in Hausen, lange vor dem Amrein, in den zwanziger Jahren. Auch der Vater vom Schatzmann Walti in der Siedlung draussen (Birkenhof, Lupfig) war einmal Wirt auf dem Rössli, man sagte ihm Rössli Hänsel. Er wohnte in dem Bauernhaus zuäusserst bei der Cheemi, in dem Haus, das der Kanton kaufte, als die Autobahn noch diagonal durch das Dorf projektiert war. Aber man sagte immer noch: «Gehst du zum Rössli Hänsel hinaus?»

Ich bin in der Holzgasse aufgewachsen, unser Haus steht seit etwa zehn Jahren nicht mehr. Es war gerade bei der SBB-Brücke, auf der andern (westlichen) Seite der Bahnlinie. Es standen drei Häuser auf diesem Platz: unseres, das von Gärtner Umiker und das von Barth (Besitzer vor Barth: Jakob Widmer, genannt Joggi). Die Kurve um das vorderste Haus war der berüchtigte Joggi Rank, weil die Strasse hier fast rechtwinklig verlief (Holzgasse/Einmündung Tannhübelstrasse). Es gab dort immer wieder Velounfälle, und die Kinder wurden ermahnt: «Pass dann auf beim Joggi Rank!»

Meine Eltern haben das Haus 1929 gekauft. Mein Vater war im Konsum in Brugg Käser. Er ist aus dem Bernbiet gekommen und hat in Brugg gchäset und Anke gmacht und die Milch gebracht. Meine Mutter kam auch aus dem Bernbiet, von einem Bauernhof. Ich bin in Brugg geboren. Als ich halbjährig war, sagte meine Mutter zu ihrem Vater: «Du musst mir 5000 Franken geben, wir wollen in Hausen ein Haus kaufen.» Und dann haben die Eltern dieses Haus gekauft, für 15 000 Franken. Das war viel damals. Also konnten wir hier hinausziehen, denn die Mutter hielt es in der Stadt nicht aus. Hier konnte sie gartnen und härdöpfeln – wir wurden vollständige Selbstversorger.

Den Blumenladen vom Umiker Hans im Haus nebenan habe ich natürlich auch noch erlebt, er hat hier angefangen und war zwanzig Jahre in diesem Haus. Seine Tochter machte mit meiner Tochter zusammen die Lehre in Wohlen, meine Tochter lernte Coiffeuse und die Elsbeth Umiker (Leuenberger-Umiker) Blumenbinderin. Das war vor gut zwanzig Jahren.

Wir mussten unser Haus renovieren, es hatte Bruchsteinmauern auf der Seite zum Bahneinschnitt, und diese Mauern waren durch die Erschütterungen beim Bahnbau und nachher schadhaft geworden. Ja, und als alles neu aufgemauert und frisch gestrichen war, mussten wir vernehmen, dass das Haus abgebrochen werden müsse, weil die Strasse hier durchkomme. Wir hatten etwa 13 Aren Land und haben wohl eine halbe Million

verloren durch dieses Autobahnprojekt. 1985 haben wir vom Kanton 130 Franken für den Quadratmeter bekommen.
Ich erinnere mich natürlich an viele Leute. An den Weltmeister (Fritz Rohr), den Bume Scharli (Carl Baumann), die alte Frau Renold und de alt Amme Renold (Emil Renold), dann war da der Gloor Fritz, der wohnte bei der Migrol-Tankstelle (Hauptstrasse 70), das war ein Bauernhaus. Und dann de Baumeischter Köbi (Jakob Rohr): Der Gloor Fritz heiratete die Tochter vom Baumeischter Köbi, und sie bauten dort die Tankstelle. Der Fritz führte sie zusammen mit seiner Frau. Er war in der Musik. Man kannte natürlich auch de Huser Teig: Den Hartmann Köbi, der bei der Post gearbeitet hat und direkt hinter dem Sternen wohnte, den Schmid (Alfred), das war der Schwager des Weltmeisters, dann Hunziker (Hermann), Klöti (Ernst), Brändli (Jakob), Eichenberger (Fritz), Metzger Köbi (Jakob Widmer), der jetzt in Engelberg wohnt. Dort wo jetzt der Kaminfeger wohnt (Hauptstrasse 53), das war sein Haus. Seine Eltern hatten schon die Metzgerei. Nein, er ist nicht verwandt mit dem Beck Widmer – die gehen einander nichts an. Aber er ist verwandt mit dem Bauer im Birrfeld draussen (Walter Schatzmann-Horlacher), der jetzt 85 wird. Dessen Mutter hiess Widmer und war eine Schwester von Metzger Köbis Vater. Das geht natürlich grausig weit zurück. Der Schatzmann Walti war im Turnverein.
Die Schaffner Anna (Johanna) hat mir jeweils die weissen Kragen gebügelt. Wir hatten ja die Mode mit gestreiften Hemden und steifen weissen Kragen. Die Schaffner Anna war Weissnäherin, sie wohnte in dem Haus bei der Mehrzweckhalle, das die Gemeinde jetzt umbauen will (Hauptstrasse 28). Dort obendrin wohnte sie. Sie war eine Schwester zum alten Gemeindeammann Schaffner (Jakob), und sie war Sonntagsschullehrerin. Die alte Frau Messerschmied (Marie Schatzmann-Schatzmann) hat natürlich auch jeder gekannt, sie trug immer die Tracht, man sah sie nie anders. Das Lebensmittellädeli an der Holzgasse, wo jetzt Treichlers wohnen (Holzgasse 18), hat eine Frau Müller geführt. Nach Frau Müller kam ein Herr Stauffer hinein, er hatte nachher den Konsum in Hausen, dort wo später der Volg war (Hauptstrasse 38). Ja, im Dorf draussen war auch noch ein Lebensmittelgeschäft, dort wo jetzt die Asylanten untergebracht sind, das war eine Frau Gloor. Sie hatte nichts zu tun mit der Frau Gloor im Wullelädeli, die kam erst viel später.
An der Holzgasse war das Haus mit der Post, und obendran war ein Doppelhaus, dort wo jetzt die Metzgerei steht. In diesem Doppelhaus

wohnte hinten der Amsler, und vorne war der Schaffner Kari. Als ich Bub war, arbeitete der Schaffner Karl beim Wartmann in Brugg, und nebenbei flickte er hier Velos, es war eine Velobude. Das Velogeschäft, das später Crameri führte, gab es auch schon, aber da war ein Ruch drauf. Als der Schaffner Hans, Posthalter, heiratete, ging ich als Kind natürlich auch hin um zuzuschauen. Er war der erste, der Zehnerli und Zwänzgerli ausgeworfen hat, statt Täfeli.

Ruth Frauchiger: Nachdem der Metzger Hunziker umgebaut und vergrössert hatte, schrieb er den alten Laden zum Vermieten aus. Vor dem Blumenladen Umiker war dort noch ein Fernseh- und Radiogeschäft. Ich weiss nicht mehr, wie das geheissen hat, aber wir haben dort einmal einen kleinen Radio gekauft. Das Geschäft existierte aber nur kurze Zeit. Dann wurde das Ladenlokal wieder ausgeschrieben.

Werner Frauchiger: Gegenüber vom Rössli (im Winkel Hauptstrasse-Sonnhaldenstrasse) stand das Haus mit dem Coiffeur: Im 1. Stock war ein Coiffeurgeschäft, da mussten wir immer hin als Buben. Der Coiffeur Schärer war auch Berner. Er hatte das Coiffeurlädeli und nebenan die Schneiderei, da flickte er Hosen. Unten in diesem Haus, wo später Frau Graf ihr Usego-Lädeli hatte und nach ihr Frau Berner ihr Foto-Lädeli, da wohnte der Schaffner Walti, der Willi Walti, wie wir ihn nannten. Er war Elektriker und machte Elektroreparaturen, daneben verkaufte er Lampen und elektrische Artikel. Schliesslich gab er den Laden auf und arbeitete in der Chemischen Fabrik draussen als Elektriker. Neben dem Schärer-Haus stand zuerst eine hohe Mauer, die wurde dann abgerissen zugunsten der Strasse und einer Telefonkabine. Als die Strasse verbreitert werden musste, wurde alles abgerissen.

Auch im Unterdorf sind viele Häuser abgerissen worden, alles Bauernhäuser. Die Häuser vom Rohr, vom Sigrist und vom Strössler, unterhalb vom Crameri. Der alte Strössler, das weiss ich noch, ist zum Heuen gegangen mit dem steifen weissen Kragen und der Fliege. Aber er konnte einfach nicht umgehen mit der Familie. Das war eine schlimme Sache – wissen Sie, in Hausen war nicht immer alles so harmlos. Aber man hat im Dorf nie gross darüber diskutiert – das war einfach so. Gerade anschliessend an den Crameri steht noch ein Schopf, der gehört dem Senn Willi, der wohnt gegenüber, im Alten Bären, wie man sein Haus nannte (Hauptstrasse 7). Die ersten Wohnblöcke waren vermutlich die an der Birkenstrasse.

1930 Klara Thut-Schatzmann
Hochrütistrasse 20

Ich bin eine gebürtige Schatzmann, und mein Elternhaus war der Bauernhof an der Hauptstrasse unten (Ecke Hauptstrasse/Mülacherstrasse, heute Überbauung Rösslimatt). Meine Mutter war auch eine gebürtige Hausenerin, ebenfalls eine Schatzmann. Hans Mattenberger, der im Gemeinderat war, ist mein Cousin: Unsere Mütter waren Schwestern. Das Elternhaus meiner Mutter steht im Rüchlig (Rüchligstrasse 7), ein älteres Bauernhäuschen, in dem heute Frau Rickenbacher-Mattenberger wohnt. Ich habe eigentlich nicht viele Verwandte im Dorf, denn meine Mutter hatte nur eine Schwester, und deren Sohn, Hans Mattenberger, hat auch nur eine Schwester, die in Oftringen wohnt. Ich selber hatte einen Bruder, Jahrgang 1926, und eine Schwester, Jahrgang 1924, und ich habe Jahrgang 1930.

Man hat uns Schatzmann-Messerschmieds gesagt. Das ist eben auch so etwas: Es gab so viele Schatzmanns, dass man einen Zunamen geben musste, damit man wusste, um wen es geht. Wenn meine Mutter im Garten arbeitete und Kinder, die auf dem Schulweg vorbeikamen, artig sagten: Grüezi Frau Messerschmied, dann war das etwas, was meine Mutter gar nicht gerne hörte. Sie korrigierte dann die Kinder: Los, ich heisse Schatzmann. Der Name kam daher, dass mein Urgrossvater eine Messerschmiede hatte. Unser Haus hatte gegen die Hauptstrasse den Haupteingang neben der Scheune und auf der rechten Seite einen zweiten Eingang, den ursprünglichen Eingang zur Messerschmiede. Das hat man mir schon als Kind erzählt. Dort hat offenbar dieser Urgrossvater Schatzmann Messer geschmiedet und geschliffen. Mein Urgrossvater baute das Haus 1851. Er hatte neben der Messerschmiede noch einen Landwirtschaftsbetrieb, wenn auch noch nicht sehr gross. Mein Grossvater hat dann aber recht puuret, er hatte nur die Landwirtschaft. Die Messerschmiede ist offenbar eingegangen. Aus der Werkstatt wurde ein Zimmer, in dem eines von uns geschlafen hat. Die Aussentür wurde zugemacht. Von der Einrichtung dieser Messerschmiede habe ich nie etwas gesehen, es war gar nichts mehr da, denn, nicht wahr, meine Mutter hatte schon Jahrgang 1893, mein Grossvater 1863. Die Messerschmiede meines Urgrossvaters liegt also doch sehr weit zurück.

Meine Grossmutter starb anno 29, sie muss krank gewesen sein und ist relativ jung gestorben. Mein Grossvater ist sehr alt geworden, wir hatten ihn daheim bis zuletzt, wie das so üblich war. Mein Vater hatte einen Bruder und zwei Schwestern. Die älteste war Tante Berta mit Jahrgang 1890, das wurde die Frau Herzog, Mutter des Kreisschätzers Karl Herzog in Windisch. Die zweite Schwester meines Vaters blieb ledig. Er selber hatte Jahrgang 1893. Sein Bruder war viel jünger, er heiratete eine Tochter des alten Jaberg, der vor Schwab und vor Jordi die Käserei in Hausen führte. Da mein Vater auf dem elterlichen Hof puuret het, musste der jüngere Bruder auswärts. Er war zuerst in Riniken im Hirschen, später in Retterswil bei Seon, wo er einen Hof kaufen konnte.

Meine Mutter konnte nach Brugg in die Bezirksschule und ging dann ins Seminar, was zu ihrer Zeit noch überhaupt nicht selbstverständlich war. Sie schloss 1913 als Lehrerin das Seminar ab und trat eine Stelle in Mandach an. Das wurde ihre zweite Heimat, wie sie immer sagte. Sie war zehn Jahre dort, also während dem ganzen Ersten Weltkrieg, und das war eine strenge Zeit: Der Lehrer war meistens im Dienst, sie war allein und musste am Vormittag die Grossen und am Nachmittag die Kleinen unterrichten. Es war eine Unter- und eine Oberschule, wie in Hausen auch. Anno 23 heiratete meine Mutter und kam wieder nach Hausen.

Ich bin im heutigen Gemeindehaus in die Schule gegangen. In der Unterschule, 1. bis 4. Klasse, war man im 1. Stock, in der Oberschule, 5. bis 8. Klasse, war man im 2. Stock. Man hatte eine Lehrerin und einen Lehrer, und Frau Bopp hatte im Parterre, wo jetzt der Gemeindeschreiber ist, die Arbeitsschule. Der Gemeindeschreiber war auch damals schon in diesem Haus, und zwar in einem kleinen Zimmer neben dem Treppenhaus, nach hinten hinaus. Einen Kindergarten gab es noch nicht, der kam erst ziemlich viel später. Ich hatte als Lehrerin Fräulein Simmen. Im 5. Schuljahr kam ich zum Lehrer Schenk. Jaja, der war wichtig – ich war froh, dass ich nur ein Jahr zu ihm musste, denn in der 5. Klasse machte man die Prüfung für die Bezirksschule. Er war nicht mein Stil, er war auch gar ein Rabauziger. Als ich in die Schule ging, hatte Hausen nur etwa 600 Einwohner und entsprechend weniger Kinder in der Schule. Die Schulzimmer hatten fast die ganze Fläche des Gemeindehauses – für je vier Klassen. Wir waren mit 13 oder 14 Schülern eine eher grosse Klasse. Die Lehrer waren jedenfalls einigermassen beansprucht, denn die Kinder waren ja damals schon recht lebhaft. Aber die Disziplin war doch da, man wusste einfach, in der Schule muss man folgen. Man wusste, was sich gehört. Aber heute würden sie vielleicht sagen, das sei zu streng gewesen! Die Buben vom Unterdorf, von der Holzgasse und vom Ausserdorf hatten ab und zu ihre Kämpfe mit-

Jugendfest 1941: «Wilhelm Tell». V.r.n.l.: Gessler (Hans Ruckstuhl); Walterli (Hans Mattenberger); Tell (Klara [Thut-]Schatzmann); Stauffacherin mit Kind (Marie [Zobrist-] Mattenberger und Alice [Bopp-]Schaffner); Wächter (Ernst Widmer). Links eine Gruppe Hirten mit üppigen Bärten. Klara Schatzmann wurde von Lehrer Schenk als Darstellerin des Tell gewählt, weil sie offenbar am besten den umfangreichen Text auswendiglernen konnte. Foto Eig. H. Mattenberger.

einander – da hatten die Mädchen nichts zu suchen, das war reine Bubensache. Aber man kannte natürlich alle, die von zuunterst und die von zuäusserst im Dorf. Die Mädchen blieben unter sich, wie die Buben unter sich handelten und händelten. Wir hatten ja auch einmal einen Erdbebenklub im Dorf, da waren die älteren Buben, so in meinen Jahrgängen, dabei. Zum Beispiel der Renold Hans, der gleich alt ist wie ich. Ich hatte den gleichen Geburtstag wie sein Vater, der sehr lange Gemeindeammann war, und darauf war ich recht stolz. Der Renold Hans ging auch mit mir in die Bez. Von uns 13 in der Klasse machten fünf die Bez-Prüfung und drei haben bestanden: Hans Renold, Hans Ruckstuhl, der in dem Haus beim Baschnagel, gleich unterhalb der Wagnerei Widmer, aufgewachsen ist, und ich.

Es war eine schöne Zeit, obwohl – wenn ich denke, ich bin 1942 bis 1946, also im Krieg, nach Brugg in die Bez, oft zu Fuss, denn es hiess, die Schüler von Birr und Lupfig, die nach Brugg kamen, hätten weiter als wir, sie müssten die Velopneus bekommen. Velopneus waren rar damals und konnten nur mit Märkli gekauft werden. Wir machten das dann so, dass wir vom Frühling bis zum Herbst mit dem Velo fuhren und vom Herbst bis zum Frühling zu Fuss gingen. Das war ganz happig, denn das Bezirksschulhaus in Brugg ist an der Aare unten. Zehn Minuten vor zwölf war meist die Schule aus, dann lief ich heim und war um halb eins daheim, ass mein Zmittag und zehn Minuten vor eins musste ich schon wieder gehen, damit ich um halb zwei wieder in der Schule war. Vierzig Minuten – und ich musste wirklich laufen, damit ich es in dieser Zeit schaffte. Es wäre aber niemandem in den Sinn gekommen, auch nur darüber zu reden, ob ich nicht in Brugg etwas hätte essen können. Erstens hätte das gekostet, zweitens hätte man nicht gewusst, wo, und drittens kam auch ein Picknick mit Mitgebrachtem von daheim nicht in Frage, denn damit hätte ich ja «nichts Rechtes» gegessen. Aber es ist schliesslich gegangen, vier Jahre lang. Und wir hatten die grösste Freude, wenn Fliegeralarm war. Wenn wir dann erst auf der Rütenen waren, kehrten wir um, gingen zum Beispiel zu Renolds und warteten dort unter dem grossen Lindenbaum auf den Endalarm. Dort gingen wir natürlich nicht in den Keller. In der Schule mussten wir bei Fliegeralarm in den Luftschutzkeller hinunter.

1939, als der Krieg anfing, hatten wir hier in Hausen acht Monate lang die gleichen Soldaten einquartiert. Es war für uns sehr hart, für die Bauern besonders: Der Vater im Dienst, der Knecht im Dienst, der Grossvater, die Mutter und wir Kinder waren allein für alle Arbeiten. Die Pferde waren im Dienst, und wir hatten damals noch keinen Traktor. Wir hatten den Rossstall zwar voll Pferde – aber vom Militär. Das einquartierte Militär, das war Artillerie, musste seine Pferde auch irgendwo einstellen. Die Soldaten bauten Stellungen, zum Beispiel beim Stollen oben und bei uns (Mülacherstrasse) hinauf, dort, wo der Stocker jetzt gerade baut (Süessmatt/Weidstrasse). Dort war ein Unterstand, der 1939/40 gebaut worden war. An Pfingsten 1940, das weiss ich noch, war eine schwere Zeit. Man wusste wirklich nicht, wann nun die Deutschen über die Grenze kommen. Wir waren soweit, dass die Mutter schon Blechgeschirr und Blechtassen gekauft hatte für den Fall unserer Evakuierung. Wir wären in die Innerschweiz gebracht worden.

Wir hatten einen grossen, gewölbten Keller, darin mussten wir alle Hurden leeren. Sie wurden mit Stroh ausgelegt – für die ersten Verletzten, die zu erwarten wären. In den Stellungen oben beim Stollen standen schwere

Haubitzen, die gegen das Deutsche hinaus schiessen sollten. Das wurde alles mit den Pferden transportiert, damit kam man überall durch. Ich muss aber auch sagen, dass diese Soldaten uns gelegentlich beim Heuen geholfen haben oder uns die Kartoffeln vom Feld heimführten. Unsere eigenen Pferde waren ja im Dienst, der Vater war bei den Dragonern, wie der Bruder später auch wieder. Das sind Erinnerungen, die sich einprägen, obschon wir das als Kinder nicht ganz so tragisch nahmen. Aber wir erlebten natürlich auch in der Schule, wie oft die Lehrer einrücken mussten und durch Stellvertreter ersetzt wurden. Vor allem aber mussten wir natürlich viel arbeiten und überall einspringen. Wenn ich nach den Sommerferien wieder in die Schule kam, in die Bez, waren die Mädchen aus der Stadt schön braun, weil sie die ganzen Tage in der Badi gewesen waren. Ich war dann auch braun, aber nicht von der Badi, sondern vom Schaffen daheim. Wir mussten alle schwer arbeiten. Meine Schwester war sechs Jahre älter als ich, aber sie war nicht so kräftig, eher ä chli ä Fyni. Dann kam halt um so mehr auf mich.

Meine Mutter gab nach ihrer Heirat keine Schule mehr. Die Kinder kamen schon bald, und sie musste auch sehr intensiv mitarbeiten im Betrieb. Sie war selber keine Bauerntochter, ihr Vater war Schneider gewesen. Meine Mutter hatte aber schon in Mandach, das ein richtiges Bauerndorf war, viel gesehen und sicher auch viel mitgeholfen und hatte dabei Freude bekommen am Puure.

Mein Grossvater hatte den Übernamen de Chly Schnyder, ich sehe ihn noch vor mir, wenn ich daran denke, diesen Grossvater. Denn jeden Sonntag gingen wir zuerst in die Sonntagsschule, dann heim, und dann besuchte man die Grosseltern mütterlicherseits. Wir gingen also mit der Mutter den Rüchlig hinauf, und dort gab es immer ein Zwänzgerstückli. Das war etwas ganz besonderes, so eine Schnitte. Das holten die Grosseltern jeweils beim Beck Marti. Der Beck Marti war der Vorgänger vom Beck Stöckli, und die Frau Marti war eine Schwester von Frau Bopp, der Handarbeitslehrerin, auch eine Schaffner. Die Frau von Heinz Umiker ist die Tochter vom Beck Marti. Doris Umiker-Marti ist ein Jahr älter als ich, wir sind häufig miteinander in die Bez gelaufen oder mit dem Velo gefahren.

Nach meiner Konfirmation 1946 hiess es: Du gehst jetzt ins Welsche und lernst Französisch. Aber du gehst zu einem Bauern, sonst willst du nachher auch nicht mehr puure wie deine Schwester. Meine Schwester war in Genf gewesen. Ich wurde zu einem Rebbauern an den Genfersee geschickt. Frau

Umiker war ein Jahr vor mir im Welschen gewesen. 1946 starb ihre Mutter, und danach musste sie daheim bleiben und in der Bäckerei helfen.
Wir kauften nie Brot, weil wir immer selber backten. Wir hatten einen Holzbackofen, der jede Woche einmal eingeheizt wurde. Das Brot musste reichen für eine Woche. Während dem Krieg musste man das Mehl strecken, indem man Kartoffeln hineinmischte. Das gebackene Brot wurde dann im Keller aufbewahrt, denn Kühlschränke kannte man nicht und im Keller blieb es länger frisch. Aber man hat halt wüchiges Brot essen müssen, das war einfach so. Das mit Kartoffeln gemischte Brot war etwas feuchter, aber es bestand die Gefahr, dass es nach einigen Tagen Fäden zog. Das hat man halt hingenommen und an den Spruch gedacht: Altes Brot ist nicht hart, kein Brot ist hart.
Ja, wir waren grosse Selbstversorger, wir brauchten die Läden im Dorf wenig. Wir haben zweimal im Winter eine Sau gmetzget, und so hatten wir immer Fleisch. Das Fleisch hat man eingemacht, man hat getrocknet, sterilisiert, im Estrich zum Räuchern aufgehängt – alles im eigenen Haus. Die Milch hat man in eine Schüssel geschüttet, hat sie abgerahmt und davon Anke gemacht. Wir bekamen dementsprechend auch kaum Lebensmittelmärkli während der Rationierungszeit.
Ich hätte nach der Schule und dem Welschlandjahr gerne Krankenschwester gelernt. Durch den Hauspflegeverein der Mutter war ich immer etwa in Kontakt mit kranken Leuten gekommen, und ich hatte Freude an der Pflege. Dann ist aber im Sommer 1947 mein Vater schwer verunglückt. Er hatte als Fuhrhalter ja auch Kutschen und führte häufig Kutschenhochzeiten. Nun war am 30. August 1947 die Hochzeit der Wirtstochter im Roten Haus in Brugg. Vater und Mutter waren in diesem Jahr das erste Mal nach 24 Jahren Ehe in die Ferien gegangen. Sie fuhren am Sonntag mit dem Zug in die Lenk und mussten am Freitag heimkommen, denn am Samstag war diese Hochzeit. Eigentlich hätte auch mein Bruder fahren können, aber der Wirt vom Roten Haus kannte meinen Vater besser und wollte, dass er selber fahre. Am Freitag kamen die Eltern von den Ferien zurück, begeistert, und beschlossen, im nächsten Jahr wieder zu gehen. Am Samstag war die Hochzeit, und mein Bruder brachte dem Vater gegen Abend das Velo und fuhr mit Ross und Wagen heim, denn der Vater wollte zum Nachtessen im Roten Haus bleiben. Nachts um zwölf oder halb eins fuhr er dann mit einem Kutscher von Brunegg heimwärts, indem er sich seitlich an der Kutsche hielt und ziehen liess, damit sie noch miteinan-

der schwatzen konnten. Auf der Hauserstrasse, vor dem Baschnagel, wo die Strasse etwas steigt, kam ihnen von Hausen her ein Auto entgegen. Mein Vater konnte gerade noch vom Velo und hinter einem Kutschenrad Schutz suchen, da prallte der Wagen schon voll in ihn hinein. Es war ein Betrunkener. Die Autos damals hatten ja noch Zeiger statt Blinklichter als Richtungsanzeiger. Und dieser Zeiger hat meinem Vater richtiggehend die Hirnschale abgeschnitten, während das Trittbrett des Autos sein Bein zerfetzte. Man rief Dr. Zubler an, der erst seit kurzem in Brugg war, und Dr. Ledergerber, den Grossvater des jetzigen Dr. Ledergerber. Dr. Zubler war bald da, packte den Vater in sein Auto und fuhr mit ihm nach Brugg ins Spital, wo er bis zum Morgen operierte – nur den Kopf. Es war furchtbar. Das Bein kam erst später zur Operation. Mein Vater blieb ein Jahr lang im Spital, und wenn er überlebte, so war das nur dank dem schnellen Handeln von Dr. Zubler und dank dem Penicillin, das damals gerade aufgekommen war und das Infektionen verhinderte, die mein Vater nicht überlebt hätte. Der betrunkene Autofahrer verschwand, aber jemand hatte die Nummer notiert. Es war ein Junger gewesen, der dem Vater das Auto heimlich genommen hatte. Zudem wechselte das Auto gerade in dieser Nacht, auf den 1. September, den Besitzer. Daraus ergab sich natürlich ein langwieriger Streit der Versicherungen.
Dieser Unfall war der Grund, warum ich nicht Krankenschwester werden konnte. Der Vater blieb invalid, und daheim hiess es: Du kannst jetzt nicht mehr fort, wir brauchen dich. Mein Bruder hatte die Rekrutenschule gemacht und war auch in der Landwirtschaftlichen Schule gewesen. Mein Vater hätte ihn gerne noch ein wenig in die Fremde geschickt, aber nachdem er selber nicht mehr mitarbeiten konnte, war das unmöglich. Ich habe es immerhin fertiggebracht, dass ich 1949 nach Brugg in die Bäuerinnen-Schule gehen konnte. Das waren zwanzig Wochen in jenem Sommer. Ich bin mit dem Velo hin und her gefahren, denn meine Mutter hatte in dieser Zeit keine andere Hilfe. Das gab natürlich auch Samstag/Sonntag viel zu tun, es war recht streng. Aber ich konnte doch schliesslich die Bäuerinnen-Prüfung machen und hatte damit wenigstens eine abgeschlossene Berufsausbildung. Aber ich bin daheim geblieben, bis ich 1956 Max Thut geheiratet habe.
Mein Mann wohnte im Stollen, war aber in Wettingen aufgewachsen. Sein Vater hatte dort eine Wirtschaft. 1952, als mein Mann in der Rekrutenschule war, kaufte sein Vater den Stollen, das Restaurant, das

ursprünglich Lätten geheissen hatte. Mein Grossvater ging jedenfalls noch in den «Lätte» mit seinen Freunden. Vater Thut kaufte also den Stollen, und mein Mann, der von Wettingen aus in die Rekrutenschule gegangen war, musste nachher «heim» nach Hausen. Ich sah ihn dann gelegentlich, wenn er mit meinem Bruder schwatzte oder mit dem Velo zur Arbeit fuhr, und mit der Zeit hat sich das so ergeben. 1956 haben wir geheiratet, 1968 haben wir das Haus an der Hochrütistrasse gebaut und sind von Windisch zurück nach Hausen gekommen. Von unsern drei Kindern wohnt eines, die Tochter, in Hausen. Die beiden Söhne sind auswärts.
Ich war elf Jahre Präsidentin bei der Spitex, und ich habe zu dieser Organisation eine besondere Beziehung, denn ich bin praktisch damit aufgewachsen. Die Spitex wurde 1921 gegründet als Frauenverein. Meine Mutter war schon in den Anfängen massgeblich beteiligt, sie war 25 Jahre lang Präsidentin. Der Frauenverein wurde später in Hauspflegeverein umgetauft und zuletzt in Spitex. Am Anfang war das nur der Frauenverein Hausen, der Zusammenschluss mit Habsburg kam später. Meine Mutter hatte das so nebenher gemacht, sie konnte das auch, als Lehrerin wusste sie, wie man so etwas an die Hand nimmt. Und wenn sie für eine bestimmte Aufgabe gerade niemanden hatte, dann schickte sie halt mich. So war mir die Hauspflege von Anfang an vertraut, und als ich das später so schnell übernehmen musste, frisch in den Vorstand eingetreten und gerade zur Präsidentin gewählt, da war das für mich tatsächlich weniger schwierig als es vielleicht für andere gewesen wäre.
Ja, der Gemischte Chor. Ich bin anno 46, mit 16, ins Welsche. Der Frauen- und Töchternchor bestand damals natürlich schon. Aber eigentlich waren mehr Mädchen dabei, Junge. Mit den Frauen hatte man ein wenig Mühe, man hatte nicht so gern Frauen dabei, denn die trauten sich, nach dem Singen ins Wirtshaus zu gehen. Das sahen die Mädchen gar nicht gerne. Meine Schwester war Präsidentin des Töchternchors – man sagte meistens einfach Töchternchor. Als ich aus dem Welschen kam, hiess es einfach: Jetzt kommst du in den Chor zum Singen. Man hat nicht gefragt: Willst du oder willst du etwas anderes? Ich wäre gerade so gerne zum Turnen gegangen, aber beides lag nicht drin. Man kann nicht zum Singen und zum Turnen gehen, das geht nicht. So war ich also im Töchternchor. Meine Schwester heiratete, und ich wurde Präsidentin. Ich war zehn Jahre Präsidentin: fünf Jahre ledig und fünf Jahre verheiratet. Anno 67 haben wir dann den Gemischten Chor gegründet, denn der Männerchor hatte zuwenig Leute,

Schlussbild des Stücks «Söhniswyb», aufgeführt von Chormitgliedern. Foto 1950, H. Eckert, Brugg. Eig. K. Thut-Schatzmann.

und so schloss man sich zusammen. Präsident des Männerchors war damals Vater Renold, Emil Renold. Er war schon über siebzig und wollte nicht weitermachen im Präsidium, also wurde ich die erste Präsidentin des Gemischten Chors. Ich bin jetzt seit 52 Jahren beim Singen! Martin Schüle war damals schon Lehrer in Hausen und Dirigent des Töchternchors. Ein anderer Lehrer, Herr Gschwind, dirigierte den Männerchor. Herr Gschwind wechselte dann aber nach Windisch, und Max Amsler wurde der erste Dirigent des Gemischten Chors. Nach ihm kamen Heinz Guggisberg und ab 1976 Martin Schüle. Er hat unsern Chor geleitet bis zu seiner Pensionierung 1997.

Die Unterhaltungsabende haben eine grosse Tradition. Natürlich habe ich ein paarmal mitgespielt bei Theatern, ebenso mein Bruder, der auch noch im Männerchor war. Jeden Winter gab es ein Chorkonzert mit einem Theater. Meistens war es der Dirigent, der das Stück aussuchte und auch Regie führte. Das waren glatte Zeiten.

1931 Hans Mattenberger
Sonnhaldestrasse 9

Ich bin hier aufgewachsen und wohnte mit wenigen Ausnahmen auch immer hier. Ich ging auch in Hausen in die Grundschule, im heutigen Gemeindehaus. Die ersten drei Jahre war ich bei Fräulein Simmen, dann bei Fräulein Spuhler, und schliesslich kam ich zum Lehrer Schenk. Er wohnte da drüben, wo jetzt Krehers wohnen (Lindhofstrasse 9). Anschliessend war ich vier Jahre in der Bezirksschule in Brugg, und dann kam die Lehre in der BBC. Die Bezirksschule Windisch gab es damals noch nicht, die Schüler aus dem Bezirk Brugg gingen fast alle nach Brugg in die Bez. Eine Sekundarschule gab es in Windisch, und ein Teil meiner Schulkollegen von Hausen ging nach Windisch in die Sek. Es waren natürlich kleine Klassen in der Grundschule: Wir waren acht Schüler, im Jahrgang nach mir waren es nur sechs. Für unsere Klassenzusammenkunft nehmen wir fünf Jahrgänge zusammen: 1929 bis 1933. Es sind ja die einen oder andern auch schon gestorben, in unsern Jahrgängen fängt das halt so an. Mit den Bezschülern ist das ganz anders, obwohl wir auch noch Kontakt haben. Dort bin ich jetzt noch als einziger in Hausen, ein Mädchen wohnt in Brugg und der dritte, der mit mir von Hausen in die Bez ging, ist in Wettingen. Ja, wir waren nur drei aus der Hausener Klasse. Ein paar wollten gar nicht gehen, und speziell bei den Mädchen hiess es: Die heiraten dann und dafür brauchen sie nicht diese Ausbildung.

Das war natürlich alles während dem Krieg. In meinen Zeugnissen aus der Grundschulzeit habe ich für ein Quartal in den Jahren 1941/1942 nichts, keine Noten: Das Schulhaus war vom Militär besetzt. Während dem Krieg stand oben beim Zwingstein, dem Grenzstein gegen den Lindhof hinaus, eine Scheinwerfer-Kompanie, die immer in der Nacht den Himmel nach Fliegern absuchte.

Mein Vater war im Gemeinderat in dieser Zeit, und wir hatten die sogenannte Brennstoff-Stelle. Man musste Coupons haben, um Petrol für Lampen und anderes kaufen zu können, und so kam zum Beispiel das Hüener Anni immer zu uns, um seine Petrol-Märkli zu holen. Mein Vater hatte auch die Holzzuteilung zu machen, und ich musste dann im ganzen Dorf diese Zettel verteilen. Da wurde nach einem bestimmten Schlüssel ausgerechnet, wieviel Holz jede Haushaltung bekommen sollte. Die Bauern hatten zum Teil eigenen Wald, aber es gab trotzdem zuwenig Holz. Hausen hat einen sehr kleinen Wald, das heisst, der Bann ist relativ gross, aber das meiste ist Staatswald, wie der Habsburgwald zum Beispiel.

Wir hatten in Hausen von 1939 an mit wenigen Unterbrüchen Militär. Am längsten waren die vom 176 hier. Sie haben anno 74 das Mosaik in der Mehrzweckhalle gestiftet. Ich war zu dieser Zeit im Gemeinderat und konnte sie bei diesem Anlass begrüssen und ihnen danken. Es waren etwa 150 oder 160 Mann im Dorf damals. Sie hatten auch in unserem Tenn Pferde eingestellt, und zwar war das ein sogenannter Krankenstall, die pflegebedürftigen Tiere standen bei uns. Zwei Soldaten, die diese Pferde betreuen mussten, schliefen in einem Stübli in unserem Haus. Ich musste oft in den Sternen hinunter, um ihnen das Znacht zu holen, denn damals stand die Militärküche dort. Später wurde sie verlegt in die Rössli-Scheune. An der Holzgasse war jeweils das Hauptverlesen. Ja, das Militär war sehr präsent im Dorf. Am Anfang hatten wir Leichte Truppen, die mussten mit Privatwagen Infanterie-Kanonen und ähnliches herumziehen. Sie waren nicht sehr lange hier. Dann kamen eben die 176. Diese bauten oben über Hausen ihre Stellungen, die man zum Teil noch erkennen kann. Da, wo jetzt gerade diese Überbauung im Gang ist (Süessmatt/Mülacher), stand eine Batterie, die von Truppen, die in Habsburg stationiert waren, gebaut worden war. Von hier aus sollte gegen den Rhein hinunter geschossen werden.

Ich bin an der Rüchligstrasse (Rüchligstrasse 7) aufgewachsen. Letztes Jahr habe ich hinter diesem Haus eine Entdeckung gemacht: Ich habe einen Sodbrunnen gefunden, an den ich mich überhaupt nicht mehr erinnern konnte. Da war eine Vertiefung, ein Loch im Boden, und da der Nachbar ab und zu noch Kühe drüben hat, dachte ich zuerst, ein Tier habe gegraben. Ich habe etwas aufgemacht, und das Loch wurde grösser. Schliesslich stiess ich auf einen Stein und darunter auf zwei Bauschienen. Ich leuchtete hinunter: Es war ein vollständig ausgemauerter Sodbrunnen von fünf Meter oder mehr Tiefe. Ich weiss nicht, wann dieser Brunnen gebaut worden ist. Mein Elternhaus stammt von 1890, und 1908 ist in Hausen die Wasserversorgung eingerichtet worden. Neben den Reservoirs bei der Kirche und beim Hüener Anni oben hatten wir ja noch eine Eebrunnen-Fassung. Von dort herunter war es immer sehr nass, wir hatten häufig Wasser im Keller vom Bergdruck. Man musste grossflächig drainieren, bevor die Soorematt überbaut werden konnte. Als ich Bub war, standen dort noch keine Häuser. Wir konnten schlitteln: Beim Zwingstein, etwa dort, wo die Säue jeweils sind, angefangen, konnten wir bis ins Dorf hinunterfahren. Das war in einem normalen Winter so zwei Monate lang eine schöne

Schlittelbahn. Natürlich wurde nicht gesalzen, höchstens gepflügt. Dort oben wagten wir auch die ersten Skifahrversuche.
Ja, natürlich haben wir als Buben so allerlei unternommen. Zum Beispiel die Gebäude und den Stollen der Zementfabrik (Portlandzementfabrik Hausen, stillgelegt 1931) erforscht. Wir krochen durch diesen Stollen bis fast zuoberst hinauf. Doch, doch, wir waren schon vorsichtig, wir nahmen Kerzen mit, und wenn diese Kerzen nicht mehr brennen wollten, wussten wir, dass wir umkehren mussten, weil nicht mehr genug Sauerstoff vorhanden war. An den Wänden dieses Stollens hingen Inschriften, die ich nicht mehr vergessen habe. Da hiess es zum Beispiel: «Heil Hitler 1934» und ähnlich – es waren alles Deutsche, die hier gearbeitet hatten.
Ja, der Erdbeben-Klub. So hat man uns genannt. Gross war dieser Klub nicht, so sechs bis acht. Der harte Kern, das waren vier bis fünf, die da zusammen funktioniert haben. Wer war dabei: Wagner Ernst und Walter (Widmer), Renold Hans, Umiker Heinz, dann der Rickli Fritz von der Holzgasse und der Karl Widmer. Karl Widmer war gleich alt wie ich, wir haben zusammen den Chlauslauf gemacht. Wir waren nur zu zweit damals! Ja, und der Brunner Franz war auch in unserem Klub, er wohnte an der Holzgasse in dem langen Haus, an das oben die alte Post angebaut ist. Brunner wohnte im untern Teil dieses Hauses, dann kam der Hunziker und oben Schaffners, die Eltern vom Post-Hans und Grosseltern des jetzigen Posthalters Christian Schaffner. Der Brunner war ein Düfteler, und als wir einmal Munition fanden vom Militär, sägte er in eine Hülse hinein, weil er wissen wollte, wie das innen aussehe. Er hatte unglaubliches Glück, dass es ihm nicht die Hand abgerissen hat. So ging das halt, wir probierten alles ein wenig aus. Das Militär war überhaupt sehr interessant für uns, wir gingen diesen Soldaten immer nach, es gab da viel Spannendes.
Neben dem Stollen-Erforschen kannte unser Erdbeben-Klub natürlich noch andere Aktivitäten, zum Beispiel das Schwarzpulver-Machen. Ich hatte in der Bez ein Chemiebuch, in dem wir das Rezept fanden: so und so viele Einheiten Kalisalpeter und Schwefel und Holzkohle. Das mischten wir zusammen, und dann brauchten wir nur noch Zündschnüre. Damals haben viele Leute noch Stöcke (Baumstrünke) gesprengt, und das ging nicht ohne Zündschnüre. Widmer- Wagners besassen auch Zündschnüre, so konnten wir dort ab und zu ein Stück nehmen. Damit sprengten wir zum Beispiel in den sogenannten Gupflöchern der Zementfabrik auf dem Eitenberg ein vorstehendes Felsstück ab. Die Löcher sind jetzt längst zuge-

schüttet. Und auf der Rütenen unten haben wir die Rütenen-Bauern geärgert. Der Widmer Ernst war eine Zeitlang in Windisch unten bei den SBB. Dort brauchte man sogenannte Knallkapseln, die auf die Schienen montiert wurden, wenn ein Zug angehalten werden sollte, weil etwas nicht in Ordnung war. Wenn der Zug darüber fuhr, gab es einen Knall, und der Lokführer wusste, dass er bremsen musste. Der Widmer Ernst konnte ab und zu solche Knallkapseln heimbringen. Damit bastelten wir zum Beispiel eine Einrichtung, die einen Doppelknall produzierte. Ja, wir haben auch sonst noch so Züüg gemacht, was vielleicht nicht so ganz – eben, die Bauern geärgert. Wenn zum Beispiel einer eine Maschine den ganzen Winter über auf dem Feld liess, haben wir sie an einen Baum gehängt. Das war natürlich auch eine Arbeit für uns, wir sind am Samstagabend immer im Übergwändli ausgerückt. Zuerst hatten wir natürlich kaum Geld, aber als dann jeder eine Arbeit hatte, reichte es schon etwa für ein Bier. Möglich, dass wir dann vielleicht einmal ein wenig überbordeten.
Ja, die Verwandtschaften. Man weiss natürlich, wer mit wem zusammengehört und wer nichts miteinander zu tun hat. «Bäsi» und «Vetter» hat man allgemein gesagt, meinem Onkel, dem Vater von Frau Thut, habe ich «Vetter Fritz» gesagt, und die «Bäsi Emma» im Lädeli an der Holzgasse war – Moment, wie war das? Das war glaube ich eine Schwester zu meiner Grossmutter. Die Verwandten in meiner Generation haben wir als Cousins und Cousinen bezeichnet. Sonstige Spracheigenheiten, die verlorengegangen sind, wüsste ich nicht zu nennen. Höchstens die Übernamen. Unser Übername war zum Beispiel «s Chly Schnyders», denn mein Grossvater war Schneider, und er war klein. Er hatte noch einen Frack, den er sich selber gemacht hatte. Als Handwerksbursche ging er zweimal zu Fuss nach Paris. Er arbeitete unterwegs immer wieder, um sich das Nötige zu verdienen. Nachher hat er hier in Hausen geschneidert, dort drüben in meinem Elternhaus. Zuoberst im Haus gibt es ein Stübchen, in dem offenbar ab und zu Gesellen einquartiert waren. Aber das habe ich nicht mehr erlebt. Dort oben hätte ich auch nicht schlafen wollen, da gab es keine Heizung und nichts. Es hat sicher nicht häufig jemand dort geschlafen, aber der Grossvater hatte immerhin ab und zu Gesellen.
Ich war 16 Jahre im Gemeinderat, 1969/1970 bis 1986. Das war die Zeit, in der grössere Überbauungen gemacht wurden. Ich war zum Beispiel Bauvorstand, als die Sooorematt gebaut wurde. Auch die Überbauungen im Unterdorf habe ich zu einem guten Teil noch als Bauvorstand begleitet.

Soldatenweihnacht im Stollen während dem Zweiten Weltkrieg. Die Einquartierung von Truppen in Hausen konzentrierte sich auf die Jahre 1939 bis 1940 und 1944. Foto Max Sandmeier. Repro L. Berner.

Meine letzte Arbeit war der Bau des Werkhofs, ich habe ein Jahr länger gemacht, um das noch abzuschliessen, ich war Kommissionspräsident. Wir hatten in dieser Zeit eine unglaubliche Explosion im Bauressort. Es war auch eine Zeit grosser Teuerungen. Manchmal wurden Häuser gebaut, bevor die Strassen fertig waren. Es entstanden dann auch verschiedene Probleme, zum Beispiel waren die Wasserleitungen plötzlich zu tief unten, weil darüber immer wieder aufgeschüttet worden war. Es gab oft Auseinandersetzungen. Aber, man kann eigentlich ganz zufrieden sein, wie es herausgekommen ist. Es sind seither Bauten entstanden, die mir weniger gefallen! Ja, zuerst ist der Park gebaut worden. Stocker hat das alles in eigener Regie gemacht, auch die Strassen, die Quartierstrassen dort waren nicht ausgemarcht und gehörten am Anfang nicht der Gemeinde. Er hat Land zusammengekauft, und zwar vor allem den Bauernhof und das Land des Süessmättlers, das war eine Familie Amsler, und ein Furler, der dort eingeheiratet hat. Das Haus des Süessmättlers stand oben, ungefähr bei der Obern Parkstrasse.

In der Soorematt war eine aufwendige Landumlegung nötig, die aber so gelungen ist, das wir damit in einem Planungsbuch der Eidgenossenschaft als Mustersiedlung aufgeführt sind. Wir haben das alles ordentlich durchgezogen mit Landabtretungen und so weiter. Es waren viele Landbesitzer beteiligt. Fast jeder in Hausen hatte da ein wenig Land und hat dadurch ein wenig Geld gemacht.
Wir planten auch einmal eine Erschliessungsstrasse, die den Quartierverkehr von der Hauptstrasse mit ihrem Grossverkehr trennen sollte. Diese Strasse sollte eine Verlängerung der Titlisstrasse werden und den Park erschliessen, mit einer Verbindung beim Stollen vorn zur Hauptstrasse. Es gab aber zuviel Widerstand dagegen. Wir bauten Trottoirs an der Hauptstrasse, mit Grünstreifen zwischen Strasse und Gehweg, was es früher auch noch nirgends gegeben hatte. Peter Käser war damals Gemeindeammann und setzte sich dafür ein, auch dafür, dass Bäume gepflanzt wurden der Strasse entlang. Zum Teil ist das geschehen, zum Teil haben sich aber auch wieder Leute dagegen gewehrt.
Ja, und dann kam die Sache mit der Autobahn, das war ein langer Kampf, der in den fünfziger Jahren schon angefangen hat. Es gab ein Projekt, das eine Schneise durch diesen schönen Wald, den Habsburgwald, vorsah, und dann über eine Hochbrücke auf den Bözberg, wo noch einmal eine Schneise in den Wald geschlagen worden wäre. Hausen wäre durch diese Strasse völlig entzweigeschnitten worden. Glücklicherweise haben die Förster ebenfalls Opposition gemacht, und schliesslich ist das Projekt an der Hochbrücke gescheitert. Aber wir mussten in der Folge geplantes Industrieland zurückzonen und haben dadurch Verluste von rund 300000 Franken erlitten, die uns niemand ersetzt hat. Wenigstens erhielten wir auf unsere Einsprache hin einen Beitrag an das erste Schmutzwasserpumpwerk bei der Holzgassbrücke. Dort kommt ja auch das Abwasser der Habsburger dazu, das durch den Buligraben heruntergeleitet wird.
Ja, ich hatte beruflich viel mit Bauen zu tun, was mir als Bauvorstand im Gemeinderat natürlich sehr zugute kam. Ich war bei der NOK. Eines meiner Projekte hier in der Umgebung war zum Beispiel der Werkhof Birr.
Vereine? Ja, ich bin im Turnverein. 1960 bis 1964 war ich Präsident des Turnvereins und 1972 bin ich zum Ehrenmitglied ernannt worden. Der Turnverein macht ja jetzt ein Musical («Füür im Härz», 16. und 23. Januar 1999), in dem ich auch mitspiele. Es ist eine Geschichte, die um 1950 herum anfängt, das Hüener Anni kommt auch noch vor darin.

Das «Schattenkabinett». Am ersten Sonntag im Monat treffen sich ehemalige Mitglieder des Gemeinderates von Hausen zum Apéro und Gedankenaustausch. Auf dem Bild versammelt sind von links nach rechts: Hans-Peter Widmer, Exvizeammann; Ernst Klöti, Exgemeindeschreiber; Erich Spiess, Exgemeindeammann; Hans-Peter Studiger, Exvizeammann; Katrin Späti, Exvizeammann; Ernst Vetter, Exgemeinderat; Hans Neeser, Exgemeinderat; Hans Mattenberger, Exvizeammann; Peter Käser, Exgemeindeammann; Ernst Brändli, Exgemeinderat. Foto 7. März 1999, L. Berner.

Wir haben Männerriege, Jugendriege, jetzt auch noch Seniorenturnen, dann gibt es das Altersturnen der Pro Senectute und so weiter. Aber Fussballklub haben wir keinen. Komisch, nicht wahr? Die Turnveteranen gibt es natürlich auch noch, dort bin ich Obmann. Wir haben etwa fünfzig Mitglieder in Hausen. Das sind ehemalige Aktivturner, ab 45 kann man bei den Veteranen dabei sein. Das ist aber nicht das gleiche wie die Männerriege, man kann sowohl bei den Veteranen als auch bei der Männerriege Mitglied sein. Die Turnveteranen halten jedes Jahr in einem andern Kantonsteil ihre Landsgemeinde ab, da sind immer ungefähr 1500 Teilnehmer. Letztes Jahr war diese Landsgmein in Brugg, dieses Jahr wird sie in Reinach sein. Etwa zehn bis zwölf vom Dorf gehen da jeweils. Das ist einfach so geselliges Beisammensein. Früher sind wir Turnveteranen einfach jedes Jahr an diese Landsgmein, jetzt haben wir beschlossen, wir wollten aktiver werden. Herr Sträuli hat einen Stamm angeregt, und jetzt treffen wir uns immer am ersten Donnerstag im Monat. Zuerst hatten wir das

auf Mittwoch festgesetzt, aber am Mittwoch sind immer Fussballmatches, da ist niemand gekommen.
Schliesslich haben wir auch noch ein Treffen der ehemaligen Gemeinderäte, wir kommen jeden Monat einmal zusammen. Der Rinderknecht Ruedi – er ist Präsident der Wildi-Rohr-Stiftung und war Gemeindeammann, als diese rund 400 Bilder der Gemeinde geschenkt wurden – und der Neeser Hans und ich, wir sind damals gleichzeitig aus dem Gemeinderat ausgetreten und haben diesen Treff ins Leben gerufen. Wir fanden, dass es schade wäre, wenn wir uns kaum mehr sehen würden, nachdem wir so manches Jahr miteinander gearbeitet haben.
Ja, der Blick aus unserem Fenster ist schön – und kann nicht verbaut werden. Man sieht direkt auf den Habsburgwald, und hier unten, das grosse Haus mit der braunen Front gegen die Hauptstrasse, das ist das Spittel. Das waren früher Wohnungen für Taglöhner und andere Leute, die kein eigenes Haus hatten. Das Armehüsli stand da drüben, unterhalb der heutigen Kirche auf einem Bödeli. Der Ysemiggel, der einmal darin gewohnt hat, hiess Widmer, er hatte einer deutsche Frau. Er hat Alteisen gesammelt. Vor ihm stand das Armehüsli längere Zeit leer. Aber vorher lebte ebenfalls ein Widmer, ebenfalls mit einer deutschen Frau dort: der Stumpe-Widmer. Er hatte eine Hand verloren, der Armstumpf gab ihm diesen Übernamen. Eine Nachkommin dieses Stumpe-Widmer hat sich einmal gemeldet und sich nach ihren Vorfahren erkundigt. Sie hatte etwa zwanzig Jahre lang einen Kiosk in Chur und war in Curaglia in Graubünden aufgewachsen. Sie war zweijährig gewesen, als ihre Eltern starben, und kam dann in ein Heim in Baden. Ysemiggel und Stumpe-Widmer wurden immer leicht verwechselt oder galten als ein und dieselbe Person.

1930 Hans und
1932 Vreni Renold-Baumann
Lindhofstrasse 6

Vreni Renold: Ich bin im Ausland auf die Welt gekommen, in Belgien. Mein Vater, ein gebürtiger Basler, arbeitete längere Zeit im Ausland und kam erst 1939, kurz vor Ausbruch des Zweiten Weltkrieges, zurück. Dann wohnten wir vier Jahre in Zürich, haben also den grössten Teil des Krieges dort erlebt. 1940 trat mein Vater die Stelle in der Cheemi an, und nach dem Krieg sind wir umgezogen nach Hausen. 1945 war das, als ich in der 6. Klasse, also zwölfjährig war. Ich erinnere mich sehr gut an das endlos lange Strassendorf, das Hausen damals war. Es hatte wirklich nur der Strasse entlang Häuser. Wir mussten zu Fuss gehen, und wir hatten dort beim Stollen draussen, wo jetzt der Carotta ist (Hauptstrasse 86), eine Wohnung. Wir gingen also durch dieses Dorf und suchten unsere Hausnummer. Damals waren die Häuser aber nur nach Brandversicherungsnummer angeschrieben, die fortlaufende Strassennumerierung gab es noch nicht. Dann kamen also die Nummern 100 oder 102, wir dachten, bald haben wir das 150, dann kam aber wieder eine viel tiefere Nummer – der erste Eindruck war nicht ermutigend.
Mein Vater, das war de Bume Scharli (Carl Baumann), eine bekannte Persönlichkeit im Dorf. Wie er mit Stumpen und Hund durch das Dorf spazierte, das war ein Anblick, der für jedermann sehr zu Hausen gehörte.
Hans Renold: Ich bin hier geboren und aufgewachsen, in diesem Haus – mit der Brandversicherungsnummer 49. Das Haus ist 1839 gebaut worden. Mein Vater, Emil Renold, ist in Brunegg aufgewachsen, in einer Familie mit zehn Kindern. Dort hatten sie nicht mehr genug Platz, eines musste fort. Mein Vater ist hierhergekommen als er in der 2. Klasse war. Später konnte er den Betrieb übernehmen. Ursprünglich hatte eine Familie Hartmann-Widmer hier gewohnt. Ein Bruder meiner Grossmutter väterlicherseits, Abraham Baumann von Villigen, der auf der Rütenen aufgewachsen war, kam durch Einheirat mit Mina Hartmann in dieses Haus. Die Ehe blieb kinderlos. Mein Vater kam als Verdingbub hierher. Eigentlich eher als kleiner Knecht, wie das damals noch möglich war. Er durfte auch nicht in die Bezirksschule, weil es hiess: Wir brauchen dich daheim. Das war natürlich sehr hart, aus einer Familie mit neun Geschwistern zu einem kinderlosen Ehepaar. Auch wenn Brunegg nicht sehr weit weg war, zu Fuss ist das eine rechte Distanz – und eine andere Möglichkeit gab es nicht.
Vreni Renold: Daher wissen wir auch, wie alt diese Linde vor unserm Haus ist. Sie war ein kleiner Baum, als er ins Haus kam. Gleich alt wie er:

Jahrgang 1893. Er hat erzählt, er sei oft zu dieser Linde hingestanden und habe gesagt: «Gäll, uns haben sie beide versetzt.» Er musste zum Beispiel mit dem Honigkessel auf einem kleinen Handwagen zum Disch (Confiseriefabrik) in Othmarsingen. Ich weiss nicht, wie lange er brauchte für diesen Weg. Er konnte dabei vielleicht rasch in Brunegg bei den Eltern vorbei, aber immerhin.
Hans Renold: Ja, ich glaube schon, dass sehr viele im Dorf sich an meinen Vater erinnern, er hat schon eine Rolle gespielt hier: Er war 24 Jahre lang im Gemeinderat, davon zwölf Jahre Gemeindeammann. Dann war er noch zwei Perioden im Grossrat. Wie er das alles bewältigen konnte? Das war eben nicht immer einfach. Er war sehr viel fort in meiner Jugend, und ich wäre manchmal froh gewesen, ich hätte an ihm einen Lehrmeister gehabt. Aber er war dann halt viel für die Gemeinde unterwegs oder hatte im Grossrat Sitzungen – zu den dümmsten Zeiten, manchmal, zum Beispiel im Heuet. Aber es ist gegangen, es musste gehen. Nur hat der Betrieb oft gelitten, wenn der Chef immer fort war. Zu jener Zeit gab es im Gemeinderat noch keine Ressortverteilung, er musste sich wirklich um alles selber kümmern. Die vier Gemeinderäte haben dann einfach genickt oder nicht. Der Ammann machte die Arbeit praktisch allein. Da hatte man zum Beispiel die Einquartierungen während dem Krieg: Er musste alle die Leute aufsuchen, die Büros vom Militär im Haus hatten, und mit ihnen abrechnen, wieviel Licht gebraucht worden war und so weiter. Dann war er zwischendurch noch selber im Dienst. Ja, einen Gemeindeschreiber gab es auch, das war ein älterer Mann (August Widmer-Schaffner), ein Stumpenraucher – es hatte jeweils Asche zwischen den Protokollseiten.
Wie das mit meiner Ausbildung ging, wenn der Vater so viel fort war? Es wäre sicher manchmal besser gewesen, er hätte mir sagen können, wie man dieses oder jenes angeht. Aber ich durfte doch in die Bez und konnte nachher die Landwirtschaftliche Schule in Brugg besuchen. Die war damals in dem Gebäude, wo jetzt die Frauenschulen sind, an der Strasse nach Umiken hinaus («Aargauische Landwirtschaftliche Winterschule», seit 1887. 1901 bis 1958 an der Baslerstrasse. 1958 aufgehoben) (Roth 1968, S. 135). Das Praktikum, die praktischen Arbeiten, machte man im Gutsbetrieb Wildegg. Diese Schulen sind ja immer mit einem Betrieb verbunden. Das war noch eine Winterschule zu meiner Zeit, zwei Winter habe ich sie besucht. Mit dem Velo dort hinüber, nachdem ich am Morgen noch im Stall geholfen hatte. Die meisten meiner Mitschüler waren im Internat dort, die konnten

Familie Renold bei der letzten Ernte im Birrfeld vor Beginn des Autobahnbaus. Mitte: Emil Renold, links und rechts Vreni und Hans Renold-Baumann. Foto 1960, L. Berner. Eig. H. Renold-Baumann.

am Morgen länger schlafen. Wir waren nur etwa fünf bis sieben Externe von ungefähr dreissig Schülern. Es liefen immer zwei Kurse. Das war die Landwirtschaftliche Schule für den ganzen Kanton. Später gab es dann drei: Frick, Gränichen-Liebegg und Muri. Heute ist das wieder rückläufig: Frick ist jetzt das Institut für Biologischen Landbau, die Landwirtschaftliche Schule dort ist aufgehoben. Neu gibt es jetzt auch Jahreskurse, so dass man die beiden Winterkurse durchgehend innerhalb eines Jahres machen kann. Die Jahreskurse gibt es aber nur auf der Liebegg. Muri soll aufgehoben werden, denn die Schülerzahlen sind rapid zurückgegangen. Der Rückgang der landwirtschaftlichen Betriebe ist überall zu verzeichnen, wenn auch nicht überall so krass wie in Hausen.

In Hausen hatte es ja fast nur Rucksack-Bauern. Im gelben Büchlein über die Käsereigesellschaft (Hans Renold: 100 Jahre Käsereigesellschaft/Milchgenossenschaft Hausen. 1886–1986. April 1986) ist die Liste der Milchlieferanten: 1936/1937 waren es 59. Das heisst, es hatte praktisch in jedem

Haus eine oder zwei Kühe. Später haben die Leute dann alle irgendwo eine Arbeit angenommen, als es dafür überhaupt eine Möglichkeit gab. Man ging nach Brugg, zur Bahn, in ein Baugeschäft. Nach dem Zweiten Weltkrieg ging es rapid abwärts mit den Landwirtschaftsbetrieben in Hausen. Heute ist unser Betrieb noch der einzige. Die Ursachen? Es war für viele eine zu grosse Belastung, an beiden Orten zu sein: einer geregelten Beschäftigung nachzugehen und daheim noch z puure. Häufig waren auch keine Jungen da, die weitergemacht hätten. Deshalb haben die meisten aufgehört mit der Landwirtschaft und sind weiter zur Arbeit gegangen, das war interessanter.

Auf der andern Seite war das ein Vorteil für uns: Wir konnten vergrössern, es gab Pachtland, das frei wurde. Etwa sieben oder acht Scherzer Bauern haben auch noch hier Land gepachtet. Eine Zeitlang wurde geradezu gekämpft um dieses Land. Die meisten der Kleinbetriebe in Hausen boten ihren Besitzern keine Existenz, so dass diese die Landwirtschaft aufgaben und eine Arbeit annahmen. Einer der wenigen grossen Bauern war der Strössler im Unterdorf, vis-à-vis vom Knecht, dort wo jetzt die Wohnblöcke zwischen Hauptstrasse und Unterdorfstrasse stehen. Der Strösslerhof war mindestens vom Aussehen her der renommierteste Betrieb, mit einer schönen grossen Scheune mit einem Baum davor, einem grossen Aargauer Bauernhaus. Aber dort gab es Probleme in der Familie: Der Vater wollte das Heft nicht aus der Hand geben, was zu einer Familientragödie geführt hat. Nachher war dann halt niemand mehr da, der weitermachte. Schatzmann Walter, der auch ein grosser Bauer war, zuäusserst im Dorf links an der Hauptstrasse, hat aufgrund eines – nicht realisierten – Autobahnprojektes ins Birrfeld hinaus gesiedelt und wohnt jetzt auf Lupfiger Boden. Er bringt aber die Milch noch nach Hausen. Wir sind heute noch drei Milchlieferanten: der Geiser vom Lindhof, der die Milch früher nach Königsfelden bringen konnte, bis dort auch weniger gebraucht wurde, der Schatzmann im Birrfeld und wir.

Vreni Renold: Der grosse Rückgang begann erst nach dem Krieg, während dem Krieg war man natürlich noch froh um alles, was man selber anbauen konnte, weil ja die meisten Lebensmittel rationiert waren.

Hans Renold: Während dem Krieg hatten wir natürlich Einquartierung im Dorf und auf dem Hof. Zuerst war acht Monate die Artillerie hier, und die Pferde wurden bei uns im Schopf eingestellt. Unser eigenes Pferd wurde nicht eingezogen, wir hatten nur eines. Nur der Schatzmann-

Messerschmied und der Chüjer Kari (Karl Rohr) hatten je zwei Pferde, sie waren ja Fuhrhalter. Alle andern waren, wie wir, kleinere Betriebe, in denen ein Pferd ausreichte. Wir hatten bis 1962 eines, dann haben wir motorisiert. Aber noch zum Krieg: Als Schüler hatten wir immer Freude, wenn Fliegeralarm war. Wir fuhren mit den Velos nach Brugg in die Schule, und wenn der Alarm kam, während wir unterwegs waren, konnten wir umkehren und uns verstecken. Wenn wir schon in der Schule waren, mussten wir dort in den Keller.

Vreni Renold: Hausen hatte lange Zeit knapp 700 Einwohner, da hat man natürlich wirklich alle Leute im Dorf gekannt. Man wusste auch, wo jeder wohnt, Strassennamen und Hausnummern waren gar nicht nötig. Hausen ist erst gewachsen, als die Firma Stocker anfing zu bauen. Das erste Mehrfamilienhaus war wahrscheinlich das Haus, das Schreiner Renold von Brunegg ausserhalb des Stollens (Stollenweg 6) gebaut hat. Dann kam das Neuquartier, das hat noch der Nussbaum gemacht, dann folgten die Überbauung im Park und der Block im Stück, was jetzt Südbahnstrasse heisst. Das hat Stocker gebaut.

Hans Renold: Schreiner Renold hatte gegenüber, im Carotta-Haus (Hauptstrasse 86), seine Möbelausstellung. Es gab im Dorf noch einen Schreiner, die Schreinerei Zurlinden, sie war dort, wo die Firma Rohr Reinigungen jetzt ist (Obere Holzgasse 8). Das war neben der Metzgerei Hunziker der einzige Betrieb in Hausen, der Lehrstellen offerierte. Weder der Wagner Ruedi (Widmer) noch der Beck Sämi (Widmer) hatten Lehrbuben.

Vreni Renold: Wir haben lange alles Brot selber gebacken. In der alten hölzernen Knetmulde wurde der Teig geknetet, auf dem Deckel, zwischen den beiden Holzleisten, hat man die Laibe geformt, und von hier hat man sie direkt in den Ofen geschoben. Ja, man hat alles hier im Kachelofen gebacken. Der Ofen war ja zugleich die Heizung, zum Backen musste man aber mehr einheizen, als dass zum Heizen des Raumes nötig gewesen wäre. Ja, natürlich hat man auch im Sommer hier gebacken, es wurde dann einfach ziemlich heiss. Mit der Zeit haben wir aber ein wenig zurückgesteckt und haben im Sommer das Brot gekauft, denn wenn man an einem heissen Sommertag heimkommt, und in der Küche ist es auch so heiss – das ist nicht sehr angenehm.

Hans Renold: Das Armenhäuschen? Das stand da oben, unterhalb der heutigen Kirche. Dort haben lange Italiener, Bauarbeiter vom Nussbaum, dem

Vorgänger von Stocker, gewohnt. Sie haben jeweils bei uns alte Matratzen geholt. Sie konnten natürlich billig wohnen in diesem Häuschen, aber es war wirklich nur ein Raum, sehr klein. Ja, den Ysemiggel, der vorher da wohnte, habe ich auch noch gekannt. Er hat immer die Laubkäfer (Maikäfer) abgenommen da oben, als es noch obligatorisch war, sie einzusammeln. Er war ein Widmer, ein Hiesiger, hat mit Alteisen gehandelt. Nach ihm hat noch eine Familie dort gewohnt, die Hohlers. Es war eben das Armenhäuschen.

Vreni Renold: Es gibt natürlich viele Leute und Häuser, an die man sich erinnert. Zum Beispiel das Holländer Emmi (Emma Müller-Schatzmann), das im Holländerhaus an der Holzgasse (Holzgasse 18) ein Lädeli hatte. In dem Haus wohnen jetzt Treichlers, es ist mit dem Haus von Schatzmanns zusammengebaut. Ein richtiger Tante-Emma-Laden. Es gab noch einen zweiten Tante-Emma-Laden: Das Gloor-Lädeli an der Hauptstrasse, dort wo jetzt die Asylantenunterkunft ist. Ja, dort hat man auf den 1. August noch Schwyzer Chracher gekauft – es gab dort alles, vom Schweizer Klöpfer bis zum Salatöl. Das Gloor-Lädeli neben der alten Bäckerei Widmer, vis-à-vis vom Rössli, kam viel später. Das war ein Wullelädeli, die Bonneterie Gloor. Diese Frau Gloor war die Nachfolgerin der Frau Ramel.

Hans Renold: Nebenan war das Usego-Lädeli der Frau Graf und nachher der Fotoladen von Frau Berner. Ja, und vorher gab es dort auch noch die Waffelfabrik Stutz und Sollberger, später Stutz Hunzenschwil, sie hat hier unten angefangen, in den zwei Zimmern, in denen Frau Graf nachher ihr Lädeli hatte. Auch Teigwaren sind in diesem Raum einmal produziert worden, und zwar durch Walter Schaffner, Elektriker. Der Schneider und Coiffeur Jakob Schärer war auch dort, zu ihm bin ich am Anfang auch noch gegangen. Er hatte einen Apparat mit biegsamer Welle zum Scheren. Und schöne Hosen habe ich von ihm bekommen, dreiviertellange. Ich hätte sie am Jugendfest anziehen sollen.

Viele Häuser sind abgerissen worden, um die es schade war. Bei andern würde das Renovieren unerschwinglich teuer. Einmal kommt dann für viele alte Häuser die Zeit, wo man abbrechen muss, damit sie nicht von selber zusammenbrechen.

Die Kirche? An Sonntagen ist man nach Windisch in die Kirche gegangen. Die Beerdigungen, die Leichenzüge sind auch alle nach Windisch gezogen, die Pferde mit dem Leichenwagen voraus. Die Leichenzüge haben vor allem aufgehört, weil man die Strasse bei dem zunehmenden Verkehr nicht

mehr so lange sperren konnte. Der Schatzmann-Messerschmied ist jeweils gefahren mit dem Leichenwagen. Die Leute in Hausen standen an der Strasse, wenn der Zug vorbeikam und haben sich dann angeschlossen. Bei jedem Haus wurde der Zug grösser. Der Leichenwagen war hinter dem Schulhaus im Spritzenhäuschen, das ja abgebrochen wurde, eingestellt. Es war ein schwarzes Break, vorne der Bock für den Fahrer, alles schwarz. Aber der Fahrer ging meistens neben dem Ross, denn der Zug war doch sehr langsam. Es ging alles zu Fuss. Dieser weite Weg zur Kirche war manchmal ganz interessant, man konnte sich allerlei erzählen. Wir waren auch, besonders während des Konfirmandenunterrichts, eine ganze Clique. Wir konnten von uns aus auf die Hauptstrasse hinuntersehen, und wenn dann die beiden Fräulein Hartmann mit ihren schönen Sonntagshüten – am Werktag trug man keinen Hut – vorbeikamen, dann wussten wir: Jetzt möge mer no bcho. Sie waren immer die letzten auf dem Kirchweg.
Im Zonenplan von Hausen ist ein Areal für einen Friedhof augeschieden worden. Aber ob es den einmal geben wird oder nicht – ich hoffe eher nicht, denn das liegt zum Teil auf unserem Land links an der Lindhofstrasse. Es war der nächste Platz bei der Kirche, den man ausscheiden konnte zu diesem Zweck. Aber der Boden ist nicht geeignet, es ist schwerer Lehmboden. Mir scheint, man müsste auch in diesem Zusammenhang den Gedanken an die Umwelt einfliessen lassen. Wir haben heute ja die seltsame Situation, dass wir gebüsst werden, wenn wir ein totes Kätzchen vergraben: Das tote Kätzchen muss verbrannt werden. Aber die Menschen begräbt man immer noch in der Erde, mit allen Medikamenten und andern Zusätzen, die sie in sich tragen. Man müsste doch überlegen, ob nicht eine Urnenwand eine konsequentere und bessere Lösung wäre. Eine solche Urnenwand könnte man auch direkt bei der Kirche aufbauen. Die Planung mit dem Friedhof im Eebrunnen stammt aus der Zeit des Kirchenbaus in den siebziger Jahren.
Im Windischer Friedhof ist noch genug Platz, und wenn eine grössere Beerdigung stattfindet, dann hätte man in der Hauser Kirche ohnehin nicht genug Raum und müsste nach Windisch. Ein Friedhof da oben würde der Gemeinde natürlich auch Unterhaltskosten bringen, und bei der Gestaltung sieht der Gärtner einige Probleme, denn das Areal liegt auf der Nordseite direkt neben dem Wald, und die Hälfte wäre ständig im Schatten.
Vreni Renold: Die vielen Vereine? Sie haben zugenommen in den letzten Jahrzehnten. Zuerst hatte man einfach den Turnverein, die Musik, den

Männerchor und den Töchternchor. Die Schützen und der Velo-Club sind auch alt. Velo-Moto-Club hat das geheissen, es gab dann sogar die «Jungradler»! Auch vom Turnverein hat es mit der Zeit eine Reihe von Unterriegen gegeben: Jugendriege und Maitliriege, Damenriege und – seit zehn Jahren – die Frauenriege. Die Familienzugehörigkeit hat schon einen grossen Einfluss darauf, welchen Verein man für sich wählt. Wenn der Vater im Turnverein war, ging der Junge kaum in die Musik und umgekehrt. Man kann schon sagen, dass bei der Vereinszugehörigkeit eine gewisse Erblichkeit mitspielt. Bei uns war das auch so: Mein Vater war Turner, und wir sind alle ins Turnen. In den Turnverein durfte man, sobald man konfirmiert war, ab 16. Das heisst, dann durfte man zwar zum Turnen gehen, aber man musste heim, wenn die andern noch einkehrten nachher.
Hans Renold: Nach dem Turnen ging man ins Rössli oder in den Sternen, meistens ins Rössli, denn dort hat man ja geturnt. Die Turnhalle bei der Kirche oben wurde 1947 gebaut und kostete 45000 Franken. Der Steuerertrag der Gemeinde war damals in einem Jahr gleich hoch wie die Kosten dieser Turnhalle! Das war also ein Riesenbrocken für die Gemeinde.
Es stimmt schon, dass Hausen zwischen den Birrfelder Gemeinden und Windisch liegt. Die Eigenämter waren schon immer etwas eigene Leute, so ein wenig mehr als andere Leute vielleicht. Windisch auf der andern Seite hat fast vorstädtischen Charakter bekommen. Das Beispiel des Lindhofbauers, der seine Milch zuerst nach Königsfelden liefern konnte und dann nach Hausen, zeigt die Grenze ganz gut. Auch in der Schule hat man so etwas gemerkt: Die Brugger sind ein Clan für sich, das ist heute noch so an den Klassenzusammenkünften. Und Brugg und Windisch kommen ja auch nicht blendend aus miteinander. Wir hatten auch mit dem Eigenamt immer ein wenig Chritz, eben – wir sind dazwischen.

1930 Ernst und
1933 Amelie Widmer-Märki
Rosenstrasse 7

Ernst Widmer: Ja, natürlich kann ich mich an den Brunnen vor meinem Elternhaus erinnern. Ich habe dem Vater noch geholfen, ihn zuzudecken. Es war ein Sodbrunnen mit einer Zugpumpe, mit einem Schwengel. Diese Pumpe funktionierte nicht mehr, weil die Dichtung kaputt war und man den richtigen Gummi dazu nicht mehr bekam. Ein Cousin von mir, der in der BBC gelernt hatte, sagte zu meinem Vater: «Onkel Ernst, das kann ich schon machen, ich nehme ein Leder und schneide das zu.» Das Leder ist dann aber ein paarmal gerissen, und darauf haben wir den Brunnen eingedeckt. Fliessendes Wasser wurde in Hausen ja schon 1899 eingerichtet, wenigstens für einen Teil des Dorfes: bis zum Rickli (Holzgasse 8) und zum Crameri (Hauptstrasse 16) hinunter und bis zum Schatzmann hinauf, wo jetzt die Überbauung Rösslimatt steht. Als die andern im Dorf die Vorteile sahen, wollten sie auch fliessendes Wasser, und nach zehn Jahren wurde das Netz ausgeweitet. Man baute ein Pumphaus im Stück und ein Reservoir am Rothübel oben. Die Mauern des ersten Reservoirs sind am Weg zur Kirche hinauf noch knapp sichtbar. Schliesslich reichte auch das nicht mehr, und man musste ein zweites Reservoir weiter oben bauen. Später gab es dann Hoch- und Niederdruckwasser: Dienstag und Freitag nahm man das Wasser vom oberen Reservoir, damit man genügend Druck im Netz hatte, um zum Beispiel die Wassermotoren-Waschmaschinen zu betreiben, wie sie viele Haushaltungen in Hausen hatten.

Früher gab es das Waschhäuschen beim Süssbach (Heuweg 2), es ist während dem Krieg, 1942 oder 1943, abgebrochen worden. Gerade daneben war der Feuerweiher, ein betonierter Wasserbehälter. Er ist eingedeckt worden, denn nach dem Ausbau des Hydrantennetzes war er überflüssig.

Soweit ich mich erinnern kann, war kein Sodbrunnen mehr in Betrieb, die meisten waren mit Platten zugedeckt. Interessanterweise standen diese Brunnen vielfach gerade neben den Miststöcken. Ob das Zufall oder Absicht war, weiss ich nicht, aber es ist jedenfalls niemand gestorben daran. Später sind die Brunnen dann allerdings missbraucht worden, indem man einfach das Abwasser in den Schacht leitete. Das Problem mit dem Grundwasser hat schon früher angefangen, das ist nicht völlig neu. Die Sodbrunnen wurden kartiert vor 1898/1899.

Der Eebrunnen, die Quelle, die heute den Brunnen neben dem Gemeindehaus speist, war die erste Wasserversorgung von Hausen. Bevor das Reservoir gebaut wurde, floss das Eebrunnenwasser in die Holzgasse zum damaligen Dorfbrunnen. Dann wurde es in das erste Reservoir geleitet, und als das nicht mehr reichte, kam das Pumpwerk. Der Eebrunnen war etwa dort, wo Willy Lörtscher wohnt (Lindhofstrasse 21).

Es war dort oben immer recht feucht. Es gibt auch jetzt noch manchmal Probleme mit einer kleinen Quelle, die wir frisch gefasst haben. Wenn es regnet, wird Dreck hinuntergespült, und wenn es gewittert, gibt es erst recht eine Sauerei. Bis anno 42 war alles Sumpfgebiet da oben, vom Eebrunnen bis zum Schützenhaus im Chapf. Das Gebiet heisst ja nicht zufällig Soorematt, was von sauer kommt. Mein Vater war in der Kommission, die an der Sanierung der Soorematt arbeitete. Es wurden Gräben ausgehoben und Entwässerungsröhren hineingelegt. Auf die Röhren schichtete man Tannenäste, und darüber wurde erst der Boden wieder eingefüllt. Ich musste oft mit meinem Vater ins Holz hinaus, um Tannenäste aufzuladen und sie dann dort hinaufzuführen. Es ziehe besser mit den Tannenästen, sagten sie. Wir hatten auch noch Land hier, eine Matte. Vorne konnte man etwa dreissig Meter normal nutzen. Da hatte der Vater Gräbchen gezogen und Röhren eingelegt. Dann musste man warten, bis das trocken lag. Im hintern Teil wuchs nur Unkraut, nichts Rechtes. Was man dort geschnitten hatte, das musste der Vater mit der Stossbäre in den vordern Teil fahren und dort zum Trocknen auslegen. Im hintern Teil war es zu nass, als dass etwas hätte trocknen können. Während dem Krieg, als man jeden Quadratmeter bebauen musste, drainierte man, so gut es ging, aber es gab immer noch keine Kartoffeln – das heisst, es gab schon, aber nur schorfige.

Weiter vorn ist ja der Rüchlig mit ganz anderem Boden, dort ist er ruch, wie der Name sagt, mit vielen Steinen, Kalksteinen, Juraboden. Im Rüchlig konnte man schon ackern, das ging gut. Aber zäh. Gerade Kartoffeln haben gern Sandboden, das war natürlich weit entfernt davon. Aber dort haben wir während dem Krieg auch noch auf einem Stückchen Mohn angesät, zum Ölen. So hatten wir selber Öl. Man brachte den Mohnsamen in die Öli nach Veltheim. Der Vater nahm uns Buben mit und sagte: «Ihr kommt mit und helft stossen.» Mit dem Zweiräderkarren gingen wir, das war etwa eine Tagesexkursion. Wir brachten vielleicht fünf bis sechs Liter Öl heim. Wir nannten den Mohn Mägi. Mit dem Öl erhielt man die ausgepressten Samenresten, fladenförmige kleine Kuchen, zurück. Wir brachen uns einzelne Bissen davon ab, das übrige gab man dem Vieh. (Die Ölmühle

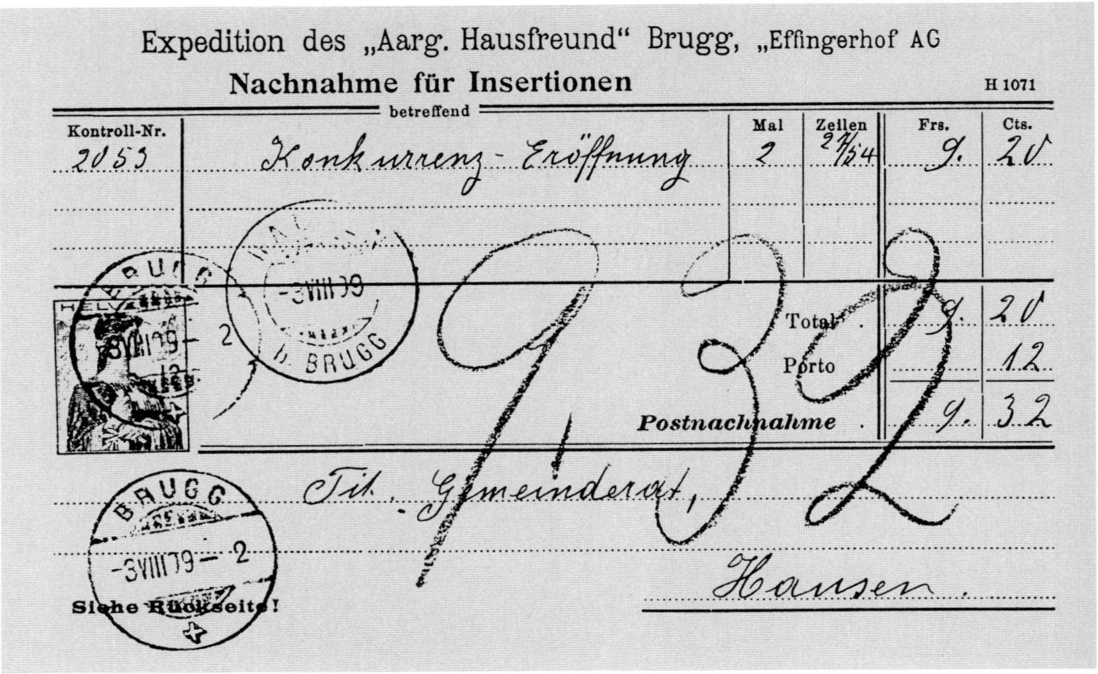
Expedition des „Aarg. Hausfreund" Brugg, „Effingerhof AG

Nachnahme für Insertionen H 1071

betreffend

Kontroll-Nr.		Mal	Zeilen	Frs.	Cts.
2053	Konkurrenz-Eröffnung	2	24/54	9.	20
	Total			9.	20
	Porto				12
	Postnachnahme			9.	32

9.32

Tit. Gemeinderat, Hausen.

BRUGG -3 VIII 19 - 2

Siehe Rückseite!

Veltheim arbeitete während dem Zweiten Weltkrieg im 24-Stunden-Betrieb. Gepresst wurden neben Mohnsamen auch Raps, genannt Leewat, und Nüsse) (Roth 1968, S. 180).

Amelie Widmer: Ja, beim Ernten der Mohnsamen brachen wir ab und zu eine Kapsel auf und assen die Samen. Wir nannten sie Mägech. Die Mutter sagte aber immer: «Du darfst nicht zuviel Mägech essen, sonst bekommst du die Schlafkrankheit».

Ich bin in Mandach aufgewachsen, und ich empfand einen beträchtlichen Unterschied zwischen Mandach und Hausen, als ich hierher kam. Das war allerdings vor 40 oder 41 Jahren. Mandach war damals ein verträumtes Bauerndorf, und Hausen hatte viele Rucksäckli-Puure. Das kannte man in Mandach kaum. Es waren vielleicht zwei oder drei, die in Beznau unten arbeiteten. Sie hatten höchstens drei Chueli im Stall, und der Mann ging zur Arbeit, während die Frau mit den Kindern den Betrieb daheim besorgte. Aber sonst war und blieb man im Dorf.

Wasserversorgung Hausen b. Brugg.

Konkurrenzeröffnung.

Die Gemeinde Hausen bei Brugg eröffnet hiemit freie Konkurrenz:

1. Ueber die Erstellung des neuen Hochdruck-Reservoirs mit 200 m³ Nutzinhalt.
2. Ueber die Erstellung der neuen Hauptleitung vom Hoch-Reservoir bis zum alten Reservoir und ca. 60 m Zweigleitung inkl. Einsetzen von 2 Hydranten und 1 Schieber.

Pläne und Bauvorschriften liegen auf der Gemeinderatskanzlei zur Einsicht offen, woselbst auch Eingabeformulare bezogen werden können.

Die Offerten sind verschlossen unter der Aufschrift **„Reservoir Hausen“** bis am **30. Juli 1909** an Herrn Gemeindeammann Schaffner einzureichen.

Hausen, den 12. Juli 1909. 2053

Der Gemeinderat.

Inserat des Gemeinderates im «Aargauischen Hausfreund» (die Zeitung erschien 1864–1939) vom 12. Juli 1909 und Rechnung per Nachnahme an den Gemeinderat vom 3. August 1909. Eig. M. Widmer-von Dach.

Ernst Widmer: Das Birrfeld ist 1946 bis 1950 reguliert worden. Vorher gab es dort eine Unzahl von Parzellen. Mein Vater hatte neun Parzellen mit zusammen 180 Aren! Von daheim (Hauptstrasse 30) bis zu diesen Landstreifen hinaus war es mindestens eine halbe Stunde zu Fuss, mit Werkzeug und allem. Wir hatten ein Kuhfuhrwerk, damit führten wir Mist und Gülle. Im Birrfeld gab es keine Häuser – mit Ausnahme des Bahnwärterhäuschens. Der Bahnübergang war schon auf Lupfiger Boden. Das Bahnwärterhäuschen stand etwa dort, wo jetzt das Pumpwerk steht.

Meine Ausbildung? Ich bin im alten Schulhaus, dem heutigen Gemeindehaus, beim Lehrer Schenk gewesen, er war eher streng, ein guter Lehrer. Ich sage immer, ich bin zu ihm ins Gymnasium, ins Gymnasium Hausen. Das Schulhaus nannten wir Gymo Schenko. Ich habe natürlich daheim geholfen z puure, aber unser Bauernhöflein war zu klein, das war keine Existenzgrundlage. Ich ging dann mit zwanzig auf den Bau, dort lernte ich das Mauern. Zuerst war ich bei der Firma Nussbaum, dem Vorgänger der Firma

Rechts: Karl Schenk (1891–1974), Oberstufenlehrer ab etwa 1910. Links: Hermann Widmer-Senn, genannt Reli-Vati. Aufnahme um 1960 vor dem alten Eingang des heutigen Gemeindehauses. Foto L. Berner.

Stocker, dann beim Stocker. Als im Dorf eine Stelle offen war, wechselte ich zur Gemeinde und war fast 33½ Jahre beim Bauamt. Da hatte ich eine ganze Reihe vom Ämtern, eines davon war dasjenige des Wasenmeisters. Der Wasenmeister war zuständig für die Kadaverentsorgung, von getöteten Katzen und überfahrenen Hunden bis zu Metzgereiabfällen. Heute wird das alles verbrannt oder zu Tiermehl verarbeitet. Früher wurde das verlochet. Ich musste eine Grube auftun und das Zeug hineinwerfen, Petrol (!) darübergiessen zum Desinfizieren und wieder zudecken. Am Mülacher oben, etwa fünfzig Meter oberhalb der Baustelle der Firma Stocker (Überbauung Süessmatt), steht ein Weidenbusch. Von dort hinauf, in diesem Dreieck, war eine alte Grube, die zugedeckt worden ist mit Ghüder. In einer Matte daneben hat man das Züüg verlochet. Nein, eine schöne Arbeit war das nicht. Aber das gehörte zu den Ämtli, die vorher der Rohr Heiri, der Ortspolizist, hatte und die dann dem Gemeindearbeiter zugeschoben wurden, damit der Rohr Heiri entlastet werden konnte, er hatte andere Aufgaben.

Es kam dann bald einmal die Verordnung, die Tierkadaver dürfe man nicht vergraben, man müsse sie dem Metzger bringen. Dort kamen sie in einen Abfallkübel, der jede Woche aus dem Deutschen abgeholt wurde. Dort draussen wurde der Inhalt verbrannt oder zu Tiermehl verarbeitet. Aber vorher habe ich das eine oder andere erlebt. Einmal zum Beispiel wollte ich den Nachmittag freimachen. Da kommt ein Polizist und sagt: «Du Ernst, du musst einen Hund verlochen, da oben im Wald ist ein toter Hund.» Ich sagte: «Jetzt habe ich gerade freimachen wollen.» Sagt er: «Egal, der muss verlocht werden. Er liegt da und da. Aber zuerst nehmen wir noch ein Bier im Rössli.» Sage ich: «Jaja, wir nehmen noch ein Bier.» Ich habe das Werkzeug geholt und habe gedacht blasius, der braucht nicht zu sehen, wie tief ich das Loch aushebe. Ich bin also gegangen, habe den Hund auch gefunden. Er hatte nur ein wenig Blut um die Schnauze, wahrscheinlich war er einem Reh nachgerannt und dann, als das Reh einen Haken schlug, Kopf voran in einen Baum. Es war ein Deutscher Schäfer, ohne Halsband, wir wussten also nicht, wem er gehörte. Ich habe die Grube ausgehoben, und das isch gopfertori so im Wald in en Chrampf gsi, mit all den Baumwurzeln. Ich machte das Loch also so gut es ging und zog den Hund hinein – mit einem Seil um die Beine, ich fasste ihn nicht an. Ich hatte kleine Kinder daheim und wollte kein Risiko eingehen. Dann goss ich wie gewohnt Petrol darüber, deckte zu und stampfte den Boden ein. Da kam dieser «Schugger» den Waldweg herauf. Dort war einer am Bürdelimachen. Den hat er gefragt: «Haben Sie den Arbeiter nirgends gesehen?» Der sagt: «Doch, da unten lochet einer.» Da ist er durch den Wald ab zu mir gekommen und hat gefragt: «Ist er schon unten?» Hab ich gesagt: «Ja, der kommt nicht mehr herauf.» Sagt er: «Der hätte aber tiefer hinunter müssen.» Sag ich, er könne ja messen, in all den Wurzeln hätte ich gar nicht tiefer graben können. Sagt er: «Das Bier ist schon bezahlt für dich.» Sag ich: «Jetzt kann ich's brauchen.»

Ja, Leichenbegleiter war ich auch noch. Früher haben ja Rossfuhrwerke die Toten nach Windisch hinuntergeführt, und der Leichenzug kam hintendrein. Da brauchte es Leute, die halfen, den Sarg zu heben und ins Grab hinunterzulassen. Früher machten das alte Männer, als es dann aber da auch Abgänge gab, hiess es, der Gemeindearbeiter müsse das übernehmen.

Ich war allein als Gemeindearbeiter, bis 1974 der Umiker Heinz als zweiter dazukam. Natürlich gab es immer Arbeiten, die ich nicht allein machen konnte, da gab es dann eben Hilfsarbeiter, so alte Knaben, siebzigjährige

Feldschützengesellschaft 1966. Fähnrich Walter Härdi mit der neuen Fahne an der 100-Jahr-Feier der Gesellschaft beim Fahnengruss mit Fähnrich Hermann Widmer-Hartmann der Musikgesellschaft. Die Fahne der Feldschützengesellschaft wurde im Kloster Hermetschwil gestickt. Foto L. Berner.

und manchmal noch ältere, die haben da noch gchrampfet. Wir haben zum Beispiel mit ihnen alle die kleineren Strassen geteert. Solange kein Schwerverkehr kam, hielt das tiptop, aber nachher ging das nicht mehr, weil die entsprechende Unterlage fehlte. Aber die Strassen wurden immerhin staubfrei. Bei der grössten Hitze haben mir diese Purschte geholfen. Wenn ich sagte: «Es ist zu heiss heute, wir lassen das», dann sagten sie: «Ja momol, wennt is es Bier magsch gunne und is nid z hert plagisch, chöme mer.» Und sie arbeiteten wirklich hart. Manchmal verlangte ich schon zuviel von ihnen, das merke ich jetzt, weil ich inzwischen auch so alt bin. Ich hatte die Kompetenz, die Männer bei Bedarf aufzubieten. Wenn wir ein Strässchen machten, waren es vielleicht vier bis fünf. Sie arbeiteten eine Woche oder zehn Tage, dann sagten sie: «So, jetzt ist es wieder genug. Komm dann in ein oder zwei Wochen wieder, wenn du etwas hast, aber vorher nicht.»
Ja, auch beim Schneeräumen brauchte es natürlich Leute. Dann musste man halt in der Nacht aus dem Bett. Ich bin manchmal um zwei Uhr in der

Nacht hinaus, damit alles klappt. Natürlich musste ich den Alarm geben, ich musste aus dem Bett – sicher keiner der Gemeinderäte!
Feuerwehrkommandant war ich auch, 18 Jahre lang. Als wir heirateten, hatten wir noch kein Telefon, aber als ich anno 59 Feuerwehrkommandant wurde, mussten sie mir eines geben. Die ersten Telefonanschlüsse im Dorf hatten die beiden Bäcker, der Metzger und die Wirtschaften, dann auch der Messerschmied (Schatzmann Fritz) mit seiner Fuhrhalterei. Bei uns wurde zuerst ein GA, ein gemeinsamer Anschluss mit den Nachbarn zusammen, eingerichtet. Wenn aber einer der Nachbarn telefonierte, war ich nicht erreichbar, auch wenn es brannte. Es ging deshalb nicht lange, und wir bekamen einen eigenen Anschluss. Im Januar 1968 erhielten wir das erste Pikettauto, das Tankfahrzeug kam etwa 1982. Das war aber nach meiner Zeit, da war der Meier Viktor Kommandant.
Grosse Brände gab es nicht viele. Einer der grössten war der da unten (neben Restaurant Sternen) im November 1964, da waren drei Familien betroffen. Unten (im nördlichen Hausteil) wohnte die Familie Blaser, in der Mitte die Familie des Schaffner Ernst und oben (im südlichen Hausteil) die Geschwister Senn und Meier-Senn. Ja, und bei der Reichhold gab es viele Brände, kleinere Sachen, aber wir mussten immer gehen. Die Reichhold hatte zwar eine Betriebsfeuerwehr, in der letzten Zeit sogar eine Chemiewehr, aber alarmmässig waren wir zusammenhängend. Der Alarm galt für uns, wenn nach einer bestimmten Zeit eine Bestätigung von der Reichhold kam, dass sie Hilfe brauchten.
Vereine? Bei den Turnern habe ich auch mitgemacht, aber nicht lange, vielleicht zwei Jahre. Im Turnen war der Rohr Fritz 12, genannt Weltmeister, gut, aber er gab sich keine Mühe. Er kam mit den Holzschuhen zum Weitspringen! Mit rechten Schuhen wäre er sicher einen Meter weiter gesprungen, aber das war ihm gleich. Für mich war die Schützengesellschaft wichtig. Ich habe gut geschossen, und ich habe viele Kränze heimgetragen. Jetzt mache ich nicht mehr mit. Ich habe kein Gewehr mehr, als ich das Sturmgewehr abgeben musste und den Karabiner bekam, sagte mir niemand, dass ich das Sturmgewehr auch hätte behalten können. Dann hätte ich auch eine Schiessbrille gebraucht. Wenn ein Schützenfest stattfand, besuchten viele Schützen drei bis vier Feste am gleichen Samstag, das war mir mit der Zeit zuviel. Nein, die Schützengesellschaft organisierte nie Theaterabende. Das waren vor allem die Gmischtchörler, die Musikgesellschaft und der Turnverein.

Natürlich habe ich beim Chlausen mitgemacht. Früher haben ja nur die Burschen vom Jahrgang der Konfirmanden gchlauset, und die Mädchen nähten ihnen die Gewänder. Sie mussten bunte Papierbändel auf ein Überkleid nähen für das Kostüm des Bändelimaa. Das Überkleid brauchte nicht schwarz zu sein, und die Bändel konnten alle Farben haben. Einen Schmutzli hatte der Huser Chlaus nicht. Die Burschen machten die Fitzen aus Birkenreisern, die sie nachts irgendwo gestohlen hatten, das gehörte dazu. Dann hatte man noch das «Müeti» oder «di Alt» dabei, das ein Körbchen mit dürren Apfelschnitzen, Spanischnüssli und Mandarinen trug. Das war natürlich auch ein Bub. Die Chlausläufer formten, je nach Grösse des Jahrgangs, mehrere Gruppen, von denen jede einen Dorfteil besuchte. Jede Gruppe wurde vom Chlaus angeführt, der die Hutte voll Fitzen umgehängt hatte und den Kindern aus dem Sündenbuch vorlas. Ein wichtiger Teil des Chlausens war auch das Geislechlöpfe, das zwei oder drei Wochen vorher begann. Das machten aber auch nur die Konfirmanden. Als wir am Chlausen waren, da war es bitterkalt und hatte sehr viel Schnee, ich erinnere mich gut. Und eusi Alt isch dänn umgheit da am Joggi Egge obe (Holzgasskreuzung). Darauf hat er das Zeug nur zusammengescharrt und mitsamt dem Schnee wieder ins Körbchen geworfen.
Das Chlausen war in Hausen am zweiten Dienstag im Dezember, am Brugger Chlausmärt. Der Brauch verlor sich dann irgendwie, und der Rohr Heiri brachte es schliesslich fertig, dass wenigstens am Chlaustag selber gchlauset wurde. Als die Ortsbürgerkommission gegründet wurde, nahm der Widmer Max das in die Hand und organisierte es etwa so, wie es heute ist. Jetzt machen ja auch Mädchen mit, und Katholiken. Früher war einfach klar, dass es nur Reformierte gab. Als das Chlausen noch am Tag des Brugger Märts stattfand, war am 6. Dezember nichts los. Am Märttag ging man am Nachmittag auf den Märt, und sobald es am Einnachten war, zog man sich irgendwo die Gewänder an. Eine Kuhglocke gehörte auch dazu. Nach dem Chlauslauf versammelte man sich bei einem Kollegen, ass etwas und teilte das Geld. So war es Brauch in Hausen – und auch sonst im Eigenamt. Aber das ist abgegangen, es hat nur in Hausen überlebt. Dank dem, dass die Ortsbürger das Chlausen und Geislechlöpfe reaktiviert haben. Der Wettbewerb im Geislechlöpfe ist hier ja ganz gut angekommen. Windisch und Brugg kennen diesen Brauch überhaupt nicht.
Dann gibt und gab es in Hausen natürlich das Jugendfest und, ganz früher, das Brötliexamen. Das war ursprünglich am Sonntag nach Ostern. Da

schneite es aber häufig noch, und deshalb wählte man einen späteren Termin. Das Brötliexamen wurde verschoben und mit dem Jugendfest zusammengelegt. Das war dann vor den Sommerferien, im Juni oder Juli. Früher hatte man ja zweimal Sommerferien: 14 Tage zum Heuen und 14 Tage zum Ernten. Und im Herbst, September/Oktober, noch vier Wochen. Es haben ja noch fast alle puuret daheim. Das Heuen war gewöhnlich im Juni, wenn das Wetter gut war. War schlechtes Wetter, dann ging man wieder zur Schule und hatte erst wieder Ferien, wenn es schöner wurde. Das Schuljahr begann am 1. Mai. Wer im November oder Dezember geboren war, der wurde ein Jahr zurückgestellt und erst mit dem nächsten Jahrgang eingeschult.

Das Schulhaus war das jetzige Gemeindehaus. Der Grossvater von Frau Bopp, der Lehrgotte, baute es 1874. Er war Baumeister. Die Masse sind auf den Plänen noch alle in Zoll und Linien angegeben. Das musste man alles umrechnen, als das Haus umgebaut wurde. Es war damals sehr grosszügig gebaut worden, die Fundamente waren durchwegs bis auf Kellertiefe hinuntergezogen worden, obwohl nur eine Hälfte damals schon unterkellert wurde. Das war der Teil, wo die Heizung und das kleine Archiv des Gemeindeschreibers drin waren. Der Gemeindeschreiber hatte im Parterre sein Büro, die südliche Hälfte des Parterres war das Nähschulzimmer. Erst 1951 wurde das ganze Haus unterkellert und das Archiv unten eingebaut. Später kam dann die Nähschule in das Erdgeschoss des Hauses, in dem der Rohr Heiri wohnte (heute an dieser Stelle: Meyerschulhaus), und die Kanzlei übernahm das ganze Parterre im alten Schulhaus.

Ja, die Übernamen. Wir sind s Wagners geworden, weil der Grossätti gwaggneret hät. Aber den Grossätti nannten sie Marti Sämi, weil sein Vater Martin hiess und er Samuel. Ein Sohn dieses Marti Sämi (Widmer) hiess ebenfalls Samuel und lernte das Bäckerhandwerk. Er eröffnete in Hausen eine eigene Bäckerei, die zweite im Dorf, denn im Unterdorf war schon das Geschäft des Bäckers Marti. Damit nun alle Verwechslungen ausgeschlossen waren, nannte man dann Marti Sämis Sohn «Marti Beck», und der andere war der «Beck Marti».

Amelie Widmer: Jetzt hat es eigentlich keine Originale mehr in Hausen. Als ich hierher kam, gab es doch noch einige. Wer mir da zuerst einfällt? Das Brändli Liseli und das Brändli Anni, und natürlich das Hüener Anni und der Dahli Hans.

Anna Widmer (1899–1973), genannt Hüener Anni, mit ihrem Hund und einer Wagenladung Hühnerfutter auf dem Heimweg zu ihrem Einzimmerhaus im Hölzli. Ihr Neffe erinnert sich, dass sie während einer ihrer Eierverkaufstouren in Brugg dieses Wägeli vor dem damaligen Kleidergeschäft Bieli abgestellt hatte, während sie ihren Kunden die Eier brachte. Da es sich aber ausgerechnet um einen Abfallsammelplatz handelte, wurde das Wägeli mit allem, was noch darauf war, in ihrer Abwesenheit entsorgt. Das Hüener Anni lief in seinem Ärger über den Verlust zum Polizeiposten, wo sie aber kaum viel Trost gefunden haben dürfte (mitgeteilt von Lilly Willy-Widmer). Anna Widmer wuchs als älteste Tochter des Tannhübel-Bauern und Rössli-Wirts Joh. Friedrich Widmer im Tannhübel auf, lernte Damenschneiderin und zog 1930 in das ehemalige «Einsiedler»-Häuschen im Hölzli. Foto um 1965, L. Berner.

Ernst Widmer: Das Hüener Anni war wohl die letzte im Dorf, die noch den Brunnen benutzt hat und ohne fliessendes Wasser auskam. 1947 und 1949, als es so trocken war im Sommer, hatte ihr Brunnen kein Wasser mehr, und sie musste ins Dorf herunterkommen zum Wasserholen. Mit dem Hund und dem Wägeli. Dann hat sie den Hund angetrieben: «Hü, hü, hü!» Und der Hund bellte dazu. Worauf sie ihm befahl: «Schnörre zue! Schnörre zue!» So hat sie ihren Kübel Wasser hinaufgebracht. Sonst ist sie mit Wägeli und Hund immer z Märt, sie hat Eier, Gemüse, oder was sie gerade hatte, verkauft.

Amelie Widmer: Das Brändli Anni ist immer so lustig dahergekommen, mit einem Hut, der unter dem Kinn zusammengebunden war. Das Brändli Liseli lebte allein hinter dem Sollberger in einer alten Wohnung. Der Lauber, Elektriker, hat das Haus gekauft, es abgerissen und sein Geschäftshaus dort gebaut.

Ernst Widmer: Ja, Coiffeure und Läden gab es früher viele in Hausen. Man konnte aber auch noch nicht so leicht nach Brugg zum Einkaufen, das Postauto fuhr noch nicht, und Auto hatte man keines.

Amelie Widmer: Die Gnossi hatte auch Schuhe, dort gab es auch Stoff und Wolle und Stricknadeln und solche Sachen. Und wenn man Wäsche haben musste, Unterwäsche, dann ging man auf den Märt in Brugg.

Ernst Widmer: In Hausen hatten wir ja auch die Metzg. Unsere Nachbarn waren Schatzmanns, der Konsümler, Vater von Frau Walti. Als Buben haben wir für sie poschtet. Sie haben uns aufgeschrieben, was sie haben mussten, und wir sind losgezogen. Einmal haben wir erklärt, sie brauchten das nicht aufzuschreiben, wir wüssten das schon. Wir zogen also los, und mein kleiner Bruder hat auf dem Weg ins Dorf hinauf gesungen: «Wir müssen ein Pfund gehacktes Rindfleisch haben, wir müssen ein Pfund gehacktes Rindfleisch haben!» Der Metzger hat das von weitem gehört, und als wir in die Metzg kamen, war alles schon bereit. Wir haben uns gewundert, woher er das gewusst hatte. Später hat uns Frau Schatzmann deswegen Vorwürfe gemacht, denn der alte Metzger Widmer, der Vater vom Metzger Köbi, und Herr Schatzmann waren Kollegen, sie waren gleich alt und verkehrten viel miteinander. Da ist diese kleine Geschichte natürlich ausgeschlachtet worden.

Ja, Hausen hat früher doch einiges geboten, sogar eine Ziegelhütte soll es gegeben haben (Ziegelhütte erbaut von Johann Meier, in Betrieb 1870–1893) (Ammann 1929, S. 31). Die Häuser an der unteren Hochrütistrasse stehen ja zum Teil in einer alten Lehmgrube. Die Ziegelhütte soll auf dem Areal von Schatzmann-Messerschmieds gestanden haben, dort wo jetzt die Rösslimatt gebaut worden ist. Das ist alles aufgefüllt worden durch die Firma Stocker.

Es gäbe natürlich noch manches Müsterchen und manche Begebenheit zu erwähnen. Ich bin aber der Meinung, das Einstige sei vorbei. Die Bevölkerung heute ist anders zusammengesetzt und könnte in vielen Fällen dem jeweiligen Geschehen kaum mehr folgen. Einen Roman sollte man schreiben – aber dazu fehlt mir die Geduld!

1931 Hermann und
1929 Käthi Hunziker-Stucki
Titlisstrasse 36

Hermann Hunziker: Ich bin in Zürich aufgewachsen und habe dort die Primar- und Sekundarschule besucht. Wir hatten eine Metzgerei daheim, eine kleine Quartiermetzg, wie sie früher üblich und als Existenzgrundlage ausreichend waren. Die Lehre habe ich in Bremgarten gemacht, drei Jahre, und habe dort die Lehrabschlussprüfung bestanden mit Note 1,0 – das war für mich klar: man macht das Beste. Ich habe schon damals versucht, jede Arbeitsmethode noch zu verbessern, habe immer mit der Uhr gearbeitet, weil ich schneller sein wollte als andere. Nach der Lehre war ich für wenige Wochen an einer Stelle in Aarau, dann noch kürzer in Boudry und schliesslich in Lausanne, wo ich immerhin 15 Wochen gearbeitet habe. In Lausanne fand ich Anschluss bei der Deutschschweizer Kirchgemeinde, gab dort auch Sonntagsschule und lernte dabei eine Bernerin kennen, die auch Sonntagsschule gab. Dann musste ich aber in die Rekrutenschule und anschliessend in die Unteroffiziersschule, im nächsten Sommer folgte die Offiziersschule. Zum Offiziersball nach der Brevetierung lud ich diese Bernerin ein, und sie sagte freudig ja. Das war 1952. Am Bettag 1954 haben wir uns verlobt.

Ich arbeitete in dieser Zeit während eines Jahres an einer Stelle in Effretikon, wo ich auch die Meisterprüfung machen wollte. Als ich eines Abends heim nach Zürich kam, sah ich ein Auto mit Kontrollschild AG 5990 vor unserer Metzg stehen. Es war der Metzger Widmer von Hausen, der auf Empfehlung des Kantonalpräsidenten der Aargauer Metzger gekommen war, um mich zu fragen, ob ich bei ihm arbeiten wolle. Ich zögerte, den Superbetrieb in Effretikon zu verlassen, worauf er mir 800 Franken im Monat bot, anstelle der 720 Franken, die ich in Effretikon erhalten hatte und die schon als guter Metzgerlohn galten. Ich kannte Hausen bis dahin überhaupt nicht und wollte mir das am folgenden Sonntag einmal ansehen. Ich fuhr also im Auto meines Vaters hin und fand schliesslich Hausen und nach einigem Suchen auch die Metzgerei. Der erste Eindruck war gut. Am folgenden Sonntag, 1. Advent 1954, ging ich mit meiner Braut zusammen noch einmal hin. Wir machten – nur mündlich – alles ab mit dem Metzger Widmer: Dass ich am 1. Februar bei ihm eintreten solle und dass ich ab Herbst die Metzg mieten könne. Metzger Widmer war damals 42 Jahre alt. Alles, was er versprach, stimmte. Bei meinem ersten Besuch in Hausen war ich noch gegen den Tannhübel hinaus

gefahren. Es lag schon ein wenig Schnee, und ich hatte den Eindruck: Hier draussen hört die Welt auf.
Käthi Hunziker: Wie es mir ergangen ist bei jenem ersten Besuch in Hausen? An jenem Sonntag im Winter sind wir durch das Dorf hinauf- und hinunterspaziert und haben kaum einen Menschen gesehen, es war ja ein kalter, unfreundlicher Tag. Aber die Leute haben uns sehr wohl gesehen, hinter den Vorhängen hervor. Sie kannten uns jedenfalls nachher schon, und eine Frau wusste nach zehn Jahren noch, wie der Mantel aussah, den ich an jenem Sonntag getragen hatte. Am Anfang kamen mir die Leute hier mit ihrem vorsichtigen, verstohlenen Beobachten schon ein wenig fremd vor, aber man darf ihnen das nicht verübeln, sie sind hier aufgewachsen und kennen nichts anderes. Natürlich gibt es auch in der älteren Generation viele Hausener, die im Ausland waren, aber wir hatten ja vor allem mit Bauern Kontakt, und das war vielleicht schon ein Unterschied.
Ich bin in Bern aufgewachsen, bin dann zwei Jahre im Welschen, eben in Lausanne, gewesen und habe nachher in Bern wieder in einem Büro gearbeitet. Als feststand, dass wir in Hausen ein eigenes Geschäft führen wollten, musste ich mir in aller Eile noch einige Grundkenntnisse in der Metzgerei erwerben.
Hermann Hunziker: Ich kam also am 1. Februar 1955 in dieses Dorf. Ich konnte bei der Grossmutter Widmer, der Mutter des Metzgers, wohnen, in dem Haus am Heuweg (Heuweg 14), in dem heute Marie Meyer-Widmer, ihre Tochter, lebt. Acht Monate wohnte ich hier, gut bemuttert von der damals schon alten Frau – ich war 24 Jahre alt. Und diese Frau konnte herrlich lachen. Wenn sie auf dem schmalen Ofebänkli sass am Abend und mit ihren Freundinnen telefonierte, was immer sehr lange Gespräche waren, da wurde so richtig ansteckend gigelet. Eine der Freundinnen von Mutter Widmer war Frau Klara Bopp, die Lehrgotte, die andere, etwa im gleichen Alter, war die alte Frau Messerschmied (Marie Schatzmann-Schatzmann). Diese Frau Schatzmann war zu ledigen Zeiten Lehrerin in Mandach, auf der anderen Seite des Rotberges. Über das Wochenende kam sie jeweils heim nach Hausen – zu Fuss. Wenn sie dann am Sonntagabend wieder Richtung Mandach wanderte, wurde sie von den Geschwistern Hartmann begleitet, die an der Holzgasse in dem alten Haus wohnten, rechts, gegenüber vom Heuweg. Die Schwestern Hartmann begleiteten ihre Freundin bis Villigen oder bis auf den Rotberg hinauf. Dort trennten sie sich, die eine ging weiter Richtung Mandach, die andern kehrten um. Wenn man sich

Metzger Jakob Widmer-Eichenberger (rechts) und sein langjähriger Mitarbeiter Jakob Rey von Scherz vor der alten Metzgerei (Hauptstrasse 48). Um 1920. Jakob Widmer-Eichenberger übergab die Metzgerei 1941 seinem Sohn Jakob Widmer-Angliker. Bis 1941 arbeitete auch die Tochter, Marie (Meyer-)Widmer, im Betrieb mit. Sie fuhr mit Ross und Wagen oder mit dem Velo zu den Kunden im Birrfeld, von Scherz bis Birrhard, nahm Bestellungen auf und brachte dreimal wöchentlich die Ware. Wie die Bäckerei Widmer auf der andern Seite der Hauptstrasse war auch die Metzgerei während der Woche bis 21 Uhr geöffnet. Diasammlung der Ortsbürger.

diese Distanzen vorstellt, die da mit Selbstverständlichkeit zu Fuss zurückgelegt wurden! Aber es gab keine andere Möglichkeit: Postautos gab es noch nicht, Pferdekutschen kannte man nicht, und Velos waren noch nicht üblich. Ja, vielleicht war die Frau Senn, die in dem gemauerten Teil des Dahli-Hauses wohnte, bei diesen gemeinsamen Gängen auch dabei.
Käthi Hunziker: Zwischen der alten Metzg – jetzt Blumenladen Umiker – und dem Haus, in dem früher die Post war, standen zwei längs aneinandergebaute Häuser, verschachtelt, wie das häufig war: Die einen mussten durch das Tenn und über die Heubühne der andern, um in den obern Stock ihres Hausteils zu kommen. Auf der Holzgass-Seite wohnte ein Karl Schaffner, den nannte man Fanni-Kari. Er hat Velos geflickt.
Hermann Hunziker: Herr Treichler hat damals noch nicht mit Velos gehandelt, und sonst gab es nur noch das Velogeschäft vom Crameri Johann. Woher der Übername Fanni-Kari für diesen Schaffner Karl kam, das wüsste vielleicht noch der Wagner Ernst (Widmer), das ist auch einer, der sehr

Hermann und Käthi Hunziker-Stucki führten die Metzgerei 1955–1986. Foto um 1965, L. Berner.

viel weiss. Er ist noch ein Jahr älter als ich und ist als Ortsbürger in Hausen aufgewachsen. Er ist einer von denen, die «nur» die Primarschule besucht haben, aber den konnte man einfach für alles brauchen. Ich habe oft gedacht, diese Burschen da in den Gemeinden draussen, die gingen in die Gemeindeschule, wenige sind in die Bezirksschule gegangen. Aber aus diesen Burschen sind Männer geworden, die sich bewährt haben im Leben.
Als wir nach Hausen kamen 1955 hatte das Dorf ungefähr 1100 Einwohner, 800 Reformierte und 300 Katholiken. Es gab noch 22 Bauern, aber eben: Der eine hatte sechs Stück Vieh im Stall, ein anderer vielleicht zehn bis elf und noch einige Rindli. Andere hatten so wenig Vieh, dass sie die Milch im Chesseli in die Chäsi brachten.
Ja, der Metzger Widmer. Er hatte eine wohlhabende Wirtstochter aus dem Bären in Birr geheiratet, unternahm auch da und dort noch etwas – er wusste sich einzurichten. Es gab Leute, die sagten: Es sollte niemandem schlechter gehen als dem Metzger Köbi. Am Wochenende ging er oft an ein

Schützenfest, er war ein ausgezeichneter Schütze. Dann besorgte ich mit der Grossmutter Widmer zusammen den Laden.
Ich machte die Meisterprüfung in Hausen – die beste Meisterprüfung in jenem Jahr, obwohl ich mich nicht besonders darauf vorbereitet hatte. Es war für mich klar, das bestehe ich sowieso. In dieser Zeit habe ich innerhalb von fünf Wochen dreieinhalb Wochen Manöver-WK absolviert, die Meisterprüfung bestanden, am Montag danach geheiratet und eine Woche später mit dem eigenen Geschäft angefangen. Die Anfänge in der Metzgerei waren nicht einfach, der Umsatz war bescheiden, ungefähr eine Viertelmillion pro Jahr. Es ging dann stetig obsi, aber unsere Arbeitszeit – darauf hat man überhaupt nicht geachtet. Ich stellte zum Beispiel zweimal in der Woche Brät her, und damals musste man das am Vortag machen, weil man keine chemischen Hilfsmittel nehmen durfte und das Brät zuerst umröten lassen musste. Heute kann man das mit Vitamin C beschleunigen. Ich bereitete das Brät also am Abend zu, wenn alle Angestellten fort waren, und da konnte es schon gegen elf Uhr werden, bis ich fertig war. Es war eine sehr schöne Zeit für uns, aber eine strenge Zeit. Wenn noch ein Dorffest war, dann kamen wir auf neunzig bis hundert Stunden Arbeitszeit in der Woche. Und am Montag ging es im üblichen Tempo weiter.
Das Einzugsgebiet, das wir übernommen hatten, umfasste ausser Hausen Habsburg, Scherz und Birrhard. Mülligen haben wir im Lauf der Jahre aufgebaut, kleinere Anteile in Birr und Lupfig kamen hinzu. Nach zehn Jahren, in den sechziger Jahren also, hatten wir schon 700000 Franken Umsatz, und wir begannen Baupläne auszuarbeiten. Dabei spielten die Baulinien eine wichtige Rolle. Es hiess damals, auf der andern Seite der Hauptstrasse sei ein Ausbau nicht möglich, denn dort, neben der alten Bäckerei Widmer, war eine steile Böschung, und uns gegenüber stand noch ein altes Bauernhaus mit der Giebelwand direkt am Strassenrand. Die Baulinie verlief mitten durch die Türe des heutigen Blumenladens. Wenn ich hätte neu bauen wollen, hätte ich das Haus um diesen Betrag von der Strasse zurücknehmen müssen. Darum kauften wir vorsorglich die Häuser zwischen der Metzg und der damaligen Post an der Holzgasse. Dann wurde es doch möglich, auf der andern Seite in die Böschung zu bauen (Huser Hof), und dadurch konnte die alte Metzg stehenbleiben. Wir bauten dennoch neu und integrierten im Neubau das alte Schlachthaus.
Käthi Hunziker: Noch ein Detail, das informativ sein kann: In der alten Metzg hatte es ein Tenn und einen Stall, es war ja früher ein Bauernhaus.

In diesem Stall stellte manchmal jemand sein Ross ein oder etwa an einem Sonntagabend, wenn es sich so ergab, eine Kuh oder ein Kalb. Und davor, gegen die Holzgasse, stand der Miststock, dort, wo jetzt der Parkplatz der Metzgerei ist. Solche Sachen waren noch erlaubt und üblich. Wenn wir zum Beispiel Fleisch zukaufen mussten von Zürich oder aus dem Bernbiet, dann kam das per Bahn, ungekühlt, in grossen Weidenkörben, die oben offen waren und mit einem Stück Emballage abgedeckt und zugenäht wurden. Das musste man dann am Bahnhof abholen.
Im Laden hatten wir anfangs keine Kühlanlage und keine Heizung. Im Winter war das Schaufenster gefroren, und im Laden war es unter null oder höchstens zwei Grad – es war furchtbar kalt und klein. 1959 haben wir das erste Kühlbuffet hineingestellt und im Sommer den Laden mit einem Kondensator gegen die Hauptstrasse hinaus gekühlt.
Hermann Hunziker: Bevor wir den grossen Kühlraum neben dem Schlachthaus bauen konnten, mussten wir nach dem Metzgen das Fleisch im Schlachthaus hängen lassen. Und wenn im Sommer die Fliegen kamen – es ist niemand gestorben deswegen. Die andern Metzgereien hatten genausowenig Kühlräume wie wir. 1959 oder 1960 bauten wir einen für die damalige Zeit unerhört grossen Kühlraum von 8 mal 3 Meter. Wir waren auch der zweite Haushalt im Dorf, der eine automatische Waschmaschine hatte. Die erste stand bei Frau Bon (Katherine Heath Bon, 1913–1999). Vorher mussten die Waschfrauen, die schon für unsern Vorgänger gewaschen hatten, im Winter bei grösster Kälte arbeiten, der Boden in der Waschküche war jeweils glatt gefroren. Ich erinnere mich auch an jene Gemeindeversammlung, an der der Crameri vorschlug, in Hausen sollte eine Kehrichtabfuhr eingeführt werden. Das hatte es nicht gegeben vorher, jeder entsorgte seinen Abfall, wie es gerade ging.
Wir hatten dann auch Lehrlinge, und von den ersten acht Lehrbuben legten fünf ihre Prüfung als Beste im Kanton ab. 1958, mit 26 Jahren, wurde ich als Meisterprüfungs-Experte gewählt. Ich stellte fest, dass die Vorbereitung dieser Meisterprüfungs-Kandidaten besser sein könnte, und gründete 1964 eine eigene Schule für künftige Metzgermeister. Der Unterricht fand zuerst in der Gewerbeschule in Brugg statt, später, als dort nicht mehr genug Platz war, bei uns in Hausen. Wir fingen an mit 140 Stunden pro Kurs und zwanzig Franken Stundenlohn und erteilten am Schluss, nach 27 Jahren, 540 Unterrichtsstunden zu siebzig Franken pro Stunde. Unsere Kurse waren je länger desto erfolgreicher. Die Firma Bell

1957 war in Hausen die Kehrichtabfuhr eingeführt worden; am 1. April 1990 folgte die Einführung der Entsorgungsgebühren. Die letzte Gratis-Kehrichtabfuhr im März 1990 wurde zu einer gewaltigen Entrümpelungsaktion der Hausener Haushalte. Othmar Attiger dokumen-

in Basel verlieh mir im November 1981 einen Preis der Hermann Herzer Stiftung in Anerkennung meines «persönlichen Engagements zugunsten der Nachwuchsförderung im Metzgereigewerbe».

Käthi Hunziker: Ja, für mich ergab sich dadurch etwas mehr Präsenzzeit im Haushalt und in der Metzgerei. Wir hatten schon bald eine Ladentochter. Allein wäre das nicht mehr gegangen. Wir hatten ja nicht nur die vier Kinder, wir hatten auch die Angestellten am Tisch. Die Lehrbuben hatten immer Kost und Logis bei uns, und die Angestellten zum Teil auch, wenigstens am Anfang.

Hermann Hunziker: Als wir den Kirchenbauverein gründeten – Herr Ernst Klöti, damals Gemeindeschreiber, und ich haben das einmal unten im Archiv des Gemeindehauses beschlossen –, da stellten wir fest, dass die Kirchensteuern von Hausen weder zur Besoldung eines Pfarrers noch eines Sigrists oder Organisten gereicht hätten. Hausen war ein armes Dorf. Wir gründeten also 1962 den Kirchenbauverein und hatten bald viele

tierte das Ereignis auf einer mitternächtlichen Fototour durch die Strassen Hausens. Fotos März 1990, O. Attiger.

Mitglieder. Wir organisierten in der Regel zwei Abende im Jahr: die Generalversammlung und einen Gemeindeabend. Mit Bücherverkäufen und so weiter suchten wir eine Grundlage zu bilden. Jedes Jahr gab es auch ein Sonntagsschulfest, meist auf dem Platz, wo heute die Kirche steht. Da waren manchmal bis achtzig Kinder und fünfzig Erwachsene dabei.
In Windisch fehlte vorerst das Verständnis für unseren Wunsch nach einer eigenen Kirche. Wir hatten ursprünglich geplant, auch einen Friedhof zu bauen, denn vor allem die alten Leute hatten Mühe, den Windischer Friedhof zu erreichen, da das Postauto nicht soweit fuhr. Wir hatten auch ein Areal gegen den Lindhof hinauf vorgesehen, aber der Boden dort ist denkbar ungeeignet. Die politische Gemeinde Windisch beschloss dann eine Friedhofserweiterung, und so haben sich unsere Projekte erübrigt. Die Kirche dagegen konnte schon erstaunlich bald realisiert werden, nämlich 1978/1979. Kostenpunkt: immerhin 1,7 Millionen Franken, davon etwa zehn Prozent Spenden aus Hausen. Ich wurde Baukommissionspräsident.

Das Land gehörte zum Teil der Ortsbürgergemeinde und wurde der Kirchgemeinde für einen Fünfliber pro Quadratmeter verkauft – ein Spottpreis natürlich, auch wenn es sich um einen relativ steilen Hang handelte. Windisch hatte bei diesem Kirchenbau mitzureden, denn wir gehören ja immer noch zur Kirchgemeinde Windisch-Habsburg-Hausen und Mülligen. Die Hausener Kirche ist eine sogenannte Filialkirche.
In die Politik bin ich 1981 eingestiegen und war dann bis 1993 Grossrat. In den Kommissionen schrieb ich jeweils das Protokoll – freiwillig und in Versform. Am Schluss der Sitzung pflegte ich das vorzulesen. Ich war auch 15 Jahre lang Kantonalpräsident der Metzger, dort lernte ich natürlich auch reden.
Ich bin auch neun Jahre in der Schulpflege gewesen, 1957–1966, und ich vermisse heute in Hausen die Oberstufe. Wenn Hausen auch die Oberstufe hätte, würden mit einiger Wahrscheinlichkeit auch die Oberstufenlehrer im Dorf wohnen, und das wären Leute, die dem Dorf etwas bringen könnten. So wie das jetzt Herr Schüle macht: Er arbeitet an der Dorfchronik, und er hat manches Jahr den Gemischten Chor geleitet, und Frau Schüle hat die Bibliothek betreut.
Ob wir die Eröffnung des Migros-Ladens im Neumarkt spürten? Ich habe immer gesagt: Wenn wir in Prozenten die gleiche Umsatzsteigerung haben wie die Migros, dann bin ich zufrieden. Das konnten wir auch manches Jahr halten. Aber dann kam in Windisch ein Denner auf dem Areal neben dem Coop, der Coop Windisch und Coop Brugg-Neumarkt kam – da hatten wir Jahre, in denen der Detailumsatz nicht wachsen konnte. Aber er ist nie zurückgegangen. Wir hatten immer gutes Personal, tüchtige Fachleute mit hohen Löhnen.
Unsere Kinder mussten natürlich auch mitarbeiten. Als wir anfingen Cordonbleus anzubieten, zuerst nur am Wochenende, dann jeden Tag, da mussten die Kinder sie vorbereiten. Wir haben auch bei Wettbewerben für gute Wurstwaren mitgemacht und einige Goldmedaillen und Urkunden heimgebracht. Anfang der sechziger Jahre haben wir mit der Produktion von Tierfutter begonnen und haben bald einmal etwa 150 Kilo pro Woche verkauft. Wir nannten das Futter «Bello», unter anderem nach dem Hund in einem Globi-Buch. Und Bello wurde sehr schnell mein Übername.
In den letzten Jahren kam dann auch der Party-Service auf. Das war finanziell eine recht interessante Sache, aber ausserordentlich arbeitsintensiv. Ich habe meistens nur das Fleisch gekocht. Das Gemüse und die Salate, die

enorm zu tun geben, hat meine Frau zubereitet. Wir haben manchmal 250 bis 300 Personen bewirtet.
Am 1. Mai 1986 habe ich die Metzgerei dem Ehepaar Lüthi verkauft.

Natürlich haben wir in all den Jahren die Leute kennengelernt. Zum Beispiel den Coiffeur und Schneider Schärer. Wir waren noch nicht zwei Jahre hier, als er einmal am Abend an der Hintertür klopfte, hereinkam und erklärte: «So, jetzt wird ein Paar Hosen angemessen, Dir müesst wüsse, dass Der e Schnyder im Dorf heit.» Dann hat er mir ein Paar Hosen angemessen, solche, die hinten hinaufgeschnitten waren für Hosenträger. Und das war ein Stoff – wirklich buechigi Hose. Aber ich habe sie einige Zeit getragen. Der Stollen war damals auch noch eine richtige Beiz, eine Wirtschaft, in die man gehen konnte. Der Schwiegervater von Kläri Thut hat dort gewirtet, ihr Mann wohnte dort. Es war auch für den Rohr Heiri, den Gemeindeweibel, eine interessante Beiz, er fuhr manches Mal mit einem gelben Couvert auf dem Packträger seines Velos dort hinaus und war denn ein Weilchen weg.
Der Vater vom Wagner Ernst (Widmer) war Bauer, in dem Haus Ecke Hauptstrasse/Werkhofstrasse. Das war ein Mann, der sein Vieh vorbildlich pflegte. Er war viele Jahre Fleischschauer bei uns. Auch der Weltmeister (Fritz Rohr), den ich nicht ganz so gut gekannt habe, der konnte wunderbare Kälber mästen. Wissen Sie, bei den Kälbern und überhaupt beim Vieh kommt es sehr darauf an, wie man mit den Tieren umgeht. Man muss die Ställe kennen und man muss die Bauern kennen, dann weiss man, wo das schöne Vieh zu finden ist. Da war zum Beispiel ein Bauer in Hendschiken, wo ich einige Kunden hatte, der tätschelte seine Kühe, wenn ich dabei war, und kraulte sie hinter den Ohren, und doch hatte ich aus diesem Stall nie etwas Rechtes und wusste nicht warum. Bis ich einmal ohne das übliche Hupsignal in den Hof fuhr und hörte, wie da in diesem Stall gsirachet und gfluechet wurde. Ich habe nie mehr dort gekauft, obschon die Tiere sonst sauber und recht gehalten waren. Meist sieht man das schon von aussen: Wo Ordnung ist rund um das Haus, da funktioniert in der Regel alles gut. Das war zum Beispiel auch bei Schatzmann Walti so, der jetzt draussen im Birkenhof ist. Er – und schon sein Vater – hatte Ordnung, das Vieh wurde geputzt und gestriegelt und gepflegt. Man wusste, von dort kommt rechte Ware. Auch der Umiker Heinz, in dem Haus, in dem jetzt Dr. Frei seine Praxis hat (Hauptstrasse 40), der hatte immer wunderbares Vieh. Es gab

dann aber auch Ställe im Dorf, die dermassen stanken, dass Käthi riechen konnte, wo ich gewesen war, wenn ich zurückkam.
Käthi Hunziker: Was es sonst noch für Leute im Dorf hatte? Dahli Hans zum Beispiel, und Hüener Anni. Das war schon ein Original. Am Anfang war es mir nicht ganz geheuer um diese Frau herum, in der Stadt hatte ich natürlich nie so etwas gesehen. Aber mit der Zeit hat sich das ergeben, sie war sehr umgänglich, kam auch auf eine Tasse Kaffee herein, wenn sie etwas gebracht hatte. Aber sie hatte eine rauhe Sprache und war gekleidet wie die Ärmsten zu Gotthelfs Zeiten. Niemand wäre auf die Idee gekommen, dass sie gelernte Damenschneiderin war. Der Dahli Hans hatte auch ein Stück Land da oben neben dem Hüener Anni. Die beiden sahen sich an sich gern, aber kaum waren sie beieinander, da begannen sie schon zu streiten, so richtig z chifle.
Typisch für das Hausen von früher scheint mir jener Bauer, der seine Milch mit dem Velo in die Chäsi brachte: Er hatte wenig Vieh und brachte im Chesseli vielleicht drei bis vier Liter, und wenn er von der Hauptstrasse nach links in die Holzgasse einbiegen wollte, dann zeigte er das an, indem er die linke Hand mit dem Milchchesseli hob.
Hermann Hunziker: In wenigen Jahrzehnten hat sich unendlich viel geändert, die Bevölkerungszahl hat sich verdoppelt, ganze Quartiere sind neu entstanden. Die Entwicklung wird wohl weitergehen – aber nicht immer zum Wohl von Volk und Heimat.

1933 Erich und
1937 Margrit Müller-Senn
Cholerweg 1

Erich Müller: Wir sind 1963 nach Hausen gekommen. Aufgewachsen bin ich in Rohr, ich habe 1952 in Aarau bei der Post angefangen, war dann etwa zehn Jahre in Suhr und schliesslich noch zwei Jahre in Brugg. 1965 gab Herr Hans Schaffner, der Vater des heutigen Posthalters, den Zustelldienst auf, und ich wurde als zweiter Briefträger in Hausen gewählt. Früher hatte Herr Schaffner ganz Hausen allein versorgt, er musste sogar noch in Brugg die Post abholen.
Am Anfang brachten wir natürlich die Post noch zweimal täglich, auch am Samstag. In den Städten wurde die Post ja sogar dreimal täglich zugestellt, vor allem die NZZ, die dreimal täglich erschien, musste gebracht werden. Es ist ja eigentlich erstaunlich: Die Haushaltungen haben sich seither verdreifacht, aber der Personalbestand ist unverändert geblieben. Da haben verschiedene Faktoren mitgespielt. Das eine waren Rationalisierungsmassnahmen der Post, zum Beispiel, dass Briefkästen an der Strasse stehen müssen und ähnliches, das andere war die Abnahme des Nachnahmeverkehrs, die AHV, die man nicht mehr selber bringt, und so weiter. Durch Postcheck und Lohnkonten sind da sehr viele Aufgaben des Briefträgers weggefallen. Aber der Postverkehr hat stark zugenommen, alle diese Prospekte und Reklamen kannte man früher noch nicht. Heute werden diese Sachen teilweise durch private Organisationen verteilt. Auf der einen Seite war das für uns erfreulich, weil es weniger Arbeit gab, auf der andern Seite war das natürlich schon ein Abbau.
Den Bevölkerungszuwachs haben wir selbstverständlich gespürt. Früher hatte man noch Zeit, mit den Leuten ein paar Worte zu wechseln. Vor allem die älteren Leute, denen man die AHV brachte, waren häufig froh um ein kleines Gespräch. Das ging mit dem Briefkasten an der Strasse praktisch verloren. Zudem mussten wir uns schon anstrengen, dass wir alles erledigen konnten. Zuerst waren wir mit Velo und Anhänger unterwegs und sind schwer beladen in den Park hinaufgefahren. Jetzt sind die harten Winter ja vielleicht seltener, aber ich erinnere mich an einen Tag, an dem es richtig Glatteis hatte, da bin ich an der Unteren Parkstrasse mitsamt Velo und Anhänger in eine Garageneinfahrt hinuntergeschlittert. Es war wirklich alles gefroren, und ich hatte Mühe, den schweren Anhänger wieder auf die Strasse hinaufzubekommen. Mit der Zeit erhielten wir immerhin Töffli anstelle der Velos. Ja, und dann die vielen Treppen, zum Beispiel an der Unteren Parkstrasse oder der Münzentalstrasse. Das ging lange, bis die

Briefkästen alle unten an der Strasse waren. Es hiess ja einfach, die Briefkästen müssten an der Grundstücksgrenze gesetzt werden, und die oberen Häuser konnten nicht einfach ihre Briefkästen auf das Land des untersten Hauses stellen, da mussten alle einwilligen. Am Anfang ging das auch noch locker, als Briefträger nahm man das nicht so genau. Aber schliesslich schnitt man sich dabei selber in den Finger, denn die Direktion kritisierte alle Abweichungen, die man zugelassen hatte. Wir hatten ein mehrheitlich freundschaftliches Verhältnis mit den Leuten und wollten sie nicht verärgern, aber wir wurden von oben gemassregelt, dass wir nicht härter durchgegriffen hatten, und es wurde uns immer weniger Zeit gegeben. Ja, manchmal lief uns ein Inspektionsbeamter mit der Stoppuhr nach, und an solchen Tagen hätte man natürlich gerne möglichst viel Ware gehabt, auch Sendungen, die den Gang zur Haustür und das Läuten verlangt hätten. Es konnte dann leicht Situationen geben, in denen man das Gefühl hatte, man sei zu kurz gekommen. Nach der Stoppuhrmessung und nach Brief- und Paketzählungen wurde ein Durchschnittswert errechnet, und man erhielt eine entsprechende Zeit zugestanden.
Am Morgen musste man einfächern auf der Post, in die je nachdem fünfzig bis siebzig Fächer, jedes mit ungefähr acht Familien. Den Inhalt der Fächer stellte man dann in der Reihenfolge der Häuser ein und machte die Pakete bereit. Die Zeit wurde berechnet vom Einfächern bis zur Rückkehr von der Tour, und zwar nach einem Durchschnittswert. In den letzten zehn bis 15 Jahren haben private Paketlieferdienste und das Aufkommen des Fax der Post einigen Rückgang gebracht.
Es war natürlich auch sonst noch einiges anders in Hausen, als wir hier einzogen. Die Häuser an der Unteren Parkstrasse waren gerade im Bau. Sie haben die Versicherungsnummern um 300 und wurden praktisch gleichzeitig wie unseres gebaut, das die Versicherungsnummer 316 erhalten hat. Ja, diese Nummern wusste ich alle auswendig, denn statt Hausnummern waren die Versicherungsnummern gültig.
Margrit Müller: Nein, das Haus mit der Versicherungsnummer 1 steht nicht mehr, das war das Haus des Schatzmann Fritz an der Oberen Holzgasse, wo jetzt die Mehrfamilienhäuser stehen. Wir hatten da vorn in der Ecke an der Holzgasse, wo ich aufgewachsen bin (Holzgasse 20), die Nummer 4, und das Elternhaus vom Gärtner Umiker uns gegenüber hatte die Nummer 81. Das ist auch abgerissen. Es stand neben dem Haus von Frauchigers und dem dritten, das direkt am Joggi-Rank war. Diese Häuser sind aus verkehrstech-

nischen Gründen abgerissen worden. An der Holzgasse selbst hat sich sonst eigentlich nicht sehr viel verändert, vom Metzger bis zur Brücke ist fast alles mehr oder weniger gleich geblieben.
Das Haus an der Holzgasse, in dem ich aufgewachsen bin, war das Elternhaus meiner Mutter, Marie Senn-Brändli (1907–1995). Mein Vater Karl Senn (1903–1990) wuchs im Hubeli-Senn-Haus an der Hauptstrasse auf. Das Haus stand vis-à-vis von der alten Metzgerei und wurde abgerissen, als die Strasse verbreitert und der Huser Hof gebaut wurde. Nein, unsere Familie Senn war mit dem Schuhmacher Senn nicht verwandt, auch nicht mit der Familie von Willi Senn. Auch bei den Brändli gab es mehrere Familien, die einander nichts angingen.
Erich Müller: Eine markante Persönlichkeit war natürlich der Rohr Heiri, der Polizist und Schulhausabwart. Er war Oberturner und eine führende Kraft im Turnverein. Man könnte sagen, er war früher der wichtigste Mann im Dorf. Und wichtig war natürlich das Baugeschäft Stocker, vorher Baugeschäft und Zimmerei Nussbaum. Stocker hat das ganze Quartier im Park gebaut und ist ja auch heute noch am Bauen dort oben. Er ist 1959 in Hausen eingestiegen und hat das Ganze recht eigentlich aktualisiert.
Es wird überall intensiv gebaut. Das Münzental, das auch zu meiner Tour gehörte, hat in den letzten Jahren erheblich angehängt. Ich habe dort die Stufen gezählt: 42 Stufen bis zum obersten Haus hinauf!
Margrit Müller: Und der Verkehr ist für uns wirklich schlimm. Was für die Hauptstrasse eine Entlastung war, hat mit der Umfahrungsstrasse für uns eine unerträgliche Belastung gebracht. Unseren Gartensitzplatz können wir zwar wieder benutzen, seit er eingeglast worden ist, aber im Sommer draussen sitzen, das ist nicht mehr möglich. Wenn die Züge vorbeifahren, klirren die Gläser im Schrank, wir hatten auch schon Scherben deswegen. Am Anfang wurde einmal eine Kontrolle durchgeführt: Sie stellten ein Glas voll Wasser auf den Gartentisch – das Wasser ist übergeschwappt von der Vibration der Züge.
Früher, als Kinder, hatten wir noch Freude, wenn ein Zug durchfuhr, wir liefen auf die Brücke und schauten ihm nach.
Erich Müller: Ich erinnere mich noch an die Haltestelle Hausen, bei der Reichhold draussen. Der letzte Passagier, der diese Haltestelle benützte, war ein Chemiker der Reichhold. Nur selten stiegen Leute aus Hausen dort in den Zug. Es war natürlich Halt auf Verlangen. Anfang der siebziger Jahre ist die Haltestelle aufgehoben worden.

1934 Irene Specht-Maraggia
Hochrütistrasse 11

Ich bin von Windisch her nach Hausen gekommen. Wir wohnten acht Jahre in Windisch in einer Wohnung, bis die Kinder etwas älter waren und wir mehr Platz brauchten. Wir suchten etwas in der Region Brugg und wählten schliesslich Hausen, wobei wir vor allem an die Schulen dachten: Von Hausen aus war ein Schulbesuch in Brugg oder noch weiter problemlos möglich, die Verbindungen waren schon damals gut. Man musste mit dem Velo nach Brugg fahren, das war klar, das Postauto fuhr noch nicht mit so vielen Kursen. 1965 sind wir hier eingezogen.
Hausen hatte damals vielleicht etwa 1500 Einwohner. Unser Haus hat die Assekuranznummer 326, und heute sind es ja über 600 Häuser. Wohnblöcke gab es noch kaum, die Mehrfamilienhäuser im Unterdorf zum Beispiel kamen erst später. Das Gebiet Hochrütistrasse war so etwas wie eine zweite Ausbauphase, die erste war die Untere Parkstrasse gewesen. Das waren die ersten Häuser, die Stocker hier gebaut hatte. Er baute dann weiter, und wir entschieden uns schliesslich für dieses Haus an der heutigen Hochrütistrasse – damals lautete die Adresse einfach «Im Park 326».
Das Dorf bot eigentlich damals, als es noch kleiner war, mehr Infrastruktur als heute. So hatte zum Beispiel der Beck Widmer noch eine Ablage der Chemischen Reinigung, man konnte die Sachen also im Dorf bringen. Dann standen hinter der Bäckerei, im alten Haus gegenüber der Holzgasse-Einmündung in die Hauptstrasse, in einem Anbau Waschmaschinen, die man mieten konnte, denn es hatten längst noch nicht alle eine eigene Waschmaschine daheim. Dort gab es auch eine Dörranlage und Tiefkühlfächer. Das war alles an die Bäckerei Widmer angeschlossen. Dann kam der Umbau, das Haus musste weg, die Strasse wurde verbreitert, und etwas weiter oben wurde der Huser Hof gebaut – mit einem Café. Ein Café hatte es bis dahin nicht gegeben im Dorf. An der Hauptstrasse hatten verschiedene ältere Bauernhäuser gestanden, es war eine ganz andere Bevölkerung gewesen. Dann wurden die neuen Häuschen gebaut, die modern eingerichtet waren, und die Leute brauchten die Zentrale mit den Waschmaschinen und den Gefrierfächern nicht mehr. Früchte hatte man regelmässig gedörrt, solange man eigene Obstbäume hatte, vor allem die Apfelschnitze – die kamen dann eben in die Znünisäckli. Später hat man die Früchte eher eingemacht und tiefgefroren.
Was gab es noch an Läden, als wir nach Hausen kamen: Die Metzgerei, damals noch Hunziker, war dort, wo jetzt der Blumenladen der Frau

Leuenberger-Umiker ist. Das Haus mit der heutigen Metzgerei wurde später angebaut. Ursprünglich war das ein kleines Lädeli, und Frau Leuenberger hat ja letztes Jahr auch umgebaut und vergrössert. Einen Blumenladen gab es schon, den Umiker hinten an der Holzgasse (westlich des Bahneinschnitts). Das Haus steht nicht mehr. An der Holzgasse befand sich natürlich auch die Käserei, die Jordis führten, sie hatten damals schon ein breiteres Lebensmittelsortiment. Vis-à-vis von der Käserei stand die Post (Holzgasse 5), und auf der andern Seite der Hauptstrasse war der Beck Widmer, dort, wo jetzt die Geissen sind. Das Haus ragte in die Strasse hinein, die noch nicht so breit war wie heute. Neben der Bäckerei war der Laden von Frau Berner. Sie war die «Hoffotografin» von Hausen. Es ging zwei Stufen hinunter in ihr Lädeli, und im Schaufenster waren jeweils die Fotos vom Jugendfest ausgestellt. Das Gemüselädeli von Frau Graf, die vor Frau Berner dort war, habe ich nicht mehr erlebt. Frau Berner hat später noch bei Jordi an der Kasse gearbeitet. Ja, und dann gab es noch einen Volg, und als der Huser Hof mit dem Café gebaut war, hatte es dort für kurze Zeit einmal einen Mon Amigo-Laden und später eine ziemlich rasch wechselnde Folge von Geschäften: einen Modeladen, einen Herrencoiffeur, eine Versicherung und schliesslich das Reisebüro von Herrn Attiger, der nachher gegenüber ins Huser Forum zügelte.
Die Kindergartenkommission? Sie ist eine Kommission der Schulpflege, ebenso wie die Arbeitsschulkommission. Die Kindergartenkommission stand in einem gewissen Zusammenhang mit dem Frauen- und Hauspflegeverein, der heutigen Spitex, denn der Hauspflegeverein hatte einmal einen Basar zugunsten eines Kindergartens organisiert und hatte seither ein Mitspracherecht bei der Zusammensetzung der Kindergartenkommission. Das heisst, der Hauspflegeverein durfte einen Vorschlag machen, über den die Schulpflege dann entschied. Der Kindergarten war damals noch im oberen Stock des heutigen Gemeindehauses. Daneben, wo heute das Meyerschulhaus steht, war noch das alte Meyer-Haus. Darin wohnte im ersten Stock der Polizist, der Rohr Heiri, und unten drin war die zweite Kindergartenabteilung. Das Gemeindehaus wurde dann renoviert, umgebaut und ausschliesslich von der Gemeindeverwaltung genutzt, und der Kindergarten wurde zuerst auch in das Meyer-Haus, später dann, als das neue Meyerschulhaus gebaut wurde, in das Lindhofschulhaus verlegt. Wir hatten in der Kommission damals schon an einen Kindergartenneubau gedacht, aber es gab noch genügend ungenutzten Schulraum.

Verkehrslotsendienst der Schüler, um 1956. Fussgängerstreifen zwischen Rössli und alter Bäckerei Widmer. Rechts im Mittelgrund die Metzgerei Hunziker, dahinter ist das vorkragende Dach des Amme Schnyder-Hauses sichtbar. Links: Die Velos stehen vor Schaufenster und Eingang der Bonneterie Gloor-Widmer. Im Hintergrund das Hubeli-Senn-Haus (heute: Huser Hof). Foto L. Berner.

In diesen Kommissionen waren nur Frauen, aber in der Schulpflege waren Männer, das mussten Väter von Schülern sein. Die Kommission – ich war zehn Jahre dabei – war Ansprechpartner sowohl für die Kindergärtnerinnen als auch für die Eltern, wenn sich auf der einen oder andern Seite Schwierigkeiten zeigten. Ich erinnere mich zum Beispiel an ein Gespräch mit Eltern, deren Kind unbedingt ein zweites Kindergartenjahr gebraucht hätte, weil es noch nicht schulreif war. Die Eltern liessen sich aber nicht von ihrem Standpunkt abbringen, dass das Kind in die Schule müsse, damit es früher aus der Schule komme und arbeiten könne. Wenn ein behindertes Kind im Kindergarten war, musste man sich darum kümmern, was nach dem Kindergarten mit ihm geschehen solle.
Die reformierte Kirche in Hausen gab es in unsern Anfängen hier noch nicht. Der reformierte Religionsunterricht wurde von der Schule aus erteilt, für die Katholiken kam der Pfarrer oder Vikar – Katecheten hatte man noch nicht – nach Hausen zum Unterricht. Für den Kirchgang gab es

in den sechziger Jahren wenigstens für die Reformierten einen Autodienst, der die Leute nach Windisch zur Kirche brachte. Die Katholiken mussten vor dem Bau der katholischen Kirche Windisch nach Brugg.
Ich hatte eigentlich wenig Kontakt mit Pfarrern. Auch im Frauen- und Hauspflegeverein war das Kirchliche Nebensache. Wenn die Pflegerinnen in einer Familie Probleme bemerkten, konnten sie das dem Vorstand melden, der ja unter Schweigepflicht stand, aber gegebenenfalls den Pfarrern einen Wink geben konnte. Das ging immer alles sehr diskret.
Etwa 1965 wurde ich in den Vorstand der Hauspflege gewählt. Der Hauspflegeverein beschränkte sich am Anfang auf Hausen, später schloss man sich mit den Habsburgern zusammen. Windisch hat sich mit Mülligen zusammen organisiert. Ich habe von Anfang an in der Hauspflege mitgemacht, weil ich das für eine sehr sinnvolle Sache hielt. Im Notfall hätte man eine Pflegerin viel günstiger bekommen, und da ich hier keine Verwandten hatte, war mir das schon der Kinder wegen wichtig. Mein Einsatz für die Hauspflege? Ich war Kassierin, 19 Jahre lang. Ich berechnete die Löhne, zuerst für eine, dann für zwei und mehr Angestellte. Zuerst hatten wir eine Vollzeitangestellte, dann gab es immer mehr Teilzeiteinsätze. Ich erhielt die Rapporte, wo und wie lange gepflegt worden war, und musste die entsprechenden Rechnungen schreiben – und die Zahlungen kontrollieren. Dann hatte ich auch die Mitgliederbeiträge einzutragen und wenn nötig zu mahnen. Das alles war phasenweise, besonders gegen Monatsende, recht arbeitsintensiv. Solange nur eine Pflegerin da war, machte das weniger aus als später, als mehrere Pflegerinnen und mehr, aber kürzere Einsätze abzurechnen waren. Früher wurde eher halbtagsweise gepflegt, und die Pflegerin wurde auch dort verköstigt, dann machte man immer mehr stundenweise Einsätze und konnte deshalb mehr Pflegefamilien berücksichtigen. Am Anfang verrechneten wir auch für alle den gleichen Stundenansatz. Der war aber mit der Zeit eindeutig zu tief, auch wenn die Gemeinde immer einen Zuschuss gab. Wir mussten einen neuen Tarif einführen, der sich nach dem Steuertarif richtete. Wenn eine Familie zum ersten Mal Pflegehilfe bekam, musste ich auf dem Steueramt der Gemeinde nach fragen, und Herr Frei sagte mir dann, in welche Kategorie diese Familie gehörte. Später konnten diese Rechnungen an die Versicherungen weitergegeben werden, das bedingte aber, dass ihre ganze Aufstellung schon sehr «offiziell» war. Wir hatten damals wohl etwas über hundert Mitglieder. Ich hatte ein Heft, in dem die Mitglieder alphabetisch geordnet aufgelistet waren, darin wurde der Beitrag

für jedes Jahr – natürlich von Hand – vermerkt. Frau Lutz, die vor mir Kassierin des Hauspflegevereins gewesen war, hatte auch die Rechnungen noch von Hand geschrieben. Ich machte das dann bereits mit der Schreibmaschine.
Die Aufgabenhilfe? Das habe ich selber aufgezogen, das gab es vorher nicht. Bei einem Examensessen kam einmal das Problem der Italienerkinder zur Sprache, die Hilfe brauchten, und ich erklärte mich bereit, mich da zu engagieren. Mit der Schulpflege war das rasch geklärt, ich wollte es quasi auf privater Basis machen. Die Lehrer sagten mir, welche Kinder Hilfe nötig hatten, und diese Kinder kamen zu mir nach Hause und machten ihre Aufgaben hier. Ich hatte nur etwa drei, die richtige Deutschstunden brauchten. Ich verlangte pro Aufgabennachmittag Fr. 1.50, einen symbolischen Beitrag. Aber ich war ja ohnehin zu Hause und konnte mit den Kindern noch ein wenig schüelerle. Das habe ich von 1972 bis 1978 gemacht. Für die Deutschstunden an die zwei Grösseren brauchte es die Bewilligung des ED, denn ich hatte ja keine Lehrerausbildung. Ich wurde dann aber doch für gut genug befunden, um diese Stunden geben zu dürfen. Nachher, als ich wieder berufstätig war, haben andere die Aufgabenhilfe übernommen und haben das – etwas offizieller und weniger privat – im Schulhaus vorne gemacht.
Bei der Reichhold habe ich 1978 angefangen. Gerade in diesem Jahr hatten sie einen Tag der offenen Türen, aus Anlass des 40-Jahr-Jubiläums der Reichhold Chemie. Wir sahen uns dort etwas um, und als sie dann eine Stelle ausschrieben, bewarb ich mich und wurde angestellt. Ich kann nicht sagen, wie viele Leute von Hausen dort gearbeitet haben, wir hatten jedenfalls auch viele Mitarbeiter von auswärts, sogar von Zürich. Wenn die Reichhold je ein wichtiger Faktor im Dorfleben von Hausen war, dann muss das vor meiner Zeit gewesen sein. In den Häuschen in der Umgebung der Fabrik wohnten meist Mitarbeiter der Reichhold, auch das Mehrfamilienhaus, das gegenüber allein am Hang steht, war vorwiegend von Reichhold-Angestellten bewohnt.
Die Reichhold stand am äussersten Dorfrand, genau genommen eben nicht mehr auf Hausener Boden. Aber schon die Überbauung im Park war ja eigentlich an der Peripherie – das Dorf im engeren Sinn gruppierte sich um die Holzgasse und an der Hauptstrasse weiter unten, gegen die heutige Ruwisa, wo die alten Bauernhäuser standen.

1937 Erich und
1937 Martha Spiess-Hadorn
Nelkenstrasse 11

Erich Spiess: Wir sind 1977 von Schlieren nach Hausen gezügelt. Hausen war mir zu dieser Zeit nicht mehr unbekannt, denn ich arbeitete schon seit 1969 bei der Reichhold Chemie. Einen besonderen Eindruck hatte mir das Dorf damals eigentlich nicht gemacht. Vor 1977 kannte ich fast nur Leute, die ebenfalls bei der Reichhold arbeiteten, vielleicht ging man auch das eine oder andere Mal ins Rössli, aber sonst gab es wenig Kontakte. Nach 1977 änderte das. Wir wurden sehr rasch in das Dorf integriert. Wir traten einer Partei bei und machten bald auch beim Gemischten Chor mit. Früher hatte ich das Vereinswesen gar nicht gesucht, wir hatten in Schlieren nach 17 Jahren nur knapp die Leute im engeren Quartier gekannt. So gesehen war der Unterschied von Schlieren nach Hausen für uns sehr gross.
Martha Spiess: Für mich wurde die Umstellung von Schlieren nach Hausen vor allem im Zusammenhang mit der Schule spürbar. Das völlig andere Schulsystem im Aargau und auch die Unterschiede im kirchlichen Schulungsprogramm stellten uns und die Kinder schon vor einige Probleme. Aber im Dorf waren wir sofort daheim. Ich trat gleich in den Samariterverein ein, dazu kam der Gemischte Chor, und schon bald folgten die politischen Ämter. Das ist natürlich schöner als damals in Schlieren: Man kennt viele Leute und hat dadurch das Gefühl, daheim zu sein. Am Anfang hatten wir eigentlich die städtische Anonymität in Schlieren geschätzt, nachdem wir beide in einem kleineren Ort aufgewachsen waren. Heute sehen wir wieder mehr die Vorteile eines kleinen Ortes. Unsere Söhne haben allerdings keine tiefere Beziehung zu Hausen aufbauen können, denn der Ältere besuchte weiterhin in Zürich das Gymnasium – er machte aber immerhin einige Jahre in Hausen in der Musik mit –, und der Jüngere wurde in Windisch einer Bez-Klasse mit Schülern von Birr zugeteilt, weil sie kleiner war als die Hausener Klasse.
Hier im Blumenstrassenquartier, in der Soorematt, ist der Zusammenhalt zwischen den Bewohnern vielleicht nicht so eng. Man kennt natürlich die Leute an der eigenen Strasse, aber die an der nächsten Strasse sind einem schon nicht mehr unbedingt bekannt. Man kennt sich eher von Vereinen, zum Beispiel auch vom Tennisklub in Brugg.
Erich Spiess: Ja, ich bin schon bald in der Politik aktiv geworden. Wichtige Etappen und Geschäfte, die in meine Zeit im Gemeinderat (1982–1994) fielen? Die Autobahn war natürlich schon lange ein Thema, schon als ich

noch bei der Reichhold war. Damals lagen Pläne vor mit einer völlig anderen Linienführung: Die Autobahn sollte dem Eitenberg entlang, zwischen der Reichhold und dem Dorf hindurch Richtung Stocker und dort in einem Tunnel durch den Berg geführt werden. Nach dem Tunnel war eine Hochbrücke über das Aaretal gegen den Bözberg hinauf geplant. In der Reichhold mussten wir immer Rücksicht nehmen auf diesen Plan. Das Bauernhaus vis-à-vis von der Reichhold wurde wegen diesem Autobahnprojekt schon vor Jahrzehnten vom Staat gekauft, und Schatzmanns wurden ausgesiedelt in das Birrfeld. Die Autobahn ist ja schliesslich ganz anders realisiert worden, aber es war eine sehr wichtige Sache. Man musste ständig am Ball sein und darauf achten, dass keine Situation verpasst wurde, in der man sich für die Interessen des Dorfes hätte wehren müssen. Auf jeden Fall war man mit einer Umfahrung immer einverstanden, denn der Verkehr mitten durch das Dorf war doch zu einer grossen Belastung geworden. Die heutige Linienführung mit dem Zubringer ist für das Dorf als Ganzes auf jeden Fall besser als eine Autobahn, die alles längs durchschnitten hätte.
Viel Diskussionsstoff bot auch immer die Planung der Baugebiete. Ich war ab 1982 im Gemeinderat, und da war die Anpassung der Bauzonen ein ständiges Thema. Anpassen hiess in dieser Zeit nicht ausdehnen, sondern verkleinern. Der bestehende Plan war Mitte der siebziger Jahre genehmigt worden und war recht grosszügig. Er enthielt aber viele noch nicht erschlossene Gebiete in der zweiten Etappe. Da stellte sich immer wieder die Frage: Soll man Erschliessungen planen oder zurückzonen. Das neue Raumplanungsgesetz setzte dann einen verbindlichen Massstab, und man musste zurückzonen. Gebiete der zweiten Etappe, die in den nächsten 15 Jahren nicht erschlossen würden, musste man auszonen. Das verursachte natürlich Diskussionen, die durch die zwölf Jahre, die ich im Gemeinderat war, andauerten. In meiner zweiten Amtsperiode als Gemeindeammann ging der Plan schliesslich, genehmigt von der Gemeindeversammlung und vom Kanton, über die Bühne, und wir konnten in der Sonnhalde und im Stück draussen mit Bauen beginnen. Damals berechneten wir im neuen Zonenplan Raum für 2800 Einwohner – heute sind wir schon bei 2500. 1977, als wir nach Hausen kamen, waren es 1600.
Martha Spiess: Ich habe mich in dieser Zeit mit andern Aufgaben beschäftigt. Frau Katrin Späti, damals Präsidentin des Hauspflegevereins, fragte mich, ob ich als Vermittlerin für die Hauspflege, die heutige Spitex, arbeiten würde. Ich sagte zu und machte diese Arbeit dann sieben Jahre lang.

Aufgabe der Vermittlerin ist es, Anfragen entgegenzunehmen und zu disponieren, wer in welchem Haushalt als Pflegerin eingesetzt werden könnte. Das war recht abeitsintensiv, aber man lernte das Dorf sehr gut kennen dabei. Früher hatten wir weniger Einsätze von Krankenschwestern, es ging mehr um Hilfe im Haushalt für eine Person, die aus dem Spital entlassen worden war. Heute, seit das die Spitex-Organisation ist, werden viele Patienten schon vom Spital aus der Spitex zugewiesen, und die Spitex-Schwester klärt mit dem Spital ab, welche Pflege daheim überhaupt möglich ist. Dementsprechend zahlt auch die Krankenkasse, während die Hauspflege früher von den Beiträgen der Mitglieder, von der Gemeinde, von Gönnerbeiträgen und kirchlichen Zuschüssen getragen wurde. Damals organisierten wir alles mögliche, um zu Geld zu kommen: Kuchennachmittage, Kleiderbörsen, Adventskränze verkaufen. Die Adventskränze waren zwar aufwendig zum Basteln, brachten aber am meisten Geld ein. Altersnachmittage wurden auch organisiert, und zwar zweimal im Winter in der Turnhalle. Da bot man ein kleines Unterhaltungsprogramm, Kaffee und Kuchen. Wenn die Gemeinde einen Anlass mit Hausen im Wiesental plante, pflegten wir von der Hauspflege mitzumachen: Das eine Jahr fand der Altersnachmittag im Wiesental statt, das andere Jahr lud man die Wiesentaler hierher ein.

Erich Spiess: Wie meine Situation war im Spannungsfeld zwischen Reichhold und Gemeinde? In den ersten Jahren ging das gut. Ich war der Meinung, dass die Reichhold das Notwendige tat, um die Auflagen zu erfüllen. Es war natürlich in keiner Art und Weise so, dass da heimlich giftiges Material vergraben oder sonst entsorgt worden wäre, wie Gerüchte das manchmal behaupteten. In den vierziger und fünfziger Jahren konnten durchaus schadstoffhaltige Materialien in relativ offene Deponien gebracht werden, aber das geschah nicht heimlich, sondern war in diesem Rahmen üblich und von den Behörden gestattet. In dieser Zeit war eigentlich das Verhältnis zwischen der Leitung der Reichhold und der Gemeinde gut. Es gab zwar immer wieder Fehlmanipulationen, durch die Emissionen in die Luft oder in den Süssbach gerieten, aber das waren Ausnahmen. Eine Verschlechterung trat 1984 mit einem Wechsel in der obersten Leitung der Reichhold ein. Ich war damals Gemeindeammann, und da ich nicht mehr unbedingtes Vertrauen in die Reichhold-Leitung haben konnte, wurde die Situation für mich ausgesprochen schwierig. Es gab natürlich auch Veränderungen in der Produktion im Laufe der Zeit, und die Dispersion,

Die Stadtpolizei Brugg wird auch in Hausen Nachtpatrouille fahren. 1.v.r.: Gemeindepolizist Paul Werder, im Amt 1979–1999; 4.v.r.: Gemeindeammann Max Härdi; 5.v.r.: Werner Friedli, Chef Stadtpolizei Brugg. Foto Februar 1999, A. Dietiker.

die in den siebziger Jahren produziert wurde, verursachte eindeutig ein Geruchsproblem im Dorf, besonders wenn es neblig war und der Geruch hängenblieb. Seit dem Krieg hatte es immer wieder Probleme dieser Art gegeben.

Die Arbeitskräfte in der Reichhold kamen aus dem ganzen Birrfeld, früher auch von weiter her. Die SBB-Haltestelle Chemie-Hausen war eindeutig für die Arbeiter der Fabrik bestimmt gewesen, nicht für das Dorf. Der letzte Passagier und Benutzer dieser Haltestelle war der alte Dr. Moser, ein Chemiker, der 1969 so um 75jährig gewesen sein mag und als Pensionierter noch einige Stunden am Tag in der Reichhold arbeitete.

Das Dorfbild und die Erhaltungsmöglichkeiten der alten Häuser sind ein schwieriger Fragenkomplex. An der Holzgasse gibt es noch wirklich alte Häuser, die einen Eindruck vom früheren Dorf geben könnten, zum Beispiel das Dahli-Haus. Aber die Frage ist, was man mit solchen Häusern machen könnte. An andern Häusern ist schon sehr viel verändert worden.

Sehr schön sind natürlich die gut erhaltenen Häuser von Schaffners am Geerenweg und von Anglikers (Hauptstrasse 52).
Die Kirche stand noch nicht, als wir nach Hausen kamen, die politische Gemeinde war bei diesem Bau nicht beteiligt. Das war rein private Initiative. Ja, Hermann Hunziker war da die treibende Kraft. Die letzten Abklärungen zur Anlage eines Friedhofs an der Lindhofstrasse waren noch zu meiner Amtszeit erfolgt, und da sich zeigte, dass nur Urnenbestattungen möglich wären, liess man das Projekt fallen. Jetzt ist das Areal ausgezont.
Ja, Hausen verfügt über einige Eigenständigkeit und einiges Selbstbewusstsein, trotz seiner Unauffälligkeit und trotz seiner Zwischenstellung zwischen Brugg-Windisch und Birrfeld. Ich denke aber, dass eine ähnliche Haltung bei vielen Dörfern im Aargau zu finden ist. Vielleicht eher als im Kanton Zürich, wo die Verstädterung und der Sog der Stadt Zürich ungleich stärker sind als im Aargau, wo ein so gewichtiges Ballungszentrum fehlt.
Martha Spiess: Vielleicht spielt dabei eine Rolle, dass sowohl Brugg als auch Windisch ein Eigenleben führen. Wenn diese beiden verschmolzen wären, würde Hausen vielleicht auch in einen Sog geraten. Wir sind ja zum Beispiel beim Altersheim in Brugg angeschlossen und waren dort auch mit einem kleinen Beitrag am Bau beteiligt. Das Altersheim Windisch dagegen wurde etwas später und unabhängig von Brugg gebaut. Hausen wäre auch mit Habsburg zusammen zu klein gewesen für ein eigenes Altersheim, besonders heute, wo das duchschnittliche Eintrittsalter ins Altersheim dank Spitex auf achtzig Jahre gestiegen ist.
Erich Spiess: Ich denke, die Selbständigkeit Hausens geht sehr stark von den Vereinen und von den alteingesessenen Familien aus. Teilweise mag das beides auch miteinander verwoben sein. Aber wenn die Vereine schwächer würden und auseinanderzufallen drohten, dann würde die Situation für das Dorf schwieriger.

1938 Valentine Vögeli
Untere Parkstrasse 13

Ich bin in Wohlen geboren und habe bis zur Konfirmation auch dort gelebt. Das KV habe ich in Brugg gemacht, die weitere Ausbildung in Zürich. Erst nach einer Zwischenstation in Windisch bin ich nach Hausen gekommen. Am 15. Mai 1961 bin ich in die Firma Stocker eingetreten – 2001 hätte ich also mein 40-Jahr-Jubiläum. Das wird aber nicht ganz so weit kommen, denn ich werde vorher pensioniert. Wie ich zu Stocker kam? Ich machte in einem Treuhandbüro in Windisch die Lehre. Dieses Treuhandbüro besorgte die Buchhaltung der Firma Nussbaum & Sohn, die ja die Vorgängerin der Firma Stocker war. Eines Tages kam Herr Josef Stocker von Zürich, interessierte sich für die Firma Nussbaum, die zum Kauf ausgeschrieben war, und mein Lehrmeister und späterer Chef – ich habe nach der Lehre dort weitergearbeitet – verkaufte ihm dieses Geschäft. Schon vor 1961 hatte ich von diesem Treuhandbüro aus für Stocker die Buchhaltung geführt, und in diesem Zusammenhang kam ich ab und zu von Windisch nach Hausen zum Buchen. Und damals kam ich natürlich zu Fuss über das Feld, denn ich hatte noch kein Auto, und das Postauto gab es auch noch nicht. Als Herr Stocker das erste Mal nach Hausen fuhr, wusste er kaum recht, wo das liegt. Jedenfalls hatte er vorher überhaupt keine Beziehung zum Aargau und von Hausen noch nie etwas gehört.

1961 trat ich in die Firma Stocker ein, 1962 lagen schon die Pläne für das neue Gewerbehaus vor. Es ging fast explosionsartig. Herr Stocker war aber auch ein ungeheuer dynamischer Typ, ein Draufgänger. Er hatte Jahrgang 1930. Schon als sehr junger Mann hatte er in Brasilien auf eigene Rechnung gearbeitet, und als er 1959 das Geschäft in Hausen kaufte, war er 29. Für ihn gab es das Wort «unmöglich» überhaupt nicht. Das galt auch für meine Schreibarbeiten. Am Anfang kam es ab und zu vor, dass man prozessieren musste, sei es, weil man mit schlechten Handwerkern gearbeitet hatte, oder wenn es um eine Zahlung ging. Bei diesen Prozessen wurde alles in eigener Regie gemacht, man brauchte keinen Anwalt. Klageschrift, Replik, Duplik, das wurde alles selber gemacht. Ich erinnere mich an 110seitige Schreiben – die ich allerdings auch mit sehr grossen Zeilenabständen zu schreiben pflegte, wie die Anwälte das machten, nur schon, damit eine Seite schneller noch einmal geschrieben war, wenn es einen Fehler darauf haben sollte. Man hatte noch keinen PC, der das Fehlerkorrigieren so leicht macht! Wenn Herr Stocker einmal etwas gehört

hatte, dann blieb ihm das, und wenn er einmal eine Klageschrift von einem Anwalt gelesen hatte, dann konnte er das auch. Ich erinnere mich an einen Zürcher Anwalt, der sich einmal an das Gericht in Brugg wandte, er wünsche den Namen des Anwalts zu erfahren, der die Retourschrift, die er von uns erhalten habe, verfasst habe. Es sei nicht statthaft, ein vom Anwalt verfasstes Schreiben als selbstverfasst auszugeben. Ich war damals recht stolz darauf, dass ich zu dieser indirekten Anerkennung beigetragen hatte, denn die Endformulierungen lagen natürlich an mir. Es kam mir dabei zugute, dass ich einmal in einem Anwaltsbüro gearbeitet hatte – wenn auch nicht lang. Aber eben, wenn so etwas war, dann musste das geschrieben werden, und wenn es darüber drei Uhr am Morgen wurde. Ich kann mich an ein einziges Mal erinnern, dass ich sagte: Das geht zeitlich nicht, das ist unmöglich in dieser Frist. Worauf seine Antwort nur war: Der Tag hat ja auch noch eine Nacht. Das war seine Devise: Es gibt nichts, was nicht möglich ist. Ja, sicher war das eine enorm fordernde Aufgabe für mich, und manchmal hatten wir alle das Gefühl, er verlange unmenschlich viel von uns. Er ging auf die Baustellen, und er konnte die Leute motivieren. Er machte sie auch ab und zu verrückt, weil er zuviel forderte, aber wir wären wohl alle für ihn durchs Feuer gegangen. Seit er nicht mehr da ist (er starb 1985), sagen vor allem die Poliere noch heute manchmal, er fehle uns.
Herr Stocker war ein begeisterter Flieger, er hatte sein Brevet im Birrfeld erworben. Besonders stolz war er auf einen erfolgreich bestandenen Gletscherlandekurs. Er besass eine eigene Cessna, die er oft Herrn Moritz Suter, damals noch Pilot bei der Swissair, heute Chef der Crossair, auslehnte. Als Herr Stocker aus gesundheitlichen Gründen die Fliegerei aufgab, verkaufte er seine Cessna Moritz Suter, der damit seine eigene Fluggesellschaft gründete und eben mit dieser Cessna persönlich die ersten Crossair-Flüge – damals noch «Business Flyers» genannt – gemacht hat.
Herr Stocker hat systematisch das Geld investiert und Land gekauft, zum Teil sehr lange, bevor es zu einer Überbauung kam. Das Land, auf dem die Überbauung Süessmatt erstellt wird, haben wir sicher schon dreissig Jahre. Dieses Land galt als Reserve und wurde in der Hochkonjunktur nicht überbaut, denn wir hatten damals genügend andere Projekte. Vor allem im Kanton Zürich beschäftigten uns grosse Überbauungen zum Teil für mehrere Jahre. Von wem das Land hier, später «Im Park» genannt, gekauft worden war? Das Land an der Unteren Parkstrasse wurde zusammen mit Herrn Baer von Lenzburg gekauft. Er hatte eine Fensterfabrik in Lenzburg und wohnte

auch dort. Das Haus, das er für sich selber hier bezog (Untere Parkstrasse 7), benutzte er lange nur als Ferienhaus. In den Kaufverträgen der Häuser «Im Park» sind als Verkäufer eine Einfache Gesellschaft, bestehend aus Stocker und Baer, aufgeführt. Weitere Liegenschaften in Hausen wurden in den ersten Jahren durch die Einfache Gesellschaft Stocker und Graf gebaut.
Am 10. August 1963 wurde mit einem riesigen Dorffest das neue Werkgebäude eingeweiht und gleichzeitig die erste Etappe der Überbauung «Im Park» gefeiert. Das Werkgebäude wurde damals schon sehr weitsichtig geplant: Das ganze Areal, Werkgebäude und Werkhofplatz, ist doppelt unterkellert worden. In der Hochkonjunktur hatten wir lange die Untergeschosse an Möbel-Pfister vermietet. Heute sind verschiedene Mieter drin. Oben wurde Platz für Wohnraum gebaut. Heute hätten etwa sechzig Leute Raum zum Schlafen im Obergeschoss. Damals waren es mehr, denn die Büros im ersten Stock brauchten noch nicht so viel Platz, und es gab im ersten und zweiten Stock Fremdarbeiterzimmer. Am Anfang hatten wir ja unglaublich viele Leute, und die wohnten auch fast alle hier. Wir hatten Jahre, in denen wir über 380 Leute «umgesetzt» haben.
Diese Einweihung wurde zu einem legendären Dorffest, von dem die Älteren heute noch sprechen. Da war praktisch ganz Hausen bei uns auf dem Gelände, es blieb kaum jemand daheim. Das Fest dauerte bis in den Morgen, und am andern Tag wirkte das Dorf völlig ausgestorben, weil alle ausschlafen mussten. (Redaktor Dr. L. Bader schrieb im «Brugger Tagblatt» vom 12. August 1963 über dieses Fest einen Artikel, der zur begeisterten Hymne auf den Gastgeber Josef Stocker und seine Verdienste um Hausen geriet.)
Am 23. Februar 1959 begann die Firma Stocker mit vier Mann. Am 25. Februar 1959 kam auch Widmer Ernst, der nachher über dreissig Jahre bei der Gemeinde im Bauamt gearbeitet hat. Ein Widmer Hans hat schon am 23. Februar 1959 bei Stocker angefangen, und dann war noch ein Schaffner Adolf, Maurerpolier, mit Jahrgang 1897. Diesem Schaffner hatte das Geschäft gehört, bevor Herr Nussbaum es übernommen hatte.
Glücklicherweise habe ich die alten Lohnblätter in einem Separatschrank eingeschlossen, so dass sie nie einer Aufräumaktion zum Opfer fielen. Wenn ich zum Beispiel einem Jubilar einen Brief schreibe, kann ich rasch nachsehen, mit welchem Stundenlohn er bei uns angefangen hat, was die Leute meistens schon vergessen haben. In den frühen Lohnblättern sind oft noch Fr. 2.50 oder 2.60 als Stundenlohn angegeben. Der Lohn eines Maurer-

poliers war 775 Franken im Monat. Der Wechsel von Leuten war enorm in jenen Jahren. Die Leute gingen sofort, wenn ihnen etwas nicht passte. Sie kamen, verlangten mehr Lohn, und wenn ihnen das nicht zugestanden wurde, gingen sie. Und sie konnten sich das ja auch leisten. Wir haben in manchen Jahren bis 380 Leute umgeschlagen – bei einem Festbestand von 140! Ich bin auch schon froh gewesen um diese alten Lohnblätter, wenn eine Anfrage aus dem Ausland kam und man einem ehemaligen Arbeiter bestätigen sollte, wann er bei uns gearbeitet und wieviel er verdient hatte, zum Beispiel, wenn einer seine AHV-Karte nicht mehr hatte.

Der administrative Aufwand, damals ohne PC, war enorm. Die ersten Zahltage habe ich noch im Handbuch ausgerechnet. Auch wenn man weniger Abzüge zu machen hatte – keine Krankenkasse, nur AHV und Suva –, so blieb mit der Feriengeldberechnung und anderem noch genug zu rechnen. Das ist heute kaum mehr nachvollziehbar. Ich erinnere mich an die alten Rechenmaschinen. Das waren Riesenapparate, mit denen man den Zahltag berechnen konnte, die aber auch 4500 Franken kosteten. Heute kauft man für 250 Franken eine kleine Precisa-Rechenmaschine, die genau das gleiche kann. Natürlich hatte ich damals Hilfen, eine Mitarbeiterin sass vielleicht drei Tage in der Woche an den Zahltagsberechnungen. Aber ich habe alles gebucht. Da ich das ganze Wachstum der Firma miterlebt habe, habe ich auch sehr vieles im Kopf. Vieles ist natürlich ausgesprochen Routine für mich.

Früher hatten wir sehr viele Italiener. Die alten Personallisten sind voll von wohlklingenden Personen- und Ortsnamen – wir hatten aus ganz Italien Leute. Die Italiener, die heute hier sind, haben längst alle die Niederlassung und erwachsene Kinder. Neue Leute aus Italien gibt es schon lange nicht mehr, und von denen, die noch bei uns sind, ist keiner mehr Handlanger, sie sind Kranführer oder Polier. Auch die Spanier sind zum grössten Teil wieder heimgegangen, die letzten, weil sie bei den Vorbereitungen zur Weltausstellung in Spanien Arbeit fanden. Auch die Portugiesen sind nicht mehr da. Heute stammen viele aus dem Kosovo.

1964 kamen die ersten Türken zu uns. Herr Stocker ging einmal persönlich in die Türkei, mietete eine Baustelle und beobachtete die Leute bei der Arbeit. Er rekrutierte dort 18 Arbeiter. Von diesen 18 haben wir noch einen, aber er ist invalid und in die Türkei zurückgekehrt. Er ist am 1. Januar 1999 65 geworden.

Am 24. August 1970 kamen die ersten Jugoslawen. Wahrscheinlich konnte

1959 - Geschäftsbeginn: 23. Februar 1959

Die Mitarbeiter der ersten Stunde

Datum Arb.aufnahme	Mitarbeiter	Beruf	Geb.dat.	Std.lohn
23.02.59	Fehlmann Willy	Zimmermann	1931	3.15
23.02.59	Francese Antonio	Handlanger	1930	2.55
23.02.59	Mattenberger Max	Zimmermann	1906	3.15
23.02.59	Widmer Hans	Handlanger	1936	2.60
24.02.59	Piaia Valentino	Handlanger	1939	2.65
25.02.59	Widmer Ernst	Handlanger	1930	3.05
26.02.59	De Simone Gennaro	Handlanger	1929	2.55
26.02.59	Rossetti Nicola	Handlanger	1936	2.65
01.03.59	Stocker Charlotte	Büro	1930	750.--/Monat
01.03.59	Schaffner Adolf (ihm gehörte das Geschäft, bevor es Nussbaum übernommen hat)	Maurer-Polier	1897	775.--/Monat
02.03.59	Avoscan Lino	Handlanger	1916	2.55
02.03.59	Bühler Josef	Maurer	1928	3.50
05.03.59	Keller Josef blieb nur bis zum 17.3.!	Maurer-Polier	1920	900.--/Monat
05.03.59	Lehner Johann	Handlanger	1913	2.55
06.03.59	Marinelli Pasquale	Handlanger	1937	2.55
09.03.59	De Martin Antonio (Bruder Frau Rosolen)	Handlanger	1937	2.65
16.03.59	Pianezze Bortolo	Maurer	1922	3.05
16.03.59	Rehfeldt Günter	Zimmermann	1934	3.05
18.03.59	Schmid Hans	Maurer-Polier	1909	3.55
19.03.59	Keller Gottfried	Handlanger	1899	2.55
23.03.59	Rossi Vincenzo	Maurer	1907	3.05
02.04.59	Rossi Luigi Elio	Maurer	1920	3.05
06.04.59	Müller Karl	Polier-Bauführer	1930	1'050.--/Monat

Hensch Peter, Hausen, Eintritt 20.7.1959, geb. 1944, Stundenlohn 2.--, war nachher von 1960 - 1963 der erste Lehrling

Lohnsumme 1959 (10 Monate) rund 168'000.--, total 47 Leute

8.1.99 VV

man sie früher gar nicht rekrutieren. Ich erinnere mich gut an diese ersten zwanzig, sie kamen aus dem tiefsten Kosovo und waren Leute, die einen anschauten, als ob man von einem andern Stern käme. Sie waren unglaublich armselig. Sie hatten keine rechten Schuhe, nur finkenartige Schlarggen. Bevor man mit der Arbeit überhaupt anfangen konnte, mussten wir mit ihnen nach Wettingen in ein Schuhgeschäft und dort für alle bautaugliche Schuhe kaufen. Es waren alles jüngere Männer. Man musste ihnen auch zeigen, wie man ein Bett benutzt, der damalige Werkhofchef ging mit ihnen hinauf und demonstrierte ihnen, wie Leintücher und Kissen verwendet werden, denn am Anfang hatten sie alles herausgerissen und schliefen auf der blossen Matratze. Die Verständigung geschah mit Händen und Füssen und einzelnen Wörtern. Für den Polier war das eine schlimme Zeit, denn er musste mit Leuten arbeiten, die weder die Bezeichnungen der Werkzeuge kannten, noch wussten, wie sie damit umgehen sollten. Ein Problem habe ich erst später realisiert: Ich musste am Schalter ihre

Personalien aufnehmen, und für sie, alles Moslem, war es unerhört, dass da überhaupt eine Frau vor ihnen stand. Damals, 1970, hatten wir laut AHV-Abrechnung 425 Mitarbeiter, inklusive 17 Akkordgruppen mit 178 Akkordanten – und alles gebucht mit dem Ruf-Intromat-System.

Seit 1989 die letzte Firmenbroschüre von Stocker herausgegeben worden ist, hat sich wieder sehr viel verändert. Die Geschäftsleitung ist ausgewechselt. Dann haben wir die Schreinerei geschlossen, und wir haben auch keine Schlosserei mehr. Früher haben wir alle Kranen selber montiert, demontiert und geflickt und brauchten dazu die grosse Werkstatt. All das haben wir heute nicht mehr – es ist günstiger, das auswärts zu geben oder die Krane den Bedürfnissen entsprechend zu mieten. Man ist auch kleiner geworden. Im Büro sind wir personalmässig zurzeit stark unterdotiert. Das 40-Jahr-Jubiläum werden wir in diesem Jahr nur in bescheidenem Rahmen feiern.

Ja, die Stocker-Häuser und -Wohnungen sind in der Regel sehr schnell verkauft. Das Grundprinzip der Wohnungen stammt noch von Herrn Luginbühl. Unsere neuen Architekten haben neue Ideen eingebracht, zum Beispiel Herr Hug in der Süessmatt. Die Grundrisse sind praktisch, und das Preisverhältnis stimmt. Es können auch jüngere Leute diese Häuser kaufen, die an bestimmte Preisgrenzen gebunden sind. In der Süessmatt- und Mülacher-Überbauung sind sehr viele Italiener der zweiten Generation.

Hier bei der Park-Überbauung war der ursprüngliche Gedanke, dass zwischen den Häusern alles Grünflächen liegen sollten. Nirgends war eine Mauer dazwischen geplant, jedes Haus lag ein wenig höher und dazwischen hat man schöne, wellenförmige Hügelböschungen angelegt. Heute hat fast jeder ein Mäuerchen gebaut zwischen seinem Land und dem des Nachbarn. Alle wollten abgrenzen und ausebnen. Das ursprüngliche Konzept war so, dass trotz aller Offenheit und Nähe jeder für sich sein konnte, es hat kaum Fenster in den Seitenwänden, und die Häuser sind leicht versetzt, so dass man sich nicht gegenseitig ins Zimmer schauen kann. Ich bedaure, dass der ursprüngliche parkartige Charakter ein wenig verlorengegangen ist.

Nein, mit den Leuten von Hausen habe ich leider wenig Kontakt, abgesehen vom Beruflichen. Ich bin hier auch in keinem Verein. Ich habe in Brugg und in Zürich Funktionen in Fachvereinen und -verbänden, und ich bin hier in Hausen in der Betriebskommission Alterswohnungen. Zu mehr reicht meine Zeit einfach nicht, besonders da Haus und Garten und mein Hobby, der Besuch von Opern im In- und Ausland, auch ihren Anteil an meiner Freizeit brauchen.

1940 Marlies Ishteiwy-Widmer
Rosenstrasse 4

Ich bin da unten am Tannenweg aufgewachsen. Mein Grossvater (August Widmer-Schaffner) war Gemeindeschreiber und hatte seine Kanzlei im Schulhaus, dem heutigen Gemeindehaus, in dem wir auch zur Schule gingen: im ersten Stock zu Fräulein Spuhler und im zweiten Stock, in der vierten und fünften Klasse, zu Herrn Gschwind, dem Nachfolger von Lehrer Schenk. Nachher ging ich in die Bez und schliesslich nach Aarau ins Seminar. Mit zwanzig machte ich das Lehrerpatent und nahm eine Stelle als Lehrerin in Binningen an. Ich wollte noch ein wenig ins Ausland, und da ich schon immer eine Vorliebe für den Süden hatte, meldete ich mich beim Vermittlungsdienst, der Schweizer Lehrerinnen als Hauslehrerinnen ins Ausland vermittelte, und wählte eine Stelle in Griechenland aus. Ich hatte eine Freundin, die schon dort arbeitete, und so zog ich also 1963 in den Süden. Ich lernte sehr schnell Griechisch, denn damals sprach dort kaum jemand eine andere Sprache. Deshalb engagierten begüterte Familien Hauslehrerinnen, die ihre Kinder in Englisch, Französisch oder Deutsch unterrichteten. Ich lernte dann meinen Mann kennen, der in Athen Medizin studierte. 1966 war ich noch einmal für kurze Zeit in Hausen, dann zog ich nach Libyen und kam erst 1974 zurück. Zwischen 1963 und 1974 kam ich allerdings jedes Jahr in den Ferien hierher, dadurch war ich einigermassen auf dem laufenden, was die Entwicklung und die Ereignisse in Hausen betraf. Aber es gab in dieser Zeit natürlich sehr viele Zuzüger, die ich nicht mehr kannte, während man vorher ganz allgemein jeden im Dorf gekannt hatte. Ich bemerkte auch bei jedem Besuch wieder neue Häuser, aber das war damals für mich weniger auffallend, denn das einschneidende Erlebnis hier war immer das viele Grün überall. Dieser Kontrast zur libyschen Landschaft war für mich jedesmal überwältigend.

Es ist also eine recht lange Zeit, in der ich nicht in Hausen war. Eigentlich müsste man schon meine Seminarzeit in Aarau dazurechnen, denn da lag der Schwerpunkt meiner Interessen doch sehr stark in Aarau und nicht mehr in Hausen.

Ich weiss nicht mehr, wie oft ich als Kind ein Jugendfest erlebt habe, es können höchstens drei gewesen sein, da das ja nur alle zwei Jahre stattfindet. Eine bleibende Erinnerung ist natürlich das Jugendfest von 1950, als am Vorabend der Blitz ins Schulhaus einschlug. Ich war zehn damals. Es war ein ganz ausserordentliches, grauenvolles Gewitter. Wir waren alle bei der

Grossmutter (Marie Widmer-Schaffner), die im untern Stock wohnte, in der Stube. Meine Mutter hatte die Gewittertasche gepackt. Die Gewittertasche wurde bei jedem Gewitter bereitgestellt, da steckte man Bankbüechli, Portemonnaie und andere unentbehrliche kleine Dinge hinein. Bei einem Gewitter musste man auch immer aufstehen und sich ankleiden. Meine Grossmutter hatte an jenem Abend auch schon ihre Gewittertasche gepackt, wir sassen beieinander und beobachteten das furchtbare Wetter. Und plötzlich rochen wir das Feuer. Wir suchten das Haus ab, stiegen in den Estrich hinauf, es roch immer stärker, aber wir konnten nichts entdecken. Bis plötzlich die Flammen aus dem Dach des Schulhauses gegenüber schlugen. Der ganze Dachstock brannte aus, ein Jugendfest gab es nicht danach. Ich hatte als Kind immer entsetzlich Angst vor Gewittern, und es wäre für mich die grösste Katastrophe gewesen, wenn unser Haus gebrannt hätte. Blitzableiter hatte man nicht, nur der Mattenberger hatte einen.
Nein, ich war in keinem Verein. Das ist vielleicht ein wenig Familientradition: Me goht nid in ä Verein. Wenigstens mein Vater fand das. Mein Vater, August Widmer-Castelli, war ein eher zurückhaltender Mensch. Er musste in Brugg in der Müller-Bude (Maschinenfabrik Müller, Brugg, später Georg Fischer AG) Dreher lernen, obwohl ihm das überhaupt nicht lag – er konnte kaum einen Nagel gerade einschlagen. Er wäre eigentlich gerne Kaufmann geworden. In der Krisenzeit vor dem Krieg wurde er dann arbeitslos, und dann kam der Krieg mit dem Aktivdienst, wo er auch nichts verdienen konnte. Meine Eltern mussten am Anfang sehr knapp durch. Nach dem Krieg, als ich achtjährig war, wurde mein Vater schwer krank und konnte nicht mehr in der Müller-Bude arbeiten. Er hat dann bei seinem Vater auf der Gemeinde gearbeitet, unter anderem als Betreibungsbeamter. Meine Mutter, Eugenie Widmer-Castelli, war ausserordentlich geschickt, sie konnte aus jedem Stoffrestchen noch etwas machen. Sie nähte und strickte natürlich auch alle unsere Kleider selber. Ja, diese Art von Haushalten ist man heute nicht mehr gewohnt, das müsste man zuerst wieder lernen. Zudem waren zum Beispiel die alten Metzgersleute, die Eltern des Metzger Köbi (Widmer), der heute in Engelberg lebt, herzensgute Leute. Meine Mutter erzählte oft, dass die alte Frau Widmer ihr beim Einkaufen immer noch ein Extrastückchen Fleisch oder sonst etwas dazu eingepackt habe. Auch der Beck Marti, der wusste, dass mein Vater arbeitslos war, legte häufig noch ein Weggli oder ein paar Zehnerstückli zum Brot.

Soldatenspielen. Selbstgefaltete Papiermützen mit Papier-Federbusch, sorgfältig geschnitzte Holzschwerter, Steckenpferd (links aussen), Trommeln und Pfannendeckel, eine Fahne und dazu sonntägliche Kleidung und angesteckte kleine Bouquets: Gespielt wird «Heinzelmännchens Wachtparade» am Jugendfest 1942. Eig. M. Ishteiwy-Widmer.

Während dem Krieg ging meine Mutter oft in die Gemeindekanzlei und half dem Gemeindeschreiber, die Rationierungsmärkli in die Säckchen zu füllen. Ich durfte hie und da auch helfen, das sorgfältige, genaue Abzählen der Märkli ist mir in Erinnerung geblieben. Etwas weiss ich auch noch sehr gut: 1945 läuteten die Glocken, weil Frieden war. Da rannte ich den Tannenweg hinunter und meine Freundin, Margrit Sollberger, sprang mir von unten entgegen, wir fassten uns an den Händen, tanzten miteinander und sangen dazu: «'s isch Fride! 's isch Fride!» Es war ein unglaublicher Jubel.
Ja, die Umesägeri. Ich erinnere mich noch ganz fern daran, ich war sicher nicht mehr als drei- oder vierjährig, als die Umesägeri noch kam, um den Tod eines Dorfbewohners anzusagen. Bei der Beerdigung hat jeweils der Strössler, der erste Mann von Frau Anni Schaffner, mit Ross und Wagen die Leiche geführt. Wie oft sind wir mit einem Sarg nach Windisch gegangen! Man ist mitgegangen, wer konnte, lief mit. Der Zug ging «obenine» übers Feld nach Windisch. Ich empfand das immer als eine sehr traurige

Angelegenheit, auch wenn mich der Verstorbene nichts anging. Das war aber vielleicht gar keine schlechte Sache, auf diesem Weg kamen einem allerlei Gedanken, während man heute so wenig wie möglich mit dem Sterben zu tun haben will.

Wenn eine Kuh notgeschlachtet werden musste, dann konnte man Fleisch haben. Das musste auch herumgesagt werden, denn man hatte ja wirklich noch kein Telefon. Der Beck Marti hatte eines, zu ihm hinunter gingen wir, wenn wir telefonieren mussten. Ja, wir gingen eher zu ihm als zur Post, wir waren uns ja auch noch verwandt. Meine Grossmutter, Marie Widmer-Schaffner, war auch mit dem Muskel Kari, dem Mann von Anni Schaffner verwandt.

Auf dem Gupf (Eitenberg) hatte es eine Grube, wir nannten sie Griengrube. Einmal im Jahr luden wir alle unsere Abfälle, soweit man sie nicht verbrennen oder kompostieren konnte, auf ein Zweirädercharli und fuhren damit dort hinauf. Man konnte sie einfach in diese Grube werfen. Unsere ganze Familie produzierte also im Jahr nicht mehr Abfall, als auf so einem Charli transportiert werden konnte. Das war selten einmal vielleicht ein völlig ausgebrauchtes Bett oder anderes nicht brennbares Gerät.

Der Chüjer Kari (Rohr), der hinter dem Sternen wohnte, musste uns jeweils die Gülle führen. Im alten Haus am Tannenweg hatten wir noch das Gülleloch, die Senkgrube, die jedes Jahr einmal geleert werden musste. Das machte der Chüjer Kari. Er führte die Gülle dann hier auf unserem Land, damit wir auch einen Ertrag ernten konnten nachher. Wir verkauften das Gemüse, wenn es genügend gab, an Privatkunden. Chüjer Kari musste uns auch mit seinem Ross und Pflug z'Acher fahre, wobei mein Bruder ihm helfen konnte. Mein Grossvater hatte auch noch Geissen gehalten. Da er aber der einzige war, der sie melken konnte, musste mein Vater als Bub ihn jeweils im Sternen holen, wenn es Zeit war dafür. Grossvater ging selten ins Wirtshaus, aber nach den Gemeinderatssitzungen, bei denen er als Gemeindeschreiber Protokoll führen musste, gingen sie alle in den Sternen zum Jassen.

Ja, der Gemeinderat ging in den Sternen. Wir gingen eher in den Stollen, beim Sonntagsspaziergang kehrten wir entweder auf der Habsburg oder im Stollen ein. Die alten Hausener gingen in den Stollen, der Rohr Heiri zum Beispiel, und mein Bruder wohnte schon längst in Aarau, als er immer noch an Samstagen in den Stollen zu einem Jass kam. Das war natürlich, bevor es eine Bar wurde, und eine Bar ist der Stollen seit höchstens zehn Jahren. Im allgemeinen war aber das Rössli das Zentrum. Im Rössli-Saal fand die

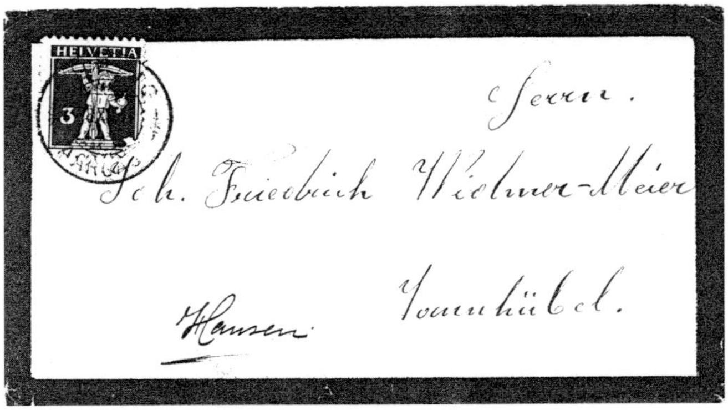

Kondolenzkarte, Dezember 1917. Eig. L. Willy-Widmer.

Sonntagsschulweihnacht statt, und das war fast so etwas wie die Dorfweihnacht. Dann gab es ein reges Vereinsleben, und damit verbunden eben die Theateraufführungen. Das Theater des Gemischten Chors war ein Glanzpunkt des Winters. Da ist man hingegangen, genauso wie an die Abende der Turner oder der Musikgesellschaft. Der gute Schauspieler, das war natürlich der Mattenberger Ernst im Düchsli!
Wichtig für mich war immer das Tanzen an den Unterhaltungsabenden nach dem Theater. Ich habe ausserordentlich gern getanzt. Nach meiner Rückkehr aus Libyen besuchte ich einmal einen Kurs in Kulttanz im Initiatischen Zentrum in Rütte bei Todtmoos im Schwarzwald. Auf diese Weise kam ich schliesslich zum Meditativen Tanz oder Sacred Dance, der von Bernhard Wosien, einem klassischen Tänzer, begründet worden ist. Ich nahm Unterricht bei seiner Tochter, Maria-Gabriele Wosien und andern Lehrerinnen. Seit fünf Jahren leite ich in Windisch regelmässig eine Gruppe in «Meditation des Tanzes».

1941 Hans-Peter und Liselotte
1940 Widmer-Huber
Düchsliweg 7

Hans-Peter Widmer: Wir sind nach Hausen gekommen, weil wir eine Wohnung in der Region Brugg suchten. Als ich meine erste journalistische Stelle beim «Brugger Tagblatt» antrat, stellte mein Arbeitgeber die Bedingung, dass ich ausserhalb der Stadt Brugg wohne, denn ein Redaktionsmitglied müsse in einer der Aussengemeinden wohnen und diesen dadurch das Gefühl vermitteln, sie würden im «Brugger Tagblatt» vertreten. Wir suchten also rund um Brugg herum eine Wohnung und fanden schliesslich in Hausen eine, die uns gefiel. Das Haus stand zwar nur etwa fünf Meter neben der Gemeindegrenze Windisch, aber es war Hausen und nahe bei Brugg. Aufgewachsen bin ich in Mülligen, in einer Bauernfamilie. Meine Eltern hatten Land im Birrfeld, und da viele Bauern von Hausen ebenfalls Land im Birrfeld besassen, kannte ich schon von der Arbeit auf dem Feld her viele Hausener. Zudem war in Hausen der Wagner, ein wichtiger Handwerker für die Bauern. Dem Wagner brachte man alles Holzgerät zum Flicken, von der Mistgabel bis zur Garette, sofern man den Schaden nicht mehr selber reparieren konnte. Wenn es also etwas zum Flicken gab, was man einem sechs- bis siebenjährigen Pfüderi in die Hand geben konnte, wurde ich damit nach Hausen zum Wagner Ruedi Widmer geschickt. Auch seinen Vater, Samuel Widmer, habe ich noch gut gekannt. Der Wagner Widmer war im ganzen nördlichen Birrfeld eine wichtige Person. Eine wesentliche Rolle spielte auch der Metzger, Jakob Widmer. Schon seine Eltern hatten in Hausen die Metzgerei. Der Widmer Köbi nahm den Bauern das Vieh ab und lieferte dafür das Fleisch, denn in gewissen Dingen waren die Bauern ja erstaunlich schlechte Selbstversorger. Heute, mit Kühlgeräten und entsprechenden Lagermöglichkeiten, ist die Situation anders, aber damals konnte man nur lagern, was geräuchert werden konnte. Im Sommer mussten die Bauern das Fleisch zukaufen – wenn sie sich das überhaupt leisten konnten. Der Metzger Widmer von Hausen versorgte weitgehend das ganze Eigenamt, mit Ausnahme von Lupfig, dort war ein eigener Metzger. Aber Mülligen hatte keinen Metzger, Mülligen hatte gar nichts. In Hausen gab es zum Beispiel auch Coiffeure, Herrencoiffeure, zu denen ebenfalls Leute von auswärts gingen. Hausen war wirklich eine Gemeinde, die man aus verschiedenen Gründen ab und zu aufsuchte. Da spielten auch die drei Wirtshäuser Stollen, Rössli und Sternen eine Rolle, und natürlich die Unterhaltungsabende der Vereine.

Das war 1964, als wir nach Hausen kamen, allerdings schon nicht mehr so. Das Dorf sah zwar noch sehr anders aus als heute, aber der erste Aufschwung – die Überbauung im Park – hatte bereits eingesetzt.
Liselotte Widmer: Ich bin zum Teil ebenfalls in Mülligen, zum andern Teil in Gebenstorf aufgewachsen, und Hausen schien mir nicht sehr verschieden von diesen Orten. Wir haben uns problemlos eingelebt, was sich vielleicht schon daran zeigte, dass mein Mann in den Gemeinderat gewählt wurde, als wir knapp ein Jahr hier gewohnt hatten. Ich hatte auch sofort viele Kontakte als unsere Kinder in die Schule gingen, und diese Kontakte sind bis heute geblieben. Unser Haus hier am Düchsliweg war zusammen mit dem von Grafs (Düchsliweg 4) eines der ersten, die Stocker in Hausen gebaut hat. Wir erinnern uns natürlich auch an das Riesenfest, das Stocker 1963 auf seinem Areal an der Oberen Holzgasse veranstaltete. Wir kamen damals zu Fuss über den Eitenberg von Mülligen her zu diesem Fest.
Hans-Peter Widmer: Hausen ist auch unser Bürgerort. Das war allerdings bei der Wahl unseres Wohnortes nicht ausschlaggebend, wir suchten keineswegs die Spuren unserer Vorfahren, obwohl ich mich sehr intensiv mit ihnen beschäftige und unsere Widmer-Linie und ihre Taten bis 1578 zurückverfolgen kann. Hier in Hausen hat es verschiedene Widmer, und ich habe noch nicht herausgefunden, wie zum Beispiel der Beck Widmer mit uns verwandt ist.
Ob ich die grossflächigen Überbauungen wie Klein-Tunesien (Süessmattquartier) auch noch als Aufschwung für die Gemeinde bezeichnen würde, wie damals die Überbauung im Park? Nun, das hat Ausmasse angenommen, die ich persönlich nicht mehr als harmonisch ansehe. Aber die Ursache ist klar: Die Verkehrslage von Hausen ist hervorragend geworden und der Ort damit ein begehrter Wohnsitz. Nach meinem Empfinden hat die Gemeinde mit den Erschliessungen die Schleusen etwas schnell geöffnet, es ist alles ein wenig überstürzt geschehen. Ein Stück weit bin ich da noch selber schuld, denn ich war Bauminister im Gemeinderat, als wir die Soorematt erschlossen haben. Dort haben wir auf einen Schlag zehn Hektaren Bauland bereit gestellt. Das war nach dem Park der nächste grosse Schub. Später kam dann der weitere Park, die Sonnhalde, und auch im Stück ist in den letzten Jahren doch etwas viel aufgemacht worden.
Das Problem bei der ganzen Entwicklung wird die Sorge um den Zusammenhalt der Dorfgemeinschaft sein. Wenn das Dorf zu schnell wächst, wird es nicht mehr einfach sein, alles zu assimilieren. Bei kontinu-

ierlichem Wachstum kann Neues laufend hineinwachsen. Hausen hat den Vorteil, dass Neuzuzüger traditionellerweise gut aufgenommen werden, Abwehrreflexe fehlen. Neue werden nicht noch nach dreissig Jahren als Fremde Fötzel angesehen. Ich war zum Beispiel nach einem Jahr hier schon im Gemeinderat. Es mag eine Rolle gespielt haben, dass ich Ortsbürger bin, aber ich war doch sehr jung, nämlich 24. Das ist ein guter Zug in der Gemeinde, und das hat man beibehalten. Leider ziehen sich die Alteingesessenen manchmal zurück oder fühlen sich zurückgedrängt. Die Ortsbürgergemeinde hätte rechtlich die Möglichkeit, jemanden, der schon dreissig Jahre hier ist, in ihren Kreis aufzunehmen, indem sie ihn einbürgert. Von dieser Möglichkeit machen die Ortsbürger nach meinem Empfinden zu wenig Gebrauch. Die Kinder der heute aktiven Ortsbürgergeneration machen auch kaum mehr mit. Ein grosser Teil davon wird wohl auch einmal wegziehen. Die junge Generation fehlt mir da etwas. Ja, die Beobachtung ist vielleicht nicht falsch, dass man zwar gegenüber Neuzuzügern offen ist, dass es aber innerhalb der Alteingesessenen gewisse Grenzen und Fronten gibt. Das sind vielleicht noch gewisse Sippenstrukturen, die da zum Ausdruck kommen, Clan-hafte Anwandlungen, die noch nachschwingen, die aber nicht überbewertet werden dürfen. Wenn wir hier mit den Leuten verkehren, haben wir nie den Eindruck, auf Barrieren zu stossen.
Für Vereine fehlt mir heute einfach die Zeit. Bei der Schützengesellschaft war ich, weil ich dort das Obligatorische geschossen habe, und bei der Feuerwehr war ich auch. Aber der Gemeinderat – ich war von 1965 bis 1973 im Gemeinderat – war sehr arbeitsintensiv, denn in dieser Zeit ging die Bauerei so richtig los. Ich war sieben oder acht Jahre Vizeammann und eben Bauminister. 1973 wurde ich in den Grossrat gewählt und trat aus dem Gemeinderat aus. Viele Leute sind je länger desto mehr beruflich so belastet, dass sie in der Gemeinde nicht mehr mitarbeiten können, und das gilt leider auch für die Vereine. Ich bin ein überzeugter Verfechter der Dorfvereine: Sie sind Begegnungsort, geben Halt und Zusammenhalt und sind ein nicht zu verachtender Integrationsfaktor.
Liselotte Widmer: Ich habe, wie gesagt, durch die Schule viele Leute kennengelernt, aber die Jüngeren kenne ich nicht mehr. Durch die Vereine lernt man sich dann wieder kennen, zum Beispiel bei den Landfrauen oder im Frauenverein. Dann gehe ich noch jeden zweiten Dienstag in die Kirche hinauf, da ist ein Klübli, das aus der gemeinsamen Arbeit am Wandteppich in der Kirche entstanden ist. Da wird gehandarbeitet und gebastelt. In

Mülligen war ich in der Damenriege. Dann haben wir geheiratet, und als die Kinder da waren, konnte ich nicht mehr mitmachen, denn mein Mann war häufig fort und ich hatte keine Mutter, die mir am Abend die Kinder gehütet hätte. Später hätte ich zwar wieder die Möglichkeit gehabt, zu gehen, aber da hatte ich das Gefühl, ich passe nicht mehr in die Damenriege, und die verschiedenen andern Turngruppen für Frauen gab es noch nicht. Ich fand dann Ersatz zum Beispiel bei den Landfrauen, die sehr aktiv sind und hier in Hausen über hundert Mitglieder haben, oder eben im Frauenverein, wo auch immer etwas los ist.
Ja, in Mülligen und Gebenstorf war das Vereinsleben etwa gleich intensiv wie hier. Die Vereine waren früher ja fast der einzige Unterhaltungsfaktor.
Hans-Peter Widmer: Persönlichkeiten, die für die Entwicklung in Hausen wichtig waren? Da gab es einige, zum Beispiel markante Gemeindeammänner. Ich denke an Emil Renold: Ein Bauer, der ein sehr geachteter und ein wohlmeinender Mann war. Er hat viel für Ausgleich gesorgt und hat sicher das Mögliche getan, denn damals war die Gemeinde finanziell alles andere als stark. Ich habe ihn als Gemeindeammann nicht mehr erlebt, aber die Spuren seines Wirkens gesehen und von ihm gehört. Eine starke Persönlichkeit war auch der Gemeindeammann Jakob Schaffner, der den Übernamen Herodes trug. Wie genau er zu diesem Namen kam, weiss ich nicht, aber er hatte in seinem Dorf jedenfalls das Sagen und gab den Ton an. Er war der letzte Gemeindeammann, der als Ortsbürger im Dorf verwurzelt war, praktisch nie aus der Gemeinde herausgekommen und mit allen Sippen und allen Problemen verwebt und verwoben war. Nach ihm kam 1954 Robert Lutz – und mit ihm der Beginn einer neuen Epoche und ein klarer Schrittwechsel. Lutz war der erste Akademiker, ein Ing. agr., ein Auswärtiger, jung und weltgewandt. Er hat die ganze Planungsphase 1957 eingeleitet. Er brachte in die Behörden und in die ganze Gemeinde einen andern Massstab. Der Gemeindeschreiber Ernst Klöti war damals noch relativ frisch in der Gemeinde. Er begrüsste diese Entwicklung und unterstützte den Wechsel. Ernst Klöti gewann durch seine Kenntnisse in allen Belangen und durch seine starke Persönlichkeit ebenfalls grossen Einfluss.
1968/69 gab es in Hausen fast so etwas wie eine Revolution. Da wurden bei den Gemeinderatswahlen auf einen Tätsch drei Gemeinderäte und der Ammann abgelöst. Ich war praktisch der einzige Überlebende des alten Gemeinderates. Es war eine Art Aufräumen mit dem «Ancien régime». Jüngere Leute waren in die Gemeinde gekommen, Leute, die andere

Ansprüche stellten und die nicht mehr akzeptieren wollten – um nur ein kleines Beispiel zu nennen –, dass der Gemeindeammann die Verwendung eines Hellraumprojektors bei der Diskussion von Überbauungsplänen in der Gemeindeversammlung ablehnte, weil man bisher immer ohne ein solches Gerät ausgekommen sei. Nach diesem Umsturz war eine sehr gute Mannschaft im Gemeinderat, und es konnte einiges erreicht werden.
Seit wann man Schwierigkeiten hatte, Leute zu finden, die sich für ein Amt zur Verfügung stellten? Meiner Meinung nach begann sich das gegen die Mitte der achtziger Jahre abzuzeichnen, nach der ersten Erdölkrise. Das war so etwas wie ein Kulturschock, man wurde zurückhaltender und verlor etwas den Glauben an die unbegrenzte Machbarkeit. Die Leute begannen, sich immer mehr auf sich selber auszurichten. Das hat sich in den letzten Jahren in geradezu beängstigender Art verschärft. Zudem sind die meisten dieser Ämter so anspruchsvoll geworden, dass kaum mehr jemand neben dem Beruf Zeit dafür findet. Die Komplexität der Aufgaben verursacht vielleicht auch eine gewisse Angst vor der Verantwortung, und schliesslich ist man heute als Behördenvertreter in einer schwierigeren Situation als früher, denn die Autorität ist geschwunden. Wenn ich früher auf einer Baustelle Verhandlungen zu führen hatte und nach Anhörung der Parteien eine für beide Seiten möglichst akzeptable Lösung vorschlug, dann glaubte man mir in der Regel und war einverstanden. Heute kommen alle mit dem Anwalt, und da der Anwalt noch etwas von einer zweiten Runde haben will, wird selbstverständlich weitergezogen. Zudem ist auch der Wunsch, für die Gemeinschaft etwas zu tun, geschwunden, denn materiell bringt das schliesslich nicht sehr viel ein. Früher hatte man als Gemeinderat eine Jahresbesoldung von 780 Franken, und wenn man nach einer Sitzung noch in den Stollen ging, eis go zie, dann war mehr als das Wochengehalt aufgebraucht. Ja, damals ging man noch in den Stollen, das war noch eine klassische Landbeiz. Und schliesslich hat man auch den Wirt und seine Familie gekannt: Hans Thut war eines der Dorforiginale.
Liselotte Widmer: Wir haben noch einige der Dorforiginale gekannt, den Weltmeister zum Beispiel (Fritz Rohr) und den Dorfpolizisten Rohr Heiri darf man durchaus dazurechnen. Dann natürlich das Hüener Anni (Widmer) und das Brändli Anni, die Zeitungsverträgerin, die «Tagblatt» und «Generalanzeiger» brachte. Sie war ledig und legte Wert darauf, dass man ihr «Fräulein Brändli» sagte. Sie trug immer eine lange Jüppe mit einer Schürze darüber, Schnürstiefeletten, gestrickte Strümpfe und ein Filzhäubchen, das

Gemeindeammann Robert Lutz-Graf (1921–1997) und Fritz Rohr, genannt Weltmeister (1912–1996). Aufnahme um 1960, L. Berner.

wie ein Nachthäubchen aussah. Sie fuhr auf einem uralten Velo, einem Damenrad, schwang aber trotzdem beim Aufsteigen das Bein mit einer eigentümlichen Bewegung über den Sattel, als ob es ein Herrenvelo sei. Sie war etwas rabauzig und rauh, aber alles andere als boshaft. Und schliesslich war da die Pariserin.

Hans-Peter Widmer: Ja, Frau Maritz. Sie unterhielt sich ausgesprochen gern mit Männern. Nun wurden die Altersausfahrten damals mit Privatautos gemacht, jeder Gemeinderat kam mit seinem Auto, und die Leute stiegen ein. Wie ich als junger Gemeinderat zur ersten Altersausfahrt kam und die Leute noch nicht kannte, steckten mir die Kollegen diese Frau Maritz ins Auto und beobachteten dann grinsend, wie der Jüngste mit der Pariserin gutschierte. Wenn ich nach einem Regen einmal die Löcher im Düchsliweg, der damals noch ein reiner Feldweg war, auffüllte, kam Frau Maritz regelmässig aus ihrem Haus und begann ein Gespräch. Sie war aber eine Frau von beachtlicher Weltgewandtheit für damalige Verhältnisse, sie hatte einiges gesehen, nicht nur Paris, das ihr den Übernamen verschafft hatte. Es war eine interessante Person, und man durfte immer gespannt sein, was sie sich wieder einfallen liess. In Hausen ist sie natürlich aus dem Rahmen gefallen. Es gab aber hier schon früh gewisse Gruppen, die erstaunlich weitgereist waren und die sich oft sehr deutlich abgrenzten von den andern, den seit eh und je hier Ansässigen.

Ja, die alten Häuser von Hausen. Heute würde ich sagen, man müsste noch einmal anfangen können, dann würde man wohl das eine oder andere anders angehen. Wir sind zu früh ans Abreissen gekommen. Das Strassendorf Hausen war geprägt von einer ganzen Reihe von markanten Bauernhäusern, und diese Häuser hätte man erhalten müssen. Man hätte mit einer grosszügigen Lösung dafür sorgen müssen, dass sie formal erhalten geblieben wären, innen aber neu und besser hätten genutzt werden können. Das hätte ein grossartiges Dorfbild ergeben. Leider ist Ende der fünfziger Anfang der sechziger Jahre, als das Problem akut wurde, die Einsicht nicht vorhanden gewesen, dass ein altes Haus schützenswert sein könnte. Heute sind die letzten Zeugen des alten Dorfes, vor allem gewisse Häuser an der Holzgasse, schwierige Probleme, denn wer soll die Renovation bezahlen? Im Rückblick bedaure ich, dass wir damals die Kraft und die Möglichkeit nicht hatten, all die Häuser an der Hauptstrasse zu erhalten. Aber das war schlicht kein Thema. Der Zeitgeist kannte nur Abreissen und Neubauen. Auch in den Augen der Besitzer waren das vorwiegend alte Hütten. Die Gemeinde hätte also kaufen müssen. Und die Gemeinde hat zum Beispiel eines gekauft – dort wo heute die neue Mehrzweckhalle steht. Das heisst, das Haus wurde abgerissen, wie alle andern auch. Die Frage, ob man das Haus abreissen solle für den Turnhallenneubau oder ob es erhalten werden müsste, wurde gar nicht gestellt.

Die Kirche ist relativ spät gebaut worden. Lange bestand gar kein Bedürfnis, denn die Kirchgemeinde Windisch war mit ihren vier Teilgemeinden recht gut verbunden. Es fiel kaum jemandem ein, dass man eine separate Kirche brauchen könnte. Der Anstoss kam von der Friedhofseite her. In Windisch begann man sich Gedanken zu machen, wie weit der Platz auf dem Friedhof noch reichen würde, und in Hausen wurde an der Lindhofstrasse, oberhalb der obersten Häuserreihe links, ein Friedhofareal eingeplant. Geologische Abklärungen ergaben aber, dass die Verhältnisse sehr ungünstig seien, der Boden lehmig und feucht. Mit einem Friedhof wäre aber auch

Haus Gloor an der Hauptstrasse während des Abbruchs…

eine Abdankungshalle notwendig geworden, und das wurde das Bindeglied zum Wunsch nach einer Kirche in Hausen. Ein Kreis von Interessierten begann sich für einen Kirchenbau einzusetzen und zog das Projekt auch durch. Im letzten Moment warf der Gemeinderat noch die Frage in die Diskussion, ob man nicht einen ökumenischen Bau für Reformierte und Katholiken angehen sollte. Das provozierte heftige Kontroversen, scheiterte aber an zwei Tatsachen: Erstens hatte die reformierte Seite schon einiges Geld gesammelt, unter anderem durch Testate, die klar für eine reformierte Kirche bestimmt waren. Zweitens hatte die katholische Kirchgemeinde Brugg eben erst die katholische Kirche Windisch gebaut und somit kein Interesse, so nahe bei Windisch eine weitere Kirche zu finanzieren.

Liselotte Widmer: Nein, ich war weder in der Schulpflege noch in sonstigen Ämtern. Dadurch, dass mein Mann so stark engagiert war, lag für mich vieles nicht mehr drin. Ich war für alles zuständig, was die Familie und die Kinder betraf. Ja, wir haben eine recht altmodische Rollenteilung prakti-

...und die Mehrzweckhalle an dieser Stelle im Bau. Fotos 1969, L. Berner.

ziert, unsere Söhne machen das heute ganz anders. Aber erstens hat mein Mann meine Arbeit immer geschätzt und respektiert, und zweitens habe ich sie auch nie als schlimm empfunden. Ich hatte meine Aufgaben, und ich war selbständig dabei. Mein Mann war ja meist auch Samstag und Sonntag nur wenige Stunden daheim, und als die Kinder älter wurden, führten wir deswegen das Samstagabend-System ein: Am Samstag zum Nachtessen waren wenn irgend möglich alle daheim. Ich habe etwas Feines gekocht, und wir haben die vergangene Woche diskutiert und das Programm der nächsten Woche besprochen.

Von der fünften Klasse an gingen sie nach Brugg in die Bezirksschule. Wir konnten noch wählen zwischen Brugg und Windisch, aber für unsere Söhne war es eigentlich selbstverständlich, dass sie nach Brugg wollten, vielleicht, weil mein Mann auch in Brugg gewesen war. Das Brugger Jugendfest ist deshalb auch heute noch für uns ein Sonntag. Am Jugendfest geht niemand zur Arbeit, da geht man nach Brugg ans Fest. Durch all das ist der Kontakt zu Hausen vielleicht etwas verlorengegangen. Ich würde sagen, sie sind heute eigentlich fremd hier. Sie sind beide sehr intensive Sportler, was wir damals auch waren, und beide sind nach Mülligen in den Turnverein und haben dort trainiert. Der eine hat in der Nationalliga A Korbball gespielt, und das bedeutete drei- bis viermal Training in der Woche. Das Hausener Jugendfest? Ja, bis zur fünften Klasse. Nachher nicht mehr.

Hans-Peter Widmer: Bei den Schulfesten waren immer nur die Kleinen da. Das war eine Folge des Entscheides, die Oberstufe mit Windisch zusammenzulegen. Man kann sich heute fragen, ob das richtig war, aber in der damaligen Situation, als unsere Oberstufe zu klein war, lag das nahe. Die Bezirksschule war ohnehin schon immer auswärts, nämlich in Brugg, gewesen. Für eine eigene Sekundarschule reichte es in Hausen nicht. So gab man auch die Realschule nach Windisch, wo gute Klassen mit jahrgangweisem Unterricht möglich waren. Hier hätte man nur eine Gesamtschule fünfte bis achte Klasse machen können. Qualitativ war das sicher richtig, aber der Schulstandort Hausen wurde wesentlich beeinträchtigt. Auch mit dem Schulsport, den die Schüler an Sek und Bez betreiben können, kommen sie nicht mehr in die Jugendriege Hausen. Das weist wiederum auf einen Rückschlag hin, der die ganze Gemeinde Hausen trifft: Die Jungen sind nicht mehr in Hausen, sondern in Windisch oder Brugg, wo sie leistungsmässig besser erfasst werden können und dementsprechend in den Vereinen dort bleiben. Das betrifft nicht nur den Sport, sondern auch die Musik und andere Freizeitaktivitäten. Die Dorfvereine Hausen werden auf diese Weise etwas ausgeblutet.

Eine schwerwiegende Episode für Hausen war natürlich auch die Reichhold mit ihrem penetranten Gestank. In den sechziger Jahren war das ein Kampf mit Protesten von den Einwohnern und Dementis und Abwiegeln von seiten der RCH. Dann geschah diese Verschmutzung des Pumpwerks Seebli, dem Pumpwerk für unsere Gemeinde. Das stellte schon rein technisch sehr schwierige Probleme, die man schliesslich lösen konnte. Problematisch am Ganzen ist immer noch, dass es keine Sanierung gab, sondern nur ein Verhindern der Katastrophe. Südlich der Reichhold gibt es einen geologischen Riegel, der den Grundwasseraustausch zwischen Birrfeld und Hauser Tälchen verhindert – solange der Grundwasserpegel tiefer liegt als der Scheitel dieses Riegels. Ist das verschmutzte Grundwasser im Hauser Tälchen zu hoch, schwappt das Wasser hinüber ins Birrfeld und

damit in all die Trinkwasserfassungen dort. Das wäre die Katastrophe, die um jeden Preis verhindert werden muss. Nördlich des Riegels hat man deshalb Pumpen installiert, die nichts anderes leisten, als Wasser in den Süssbach pumpen, damit der Wasserspiegel nicht zu sehr steigen kann. In diesem Zusammenhang kam es zu grundsätzlichen Auseinandersetzungen mit der Reichhold-Chemie, und das waren sehr schwierige Verhandlungen, nicht zuletzt, weil das Unternehmen damals schon wirtschaftlich nicht am besten dastand. Die Reichhold bestritten, dass es stinke im Dorf, beriefen sich auf ihre Messresultate. Nun war ich in jener Zeit berufsbedingt häufig nachts unterwegs – ich war damals Redaktor beim «Aargauer Tagblatt» – und wenn ich vom Nachtdienst heimkam, stank es oft noch schlimmer als tagsüber. Ich pflegte dann, gemäss unseren Absprachen, mitten in der Nacht dem Direktor Herrmann zu telefonieren und ihm zu melden, es stinke, er solle sich selber davon überzeugen. Und man muss ihm zugute halten: Er kam jedesmal. Nach dem vierten oder fünften Mal gab er zu: «Sie brauchen mir nicht mehr zu telefonieren, es stinkt wirklich.»
Vor der Geschichte mit der Reichhold gab es ja schon das Kapitel der Knoblauch'schen Zementfabrik. Das war die Geschichte mit dem Stollen und den drei grossen Löchern im Eitenberg, die später aufgefüllt worden sind. Das waren stattliche Trichter, und einmal hatte man die geniale Idee, man könnte sie mit den Abschlämmen, die da unten produziert wurden, auffüllen. Worauf es an der Reuss unten zu stinken anfing, gegen den Maierieslischachen hinunter. Da wurden dann diese Auffüllungen schnellstens eingestellt. Aber das Material ist noch drin – ich hoffe nicht, dass das eine Zeitbombe ist. Die Zementfabrik wurde sehr schnell vom Zement-Trust abgewürgt, weil der Knoblauch ein Aussenseiter war und billiger produzieren konnte. Wenn diese Zementfabrik weitergearbeitet hätte, sähe die Landschaft hier sehr anders aus. Den Eitenberg gäbe es vermutlich nicht mehr. Aber von den Bauten her wird klar, mit welchem Anspruch hier geplant worden war: Wenn man die Herrschaftsvilla betrachtet, die dann zum Verwaltungsgebäude wurde, zeigt sich der Stil ganz klar. Nach der Zementfabrik kam die Ölchemie, zu der Hausen auch ein gespanntes Verhältnis hatte, denn einerseits war sie der grösste Arbeitgeber hier und eine sehr willkommene Verdienstquelle nach dem Krieg, wo jedermann Geld brauchte, andererseits waren auch die Emissionen der Ölchemie eine Belastung für das Dorf. Die Steuern dieses Betriebs flossen zur Hälfte nach Hausen und zur andern Hälfte nach Lupfig.

1942 Christian und
1949 Vroni Schaffner-Schmid
Hasenstrasse 4

Christian Schaffner: Die wichtigsten Veränderungen vom Hausen von früher zum heutigen Hausen? Es ist eine Summe von Äusserlichkeiten. Früher kannte jeder jeden, das Dorf war klein. Ich musste schon als Kind zusammen mit Bruder und Schwester dem Vater helfen, die Post auszutragen. Der Vater (Hans Schaffner-Häuptli) musste um sechs Uhr am Morgen in Brugg die Post abholen. Dort sortierte er auch und stellte ein und fuhr dann mit seinem Briefträgervelo mit den grossen Taschen zurück. Er musste von der Rütene beim Restaurant Vindonissa an bis ins Seebli hinaus die Post verteilen. Auf der linken Seite der Reutenenstrasse, wo jetzt die Wohnblöcke stehen, hatte es immer ein Kornfeld, deshalb heisst diese Überbauung «Kornfeld». Das Dreieck beim heutigen Kreisel gehörte auch zu seiner Tour, zum Beispiel das ältere Haus, das dort stand, wo jetzt das neue gewölbte Baschnagelgebäude steht. Von da an war es einfach ein Strassendorf, kaum ein Haus stand weit von der Hauptstrasse weg. Am weitesten war es zum Hüener Anni (Anna Widmer, im Hölzli). Sie hatte den «Reussboten» abonniert, da mussten wir also nur dreimal in der Woche hinauf: Montag, Mittwoch und Freitag. Sonst hatte sie kaum Post. 1948 wurde die AHV eingeführt, ich erinnere mich, dass das Hüener Anni immer über diese «Lumpekasse» schimpfte, wenn sie ihre Beiträge von ein paar Franken einbezahlen musste. Sie lebte hauptsächlich von ihren Hühnern, sie hatte eine kleine Hühnerfarm. Wenn man hinaufkam, musste man manchmal helfen, die Hühner von einem Hüttchen in ein anderes zu jagen. Ich war wohl einer ihrer Lieblinge, denn ich durfte sogar in ihre Wohnung hinein. Fliessendes Wasser gab es dort nicht, auch kein Elektrisch. Es war praktisch nur ein Raum: Die Stube war gleichzeitig Schlafzimmer und Küche. Sie hatte einen Berner Sennenhund und ein paar Geissen, damit hatte sie offenbar ihr bescheidenes Auskommen. Glücklich war ich, wenn sie brummte: «Kannst noch ein wenig Brombeeren haben», dann durfte ich in den Brombeerhecken rundum nach Belieben pflücken und essen.
Wenn wir ins Seebli hinaus mussten, zum Bahnwärterhäuschen ausserhalb der Reichhold, das heute nicht mehr steht, nahmen wir meistens das Velo. Es gab allerdings ganz wesentlich weniger Briefpost als heute. Von den fünfziger Jahren an wurde die Post um sieben Uhr am Morgen mit einem Jeepli von Brugg herausgebracht. Aber mein Vater musste natürlich immer noch zweimal täglich die Post verteilen.

Mein Vater hatte die Post auch am Samstag bis um sechs Uhr abends offen. Mit der Zeit hatte er auch für ein paar Stunden einen sogenannten Aushilfsbriefträger. Diese Aushilfsbriefträger mussten am Mittwoch nachmittag hier in Hausen in die sogenannte Bürgerschule, wo Oberschullehrer Schenk ihnen Unterricht in Staatskunde und anderem erteilte.
Hausen hatte zuwenig private Telefonanschlüsse. Bei uns im Postbüro gab es ein Telefon, und da kam es vor, dass wir zu jemandem rennen mussten und melden, dass ein Telefon für ihn gekommen sei und dass der Anrufer in zehn Minuten noch einmal telefoniere. Der Betreffende kam dann in die Post und wartete bei uns, bis der andere noch einmal anrief. Das funktionierte jedenfalls für unsere Umgebung, weiter entfernt gab es vielleicht noch zwei oder drei Anschlüsse. (Klara Thut-Schatzmann erinnert sich, dass die – seltenen – Anrufe für das Hüener Anni zu Schatzmanns kamen und dass sie darauf von der Hauptstrasse die Mülacherstrasse hinauf ins Hölzli rennen musste, um das Hüener Anni zu benachrichtigen.)
Fernsehen gab es lange gar nicht, Radio nur beschränkt. Wir hatten zum Beispiel Telefonrundspruch, das heisst, wenn jemand anrief, wurde der Radiosender unterbrochen. Da die Post in unserem Wohnhaus eingerichtet war, hatten wir praktisch eine öffentliche Telefonkabine bei uns – mit der Kinderstunde am Radio um halb sechs war sehr häufig nichts! Zum Fernsehen kam ich ab und zu, denn der Widmer Heinz, der Sohn des Metzgers, war gleich alt wie ich. Seine Grossmutter war im Bären Birr draussen, und dort durften wir fernsehen.
Vroni Schaffner: Ich bin erst 1977 nach Hausen gekommen, als das schon ein recht grosses Dorf war. Aber ich habe eigentlich doch alle Hausemer gekannt damals. Und heute – die Hälfte kennt man nicht mehr. Wer in Einfamilienhäusern wohnt, den lernt man noch einigermassen kennen. Aber in den Blöcken ist ein ständiger Wechsel. Die alten Hausemer waren einfach hier, bis sie gestorben sind, die haben nie gezügelt! Es gab natürlich auch solche, die wegziehen mussten, die aber zurückkamen, sobald das möglich war. Die Alteingesessenen stehen heute den Fremden relativ offen gegenüber, aber ich denke, das ist auch ein Wandel der Zeit. Das Dorf ist offener geworden durch die vielen Neuzuzüger. Und wenn jemand Kontakt sucht, dann findet er ihn leicht, sobald er in einen Verein eintritt.
Ich bin in Umiken aufgewachsen, und grundsätzlich anders als in Hausen war das im allgemeinen dort nicht. Nur ein riesengrosser Unterschied bestand: In Hausen hatte es nichts als Vereine und in Umiken nichts.

Christian Schaffner: Das Verhältnis von Hausen zu Brugg? Man ging natürlich nach Brugg, um bestimmte Sachen einzukaufen. Aber irgendeine besondere Beziehung hatten wir nie, weder zu Brugg noch zum Eigenamt. Wir sind einfach zwischendrin, und wir sind weitgehend selbständig. Auch dem Eigenamt gegenüber. Nun ja, wenn die Eigenämter Buben vorbeikamen, die ihren Vätern das Mittagessen in die Kabelwerke in Windisch bringen mussten: Viele Birrfelder arbeiteten in Windisch, und da es dort noch keine Kantine gab, mussten sie entweder ihr Mittagessen im Rucksack mitnehmen – das waren dann häufig eben die Rucksäcklipuure – oder ihre Kinder mussten ihnen das Essen bringen. Meistens wechselten die Buben ab: Einer nahm das Mittagessen für zwei oder sogar drei Väter mit und musste dann am nächsten Tag nicht gehen, weil sein Kollege das übernahm. Wenn die Buben also auf ihren Velos durch Hausen fuhren, an der Lenkstange links und rechts die beladenen Taschen, dann pflegten wir sie zu föppeln. Sie konnten nicht so leicht absteigen, ohne ihre Ladung zu gefährden, und mussten weiterfahren. Sie konnten nur zurückkeifen: «Mir verwütsched eui scho no mal, ihr verdammte Sieche!» und ähnliches.
Etwas habe ich in bleibender Erinnerung behalten: Die Winter, die wir früher hatten. Das hat Eindruck gemacht. Zum Beispiel das Schneeschnuuze, der Schneepflug, von Pferden gezogen, der den Schnee von der Strasse weg zu beiden Seiten drückte. Am Morgen lauschte man hinaus, und wenn man die Pferde hörte, dann wusste man, dass es geschneit hatte. Und zwar richtig, denn sie räumten natürlich nicht, wenn nur ein Schäumchen Schnee lag. Nach dem Schneepflügen war der Schnee am Boden so hartgepresst, dass man mit den Schlittschuhen darauf fahren konnte. Wir hatten noch richtige Örgeli, Eisen, die man an den Schuhen festschraubte, bis die Sohlen nachgaben. Und dann konnte man natürlich schlitteln: Vom Lindhof aus hinunter, über die Hauptstrasse hinaus, alles einfach geradeaus. Autos hatte es ja noch nicht viele auf der Hauptstrasse Anfang der fünfziger Jahre.
Ich bin an der Holzgasse (Holzgasse 5) aufgewachsen. Mein Grossvater (Holzgasse 7) war Rangiervorarbeiter und Rucksäcklipuur mit ein oder zwei Stück Vieh. Als Bub durfte ich jeweils mit ihm ins Birrfeld hinausfahren, er hatte noch ein Stück Land dort, wo jetzt der Flugplatz ist. Die Kuh wurde dann eingespannt, und man brauchte einen ganzen Morgen, um hinauszufahren, den Mist abzuladen und in kleineren Haufen zu verteilen und wieder zurückzufahren. Am andern Tag fuhr man mit dem Velo hinauf, und verzettelte den Mist. Aber eindrücklich war immer, wenn man mit

dem Grossätti ins Birrfeld hinausfuhr am Morgen, wie dort die Lerchen aufstiegen und jubilierten. Auch Hasen konnte man sehen, alles mögliche. Das ist natürlich vorbei. Der Feldweg ins Birrhard hinauf war nicht geteert, es hatte Schlaglöcher, und eisenbereifte Wagen sind darübergefahren, von Kühen gezogen – ja, wir haben einen rasanten Wechsel erlebt.
Der Grossvater gab das Mehl aus seinem Getreide dem Beck Marti zum Backen – das war ungeheuer gutes Brot. Normalerweise hatte man kein Weissbrot, aber der Beck Marti machte dann Weissbrot daraus. Wenn im Winter der Störmetzger dagewesen war und die Grossmutter Grieben ausgelassen hatte, gab es Grieben mit Weissbrot – das Beste, was man haben konnte! Wenn es dann noch ein Tröpfchen Wein dazu gab, aus Anlass der Metzgete, dann war das für uns Giele schon etwas Besonderes.
Ganz wichtig war für die Kinder die Sonntagsschule, die von den Schwestern Hartmann und von Johanna Schaffner betreut wurde. Dort musste man gehen, es gab nichts anderes. Der Konfirmandenunterricht war in Windisch, und es wäre überhaupt nicht in Frage gekommen, dass man sich da geweigert hätte oder gar erklärt hätte, man lasse sich nicht konfirmieren, wie das heute vorkommt. Das hätte man schlicht für wahnsinnig gehalten.
Bei Beerdigungen gingen wir nach Windisch in die Kirche, das war immer sehr eindrücklich, wie die Leute am Strassenrand warteten, bis der Trauerzug vorbeikam, den Hut zogen und sich anschlossen. Und am Jugendfest zog man auch nach Windisch. Aber Hausen feierte natürlich sein eigenes Jugendfest, nicht mit Windisch zusammen. Alle zwei Jahre war Jugendfest, mit Brotverteilen und obligatem Süssmost. Ich war bei den Brugger Kadetten Tambour und war auch im Turnverein aktiv. Wir zogen mit Fahnen und Tambour ans Jugendfest. Jeder Verein stellte am Jugendfest sein Grüppchen. Nein, im Chor war ich nie, dafür reichte die Zeit nicht mehr. Zweimal in der Woche Turnen, denn die Aktiven turnen ja zweimal, und dann noch singen, da wären schon drei Abende besetzt gewesen. Wenn man im Vorstand war, kamen noch Sitzungen dazu, und die Woche war gefüllt. Und schliesslich bin ich auch noch Kassier im Vogelschutz-Verein, und die Familie ist doch auch noch da.

1944 Hans und Verena
1949 Schaffner-Haudenschild
Geissmattstrasse 8

Hans Schaffner: Ich bin hier geboren und habe Hausen in meiner Jugend noch als richtiges Bauerndorf und Strassendorf erlebt. Wir wohnten zwischen Süssbach und Bahnböschung. Am Bahnbord konnten wir Hütten bauen, und am Bach unten stauten wir Wasser und unternahmen auch sonst alles mögliche. Es war noch ein natürlicher Bach, vermutlich noch nicht vergiftet von der Chemie, denn ich fiel ein paarmal hinein und habe keinen Schaden davongetragen. Später wurde dieses Bächlein kanalisiert.

Mein Vater war Bauer und Bannwart. Mein Grossvater war schon Bannwart gewesen, heute nennt man das Forstwart. Im Sommer stand die Landwirtschaft im Vordergrund, im Winter ging der Vater mit einigen Bauern zusammen zum Holzen in den Ortsbürgerwald. Und im Frühling wurden Tännchen und Buchen gepflanzt. Wir hatten vier bis sechs Kühe, zwei Rindli, ein Ross und natürlich einen Hund und Katzen.

Hausen bestand aus Unterdorf, Ausserdorf, Holzgasse und Tannhübel. In der Schule war das spürbar: Die Unterdörfler standen gegen die Ausserdörfler, und wir vom Mitteldorf konnten Zünglein an der Waage spielen. Wir übten schon damals in der Schule Ringen und Schwingen, oder anders gesagt: Mir händ enand am Ranze gno. Es gab auch Hüttenkämpfe. Eine Gruppe hatte am Rothübel oben eine Hütte, unsere stand im Habsburgwald. Die gegnerische Hütte wurde ab und zu zusammengehauen. Ausserdörfler waren die, die vom Rössli an hinauf wohnten; hinunter, windischwärts, waren die Unterdörfler. Zu den Tannhüblern gehörte ein Spahr; das Haus, in dem er wohnte, steht neben einer Pferdeweide (Scherzbergweg, bei der Einmündung in Tannhübelstrasse). Auf der andern Seite der Tannhübelstrasse wohnten Schaffners-Hühnerwadels in dem Bauernhof dort im Stich. Weiter Hubers (Tannhübelstrasse 26), und noch ein Schaffner in dem Haus, in dem die Familie Jud jetzt wohnt (Tannhübelstrasse 20). Das war der Wasser Hansli, denn er handelte mit Mineralwasser. Sein Haus war blau angestrichen. Das Restaurant Tannhübel habe ich als Restaurant nicht mehr erlebt, die Widmers dort waren zu meinen Zeiten einfach Bauern. Heute steht das Haus nicht mehr. Es war immer sehr feucht dort, weiter vorn ist ja auch das kleine Moor. Das Haus wirkte immer sehr dunkel.

Ich habe mit vier Jahren schon meine Mutter verloren. Mein Vater heiratete wieder als ich in die erste oder zweite Klasse ging. Ich war zuerst bei Laura Spuhler in der Schule – sie ist in Hausen ein Begriff gewesen. Sie ist heute noch, mit 90, lebhaft und munter. Dann gab es ein paarmal Wechsel, schliesslich kam ich in die Sek in Brugg. Man konnte wählen zwischen Windisch und Brugg. Bei den Buben gaben dann meistens die Kadetten den Ausschlag: Am Brugger Jugendfest als Kadett dabeisein, das war eine erstrebenswerte Ehre. Deshalb bin auch ich nach Brugg in die Sek.

Ich konnte nachher in Brugg eine Lehre machen als Automechaniker, und weil es daheim nicht gut ging, bin ich von Hausen fort, obwohl ich das Dorf durch und durch kannte damals und sehr daran hing. Bis 1980 wohnte ich in Mellingen oben, und genau in dieser Zeit ist der Wechsel passiert. Als ich fortging, konnte ich noch von jedem Haus sagen: Hier wohnt der Meier, hier der Widmer und dort der Schaffner. Als ich zurückkam, kannte ich nur noch die Alten und die Vereinsmitglieder. Ich war 16 Jahre fort, aber mein Ziel war immer, zurückzukommen. Ich habe auch den Kontakt behalten und bin im Turnverein hier aktiv geblieben.

Ich habe natürlich das Chlausen auch noch mitgemacht. 1960 war mein Jahrgang dran. Wir waren drei Buben: Hans Hensch vom Waldeggweg, mein Cousin Urs Schaffner und ich. Zu dritt konnte man den Chlauslauf aber nicht machen, weil es zwei Gruppen brauchte. Also fragten wir noch den Hans Ruedi Huber. Wir teilten das Dorf auf unter uns. Damals musste man natürlich noch alles selber besorgen, die Pelerinen und alles Zubehör, und das Birkenreisig für die Ruten mussten wir stehlen. Ich war da im Vorteil, mein Vater als Bannwart konnte mir sagen: Dort müsst ihr gehen, dort hat es Reisig – aber ich weiss dann von nichts! Ich weiss nicht mehr, wer uns die Pelerinen genäht hat. Als Bart banden wir uns Schafwolle um, das juckte ganz entsetzlich. Nach dem Chlauslauf trafen wir uns bei uns daheim, assen zusammen etwas und teilten das gesammelte Geld. Ich weiss nicht mehr, wieviel das war, aber es war ein rechter Batzen, wir freuten uns sehr darüber. Das gab für jeden ein Sackgeld zur freien Verwendung.

1980 kamen wir wieder nach Hausen, 1981 wurde ich in die Ortsbürgerkommission und in die Finanzkommission gewählt. Der Chlauslauf war damals am Sterben. Frau Pfarrer Goudsmit war in jener Zeit gerade neu in Hausen und wollte rote Chlausegwändli einführen, wie sie das vielleicht von Holland her gewöhnt war. Man fand also, man müsse etwas unternehmen, und entwarf in der Ortsbürgerkommission eine erste Chlausordnung, um das Chlausen wieder zu beleben. In dieser ersten Chlausordnung hielt man sich an die überlieferte Form und liess nur Buben zum Chlauslaufen zu. In einer späteren Ordnung führten wir die Mädchen ein. Dann stellte sich das Ausländerproblem. Traditionellerweise waren es die Konfirmanden, die das Chlauslaufen machen durften, danach wären die Katholiken, damals vorwiegend Italiener, ausgeschlossen gewesen. Heute sind einfach alle Buben und Mädchen, die aus der Schule kommen, also 16 sind, zugelassen. Der Chlauslauf wird auch nicht mehr am Brugger Märt abgehalten, sondern am 6. Dezember. Ursprünglich hatten zum Chlaus auch das «Müeti» und der «Schmutzli» gehört, und der Zug wurde vollständig, wenn auch ein «Bändelimaa» mit einer Säublattere dabei war. Die Kinder liefen dem Chlaus nach, und der Bändelimaa schlug mit der Säublattere am Stecken nach ihnen. Das konnten viele Leute nicht verstehen, weil es ihnen zu sehr nach Fasnacht aussah. Wir gaben nach und liessen es bei Chlaus und Schmutzli. Wir haben alles angeschafft und bereitgestellt, was die Jungen für den Chlauslauf brauchten. Vieles, wie Glocken, Hutten oder Birkenreisig, könnten sie sich gar nicht mehr selber beschaffen, weil es zuviele Kinder sind und weil längst nicht mehr in jedem Haus eine Hutte vorhanden ist, wie früher. Meine Frau hat mit andern zusammen angefangen, die Chlausmäntel zu nähen. Der Schatzmann Christian hat Glocken und Hutten und so weiter eingekauft, und das Birkenreisig für die Ruten holen wir von der Ortsbürgerkommission mit dem Förster zusammen und stellen es den Jungen zur Verfügung.

Das Geislechlöpfe, das ursprünglich auch die Chläuse im Wald gemacht hatten, war völlig untergegangen. Der Mattenberger Hans kannte aber den Gemeindeammann Gloor von Niederlenz, und dort war das Geislechlöpfe üblich und traditionellerweise unabhängig vom Chlausen. Nach dem Modell von Niederlenz haben wir das auch bei uns wieder gestartet. Das lässt sich ganz gut an, und wir wollen uns nächstes Mal, wenn wirklich gute Chlöpfer mitmachen, auch am Regionalen Chlöpfertag in Staufen beteiligen. Die Geiseln sind recht teuer und müssen auch immer geflickt werden. Wir haben deshalb angefangen, auch ein Risotto-Essen zu offerieren. Denn die Ortsbürger haben finanzielle Probleme seit der Wald ein Defizitgeschäft geworden ist und können nicht beliebige Summen in die Pflege des Brauchtums hineinstecken.

Als ich 1980 wieder nach Hausen kam, wurde gerade wieder einmal ein Waldumgang gemacht. Einen Waldumgang kannte man nicht, als ich Bub war. Es gab damals aber eine Forstkommission, die bestand aus einem Gemeinderat, dem Förster und dem Wagner Ernst (Widmer), dem damaligen Gemeindearbeiter. Diese Forstkommission machte ihre Waldumgänge

nach Bedarf. Beim Waldumgang 1980 entstand das Projekt einer Ortsbürgerkommission, Initiator war der Widmer Max, der Beck-Mix. Er verkaufte bei dieser Gelegenheit eine Art Pariserbrote, die er «Bürgerchnebel» nannte, nach dem früher üblichen Bürgernutzen, den die Ortsbürger aus ihrem Wald bezogen hatten. Diese «Bürgerchnebel» waren der eigentliche Startschuss für den Bau der Alterswohnungen, wobei man damals von einem Altersheim sprach. Den Erlös aus dem Verkauf dieser Brote legte der Widmer Max in einen Fonds. Max Widmer war auch der erste Präsident der Ortsbürgerkommission. 1985 habe ich das Präsidium übernommen. Es war am Anfang nicht immer ganz einfach, das Verhältnis der Ortsbürgerkommission zur Gemeinde und die beiderseitigen Aufgaben und Kompetenzen zu definieren, aber bisher haben wir immer eine Lösung gefunden. Denn das ist klar: Wir haben Interesse am Wald und am Brauchtum, und beides verlangt grossen Einsatz. Wenn nur ein Gemeinderat und ein Förster und vielleicht sonst noch jemand aus der Gemeinde sich darum kümmern müssten, dann würde das gehen wie vorher, dass nämlich die Sache mehr oder weniger stirbt. Ohne grosses Engagement würde wohl noch vieles sterben in Hausen. Ich hoffe aber, ich werde einen Nachfolger im Präsidium der Ortsbürger finden und der Gemeinderat mache weiter mit.
Wir beschlossen, den Waldumgang regelmässig, und zwar am Bettagsamstag zu organisieren. Jedes zweite Jahr gehen wir in den Wald, und dazwischen machen wir Exkursionen und Besichtigungen aller Art, Themen waren da zum Beispiel der Bau des Autobahn-Zubringers, der Hundeklub, Naturschutz mit Hecken und so weiter. Seit anno 81 findet das regelmässig statt, und jedesmal kommen zwischen sechzig und hundert Leute.
Verena Schaffner: Es war für mich zuerst nicht ganz einfach, als Auswärtige in Hausen, denn ich hatte von Anfang an den Eindruck, ich sei in ein Schlafdorf geraten. Wir sprechen oft darüber – es ist wirklich ein Schlafdorf geworden und wird es wohl auch bleiben. Ich bin in einem Dorf aufgewachsen, in dem man ganz andere Sachen auf die Beine stellte, obwohl weniger zur Verfügung stand. Nachdem hier so viel gebaut worden ist, ist das Problem des Zusammenhalts natürlich akut geworden. Fremd fühlte ich mich nie in Hausen, denn schon als wir noch in Mellingen wohnten, bin ich hierher ins Turnen gekommen, und die Turnerfamilie hat mich sofort aufgenommen. Später, als mein Mann dann so viel fort war, habe ich erst recht mitgemacht, habe Mäntel genäht für das Chlausen, beim Risotto-Essen in der Organisation und am Buffet mitgearbeitet und so weiter. Aber

Die Jury beim Geislechlöpfe 1993. V. l. n. r.: Hans Schaffner, Christian Schatzmann, Horst Güntert und Willi Güntert von Niederlenz, Hans Mattenberger. Foto Jakob Hartmann.

manchmal ist es frustrierend, mit wieviel Trägheit und Bequemlichkeit manche Leute dem Dorfleben gegenüberstehen. Das hat wohl auch wieder mit dem Problem Schlafdorf zu tun: Es ist bei vielen gar kein Interesse da. Ich bin katholisch aufgewachsen und war einen St. Niklaus im roten Mantel mit Bischofsstab gewöhnt. Als nun hier zum ersten Mal so ein Chlaus hereinkam, war ich schockiert: Ohrringe hingen heraus, der Wattebart halb abgerissen, unsorgfältig und lieblos gemacht. So beschloss ich, mich darum zu kümmern. Ich wollte das aber machen, wie es hier üblich war, mit schwarzen Mänteln. Damit das doch nicht ganz so gfürchig war, nähten wir weissen Pelz darauf. Am Anfang mussten die Mütter mir noch helfen, den Bändelimaa zu nähen, das konnte ich nicht alles allein. Aber da war es schwierig, Hilfe zu bekommen. Viele Mütter weigerten sich, irgendwie mitzuarbeiten. Das ist für das ganze Dorf nicht gut, denn eben, ohne Einsatz geht nichts. Auch beim Jugendfest hat mich die Reaktion vieler Eltern, vor allem von zugezogenen Familien, sehr betroffen gemacht, und zwar als es um die Kleider der Kinder ging. Ich wusste von meinem Mann, dass die

Geislechlöpfe 1993. Wettbewerb der Geislechlöpfer auf dem Platz vor dem Mehrzweckgebäude. Foto Jakob Hartmann.

Mädchen immer im weissen Kleid mit einem Kränzchen im Haar ans Jugendfest gingen, und die Buben in Hosen – damals noch in kurzen Hosen – mit Bügelfalten und mit Krawatte. An einem Elternabend sprach man davon. Als ich aber vorschlug, die Kinder sollten doch wieder etwas gepflegt und hübsch angezogen ans Fest, da gab es Proteste. Man wolle doch den Kindern keine Kleider kaufen, die sie nachher nicht mehr anziehen, und es solle jedes umelaufe wie es wolle. So geht vieles verloren.
Ja, beim Chlauslauf braucht es unbedingt eine Aufsicht. Wenn die Jungen auch in vielem selbständiger sind als früher, so sind sie eben doch in andern Dingen wieder völlig unfähig, etwas selber zu machen und sich zu organisieren. Zudem haben wir jetzt auch mit dem Missbrauch von harten und weichen Drogen zu kämpfen, das ist ein zusätzliches Problem.
Hans Schaffner: Als ich 1980 nach Hausen zurückkam, war die Veränderung meines Dorfes ein Schock für mich. Ich habe mich sofort daran gemacht, die alten Fäden wieder aufzunehmen, und bin heute sehr intensiv an dieser Aufgabe. Wir haben jetzt auch ein wirklich gutes Team: Die Ortsbürger-

kommission und die Finanzkommission ziehen voll mit. Wir haben auch schon Sponsoren gefunden für Waldumgänge und Preise beim Geisle-chlöpfe, was für uns eine Bestätigung ist, dass diese Bräuche einen gewissen Stellenwert haben.

Ja, die Übernamen waren früher selbstverständlich. Heute hat man nur noch die individuellen Übernamen, bei den Turnern zum Beispiel. Aber wir Schaffners waren 's Gotthöldis nach dem Vornamen meines Grossvaters. Man sagte uns aber auch etwa 's Bannwarte. Der Kanzlist (Jakob Schaffner) war der Bruder meines Grossvaters, seine Familie nannte man 's Kanzlischte. Andere Schaffner waren die Nachkommen des Muurer Heiri: Muurer Heiri Hermi und Muurer Heiri Hermi Kari. Die Schaffners, die die Verwaltungsstelle der Krankenkasse Helvetia betreuten, stammen von 's Drülüters ab, die jeweils um drei Uhr die Glocke auf dem alten Schulhaus zum Zabig läuteten. Im Tannhübel wohnten Schaffners, die viele Hühner hatten, das waren 's Hüenerwadels, er war der Hüener Miggi. Mit 's Hüenerwadels haben wir zusammengespannt, wenn wir etwas fahren mussten und zwei Pferde brauchten; einmal hatten sie unser Ross, das andere Mal brauchten wir ihres.

Ich habe natürlich noch viele Erinnerungen an früher. Zum Beispiel jenes Gewitter am Abend vor dem Jugendfest 1950, als der Blitz in die Glocke auf dem Schulhaus einschlug. Ich habe weder vorher noch nachher je wieder ein solches Gewitter erlebt. Es war eine lange Hitzeperiode gewesen, und am Abend kam das Gewitter über den Rothübel und stand am Habsburgwald an. Es war taghell und knallte ununterbrochen. Der Vater war in der Feuerwehr und musste gehen, als der Brand im Schulhaus ausgebrochen war. Er befahl uns, im Notfall die Kühe ins Freie zu lassen. Wir mussten uns anziehen und die Sturmlaternen anzünden. Das Gewitter wollte nicht enden. Diese Angst ist mir noch lange nachgegangen.

Ja, noch etwas. Im November oder Dezember kam ein Schneider von Birrhard mit der Dreschmaschine. Man hatte die Frucht ins Tenn, uf d'Oberte ue, gebracht. Wenn die Dreschmaschine eingerichtet war, liess man die Garben durchlaufen, immer zwei bis drei Bauern mussten einander dabei helfen, das Stroh aufhäufen und die Garben eingeben. Vor dem Dreschen durfe man Schoggi essen, denn das Silberpapier der Schokoladepackungen brauchte man häufig für die Sicherungen, die durch die Dreschmaschine ab und zu über ihre Belastbarkeit hinaus beansprucht wurden. Dann hatte man im Winter auch immer die Hausmetzgete, und als Bub

wurde ich dann zu Verwandten geschickt, um ihnen eine Blutwurst oder eine Leberwurst zu bringen. Und der Kanzlist, das habe ich nie vergessen, gab dafür einen Fünfliber. Auch auf Neujahr mussten wir immer zum Kanzlisten, und er gab uns einen Fünfliber für ins Kässeli.
Zum Znacht gab es fast immer Bröisi (Röschti) und Kafi. Man hatte den offenen Herd und stellte die Bröisi-Pfanne einfach vom Herd auf den Tisch. Jeder hatte einen Suppenlöffel, drückte damit das Bröisi etwas an und löffelte aus der Pfanne. Ja, Tünne (Wähe) gab es auch ab und zu, mit Gemüse oder mit Früchten darauf. Speck und Rauchwürste gab man dem Dahli Hans zum Räuchern, er hatte noch eine offene Rauchkammer im Kamin.
Der Dahli Hans war überhaupt eine Legende im Dorf. Er war Junggeselle und ging in jungen Jahren offenbar manchmal nach Scherz z' Chilt zu einem Mädchen. Dabei scheint er ein bevorzugtes Objekt für derbe Spässe gewesen zu sein. Ich erinnere mich, dass er eher ängstlich war und beim Einnachten sorgfältig alle Läden schloss. Wir bastelten also einmal mit Zündholzschachteli und Sternlifaden, in den wir einen Knopf machten, ein Lärminstrument, der Faden wurde durch das Schachteli gezogen, hin und her, und gab dabei ein eigenartig ratterndes Geräusch. Das praktizierten wir vor seinen Fenstern. Er löschte alles Licht im Haus, und wir freuten uns schon, wir hätten ihn richtig erschreckt. Aber plötzlich stand er hinter uns und brüllte uns an, dass wir davonstoben. Er hatte sich durch die Hintertür hinausgeschlichen. Ja, er wohnte allein im hintern Teil des Dahli-Hauses, vorne war der Schuhmacher Senn, und in dem späteren kleinen Anbau hinten wohnte das Sepp Idi (Ida Widmer), eine Schwester des Tannhübel-Wirtes.
Der Rössli-Saal war natürlich wichtig, alle Anlässe und Abendunterhaltungen fanden dort oben statt. Wenn nach den Vorführungen der Tanz begann, musste man zügeln: Man durfte nur in dem Teil des Saales, der an die Scheune anstiess, tanzen, weil sonst die Decke im Restaurant darunter zu stark federte. In der Scheune – die ja heute durch den Anbau mit dem Kiosk ersetzt ist – hatte es einen speziellen Aufzug: Eine Zange, die das Heu oder Stroh griff und die in einer Schiene oben hin und her gleiten konnte. Diese Zange wurde über eine Rolle von einem Pferd gezogen. Wenn die Zange also gefasst hatte, lief einer unten mit dem Ross einfach in die Strasse hinaus und zog die Ware so hinauf. Das ging damals problemlos, der Verkehr auf der Strasse war spärlich genug. Ja, schade, dass man diese Scheune abgebrochen hat – heute hätte man sicher ein Restaurant drin, zum Beispiel mit dem Namen «Rösslischüür».

1978 Katrin Trachsel
Tulpenstrasse 4

Als ich Kind war, wohnten wir an der Iltisstrasse, in einem dieser Viereckhäuser, von denen immer zwei leicht versetzt zusammengebaut sind. Dort traf man immer Leute. Wir wohnten in einem der untern Häuser, mussten also an den andern vorbeigehen, und so war viel Gelegenheit, andere zu sehen und mit ihnen zu plaudern. Nicht nur ich als Kind schwatzte mit allen, auch die Eltern hatten auf alle Seiten Kontakt. Dann zogen wir an die Tulpenstrasse, wo es schön und ruhig ist, um jedes Haus der Garten und das eigene Weglein von der Strasse her, vielleicht sogar ein Zaun oder eine Hecke. Wenn man die Leute nicht wirklich sehen will, können Wochen vergehen, ohne dass man jemandem begegnet. Das war für mich – ich war vielleicht zehn oder elf – ein Megaunterschied am Anfang. Ich fühlte mich total einsam.
Ich habe Jahrgang 1978, und meine Schwester Eveline ist zwei Jahre älter. Meine Eltern hatten zuerst in Windisch gewohnt und zügelten nach Hausen, als das Haus an der Iltisstrasse neu gebaut war. In dem Haus an der Tulpenstrasse wohnte vorher der Architekt Luciano Jenny, der viele der Häuser im Sooremattquartier gebaut hat. Er zog 1986 von Hausen weg. Für mich als Kind war der Wechsel von der Iltisstrasse an die Tulpenstrasse schlimm gewesen, aber ich ging bald einmal auswärts in die Schule, und ich verlasse auch heute das Haus am Morgen früh und komme erst am Abend zurück. Welches der beiden Quartierbilder für Hausen typischer wäre? Ich denke, etwas in der Mitte. Der Hausener ist an und für sich ein Individualist und schaut für sich. Aber an Jugendfesten und Turnerabenden und so weiter sind doch alle beisammen und können wirklich festen. In den einzelnen Quartieren dagegen läuft wenig. Ich kann mich bei uns nur an ein einziges Quartierfest erinnern.
Die Schule? Meine Schwester war in der letzten Klasse, die Frau Döbeli noch unterrichtete, bevor sie Hausen verliess. Sie ist richtig gedrillt worden, aber sie hat extrem viel gelernt. Ich hatte dagegen wirklich ein Schoggileben in der Primarschule, zum Beispiel bei Heiner Humbel, der wirklich lieb war. Ich erinnere mich, dass wir an den Eitenberg zum Schlitteln gingen, und Herr Humbel hat uns zu viert auf dem Schlitten dort hinaufgezogen. Er trug immer Jesussandalen, egal ob es regnete oder schneite, war ganz dünn und steckte immer in braunen Hosen. Er bastelte auch jedes Jahr mit uns unendlich viele Weihnachtsgeschenke für sämtliche Gotten und Göttis. Ich muss sagen, ich habe die Primarschule wirklich

genossen. Wir waren die Klasse, die im Schulhaus diese Wand bemalt hat. Eines Morgens, als wir in die Schule kamen, war diese Wand besprayt. Das war ein Schock und eine Revolution – in Hausen, am Schulhaus, da sprayte doch niemand! Wir sind wirklich auf dem Land aufgewachsen.
Meine Freundin Rebekka und ich gingen dann und wann auf eine Kreidenwanderung. Wir hatten in einem Buch gelesen, dass jemand sich verirrt hatte und den Heimweg nicht mehr fand. Wir beschlossen, das klüger zu machen: Wir banden eine Kreide an einen langen Stecken und zeichneten den ganzen Weg, den wir gingen, an. Mit Rucksack und Proviant, den eine der Mütter stiftete, machten wir uns auf den Weg. Natürlich kannten wir uns rundherum aus und hätten uns kaum verirren können, aber wir machten Kreidenwanderungen. Ich denke, wir konnten wirklich noch Kinder sein. Das Mami war daheim und arbeitete daheim, und wenn sie einmal fort musste, dann wusste man, zu wem man gehen konnte, wenn etwas passierte. Heute haben viele Kinder nicht mehr so viel Platz, vor allem auch dadurch, dass häufig beide Eltern arbeiten oder arbeiten müssen. Das zwingt auch die Kinder in ein anderes Leben. Für uns war Hausen wirklich noch eine heile Welt.
Ich erinnere mich an das Erlebnis, als ich das erste Mal allein mit dem Bus nach Brugg fuhr – es war ein Ereignis für mich. Ich war vielleicht in der fünften Klasse. Am Mittwochnachmittag fuhr man nach Brugg und machte für einen Franken vier Föteli im Passfoto-Automat beim Bahnhof. Die Föteli wurden dann verteilt: für die beste Freundin, für die Schwester und so weiter. Diese Föteli hatte man im Portemonnaie – stapelweise. Man traf sich an einem Nachmittag und zeigte sich gegenseitig diese Bildchen.
Die Bezirksschule ist für die Hausener in Windisch, die Kantonsschule in Baden-Wettingen oder in Aarau. Die Hausener können wählen, wohin sie wollen. Ich habe Aarau gewählt. Ich habe die Wirtschaftsmatur, die E-Matur, gemacht, und ich würde das wieder machen, auch wenn ich jetzt für das Anglistik- und Germanistikstudium das Latein nacharbeiten muss.
Seit dreieinhalb Jahren gebe ich in Hausen Sonntagsschule. Als Kinder waren Eveline und ich nie in der Sonntagsschule, denn wir fuhren jedes Wochenende zu den Grosseltern ins Bernbiet. Ich habe den Zugang zur Sonntagsschule durch meine Schwester bekommen, die schon vor mir mit Sonntagsschulunterricht begonnen hat. Sonntagsschule ist gleichzeitig mit dem Gottesdienst, am Sonntag um halb elf. Die Kinder können kommen, wenn sie im Kleinen Kindergarten sind, viele kommen aber schon mit vier

Erinnerungsteller der Sonntagsschule Hausen. Diese Teller wurden in den fünfziger Jahren den Sonntagsschülern als Weihnachtsgabe überreicht. Foto L. Berner.

oder dreieinhalb Jahren. Sie dürfen kommen, sobald sie stillsitzen können und Freude an der Sonntagsschule haben. Es kommen bei den Grossen auch noch einige, die schon in den Jugo (Jugendgottesdienst) müssten. Jedes Jahr gibt es ein Krippenspiel, da machen immer zwischen fünfzig und sechzig Kinder mit. Unsere Krippenspiele sind schon fast berühmt, sie sind immer extrem abnormal und werden extra für uns geschrieben von einer Pfarrerin in Königsfelden, Marianne Reifers. Sie schreibt sehr provokative Stücke. Es ist eine gewaltige Arbeit und ein richtiger Chrampf – aber total lässig. Vor allem, wenn man nachher sieht, wie sich die Kinder freuen und wie sich die Eltern freuen. Weitaus die meisten dieser Kinder sind Hausemer, wenige kommen von Windisch. Es sind auch nicht nur Reformierte, wir haben auch Katholiken dabei oder solche, die sich als religionslos bezeichnen.

Wir sind vier Mitarbeiter für die Sonntagsschule in Hausen. Die Themen besprechen wir mit Pfarrer Edlef Bandixen, der uns betreut, aber in der

Gestaltung haben wir viel Freiheit. Schön ist, dass wir wirklich fast jeden Sonntag das Zimmer voll haben.
Ob es wichtig ist für Hausen, eine eigene Kirche zu haben? Ja und nein. Für die Älteren ist es sicher wichtig, weil sie dadurch nicht mehr so weit gehen müssen und weil sie den Bau der Kirche miterlebt haben. Letztes Jahr gab es einen Festgottesdienst zum zwanzigjährigen Bestehen der Kirche, sie wurde 1978 gebaut. Es wurde ein Film über Bau und Einweihung der Kirche gezeigt, und darin erkannte man viele von den heute Älteren wieder. Für die Jüngeren wird die Kirche meist erst aktuell, wenn sie heiraten. Ich finde die Kirche Hausen wunderschön, hell und durch das viele Holz warm.
Grenzen zwischen Alteingesessenen und Zuzügern? Ich denke, die Ortsbürger habe ich schon als einen eigenen Verein gesehen. Eine eigentliche Abgrenzung bemerkte ich aber erst, als das Asylantenheim eröffnet wurde. Das war wohl für viele ein Einschnitt. Man sieht heute recht viele Frauen mit Kopftüchern, Leute mit dunkler Haut. Tamilen kannte man überhaupt nicht, als ich Kind war. Dass Italiener hier waren, das war normal, damit bin ich aufgewachsen. Aber dann sind die andern gekommen, Jugoslawen, Tamilen, Farbige. In meiner Primarschulzeit gab es keine solchen Leute hier.
Nein, ich bin in keinem Verein in Hausen. Ich denke, die Vereine sind ganz allgemein nicht mehr so interessant für die Jungen von meiner Generation und jünger. Früher war das wohl ein Treffpunkt mit Kollegen. Heute gibt es zahlreiche andere Möglichkeiten. Früher war einer ein Exot, wenn er in Zürich arbeitete, heute ist das normal. Man ist in gewisser Weise mehr Individualist heute, denn wenn man in einem Verein ist, dann hat man ja den ganzen Anhang auch: das Vereinsleben nach dem Turnen, Vereinsreisli und Papiersammeln. Im Aerobic oder Fitnesscenter geht man zum Training und nachher wieder heim – ohne Verpflichtungen. Das Vereinsleben hat früher das ganze Dorfleben geprägt. Aber heute leben viele nicht mehr hier, sie wohnen und schlafen nur noch im Dorf.

1986 Joel O'Neill
Münzentalstrasse 14b

Wir wohnen seit etwa zehn Jahren in Hausen, seit vier Jahren sind wir an der Münzentalstrasse. Wie ich Hausen beschreiben würde? Es ist ein kleines Dorf mit einem Lädeli, ziemlich viel Land rundherum, und es ist von Wald umgeben. Es gibt eine kleine und eine grosse Turnhalle und ein Schulhaus. Die Oberstufenschüler sind auswärts.

Ich kenne hier ziemlich viele Kinder, was vielleicht in einem grösseren Ort nicht möglich wäre. An der Münzentalstrasse wohnen ein Mädchen und ein Bub in meinem Alter und natürlich auch ältere und jüngere Kinder. Seit einem Jahr gehe ich nach Windisch in die Schule. Das war schon eine Umstellung, denn die Schule in Windisch ist so gross, dass man sich viel weniger kennt. Hier in Hausen kannte man auch schon die kleinen Geschwister der Kollegen, und die Grösseren kannte man sowieso. In Hausen war ich in der ersten bis dritten Klasse bei Frau Ishteiwy – in ihrer zweitletzten Klasse vor ihrer Pensionierung – und bei Frau Wälchli. In der vierten und fünften Klasse war ich bei Herrn Wullschleger, in seiner ersten Klasse hier in Hausen.

Was man in Hausen einführen könnte? Etwas mehr Spielraum! Spielplätze, zum Beispiel eine Inline-Skate-Bahn oder einen Platz zum Landhockey-Spielen. Ja, ich weiss, dass Hausen keinen Fussballklub hat, deshalb habe ich früher im FC Birr gespielt. Ich kenne viele, die in Windisch oder Brugg Fussball spielen. Aber Hausen hat einen Tischtennisklub, den Tischtennisklub Fortuna Hausen. Wir trainieren oben in der kleinen Turnhalle. Ein Kollege und ich sind die ersten Junioren im Klub gewesen, heute sind wir vierzehn Junioren und zwanzig Erwachsene. Unser Trainer wohnt nicht hier in Hausen, und einige Mitglieder kommen auch von auswärts. Wir haben auch schon an Schweizer und an Aargauer Meisterschaften gespielt. Bei den Aargauer Meisterschaften war ich Neunter und bei den Schweizer Meisterschaften Siebzehnter.

Ja, früher sind wir oft in den Wald hinauf zum Spielen. Manchmal haben wir eine Hütte gebaut oder sonst etwas unternommen. Ich gehe auch durch den Wald, wenn ich einen Kollegen in Mülligen besuchen will, aber zum Spielen sind wir eigentlich kaum mehr dort.

Was wir über die Geschichte von Hausen in der Schule gehört haben? Bei Herrn Wullschleger hatten wir verschiedene Projekte zu bearbeiten, zum Beispiel die Themen Steinzeitmenschen, Pfahlbauer und so weiter. Wir

Eine schön präparierte Schlyffi zwischen dem alten Meyer-Haus und dem heutigen Gemeindehaus. Im Hintergrund ist der Neubau der Landwirtschaftlichen Genossenschaft, noch eingerüstet, zu erkennen. Foto 1961, L. Berner.

haben auch über Hausen gesprochen, dass es vielleicht ein Stamm gewesen sei, der sich hier angesiedelt habe, dass aus dieser Siedlung ein Weiler und schliesslich ein Dorf entstanden sei. Der Lehrer sagte auch, dass Römerausgrabungen hier durchgeführt worden seien und dass es einen Brief von einer habsburgischen Herrscherin gebe, in dem Hausen das erste Mal erwähnt werde. In einer Projektarbeit zum Thema Hausen haben wir Leute interviewt, Fotos gemacht und andere Informationen gesammelt, zum Beispiel auf der Gemeinde gefragt, wieviele Einwohner das Dorf habe, das waren etwa 2300. Jetzt werden es 2500 sein.
Mir gefällt es in Hausen. Ich könnte mir auch vorstellen, als Erwachsener noch hier zu wohnen.

1986 Jasmin Henle und
1989 Christian Henle
Hochrütistrasse 15

Jasmin Henle: Hausen würde ich als ein ruhiges Dörfli beschreiben, klein, von recht viel Wald umgeben. Es ist friedlich, ohne viel Trubel, und es ist nicht so, dass jeden Abend etwas laufen würde. Es hat nette Einwohner und ziemlich viele Kinder im Dorf. Wenn man mit dem Velo in die Schule fährt, sieht man meistens Kinder auf der Strasse, weniger ältere Leute. Ich kenne vor allem Christians Altersgruppe, die, die mit ihm in der Klasse sind. Oder natürlich auch die Kinder der Freundinnen meiner Mutter und die Kinder in unserm Quartier. Ich bin in der zweiten Bez in Windisch, und ich lerne auf dem Schulweg auch die Schüler von Birr und so weiter kennen, die durch Hausen Richtung Windisch fahren.
Christian Henle: Ich bin echt zufrieden mit diesem Dörfli, es hat weder zuwenig noch zuviele Leute – gerade so passend für mich. Man kann sich nicht leicht verirren, weil es ein kleines Dorf ist, ich kann den Überblick behalten. Wenn es zuwenig Leute hätte, wäre es langweilig. Ich bin jetzt in der vierten Klasse. Erste bis dritte Klasse sind im Lindhofschulhaus, vierte und fünfte Klasse sind im Meyerschulhaus.
Jasmin Henle: Wir haben voher im Unterdorf gewohnt. Das ist eine Art Blockquartier, wir waren in einer Wohnung. Es hat dort wenige Einfamilienhäuser, wie wir sie hier haben. Im Block ist man natürlich enger aufeinander, es gibt mehr Sachen zum Lästern und Sichärgern, aber auch zum Lachen. Hier ist jeder für sich, hat sein Revier und sein Grundstück und seine Ruhe. Ja, das ist soweit ganz angenehm, aber im Block hat man mit mehr Leuten Kontakt. Wenn man Hausaufgaben machen muss oder etwas studieren will, ist das Einzelnwohnen natürlich ein Vorteil. Im Unterdorf hatten wir ja auch noch den Verkehr auf der Hauptstrasse, der damals noch stärker war, und auf der andern Seite den Zug. Da klirrten immer die Gläser, wenn einer vorbeifuhr. 1996 haben wir gezügelt.
Etwas vermisse ich hier: Es gibt in diesem Quartier keinen einzigen Spielplatz. Dort war zwischen den Blöcken ein Spielplatz, und ich finde, man könnte auch hier, trotzdem es Einfamilienhäuser und keine Blöcke sind, einen kleinen Park mit einem Spielplatz für die Kinder anlegen. Früher bin ich gern noch schnell auf den Spielplatz go gygampfe. Da waren meist auch andere Kinder, und man konnte schwatzen mit ihnen. Hier habe ich den Spielplatz vermisst, wir mussten selber ein Gyreitzi in den Baum hängen.

Christian Henle: Ich ging selten auf den Spielplatz, weil ich immer Angst hatte vor einem andern Kind, das mich häufig verprügelt hat. Ich bin eigentlich gerne im Zimmer geblieben und habe mit Lego und Autöli gespielt.
Jasmin Henle: Wie die Geschichte mit unserer CD, der «Klaföif», angefangen hat? Ich war beim Herrn Polentarutti in der Klasse, und er merkte, dass wir alle sehr gerne singen. Als wir noch bei Frau Wieland zur Schule gingen, sangen wir eher selten. Sie begleitete uns auf der Flöte. Herr Polentarutti hat gleich am ersten Morgen Singblätter verteilt, da war auch ein Klavier, und er hat so schön angefangen zu spielen. Wir sassen im Kreis rundherum und durften mitsingen. Wir sangen dann viel, mindestens einmal pro Tag, meistens am Morgen früh. Nach einiger Zeit begann er zu fragen, ob jemand Lust hätte, eine Strophe allein zu singen. Zuerst meldeten sich nur die Mutigsten, dann aber immer mehr und schliesslich fast alle. Natürlich lachten wir auch nie jemanden aus, wenn es falsch klang, und mit der Zeit lernten eigentlich alle, den richtigen Ton zu treffen. Einmal kam er dann mit einer CD in die Schule und fragte: «Wisst ihr, was das ist?» Und dann fragte er uns, ob wir eine CD machen wollten. Er hatte das schon an einem Elternabend mit den Eltern besprochen. Ursprünglich hatte er eine Kassette machen wollen, aber die Eltern hatten gefunden, das mache man heute doch nicht mehr. Und wir sagten spontan, ja, das ist doch cool, machen wir eine CD. Wir hatten ein Jahr Zeit für dieses Projekt, und die ganze fünfte Klasse hindurch haben wir geübt und geübt. Es war sehr intensiv, aber bei den Aufnahmen herrschte eine recht lockere Stimmung. Bei den späteren Auftritten, im Bernhard-Theater in Zürich oder im Festspielhaus in Luzern, war Herr Polentarutti dann vielleicht am aufgeregtesten, während er uns vorher immer mit Witzen die Spannung hatte nehmen können. Im Bernhard-Theater sangen wir, was auf der CD ist, in Luzern war es die vorgesehene neue Nationalhymne. Das war 1998, und da war ich schon in der Bez.
Christian Henle: Nein, wir haben noch nie ein solches Grossprojekt gemacht, aber wir wollen beim «Hauruck» mitmachen. Das ist eine Fernsehsendung, bei der zwei Klassen im Wettbewerb miteinander stehen und Fragen beantworten müssen. In der Schule haben wir jetzt gerade ein neues Projekt, das heisst «Wir bauen ein Dorf». Wir haben einen grossen Karton, darauf sind Strassen und Wege, ein Fluss und Wald eingezeichnet. Jeder kann sich aussuchen, wo er sein Haus bauen möchte. Man bekommt

durchsichtige Blättchen, die man auf den Karton legt und die das Grundstück markieren. Die Häuschen bastelt jeder für sich aus Papier. An der Wand hängt ein Karton, darauf schreiben wir die Regeln, die «Bauvorschriften», ein: Das Haus muss mindestens einen Zentimeter vom Fluss weg sein, es darf nicht das ganze Grundstück im Wald liegen, weil das Haus dann nicht mehr Platz hätte, und so weiter.

Jasmin Henle: In der zweiten Klasse, als ich achtjährig war, habe ich mit Ballett angefangen, hier in Hausen, bei Frau Graf (Ballettschule Germaine Karrer und Katharina Graf, Brugg und Hausen). Ja, das gefällt mir immer noch. Jetzt bereiten wir wieder eine Aufführung in Baden, im Kurtheater, vor, den «Pinocchio». Bei der «Mary Poppins» vor zwei Jahren war ich auch dabei. Der Ballettsaal im Huser Forum oben im Dachstock ist vielleicht zehn auf fünf bis sechs Meter. Die Fläche wäre grösser, aber in der Dachschräge kann man ja nicht tanzen. Für die Aufführung im Juni 1999 proben wir seit Herbst 1998. Da wird Abschnitt für Abschnitt ausprobiert und geübt. Wir können ja nicht alle gleich viel, und wir sind in der Grösse sehr verschieden, deshalb müssen Frau Graf und die andern Ballettlehrerinnen, Frau Karrer und Frau Hirschi, alle Kombinationen und Schritte den einzelnen Tänzerinnen und Gruppen anpassen.

Was wir davon halten, dass Hausen keinen Fussballklub hat? Ich glaube, dass in Hausen nicht nur der Fussballklub fehlt. Eigentlich ist Hausen wirklich ein minimales Dorf, wenn man die Vereine anschaut. Ja, natürlich, es gibt über dreissig Vereine, aber so richtigen Schulsport wie in Windisch, Basketball-Verein oder Badminton oder anderes, gibt es nicht. Keine Skaterbahn und keinen richtigen Kleiderladen.

Christian Henle: Eigentlich hätte ich gerne einen Zoo in Hausen. Aber ich denke, ein Zoo gehört nur in eine Stadt, wo man auch genügend Futter für die Tiere hat und Tierpfleger, und ich vermute, hier gäbe es dafür keine Freiwilligen. Ja, ich denke an den Zoo Hasel in Rüfenach – so sollte ein Zoo eben nicht sein.

In der Schulbibliothek finde ich eigentlich immer Sachen, die mich interessieren. Ich habe schon sehr viele von diesen Büchern durchgelesen. Ich finde das gut, das sollte man behalten.

Anhang

Zeittafel

Jüngere Eisenzeit (keltisch): Gräber mit Beilagen im Büntenfeld

Römisch:	Wasserführende römische Wasserleitung vom «Neuquartier» bis nach Vindonissa/Königsfelden
	Römische Wasserleitung aus dem Birrfeld
	Römische Baureste/Fundamente, wohl von einem römischen Gutshof im Büntli/Maueräcke
	Römischer Strassenkörper in nord-südlicher Richtung

1254	Erstmalige urkundliche Erwähnung
1315	Erste Erwähnung des «Eitenberg» in einer Urkunde Hausen betreffend
1327	Erstmals wird Hausen als Dorf erwähnt: «in dem Dorfe ze Husen»
1350	Erwähnung einer Klause am Scherzberg
1362	Erwähnung einer Klausnerin am «Hyltispüel» (heute Galgenhubel)
1363	«der Brunnen zu Husen» wird urkundlich dem Kloster Königsfelden vermacht
1415	Eroberung des «Unteraargaus» durch die Berner
1494	Erste Erwähnung einer Landstrasse durch Hausen
1528	Formelle Aufhebung des Klosters Königsfelden. Bern übernimmt alle herrschaftlichen Rechte
1529	Erste Feuerstättenzählung
1682	Einteilung der Gemeinde in sechs Liegenschaftsbezirke
1690	Beginn des Schulunterrichts in Hausen
ab 1740	Hausemer Bürger in fremden Kriegsheeren
1755	Letzte Vollstreckung eines Todesurteils unter Berner Herrschaft auf dem «Galgenhubel»
1764	Erhebung der Bevölkerungszahl (Hausen: 246 Einwohner)
	Pfarrbericht Windisch «über die tatsächlichen Zustände auf der Landschaft»
1768	Ernennung eines Gemeindevorstehers
1779	Bau der Landstrasse von Brugg nach Bern
1793	Bau des «Schenkwirtshauses Tannhübel»
1798	«Untergang der alten Eidgenossenschaft»
	Wahl einer «Munizipalität»
	Einquartierung französischer Truppen
	Rekrutenstellung in französische Dienste
1802	Ausbruch des Bürgerkriegs und Entwaffnung
1803	Mediationsakte: Gründung des Kantons Aargau
	Wahl des ersten Gemeinderates
1805–1810	Eidgenössische Feldzüge
1809	Neuerstellung der Landstrasse von Königsfelden über das Birrfeld
	Das erste Feuer-Assekuranz-Register der Gemeinde erwähnt 42 Wohnhäuser mit 72 Wohnungen
1813	Einquartierung österreichischer Truppen
1814	Zehntenloskauf

1817	Bau des ersten Gemeindeschulhauses
1819	Anschaffung einer Feuerspritze
1820	Abgabe einer Vermögenssteuer
1823	Erste «Dorfchronik» von Johannes Schaffner und Johannes Meyer
1826	Gründung des aarg. Sängervereins in Hausen
1828	Zuteilung der Holzgassestrasse an die Gemeinde
1830	«Volksgärung im Aargau»
1835	Erstes «Postbüro» in Hausen (bis 1842)
1839	Bau eines Gemeindewaschhauses
1846	Gründung des Sängervereins (Männerchor) Hausen
1847	Sonderbundskrieg mit Einrückungspflicht
1866	Gründung der Feldschützengesellschaft Hausen
1870/71	Deutsch-französischer Krieg mit Truppeneinquartierung
1872	Gründung des Dorfvereins Hausen
	«Überführung» der Schulglocke von Königsfelden nach Hausen
1873/74	Bau eines neuen Schulhauses (heute Gemeindeverwaltung)
1874	Errichtung einer Schul- und Volksbibliothek
1875	Beginn der Bauarbeiten für den Südbahneinschnitt. Der Süssbach wird verlegt
1882	Eröffnung der Südbahnlinie Brugg–Wohlen
1884	Anlage einer Baumschule durch den Dorfverein
1891	Erste 1.-August-Bundesfeier
	Gründung der Musikgesellschaft Hausen
1893	Bau einer Brücke und des neuen Feuerweihers in der Holzgasse
1895	Quellwasserfassung im Eebrunnen
	Gründung der landwirtschaftlichen Genossenschaft Hausen
1898	Erste «Telephonstation» in Hausen
	Erstellung eines Wasserreservoirs auf dem Rothübel
1899	Erste Wasserversorgung mit Hydrantenanlage
1903	«dorfeigene» Centenarfeier
1908	Erweiterung der Wasserversorgung und Erstellung einer Pumpanlage im Stück
	Gründung des Turnvereins
1911	Bau des ersten «Turnlokales» auf dem Rothübel
	Gründung des Veloklubs Hausen
1912	Einführung von Elektrizität mit Strassenbeleuchtung
1918	Gründung des Frauen- und Töchterchors
1920	Gründung des Frauenvereins
1924	Erstellung der Schiessanlage am Scherzberg
1925	Einführung von Gas zu Kochzwecken
1928	Bau der Zementfabrik
1934	Gründung des Vogelschutzvereins
1935	Erstellung einer Oberwasserkanalisation
1936	Verbreiterung und Asphaltierung der Dorfstrasse
	Asphaltierung der Holzgasse
	Übernahme von Wasserversorgung und Reservoir der früheren Zementfabrik
1938	Die Firma Münzel «Chemische Unternehmungen AG» zieht in die Gebäude der eingegangenen Zementfabrik

1944	Etablierung der Öl- und Chemiewerke AG, Hausen
1945	Bau einer Turnhalle auf dem Rothubel
1946	Erste Grundwasserverschmutzung festgestellt
1946–50	Innenrenovation des Schulhauses
1950	Blitzschlag ins Schulhaus
	Einbau eines Gemeindearchivs im Schulhaus
	Neue Uhr und Glocke
1951	Aus der «Öl- und Chemiewerke AG» wird die «Reichhold Chemie AG»
	erste «Habsburgrundfahrt»
1952	Bau des Pumpwerks im Seebli
1954	Hausen begeht «seine» 700-Jahr-Feier
1955	Eröffnung der Autobuslinie Mellingen–Birr–Hausen–Brugg
1956/57	Bau des Lindhofschulhauses
1957	Dorfchronik von Jakob Schaffner, alt Gemeindeammann
	Einführung der Kehrichtabfuhr in Hausen
1959	Beginn des Kampfes gegen die Linienführung der N3 durch Hausen
1961	Beitritt Hausens zu den Zweckverbänden «Sammelkanal» und «Kläranlage Birrfeld-Brugg»
1962	Gründung des Kirchenbauvereins Hausen
1965	Gründung der FDP-Ortspartei
1966	Erweiterung des Lindhofschulhauses
1967	Männerchor, Frauen- und Töchterchor fusionieren zum «Gemischten Chor»
1969	Einweihung der Mehrzweckturnhalle mit Feuerwehrmagazin
	Beginn der Freundschaft mit Hausen im Wiesental
	Gründung einer Senioren-Turngruppe in Hausen
1971/72	Bau des Meyerschulhauses
1977	Inbetriebnahme der «Regionalen Wasserversorgung REWA Birrfeld»
1977/78	Bau der reformierten Kirche Hausen
1981	Gründung der CVP-Ortspartei
1984/85	Bau des technischen Mehrzweckgebäudes
1987	Baubeginn des N3-Abschnittes Birrfeld–Frick
1993	Die Reichhold Chemie wird geschlossen
1996	Einweihung von N3 und Ortsumfahrung Hausen
1997	Bau eines Dreifach-Kindergartens im Unterdorf
1998	Hausen feiert seinen 2500. Einwohner

Gemeindevorsteher/Gemeindeammänner von Hausen

Amtsantritt		
1768	Johannes Rauber	«erster Vorsteher der Gemeinde»
1793	Joseph Widmer	«erster Vorsteher...»
1798, 23. April	Johannes Schaffner	als «Dorfvogt»
1799, 5. März	Johannes Schaffner	als «Präsident der Munizipalität»
1800, 3. Mai	Johannes Schaffner	(Neuwahl «im Beysein eines Agenten»)
1802, 12. Sept.	Jakob Schaffner	«übernahm das Vorsteher-Amt der Gemeinde»
1802, 15. Okt.	Johannes Schaffner	«Präsident der Munizipalität»
1803, 8. Aug.	Johannes Schaffner	als «Gemeindeammann»
1827	Johann Friedrich Riniker	
1835	Johann Jakob Schatzmann	
1838	Johann Jakob Rohr	
1841	Johann Jakob Schatzmann	
1842	Friedrich Dahli	
1861	Samuel Hartmann	
1877	Johann Jakob Schatzmann	
1888	Kaspar Meyer	
1898	Friedrich Widmer	
1906	Gottlieb Schaffner	
1922	Johann Friedrich Schatzmann	
1926	Gottlieb Schaffner	
1938	Emil Renold	(erster «Nichthausemer»)
1950	Jakob Schaffner	
1954	Robert Lutz	
1962	Fritz Eichenberger	
1970	Peter Käser	
1978	Rudolf Rinderknecht	
1986	Erich Spiess	
1994	Fritz Richner	
1998	Max Härdi	

Statistisches oder: «Hausen in Zahlen»

Gesamtfläche des Gemeindegebietes 322 ha
davon Waldfläche 160 ha (1955: 153 ha)
Acker, Wiese 102 ha (1955: 168 ha; 1682: 113 ha)
überbaut (1997) 60 ha
Niedrigster Punkt: (Chrüzweg) 372 m ü. M Höchster Punkt (Eiteberg) 460 m ü. M
Gemeindehaus 380 m ü. M.

Entwicklungsstatistik der Einwohner:[60/85]

Jahr	Haushaltungen	Einwohner	davon Ausländer	Ortsbürger	Fremde	Protestanten	Röm.-kath.
1529	5						
1558	7						
1764	60	246					
1798	70						
1803	70	386		386			
1834	102						
1837		588	1	582	6		
1850		576		502	74		
1860	108	529		457	72		
1870	112	564		464	100		
1880	120	540		403	137		
1888	117	489		361	128		
1900	126	540	7	366	174	517	18
1910	135	595	19	333	262	563	32
1920	136	551	4	306	245	524	27
1930	169	665	26	292	373	589	74
1941	194	686	5	234	452	622	57
1950	242	826	7	212	614	708	103
1960	333	1152	121			830	314
1970	433	1483	355			856	575
1980	541	1640	272			897	572
1990	743	1937	314			947	752
1997	960	2452	497			997	958
1998		2497*	545	93	1023	962	

Wenn auch die Zahlen vor 1860 unvollständig sind und nur unter Vorbehalt aufgenommen werden können, so vervollständigen sie trotzdem das Bild.
Die achtziger Jahre des 19. Jahrhunderts waren die Jahre der Auswanderung nach Übersee. Eine erste klare Steigerung der Bevölkerungszahl ergab sich 1930 mit dem Bau der Zementfabrik.

* Im Oktober 1998 konnte zwar der 2500. Einwohner «gefeiert» werden, aber die sich stets wandelnde Struktur von Neuzuzügern und Wegziehenden hat nun diese «knappe» offizielle Zahl auf Ende Jahr ergeben. Seit dem Frühjahr 1999 scheint nun diese Grenze definitiv überschritten: Ende Mai zählte man in Hausen 2516 Einwohner.

Bibliographie:

1 Aarg. Portlandcementfabrik: Schreiben an das Gerichtspräsidium Brugg betr. Erstellung eines «Betretungsverbotes» vom…

2 Ammann, Otto: Portland-Cement-Werke Hausen AG in Hausen (Brugger Neujahrsblätter 1930)

3 Ammann, Otto: Über die Ausbeutung von Erz, Gesteinen und Bodenwerten im Bezirk Brugg (Brugger Neujahrsblätter 1929)

4 Amsler, Alfred: Über den Aufenthalt der fränkischen Truppen im Bezirk Brugg 1798–1800 (Brugger Neujahrsblätter, 1908–1910)

5 Banholzer, Max: Geschichte der Stadt Brugg im 15. und 16. Jahrhundert (Aarau, Sauerländer, 1961)

6 Barth, Alfred: Musikgesellschaft Hausen: Vereinschronik 1891 bis 1991 (Hausen, 1991)

7 Baudirektion, Aarg: Nationalstrasse N3 in Hausen (Brief vom 1.12.1961)

8 Baumann Max: Geschichte von Windisch vom Mittelalter zur Neuzeit (1983, Windisch)

9 Brugger Neujahrsblätter 1979: Chronik

9.1 Brugger Neujahrsblätter 1915: Über die Pflege der Leibesübungen im Bezirk Brugg, Jakob Bläuer

9.2 Brugger Neujahrsblätter 1897: «Birrfeld» von J. J. H.

9.3 Brugger Neujahrsblätter 1984: Über die Entwicklung des Postwesens (Hansjörg Franck)

10 Brugger Tagblatt: Zu Hausen krähte um die Mittagszeit der rote Hahn (Berichterstattung vom 18. 11. 1964)

10.1 Brugger Tagblatt: Das neuste Postauto heisst «Hausen» (Berichterstattung vom 4.9.1997)

11 Chemisches Laboratorium des Kantons Aargau: Auftrag Nr. 670 Trinkwasser (23. November 1976 Stä/ge)

12 Erziehungsdirektion des Kantons Aargau: Turn- & Spielplatz (Schreiben an den Gemeinderat Hausen vom 24.2.36, resp. 14.4.37)

13 Froelich Carlo u. a.: Gemeinde Hausen: Planung der Schulanlagen (nach Juli 1969)

14 Gemeinde Hausen: Einladung zur Einwohnergemeindeversammlung (5. Dezember 1986)

14.1 Gemeinde Hausen: Traktandenlisten zu verschiedenen Einwohnergemeindeversammlungen

14.2 Gemeinde Hausen: Verordnung über die Abwasseranlagen der Gemeinde Hausen (10. August 1954)

14.3 Gemeinde Hausen: Mitteilungsblatt betr. Einführung der Kehrichtabfuhr (im Februar 1957)

15 Gemeinde Hausen: Feuerwehr-Reglement (14. Januar 1974)

16 Gemeinderat Hausen: Rechenschaftsbericht 1997

16.1 Gemeinderat Hausen: Bericht und Antrag betreffend Sammelkanal Birrfeld-Brugg und Kläranlage mit Zulaufkanal (Dezember 1961)

17 Gloor, Georges: Kulturgeschichtlicher Grundriss der Brugger Landschaft vor der Reformation (Brugger Neujahrsblätter 1951)

18 Gloor, Georges: Schatzmann, Jakob (Biographisches Lexikon des Kantons Aargau 1803–1957)

19 Hardegger, Bolliger, Ehrler u. a.: Das Werden der modernen Schweiz, Band 1 (Lehrmittelverlag Kanton Basel-Stadt, 1986)

20 Hartmann, Adolf: Vom Grundwasser in der Umgebung von Brugg (Brugger Neujahrsblätter 1931)

21 Hartmann, Martin/Weber, Hans: Die Römer im Aargau (Aarau: Sauerländer, 1985)

22 Hauser, Dr. Walter: Flug über unsere Landschaft (Brugger Neujahrsblätter 1949)

22.1 Hauser, Dr. Walter: Aus der Vergangenheit unserer Landschaft (aus: Brugg, Bilder aus seiner Vergangenheit, 1944)

23 Heierli, J.: Archäologische Karte des Kantons Aargau, 73: Hausen bei Windisch (Argovia 27/1898)

24 Heuberger, Samuel: Geschichte der Schulhäuser im Bezirk Brugg (Brugger Neujahrs-Blätter für Jung und Alt 1904)

24.1 Heuberger, Samuel: Brugg den 1. Augustmonats 1814 (Brugger Neujahrsblätter 1915)

25 Hunziker, Hermann: Ansprache gehalten anlässlich einer Feierstunde in der Kirche Hausen (14. Januar 1979)

26 Jäcklin, Heinrich: Grundwasserverschmutzung Hausen bei Brugg (Zürich 1963/67/72)

27 Kantonsarchäologie: Bericht an die Abt. Raumplanung vom 9.10.1989

28 Keller, J.: Aus der Gemeindechronik von Hausen (auch unter Verwendung anderweitigen Quellenmaterials) (Brugger Neujahrsblätter 1899)

29 Keller, J.: Johann Jakob Schatzmann (Nachruf) (Brugger Neujahrsblätter 1899)

30 Klöti, Ernst: Auch Hausen kämpfte gegen das erste N3-Projekt (Leserbrief BT/FN/FT vom 18.10.96)

31 Koprio, Samuel: Windisch zur Zeit des Mittelalters unter Berücksichtigung der Geschichte des Eigenamtes (Keller und Eichenberger, 1911)

32 Landwirtschaftliche Genossenschaft Hausen (Zeitungsartikel von 1963)

33 Landolt/Müller/Steigmüller: Revolution im Aargau: Aarg. Statistik um 1800, Archiv – CD Rom (Aarau, AT Verlag, 1997)

34 Laur-Belart, Rudolf: Chronologische Notizen Dezember 1928 bis November 1929 (Brugger Neujahrsblätter 1930)

35 Laur-Belart, Rudolf: Erst die Sicherheit und dann die Kosten: Kampf um den Aaretalviadukt (National-Zeitung Basel, Artikel vom 11. September 1968)

36 Laur-Belart, Rudolf: Vindonissa, Lager und Vicus (Berlin und Leipzig, Walter de Gruyter Co., 1935)

37 Laur-Belart, Rudolf: St. Niklaus in Hausen
(Brugger Neujahrsblätter 1931)
38 Lavater, Hans: Bericht über die gesanglichen Leistungen am Sängertag in Rüfenach (Auffahrt, den 29. Mai 1924)
39 Leible, Otto, Hg.: Der Kreis Lörrach: Heimat und Arbeit
(Stuttgart, Konrad Theiss, 1980)
40 Leu, Ferd. Oscar: Der aargauische Kantonalgesangverein von 1827–1927
(Brugg, Buchdruckerei Effingerhof, 1927)
41 Lexer, Matthias: Mittelhochdeutsches Taschenwörterbuch
(Stuttgart, S. Hirzel, 36. Aufl. 1981)
42 Liechti, Albert: Zur bernischen Migration 1680–1705: Wanderung aus dem Oberaargau und weiteren bernischen Gebieten in den Bereich des heutigen Bezirks Zofingen (Selbstverlag, Hagneck, 1997
43 Maier-Osterwalder, Franz B.: Die sogenannte «ältere» oder «frühere» römische Wasserleitung zum römischen Legionslager Vindonisse (Jahresbericht GPV, 1990)
44 Maier-Osterwalder, Franz B.: Die wasserführende Wasserleitung von Hausen nach Vindonissa (...)
45 Meier, Bruno u. a.: Revolution im Aargau: Umsturz – Aufbruch – Widerstand 1798–1803 (1997 Forschungsprojekt Aargau – AT Verlag)
46 Meyer, Johannes/Schaffner, Johannes: Gemeinde-Chronik
1797–1830 (Manuskript, übernommen aus J. Schaffner 700 Jahre Hausen)
47 Mühlberg, Dr. F.: Bericht über die Erstellung einer Quellenkarte des Kantons Aargau (Aarg. Naturforschende Gesellschaft, 1898)
48 Nüscheler, Dr. Arnold: Die Aargauischen Gotteshäuser in den Dekanaten Hochdorf, Mellingen, Aarau und Willisau, Kapitel 4: Bruder- und Schwesterhäuser (Argovia, Band XXVI)
49 Nussberger, Paul: Chronik Kanton Aargau: Bezirke Brugg und Bremgarten
(Zürich, H. A. Bosch, 1968)
50 Obrist, Karl/Vögtli, Martin: Geschichte der Gemeinde Riniken
(Brugg, Effingerhof, 1989, 2. Aufl.)
51 Obrist, Karl: Was uns der Süssbach erzählt...: Ein Heimatbuch
(Brugg, Effingerhof, o. J.)
52 Pfister, Willi: Aargauer in fremden Kriegsdiensten, Band 1: Die Aargauer im bernischen Regiment und in der Garde von Frankreich und in Sardinien (Aarau, Sauerländer, 1980 – Beiträge zur Aargauergeschichte)
53 Pfister, Willi: Aargauer in fremden Kriegsdiensten, Band 2: Die bernischen Regimenter und Gardekompanien in den Niederlanden (Aarau, Sauerländer, 1984 – Beiträge zur Aargauergeschichte)
54 Pfister, Willy: Das Chorgericht des bernischen Aargaus im 17. Jahrhundert
(Druckereigenossenschaft Aarau, 1939)
54.1 Pfister, Willy: Die Gefangenen und Hingerichteten im bernischen Aargau (Aarau, Sauerländer, 1993 – Beiträge zur Aargauergeschichte, Band 5)
55 Regionale Wasserkommission: Regionale Wasserversorgung Birrfeld: Bericht an die Gemeinden (Birrfeld/Windisch 7. Mai 1975)
56 Protokoll des Regierungsrates vom 14. Mai 1964 betr. «Reichhold Chemie»
57 Rey, H: Grundwassersanierung «Reichhold-Chemie» (Schreiben vom 30. August 1973)

58 Schaffner, Fritz: 50 Jahre Velo-Club Hausen (Ansprache gehalten im Mai 1961)
59 Schaffner, Jakob: Denkschrift: 100 Jahre Männerchor Hausen (Schinznach-Dorf, Lerchmüller-Müri, 1947)
60 Schaffner Jakob: 700 Jahre Hausen (Chronik) (Hg.: Gemeinderat Hausen, 1957)
61 Schibli/Geissmann/Weber: Aargau: Heimatkunde für jedermann, 4; neu bearb. Auflage (Aarau, AT Verlag, 1983)
62 Schmid, Myrtha: Der Bezirk Brugg vor hundert Jahren (Brugger Neujahrsblätter 1998)
63 Schubring, Klaus (Red.): Hausen im Wiesental: Gegenwart und Geschichte (cop. 1985, Gemeinde Hausen i.W.)
64 Seiler/Steigmeier: Geschichte des Aargaus: Illustrierter Überblick von der Urzeit bis zur Gegenwart (Aarau, AT Verlag, 1991)
65 Spitex-Verein Hausen-Habsburg: Statuten vom 17. 3. 1997
66 Staehelin, Heinrich: Geschichte des Kantons Aargau, Band 2: 1839–1885 (Baden Verlag, Baden, 1978)
67 Stettler M., Maurer E.: Die Kunstdenkmäler des Kantons Aargau II: Bezirke Lenzburg und Brugg (Basel, Birkhäuser, 1953)
68 Trümpy, Hans: Die Göttin Isis in schweizerischen Sagen aus: Provincialis, Festschrift für Rudolf Laur-Belart (Basel/Stuttgart, Schwabe Verlag, 1968)
69 Tschopp, Charles: Der Aargau – Eine Landeskunde (Aarau, Sauerländer, 1961)
70 Vögeli, F.: Hausen IO: Teilausbau der K118 mit Knoten «Rössli» und Personenunterführung (Brief des Aarg. Baudepartements vom 24. 2. 1980 an den Gemeinderat).
71 Werder, Max: Die Gerichtsverfassung des aargauischen Eigenamtes bis zum Jahre 1798 (Argovia, Band 54, Sauerländer Aarau, 1942)
72 Wetzel, Samuel/Howald, Oskar: Beantwortung der in dem Hochoberkeitlichen Cahier anbefohlenen Fragepuncten die Kirchgemeinde Windisch betreffend – «Pfarrbericht 1764» (Brugger Neujahrsblätter 1930)
73 wr. (Widmer, Hans-Peter) Die Hauser Gemeindeversammlung ist gegen das offizielle Autobahnprojekt (AT/BT vom…)
74 H. P. W. (Widmer, Hans-Peter): Hausen bewilligte einen Rekord-Kredit (Brugger Tagblatt vom 24. September 1984)
75 Wildi, Walter: Erdgeschichte und Landschaften im Kanton Aargau (Aarau, Sauerländer, 1983)
76 Wullschleger, Erwin: Waldpolitik und Forstwirtschaft im Kanton Aargau von 1803 bis heute (Aarau, Finanzdepartement des Kantons Aargau, Abt. Wald, 1997)
77 Zimmermann, Edgar: Wie das Badener Tagblatt das offizielle Autobahnprojekt zu Fall brachte (BT/FN/FT, Artikel vom 15. Oktober 1996)
78 Zonenordnung der Gemeinde Hausen vom 22. April 1960

79 75 Jahre Velo-Moto-Club Hausen: Festschrift 1986
80 Widmer, Jakob: Die Habsburgrundfahrt im Wandel der Zeit (1985)
81 Vacha, Brigitte u. a.: Die Habsburger, eine europäische Familiengeschichte (Graz u. a., Verlag Styria, 1992)
82 Abwasserverband: Die Kläranlage Brugg–Birrfeld (Brugg, o. J.)
83 Gemeinde Windisch: 100 Jahre Wasserversorgung Windisch 1898–1989 (Gemeinderat Windisch, 1998)
84 Regionalplanungsgruppe Birrfeld: Prot. über die Diskussionstagung betr. Autobahnen im Raum Brugg–Birrfeld vom 5. April 1957
85 Statistisches Jahrbuch des Kantons Aargau (Verschiedene Jahrgänge)

2000
HAUSEN